国家出版基金项目
NATIONAL PUBLICATION FOUNDATION

中国抗战大后方分省研究丛书

总主编：潘洵　周勇

抗战大后方的四川

陈廷湘　徐学初　著

SWUP 西南大學出版社
国家一级出版社　全国百佳图书出版单位

图书在版编目(CIP)数据

抗战大后方的四川 / 陈廷湘, 徐学初著. -- 重庆 : 西南大学出版社, 2021.10
(中国抗战大后方分省研究丛书)
ISBN 978-7-5697-1142-4

Ⅰ. ①抗… Ⅱ. ①陈… ②徐… Ⅲ. ①抗日战争 - 史料 - 四川 Ⅳ. ①K265.06

中国版本图书馆CIP数据核字(2021)第203856号

中国抗战大后方分省研究丛书
总主编 潘洵 周勇

抗战大后方的四川
KANGZHAN DAHOUFANG DE SICHUAN
陈廷湘 徐学初 著

责任编辑：雷 刚
责任校对：胡秀英
排 版：王 兴 贝 岚
书籍设计：观止堂__未氓
出版发行：西南大学出版社(原西南师范大学出版社)
地址：重庆市北碚区天生路2号
邮编：400715
http://www.xdcbs.com
经 销：全国新华书店
印 刷：重庆升光电力印务有限公司
幅面尺寸：170mm × 240mm
印 张：30.25
字 数：529千字
版 次：2022年1月 第1版
印 次：2022年1月 第1次
书 号：ISBN 978-7-5697-1142-4

定 价：198.00元

《中国抗战大后方分省研究丛书》

编纂委员会

总 序[1]

潘 洵

战略后方是“赖以执行自己的战略任务，达到保存和发展自己，消灭和驱逐敌人之目的的战略基地，没有这种战略基地，一切战略任务的执行和战略目的的实现就失掉了依托”[2]。“抗战大后方”是抗日战争时期与根据地、沦陷区相对应的战时中国的三大政治版图之一，是支持和支援前方对日作战的战略保障基地，为抗日战争的最终胜利做出了巨大的历史贡献。当前，随着抗日战争研究备受国家重视，特别是西南大学中国抗战大后方研究中心成立以来，在学界同仁持之以恒的关心、支持和参与下，有关抗战大后方的研究越来越受到学界关注，已成为抗日战争史研究的一个新热点，无论是史料整理还是专题研究，均已取得相当可观的研究成果，在海内外产生了良好反响。

①总序参考《论抗战大后方战略地位的形成与演变——兼论“抗战大后方”的内涵和外延》(《西南大学学报》，2012 年第 2 期)、《抗战大后方研究的新进展及新趋向》((《光明日报》2020 年 8 月 13 日)。

②毛泽东：《抗日游击战争的战略问题》，《毛泽东选集》第 2 卷，人民出版社 1991 年版，第 418 页。

一、关于"抗战大后方"的内涵与外延

任何研究首先必须要有明确的研究对象。如果一项研究工作没有对其研究对象的明确界定,往往会导致"越界"研究或出现研究"盲区",不仅不能达到深化研究的初衷,而且也容易造成不良的学术和社会影响。长期以来,虽然涉及抗战大后方史研究的论著甚多,但对其内涵、外延并没有形成共识,主要是从"国统区"的政治性视角或"西南"、"西北"等区域性视角进行研究,而很少将抗战大后方作为一个特定的研究对象来开展研究。

所谓"大后方"或"后方",是与"前线"或"前方"相对应的一个概念,专指远离战区的地区,包括后方地域及其区域内的军事、政治、经济、文化、科技等的建设与发展和对战争的支持、支援力量。因此,"抗战大后方"或"抗战后方"便主要是指抗日战争时期支持和支援对日作战的战略基地。

"抗战大后方"是抗战时期中国各派政治势力和社会各界普遍使用的概念,在抗战时期的文献及后来的学术研究中,"抗战大后方"与"抗战后方"的表述基本同义,"大后方"只是强调其后方地域的广大而已。关于"抗战大后方"或"大后方"这个概念,是何时由何人最先提出的,已难以考证。就笔者目力所及,蒋介石最早提及"大后方"是在1936年5月4日,在前往芜湖的军舰上修正《峨眉训练集》时谈及四川"能否作为大后方之根据,尚当煞费心力也"。[①]而作为抵抗日本侵略之根据地的"后方"一词,蒋介石则是在《国府迁渝与抗战前途》一文中正式提出的:

①蒋介石:《蒋中正总统档案:事略稿本》,卷36,"国史馆"印行2008年10月,第514页。

"到了二十四年进入四川,这才找到了真正可以持久抗战的后方。"①"大后方"比较多地出现在报刊文献中,是在1940年以后,如《建国月刊》1940年第2期发表署名"子明"的文章《今日中国的西南大后方》,《经济周报》1941年第11期发表署名"孟宪章"的文章《迅速跃进中之大后方采金业》,《大众生活》1941年第22期发表的《大后方民主运动的信号》,等等。在正式的官方讲话和文件中,较多使用的是"后方",而较少使用"大后方"的表述。

与"抗战大后方"或"抗战后方"表述相关的概念还有"西部"、"华西"、"内地"、"国统区"、"民族复兴根据地"、"民族复兴的基础"等。在抗战以前蒋介石或国民政府对后方的经营,均没有使用"大后方"或"后方"的概念,更多的是使用了"根据地"的概念。而在抗战时期,虽然"后方"的表述使用频繁,但"西部"、"华西"、"内地"等概念也同样流行,如翁文灏《开发内地》、简贯三《开发华西产业与产业革命》、胡焕庸《我国西部地理大势与公路建设》,均谈及大后方的建设问题,但"西部"、"华西"和"内地"完全属于地理概念。"民族复兴根据地"、"民族复兴的基础"的表述则主要强调了国防上的意义。另外,"国统区"的表述是在抗战胜利以后才逐步使用的,主要是一个政治概念。"抗战大后方"或"抗战后方"与抗战时期地域性的"西部"、"华西"、"内地"和政治性的"国统区"等概念虽有联系,但内涵具有本质区别。

"抗战大后方"也是中国共产党话语体系中的重要概念。1938年5月,中共驻共产国际负责人任弼时在向共产国际提交的报告中正式出

①蒋介石:《总统蒋公思想言论总集》卷14演讲,中国国民党中央委员会党史委员会1984年印,第653页。

现了“大后方”的提法。[①]1938年10月，毛泽东在中共六届六中全会的政治报告，首次明确提出了中共的抗战“大后方”概念，强调大后方是“敌无法占领”的云、贵、川等地，指出“在云贵川等省大后方中，尚有许多城市与许多工业，尚可与外国联络，尚可建设”。[②]1939年3月，周恩来在分析全国形势时，表示“西北、西南可以成为我们的大后方”。[③]周恩来 1941 年在《“七七”四年》一文中讲道:“抗战的后方——中国的整个西部和各战区的后方，成为全中国人民所重视的国防生产和战争动员的根据地。”[④]这里的“后方”包括了整个西部地区和未被敌人占领的战区。特别是在抗战后期，中共大量文献涉及抗战大后方，如1943年八路军留守兵团政治部摘录编印的《大后方生活相》，1944年抗战日报社编印的《大后方舆论》，1944年12月8日董必武应约在陕甘宁边区参议会上的报告《大后方的一般概况》。中共中央大量的文件也使用“大后方”概念，如《关于大后方文化人整风问题的意见》(1945年1月18日)，《中共中央关于开展大后方农村工作给周恩来的指示》(1945年1月28日)，《王若飞关于目前大后方民主运动概况及今后方针给毛泽东的电报》(1945年5月30日)。在1945年4月在延安召开的中共七大上，还设置了专门的“大后方代表团”，叶剑英、陈铁铮(即孔原)任代表团正副主任。包括周恩来、叶剑英、邓颖超、吴玉章等南方局领导人和大后方各

①任弼时:《中国抗日战争的形势与中国共产党的工作和任务》(1938 年 5 月 17 日)，中共中央文献研究室，中央档案馆:《建党以来重要文献选编(1921—1949)》，第 15 册，中央文献出版社 2011 年版，第 333 页。

②毛泽东:《论新阶段》(1938 年 10 月 12—14 日)，中共中央文献研究室，中央档案馆:《建党以来重要文献选编(1921—1949)》，第 15 册，中央文献出版社 2011 年版，第 599—600 页。

③周恩来:《目前形势和新四军的任务》(1939 年 3 月)，中共中央文献编辑委员会，《周恩来选集》(上)，人民出版社 1980 年版，第 102 页。

④周恩来:《“七七”四年》，中共中央文献研究室、中国人民解放军军事科学院:《周恩来军事文选》第 2 卷，人民出版社 1997 年版，第 351 页。

省负责人，正式代表58人，候补代表26人。[①]

综合各方面的论述，关于“抗战大后方”的内涵、外延，大致可以从三个方面进行界定。

首先是价值边界，“抗战大后方”或“抗战后方”的核心价值属于国防战略的范畴，是抗日战争时期支持和支援前线战争的战略基地。从严格意义上讲，没有战争，就没有战略后方。从这个意义上讲，抗战大后方是与沦陷区、战区相对应的一个概念，是战区、沦陷区以外的地区，是战争时期的“民族复兴的根据地”或“民族复兴的基础”。

其次是空间边界，关于“抗战大后方”的空间地域众说纷纭，有讲四川为“大后方”的，有讲西南为“大后方”的，有讲西南西北为“大后方”的，还有讲国民政府控制区域为“大后方”的。作为战略后方基地，根据国民政府战略考虑的差异，“抗战大后方”空间地域大致可以分为三个层次，即核心地区，重庆、四川[②]；拓展地区，包括西南的云南、贵州、广西和西康，西北地区的陕西、甘肃、宁夏、青海；[③]外围地区，包括上述地区以外的国民政府控制的地区。在抗战时期国民政府的相关文献中，有后方15省(川滇黔湘粤桂闽浙赣鄂豫陕甘宁青)[④]、20省(川康滇黔桂粤闽湘赣浙苏皖陕甘青宁绥鄂豫晋)[⑤]等多种说法。

最后是时间边界，“抗战大后方”还是一个动态的时间范畴，其战略地位随抗战的兴起而确立，随抗战的发展而演变，也随抗战的结束而结

①中共中央党史研究室第一研究部：《中固共产党第七次全国代表大会代表名录》下，中共党史出版社、上海人民出版社2005年版，第727页。

②1939年重庆从四川行政区划中独立出来，成为行政院直辖市。

③关于抗战大后方的空间地域，当时即没有统一的认识，有学者认为后方大致即指西南的川、黔、滇、康、藏和西北的陕、甘、宁、青、疆共10省区（陈长蘅，《论战时人口变动与后方建设》，《财政评论》第3卷第11期）。

④《中国战后之粮食问题》，《中华民国史档案资料汇编》第五辑第二编，财政经济（八），江苏古籍出版社1997年版，第284页。

⑤《经济部统计处关于战时后方工业统计报告》（1943年5月），《中华民国史档案资料汇编》第五辑第二编，财政经济（六），江苏古籍出版社1994年版，第340页。

束。在不同的历史时期，其地域空间重心也在随着局势的变化而发生变动。

二、关于抗战大后方战略地位的形成与演变

毋庸讳言，抗战大后方战略地位的形成、演变与日本侵华造成的民族危机密不可分，也与国民政府对日本侵略、中国抗战实力与形势的认识和判断有密切关系，其形成和演变大致可以划分为四个阶段。

第一阶段，西北后方根据地的筹划。1931年九一八事变后，鉴于日本的局部侵华和中国首都南京的危险境地，国民政府开始筹划在中国内陆地区寻求一个安全的战略基地，并初步打算以西北为长期抵抗之后方根据地。1932年"一·二八"事变爆发后，面对日本的步步紧逼，蒋介石和国民政府开始酝酿迁都，并加强了对西北根据地的经营。在1932年"一·二八"事变的次日，蒋介石在日记中表示，"余决心迁移政府于洛阳与之决战……否则随时受其威胁，必作城下之盟也"。[①]1932年1月30日，国民政府即发布《移驻洛阳办公宣言》，表示"政府为完全自由行使职权，不受威胁，决定移驻洛阳办公"。[②]国民党中央在洛阳召开四届二中全会，决议：一、以长安为陪都，定名西京。二、以洛阳为行都。三、关于陪都之筹备事宜，应组织筹备委员会，交政治会议决定。[③]为此，很快成立了西京筹备委员会，加紧对陪都长安（即西安）的筹划与建设，并先后讨论通过了蒋介石提议的《切实进行长安陪都及洛阳行都之建设事宜案》和行政院秘书长褚民谊等人提出的《开发西北案》，决定设

①蒋介石：《蒋介石日记》（手稿本），1932年1月29日。
②《国民政府发表迁都洛阳宣言》，中国第二历史档案馆藏档案：1（1）－653。
③荣孟源：《中国国民党历次代表大会及中央全会资料》下册，光明日报出版社1985年版，第156页。

立行政院直辖的西北拓殖委员会，负责对陕、甘、绥、宁、青、新各行省全境及外蒙西部等处的开发建设。国民政府对西北根据地的重视直接引发了“开发西北”的热潮，并取得了一定成绩，为后来抗战时期成为支持支援前线的战略基地奠定了重要的基础。

由此可见，在“一·二八”事变后，当时的南京国民政府是以西安为陪都、以西北为战略后方准备对日作战的。然而，国民政府选择西北地区，只是根据当时具体的历史情况和政治经济环境决定的战略考虑。由于西北地区经济落后，自然条件较差，文教相对落后，人力资源不足；在地理上，西安靠近华北，一旦华北沦陷，西安和西北地区容易受到威胁；加之西北地区接近社会主义国家苏联，对于坚持反苏、反共的国民政府来说，其感受到的威胁并不小于日本；再者，西北地方军阀一直未被国民政府完全控制，也是一块不小的心病。因此，将西安作为未来的战时首都，将西北作为未来抗战的核心后方基地并不是一个理想的选择。

第二阶段，西南政局变动与抗日后方根据地的调整。由于西北地区条件所限，国民政府一直谋求寻找新的战略大后方。不少有识之士鉴于日本扩大对华侵略的不可避免和中国当时的政治、经济、军事状况，逐渐认识到四川及西南地区在未来战争中的重要地位及其与国家治乱、民族复兴的关系。于是以四川为中心的西南地区成为国民政府的又一重要选择。

实际上，自1935年起，以蒋介石为首的国民党中央势力即利用追剿长征中的红军的机会进入并逐步掌控西南地区，使西南政局发生了重大变化：四川的防区制趋于解体，川政归于统一，川军整编也渐次推进；

与此同时，国民党又加强了对贵州、云南的直接控制，这种政局的变化成为抗日大后方发生转移的重要前提条件。

1935年，蒋介石先后两度入川，遍历西南诸省，其理想中的抗日后方根据地随之由西北地区转向西南地区。自3月2日蒋介石由武汉飞抵重庆，到10月7日离开成都前往西安，在长达7个多月的时间里，蒋介石围绕抗战根据地问题形成了较为明确的思路，提出了“对倭应以长江以南与平汉线以西地区为主要阵线，而以川黔陕三省为核心，甘滇为后方”。[①]10月6日，蒋介石在成都行辕对四川各高级将领讲演《四川治乱为国家兴亡之关键》时提出：“今后的外患，一定日益严重，在大战爆发以前，华北一定多事，甚至要树立伪政府都不一定。但是我们可以自信，只要四川能够安定，长江果能统一，腹地能够建设起来，国家一定不会灭亡，而且定可以复兴！日本人无论在东四省或者将来再在华北弄什么伪组织，都不相干，都不足以致我们的死命。我们今后不必因为在华北或长江下游出什么乱子了，就以为不得了，其实没有什么！只要我们四川能够稳定，国家必可复兴！”[②]很明显，此时蒋介石已经明确将日本侵略与四川及西南之地位联系起来，完全形成了以四川及西南作为抗战重要根据地的思想，这充分表明了国民政府的抗战后方基地的重心逐渐由过去的西北地区转向西南地区。此后，蒋加紧了对抗战后方基地的筹建，开始把西南地区建成抗日大后方的思想付诸行动，重点经营西南抗战根据地。

第三阶段，西南地区大后方战略地位的确立。1937年全面抗战爆发后，随着平津等重要城市的陷落与华东局势的日益紧张，首都南京的

①薛光前：《八年对日战争之国民政府》，台湾商务印书馆1978年版，第59页。
②蒋介石：《总统蒋公思想言论总集》卷13演讲，中国国民党中央委员会党史委员会1984年印，第480页。

安全引起国民党高层的关注，迁都是亟须直面的问题。此时，位于西南后方的重庆成为国民政府迁都的不二之选。

重庆是一座具有悠久历史的文化名城，是西南地区最大的工商业城市和经济中心，与西南各省联系密切，具有丰富的人力、物力资源；两江环抱，三面临山，具有绝佳的天然屏障；且有西南、西北两大国际交通线为依托，加之此时四川省主席刘湘大力支持国府迁渝抗战，可以说国府迁渝的基本条件业已具备。

1937年8月13日，日军大举进攻上海，淞沪抗战爆发。10月下旬，淞沪战事急转直下，首都南京危在旦夕，政府已不能正常办公，转移国都已迫在眉睫。1937年10月29日，蒋介石在南京召开国防最高会议，正式决议国民政府迁往重庆办公。11月20日，国民政府公开发布《国民政府移驻重庆宣言》，宣布移驻重庆。12月8日，蒋介石率军事委员会办公厅、委员长侍从室及其他有关军事人员迁驻重庆办公，其他各军事机关也相继迁抵重庆。直至此时，国民政府迁都重庆的过程才得以最终完成，重庆也成为名副其实的中国战时首都。

国民政府迁都重庆，意义重大而深远，表明了以四川为中心的大后方的战略地位得以正式确立。“长江南北各省既多数沦为战区，则今后长期抗战之坚持不懈，必有赖于西南、西北各省之迅速开发，以为支持抗战之后方。”[①]此后，以四川为中心，以西南其他省区为重点，包括西南与西北的抗战大后方，成为支持抗日战争的战略基地。国民政府的西迁，带动了中国沿海和中部地区工厂、企业、高校、文化机构等大规模内迁，给抗战大后方经济、科技、文化的发展创造了一个特殊的、前所未有

①荣孟源．中国国民党历次代表大会及中央全会资料（下册），光明日报出版社1985年版，第556页。

的机遇。通过对西南、西北的建设，建立了一个长期抗战的战略后方基地，对支撑长期抗战，争取抗战最后胜利奠定了坚实的基础。

第四阶段，太平洋战争爆发后抗战大后方战略地位的变化。西迁后，国民政府抗战大后方的重心一直放在以战时首都重庆为中心的西南地区，当地军民亦为支援抗战做出了重大的历史贡献。然而，随着国内外形势的发展，特别是太平洋战争的爆发，抗战大后方的战略地位又发生了重要变化：一方面，国民政府由此前注重后方建设、自力更生为主，逐步转变为重点依靠外援争取抗战胜利；另一方面，由相持阶段前期重点加强西南大后方建设逐步转向关注西北地区的建设。

在太平洋战争爆发以前，国民政府的主要注意力集中在后方根据地的建设上，尽可能动员后方人力、物力、财力，以苦撑待变。但由于国民政府对后方准备本不充分，战时建设又受种种限制，战争消耗巨大，加之国民政府的政策失误，到太平洋战争爆发前，西南大后方的种种危机开始暴露：通货膨胀、物价高涨已严重影响经济的发展和民众的生活，田赋征实、征借已使后方民众不堪重负，各项生产能力也难以满足战争的需要。若单纯只是依靠西南大后方则难以继续维持国民政府的抗战。因此，在太平洋战争爆发后，中国终由单独抗战进入与同盟国联合作战阶段，国际形势对中国越来越有利。在蒋介石看来，“中国抗战与世界反侵略战争业已联成一片，此诚我中国转危为安，转败为胜之重要时机”。[①]“今后我国之处世之道，反形简单，即对内建设根据地，对倭更作持久抗战到底，以待世界战争之结果而已。”[②]在此形势下，蒋介石和国民政府的内外政策均有调整，其大后方战略也在此背景下发生了

①蒋介石：《总统蒋公思想言论总集》卷18演讲，中国国民党中央委员会党史委员会印1984年，第438页。

②张其昀：《党史概要》第5册，中央文物供应社1979年版，第1759页。

变化。

太平洋战争爆发前后，日本迫使法国、英国先后封锁了滇越铁路、越桂公路和滇缅公路，而香港沦陷，缅甸被占，致使西南国际援华陆路交通线完全断绝。西北的“资源开发”、“拓殖增产”、“文化再发扬”，“都足以补助抗战根据地西南的不足”[①]。尤其是在抗战胜利已成定局的情况下，西北的“共产党问题”已成为蒋介石和国民政府的“一大隐忧”。[②]于是西北的战略地位变得更加重要。

1942年冬，蒋介石巡视西北，8月17日，蒋介石出席兰州各界扩大纪念周时，发表了《开发西北方针》的演讲。回到重庆后曾大力宣扬“西南是抗战的根据地”，“西北是建国的根据地”，引起了强烈反响。在蒋介石的倡导下，“开发西北”的声势再次高涨了起来，时人称“自总裁于去年冬巡视西北归来后，‘开发西北’、‘建设西北’等口号风起云涌，颇有雨后春笋之势”。[③]从表面上看，蒋介石似乎是对大后方的西南和西北进行了重新的定位，而实际上此时蒋介石关心的重点已经由如何争取抗战的胜利，转向了如何在抗战中完成“建国”任务的问题，无疑表明西南抗战大后方的战略地位开始弱化，这种趋势一直持续到抗战的最终胜利。1945年8月15日，日本宣布无条件投降后，虽然在抗战中确立的重庆陪都之地位仍在，虽然蒋介石对四川、贵州等地建设依旧寄予很大希望，但无可否认的是，抗战大后方的战略地位从日本投降的那一刻起就已正式宣告结束了。

①参考徐旭：《西北建设论》序，中华书局1943年版。
②赵宏宇：《如何巩固西北》，《西北论衡》第9卷第6期。
③蔡鼎：《从国防观点泛论西北工业建设》，《军事与政治杂志》1943年第5期。

三、关于抗战大后方研究的新进展与新趋向

抗战大后方研究是中国抗日战争史研究的重要组成部分。十余年来，抗战大后方的研究取得了一系列重要学术进展，主要体现在如下方面：

深化了对抗战大后方的新认识。首先，厘定了"抗战大后方"概念的内涵及外延。长期以来，对抗战大后方概念的内涵、外延并未形成共识，学界很少将抗战大后方作为一个特定的研究对象进行探讨。抗战大后方是抗日战争时期国民政府和后方民众支持和支援前线对日作战的后方战略基地，有着特定的战略价值。其次，形塑了中共的大后方话语体系，充分彰显了共产党在大后方的作用。中国共产党是中国人民抗日战争的中流砥柱，在大后方也发挥了重要作用：努力维系国共合作，争取中间势力，为抗战胜利奠定政治基础；贯彻统一战线经济政策，团结工商界，为抗战胜利壮大进步力量；实践持久战军事战略，联络协调两个战场，为赢得对日作战胜利尽心竭力；推动和领导大后方文化繁荣发展，保存民族文化精英，为抗战胜利凝聚万众一心的精神力量；开展民间外交，推动建立国际反法西斯统一战线，营造有利于中国抗战胜利的国际环境。最后，深化了对抗战大后方战略地位及作用的认识，突破了"抗战大后方是国民党或国民政府的大后方"的认识误区，客观地分析和评价其地位及作用。大后方不仅是中国正面战场的指挥枢纽和战略保障基地，而且是中国共产党领导的抗日民族统一战线的前沿阵地，战时中国与世界的联结点，中国参与世界反法西斯战争指令的发出地，战后代表同盟国接受日本投降命令的下达地，台湾光复的决策地和收复台湾的中国使团组建地与出发地，中国参加联合国制宪会议的代

表团的组建地和出发地，以及战时废除中国与英国等西方国家不平等条约及签订新约的签订地。

形成了抗战大后方研究的新格局。第一，近十年来，得力于重庆中国抗战大后方历史文化研究与建设工程的推动，抗战大后方研究走向活跃，由传统的侧重于地方史或区域史的研究发展成为国际国内学术界关注的热点话题，成为抗战史研究的重要板块。第二，构建了西南西北大后方研究的学术联盟。2016年以来，西南大学中国抗战大后方研究中心发起成立“中国抗战大后方研究高端论坛”，每年召开一次学术论坛，在推动西南、西北乃至全国的抗战大后方研究、打造西部高校抗战研究学术联盟等方面发挥了积极作用。第三，研究并非局限于西南、西北地区，而是逐渐与根据地研究、沦陷区研究形成有效互动。第四，形成中日战争国际共同研究机制。在重庆先后举办了两届中日战争国际共同研究会议。

取得了抗战大后方研究的新成果。出版100余卷的《中国抗战大后方历史文化丛书》，入选《国家哲学社会科学成果文库》并在日本翻译出版产生积极影响的《抗日战争时期重庆大轰炸研究》；出版涉及众多领域的《中国共产党抗战大后方历史》、《抗战大后方金融研究》、《抗战大后方工业研究》、《抗战时期西南大后方城市发展变迁研究》等学术著作，以及《中共中央南方局历史文献选编》、《中国共产党关于抗战大后方工作文献选编》、《抗战大后方工业资料丛刊》等档案文献资料。

抗战大后方研究在不断取得新进展的同时，也呈现出一些新的发展趋向，这主要体现在：

在研究视角上，更加注重宏观视野与本体突破。其一，多向多维视角，在横向上，把抗战大后方置于世界反法西斯战争的总体背景和中国抗日战争的发展进程中进行考察；在纵向上，从近代以来中华民族复兴的曲折变迁演变中来探讨和分析抗战大后方的历史。其二，超时空视域，在空间上，突破大后方的地域范围，更加注重大后方与根据地、沦陷区的互动。在时间上，突破大后方的时间范围，注重战前、战后同一区域发展变迁的联结，深入探讨大后方的变迁及其影响。其三，跨学科聚焦，在学科上，除历史学外，马克思主义理论、经济学、社会学、教育学、艺术学等学科纷纷聚焦抗战大后方研究，多学科、跨学科的研究必将推动抗战大后方研究不断走向深化。

在研究资料上，更加注重新史料的发掘和深度解读。其一，发掘、征集、整理新资料。学界已在抗战大后方党的文献、抗战损失、抗战大后方经济、抗战大后方文学等方面的资料整理上取得了较大成就，但仍有相当数量的地方档案馆、图书馆，海外学术机构典藏的档案文献资料，以及个人传记（口述）资料并未为学界所关注，亟待整理。其二，系统发掘整理专题史料。根据战时后方的实际情况，设定专题史料整理方案，比如侵华日军轰炸、后方国际交通线、大后方科技、大后方艺术等史料，通过专题史料的归类发掘和整理，推进相关专题的深化研究。其三，海量数字资源的处理及利用。建设大后方文献资料数据库，利用大数据技术手段，处理海量数字资源，提高研究整体分析的可能性。

在研究取向上，更加注重在地化的现实关怀。服务国家和地方发展战略，是抗战大后方研究的重要趋向。其一，旨在增进国际社会和海峡两岸的历史认同、构筑政治互信、探索构建人类命运共同体及国家统一大业，有关战时反法西斯战争的国际合作以及国共合作等方面的研究必将持续推进。其二,紧扣“一带一路”、西部大开发、成渝双城经济圈及中国(西部)科学城的建设等,抗战大后方的资源调查、经济开发、科技创新等方面的研究仍是热点话题领域。其三,形塑共同历史记忆、引导公众社会认知的抗战大后方历史文化遗产的研究将持续受到关注,并与区域文化与文明建设形成同频共振。其四,弘扬以爱国主义为核心的伟大民族精神的抗战大后方红色文化、大后方民众抗战及抗战精神等研究将成为新的学术增长点。

显而易见,抗战大后方研究越来越受到社会重视,并且已经取得了丰硕的研究成果。而《中国抗战大后方分省研究丛书》正是在相关研究工作欣欣向荣、蓬勃开展的背景下酝酿、策划、研究、编写而成的。丛书在编写过程中始终坚持以唯物史观为指导,以习近平总书记关于历史研究和抗日战争研究的重要论述为指引,以还原历史真实,彰显抗战地位,弘扬抗战精神为宗旨,坚持国际视野、中国立场和学术标准。

作为本丛书的重要研究特色,丛书对抗战时期大后方各省政治、经济、文化、社会等领域的重大问题进行深入系统的研究,特别是把抗战大后方各省历史文化研究放在中国共产党领导的新民主主义革命历史的大背景中去探讨,放在中华民族由衰败走向振兴的重大转折历史进程中去研究,放在世界反法西斯战争的大背景中去审视,从而全面反映抗战时期大后方各省的历史文化面貌,探讨抗日战争给大后方各省带来的重大影响和变化,彰显大后方各省对抗日战争最终胜利的重大贡献。

《中国抗战大后方分省研究丛书》是重庆市社科规划抗战文化重大专项“西部省区市抗战大后方历史系列研究”的最终成果,同时也得到国家社科基金抗日战争研究专项重大项目“中国抗战大后方文献资料整理与研究”和国家出版基金项目的资助，丛书包括《抗战大后方的四川》、《抗战大后方的贵州》、《抗战大后方的云南》、《抗战大后方的广西》、《抗战大后方的甘肃》、《抗战大后方的宁夏》、《抗战大后方的陕西》等，编著者们皆系长期从事中国近代史、抗战大后方历史研究的专家学者。丛书自2012年立项以来，历经近10年的研究、撰写、评审和修改完善，力图全面系统呈现抗战大后方各省区波澜壮阔的历史画卷，对四川、贵州、云南、广西、甘肃、宁夏、陕西等西部7省区进行深入精细的个案研究，对拓展抗战大后方研究领域、改变大后方研究区域失衡、加深中国抗战大后方历史文化研究有重要意义，也是抗战大后方研究突破学术弱项瓶颈、实现“可持续发展”的一次学术创新。

丛书最终得以顺利出版，除了各卷编者辛苦耕耘、精诚协作之外，还要感谢西南大学出版社的鼎力支持。同时，也要由衷感谢各位评阅专家提出真知灼见，编著者在学习吸收专家们宝贵意见的基础上，通过不断修改打磨，才使丛书以当前更为完善的面貌呈现，顺利付梓。

是为序。

前言

20世纪三四十年代的中国抗日战争，作为“战争史上的奇观，中华民族的壮举，惊天动地的伟业”①，在中国近现代史上意义重大，影响深远。八年全面抗战是近代中国反侵略斗争史上规模最大、社会动员程度最广、中华民族空前团结、中国人民爱国主义精神空前高昂的民族抗战史诗。抗日战争时期，面对日本侵略者的侵略，在国破家亡和民族危殆的严峻形势下，中国各族人民及社会各界各阶层爱国人士与海外华侨华人，响应中国共产党抗日民族统一战线的号召，在第二次国共合作的基础上，团结一致，救亡图存，前赴后继，勇抗强敌，汇聚成声势浩大、气壮山河的民族解放战争洪流，谱写了悲壮惨烈的抗日御侮历史篇章。抗日战争是近代中国反侵略斗争史上中国第一次完全、彻底打败外国侵略者并迫使其无条件投降的民族解放战争。回望百年中国历史，

① 毛泽东：《论持久战》，《毛泽东选集》第2卷，人民出版社1991年版，第474页。

"从19世纪40年代起,到20世纪中期共计105年时间,全世界几乎一切大中小帝国主义国家都侵略过"中国,"除了最后一次,即抗日战争"外,"没有一次战争不是以我国失败,签订丧权辱国条约而告终"①。而抗日战争的胜利,雪洗了近代中国百年国耻,扭转了自1840年鸦片战争以来面对帝国主义列强的侵略而屡战屡败、任人欺凌宰割的颓势,战后中国跻身于世界四大强国行列,国际地位空前提高,国际影响力显著增强。同时,抗日战争的胜利,不但使中国"赢得战争,赢得和平",也为中国社会的进步扫清了障碍。因此,抗日战争对中国争取民族独立与人民解放、实现国家富强和人民富裕、加速社会现代化转型具有里程碑式的意义,是近现代中国从沉沦走向崛起的关键,是中华民族朝着民族复兴伟大目标奋进道路上的重大转折。

抗日战争时期,四川②是中国抗战的大后方,是国民政府坚持抗战、争取胜利最重要的人、财、物供给基地。特别是1938年底武汉会战结束后,由于东北、华北、华东、华中、华南等大片国土沦陷,中国传统的人口稠密、交通便利、经济富庶的沿江沿海发达地区或沦入敌手或成为战区,国民政府以中国地广人稀、经济落后的西南、西北地区为其坚持抗战、争取胜利的战略大后方和人、财、物等战争资源的后勤补给基地,四川即凭借着在中国西部各省中人口相对较多、经济相对发达和资源相对富裕等优势条件,成为中国抗战大后方中最重要的人力、财力、物力等战略资源的后勤供给基地。四川在中国抗战中的战略地位至关重要,战略支撑作用十分突出。四川人民在中国共产党倡导的抗日民族

---

① 毛泽东:《对〈关于工业发展问题〉初稿的修改》,1963年8—9月,中共中央文献研究室:《建国以来毛泽东文稿》第10册,中央文献出版社1996年版,第347—349页。

② 历史上,在1997年成为中央直辖市以前,重庆市一直属四川省行政管辖,是四川省行政区划中的重要部分,四川地区也因此在历史上长期被称为"巴蜀地区"。考虑到本丛书中已有《重庆抗战史》专著出版,本书将尽可能地避免利用关于重庆抗战历史的资料和内容,但为了尊重历史的原貌,也因为材料使用和内容论述上有时候的确难以避免,本书在写作中也会多多少少涉及有关今重庆市行政区域内抗战历史的材料和内容,重复累赘之处,特此说明并请识者谅解。

统一战线旗帜的引领下，在国共合作、共御外侮的政治局势下，与全国各族人民一道，齐心协力，共赴国难，出人出粮，参军参战，在抗日战争史上留下了永垂史册的功绩，做出了举世公认的杰出贡献。

从相关的统计资料看，仅仅是从1937年7月到1945年8月的全面抗战期间，四川即为中国抗战提供了巨量而且是源源不断的人、财、物等战争资源的供给。简要言之，四川对中国抗战的战略支持和突出贡献，可以概括为“三出”，即“出人、出钱、出物资”。

首先是出人。一是兵员的提供。全面抗战期间，除被称为“川军”的四川地方部队直接出动6个集团军另2个军、1个独立旅，共40余万人开赴抗日前线参加对日作战外，每年还向国民党军输送了10万至30万名壮丁——也就是说，全面抗战期间，四川向国民党军提供、补充的兵员总数达257.8万余人（尚未包括西康所征的30余万和国民党军特种部队和军事学校所征的10余万人），约占全国同期实征兵员总数1 405万余人的20%左右，为当时全国最大的兵源省份。当时，四川每十五六个人中，即有一人当兵上前线；全国抗日军人中，每五六个人中即有一个四川壮丁。由于四川出川抗日军人的数量巨大，以致当时有“无川不成军”之说。大量的四川军人奔赴抗日前线英勇杀敌，浴血疆场，为中国坚持抗战、争取胜利付出了沉重的代价和惨烈的牺牲。据何应钦《八年抗日之经过》一书统计，全面抗战期间，四川出川抗战官兵阵亡263 991人，伤356 267人，失踪26 025人，总计损失646 283人（这一数字同样也居全国各省之冠），约占同期国民党军伤亡总数322万余人（其中阵亡约132万余人）的20%左右。为国捐躯的川军将士中，有饶国华、王铭章、李家钰、许国璋等4位将官,及校官9人、尉官21人。[①]二是民工的征用。据统计,全面抗战期间,国民政府在四川征用民工的总数在500万人以上,广泛地使用于筑路、造船、修机场、疏浚航道、建设军事工程、搬运军用辎重物资等各种抗日军事工程。例如,为改善四川境内的水陆交通运输条件,保障军事交通的顺畅,前后征用民工250余万,用于抢修川陕、川黔、川滇、川湘等干线公路及其他通达抗战前线的出入川境道路,整治川江航道等;征用民工90余万,用于新建、扩建成都、新津、温江、邛崃、彭山、广汉、德阳、重庆、梁山等33处空军基地;1937~1939年期间,征用民工625 890人,用于四川的交通和军事工程建设(工程养护、打杂等用工尚未统计在内);征用大量的民工承担运输军粮、军用辎重物资等力役,等。[②]

其次是出钱。一是在财政上对国家抗战的强有力支持。在抗战进入相持阶段,华北、华东、华中、华南等沿江沿海经济富庶地区沦陷或成为战区,西部各省经济落后、实力较弱,在国民政府财政收入来源大幅减少的情形下,四川负担了国家财政总开支的三分之一以上。据相关的统计资料,全面抗战期间,国民政府总支出为14 640余亿元(法币,下同),四川负担了约4 400亿元,占30%以上。在抗战最困难的时候,四川甚至承担了国民政府财政支出的50%以上,是负担国家财政支出最多的省份。这还不包括诸如发行公债、各种摊派和募捐等非正税收入。[③]二是开展各种名义、多种形式的抗日献金活动,为国家提供财政税

① 周开庆:《四川与对日抗战》,台湾商务印书馆1971年版,第246—247页。刘一民:《论抗战时期四川农民对兵源和后勤的贡献》,李仕根:《四川抗战档案研究》,西南交通大学出版社2005年版,第108—109页。按,该论文集中还有李仕根:《抗日战争时期四川人民的深重灾难与突出贡献》,马振犊等:《中国第二历史档案馆有关抗战时期四川省档案的综述》,王晓春:《简述川军出川抗战》,赵永康:《川军抗战新论》等多篇文章,亦言及川人对中国抗战的兵员贡献,兹不逐一赘引。

② 刘一民:《论抗战时期四川农民对兵源和后勤的贡献》,李仕根:《四川抗战档案研究》,西南交通大学出版社2005年版,第109—110页。

③ 周开庆:《四川与对日抗战》,台湾商务印书馆1971年版,第278—280页。

收以外的抗战资金支持。据研究,全面抗战期间,四川开展的抗日献金活动主要有:募寒衣款、义卖献金、"七七献金"、献飞机、节约献金等。据不完全统计,仅仅在1939年2月26日到3月12日重庆市举行的抗日献金竞赛活动中,社会各界群众即捐款献金500余万元;1941年2-3月由四川省动员委员会发起的出钱劳军竞赛活动,重庆共献金398 033元,成都共献金40余万元;1943年冬到1944年5月的第一次节约献金运动,四川14个县市共计献金约1.4亿元;1944年5月到当年11月底的第二次节约献金运动中,仅自贡一地的群众就在7月22日的大会上献金1.3亿元(此外还献有金戒指130个、金镯子11只等),四川全省总计献金在5亿元以上。面对着四川人民踊跃献金支持国家抗战的热烈情形,著名爱国将领冯玉祥深受感动,说:"抗战以来,川省出钱、出兵、出粮、出力甚多……爱国热忱,处处表现。""本人数日来所经各地,不论男女老幼,莫不热烈响应,人人自动争先献金,爱国但恐人后,令人敬佩感动,此为四川之光荣,亦为我国前途之光明"。①

再次是出物资。一是粮食的供给。抗战期间,四川作为抗战大后方重要的农业大省和粮食主产区,承担了大后方粮食供应总量的三分之一以上。相关的统计数据显示,仅仅在1941~1945年间,国民政府即以田赋征实、粮食征购征借、捐献等方式,征收粮食84 430 748市石,"占全国起征稻谷总量的38.75%,即就全国征起谷麦总量比较,亦占31.63%"。②另据统计,从1941~1945年间,四川还共计捐献军粮7 100万石,成为这一时期全国提供粮食最多的省份。有必要指出的是,抗战时期四川对国家抗战的粮食贡献,是在本省粮食生产并不足以满足本

① 周开庆:《四川与对日抗战》,台湾商务印书馆1971年版,第282—287页;潘涯滨:《抗战时期四川节约献金运动》,李仕根:《四川抗战档案研究》,西南交通大学出版社2005年版,第147—151页。

② 徐堪:《抗战时期粮政纪要》,《四川文献月刊》第11、12期合刊,第13页。

省居民粮食需求甚至不时发生粮食恐慌的情形下，通过实行“一日两餐”、“以苕藤菜叶及杂粮充食”等节衣缩食的措施，压减四川人民的粮食需求而做到的。这种舍小我为国家抗日做贡献的活动及蕴含于其中的爱国主义精神，确实难能可贵。二是四川各地的工矿企业，加紧生产，为抗日前线提供了大量的武器弹药、服装及其他物资。据统计，全面抗战期间，国民党军正面战场作战部队平均每月损耗步枪8 368支，轻机枪515挺，重机枪119挺，迫击炮59门，枪弹17 811 666粒，迫击炮弹62 997颗。而在这期间，包括四川在内的抗战大后方各地兵工厂合计每月共生产步枪5 675支，占损耗数的68%；轻机枪444挺，占损耗数的86%；重机枪195挺，占损耗数的16.4%；迫击炮144门，占损耗数的24.4%；枪弹11 151 685粒，占损耗数的63%；迫击炮弹62 411颗，占损耗数的99%。[①]三是开展捐献飞机、征募寒衣等活动，向抗日前线提供从服装、鞋袜到飞机、坦克等各类军事物资。为解决抗日前线将士过冬御寒的问题，1937年8月，四川省抗战后援会发起缝制12万件寒衣的运动。从1937年冬到1938年1月，仅重庆市人民就捐寒衣款20余万元，赶制棉背心4万余件；重庆被服厂工人赶制棉衣30万件。1939年9月25日，四川省征募寒衣运动委员会又决定全川征募寒衣的数量：特等县2 000件，一等县1 500件，二等县1 000件，三等县600件，形成了有组织、有计划的常态化寒衣征募活动。又如捐募献机活动，1938年4月，重庆市儿童发起捐购中国儿童号飞机运动，并成立了中国儿童号飞机全国筹募会；1940年10月，中国防空建设协会四川分会发起献机100架运动，并于次年2月确定配额，由各县捐款购买，其中仅合川一县，就捐募资

① 兵工署外勤司：《三十六年度械弹补充损耗数与抗战各年度平均补充损耗数比较表》(1948年7月1日)，原件藏中国第二历史档案馆，转引自陆大钺：《抗日战争时期我国兵工企业内迁述论》，李仕根：《四川抗战档案研究》，西南交通大学出版社2005年版，第19页。

金30余万元，购买飞机3架；1941年，自贡富荣盐场在“一元献机运动”中捐募资金80余万元，购买飞机4架；1943年，在“一元献金运动”中，成都市筹捐135万元，乐山各界捐募300余万元，四川各地妇女捐募268万元，等等。[1]

对于四川人民在抗战时期支持国家抗战的突出作用和积极贡献，国共两党均给予了高度评价和充分肯定。1945年10月8日，中共中央南方局主办的《新华日报》在一篇题为《感谢四川人民》的社论中评价说：“在八年抗战之中，这个历史上最大规模的民族解放战争之大后方的主要基地，就是四川。自武汉失守以后，四川成了正面战场的政治军事财政经济的中心，随着正面战线内移的军民同胞，大半居于斯、食于斯、吃苦于斯、发财亦于斯。”“四川人民对于正面战场，是尽了最大最重要的责任的。直到抗战终止，四川的征兵额达到三百万零二万五千多人；四川为完成特种工程，服工役的人民总数在三百万人以上；粮食是抗战中主要的物质条件之一，而四川供给的粮食，征粮购粮借粮总额在八千万石以上，历年来四川贡献于抗战的粮食占全国征粮总额的三分之一……此外各种捐税捐献，其最大的一部分也是由四川人民所负担。仅从这些简略统计，就可以知道四川人民对于正面战场送出了多少血肉，多少血汗，多少血泪！”“我们想到四川人民，真不能不由衷地表示感激”。[2]国民党方面，1944年6月，蒋介石指出：“川省同胞，遵奉国家至上、军事第一之要旨，忠诚奋发，同心勠力，以收动员人力财力之功。每年粮政兵役所负担之数量均属甲于各省。输将慷慨，缴纳必先，丁壮从戎，踊跃恐后。推而至于增产、运输，募债、献金等一切有关抗战之工

① 潘涯滨：《抗战时期四川节约献金运动》，李仕根：《四川抗战档案研究》，西南交通大学出版社2005年版，第147—149页。
② 四川省档案馆：《川魂：四川抗战档案史料选编》，西南交通大学出版社2005年版，第455—456页。

作，莫不有优良之表现。”[①]1945年9月3日，四川省主席张群发表《胜利日感言》说，全面抗战期间，“四川应征赴敌之壮丁，达300万人以上。征购捐献粮食约7 100万石（未包括1945年征购粮——编者）。建筑空军基地33处，征工90万人。其他建设、运输公役以及公债储蓄税捐等各项负担，无一不超过全国其他各省”。1945年5月7日，《新民报》社论《莫忘四川》亦说：“四川对于抗战的贡献是特殊的，抗战期中，四川不仅为中枢政府所在，容纳了所有全国性的行政机关，养活了不愿做奴隶的官民，就以支持抗战一事而论，征兵征粮，以四川的负担为最重；出钱出力，又总是率先倡导。假如没有四川，我们就不能想像抗战何以能支持如此之久。”[②]四川为中国坚持抗战、争取胜利所做出的突出贡献和巨大牺牲，作为四川近现代历史上的光辉一页，必将万古流芳，永垂史册。

前事不忘，后事之师。自1945年8月中国抗日战争胜利迄今，时间已经过去了70余年——这就意味着，中国抗日战争已是距今70多年前的往事。70余年来，岁月流逝，物换星移，世界和中国已经发生了地覆天翻、沧海桑田的巨变。70余年来，中国早已经是旧貌改新颜——昔日贫弱落后、饱受列强侵略欺凌、忍辱含垢的落后中国已一去不复返，一个大步走向现代化的新中国正以繁荣兴旺、国强民富的雄姿傲然屹立于世界。而与此同时，在经历了70余年的风雨磨损和岁月侵蚀以后，无数有关中国抗战的历史证据却已经或正在遭受令人痛心并且是不可逆转的严重毁坏：大量珍贵的历史文献、文物流落散佚而已不知所终；许多意义重大的抗战遗迹亦在现代化浪潮中被人为破坏——当年铁马金戈、硝烟弥漫的战场，已变身为高楼林立、车水马龙的繁华都市；那些深狱黑牢、屠杀刑场、慰安所等反映日本侵略者淫掠暴行的重要见证，

① 周开庆：《四川与对日抗战》，台湾商务印书馆1971年版，第267页。

② 四川省档案馆：《川魂：四川抗战档案史料选编》，西南交通大学出版社2005年版，第437页。

已变成人潮汹涌的商厦、游客如织的景区、市民居家的楼盘、机声隆隆的工地……同时,在经过70余年的岁月侵蚀以后,当年艰苦卓绝、悲壮惨烈且令当事人刻骨铭心、终身难忘的抗战历史,在今人眼里已是遥远的过去、尘封的旧闻,是脑海中日渐淡漠、印象模糊的历史记忆。据说,前几年《中国青年报》曾以"你所知道的抗战历史"为题,对45岁以下的中青年人群做过一次调查,"调查结果让人吃惊:青少年对抗战历史的'无知化'比例惊人"。[①]当今的年轻一代易于把当年几百万四川健儿慷慨奔赴抗日前线,奋勇杀敌的历史事实,误解为"王保长抓壮丁"等闹剧也就不足为怪。这一现象表明,认真研究中国人民抗日战争史,深入研究四川人民为抗战付出巨大牺牲和做出伟大贡献的历史,尽可能还原历史的真面目,已是十分紧迫的任务。

历史是最好的教科书,作为人类宝贵的精神文化财富,不仅为人类社会的生存发展提供精神家园,为人们强化民族认同、国家认同提供精神文化的支撑,也为人们努力奋斗,推动社会朝着理想目标前进提供精神文化的强大动力。对于抗日战争这一对近代中国历史走向和中华民族前途命运具有特别重大意义和深远影响的历史事件,我们不应该,也没有资格淡忘或者失忆。有鉴于此,我们不揣浅陋编写本书,一则表示对当年先辈为争取中国抗日战争胜利而驰骋疆场、浴血牺牲之英勇史事的怀念,同时期望能唤起并强化国人对抗战历史的铭记,永志不忘抗战先烈及其丰功伟业,也期望对推动抗战历史研究起到一定的抛砖引玉作用。

① 参见郑光路:《四川大抗战·前言》,四川人民出版社2013年版,第2页。

目 录

第一章

四川在中国抗战中的重要战略地位与战前四川局势

一、四川是中国战争史上兵家必争的战略要地

四川是中国西部重要的省级行政区之一。它地处中国西南内陆腹地，“扼长江之上游，为康藏出入之咽喉”。东邻湖南、湖北，南接云南、贵州，西连西藏，北与青海、甘肃、陕西接壤。①根据统计资料，抗战期间，四川省总面积303 368.18平方公里（民国三十四年即1945年数据，康区未计入），人口8 042 584户、47 500 587口（民国三十三年即1944年数据，康区未计入）。②四川盆地是四川的腹心地区，总面积26万多平方公里。在地形上，四川盆地分为盆地底部（16万多平方公里）和边缘山地（10万余平方公里）两部分。其中的盆地底部由成都平原、川中丘陵和川东平行岭谷三个地理单元构成。四川盆地内人烟稠密，物产丰裕，既盛产粮食、果蔬等农产品，也有着山林、竹木、盐铁之富饶。成都平原是四川盆地内的经济发达之区，总面积6 200余平方公里，因都江堰水利工程所提供的自流灌溉条件而具有“沃野千里，水旱从人，不知饥馑，时无荒年”的有利农耕的经济格局，并因农工商业的发达而在历史上有着“天府之国”的美誉。四川盆地内的成都、重庆两座特大中心城市，分居于盆地的西北和东南，如双峰并峙，成为四川盆地，也是西南地区的政治、经济和文化中心。

从军事地理学的视域看，四川不仅易守难攻，而且具有退可守、进可攻的优势。四川盆地周围是连绵延亘的高山大川——北有秦巴山脉，东有长江三峡，西有青藏高原，南有横断山区，山川环绕，屏障重叠，地势险固。敌如进攻，必受崇山峻岭、江河急流的重重阻隔而前进困难；我若反击，则有居高临下，顺势冲击而锐不可当之利。此外，在中国军事战略的版图上，四川虽处于西南一隅，但却处于十分重要的地位。即：从中国国家统一和国防安全的战略版图上看，四川具有退可凭险固守，控驭西南，雄据一方；进可制南北之命脉——北走汉中出陕甘，可窥伺中原，东出三峡，可顺长江而下扫荡荆楚，席卷江南。有研究者指出，如果把中国的国防战略态势比喻成一个围棋棋盘，则四川和关中、河北、东南为其四角，山西、山东、湖北和汉中为其四边，而构成共同拱卫中央腹地之战略态势。不过在这几

①四川省档案局(馆)：《抗战时期的四川——档案史料汇编》(上)，重庆出版社2014年版，第71页。

②四川省档案馆：《抗日战争时期四川省各类情况统计》，西南交通大学出版社2005年版，第16、29页。

大战略要地中，若论山川险固与地形之利，则以四川为最。即研究者所指出的："自蜀江东下，黄河南注，而天下大势分为南北。故河北（黄河以北之地）、江南为天下制胜之地，而挈南北之轻重者又在川、陕。夫江南所恃以为固者，长江也，而四川据长江上游，下临吴、楚，其势足以夺长江之险；河北所恃以为固者，黄河也，而陕西据黄河上游，下临赵、代，其势足以夺黄河之险，是川、陕二地常制南北之命也！"[①]故此，每当中国爆发区域性局部战争或全国性战争时，四川即因其险固的军事地理优势和人口甚众、物产丰饶的经济地理环境，而成为战争各方激烈争夺的战略要地。

从历史上看，四川也因其重要的战略地位而在历代王朝鼎革、国家统一的战争中多次扮演十分重要的角色。从西周武王伐纣、秦朝一统天下、刘邦与项羽争霸的楚汉战争、西晋统一，到蒙古攻宋、明清易代等，四川地区都是战争各方激烈争夺的军事要地。西汉高祖刘邦、西晋司马氏政权及隋、唐王朝等，均是以四川盆地为战略基地，经过在蜀中充分备战和集聚力量，然后顺长江而下，冲出三峡，取得了统一全国之战争的胜利。[②]在近代历史上，四川也在晚清、民国一些重大历史事件中起了至关重要的作用。辛亥革命中，四川保路风潮中的保路同志军武装起义将湖北新军吸引入川，从而导致了清廷武汉三镇军事力量的削弱，为武昌首义的爆发提供了重要前提条件，实际上成为武昌起义乃至辛亥革命胜利的导火索；护国战争中，袁世凯最亲信的心腹党羽陈宧在四川宣布独立，是对袁复辟帝制幻梦的致命一击。

总之，四川具有得天独厚的战略地位——虽偏处西南一隅，却是中国历史上国家统一或南北对峙、群雄割据纷争的战争中兵家必争之战略要地；在近代中国反侵略战争和现代国防战略布局中，亦是十分重要的战略支撑点。

①饶胜文：《布局天下：中国古代军事地理大势》第二章《四角的军事地理形势》第四节《山川险固，天府之土——四川》，解放军出版社2006年版。

②相关的详细论述可参见任昭坤、龚自德：《四川战争史》，四川人民出版社2009年版，兹不赘述。

二、日本侵略者对四川的觊觎和窥伺

中国和日本是一衣带水的东亚近邻。在历史上，日本曾长期落后于中国而以中国为师，从政治（仿效中国以皇帝年号纪年，建立以皇帝为国家最高权威和中心的中央集权政治体制，以中国唐朝的律令制度为蓝本进行律令制度的建设等）、经济（学习中国的均田制和租庸调制，实行土地分配上的班田制和赋税徭役征发上的租庸调制等），到文化教育（从儒学、佛教到日本文字的创制）、生活习俗（从建筑风格、饮食起居到花道、茶道等）等方面，全面学习中国，并因而推动了古代日本在政治、经济、文化、社会、习俗等各个领域的全面进步。迈入近代以后，中日两国走上了不同的发展道路。中国在西方资本主义列强的侵略下陷入了没落衰败的境地；日本通过"明治维新"走上了资本主义道路，并在发展资本主义的过程中，走上了对内以武士道精神控制日本国民，对外穷兵黩武，疯狂扩张侵略的军国主义道路，成为亚洲乃至世界侵略战争的祸根。

近代日本帝国主义侵略野心不断膨胀，侵略中国的活动不断加强。随着其侵略势力不断地渗透和深入中国内陆腹地，其侵略的目光也逐渐地瞄向了四川。从目前已经公开的历史资料和有关研究成果来看，近代日本帝国主义对四川地区的觊觎、窥伺及其侵略活动，主要表现在晚清民国时期日本人对四川及长江上游地区持续的勘察、日本军方关于四川地区的兵要地志和军事地图编绘，以及抗战期间侵华日军策划的"四川作战计划"等三个方面。近代史上（含抗日战争时期）日本对四川地区的觊觎和窥伺，实际上是从另一角度，即从敌方的角度说明了四川在中国近代反抗外来侵略斗争及中国抗战史上战略地位的重要性。故有必要在此略费篇幅予以考述。

（一）晚清民国时期日本人对四川及长江上游地区的考察调研活动

相关的研究成果表明[①]，晚清时期起，日本人就以来成都、重庆及四川省内各府、州、县的新式学堂或私人家庭做教习或者经商、游历等途径和方式，对四川及

①蓝勇：《近代日本对长江上游的踏察调查》，《中国历史地理论丛》2005年第20卷第3期；许金生：《近代日本对长江航道军事谍报活动概述》，《民国档案》2013年第1期。

长江上游地区的实地进行考察调查、收集资料，为其侵略活动服务。据研究，仅在1900年到1911年间，来华活动并有姓名可以稽考的日本教习总计430人，其中就有83人在四川，占这一时期在华日本教习总人数的19.3%。在四川活动的日本教习，分布于成都、重庆等省内17个府、州的34座学堂，基本上遍布了四川盆地的各重要地区，其教学范围则广泛地涵盖了综合、军事、工业、农业、铁路、师范、外文、医学、测绘等近代科学的各学科及领域。在对四川各地的考察游历方面，“日本近代半个世纪对长江上游的考察踏察，在主观上无不透露出对中国经济文化侵略的潜在意识”。[①]如光绪二年(1876年)，日本人竹添进一郎从北京南下，经河北、河南、陕西到四川、湖北，以游历为名对沿途各地的风土民情进行了为期4个多月的考察。在其留下来的《栈云峡雨日记》中，就对长江三峡的垦殖情形，四川地区的茶叶、金银、煤炭、蚕丝、井盐、药材等物产，成都的古董、书画市场，四川各地的旅店客栈以及盗贼活动情形，基督教会在四川的活动，四川人“刚直剽悍，风采温和”的人文气质等，均有记载。其后，随着日本对四川及长江上游地区的关注越来越密切，其考察调查活动及成果也越来越细致深入。如1896年，由日本农务部、商业专科学校、轮船公司、新闻记者、商人等组成的代表团，利用访问重庆的机会，对重庆的票号、当铺、信局、度量、运费、兑率、地价、工资、市场等经济状况进行了全面、详细而极具针对性的调查。[②]在1907年发表的《支那经济全书》对四川会馆、长江航路、重庆和宜昌的邮局、上海和汉口的四川商帮、四川地区的金矿、石油、石炭、沙金等物产、重庆的书店和出版业情况等，做了比较详细的记录。1909年，四川高等学堂日文教师山川早水以其1904年3月至7月在四川境内各府、州、县的游历日记为主而著作的反映清末四川情况的《巴蜀》一书，把晚清时期日本人对四川风土民情的考察记述推向了一个高峰。在这部20多万字、图文并茂的著作中，山川早水详细记录了四川各地的风土人情、民生状况、政治制度和历史古迹等。其中对旅店、葬俗、旌表前贤、官场应酬、救生红船、妓船和三峡沿岸民妓、纤夫等中下层民众状况的记载尤有价值。比如对成都的记载，就详细地记录了成都的城墙、市街、外国人的状况(特别是在成都的英、法、美、德等国侨居人数的统计)、外国商品行情、外国人办的工厂和学校、蜀人的气质、成都的报刊以及古董、古迹名

①蓝勇、阚军:《近代日本对于四川文化教育的影响初探》,《中华文化论坛》2004年第3期。

②周勇、刘景修:《近代重庆经济与社会发展》,四川大学出版社1987年版,第137页。

胜等。同时还记载了川汉铁路和成都军征巴塘等晚清民初四川重大政情。特别记载了旅蓉日本人的职业分布及其服饰、居室、食物、交际、疾病、通讯条件等状况。对重庆的记载，则侧重于记录外国人在重庆的状况，关注重点是在重庆的日本商人与美国人、法国人所开设的医院等。继山川早水之后，日本人不断发表对四川地区的考察游历及四川政治经济状况的著述。如《云南四川踏察记》（米内山庸夫，1910年）、《支那大陆横断游蜀杂俎》（中野狐山，1913年）、《支那长江贸易详览》（伊夫伎孙治郎，1922年）、《长江漫游日记》（高山庆，1926年）、《支那四川省的蚕丝业》（日本蚕丝业同业组会中央公会，1927年）等。这其中，尤其以上海日本人实业协会编的《中部支那经济调查》（1915年）、日本东亚同文书院在组织学生多批次实地调查基础上编著的《支那省别全志·四川卷》（1917年）、神田正雄《四川省综览》（1936年）等考察报告特别值得关注。其中，《中部支那经济调查》一书中的四川一章，约40万字，记载关于四川地区物产、商贸等经济信息非常详尽仔细。如对四川矿产资源情况，就分别以金、银、铜、铅、铁、煤、盐等类别来记录，还列了一个矿山名目表，对四川矿山各种矿产的成分以及各矿的情况都做了详细记载。交通状况方面，不仅记载了川江航运中400多种货物的运价、48种民船以及各船的船夫与纤夫的数量，还记载了计划修筑的川粤铁路（从广东钦州经广西、贵州、云南到四川）、同城铁路（经山西、陕西，从四川广元入川到成都）和粤渝铁路等重要交通干线的走向与行经路径。城市经济方面，除对成都（出口贸易、金融、工农业、科学技术、商业、矿业、教育机构等状况）、重庆（电力、瓷器、制革、纺织、硫磺等工业情况）这两个四川盆地中心城市的经济文化状况做了详细的调查与记录外，还对荣昌（扇子、麻布）、隆昌（夏布）、自流井[①]（制盐）、资州（金融与厘金）等四川主要城镇的经济状况做了详细的考察和记录。《支那省别全志·四川卷》一书50多万字，共十编，除第一编为四川省情总述外，其余九编分别记录了开埠城市重庆和万县、四川的贸易情况、四川各府州县治所的状况、交通和运输部门、邮政和电信、主要物产和工业、商业机关及商业习俗、货币与金融机构以及度量衡等情况。该书还有一个十分显著的特点，就是对四川盆地内各城镇的专项考察和绘图记载比较详实。书中不仅有四川盆地内各县市治所的概述，还附有地形略图。《四川省综览》一书70多万字，不但详细记载了四川地区的自然地理环境，对经济情况的

①1939年，因盐设市，今为自贡自流井区。

介绍也更加细致详尽。并按照省会成都、开埠城市重庆和万县、川西区、川东区、上川南区、下川南区、川北区，依序分区介绍了四川70个重要市、县的经济概况；产业方面，按农业、工业、商业、矿业、出口分门别类地介绍；交通方面，按铁路、公路、航空、邮电等分别介绍。该书还记录了当时四川的民政、财政、司法、教育、建设、金融等方面的情况，介绍了其时四川的边区建设和新建设，并对嘉陵江小三峡建设和卢作孚乡村建设表示了极大关注，对民国以来四川发生的重大政治、军事事件，也按照袁世凯时代、护国战争、护法运动、军阀混战、四川与南京政府的关系、蒋介石对四川的态度、共产党的情况等，进行了详细介绍。对四川人的物质生活状况，其记载细腻至民居建筑、饮用水和地下水、照明办法、庭院花卉、衣服寝具、帽子与靴鞋、食物与嗜好等；对四川人的精神生活，则重点记录了婚丧祭祀之礼，以及各种风俗习惯等。从这些资料来看，抗战爆发以前，日本人对四川的考察调查已经相当深入细致。其考察的目光和调查的范围，不仅集中于地理环境、重要物产、交通状况、文化教育等领域，并且已伸展到了政治局势、风俗民情和精神生活等方面。其调查与关注的深度和广度，不仅英、美、德、法、俄等欧美列强所不及，就是中国人自己也没有做过这样深刻而广泛的调查。[①]

上述晚清民国时期日本人关于四川地区的自然地理、风土民情以及经济生活、文化教育、社会状况等的调查及其游历著述，与这一时期日本人在中国其他地区的同类活动及其著述一样，虽然有学术意义，但也不无为日本帝国主义侵略中国提供参考的价值。另外，由于日本军队中素有“战史旅行”或称为“参谋旅行”的训练科目，因此在近现代史上，不但是日本的谍报人员，就是日军的中高级军官也往往利用在中国内地游历或职务调动的机会进行实地侦察与谍报活动。从间谍侵略活动的视域看，近代日本人对四川地区的间谍侦察活动最早可以追溯到1888年。这年，精于测绘的日本间谍石川伍一环四川盆地游历一周并深入康藏地区侦察，其所完成的大型间谍报告，成为日本得到的最早的四川地区的情报。1915年（大正四年），日军参谋本部编印的《四川事情》一，反映了日本侵略者对四川地区间谍情报活动持续进行的状况。

①蓝勇：《近代日本对长江上游的踏察调查》，《中国历史地理论丛》第20卷第3期，2005年7月。

（二）战时侵华日军关于《四川省兵要地志概说》和军事地图的编绘

近年来，在中国各地陆续发现了一批侵华日军使用过的军事地图。它们中有相当一些是战前日本侵略者乘当时中国政府关防不严，或者亲自潜入中国内地，或者收买汉奸，或偷窃中国地图地志，或擅自偷偷测绘制成。[①]例如，2006年1月下旬，成都市档案局就向社会公布了新发现的收藏在成都市档案馆内的国民党成都市警察局历史档案中一本标注为“四川省地区地图（军事秘密·部外秘）”案卷中的21张侵华日军军用地图。我们有幸亲眼目睹并参与了对这批抗战时期侵华日军军用地图的鉴定考证。

这批日本军用地图，图中标注有“昭和十六年制版，陆地测量部、参谋本部、支那派遣军测量班”的字样，以及大意为“限军内使用，对外秘密，极准确”的日文。由此可以判定，这些地图作为日本军队的专用地图，印制时间是在1941年至1942年期间，级别为“军事机密”、“极准确”，属于军队高级司令部、骑兵、机械化部队实施战役作战时所使用的军事地图。这21张地图中，除3张为当时绥远、宁夏两省部分地区的军事地图外，其余18张均为当时四川省南川县、云阳县、奉节县、宣汉县、开县等31个县、市的地形地貌图。每张完整的地图，均为长57.5厘米，宽45厘米，1/100 000的中比例尺地图，图上量度误差通常为70~100米，高度误差为20米。每张军用地图都清楚、明确地标注出了其所测绘的四川某一地区的地形地貌的标高、等高，河流桥梁、城镇的位置，城镇之间的道路里程、通达何处，植被覆盖情况等重要地理情况。与上述游记、《支那经济全书》、《四川省综览》等书中关于四川情况的图片相比较，这些军用地图因为更加局部，也就描绘得更加细致入微

①根据相关的报道和研究，目前在中国各地档案馆或民间收藏者手中，可能存藏着数十万张抗战时期侵华日军使用过的军事地图。如湖北省档案馆，即藏有战时日本军用地图55册、1万余张。从这些军事地图看，从晚清即日本明治时期起，日本间谍便在中国各地偷窃或偷偷测量地形绘制军用地图，为其武力侵华预做准备。据说，后来成为侵华日军总司令的冈村宁次大将就曾18次进入中国做情报工作并收集了大量中国的兵要地志资料。北伐战争期间，冈村还利用为北洋军阀孙传芳当顾问的机会，将孙军总司令部的华中中部地区五万分之一比例的军用地图偷走带回日本交呈日军参谋本部并因此获得嘉奖。曾任日军方面军参谋长和大本营作战部长的宫崎周一中将说，侵华日军在武汉作战及中国大陆各次作战中，都多次利用这份五万分之一比例的地图。1923年，后来成为南京大屠杀主犯之一的佐佐木到一中将也利用在中国担任孙中山军事顾问的时机，偷走200余张十万分之一比例的广东、广西两省地形图。中国方面的有关报道和研究，可参见十四军：《日本侵华使用的中国军用地图》，《出版参考·新阅读》2005年第10期；沈尼克：《侵华日军对中国地图的盗测》，“新浪博客”2012年2月28日；《侵华日军盗测中国地图》，“湖北档案网”2014年9月12日；袁村平：《70多年前日军侵犯浏阳，13张军用地图铁证如山》，湖南“浏阳红网”2014年12月22日；于冬：《把这个国家偷走：从潼关保卫战看日本盗测中国》，《南方周末》2015年7月16日等。日本方面近年来的研究成果，亦有小林茂著《外国地图——日本帝国的亚洲地图》(2009年版)、牛越国昭著《对外秘密军用地图的潜入盗测——外国测量和村上笔记研究》(2011年版)等。

——不仅对大路小道、河沟津梁、山坡丘陵等地理状况一一清晰标明，而且对农田、农舍、竹林等地标也做了详细的标注。很显然，这样的地图，并不是旅行者游历途中兴之所至的随手绘记，也不是出于商旅行路的方便或者商业贸易需要而进行的绘制，而是具有军事侵略目的和作战用途性质的军事地图。据说，这是中国现代史上唯一发现的日军预备侵占四川的军事作战地图。

当时在鉴定现场，我们即提出，这些侵华日军的军用地图，既是极其珍贵的历史文物，又是研究抗日战争史的最新实物证据和非常重要的史料。在这批侵华日军的军用地图中，关于四川地区的军用地图数量即多达18张，颇能体现日本图谋侵占四川的整体战略意图。因此，这些侵华日军军用地图的发现，不仅对于推动抗日战争史的研究具有极高的学术价值和重大的现实政治意义，对于评估太平洋战争爆发以后的中国抗战态势颇有裨益，并且也有利于人们更加深刻地认识和更加准确地把握四川作为中国反侵略战争的重要支撑点和抗战大后方的特殊而重要的战略地位。①

此外，近年来陆续发现和披露的一些资料及研究成果亦表明，抗战时期，侵华日军为策划和实施进攻重庆，占领四川的军事作战，以迫使国民政府及蒋介石集团投降而从中国战场抽身，也始终没有放松对四川地区的侦察谍报和地形地图测绘等侵略活动。1942年，日军参谋本部以《四川事情》为基础，并参考侵华日军"现地军"的侦察谍报资料，编印了《四川省兵要地志概说》②，其准备进行的"5号作战"计划提供情报服务。在这部日军《四川省兵要地志概说》中，除了典型的兵要"八股"，即用兵的观察、地形、主要作战路、交通通信等八个方面的简要文字叙述外，其最精彩部分是图和表。其中，图有山川水系和分类的专图。如三峡要图、都江堰灌溉图、道路网图、主要作战路图、汽车道路图、通信网图、水运网图、飞机场和备降场图、民用航空线图、主要作战路沿途宿营力、作战给养力以及农产品图、自流井盐井位置图等等。书中所附各表，则有汽车道路情况表、交通部无线电

①"日军侵川'海盗图'亮相"，《四川日报》2006年1月25日。

②据沈克尼研究，抗战时期，日军曾编制过多种关于中国抗战大后方四川、陕西地区的兵要地志。如日军编制的陕西省兵要地志，至少就有5种。较早是1938年5月31日由日军参谋本部编印的《陕西省兵要地志概说》，其体例是按照常规，分为"用兵的观察、地形、主要作战路、交通通信、气象、航空、宿营给养、卫生"八项兵要调查提纲而逐项编写。其后，侵华日军寺内部队、驻蒙军司令部也曾分别编制过陕西省兵要地志。1942年6月，侵华日军"北支那方面军"参谋部编写《陕西省兵要地志略说》，则是直接为其进攻四川、陕西的"五号作战"计划服务而编制的。参见沈克尼：《日军川陕兵要地志与五号作战》，《军事史林》2011年第7期。

台机关表、河川航船表、四川省季节转换表,以及气象、航空气象、人口、户数、密度、粮产和家畜数量等表。其中尤其值得一提的是重庆、成都各机场位置等情况一览表。表中罗列了重庆广阳坝、珊瑚坝、鸡公岩、鱼洞镇、江津、白市驿等各机场的方位、跑道、可起降机种、通车等情况,并绘有机场略图。由这些表,人们不能不联想到当年重庆上空的激烈空袭与反空袭,以及围绕着空袭而展开的窃密与反窃密的谍报战。由于在"5号作战"计划中,日军提出使用空降兵,要求在强渡江河和秦岭山区作战时,航空兵要发挥巨大威力,因而其在四川的兵要地志中,就仔细地标绘出了27个飞机场和一些备降场的位置,以期为其所用。同样,因为强调利用汽车运输兵力以加快进攻速度,所以也在四川兵要地志中对汽车路绘图列表而提供详细的情报。《四川省兵要地志概说》中的图、表,有些是可以从当时国民政府公开的资料中摘录的,有些则需要派人到实地侦察才能获取。像《四川省主要作战路沿途宿营力概见图》中,对四川省各作战路沿途的主要城市,以日军大队(营)和师团(师)为单位,进行了军队驻屯与宿营力的判断估算。如绵州(今四川省绵阳市)的宿营力估计为六个大队,重庆则为九个师团。另外,侵华日军针对四川、陕西等中国抗战大后方的"5号作战"战役计划及其作战构想,也是根据日军参谋本部编印的川、陕兵要地志等资料而提出和制定的。例如,在《四川省兵要地志概说》第三章《主要作战路》中,首先就是《巴山山地南下作战路》——这也是日军"5号作战"计划的主要攻击方向(汉中—沔县—广元—剑州—梓潼—成都道)。另外,该兵要地志对日军第十一军由湖北宜昌方向沿长江溯江而上进攻的《楚西山地横断作战路(附扬子江作战路)》的记载中,既有集结地域的通道,也有进攻作战的通道,如"巴东—建始—恩施、黔江道"。这也就意味着,日军参谋本部编印的川、陕两省兵要地志中的"作战路"及其路线和内容,基本上也就是其"5号作战"中军队的行动方向的情报注释。除主要作战路线而外,日军关于四川省的1∶50万的兵要地志图中,许多山间通道走向,都标注着"谍者报"的字样。①

①沈克尼:《日军川陕兵要地志与五号作战》,《军事史林》2011年第7期。

（三）抗战期间侵华日军"四川作战"计划及其流产[1]

抗战进入相持阶段以后，随着国民政府西迁重庆和以四川为抗战大后方，日本侵略者也将战略进攻的目光投向四川，除经常派飞机对重庆、成都、万县、自贡、乐山等四川盆地内的大中城市及重要经济目标进行狂轰滥炸外，还于1942年、1945年两次策划和准备进攻四川，企图给国民政府和国民党军队主力以决定性的打击，从而达到迫使中国政府屈服和日本自己从中国战场上抽身并将兵力转用于南方太平洋战场和北方对苏战争准备的战略目的。

1942年5月，日军在太平洋战争初期取得短暂胜利，一批具有在华经历而又侵略野心空前膨胀的军界上层人物（如曾任华北方面军司令官、现任大本营总参谋长的杉山元大将，曾任过华北方面军参谋长、时任大本营参谋次长的田边盛武中将，曾任驻蒙军参谋长、时任大本营作战部长的田中新一中将，正在中国战场指挥作战的中国派遣军司令官畑俊六大将、中国派遣军副参谋长野田谦吾中将，华北方面军司令官冈村宁次大将等人）开始鼓动进攻四川。日军大本营也认为，从第二次世界大战之太平洋战场的总体战略态势看，"过去，重庆政权是以在内地存在这一事实而发挥影响，而如今（即太平洋战争爆发以后——笔者注）它将以策应美英反攻，作为反攻战线一个支撑点而发挥作用"；从中国战场上中日两军的战斗态势看，"重庆的抗战力在逐步衰弱，但其确信美英最终胜利，将依然不放弃继续抗战的意志"。[2]而日本"对华和平工作现已绝望"，"根据四川内地大致具备可以自给自足的各种要素，中国事变带有民族战争的色彩"[3]，果"不向四川进攻，（中国）事变得不到解决"；并强调提出，"重庆方面抗战力低落、财政拮据、物资不足、

---

①关于抗战中后期侵华日军策划、准备和中止"四川作战"的情况，已公开的中文历史文献主要有："中华民国史资料丛稿·译稿"：日本政府防卫厅防卫研究所战史室著，贾玉芹、高玉书译：《昭和十七、八(1942、1943)年的中国派遣军》，上、下册，中华书局1984年版；"中华民国史资料丛稿·译稿"：日本政府防卫厅防卫研究所战史室著，天津市政协编译委员会译：《昭和二十(1945)年的中国派遣军》，第一卷第一分册，中华书局1984年版；日本防卫厅战史室编纂，天津市政协编译委员会译校：《日本军国主义侵华资料长编》(日本《大本营陆军部》摘译)，中、下册，四川人民出版社1986年版等。研究成果主要有：沙劲松：《试论日本帝国主义进攻四川作战计划的破产》，《文史杂志》1989年第5期；龚自德：《抗日战争时期日军侵占四川的战略计划及其破产》，《四川党史》1989年第6期；李春华：《抗战时期日军的"五号作战计划"》，《纵横》2006年第2期；文锋：《进攻重庆——侵华日军未能实现的梦想》，《文史春秋》2006年第7期；胡德坤：《中国抗战与日本"四川作战"计划的破产》，《民国档案》2008年第4期等。兹不逐一赘注。

②"中华民国史资料丛稿·译稿"：日本政府防卫厅防卫研究所战史室著，高玉书译：《昭和十七、八(1942、1943)年的中国派遣军》，下册，中华书局1984年版，第3页。

③日本防卫厅战史室编纂，天津市政协编译委员会译校：《日本军国主义侵华资料长编》(日本《大本营陆军部》摘译)，中册，四川人民出版社1986年版，第191页。

民心动荡不安”，“如贯彻执行战略政略施策，使重庆愈益陷入困境，将有导致其屈服或崩溃的机会，至少可望以宽容的条件促成和平解决”。[①]于是，日本决定乘太平洋战场日军初战胜利之余威，调集主力兵团，向四川、陕西等中国抗战大后方地区发动大规模的战略进攻，并寻机歼灭国民党军主力，摧毁中国的西北、西南抗战大后方基地，“摧毁重庆继续战斗的意志”，“促使重庆屈服或崩溃”，彻底结束持续5年的对华战争。为此，日军参谋本部与中国派遣军司令部反复磋商研讨，提出了“西安作战”（简称“50号作战”）计划和“四川作战”（简称“51号作战”）计划，初步确定于1942年9月以后发动“西安作战”，拟出动5个师团的兵力，“以在黄河奇袭渡河开始作战，突破河岸敌第一线阵地，同时以主力在渭水北岸地区，以一部在渭水南岸地区作战”，战役目的是“歼灭西北正面之敌，攻占西安及宝鸡附近之要地，并力争切断西北通道，同时加强对重庆政权压迫之态势，以支持政谋两略的推进”。1943年春季以后再发动“四川作战”，拟出动11个师团的兵力（由西安、汉中方面约调8个师团，由宜昌方面约调3个师团），“利用大东亚战争的战果，伺机对四川平原实施进攻作战，歼灭该方面中国抗战军之主体，并攻占四川平原之要地，结合政谋两略促使重庆政权屈服、崩溃或分裂”。日军预计在这两个战役结束后，可攻占四川平原，“大致确保成都、重庆、自流井附近要地、沿长江地区及西安附近要地等”。[②]

随后，日本军部一些人提出，鉴于重庆、成都两地区的经济生产占了国民政府和中国抗战大后方经济生产总额的35%，加上昆明所占的15%，“两者合计约占50%”。日军如果集中兵力“攻占重庆、成都、昆明”，就“可能使（中国）内地生产的大约半数，受到决定性的打击”，给国民政府和中国抗战大后方的社会经济“造成局部的通货膨胀”，“使对日抗战领导者的蒋介石垮台”或“迫使蒋介石流亡”，并“使美英对蒋政权的军事、经济政策破产”。如果只是进行“西安作战”而不同时进行“四川作战”，对解决中国问题的效果就不大，甚至还可能“在战略上和战术上都有失败的危险”。[③]同时，在日军内部，除参谋本部和中国派遣军对西安作战“意向

①日本防卫厅战史室编纂，天津市政协编译委员会译校：《日本军国主义侵华资料长编》（日本《大本营陆军部》摘译），中册，四川人民出版社1986年版，第362、375、402页。

②日本防卫厅战史室编纂，天津市政协编译委员会译校：《日本军国主义侵华资料长编》（日本《大本营陆军部》摘译），中册，四川人民出版社1986年版，第364—366页。

③日本防卫厅战史室编纂，天津市政协编译委员会译校：《日本军国主义侵华资料长编》（日本《大本营陆军部》摘译），中册，四川人民出版社1986年版，第378—379页。

甚浓”外,“在其他部门却意外冷淡”。陆军省、海军和关东军等也出于如果持续进行“西安作战”和“四川作战”两场大规模的进攻性战役,就势必要从其他战场上抽调兵力和军用物资,从而不但削弱并影响中国派遣军在中国江南、华北、华南等地区的作战,并且也会削弱并严重影响到南方军在太平洋战场上的对美军作战和关东军在中国东北地区的对苏备战等战局形势,因此“对之有所疑虑”。[①]

在这种情势下,日军大本营和中国派遣军遂于1942年6月决定将“西安作战”合并到“四川作战”计划当中,随后又将“四川作战”计划的编号由原来的“51号作战”计划修改为“5号作战”计划,决定由华北、华中两个方面军联合进行“进攻四川的作战”,并明确提出:“所谓五号作战,是进攻四川省,占领重庆、成都等重要城市作战的代号”。[②]其战役目的,一是“严重打击”甚至寻机歼灭作为“重庆政权抗战重要支柱”的国民党中央军主力;二是通过“进攻其保有整个军需生产力约二分之一、最大的物资补充来源地,而且建有美英空军基地的四川”,“并占领四川省要地”,“摧毁(中国)抗战根据地,以促使重庆政权屈服或崩溃”,“即使蒋政权不屈服,也将名存实亡”,同时也“防止美英利用中国(四川)为基地”对日本“本土进行空袭”。按照日军“5号作战”的战役计划构想,参加“四川作战”的日军应实行两线夹击,“以主力(8个师团)从西安及宝鸡方面,以部分兵力(3个师团)从宜昌方面进行作战”,从山西、河南和湖北武汉、宜昌等方向出动发起数路进攻,寻歼国民党军主力,攻入陕西、四川,攻占重庆、成都、自流井,“占领并确保四川要地”及“长江沿岸地区和西安附近的要地”。[③]为此,日军参谋本部和中国派遣军的参谋幕僚人员将原定的“西安作战”计划中日军乘胜向甘肃的天水、兰州等西北方面追击修改为“向四川方面——广元、汉中方面尽力扩大战果”。[④]并预计,此项作战,“如能首先占领成都,然后向东进攻重庆,则有可能捕捉敌人”。“如能捕捉到敌中央军的

---

①日本防卫厅战史室编纂,天津市政协编译委员会译校:《日本军国主义侵华资料长编》(日本《大本营陆军部》摘译),中册,四川人民出版社1986年版,第400—406页。

②“中华民国史资料丛稿·译稿”:日本政府防卫厅防卫研究所战史室著,贾玉芹译:《昭和十七、八(1942、1943)年的中国派遣军》,上册,中华书局1984年版,第7页。

③“中华民国史资料丛稿·译稿”:日本政府防卫厅防卫研究所战史室著,贾玉芹译:《昭和十七、八(1942、1943)年的中国派遣军》,上册,中华书局1984年版,第9页。

④日本防卫厅战史室编纂,天津市政协编译委员会译校:《日本军国主义侵华资料长编》(日本《大本营陆军部》摘译)中册,四川人民出版社1986年版,第401、538—539页。

主力，并能遇到四川平原农业欠收的良好时机，将会收到相当大的效果”。[①]

7月9日，日军大本营“终于下定决心”，“认为如有可能应进行四川作战”，并“进行有限的作战准备”。“在同一天举行的陆海军部局长会议上，海军当局对于陆军的四川作战也表示同意”。8月16日，日本陆军省与参谋本部“就四川作战原则上达成谅解”，并“紧急起草关于四川作战准备工作的奏折”。[②]8月25日，日本陆军部在《目前形势下的陆军作战准备》中提出，拟于1943年春在中国战场出动15个陆军师团和一个航空师团的兵力实施“5号作战”，并再次强调，“这次作战的目的，是歼灭敌中央军主力，并攻占四川省的要地，摧毁敌抗战根据地，促进重庆政权屈服或崩溃”。9月3日，日本陆军大臣东条英机、日军大本营总参谋长杉山元将进攻四川的“5号作战”计划上奏裕仁天皇。9月4日，在得到天皇批准后，“召集派遣军总参谋长和关东军参谋长”下达指示，并以“大陆指第1252号”命令的形式指令中国派遣军“按附件5号作战准备纲要实施对四川作战准备”。9月9日，日军中国派遣军总司令畑俊六大将主持召开会议，命令属下各部队迅速着手进行“5号作战”计划的筹划、战役准备和军事演习等具体的准备工作。[③]

为保证进攻四川的“5号作战”计划顺利实施并达到预期效果，日军方面进行了一系列的战役准备工作。

第一，对“5号作战”进行了初步但具体的规划。一是关于“四川作战”战役所需时间的预判。日军参谋幕僚人员估计，整个四川作战，“从准备至结束，要跨越两年”。其中，战役开始之前兵力的集结与展开，“约需七十天”。“维修铁路需要两个月，开通汽车公路大约也需两个月”。“从发动攻势到占领四川各重要城市，大约需要约五个月时间”。如果第一阶段作战顺利，即乘中国军队在秦岭、巴山山地中尚未完成准备工作之时机发动进攻的情况下，“全部作战才可以五十八天(约两个月)完成。如敌人已采取应付措施，则需时更多，约需八十天”。至整个作战结束，

①“中华民国史资料丛稿·译稿”：日本政府防卫厅防卫研究所战史室著，贾玉芹译：《昭和十七、八(1942、1943)年的中国派遣军》，上册，中华书局1984年版，第7、9页。

②“中华民国史资料丛稿·译稿”：日本政府防卫厅防卫研究所战史室著，贾玉芹译：《昭和十七、八(1942、1943)年的中国派遣军》，上册，中华书局1984年版，第25页。

③“中华民国史资料丛稿·译稿”：日本政府防卫厅防卫研究所战史室著，贾玉芹译：《昭和十七、八(1942、1943)年的中国派遣军》，上册，中华书局1984年版，第25—41页。

“需四个月至半年时间”。[①]二是关于“四川作战”兵力使用的预判。日军参谋本部和中国派遣军方面估计，“5号作战”所需兵力，除现已在华的26个师团外，西安作战需增加2个师团，四川作战需增加6个师团，合计共需要34个师团；战役结束后，日军要确保固守所占据地区，则需要20个师团的兵力（西安方面需3个师团，自湖北宜昌至四川省内各要地需7个师团，重庆南方沿长江需1个师团，等）。[②]日军大本营则估计，实施“5号作战”计划，共需动用16个师团和2个混成旅团的地面部队及2个飞行师团的兵力，“作为进攻的骨干兵力”；同时还需在中国现有的日军占领区内保留总计16个师团和14个独立混成旅团的守备部队，由此使得侵华日军在中国关内战场上的“地面兵力总计换算约达到40个师团”，相当于太平洋战场上日军南方军兵力的2.7倍。其兵力使用规模之大，将“超过南方作战”，也超过过去日军所发动的任何一场战役。为此，需要从日本国内、朝鲜、中国东北和太平洋战场抽调5个师团和2个混成旅团的陆军兵力；作战飞机，除中国派遣军自己能够抽调的350架外，还需从驻中国东北的关东军航空队抽调150架。[③]因而，在“四川作战”期间，日军因需要从太平洋战场上的南方军、中国东北地区的关东军以及朝鲜驻屯军等战地抽调大量兵力，这就势必会削弱这些战场上的日军力量并影响战局态势，“尤其使（对苏）攻势作战实无可能”。三是对“四川作战”战斗进程的具体计划。日军大本营在《5号作战要领》中提出，整个“四川作战”计划分三期（实际上只有两期）进行：第一期作战，时间预定为两个月，从1943年春季开始，分南北两线，多路进攻。北线由日军第一军、第七军的7个师团为基干，自山西南部突破黄河防线进入陕西并沿渭河南北发动攻势，攻占西安及其附近平原以后，分兵攻掠，北上攻占延安，西进占领宝鸡，然后由第七军抽调兵力控制陕西各占领区，第一军则南下控制汉中平川，并进入川北门户广元一线准备以后的作战；南线日军则兵分两路，一路由日军第二十八军自河南郑州、开封出动，攻占老河口，然后沿汉水西进向汉中方面作战，另一路由日军第十一军的5个师团自湖北宜昌沿

---

①“中华民国史资料丛稿·译稿”：日本政府防卫厅防卫研究所战史室著，贾玉芹译：《昭和十七、八(1942、1943)年的中国派遣军》，上册，中华书局1984年版，第25、30页；日本防卫厅战史室编纂，天津市政协编译委员会译校：《日本军国主义侵华资料长编》(日本《大本营陆军部》摘译)，中册，四川人民出版社1986年版，第399页。

②日本防卫厅战史室编纂，天津市政协编译委员会译校：《日本军国主义侵华资料长编》(日本《大本营陆军部》摘译)，中册，四川人民出版社1986年版，第399—407页。

③“中华民国史资料丛稿·译稿”：日本政府防卫厅防卫研究所战史室著，贾玉芹译：《昭和十七、八(1942、1943)年的中国派遣军》，上册，中华书局1984年版，第24页。

长江溯江而上，或自湖南常德、辰州方面进攻，占领四川东部的万县、黔江一线或万县、秀山一线，准备以后的作战。第二期作战，时间预定为两个月，要求进入四川境内作战的日军第一、第二十八、第十一军，在进至四川北部、东部和东北部，并形成对成都、重庆的正面包围进攻态势后，在日军第五方面军司令部的统一指挥下，"寻歼敌中央军主力，并以第1军攻占成都，以第11军攻占重庆"，"第28军策应第1和第11两军，尽量打击敌人，以利于该两军之作战"。"在完成上述作战任务后，占领叙州、自流井、泸县等要地，控制长江渡河点，扫荡残敌，并做好尔后作战准备"。第三期作战，主要目标是巩固"5号作战"的战斗成果，因此在第二期作战后，"以一部兵力向所需方面作战，消灭敌军事力量，并扫荡其抗战基地"。[①]另外，在战役发动的时间节点选择上，日军参谋人员也提出："为了利用夏季越过秦岭和巴山两山脉，或在四、五月集中，六月发起作战；或在十月、十一月进行西安作战，将敌军排挤到兰州方面，从翌年初夏起，赶在敌人前面越过秦岭、巴山两山脉"。[②]

第二，兵力的调集和指挥机构的建置。在兵力调集方面，为实施"5号作战"计划，日军大本营决定，将在中国关内战场的日军作战兵力从61万人增加到97万人。计划增加的这36万兵力，从日本本土抽调12万人，从中国东北抽调18万人，从太平洋战场抽调6万人。同时考虑到"5号作战"是进入中国抗战大后方即中国内陆腹地的作战，日军大本营还决定征召1943年度适合兵役条件的23万人归日军中国派遣军调配，专门用于补充"5号作战"中的兵力耗损。担负"5号作战"进攻主力的日军华北方面军则提出：其所统辖部队，在兵种配置上存在着航空兵、坦克部队、工兵、汽车运输及后勤保障等兵种力量薄弱的问题，要求增加兵力配备。空中力量：航空兵1个师团及驻华第一飞行团、空运挺进团（空降部队）及侦察机部队，加强空中轰炸、侦察（摄影、测绘等）和空降作战力量；坦克：拟以骑兵集团为骨干编组坦克第三师团，以便在四川作战中"以最大的速度进行突破"和"尽可能捕捉更多的敌军"；工兵：除华北方面军自己编成或抽调2个独立工兵联队和1个大队外，还需从驻中国东北的关东军抽调2个独立工兵联队及5个大队、7个渡河材料中队和5个架桥材料中队，加强渡河作战能力；运输及后勤保障部队："从华

①日本防卫厅战史室编纂，天津市政协编译委员会译校：《日本军国主义侵华资料长编》（日本《大本营陆军部》摘译）中册，四川人民出版社1986年版，第542—551页。

②"中华民国史资料丛稿·译稿"：日本政府防卫厅防卫研究所战史室著，贾玉芹译：《昭和十七、八(1942、1943)年的中国派遣军》，上册，中华书局1984年版，第24页。

北军的构成来看，不具备进攻战所需要的机动能力，而此次作战……纵深达一百数十里，仅以现有的后方部队不可能追随作战，故需增加”铁道联队1个、汽车联队6个（24个中队）、野战司令部2个、2个军所属各野战厂以及兵站卫生队、防疫供水部、兵站病马厂、军马防疫厂等和兵站地区队若干（由华北方面军编练组织，但需从其他战场抽调部分军官和下级士官）等。[①]为此，日军大本营同意将日本陆军航空兵第三师团配属给日军华北方面军，以加强其在“四川作战”期间的空中侦察和轰炸力量；从南方军抽调30个（中）队的汽车部队和渡河材料部队，编入华北方面军和第十一军战斗序列，以加强其渡河作战、后勤运输保障的能力；准备用于“四川作战”的日军部队，包括已在山西的日军第一军（以5个师团及1个旅团为基干），拟组建的日军第七军（以3个师团为基干），拟在开封组建的日军第二十八军（下辖两个师团及1个旅团），已在武汉的日军第十一军（以5个师团为基干）等。新组建的日军第七、第二十八军等所需兵力，由日本本土、朝鲜和中国东北地区关东军的机动师团中抽调。在战役指挥机构及指挥人员的调整方面，指令日军中国派遣军以华北方面军司令部为班底组建第五方面军司令部，负责指挥参加“四川作战”的全部日军部队。第五方面军司令官由“中国通”板垣征四郎大将担任。同时调离对“5号作战”计划持消极、怀疑态度的日军第十一军司令官阿南惟几中将，改由积极主张进行“四川作战”的日军南方军总参谋长冢田攻中将担任，负责执行进攻重庆、西安和四川的“5号作战”计划及战役准备工作。

第三，加强对“四川作战”战役的情报收集和战场地形地貌的侦察。日军第五方面军指挥机关在研究“四川作战”的进军路线时，感到现有可用的兵要地志资料缺乏，于是要求凡参与制定作战计划的参谋和指挥人员，对能到达的地区必须进行实地侦察、绘图和计算；对日军现在还无法控制的渭水、汉水、大巴山、秦岭等地区，则要求乘侦察飞机到达实地摄影侦察。1942年6月29日、30日，日军华北方面军作战参谋岛贯武治、情报参谋横山幸雄和日军中国派遣军作战参谋中吉孚等人，秘密到达日军控制的潼关对岸的山西风陵渡，沿黄河北岸对龙门、河津一带实地侦察，选择强渡地点。并于7月1日乘坐侦察机对黄河沿岸的地形地貌以及中国军队的防御工事等进行了空中侦察摄影。7月13日、14日两天，日军华北方面

①“中华民国史资料丛稿·译稿”：日本政府防卫厅防卫研究所战史室著，贾玉芹译：《昭和十七、八(1942、1943)年的中国派遣军》，上册，中华书局1984年版，第14—16页。

军参谋长安达二十三中将率领幕僚人员乘远程侦察机对秦岭、大巴山区的山形、水系、森林、隘口、通路、城市等，进行了广泛的空中侦察摄影，为确定将来的进军路线提供参考资料。7月15日，安达二十三中将又到日军占领下的郑州西北地区，从黄河对岸侦察中国军队在霸王城一带的防御工事，研究日军大部队强渡黄河的问题。日军情报部门还加强对从陕西、河南及中国抗战大后方各地来的过路民众的盘问，了解这些地区的情况，特别是关于道路、交通等情况。依据侦察情报对"5号作战"计划及其实施提出了详细的补充性意见。①具体实施"5号作战"的日军第五方面军（即华北方面军）司令部则提出，"四川作战"是大规模军事行动，日军数十万部队要在平原、丘陵、山区以及各种错综复杂的地形条件下作战，将会遭遇到各种意想不到的困难和环境。因此，方面军指挥机关和日军部队需要进行事先准备和类似环境的演习拉练。②

第四，围绕"5号作战"计划进行战前军事演练。为适应强渡黄河、嘉陵江、长江等大江大河的军事需要，日军华北方面军司令部组织准备参加"四川作战"的各师团工兵部队主官、技术骨干及核心部队，在安徽蚌埠一带日军占领区的淮河河面上，按实战标准进行了强渡江河及架设舟桥的训练。担任"四川作战"主力的日军第一、第十一军各部队也都按照计划进行了战役准备。首脑机关进行了兵棋推演，并调动部队在近似的地形中进行了军事训练和演习。1942年11月底，日军第一军抽调各部队用两周的时间进行了检验性演习。演习地区选择与作战地带秦岭山系标高大致相同的晋东北五台山区。参加演习的单位，以驻阳泉煤矿的独立混成第4旅团担任，由第一军司令官吉本贞一中将亲自指挥。演习部队与参观见习的各部队及指挥机关的人员，都从阳泉出发，向北沿着太行山系，一面对八路军的抗日根据地进行扫荡（演习内容的一部分），一面演习山地作战。此次演习，共在山地中步行了大约170公里，最后到达标高3 020米的五台山顶。与此同时，驻武汉地区的日军第十一军担任进攻任务的5个师团的部队也进行了充分的准备，吸取武汉会战中山地作战运输困难、辨别地形地物容易失误等经验教训，预先计划和准备了各种补救措施。

---

①日本防卫厅战史室编纂，天津市政协编译委员会译校：《日本军国主义侵华资料长编》（日本《大本营陆军部》摘译）中册，四川人民出版社1986年版，第402—403页。

②关于侵华日军拟进攻四川、陕西的"五号作战"计划及其准备工作情况的介绍，可参见沈克尼：《日军川陕兵要地志与五号作战》，《军事史林》2011年第7期。

中国统帅部在获悉日军准备发动“四川作战”以攻占我国战略大后方这一重要情报以后，迅即动员起来，调整部署，准备应战。国民政府军事情报部门以敌情通报的方式，向各战区司令长官部转发了日军准备发动战略进攻的情报。国民政府军事委员会命令在西安的胡宗南第八战区调配兵力，加强黄河河防，增厚陕西地区的兵力；命令在湖北老河口的李宗仁第五战区抽调兵力，加强湖北武当山以东地区的守备，采取有力措施扼制进入四川、陕西的通道；命令在湖北恩施的陈诚第六战区增强对湖北宜昌以西及长江南北两岸的要地防御，坚决扼守川东门户。为做好最坏的准备，国民政府还密筹预案：如果重庆不保，即再次西迁至西康省。为保证再度西迁顺利，国民政府还将原在鲁南抗战的川军将领、国军第二十二集团军总司令邓锡侯火速调回四川西部，以屏障川康交通孔道，并选派有力的参谋人员进入西康，与驻扎西康的川康实力派刘文辉及其部队沟通，同时还铺设了通信线路，做好了西迁的准备。

然而，在日军大本营及中国派遣军紧锣密鼓地策划准备实施“四川作战”计划的时候，太平洋战场上的军事形势却因珊瑚海海战（1942年5月4—8日）、中途岛之战（1942年6月3—7日）、瓜达尔卡纳尔岛争夺战（1942年8月7日—1943年2月9日）等重大战役而发生了有利于同盟国一方而很不利于日本侵略者的急剧变化。美军节节胜利，掌控了太平洋战场的制空权和制海权；日军则连遭严重挫败，不但损失了多艘主力航母以及大批舰船，还折损了数百名有上千小时飞行经验的舰载机飞行员和数万陆军精锐野战兵力。海上作战的节节失败迫使日军不但改变了从太平洋战场抽调兵力参加“5号作战”的预案，且需从中国战场抽调兵力增援太平洋战场，因而不得不中止了“5号作战”的计划和准备。

9月下旬，日军参谋本部通知中国派遣军，“四川作战”延期到1943年7月。11月，日军大本营根据太平洋战场日军失利的战争态势，进而判定“1943年实施此（5号）作战”也“至为困难”。①12月10日，日本参谋总长杉山元上奏天皇：由于“东南方面战局愈益严重，迫切需要兵力”，“中国派遣军作为唯一的战略预备队，已成抽调兵力的源泉”，“在中国不得不极力控制作战消耗”，因而必须正式中止“四川作战”计划。随后，经天皇批准，日军大本营以“大陆命第575号”、“大陆指

①日本防卫厅战史室编纂，天津市政协编译委员会译校：《日本军国主义侵华资料长编》（日本《大本营陆军部》摘译）中册，四川人民出版社1986年版，第639—640页。

第1367号”等命令的形式向中国派遣军正式下达了中止“5号作战”准备工作的命令。[①]“四川作战”计划就此废弃。

1942年这次“四川作战”计划流产后，日本侵略者并没有放弃进攻四川的战略企图，只是因其兵力不足而不得不以“对华作战不宜操之过急”为说词，暂时偃旗息鼓。因此，到了1944年底至1945年初，日军大本营和中国派遣军在取得“一号作战”(即“豫湘桂战役”)胜利和中国抗日正面战场上国民党军队大溃退的形势下，又再次蠢蠢欲动，提出了“四川作战”计划。

1944年12月下旬，日军中国派遣军在判断中国战场的形势时提出，“因一号作战，重庆方面连续打败仗，并面临着国内通货膨胀的经济危机”，共产党采取“军政两手的积极行动压迫”国民政府，“中间各派很快与共产党走向同一步调”，“中美的联合”亦“出现空隙”，“重庆内部”已呈“极度动摇”之势 。这“正是进攻四川、覆灭敌之抵抗根据地，粉碎敌人总反攻于未然的最后良机”。如果通过实施四川作战，覆灭“敌人的抗战根据地，并占领培育人才的四川”，必将导致中国政府“崩溃”。[②]随后，日军中国派遣军的参谋幕僚人员按照总司令冈村宁次大将“派遣军要排除万难坚决进行使重庆屈服的作战”的命令，拟定了《四川作战计划大纲》和《派遣军今后作战指导意见》，正式提出，“为解决中国问题，需要覆灭敌抗战根据地四川省要地”。并指出，“一号作战”虽然使国民政府及国民党军队“大大动摇”，“给重庆军招来了军事、政治危机”，“但其战力却逐次提高”。预计在美国的军事援助下，国民党军将于1945年中期拥有10个全美式化师，到后期还将有30个半美式化师，战斗力迅速恢复和提高后，“在本年中期以后可以开始总反攻”，并与在中国东南沿海登陆的美军一东一西，互相呼应，两面夹攻侵华日军。因此，中国派遣军如不“抓住目前战略、政略上的最后良机”实行“四川作战”，“以异常的决心覆灭敌抗战根据地四川要地，扼重庆军总反攻于未然”，届时就将处在中、美两军从东西两线进攻的夹击之中。为了避免即将出现的东西两线作战，同时也是为了将部分美军吸引到中国大陆，以利于日军在日本本土与美军决战，中国派遣军应乘

①日本防卫厅战史室编纂，天津市政协编译委员会译校：《日本军国主义侵华资料长编》(日本《大本营陆军部》摘译)中册，四川人民出版社1986年版，第668—672页。

②“中华民国史资料丛稿·译稿”：日本政府防卫厅防卫研究所战史室著，天津市政协编译委员会译：《昭和二十(1945)年的中国派遣军》，第一卷第一分册，中华书局1984年版，第71—76页。

胜发动“四川作战”。[①]

关于1945年这次“四川作战”战役计划的具体设想，中国派遣军提出：兵力使用，拟动用中国战场上的日军第二十(以第四十、四十七、一一六师团为基干)、第十一(以第三、十三、五十八师团为基干)两个军。战役进程，拟分三期进行：第一期作战，时间约1个月；由第二十军从湖南宝庆发动攻势，占领湖南芷江一带后，以主力向重庆方向、第四十师团向贵阳方面挺进；由第十一军从广西宜山附近发动攻势，在攻占贵阳以后，向成都方向挺进。第二期作战，时间约1个半月；由第二十军第四十七、一一六师团为基干，从湖南芷江出发，长驱直奔涪州(今重庆市涪陵区)一带，突击前进，渡过长江攻占重庆；由第十一军从贵阳出发，长驱泸县(今四川泸州市)，在该县渡过长江以后，向成都突击前进并攻占成都。第三期作战，攻占重庆、成都以后，第二十、十一两军“要协力分别扫荡四川省东方地区及西方地区之残敌”；第三十四军第三十九师团向万县(今重庆市万州区)方向冲击前进，以利于第二十军攻占重庆，并与第二十军协力打通长江；将第十一军司令部升格为x方面军司令部(注：原文如此)，统辖第三、三十九、四十、四十七、五十八、一一六等师团及其他确保四川要地。同时命令中国战场上的日军第一、十二、三十四等军“分别牵制正面之敌，以利于第11军及第20军作战”。并且要求日军大本营：放弃从中国派遣军抽调两个师团到太平洋战场的决定；尽可能把南方军的兵力资材向印度支那半岛集结，与中国派遣军策应实施昆明作战；为四川作战需要特别增强的兵力：军司令部1个、方面军司令部1个、水路运输司令部2个、电信联队1个，以及地面防空部队、战斗飞行队和飞机、空勤人员以及资材若干。[②]

1月上旬，中国派遣军总参谋长松井久太郎中将到东京大本营正式提出发动“四川作战”。[③]日军大本营对中国派遣军的“四川作战”计划未置可否，但表示“进攻中国内地的作战准备绝对必要”，“今后在中国方面的作战，不单纯关系中国，而要把它看作为帝国战争根据地而战”，“预定向中国方面尽快增加30万兵力(5个

---

①“中华民国史资料丛稿·译稿”：日本政府防卫厅防卫研究所战史室著，天津市政协编译委员会译：《昭和二十(1945)年的中国派遣军》，第一卷第一分册，中华书局1984年版，第75—82页。

②“中华民国史资料丛稿·译稿”：日本政府防卫厅防卫研究所战史室著，天津市政协编译委员会译：《昭和二十(1945)年的中国派遣军》，第一卷第一分册，中华书局1984年版，第80—83页。

③日本防卫厅战史室编纂，天津市政协编译委员会译校：《日本军国主义侵华资料长编》(日本《大本营陆军部》摘译)下册，四川人民出版社1986年版，第502—506页。

师团、14个旅团、9个独立警备队)”。[①]并决定陆续从日本国内、中国东北和太平洋战场上抽调一个航空地区司令部以及三个机场大队和对空无线电队、无线电中队、航测中队各一个,两个兵站地区队、13个独立汽车中队、5个特设建筑勤务中队,编入中国派遣军战斗序列。1月25日又将原驻海拉尔的日军第六军司令部,2月1日将现地编成的兵站各部队,3月6日将现地改编、新设的3个师团、12个独立混成旅团和独立警备队等兵力,编入中国派遣军战斗序列。不过,这时候第二次世界大战的战争形势已基本明朗,美、英、中、苏等同盟国方面已胜券在握,日、德、意等法西斯国家则大势已去,失败已成定局。面对四面楚歌的困境,日军大本营“特别斟酌了派遣军的意见,同意在不严重影响根本方针的范围内”,“为促进重庆势力衰亡,并遏制驻华敌(美军)航空势力的活动”,“以诸多小部队,对中国内地实施有组织、长期的挺进奇袭作战”,并限定日军大部队地面进攻作战的地域界限为“山西省西南端的黄河、老河口、宜昌、秀山、黎明关、平马一线”,“进攻四川作战之目的仅限于重庆政权之转移”。[②]1945年3月以后,随着美军开始进攻日本冲绳和加强了对日本本土的空袭,日军大本营要求中国派遣军将在中国战场的作战及战备重点转向以对美备战为主,实行“东主西从,沿海战备的重点放在华中、华北”的作战方针,随后又因收缩中国战场,转调兵力于其他战场,决定对重庆政府实施积极的政治谋略工作。这样,日本侵略者的第二次“四川作战”计划也寿终正寝了。

由此可见,侵华日军的进攻四川作战计划,并不仅仅是停留于口头上的叫嚣,或者流于纸面上的文件或参谋作业,而是实实在在地进行了战场侦察、兵力动员、军事演练等一系列的战争准备活动。这不仅说明日本侵略者一直存有攻占四川的图谋,也进一步说明四川在近代中国反侵略战争史上具有举足轻重的重要战略地位和战略大后方的作用。

---

①“中华民国史资料丛稿·译稿”:日本政府防卫厅防卫研究所战史室著,天津市政协编译委员会译:《昭和二十(1945)年的中国派遣军》,第一卷第一分册,中华书局1984年版,第87页。

②日本防卫厅战史室编纂,天津市政协编译委员会译校:《日本军国主义侵华资料长编》(日本《大本营陆军部》摘译)下册,四川人民出版社1986年版,第502、506、517、553页。

三、九一八事变以来四川抗日救亡运动的兴起和初步发展

四川是一个具有浓郁的爱国主义精神和革命传统的地区。在近现代历史上，四川人民面对列强的野蛮侵略和粗暴欺凌，不畏强横，进行了英勇顽强、不屈不挠的民族救亡斗争。据统计，19世纪下半叶，仅仅在1863年重庆第一次反洋教斗争到1898年大足民众三打法国教堂斗争的35年间，四川就发生了数十起打毁外国教堂、反对外国教会及传教士侵略活动的反洋教斗争，范围遍及全川八九十个州县，成为全国发生教案最多的省份。①在近代中国人民反侵略斗争史上写下了浓墨重彩的重要篇章。因此，1931年9月日本侵略者发动九一八事变、侵占我国东北地区的消息传到四川以后，全川人民迅速行动起来，通过集会游行、通电声讨、组织抗日救亡社团、创办报刊宣传抗日救亡爱国主张等方式，表达对日本帝国主义侵略行径的愤怒声讨，掀起了波澜壮阔、一浪高过一浪的抗日救亡爱国运动的怒潮。

（一）九一八事变后四川抗日救亡运动的兴起

1931年九一八事变，是日本侵略者发动侵华战争的历史起点，也是中国人民抗日救亡爱国运动掀起汹涌波涛，不断走向高潮的起点。九一八事变发生、日本侵略者占领我国东北的消息传到四川后，全川人民迅速行动起来，掀起了抗日救亡运动的高潮。

1931年9月25日，成都成立"成都市民反日会"，该会宗旨是团结各界民众一致声讨日寇的侵略罪行。28日，"四川各界民众反日救国会"、"四川各界抗日救国大会"等抗日救亡组织在重庆成立，并发表宣言和通电，提出国民政府立即对日宣战，永远对日经济绝交，各方息争一致对外，四川各军抽调部队10万人克期出川，全国民众从即日起绝不再购买日货，组织义勇军对日作战，电慰东三省受难同胞等抗日爱国的正义要求。29日，成都各界300多个团体5万余人举行声势浩大

①张力：《四川义团运动》前言，四川人民出版社1982年版，第3页。按，"反洋教斗争"，也称为"教案"，是指晚清时期中国政府、部分官员、绅士和民众为反对外国教会(主要是天主教、东正教和基督新教)在中国内地传教、建教堂等宗教文化侵略活动而进行的打毁教堂、驱逐传教士并与中国教民纠纷冲突的斗争。

的反日集会和游行，声讨日本侵略者悍然发动九一八事变侵占我国东北的罪行，要求团结抗日，并纷纷组织成立各行各业、多种名义的抗日救亡社团。当天，成都全市还进行了“农民罢耕、工人罢工、商人罢市、学生罢课、士兵罢操”的“五罢运动”，停止一切宴会娱乐，全市下半旗致哀。30日，成都部分行业的工人开会决议组织劳工讨日义勇军。同日，成都市60多个工人、农民社团通电全国，主张对日宣战，并联合其他民众团体一致讨日。10月10日，成都市总工会、市职工联合会、市商会、市郊农民协会等7个团体又发动和组织全市各界数万人在少城公园(今成都市区人民公园)内举行“讨日大会”，并发表宣言和游行请愿，呼吁国民政府对日经济绝交，要求川军出川抗战。同日，成都各界群众还组织成立了“反日救国宣传团”，筹办义勇军，发表宣言要求国民党当局停止内战，一致对外。成都市商会同时也组织了“对日经济绝交励行团”，召开了对日经济绝交大会。华西大学组织了女生护士队，利用课余时间演练战地救护。成都各大中学校的一些学生还组织了抗日义勇队，每日清晨进行训练。10月30日，成都民众各反日团体合并组成“四川抗日救国大会”(亦称“四川抗日大会”、“抗日会”)，随后又成立了“四川义勇军总监部”，准备组建抗日义勇军奔赴前线对日抗战。11月19日，四川民众反日救国大会发表通电，声援马占山部抗日。9月下旬，成都外东兵工厂、拱背桥兵工厂、二十四军兵工厂等工厂的工人开会议决，利用星期日休息时间扩大反日宣传，并选择3 000人组成反日义勇队。重庆的码头工人则拒绝起运日货，在日租界和日资工厂做工的工人采取自动退工手段与日经济绝交。重庆商帮行会的广大店员和小业主也纷纷宣布：誓死不买卖日货，实行对日经济绝交。一时间，“仇货买不得，买了仇货要卖国!”“休得仇货污人格，信誓勿逾越”等宣传抗日救亡主张的标语、口号张贴在成都、重庆城市的各大街小巷，抗日救亡的爱国主义热情日益蓬勃高涨。

在成都、重庆等中心城市抗日救亡爱国运动的先导作用及其引领带动下，从9月下旬起，四川省内自贡市、广安、泸县、宜宾、南充、乐山、广元、内江、万县、西昌等城市以及各县、市的各界民众，也都纷纷行动起来，举行声讨日本帝国主义侵华罪行的集会和游行，呼吁：“全国军民一致武装起来，对日抗战!”组织和成立“抗日救亡联合会”、“义勇军敢死队”、“反日会”、“抗宣队”、“国难乐输会”、“爱国会”、“对日经济绝交大会”、“经济绝交厉行团”、“肃清仇货委员会”、“铁血救国锄奸团”

等各行各业、多种名义的抗日救亡社团；创办进步报刊，宣传抗日爱国主张，批评国民党当局以“妥协”、“镇静”、“不抵抗”来消极应对日本侵略的错误言行；开展抵制日货、打击奸商等多种形式的抗日爱国斗争，从而推动着九一八事变以来四川地区抗日救亡爱国运动的蓬勃兴起和逐渐发展成为燎原烈火之势。①

（二）收回重庆王家沱日租界斗争取得胜利

九一八事变前后，四川人民正在进行收回重庆王家沱日租界的斗争。王家沱日租界，位于重庆府城朝天门外南岸王家沱即弹子石杨家湾复兴街、大有巷一带，是重庆开埠后列强在重庆建立的第一个租界，也是列强在重庆建立的唯一的租界。1901年9月24日，日本侵略者根据《马关条约》中开放重庆为商埠的规定，逼迫清川东兵备道兼重庆关监督宝棻与日本驻重庆领事山崎桂签订《重庆日本商民专界约书二十二条》，划定王家沱的一段地区为日本专管租界。租界建立以后，四川人民曾多次进行过“收回”的正义斗争。1931年9月18日即九一八事变发生的当天，重庆市及附近的江北、巴县等县78个机关、法团、民众团体代表170余人正在集会，商议成立“四川各界民众自动收回王家沱日租界运动筹备会”，并决定在9月24日“约满之日”举行收回日租界群众大会。获悉九一八事变发生的消息后，四川人民决心趁全国抗日救亡运动蓬勃发展的有利时机收回王家沱日租界，并多次开会讨论和制订具体的斗争方式方法。

9月25日，重庆各界数万人举行了声势浩大的集会和示威游行，要求四川善后督办公署“照会驻渝日领事，迅速交还王家沱，以全领土而维国威”，并进行了罢工、罢市、罢课斗争。这一天，重庆全市商铺关门，民众家家在门上大书“誓死抗日”四个大字，并下半旗为东北死难同胞志哀。重庆人民声势浩大的反日怒潮，吓得日本侵略者心惊胆战，从武汉调集军舰到重庆江面来炫耀武力，企图弹压中国人民的反日情绪。但是广大人民却毫不畏惧日本侵略者的恐吓和威胁，反而以全面、彻底的对日经济绝交行动予以坚决的回应，采取了不买日本商品，不为日本洋行当差，不为日本工厂做工，不为日本商船和军舰供煤、供水、供粮、供应副食品，装卸工人不为日本轮船装货卸货，力夫不为乘日本船的乘客搬运行李，黄包车夫

①《国民公报》1931年10月2日、4日、31日等；杨绍安：《四川抗日救亡运动述评》，《四川师范学院学报(哲学社会科学版)》1992年第2期。

不拉上下日本船的客人等全面、彻底的“经济绝交”行动，使在渝的日本人陷入了“米炭既无人售给，而雇工亦相继辞走”的困境。在此情形下，日本驻重庆领事清野长太郎于10月14日致函重庆市政府，表示愿意率日侨离开重庆，所有日方房屋及王家沱日租界均请重庆市府“代为接管”，并请求四川地方当局在日侨撤离时给以保护。重庆市政府于是“令饬南岸市政管理处将王家沱日租界接收管理”，同时还接收了日本人在渝房屋17所。10月22日，在取得重庆市政府及四川地方当局同意保护日本领事及侨民住地，由日方自己雇人照料自己的公私财产等允诺后，日本领事率日侨乘日舰“云阳丸”离渝回国，重庆人民取得了收回王家沱日租界斗争的重大胜利。

（三）抗日救亡运动的初步发展

九一八事变以后，日本侵略者继续扩大对华侵略活动，于1932年1月28日晚突然向驻扎在上海市区闸北的国民党第十九路军发动攻击，随后又进攻江湾、吴淞等地。国民党军第十九路军在军长蔡廷锴、总指挥蒋光鼐等的率领下奋起抵抗。2月14日，蒋介石与南京国民政府命令由国民党军首都警卫军第八十七师、八十八师和教导总队组成第五军，以张治中为军长率领增援第十九路军上海抗日作战，由此拉开了上海“一·二八”抗日激战的帷幕。

“一·二八”上海抗战爆发后，四川人民迅速行动起来，集会游行，发表宣言通电，开展献金运动，声援中国军队进行上海抗战。2月4日，成都人民成立“国民救国会四川各界民众促进会”。11日，四川国术义勇军组织敢死队。15日，重庆市举行的“四川各界民众反日救国大会”通电全川，反对淞沪停战，要求正在准备进行混战的四川军阀刘湘、刘文辉、邓锡侯、田颂尧等停止内战，出兵抗日。重庆市商会也电请四川各军出川抗日，并捐款1万元慰劳上海抗战军队。[①]同月，重庆市成立“四川各界民众督促川军出兵大会”，强烈要求国民政府及四川各派军阀停止内战，开赴抗日前线。3月7日，南京国民政府阻挠上海军民抗战的消息传来，“四川省抗日救国大会”立即召集成都各界民众及百余团体约8万人于次日举行抗日大会和“抗日出兵”大游行，与会群众高呼“全川民众一致团结起来，督促川军克日

①王斌：《四川现代史》，西南师范大学出版社1988年版，第165页。

出兵抗战”、“借故不出兵，便是卖国贼”等口号，抗议国民党中央和南京国民政府阻挠中国军民抗战的行径，并宣布成都全市停止娱乐一天，还组织了四川省抗日救国大会请愿出兵代表团，分别向四川省政府和刘文辉及二十四军军部、邓锡侯及二十八军军部、田颂尧及二十九军军部等请愿，要求川军限期出川抗日。3月10日，四川各界民众督促川军出兵大会再次集会游行，呼吁川军开赴抗日前线，并要求时任四川善后督办、驻在重庆的刘湘确定出兵日期，敦促其率军出川抗日，否则罢工、罢课、罢市及抗捐。这期间，四川各市、县的人民群众也纷纷行动起来，集会游行、讲演宣传、发通电、查禁抵制日货等，掀起了波涛汹涌的抗日爱国运动浪潮。

1936年，在因“华北事变”、“一二·九运动”而再度掀起抗日救亡运动高潮期间，成都发生了反对日本侵略者在成都设立领事馆的“大川饭店事件”。[①]这年8月，日本派外交官岩井英一（预定的日本驻成都总领事），满铁驻沪事务员田中武夫，新闻记者深川经二、渡边洸三郎，商人濑户尚一行5人溯长江西上，来成都筹备设立领事馆。当时在四川做川军将领统战工作的中共代表张曙时向刘湘建议致电南京国民政府，表明反对日本在成都设领事馆的立场。他同时还请黄慕颜与刘湘的部下黄秋使、张斯可、稽祖佑等人商议举行反对日本在成都设领事馆的民众游行示威活动，把日本人赶跑，逼南京国民政府改变允许日本在成都设领事馆的决定，并进一步坚定刘湘等川军将领抗日主张。

在张曙时等共产党人的策动下，8月22日，四川省、成都市各机关、法团、公会、工会等各界代表200余人在市中心春熙路中山公园召开“反日设领大会”，成立了“成都各界民众反对日本在蓉非法设领大会”。23日，成都各界民众一万余人（其中有刘湘系统的部分军警）在市中区少城公园举行反对日本在成都设领事馆的抗议集会和示威游行，并发表通电，“径电岩井幸勿来蓉”，要求刘湘“严为拒绝岩井来蓉，严拒岩井入城擅设领馆，以维主权”，还准备组织70个宣传队开赴城乡各地广泛宣传。当天下午3时许，岩井英一一行在重庆取得护照后，乘利川公司的汽车抵达成都，除岩井英一外，其余4人前往成都市中心的骡马市街大川饭店投宿。由于日本人并没有遵循外交惯例向四川及成都市政当局报到，而是自行

①赖爱无：《成都大川饭店事件始末》，《四川档案》2003年第6期。另外，中共成都市委党史研究室于2004年编印的《中共成都地方历史资料选编》（一）中亦有多篇文章专门记述“大川饭店事件”，兹不逐一赘引。

入住骡马市街大川饭店，所以店主在请其填写来历订单时，才知道是日本人，于是严词竣拒。日本人却赖着不走。店方先是以电话然后又派人往政府请示。政府立即派人来店查验4人护照，发现4人中没有岩井本人，而且都自称是来成都游历或商贸的，便示意饭店不要再拒绝，并向日本人说明目前成都市民群情激愤，婉劝其不要轻易外出，同时还加派便衣干员到大川饭店保护。当晚，成都市总工会理事长、木工工会理事长何镜波和成都市商会主席王斐然等人在市区总府街训练班动员和筹划围攻日本人下榻的大川饭店。

8月24日上午，成都学生到新都军训，市面平静。但是到中午11时以后，因日本人不听劝阻，擅自乘汽车到外东望江楼、外南南台寺、外西青羊宫、草堂寺和市中心提督街中山公园宜风茶园等处游览喝茶或收取款项，在多处引起成都市民的聚众围观，“日本人住进大川饭店”的消息因而流传开来。在日本人返回大川饭店后不久，即有市民前来询问，所住日本人是不是岩井？日本人出示护照并声明不是岩井，是来游历而不是设领的。下午5时许，学生军训后返城，来大川饭店询问的人骤然猛增。晚6时许，数百民众围聚大川饭店，质问为何留驻日本人。因人群越聚越多(最多时达到数千人甚至上万人)，互相拥挤推攘不堪，加上店主回答应对时语气尚欠平和，出面声辩的日本人渡边洸三郎又盛气凌人、出言怒骂，由是激怒民众与之斗殴，酿成混乱群殴场面。在现场维持秩序、保护日本人的国民党军警干员见势不妙，立即报告上峰请求增援。民众则大声斥责前来弹压和控制局面的国民党军警，声称保护外国人就是汉奸卖国贼，并投掷石块、瓦片、家具、什物等进行攻击。国民党军警虽有武器，但因遵奉上级“绝对不准开枪”的严令而无力控制局势。数以千计的成都民众遂乘势冲进大川饭店捉拿日本人。混乱中，有人乘机放火焚烧大楼，秩序更加混乱。国民党军警既要救火又要保护日本人，左支右绌，应接不暇。四川省会(即成都市)公安局长范崇实亲率警员现场搜救，也只是寻获和保护着受轻伤的田中武夫、濑户尚两个日本人逃出重围，深川经二和渡边洸三郎两个日本人则下落不明。直至深夜，在四川省政府派来大队军警强行驱散围攻大川饭店的民众后，事态才逐渐平息。至25日晨，军警在正府街发现3具尸体，除1名警士外，其余两人衣履皆无，由日本军医检视后确认是日本人渡边、深川的尸体。在“大川饭店事件”中，日本人被毙、伤各两人，国民党军警伤亡10余人，群众伤亡30余人；大川饭店三次被烧并被捣毁；同时被捣毁的还有成都市公安局第四分局以及贩卖走私货物的交通公司、宝元蓉、益晋恒等8家公司、商号和春熙路、东大街、总府路等繁华商业区的一些商号、店铺、旅馆等。

“大川饭店事件”，粉碎了日本帝国主义欲在我国西南内地设立侵略据点的图谋，显示了中国人民不畏强暴、敢于反抗外来侵略的大无畏精神。这次事件，是我国自九一八事变以来规模最大、斗争最激烈的群众性的抗日救亡运动。以“大川饭店事件”为转折，随后发生的北海、汉口、上海等地的反日事件，把全国性的抗日救亡运动推向了一个新的高潮。

（四）中国共产党领导的四川抗日救亡运动

从1931年九一八事变到1937年七七事变全面抗战爆发，在中共党史上属于“土地革命战争时期”（也称“第二次国内革命战争时期”）的历史阶段。在此期间，中共四川地方组织曾多次遭到国民党当局的镇压、破坏，损失严重。[①]到1933年，四川全省“与省委有直接关系的下级组织12个，与省委断绝关系但仍坚持斗争者4个”。到1934年，“全川只有内（江）隆（昌）、自贡、泸县三个完整党部。……省委本身只有5个人”。到1935年，“四川已无任何党的组织”。“既无领导机关，又无基层组织，只剩下失掉组织关系的一些零散党员”，“留下的干部一是在监狱中保存的下级干部，一是逃到深山僻境里潜藏的少数干部，一是随红军长征保存一部分”。[②]在这种情势下，中共对四川抗日救亡运动的领导，主要通过外地党组织派到四川来开展秘密工作的共产党员和分散隐蔽下来的部分四川本地共产党员而得以实现。

1936年初，中共中央派张曙时到成都，以在成都民本体育学校教书为掩护，秘密进行争取刘湘等川军将领转向抗日的统战工作。张到成都后，除做统战工作和秘密发展党员、恢复发展党的组织外，还指导和推动四川地区抗日救亡运动的开展。他支持甘树人、甘道生、郭祖劼、胡芷俊、徐庆坚等人组织宣传抗日救亡主张的进步团体“力文社”和创办《力文》（半月刊），还促成了成都“大川饭店”事

①刘君、徐学初：《抗战前期中共四川地方党组织的建设和发展》，李仕根：《四川抗战档案研究》，西南交通大学出版社2005年版，第53—57页。

②《川康特委报告书——一九三七至一九四〇年七月》，中央档案馆、四川省档案馆：《四川革命历史文件汇集》甲12册，1986年内部铅印本，第158页；张文澄：《蓉城杂忆》，中共成都市委党史研究室：《八年抗战在蓉城》，成都出版社1994年版，第664页。

件的发生发展。当国民党中央和南京国民政府责备刘湘和四川当局因“大川饭店”事件而“引起外交纠纷”,“增加政府困难”时,张又建议刘湘电告南京国民政府,说“大川饭店”事件是四川民众因愤恨日本侵略者占领东三省、侵占华北并且还想把侵略魔爪伸进四川而引起的。民众自发的游行示威造成人员伤亡,属于偶发事件。民众是爱国的,事件的责任应由日本人承担。政府从维护国家、民族的尊严计,应当以地方事件解决之,不能视为外交问题。对事件的善后处理,把打死的日本人埋葬,打伤的给以治疗、抚恤并送出川境完事。刘湘依计而行,照此复电,得到南京方面的默认,事态也就逐渐平息了下来。①

1936年9月,与党组织失去联系的共产党员饶世俊(孟文)在没有上级指示的情况下,“自动发起救亡运动”。他帮助和指导进步青年侯方岳(太阶)、张显仪等人组织了秘密团体“海燕社”,“作为推动成都救亡运动的骨干和核心”。②侯方岳回忆说,他在筹建“海燕社”的过程中,碰到饶世俊并告诉饶自己正在“筹备‘海燕社’,苦于找不到一个适当的地方来开成立大会”,饶世俊表示可以帮助解决此问题。9月下旬,“海燕社”得以在成都市郊省建设厅(饶世俊的大姐夫曾是四川省建设厅厅长)下属的一个苗圃召开了成立大会,“一共有几十个学生参加”。“海燕社”成立后,将其工作重点“放在宣传抗日救亡方面”,而“宣传工作主要针对农民”。因此,他们组织力量到成都市郊区的中和场、中兴场、龙潭寺、石板滩、天回镇以及新都、温江、双流、灌县等县开展抗日救亡宣传活动。“通过开展这些活动,海燕社又发展了一批新社员”,“人数最多时达到200多人”。③1937年春,海燕社根据成都地区抗日救亡运动的发展形势进行了改组,与“业余青年读书会”、“星芒读书会”等9个进步青年小团体合并,“成为新的海燕社”,“工作对象主要转向工人、店员、小职员和士兵”。④同月中旬,中共党员同时也是“中华民族解放先锋队”(简称“民先队”)队员的韩天石、李广义等人,因在北方参加“一二·九”运动被国民党军警追捕和遭学校开除,在党组织的安排下转移到成都四川大学。临行时,中

①张曙时:《我在四川是怎样进行统战工作的》,《四川现代革命史研究资料》1981年第12期。

②《成都民先简史及工作总结》(1945年7月)、《饶世俊》,中共成都市委党史研究室:《八年抗战在蓉城》,成都出版社1994年版,第238、738页。

③侯方岳:《抗战初期成都市党组织的恢复和抗日救亡活动的一些情况》,中共成都市委党史研究室:《中共成都地方历史资料选编》(一),2004年编印,第409、413页。

④《成都民先简史及工作总结》(1945年7月)、《饶世俊》,中共成都市委党史研究室:《八年抗战在蓉城》,成都出版社1994年版,第238、738页。

共北平市委要求他们“在成都发展中华民族解放先锋队(简称“民先队”)的组织,要把北平的学生运动扩散到大后方四川去”。韩天石等人到成都后,发现四川民众“对抗日的要求是强烈的,在学生中有许多抗日组织”,但却因为“没有党的领导组织,没有党的省委和党的市委”而“不能形成领导中心”,不能适应抗日救亡运动发展的需要,于是积极奔走,联系“川大的一些同学和一些中学生”,于10月由韩天石、王广义、胡绩伟等16人发起,成立了“中华民族解放先锋队成都部队”,①并决定“在各大中学校发展队员,建立民先在各校的基层组织——小队,并以小队为核心,展开该校的救亡运动”。②1937年5月底,为适应成都地区抗日救亡运动蓬勃发展的形势,“海燕社”与“成都民先队”“合并”为新民先队。合并后,“民先队员总数达一百六十人左右。外县也有少数队员和组织(如罗江)”。中共领导下的成都地区抗日救亡群众运动实现了“相当的统一”,极大地增强了“救亡的力量”。③

“海燕社”和“民先队”是七七事变前中共在四川地区开展抗日救亡运动的外围组织。它们成立后,“除在各校从事救亡活动外,对于成都的一切救亡活动,莫不积极参加和支持”。④它们的建立、发展、合并和丰富多彩的活动有力地推动了成都地区抗日救亡运动的蓬勃发展,并为这时期中共四川地方组织的恢复、重建提供了骨干力量。

其一是推动了成都地区抗日救亡组织的建立和发展。民先队成立后,不仅积极发展壮大自己的组织,使“成都民先队员”迅速“发展至百人左右”,还“将队员分散到各种群众团体中去”,参加其他抗日救亡社团的活动并在其中发挥骨干领导作用。如“三七年冬成立的成都秘密学联,会员绝大部分是民先队员,三七年春成立的成都各界救国联合会及其领导的下乡宣传和五卅纪念大会,民先同样地积极参加和支持”。“抗战爆发后成立的华北抗战后援会、妇女抗战后援会,以及其他许

①韩天石:《关于抗战前后成都青年运动和党的重建的一些情况》,中共成都市委党史研究室:《八年抗战在蓉城》,成都出版社1994年版,第655—656页。

②《成都民先简史及工作总结》(1945年7月),中共成都市委党史研究室:《八年抗战在蓉城》,成都出版社1994年版,第236—237页。

③《成都民先简史及工作总结》(1945年7月),中共成都市委党史研究室:《八年抗战在蓉城》,成都出版社1994年版,第237—238、245页。

④《成都民先简史及工作总结》(1945年7月),中共成都市委党史研究室:《八年抗战在蓉城》,成都出版社1994年版,第239页。

多群众救亡团体，民先队员都是在其中积极工作并起着一定的领导作用”。[①]同时，在“民先”的带动下，成都地区还先后成立了众多抗日救亡团体，如“各界救国会，学生救国联合会，妇女救亡协会，新闻界、文化界、教育界、工人等救亡团体”等[②]。

其二是发展壮大了抗日救亡的舆论宣传阵地。民先队成立后，为扩大抗日救亡的舆论声势，不仅自己办了《活路旬刊》（该刊因大量刊登抗日救亡的文章，主张团结抗日，反对妥协投降，仅发行了3期，就于1936年12月26日被国民党四川当局强迫停刊）、《抗日先锋》、《星芒通讯》、《星芒周刊》等进步刊物，还支持并积极参与车耀先创办《大声》周刊的工作。该刊编委会成员除发行薛特恩一人外，其余均是民先骨干成员或负责人。该刊因大量刊登中共的抗日政策和政治主张而不能见容于国民党当局，曾3次被迫停刊，几易刊名，由《大声》更名为《图存》、《大生》，后来又恢复原名《大声》。1937年底，罗世文接上了车耀先的党组织关系，要他主要从事党的统战工作，《大声》周刊于是交给中共党员胡景祥办。1938年初，为了进一步推动抗日救亡运动的发展，在《大声》周刊的基础上，又发起成立了“大声抗敌宣传社”，简称“大声社”，发展社员近千人，分布在泸州、绵阳等10多个市、县。中共还在“大声社”里建立了党支部，由胡景祥任支部书记。此后《大声》周刊及“大声社”都是在党的直接领导下进行工作。《星芒》、《大声》等进步刊物，因宣传抗日救国主张，引领青年倾向于进步和同情共产主义而“不断被查封，但随后又不断的出版”，一直都“销路很广，影响很大”，“颇受当时广大群众的欢迎，在成都和四川起了较大的作用和影响”。[③]

其三是为全面抗战爆发前夕中共四川地方组织的恢复和重建提供了骨干力量和新鲜血液。在土地革命战争后期，因国民党当局残酷镇压和中共党内“左”倾错误的影响，中共四川地方组织自1935年6月省委被破坏以后，便再也没有省、市

①《成都民先简史及工作总结》（1945年7月），中共成都市委党史研究室：《八年抗战在蓉城》，成都出版社1994年版，第239—240页。

②韩天石：《关于抗战前后成都青年运动和党的重建的一些情况》，中共成都市委党史研究室：《八年抗战在蓉城》，成都出版社1994年版，第656页。

③《成都民先简史及工作总结》（1945年7月）、韩天石：《关于抗战前后成都青年运动和党的重建的一些情况》，中共成都市委党史研究室：《八年抗战在蓉城》，成都出版社1994年版，第246、656页。

一级的党委以及基层党组织，“只有个别党员和小组”[①]“立在民族革命立场作抗日宣传与组织”。[②]但终因党的领导机关不健全和组织系统不完善，而呈现出“上无集体领导，下无支部组织”[③]，“力量单薄”，表现零乱，“每每在群众工作中”“不能应付裕如”，无法“收阵线整齐的好(效)果”。[④]1937年5月，在“西安事变”和平解决、抗日民族统一战线逐渐形成的形势下，中共中央在延安召开的党的白区工作会议上提出，当前党在白区工作的主要任务就是迅速恢复党的各级组织，推动抗日救亡群众运动的蓬勃发展和建立抗日民族统一战线，促使川军、桂军等地方实力派转变立场拥蒋抗日，推动国民党中央和南京国民政府走上抗日道路。会后，中共中央先后派李一氓、罗世文、邹风平、廖志高、于江震等川籍干部回到四川，与已在川工作的张曙时等人一道着手清理和重建四川地方党的各级组织。当时，成都主要有张曙时发展和领导的一些党员、韩天石等4 位从北平和上海转来的学生党员及饶世俊把10多个失掉组织关系的党员组织起来的中共成都特支。罗世文、张曙时、廖志高3 人组成的中共四川省工委，首先接收了张曙时在下层人士中发展的13名党员(上层人士中发展的党员仍由张本人直接领导)和韩天石领导的成都民先队中的党小组，“同时，开始在成都民先队的领导骨干和其他方面的骨干中发展党员”“并且审查解决了饶世俊的组织关系和他所领导的‘成都特支’中的一些党员”的问题，“很快地把失掉组织关系的党员一个一个地清理联系起来”。[⑤]在这一时期，中共四川地方组织恢复和重建的过程中，成都民先队的一些骨干分子被吸收为中共党员，受省工委的派遣，分赴四川各地市、县去做恢复和重建党的组织、发展党员的工作，“成为重建党的基本力量”。[⑥]如饶孟文被派去自贡，韩天石、甘道生、赵利群被派去宜宾，侯方岳去乐山充实党的各中心县委领导力量。这些干部的派出，有力地推动了各地党组织的发展，在加强四川中共地方各级党组织

---

①韩天石：《关于抗战前后成都青年运动和党的重建的一些情况》，中共成都市委党史研究室：《八年抗战在蓉城》，成都出版社1994年版，第656页。

②《邹风平在延安给中央的报告》(1937年6月25日)，中央档案馆、四川省档案馆：《四川革命历史文件汇编》甲11册，1986年内部铅印本，第15页。

③《川康特委报告书——一九三七至一九四0年七月》，中央档案馆、四川省档案馆：《四川革命历史文件汇编》甲12册，1986年内部铅印本，第168—169页。

④《张曙时给中央的报告》(1937年12月20日)，中央档案馆、四川省档案馆：《四川革命历史文件汇编》甲11册，1986年内部铅印本，第30—31页。

⑤张文澄：《蓉城杂忆》，中共成都市委党史研究室：《八年抗战在蓉城》，成都出版社1994年版，第664页。

⑥《成都民先简史及工作总结》(1945年7月)，中共成都市委党史研究室：《八年抗战在蓉城》，成都出版社1994年版，第245页。

的建设上发挥了重要作用。

同一时期，重庆籍共产党员漆鲁鱼（曾任中华苏维埃共和国卫生部保健局长）从中央苏区脱险回到重庆。他利用在《新蜀报》做国际时评编辑的有利条件，在《新蜀报》、《商务日报》上发表文章，积极宣传抗日救亡主张，形成了《新蜀报》、《商务日报·副刊》两个重庆地区传播抗日救亡主张的舆论阵地。在北平"一二·九"运动的消息传到重庆后，漆与《商务日报·副刊》的主编温嗣翔以及一些进步青年研究重庆抗日救亡运动发展情势，认真学习中共《八一宣言》等重要文件，决定组织一个抗日救亡团体。1936年6月，漆鲁鱼约集重庆各大中学校从事抗日救亡活动的学生骨干二三十人秘密集会，决定成立重庆各界救国联合会（简称"重庆救国会"），会议推选漆鲁鱼为总务干事，侯野君任组织干事，温嗣翔为宣传干事，陶敬之、饶友瑚为干事。重庆救国会开展工作所需经费全靠社会资助和骨干成员的薪金收入支撑。漆鲁鱼带头把在《新蜀报》所领得薪水的百分之六七十用在救国会的工作开展上。重庆救国会成立初期，由张曙时与漆鲁鱼取得联系，通过"邮政的通信联络"这一方式对救国会进行政治思想上的指导。

重庆救国会成立后，以秘密与公开相结合的方式开展活动。在组织上，重庆救国会下属有学生界救国联合会、职业青年救国联合会、工人救国会、文化界救国联合会、妇女界救国联合会、自强读书会、民众歌咏会等群众性的抗日救亡社团，活动于其中的成员有"一千余人"。[①]在舆论宣传方面，重庆救国会利用《商务日报》、《新蜀报》、《齐报》、《人力周刊》、《春云》等报刊，宣传抗日救亡主张，发动社会各界为绥远抗战募捐，举行要求释放全国救国会"七君子"的宣传活动等，逐步发展成为重庆抗日救亡运动的核心，并为重庆党组织的恢复和重建，提供了骨干力量，奠定了组织基础。[②]

①《川康特委报告书——一九三七至一九四〇年七月》，中央档案馆、四川省档案馆：《四川革命历史文件汇编》甲12册，1986年内部铅印本，第168—169页。

②艾新全：《漆鲁鱼万里寻党记》，《新重庆》2003年第5期。按，关于漆鲁鱼与重庆抗日救亡运动之情形，本丛书中《重庆抗战史：1931—1945》一册已有较为详细的论述，本书此处只点到为止，以免重复累赘。特此说明。

（五）中国共产党推动川军走上抗日战场的重要作用

自1931年九一八事变以来，中共中央遂逐渐探索并提出了抗日民族统一战线的主张。争取川军等地方实力派及其军事力量共同抗日，则成为党建立抗日民族统一战线的重要环节之一。1936年4月25日，中共中央在一份宣言中明确提出："中国共产党认为只有全中国各党各派的共同奋斗，全中国人民及武装部队的总动员，我们才能给日本帝国主义与汉奸卖国贼以致命的打击，而取得中国民族的彻底解放"。[①]同年9月1日，中共中央又在《关于逼蒋抗日问题的指示》中强调指出，党在抗日民族统一战线工作中，应高度重视"同各派反蒋军阀进行抗日的联合"。"我们愈能组织南京以外各派军阀走向抗日，我们愈能实现（逼蒋抗日）这一方针"。"在全国人民面前，我们应表现出我们是'停止内战一致抗日'的坚决主张者，是全国各党各派（蒋介石国民党也在内）抗日统一战线的组（织）者与领导者"。[②]9月17日，当时的中共中央主要负责人张闻天在谈到开展抗日民族统一战线工作时也指出："为着集中全国力量去抵抗日寇的侵掠，驱逐日寇出中国，我们不仅要收集更广泛的民众的力量和一切真正革命的觉悟的纯洁的分子，而且要争取统治阶层中一切可能的部分到抗日斗争中来，使抗日民族统一战线更加扩大起来，更加增强自己的阵容与力量。推动国民党南京政府及其军队参加抗日战争，是实现全国性大规模的严重的抗日武装斗争之必要条件"。[③]毛泽东更明确指出，国民党地方实力派，无论是有地盘的实力派，还是无地盘的杂牌军，都是我们党可以"当作反帝国主义的同盟者去争取"的重要政治军事力量。"他们虽然同进步势力有矛盾，但他们同现在国民党中央政府的损人利己的政策亦有矛盾"，"只要我们有正确的政策"，他们是"可以同我们共同抗日"的。[④]

当时，面对蒋介石、国民党中央势力和南京国民政府借口统一全国军政排斥异己、欲消除各地方实力派军阀集团的咄咄逼人政治攻势，刘湘、刘文辉等川康实力派军事领袖深感左支右绌，深感仅凭其自身力量难以与蒋和国民党中央势力抗衡，于是出于自保的考虑，四处寻求新的政治盟友或合作者。一方面，刘湘在自己

①中央档案馆：《中共中央文件选集》第11册，中共中央党校出版社1991年，第18页。
②中央档案馆：《中共中央文件选集》第11册，中共中央党校出版社1991年版，第90页。
③《张闻天选集》，人民出版社1985年版，第107页。
④毛泽东：《目前抗日统一战线中的策略问题》（1940年3月11日），《毛泽东选集》第2卷，人民出版社1991年版，第746—747页。

军队内部建立反蒋拥刘的小团体“武德励进会”，以巩固、培植亲信力量；一面联合广西、广东、云南等地方势力共同对抗蒋和国民党中央势力。同时，他也开始考虑联共反蒋的问题，意图通过“走亲共的道路”[①]，共逼蒋抗日以保住其地盘及政治军事权势。刘湘曾自陈心迹说，抗日救国“不只是我个人的事，是全国人民的事，是全国人民渴望的事，也确实是我进入全国政治舞台的好机会”。但他心中尚存难决之念：“蒋介石都斗不过共产党，我敢同‘共’打交道吗？”随后，在冯玉祥的亲信及代表高兴亚的努力劝说下，刘湘“决定同共产党交朋友，先从互派代表、交换情报作起，具体问题直接开诚商谈”。[②]刘湘的亲信、时任四川省政府秘书长的邓汉祥也回忆说：“刘湘自知力量敌不过蒋介石，为图生存及割据四川，不能不联络蒋的敌对势力，尤其是不能不敷衍共产党，借以自卫，这是他的利害关系使然……然而他既然要‘联共’，对过去执行的那一套反动措施，就不能不收敛起来，这对发展民主抗日力量是有好处的”。[③]刘文辉后来回顾自己走向共产党领导的新民主主义革命阵营时也说：“我的反蒋本是统治集团内部的争夺，却因失败而倾向于亲共。我的亲共也是违反阶级利益，亦因时势推移，由假变真而导致起义”。[④]

针对刘湘、刘文辉等川康地方实力派军事首领思想观念转变和政治立场及态度软化的状况，中共采取多渠道、多种方式方法，对刘湘、刘文辉等川康地方军阀首领进行富有成效的统战工作，推动他们走上联共逼蒋抗日的道路。在全面抗战爆发以前，中共在四川地区进行抗日民族统一战线工作的重点及主要对象，就是一身兼任四川省政府主席、四川绥靖公署主任、四川剿“匪”总司令、四川善后督办等多项重要军政职务的“四川王”刘湘。1937年，中共中央派遣罗世文回川开展统战工作时，毛泽东曾指示罗说：刘湘在四川实力派人物中，军队最多，武器最好，实力最强，影响也最大，作好了刘湘的工作，四川抗战的局面就可观了。毛泽东还指出，刘湘等川康实力派迫于全国和四川日益高涨的抗日救亡运动的压力，正逐渐倾向抗日，并想借用我党的威信和力量，抵制蒋介石的控制和吞并，保存和扩大

①刘文辉：《走向人民阵营的历史道路》，《文史资料选辑》第33辑，中华书局1963年版。

②高兴亚：《冯玉祥与刘湘的秘密往来》，《文史资料选辑》第42辑，文史资料出版社、中华书局1980年版；《冯玉祥派我对说刘湘参加抗战之经过》，载中国人民政治协商会议西南地区文史资料协作会议编：《抗日民族统一战线在西南》，四川人民出版社1990年版。

③邓汉祥：《刘湘与蒋介石的勾心斗角》，《文史资料选辑》第5辑，中华书局1960年版。

④刘文辉：《走到人民阵营的历史道路》，《文史资料选辑》第33辑，中华书局1963年版。

自己势力。[①]1937年12月20日，中共四川地方组织负责人张曙时给中共中央的报告也说："刘湘为巩固其权利与地盘"，"必然要""用抗日的口号来增高他的政治地位，需要接近左倾以求得各方面主张抗日的势力同情与援助"。[②]依据对刘湘的准确分析，中共从以下几条途径对刘湘展开了有效的统战工作：

其一，中共中央上海局陆续派人秘密入川做统战工作。1933年，中共中央上海局派蔡翼公、吕寒潭等到成都，1934年又派吕一峰回四川，以国民党左派的身份敦促刘湘、刘文辉等川康实力派首领停止围攻红军与川陕苏区的内战。随后，为了配合红军长征，中共中央上海局又先后派张曙时、黄子谷、傅春吾等人回四川开展工作。最初，他们入川的主要工作任务是配合红军在四川的军事活动，但随着红军长征胜利与全国抗日救亡运动的蓬勃高涨，特别是1935年中共《八一宣言》发表以后，他们根据中共中央的指示，及时地将"党的工作重点逐渐转移到发动各阶层人士抗日上来"，[③]利用刘湘等川康地方实力派首领与蒋介石和国民党中央势力之间的权力斗争以及种种矛盾冲突，积极引导和推动刘湘等川康实力派首领改变政治态度，由"拥蒋反共"转向"联共逼蒋抗日"。例如，1935年初，张曙时受中共中央上海局的指派来四川开展统战工作时，蒋介石和南京国民政府的"四川中央化"政策正使得刘湘、刘文辉等川军头面人物如芒在背，同时，蒋介石逼迫刘湘将四川省政府迁往成都，刘湘则因其"财产及商业皆在重庆"而不愿离开重庆，但又不敢违抗，深陷烦闷。张得知这些情况后，便以刘湘故交傅春吾（张之老友、同情共产党的著名民主人士）的名义草拟了致刘湘的一封长信，介绍共产党团结抗日的方针政策，说明中国的抗日战争一定要兴起；四川在抗日战争中，实居重要地位，希望刘湘准备做抗日民族英雄。并向刘指明排斥异己、消灭非嫡系杂牌军是蒋介石一贯方针，追随蒋反共毫无前途，建议刘湘将四川省政府迁移到成都，摆脱蒋和国民党中央势力的威胁和羁绊。这封信"初步给刘湘头脑中注入了抗日因子"。[④]同年9月下旬，中共中央上海局又派黄子谷（曾任邓锡侯军政治部主任，

①李洪、胡卡里：《抗战前后党对刘湘的统战工作》，《四川党史研究资料》1985年第10期。

②中央档案馆、四川省档案馆：《四川革命历史文件汇集》甲11册，1986年内部本，第20页。据说，刘湘曾对其身边的亲信幕僚讲："希望共产党往右边一点，我往左边一点，共同反蒋"。参见李洪、胡卡里：《抗战前后党对刘湘的统战工作》，《四川党史研究资料》，1985年第10期。

③蔡尔时：《回忆我的父亲蔡翼公》，《四川党史研究资料》1987年第10期。

④张曙时：《我在四川是怎样进行统战工作的》，转引自乔毅民、阚孔壁：《张曙时》，《四川党史人物传》第1卷，四川省社会科学院出版社1984年版，第161页；乔诚、杨续云：《刘湘》，华夏出版社1987年版，第222页。

且为邓部师长黄隐胞弟）入川，专做刘湘的统战工作。这时，刘湘已完全掌控了四川地区的政治、军事大权，已经是名符其实的“四川王”，但为了自己及所部川军的生存，他正与蒋介石和国民党中央势力进行控制与反控制斗争，对联合反蒋抗日已初步表示赞同。黄此次入川，主要目的是促刘湘坚定思想认识，做出比较明确的政治表态。10月中旬，刘湘会见了黄子谷。黄向其说明，“停止内战，一致抗日”的主张代表了全中国人民的意愿，关系着国家民族的危亡，而蒋介石不但不予以响应，反而继续坚持其“攘外必先安内”的方针，企图继续削弱各方势力，进而全面控制四川。如果蒋的企图得逞，则团结抗日、收复失地都必将成为泡影，川中爱国将领的救国愿望不仅难以实现，其地位也将不保。因此希望刘湘进一步加强与进步各方合作，坚持团结抗日主张，积极从事抗日准备工作。刘湘最后明确表示，对黄所谈各节完全同意。双方谈话气氛，“甚为和谐”。会见后，黄子谷、张曙时等接手了《成都快报》，改名为《建设晚报》，用以宣传抗日，提倡民主。刘湘对该报每月补助经费400元。①

其二，利用刘湘与桂系李宗仁之间的渠道开展工作。刘（川军）与李（桂军）此时处境相同，利害一致。为了团结反蒋，桂系派代表温峤生常驻重庆，刘派代表张斯可常驻南宁，以保持经常的联系。1936年，刘湘在其川军部队中共产党人的影响下，先是派陈炳光到南宁（桂系亦派参谋长叶琪到四川）酝酿实行“抗日联共”政策。后来又派张斯可到桂林与中共代表直接会面，并经过协商，签订了反蒋抗日联共的“川、桂、红军事协定”。该协定是刘湘与中共发生联系以来形成的唯一文件，其主要精神是“团结一致，共同抗日”，即：如果蒋介石不抗日仍然要打内战，就准备以“红（军）、桂、川”三方大联合来对抗蒋介石与国民党中央势力。另据当事人之一的刘亚休多年以后回忆说，最初，“刘湘为表示尊重中共，初拟称为‘红、桂、川协定’，但中共方面认为把‘红’摆在前头，看来刺眼，将会过多引人注视，殊不策略，因此不便居先。于是拟称‘桂、川、红协定’（刘湘认为广西方面在政治上、军事上的号召力均较四川为强），可是李宗仁、白崇禧皆以桂省地瘠民贫，人口较少，不如四川地大物博，人口众多，亦复再三谦让，故最后始定名为‘川、桂、红协定’。”②该协定只是预设条件下联合反蒋的计划，并未产生实际作用。

①黄子谷：《党两次派我回川的任务和活动》，转引自乔诚、杨续云：《刘湘》，华夏出版社1987年版，第223页。

②乔诚、杨续云：《刘湘》，华夏出版社1987年版，第225—226页。

其三，中共中央直接对刘湘的团结与争取。据当事人田一平回忆，大约从1935年或1936年起，刘湘就先后派叶雨苍到延安去见了毛主席，“商谈双方合作等事项”，1937年，王干青又“以刘湘的川康绥靖署顾问身份，为联合抗日事宜，两次代表刘湘去延安”。①1937年，中共中央派李一氓先去上海与刘湘的代表刘航琛接头。随后，李与张曙时一道来四川两次会见刘湘，转交了毛泽东给刘湘的亲笔信。李还带来了刘伯承给川军各将领的亲笔信。随后，中共中央又派罗世文以中共中央正式代表的身份来四川开展工作。行前，毛泽东曾指示罗入川后要加强对四川地方实力派的统战工作，推动四川的抗日救亡运动。罗到四川后，住在刘湘部下蔡军识处，被刘聘为顾问，一方面同刘湘保持联系，另一方面又与杨伯恺一道做邓锡侯的工作，向邓“宣传党的抗日民族统一战线政策”，“指出抗战必胜的光明前景”，②以促使他们主动参加到抗日民族统一战线中来，推动四川的抗日救亡运动。

其四，通过爱国将领冯玉祥和川籍著名爱国民主人士张澜来影响和争取刘湘。冯玉祥是深受中共影响的抗日名将。刘湘非常钦佩冯治军有方，曾于1930年代初派人前往冯处，请冯派员帮助其练兵治军。冯则因刘湘过去在反蒋战争中曾失信于他，故对此事“并不十分积极”，但是在中国共产党人的建议和积极推动下，为了“在刘的军官中栽下一个抗日、反蒋的根”，便答应刘湘的请求，先后派遣汪导予、李荫枫、郭秉毅、高兴亚等人来川。实际上，这些人都是“党通过冯玉祥介绍给他的”。他们之中，除了高兴亚因其冯的私人秘密代表身份不便在刘部任职外，其他人都被刘湘聘为顾问或军官教导总队的政治教官，并参加了刘湘的核心组织武德励进会，深得刘湘信任。③这些人“直接为刘湘出谋划策，宣传党的主张，策动川军抗战，对刘湘及其武德励进会产生了较大的影响”。如郭秉毅被刘湘任命为川康绥靖公署政治部主任、四川省保安司令部政治处主任和武德励进会副秘书长。由此一来，共产党“好些工作的开展都是靠郭秉毅推动、组织。而郭秉毅的许多建议都是党的领导人张曙时指示的，这就等于我们党的力量插进了武德励进

---

①田一平：《武德励进会纪实》，《重庆文史资料选辑》第22辑，重庆印制一厂1984年印。

②关于中共中央与刘湘的直接联系之详情，李洪、胡卡里《抗战前后党对刘湘的统战工作》（《四川党史研究将料》1985年第10期）、陈志学、徐学初《党的统战工作与刘湘出川抗战》（《四川统一战线》1987年第7期）、田一平《我所知道的武德励进会》（中共成都市委党史研究室编《八年抗战在蓉城》，成都出版社1994年版）等均有所记述。有意者，可参见之。

③高兴亚：《冯玉祥与刘湘的秘密往来》，《文史资料选辑》第42辑。

会的决策部门。……党员也进入了他们的核心组织”。[①]川籍著名爱国民主人士张澜曾经是刘湘的老师和上司，刘对张历来表示敬重。1933年春，刘湘曾邀请张澜率杨挞璋、鲜英、杜象谷、任乃强等人组成考察组，前往南京、上海、香港、广东、广西等地联络反蒋势力，并提出“川人治川”的口号。中共特别将张之次子张慕良（1926年加入共产党，曾任中共旅德支部书记）从共产国际召回国内，与钟汝为、徐庆坚等共产党员一道协助张澜做刘湘的统战工作。张澜写信给刘湘指出：“蒋介石一面对日妥协投降，一面千方百计在四川扩充地盘，吃掉全川的地方力量”，川军“只有高举抗日的旗帜”，“联合一切爱国抗日的派别，与蒋介石的控制野心作斗争，才是自己的光明前途”。与此同时，中共川西、川北地下党组织也先后派于江震、贾子群以师生关系，通过张澜从侧面影响刘湘，劝其“站到抗日方面来”。[②]

其五，中共四川地方组织对刘湘的统战工作。早在大革命时期，中共重庆地委为争取刘湘参加国民革命，曾通过国民党四川省党部（左派）领导人杨闇公、李嘉仲、李筱亭、陈达三等人直接做刘湘的工作。肖华清、周钦岳等共产党员也受党的派遣，与刘部将领郭勋祺建立了经常联系，并在“三三一”惨案中得到过郭的掩护。刘湘的另一亲信师长罗炜驻防隆昌，刘伯承等人发动“顺（庆）、泸（县）起义”前，曾计划泸县起义军通过隆昌到顺庆集中，经陈毅与罗联系后，罗曾同意假道。该师参谋长韩全朴、副官长车耀先均同情革命，并于后来加入了共产党。王干青入党后，通过刘部顾问乔毅夫的推荐，被刘湘聘为川康绥靖公署顾问，后以刘湘私人代表的身份两赴延安，负责刘湘同中共的联络工作。[③]

在集中力量做好对“四川王”刘湘的抗日统战工作的同时，中共方面也派张秀熟、杨伯恺、张雪岩等人对刘文辉、邓锡侯、潘文华等川军重要将领进行统战工作。据张秀熟回忆，当时他负责对邓锡侯统战工作时，“几乎每月要分别和他们谈一次话”。张老回忆说：“抗战时期党的统战工作搞得很扎实，除了注重对刘湘的统战工作外，其他中上层统战工作，都是根据各个不同情况，分别进行。”[④]

---

①田一平：《武德励进会纪实》，《重庆文史资料选辑》第22辑，重庆印制一厂1984年印。

②乔毅民等：《张曙时》，《四川党史人物传》第1辑，四川省社会科学院出版社1984年版，第161—162页。

③从目前的材料来看，中共四川地方组织主要是在刘湘周围的人及其部队中下层里开展党的工作，以此来影响和争取刘湘。参见中共成都市委党史研究室：《八年抗战在蓉城》（成都出版社1994年版）有关内容。

④张秀熟：《我在抗战期间从事统战工作的回忆》，中国人民政治协商会议西南地区文史资料协作会议：《抗日民族统一战线在西南》，四川人民出版社1990年版，第63—65页。

另外，在做刘湘、刘文辉、邓锡侯等川康实力派军事首领及其部属的抗日统战工作时，中共还很注意工作方式、策略和技巧。

首先，注重“直接接触”与“间接接触”两种工作方式的有机结合。所谓“直接接触”，即由中共领导人毛泽东、朱德、董必武等中共领袖对刘湘的直接争取，周恩来、董必武、林伯渠等对刘文辉、潘文华的团结工作以及前述中共各级党组织的统战工作等。[1]所谓“间接接触”，即由中共委托冯玉祥、张澜等著名爱国民主人士出面或以其名义做四川实力派的统战工作。[2]这方面，中共通过冯玉祥影响和争取刘湘联共抗日的事实最具代表性。中共党员高兴亚曾以冯的代表身份多次与刘湘密谈。一方面，他向刘指出“蒋不抗日为全国人民所唾弃”，刘“只要坚决拥护抗日并作实际准备”，“就可博得全国人民的同情”。另一方面，以冯“跟共产党交朋友，从来没有吃过亏”，而同蒋介石结拜把兄弟，却被蒋介石“恩将仇报”，“不择手段”加以分化的事例，消除刘湘“怕共产党比怕蒋介石还厉害”的疑惧心理。刘湘听后，当即表示“冯先生这个例太好了”。“我打算逐渐由浅入深地同他们(中共)建交”。[3]其次，中共还十分注意发展刘部上层人士入党。张曙时、黄子谷等人在利用各种关系做刘湘及其部属的统战工作时，就曾秘密发展了王伯杰、黄品三、钟汝为等上层共产党员，“在刘湘部队中长期工作的甘树人、潘扫尘，都在1936年冬入党”，[4]“这种上层党员虽然人数不多，但在上层统战工作中的能量是比较大的”。[5]其三，在与统战对象的接触和交往上，除个别谈话外，也采取宴会、座谈会等多种形式，以讨论抗日救亡工作为主题，开展统战活动。张秀熟回忆，中共组织“经常利用”车耀先的“‘努力餐’餐馆楼”与川中“党、政、军、学各界知名人士”“举行大的宴会”。“周恩来每次从延安去重庆路过成都”，四川党组织都“借机举行座谈会，请

---

①例如，1937年8月，周恩来、朱德、叶剑英等即利用在南京参加国防会议期间，直接开展了对刘湘的统战工作，并促使其在会上慷慨陈词，极力主战。同年9月，毛泽东在延安接见曾在川军中任职并与刘文辉关系密切的张志和，指示他利用“与四川军阀的历史关系最深”的有利条件，回川做刘文辉、邓锡侯等上层的统战工作。1938年夏，周恩来、董必武、林伯渠、王明等中共领导人路过成都时，也先后与刘文辉、潘文华等四川实力派首领见面会谈，就如何团结抗日交换了意见。参见匡珊吉、杨光彦：《四川军阀史》，四川人民出版社1991年版，第565—568页。

②其实，“间接接触”也主要是由中共主导或以冯、张名义派党员出面。另外，当时参加对刘文辉统战工作者，除了中共党员外，还有邓初民、马哲民、黄松龄等民主党派成员。他们“更热心于地方实力派的工作”。张秀熟：《我在抗战期间从事统战工作的回忆》，中国人民政治协商会议西南地区文史资料协作会议：《抗日民族统一战线在西南》，四川人民出版社1990年版，第65—66页。

③高兴亚：《冯玉祥与刘湘的秘密往来》，《文史资料选辑》第42辑。

④杨尚元：《抗战时期党在四川地方部队(刘湘系统)中的活动概况》，《四川党史研究资料》，总第62期。

⑤林蒙：《成都抗日救亡运动和四川党的重建》，《四川现代革命史研究资料》，总第8期。

他作报告,情况更是热烈”。黄炎培、叶圣陶、沙汀、何其芳、李颉人等著名人物经常聚会于此。一时之间,“努力餐”成了中共四川党组织与进步人士的活动中心。①

总之,全面抗战爆发前,中国共产党在开展党的活动,领导和推动四川地区抗日救亡运动蓬勃发展,不断掀起抗日爱国运动高潮的同时,也通过卓有成效的抗日民族统一战线工作,在推动川军出川抗战中发挥了重要作用。

四、川政统一与川军整编

辛亥革命后,四川与国内许多地区一样,陷入了军阀割据、混战的苦难深渊。据不完全统计,仅仅是从1913年讨袁之役起,到1933年底“二刘大战”结束,20余年间,四川所发生的军阀大小混战竟达470余次(一说480余次),平均每月两次,“其战争之多,居当时全国各省首位”。②

在混战过程中,四川军阀的兵力不断膨胀。民国初年,四川军阀仅有部队5个师;到1928年,发展至28师,37旅又10余团,“不下二十五万人”;到1934年,再增至290余团(一说为340余团),约相当于40个师,130万人以上,成为国内军队最多的省份之一。③时人批评四川军阀急剧扩张部队的情形说:“川军派别纷歧,其危害地方剥削人民则一。每有内战,亦不过互对敌部,买收勾煽,胜者不为已甚,败者仍得安全。以是虽经大小四百余战,迄未尝有彻底解决,只见此起彼仆,轮番当权,愈打而军队愈多”。④在此过程中,四川军阀逐渐形成了不仅“就地筹饷”,而且直接发号施令,干预政事,自行委任官吏、预征赋税的防区制度。

刘湘及其集团是四川军阀派系中的后来居上者。在“二刘大战”胜利后,刘湘

①张秀熟:《我在抗战期间从事统战工作的回忆》,中国人民政治协商会议西南地区文史资料协作会议:《抗日民族统一战线在西南》,四川人民出版社1990年版,第65—66页。

②唐学锋:《四川军阀混战频繁之原因》,《西南师范大学学报》1990年第2期。

③唐学锋:《四川军阀混战频繁之原因》,《西南师范大学学报》1990年第2期。

④《四川的整军问题》,《大公报》1937年6月5日。

受到以蒋介石为代表的国民党中央势力的支持，由南京国民政府任命为四川省政府主席和川康绥靖公署主任，成为名符其实的“四川王”，对结束四川军阀混战、废除防区制、统一川政和整编川军负有最重要的责任。

（一）推进行政统一

统一川政的实质，首先就是饬令和督促四川军阀各部把其防区内的军、政、财、文等大权交还给四川省政府，并进而实行四川地方政治的“中央化”。为此，首先必须理顺四川全省的地方行政管理体制，实行政务统一，为统一川政创造必要的政治前提条件。

第一，改组四川省政府。1934年12月21日，南京国民政府根据行政院12月18日会议的决定，宣布改组四川省政府。将原省政府中与刘湘对抗的刘文辉、邓锡侯、田颂尧、杨森等4大军阀及其派系人员免职，任命了一批既拥护刘湘又拥护蒋介石及南京国民政府的省政府官员。[①]1935年2月9日，南京国民政府又任命刘湘为四川省保安司令。这样，刘湘一人兼四川省政府主席、川康绥靖公署主任、四川保安司令、四川“剿匪”总司令4个重要职务，集四川全省军、政大权于一身，成为名符其实的“四川王”。随后，刘湘又实行行政中心的西移，于1935年7月9日将四川省政府从重庆迁回四川传统的省会城市成都，从而在政治军事权力的集中和制度规范方面，为其统一川政扫除了障碍。

第二，结束防区制。2月10日，刘湘于在重庆就任四川省政府主席的同时，即以第21军军长的名义训令所部防区各县县长，将往昔代管之一切政务，全部交归四川省政府，以表示自己带头结束防区制。在刘湘的促动下，邓锡侯、杨森、田颂尧、罗泽州、李家钰等人，也被迫于2月15日至18日先后致电刘湘，表示拥护四川省政府，愿意交出其防区内的各县政权。刘湘均一一复电表示抚慰与嘉许。蒋介石也于2月20日致电刘湘以及邓锡侯、田颂尧、杨森、罗泽州等川军将领，表示嘉奖和慰勉。[②]3月15日，蒋介石又致电川军各将领，明令严禁军队干预地方行政，即：其一，禁止以军力干涉行政诉讼；其二，禁止现任军官佐兼任县局长；其三，禁止地方团队人员由驻军指派；其四，禁止军政长官与民争利；其五，禁止征收员丁

①周开庆：《民国川事纪要》上册，四川文献研究社1974年版，第558页。
②周开庆：《民国川事纪要》上册，四川文献研究社1974年版，第570页。

之索需。3月17日，蒋又通电川军各将领，饬令他们对其原防区内县局人员严肃督促检查，“必须执法以绳”，严禁和制止这些人乘县局政务交接的青黄不接之际，“擅自共敛勒征”，“益苦川民”。“如有故违，即分别惩处”。[1]这就在实际上剥夺了四川军阀继续插手地方政治，专擅地方政务的权力，为统一川政铺平了道路。四川省政府在接管各军防区的各县政权之初，为了安抚各军和稳定社会秩序，对各军原委各县县长和征收局长一律留用，然后于1935年3至4月间对这些县局长们实行分批异地调动，逐渐促使各军将领与其防区内的地方政府脱离关系，从而真正地结束防区制，实现四川地区的政治统一和政务统一。

第三，统一川军各部队军费筹发制度。1935年2月27日，刘湘以四川善后督办公署和四川省政府的名义，致电杨森、刘文辉、邓锡侯、田颂尧、李家钰、罗泽州等人宣布：从3月1日起，川康军队“所有各军月饷，统由四川善后督办公署统收统支”。“各部队每月所需经常各费，应由本署统筹……按月核发”，要求各将领“将该部官兵员名并月支经常各费数目，分别列表具报来署，以凭核发”。同时还训令川军各将领“不得再自由设厂铸造货币，及发行钞票与类似钞票之证券”。3月18日，蒋介石又训示川康军队各将领提出：“自本月起，全军饷糈，均由省府发给，全省赋税，一概由省府统一征收。各处军人，如果在三月一日以后，再擅自征敛各地方田赋，即为违抗政令剥削民众之反革命。其违法征收之钱粮，自应由省府照数自应领之军费中扣除”，从而在财政经济方面切断川军各将领及部队与原防区之间的联系渠道，俾以真正“取消最恶劣最落伍之防区制，使全省事权统一于省府”。[2]

第四，推行“剿匪”地方行政制度。刘湘和四川省政府又根据蒋介石和南京国民政府的指令，宣布四川为“剿匪”省份，实行“剿匪”地方的行政制度。按照这种“剿匪”地方行政制度规范，省政府合署办公，厅处长不对外行文，一切发号施令，均以省政府主席命令的方式下达和施行，加重省政府秘书长的职权，各厅处文稿均集中由秘书处审核。划四川全省为若干行政督察专员区（简称“专区”），每专区设专员公署和区保安司令部，专员兼任保安司令，并兼任专署所在地的县长，另设专任保安副司令一员。在县以下设区分署，每县至少3区，至多6区。各乡镇一律

①周开庆：《民国川事纪要》上册，四川文献研究社1974年版，第575—576页。

②周开庆：《民国川事纪要》上册，四川文献研究社1974年版，第571—576页。

改为联保，设联保主任。乡以下编组保甲，每10户为一甲，每10甲为一保，以甲为单位，实行联保联坐。根据这种"剿匪"地方行政制度规范，四川省政府于1935年夏将四川全省划为温江（12县）、资中（8县）、永川（10县）、眉山（9）、乐山（7县）、宜宾（9县）、泸县（8县）、酉阳（8县）、奉节（8县）、大竹（7县）、南充（8县）、遂宁（9县）、绵阳（9县）、剑阁（9县）、巴中（6县）、茂县（9县）、雅安（8县）、西昌（8县）等18个行政督察专员区和152个县。①

（二）推进财政金融统一

财政统一是川政统一的重要内容，也是川政统一的财政经济前提。为此，四川省政府在南京国民政府的支持下，采取了一系列政策措施来推动四川财政经济的统一。②

第一，成立四川省财政整理和监督机关。为加强统筹整理财政，改革税制，统一田赋，强化对财政工作的监督执行力度，四川省政府于1935年7月13日成立了"四川省财政整理委员会"，由刘湘任委员长，行营和四川省政府的财政负责人、企业家、银行家、社会名流、著名学者等担任委员。该委员会的职责主要有六：一是省税县税之调查设计；二是省税县税之征收机关及征收办法之整理改善；三是省库收支概算及其报销之审核；四是省库县库收支账目之公布；五是省政府或财政主管机关交付讨论的事项；六是本委员会会员建议讨论的事项。7月21日，省财政整理委员会举行第三次会议，讨论通过对各县市财政整理及监督的计划。主要有两项：一是确定县市收支预算。要求从1935年度起，由省政府视各县市财力及事业需要，规定收支原则，饬令各县市造具预算，呈报核准，由征收局统收分拨，"以期减少烦苛，款不虚糜"。二是统一整理各县财政收支。要求根据有关章程规定，在各县设立县财务委员员和县金库，分别办理各县财政之审核和收支、保管等事宜，互相监督，权责分明，以解决"浮收朦取，握匿捲逃，交代不清诸弊"。蒋介石和南京国民政府为督促和监察四川省的财政整理工作，亦于1935年7月15日电令成立"军事委员会委员长行营驻川财政监督处"，要求四川一切重大财政措施和

①吕平登：《四川农村经济》，商务印书馆1936年版，第3—4页；刘文辉：《走到人民阵营的历史道路》，全国政协文史资料委员会：《文史资料选辑》第33辑，中华书局1962年版，第3—4页。
②本处以下所述，资料主要来源于周开庆：《民国川事纪要》上册，四川文献研究社1974年版，第593—597页。

年度预算必须经行营财政监理处审核。同日，蒋介石还致电中央银行重庆分行："四川财政，因军费膨大，入不敷出，负累日深，致收支情形，紊乱已极。长此积亏，势必军民交困，陷四川于破产一途"。因此，蒋电要求从1934年7月起，"遵照行营核定之预算，极力紧缩，一切税收经征及经费核发，尤应切实整顿，务使收支适合"。同时还商准国民政府财政部，指定中央银行重庆分行为联合金库，"所有国省两税收入，自七月十六日起，应悉数解存该分行，以备拨支"。

第二，执行统一的财政规章制度。1935年7月14日，蒋介石和南京国民政府令颁《剿匪区内整理县地方财政章程》及各关系法规合订本，并饬令四川省政府通令四川各县"恪切办理"。该《章程》中，关于县级地方财政制度的规定主要有：其一，成立县政府财务委员会（简称"财委会"），由该县城乡各地公正士民充任委员。其二，统一各项公款机关。凡全县之教育、团防、自治、慈善各款，及其他一切县有各公款、公产收支事宜，统归县财委会办理，实行统收统支，"一洗以往机关歧出、自收自支、散漫无稽之弊"。其三，厉行预算决算制度。凡县地方附加捐税及其他一切收入，与一切经费之支出，统应依照规定，编制预算决算。凡预算已列之项目，不得移作他用；凡预算外之支出，及预备经费之动用，暨税捐之增减，非经省府核准，财委会即将拒绝执行。俾使"向来之滥收虚耗，与机关团体在地方自由筹款之弊，即无由再逞"。其四，明确划分支付与经管之权责。县长与财委会之间，彼此分权，互相监督。县长综收付之柄，而一切现款之出纳，悉由县财委会经管；县政府预算之是否适当，是否核实，其审核之责，也属于县财委会；同时县财委会所经管之现款，县长仍须加以监督和随时检查，俾使"以往侵吞捏报，及亏空公款诸弊，自不难渐臻廓清"。[①]

第三，统一货币，稳定金融秩序。防区制时代，四川军阀大多在自己的防区内自行制造和发行货币，造成四川金融秩序极其紊乱、主币辅币错综复杂的格局。蒋介石和南京国民政府根据"四川历年金融紊乱，其所设之地方银行，既未呈经中央核准，而所发钞票，为现达三千二百余万元之钜，准备空虚，以致时有挤兑情事。申渝汇价，亦时被影响，商业民生，胥受其害"[②]这一情势，决定在四川设立中央银行重庆分行、成都分行及万县办事处等中央金融机构。同时，还进行了发行国币

①周开庆：《民国川事纪要》上册，四川文献研究社1974年版，第594页。

②周开庆：《民国川事纪要》上册，四川文献研究社1974年版，第600页。

和收销地钞(即四川地方钞票)的金融活动。1935年9月10日,蒋介石以行营名义发布《收销四川地钞及收兑四川杂币办法》,规定:其一,从9月15日起,所有四川省内一切公私交易,均以代表国币之中央本钞为本位,地钞即行停止使用。但民间交易活动中,其持有地钞而尚未能换得中央本钞以为交收者,准以地钞10元,合中央本钞8元计算。其二,凡持有地钞之军民人等,准以地钞10元,调换中央本钞8元。自9月20日起,随时向中央银行重庆分行、成都分行、万县办事处,暨中央银行委托之其他银行钱庄,分别就地调换,限于当年11月20日前调换完毕,逾期不调换者作废。所有以中央本钞调换回之地钞,悉由中央银行重庆分行裁角公开销毁。其三,在11月20日以前,四川各县僻远地方之国省各税征收,凡持有地钞而未能换得中央本钞以为缴纳者,准以地钞10元申合中央本钞8元计算,由税收机关向中央银行各分行及其指定处所调换为中央本钞,再行解库。其四,调换过程中,概按前面所定地钞申合中央本钞之计算标准(即地钞10元兑换中央本钞8元),如有低价抑勒者,一经查明,概依军法从严惩办。其五,四川市面所有之银币,其成色重量,与银本位币条例规定相合者,得以1元换中央本钞1元行使。其余杂币,概照财政部所颁收兑杂色银料简则,各依其所含纯银实数,换给中央本钞。为了促使四川地钞与中央本钞兑换活动的顺利进行,蒋介石还于9月17日同意中央银行成、渝两分行的建议,发行印有四川地名的一元券和二角、一角的辅币券,与印有上海地名的中央本钞"同样行使","藉便军民,而利市面"。①

蒋介石和南京国民政府估计,由于四川地钞侧重于在重庆、成都等大中城市发行,因而其八折兑收地钞的办法,对四川"各县影响较少"。但是,以八折的折扣回收四川地钞,对于原先使用和持有四川地钞的四川各界及广大民众而言,仍然意味着其财富的缩水。因此,南京国民政府的《收销四川地钞及收兑四川杂币办法》一公布,就遭到四川人民的强烈反对,市场秩序陷入混乱。重庆、成都、万县、涪陵、内江、宜宾等大中城市的商会及各界民众纷纷"利用地钞折价名词",向四川省政府请愿并致电蒋介石和南京国民政府,要求政府十足掉换收回地钞,或者另行给予补偿。内江还发生捣毁银行的暴烈行动,"酿成抢劫巨案"。对此,蒋介石和南京国民政府毫不退让,于9月19日致电四川省政府主席刘湘以及重庆财政特派员公署暨各专员,要求"严禁群众请愿"和"饬所属各地军警,一体严密防范"。

①周开庆:《民国川事纪要》上册,四川文献研究社1974年版,第601页。

并由行营颁发布告，宣布如果拒绝使用中央本钞，即按扰乱金融治罪。在蒋介石和南京国民政府、四川省政府的强硬姿态与坚决弹压之下，反对八折收兑四川地钞的风潮逐渐平息下来，中央本钞也逐渐在四川各地流通开来，从而实现了四川地区的货币统一和金融秩序的稳定。

在推进财政金融统一的过程中，蒋介石和南京国民政府还批准四川发行公债7 000万元，并由中央银行借贷给四川1 300万元，以帮助四川省改善财政金融状况，“以资整理”。[①]

（三）整编川军[②]

整编川军，是川政统一中军事统一的关键环节和重要内容，也是蒋介石和南京国民政府期望实现四川“政治中央化”和“军队国家化”的一项重要政治举措。1935年6月5日，在成都行辕召集川军将领开会时，蒋再次提出“裁兵整军为救川救国与自救之第一要图”，并强调：“整理四川军队第一件根本的事情，就是先要裁兵。”[③]他希望川军各将领“扩大胸襟，把握时势，以天下国家为己任”进行裁兵整军，并宣布：川军只有经过中央的裁减、整编、点验、核准，才能得到中央的承认，照“中央军”一样每月发饷。[④]按蒋的本意，川军“兵额之多，部队之杂，至少要裁半数以下”，但看到实行起来阻力太大，便退而求其次，决定“以缩编三分之一为最低限度”。

为了实现上述目标，蒋介石除连连发布整编川军的指令之外，还派国民政府军委会委员长行营参谋团入川具体办理整军事宜。“参谋团”入川是1934年底刘湘赴南京向蒋介石和国民政府请援时双方商谈中央势力进入四川时讨价还价的产物。起初，蒋介石和南京国民政府拟派“中央军”10个师的部队入川，但在遭到刘湘拒绝的情形下遂退而求其次，改为组织“参谋团”“入川、助刘、剿共”（实际任务是“消灭赤匪，控制四川，打击刘湘”[⑤]），由蒋所亲信的南昌行营第一厅厅长并早

①周开庆：《民国川事纪要》上册，四川文献研究社1974年版，第589页。

②本处所述及史料，除特别注释者外，主要参引自文建辉：《略论川康整军的积极一面》，《重庆师范大学学报(哲学社会科学版)》2005年第1期；余志君：《试论1937年的川康整军会议》，《黑龙江史志》2009年第18期。

③匡珊吉、杨光彦：《四川军阀史》，四川人民出版社1991年版，第458页。

④周开庆：《民国川事纪要》上册，四川文献研究社1974年版，第588页。

⑤郑文远：《驻川“参谋团政训处”组织系统与反共罪行》，《成都文史资料选辑》第13辑，成都市政协文史资料研究委员会编印，1987年版。

年曾在川军中任职且与刘湘、杨森等有“速成系”同学之谊的贺国光任主任率领入川(副主任杨吉晖既与贺是同学,又是刘湘亲信的幕僚)。1934年12月24日,南昌行营宣布正式组建“参谋团”,并发布了对参谋团正副主任及各处正副处长的任命。12月26日,蒋介石电谕入川“参谋团”人员指示:“务须抱定决心,不升官,不发财,及埋头苦干精神。如违此精神,决予最严厉惩罚。倘努力奉行,待川匪肃清,当从优奖励。”[①]12月29日,“参谋团”从南昌行营出发,次年1月12日抵达重庆,开始代表蒋和南京国民政府主持统一中央军政命令、整编川军和指挥四川战事等事宜。

1935年6月25日,行营参谋团奉蒋介石与南京国民政府的指令,着手对川军进行第一期整编。刘湘对整军尽管有不满,但最终还是服从了国民政府的整军令。这期川军整编,从6月25日起,到当年10月中旬结束。主要任务是核实名额,裁汰老弱,减缩点编部队。“规定各军师一律照现额缩编三分之一,并由行营参谋团派员亲赴各部点编”。将川军由原来的350个团缩减为200个团左右。同时对“空额兵员,骈枝机关部队,亦酌裁并”。要求川军各军限于7月15日完成兵员的裁减。“自十六日起,不问是否裁竣,一律照原军费减发三分之一。原定军费为每月四百二十万元,军实及军事机关费九十万元。核减军费,军事机关费在内,故亦应照减。”至9月6日,参加整编的川军各部有编余官佐约6 000人,其中“中级者千人,下级者约五千人”。对于这些编余或裁减的川军军官,“全部予以安插”。其中学识优良者,被选送到“峨嵋山军官训练团”(蒋亲任团长)“集中训练,为将来之用”。并将川军部队中营团以上军官及部分编余官佐送到中央军校成都分校受训。待其结业后,以蒋介石“学生”的身份回到川军部队中带兵,以加强蒋及南京国民政府对川军部队的控制。[②]

10月20日,川军第一期整编结束。各部队不再使用国民革命军番号,而以全国陆军统一番号命名列序,即:陆军第20军,军长杨森,辖3师、15团;陆军第21军,军长唐式遵,辖3师、16团又12独立营;陆军第23军,军长潘文华,辖2师、14团又6独立营;陆军第24军,军长刘文辉,辖3师1旅、15团又1特务大队;陆军第41军(原第29军),军长孙震,辖3师、18团又1特务团;陆军第44军,军长王缵绪,

①周开庆:《民国川事纪要》上册,四川文献研究社1974年版,第554—558页。

②周开庆:《民国川事纪要》上册,四川文献研究社1974年版,第591—605页。

辖3师、16团又11独立营；陆军第45军(原第28军)，军长邓锡侯，辖5师、24团；陆军第104师(原新编第6师)，师长李家钰，辖9团又1补充团；四川善后督办公署直辖部队，共3师另6旅。

川军第一期整编结束后，1936年1月31日，国民政府军事委员会(简称“军委会”)饬令杨森第20军直接归重庆行营指挥。杨森所部由此成为第一支“中央化”、“国家化”的川军部队。2月25日，国民政府授予刘文辉、邓锡侯、杨森、唐式遵、潘文华、孙震、王缵绪、范绍曾、李家钰等14人陆军中将军衔。随后，又陆续授予郭勋祺、饶国华等41人为陆军少将军衔。之后，还陆续零星地授予四川军人中将、少将军衔或任命军职，以此来推动川军逐渐走向“中央化”、“国家化”。

在川军第一期整编中，许多四川军阀的部队都被压缩精减，唯独“四川王”刘湘的部队不减反增，由原来只有第21军一个军扩编为第21、第23、第44共3个军和四川督办公署直辖部队的3师又6旅，因而引起其他四川军阀的强烈不满。同时，蒋介石也不满这次整编达到缩减川军兵员三分之一这一目标，于是决定再次整顿川军。1936年11月19日，南京国民政府颁令撤销“四川善后督办公署”和“四川剿匪总司令部”，成立“川康绥靖公署”并任命刘湘为主任。12月8日，又任命刘湘为第6路军总司令。这些机构变动和人事任命，实际上都是在对刘湘明升暗降，为再次整顿、缩编川军做准备。①

1937年2月中旬，在国民党五届三中全会上，蒋介石提出要继续整编全国军队，经会议讨论后形成五大原则，即：其一，统一编制。衡以现代作战上之需要及装备上之可能与调整施行容易计，以规定之两种编制统一之。其二，减少大单位，充实小单位。其三，增加部队战斗力。其四，不增加经常费，按各师原有经费范围，将其编成；酌予缩减编制，提高官兵待遇，使编制与经常费适合，而达到整理之目的。其五，人事经理，完全依照法规办理。若各部队官佐之任职、职期调任以及奖惩退役等，必须按人事法规的规定执行，尤其对于官佐的任免迁调，务须呈请中央核定，不得自行委派，或者先委后报。②

按照上述原则，国民政府军事委员会首先对“中央军”进行整编，并于当年5月提出川康整军，准备于6月初召开豫皖苏三省整军会议整编“东北军”，以推进

①温贤美：《四川通史》第7册，四川人民出版社1990年版，第82—83页。

②《四川的整军问题》，《大公报》1937年6月5日。

各地方军队的“国家化”和“中央化”。

刘湘对南京国民政府再次整编川康军队表示顺从，曾多次致电蒋介石、何应钦以及南京国民政府，反复表示：“愿将军政、军令交还中央，并愿将川军一律国军化”。[①]“绝对接受中央原定方案”。[②]随后，刘湘又派刘航琛（时任四川省政府财政厅长）、关吉玉（时任四川省政府委员）、卢作孚（时任四川省建设厅长）、何北衡（时任川江航务管理处处长）等人，代表四川当局与南京国民政府商谈川康整军有关事宜。6月22日，双方达成了川康整军的11点原则，中央在对川康将领的利益给予一定照顾的同时，收回对川康军队的人事、指挥和经理等权利。6月25日，刘湘收到四川当局代表与中央商定好的川康整军原则文本后，当即召集属僚商量实施办法，并于同日复电蒋介石、何应钦，表示接受川康整军方案，欢迎何应钦早日入川主持川康整军，并慷慨陈词：“中央整军方案，余既已完全接受，自亦当设法促其早日实现。余之有此种报负，盖以今日国家形势，对川省所需要者甚大。此次整军殆为必要之事，余之拥护整军、贯彻整军，即余之所以报效于国家，报答于蒋委员长者也。”[③]在刘湘的带领下，其他接受整编的川康军队将领刘文辉、邓锡侯、潘文华、杨森等也纷纷发表通电或谈话，表态拥护召开整军会议，接受中央的川康整军计划。[④]

6月29日，南京国民政府第319次例会正式通过了关于川康整军的决议。此前一日，国民政府已决定并委派何应钦（国民政府军政部长）为川康军事整理委员会主任委员，顾祝同（重庆行营主任）、刘湘为副主任委员，贺国光、邓锡侯、刘文辉、杨森、唐式遵、潘文华、王缵绪、孙震、李家钰、范绍增、向传义、董宋珩、郭勋祺、许绍宗、张邦本、徐源泉、夏斗寅、李温珩、周浑元等为委员。国民政府军事委员会也于29日颁布《川康军事整理委员会组织大纲》。该大纲共7条：第一条，为整理川康军事，特设川康军事整理委员会于重庆（以下简称本会）。第二条，本会直隶于国民政府军事委员会。第三条，本会之职责如左：（一）根据整军方案，研讨川康

①《川省当局表示：军令政令交还中央》，《新新新闻》1937年5月23日，第5版。

②《刘主席昨有电到京，整军前途已无问题》，《新新新闻》，1937年6月3日，第5版；《刘湘表示：绝对拥护中央》，《申报》1937年6月7日，第9版；《刘湘电呈蒋委员长，诚意接受整军方案》，《申报》1937年6月18日，第3版，等。

③《刘湘召属僚，商实施整军办法》，《申报》1937年6月26日，第3版；《拥护整军，彻底整军：刘主席昨发表谈话》，《新新新闻》1937年7月2日，第5版。

④《唐、潘、王三军长：发表共同意见》，《新新新闻》1937年7月2日，第5版；《李家钰谈整军意见》，《新新新闻》1937年7月3日，第5版；周开庆：《民国川事纪要》下册，四川文献研究社1974年版，第14页。

整军办法与实施步骤。(二)关于川康整军事,备军事委员会委员之咨询,并负责整理上建议之责。(三)关于川康整军资料之调查征集。(四)监督指挥整军办法之实施及点验。第四条,本会设主任委员一人,副主任委员二人,由国民政府特派。其副主任委员二人,以军事委员长四川行营主任及川康绥靖主任任之。委员若干人,以川康现任高级将领、行营高级主管长官、中央指派之将官任之。第五条,本会处理整军诸业务,由行营监理之。第六条,本会办事细则另定之。第七条,本大纲由军事委员会颁布施行。①7月3日,川康军队将领邓锡侯、刘文辉、杨森等人相继抵达重庆,并均发表书面谈话,表示"拥护整军会议"。

7月5日,何应钦、顾祝同飞抵重庆,刘湘亦于同日抱病从成都乘车赴渝。7月6日上午11时,川康整军会议在重庆行营大礼堂举行开幕典礼。川康军事整理委员会各委员(董宋珩、徐源泉、周浑元因故未到)、各受整部队将领及川康军队各军师独立团长以上将官、重庆市各机关首长、重庆行营少校以上官佐、川康绥靖公署直属部队营长以上官佐共计300余人出席了开幕式。开幕式上,刘湘在致辞时表示:"川康整军原则,早已由中央规定","本人与各将领"已"复电中央,接受整军原则,完全是为国家的福利和拥护领袖的诚意"。②7月9日,川康整军会议在上清寺花园举行第三次会议,商讨整军方案。会议通过了川康整军会议收到的提案50余件,其中"最重要者,一、各军及独立师旅数量整编案;二、军费支配案;三、人事处理案;四、川康整军实施步骤及日期案","均商量得有结论"。会议取得圆满成功。③

不过,在会议顺利进行的表象下,却也存在着蒋介石和南京国民政府与四川当局以及川康军队各将领之间尔虞我诈的暗流。刘湘原来计划把川康军队缩编至20个师、167个团共20万人的规模,蒋介石和国民政府却下令将川康军队缩编至18个师。参加会议的川康军队将领则在会上大多把矛头集中指向"四川王"刘湘,指责他"克扣军饷"、"消灭异己"等,其实是想借机转移话题,回避对如何裁减自己的军队做出表态。最终,还是由已被蒋介石以军长衔许诺收买的刘湘部师长

---

①周开庆:《民国川事纪要》下册,四川文献研究社1974年版,第12—13页。

②《川康整军会议开幕》、《副主任刘湘之演词》,《申报》1937年7月7日,第3版;周开庆:《民国川事纪要》下册,四川文献研究社1974年版,第15—16页。

③《川康军整会闭幕》,《中央日报》1937年7月10日,第4版;周开庆:《民国川事纪要》下册,四川文献研究社1974年版,第17页。

范绍曾站出来带头表态“服从中央，裁减我师”，才打破僵局，做出决议：川军各部缩减十分之二；团以上军官由国民政府有关部门直接委派；川康军队的军饷由国民政府军政部每月派员点名发放；整编期限为一个月。这样，川康军队的用人权、财经权等都被国民党中央势力所控制。川康军队各将领虽然对自己失去对军队的控制权心怀不满，但也不敢公开反对。[①]

7月25日，刘湘以川康绥靖公署主任的名义饬令直辖各军师长，于3日内驰返原防，遵令整军。8月6日，重庆行营主任顾祝同以国难日亟，整军事宜应加紧完成，特电令川康军队各师长，盼能于8月15日限期以前完成整编。川康绥靖公署遵照转饬直辖各部，要求第一次整军于8月10日前，从速办竣具报。8月10日，川康各军遵照川康整军会议的规定于10日前整编完成。整编之后，川康军队的编制为113个团、26万余人，即：刘湘之川康绥靖公署直辖部队共编为3个军（第21军、第23军、第44军）、2个独立师和7个独立旅，共60个团；刘文辉之第24军，编为2个师、1个独立团，每师各辖两旅，每旅各辖两团，共9个团；孙震之第41军，编为3个师、1个独立团，每师各辖两旅，每旅各辖两团，共13个团；邓锡侯之第45军，共编为3个师、8个旅，共16个团；李家钰之第47军，编为两个师，7个团；杨森第20军，编为两个师、4个旅，共8个团。整编后，川康军队军费每月240万元，各军部队编遣费用共200余万元。[②]

8月16日，川康绥靖公署“为符军政军令之统一，决将原属飞机队交由重庆行营接管，行营派员前往广阳坝飞机场，正式接收”。8月20日，四川省政府保安处处长王陵基宣布：全川保安队共编为23个团，限于9月底以前一律照新编制改编竣事。“所有人事经理训练编整诸端，均由省政府统筹办理。”8月21日，川康绥靖公署将所属重庆铜元局子弹厂交由中央接管。8月29日，川康各军整编完竣，重庆行营组织点验委员会，派夏斗寅为主任，派员出发点验。至此，通过川康整军，川康军队的人事、指挥、经理等权悉数收归中央，川康军队“国家化”、“中央化”的目标已初步达到。[③]

对于全面抗战爆发之前的川政统一和川军整编，一些研究者及其著述往往以

①温贤美：《四川通史》第7册，四川人民出版社1990年版，第82—83页。

②余志君：《试论1937年的川康整军会议》，《黑龙江史志》2009年第18期。

③周开庆：《民国川事纪要》下册，四川文献研究社1974年版，第18—24页。

批评者的姿态指责以蒋介石为代表的国民党中央势力是在借机“消灭异己”，追求实现其“梦寐以求的‘川军国家化’，达到了削弱川康地方实力派，进一步控制四川乃至整个西南的目的”，俾以维护其独裁统治。不过，从有利于促进国家统一和加强中国抗战力量的视角来看，川政统一和川军整编还是具有不宜忽视的积极意义和推动四川社会进步的作用的。

第一，从政治上看，四川自入民国以来，“实际上久处在半独立状态”。不但“中央力量从未深入”[①]，即使是在混战中取胜而成为“四川王”的刘湘，名义上虽为四川省主席，“但各军防区都是各自为政，县长、局长都由驻军委任，军费、政费也都由自己筹划，故省主席的权力充其量不过能在各军防区内贴上几张不关痛痒的布告而已”。[②]

在这种中央政府及四川省政府都只能“统而不治”，四川军阀则四分五裂、割据自雄的独立王国政治格局之下，四川军阀们对于中央政府（无论是北洋政府还是南京国民政府）的政令政策，合己意的就实行，不满意的就拒绝执行。其情形，正如《大公报》社评所言：“二十年来川省对于中央，多处不即不离状态，谓其立异乎？则通电之拥戴，政令之响应，代表之周旋，虽亲信同志，无以过也。谓其忠实乎？则反政府方面，随时皆有四川代表奔走结纳，或以文电示同情，或以金钱达诚悃，要以预防政局变动，保持割据地位为惟一之鹄。”[③]

社会舆论都非常痛恨四川军阀及其在防区制度下横行霸道、为非作歹的种种恶行劣迹，指责其“诛求无厌，剥削地方……人欲横流，百般诈谲，捐输苛酷，并世无两……论其民生困苦之情状，则此天府之国，早已陷入地狱底层”。[④]因此，当蒋介石于1935年起连续入川督饬、指导川政统一和川军整编时，国内报刊不吝使用溢美之词，将其称为“四川新旧时代之划分”[⑤]，中国和平统一的一大进步之象征”[⑥]。1935年6月，《大公报》记者范长江敏锐地观察到：“自蒋到成都后，成都的烟娼和本地军人的滋放，都稍为收敛了一些；警察和卫戍司令部的军队都赶制了

①《四川的整军问题》，《大公报》1937年6月5日。

②陈光藻、黄有光：《四川军阀的最后一场大混战》，四川省文史研究馆：《民国四川军阀实录》第三辑，四川人民出版社2011年版，第18页。

③《刘湘入京与整理川政》，《大公报》1934年11月9日，第2版。

④吴光骏：《四川军阀防区制的形成》，四川省文史研究馆：《民国四川军阀实录》，四川人民出版社2011年版，第235页。

⑤《欢迎蒋委员长》，《成都快报》1936年4月18日，第1版。

⑥《蒋委员长到川》，《大公报·社评》1935年3月3日，第4版。

一套划一的新制服。成都的街道也讲卫生了，机关也要到时办公了，学校也都讲整齐清洁了。某大学的礼堂甚至于连屋梁瓦盖都雇工用水洗了一遍。”[①]1936年，来川游历的黄炎培记载：四川“各军人不敢用汽车”，并“听人民控告军阀”，“田颂尧、刘存厚、刘湘都被控”。[②]由此可见，统一川政，废除防区制，结束四川军阀派系林立、分裂割据之混战局面，是有利于当时四川政治和社会发展的，也有利于蒋介石和南京国民政府确定以四川为中国抗战的大后方，并将四川丰富的人力物力资源纳入中国抗战的大局中。[③]

第二，从经济上看，统一川政和整编川军，有利于四川减少军费和战费的开支，减轻四川人民沉重的田赋捐税等经济负担。天津《大公报》于1932年发表的一篇社论中说：“川省养兵百万，巨酋六七，成都一地，分隶三军，全省割裂，有同异国。其最大特色为兵愈打而愈多，帅时离而时合，亦友亦仇，随和随战。”[④]至民国二十三年（1934），川军已增至六个军又两个师约50万人的规模，加上各县区乡的民团（团防）武装，“二者总数一百万至一百五十万人”。随着军队兵员的增长的，是军费开支的不断增加。民国二年（1913），四川岁出预算所列军费704万元；民国十四年（1925），在北洋政府财政部地方财政整理委员会编制的该年度四川收支预算表上，所列军费预算已增至2 630万元；次年，四川省军民会议通过的军费预算又再增至3 880万元，比起民国二年，增加了4倍多。此外，从该年起，因四川军阀实行防区制，再没有编制全省各军的军费预算。仅从刘湘之第21军的军费增长情形来看：民国十七年（1928），该军军费1 269万元；民国十九年（1930），2 226万元；民国二十一年（1932），3 628万元；民国二十三年（1934），4 861万元。如果再加上四川军阀其他5个军又2个师的军费，则四川全省的军费总支出，“最低估计也当翻三番。何况，这些数字只是表面上的官样文章，实际数目当比这个大得多”。[⑤]另据估计，民国十五年（1926）以后，四川全省“军费支出约在一亿元以上，

---

①范长江：《成都改观了》，《大公报》1935年7月19日，第10版。

②中国社会科学院近代史研究所：《黄炎培日记》第5卷，华文出版社2008年版，第129页。

③关于川政统一对当时四川政治建设以及社会风气变革的积极意义，黄天华：《国家统一与地方政争：以四川“二刘大战”为考察中心》、《蒋介石与川政统一》（《四川师范大学学报（社会科学版）》、2008年第4期、2010年第5期）等文已有较为详细的论述，兹不赘引。

④转引自吴光骏：《四川军阀防区制的形成》，四川省文史研究馆：《民国四川军阀实录》，四川人民出版社2011年版，第235页。

⑤熊甫：《军阀混战时期的四川经济》，四川省文史研究馆编：《民国四川军阀实录》第三辑，四川人民出版社2011年版，第179—180页。

而当时北洋政府的军费，1926年为一亿五千余万元，1927年为七亿元。两相比较，四川军费之巨，可以概见”。[①]而通过川康整军，川康军队官兵总数降至26万余人，每月所拨支军费降至240万元，这对于减轻四川人民供养军阀部队的经济负担显然具有一定的积极作用。

第三，从军事上看，通过整编，川康军队在一定程度上改变了整编前“番号编制，多名不符实”[②]的状况，各部队普遍较以前兵员充实并更富有战斗力。川康整军根据“整编后所有编制人事经费教育等等，直隶于中央”，“一切均照法规办理”，“一律成为国民党中央政府的军队”的原则进行。在部队编制上，按照“适应国防需要及现代兵器战术规定的编制划一”要求，将川、康军队原来每师仅几千人的两个师合编成一个一万二千人的“中央规定的师”，“大单位虽然减少一点，实际人数并未减少，而战斗力则大增”；在经费上，“就原有的经费加以整理，并不减少分文……官兵的待遇，可以提高”；在人事上，“完全照人事法规办理，使官兵得着保障”，对整编后多余的军官也各有安置，“或者竟派充各部队附员，或者轮流送入军校深造”，[③]从而促使四川“军队质量提高，战斗力增强，军事体制也与全国统一”，[④]为四川成为中国抗战基地奠立了更佳基础。[⑤]

---

①甘绩镛：《四川防区时代的财政税收》，《重庆文史资料选辑》第8辑，1980年版；贾杰三、田茂德：《四川军阀混战时期的货币金融》，四川省文史研究馆：《民国四川军阀实录》第三辑，四川人民出版社2011年版，第154页。

②中华民国史事纪要初稿编纂委员会：《中华民国史事纪要初稿》1937.7—10，中华民国史料研究中心，第23页。

③周开庆：《民国川事纪要》下册，四川文献研究社1974年版，第15页。

④陈玉娇：《刘湘与川军二十一军》，西南大学2012年硕士学位论文，第20页。

⑤《大公报》1937年7月7日。

五、国民政府确定四川为抗战大后方根据地

(一)四川抗战大后方根据地的确立过程

在1931年九一八事变和1932年"一·二八"事变相继发生以后,蒋介石和南京国民政府实行"攘外必先安内"的政策[①]。一方面,力图在消灭共产党及其所领导的苏维埃革命根据地和红军的同时,加紧解决军阀割据问题,改变军阀政治下各自为政而导致国家四分五裂的政治局势;另一方面,为迎接即将而且必然到来的中日战争,采取"以和日掩护外交,以交通掩护军事,以实业掩护经济,以教育掩护国防"[②]的"韬光养晦"策略,"阳表亲善,暗中仍作抗日准备",积极整军备战,加强国防建设。并根据"强国之国防重边疆,取攻势;弱国之国防重核心,取守势"的原则,[③]谋划在中国内陆腹地寻找一个相对安全的地方,"作最后的长期的抵抗根据地,打破自建立民国以来最严重最危急的当前的困难"。[④]

起初,蒋介石和南京国民政府选择以洛阳为行都,以西安为陪都,以西北为中国抗战后方战略根据地,并因此成立了以张继为委员长的西安筹备委员会,引起了一轮开发建设西北的热潮[⑤]。但是大约从1933年8月中旬起,蒋介石已开始把

①关于探讨蒋介石和南京国民政府1930年代实行"攘外必先安内"政策的论著甚多。学术综述主要有:薛钰《蒋介石"攘外必先安内"政策研究综述》,《民国档案》1995年第2期;段妍《近20年来蒋介石"攘外必先安内"政策研究热点述评》,《北京党史》1995年第5期等。近年来的论文主要有:黄道炫《蒋介石"攘外必先安内"政策研究》,《抗日战争研究》2000年第2期;熊宗仁《"攘外必先安内"再批判》,《抗日战争研究》2001年第4期;尹行创《论蒋介石"攘外必先安内"政策的发展变化》,《安康学院学报》2008年第5期;等等。

②黄仁宇:《从大历史角度解读蒋介石日记》,中国社会科学出版社1998年版,第152页。

③张其昀:《中华民国史纲》第4册,中华文化出版事业委员会1954年版,第134页。

④汪兆铭:《在洛举行国难会议之意义》,《革命文献》第35辑,中央文物供应社1979年版,第174页。另外,关于全面抗战爆发前南京国民政府的抗战准备工作,近年来发表的论文主要有:李学通《七七事变前国民政府的经济备战——以翁文灏为核心的考察》,《抗日战争研究》2003年第1期;张燕萍《抗战前国民政府经济备战的军事价值初探》,《民国档案》2003年第4期;操申斌、黄延敏《论"华北事变"前南京国民政府的抗战准备》,《安徽大学学报(哲学社会科学版)》2005年第6期;田海林、黄延敏《论南京国民政府抗战的思想文化准备》,《史学月刊》2005年第7期;黄延敏《对南京国民政府抗战精神动员的历史考察(1928—1937)》,《华南师范大学学报(社会科学版)》2008年第4期;等等。

⑤关于当时开发建设西北的经济方案设计,原始文献可见秦孝仪:《革命文献》第89辑。近来来的论文则有:崔广义《1930年代国人西北开发方案设计评述》,《文山师范高等专科学校学报》2009年第3期;袁文伟:《1930年代西北考察家的历史记忆与国家建构》,《甘肃社会科学》2012年第5期等。

目光转向四川，在其日记中提出："大战未起之前，如何掩护准备，使敌不加注意，其惟经营西北与四川乎？"①另据蒋介石后来追述，他在民国初年向孙中山上书时就提出，在中国各省之中，能作为革命根据地的，"只有两省可当选。第一是广东……其次就要算四川了，因为四川人口众多，物产丰富，都在任何各省之上。而四川同胞的天性，富于民族的情感，一贯地忠于主义，勇于革新，所以我们若能以四川为革命的根据地，就更能使革命早日成功"。蒋并自称，他的"蜀粤并重"的根据地思想，是自"民初以来未到四川以前始终一贯的理想"。②当然，蒋所指的只是当时国内革命的根据地，但也能在一定程度上表明蒋早对四川的地位有所认识，足见蒋和南京国民政府后来策定以四川为中国抗战战略大后方早有思想基础。

蒋介石和南京国民政府最初选择地瘠民贫、物产不丰的西北地区而不选人口众多、物产相对丰裕的四川及西南地区作为中国抗战的战略后方根据地，主要是因为当时国民政府尚能控制西北的陕、甘两省，而四川则"不特割据的现象依然存在，而且苛捐杂税日益加重……当此国家已到生死关头，不但不知稍作一点后备的工夫以求免于灭亡，甚至是山高皇帝远似的在那里使鬼弄法，连亡国灭种的感觉都没有"。③但是，如前文所论及，随着以蒋介石为代表的国民党中央势力正式进入，四川的政局逐渐发生了重大变化：防区制趋于解体，川政归于统一，川军整编逐步推进。与此同时，蒋介石和国民党中央也利用围堵追剿长征红军之机"削藩裁军"，将黔军将领王家烈撤职，加强了对贵州、云南的控制。④随着四川乃至西南地区"政治中央化"、"军队国家化"进程的逐步推行，蒋介石和南京国民政府逐渐把其理想中的中国抗战后方战略根据地从西北地区转移向了四川所在的西南地区。⑤

1934年，蒋介石曾巡游国内多个省市，考察适宜作为抗战后方根据地的地

①杨天石：《蒋氏密档与蒋介石真相》，社会科学文献出版社2002年版，第401页。

②周开庆：《民国川事纪要》下册，四川文献研究社1974年版，第297页。

③夏楚光：《西南在抗日战争中所处之地位》，《新西南》1933年第1期，第10页。

④据说，1934年12月中央红军长征进入贵州时，蒋介石曾对其心腹幕僚陈布雷说："川、黔、滇三省各自为政，共军入黔我们就可以跟进去，比我们专为图黔而用兵还好。……今后只要我们军事、政治、人事、经济调配适当，必可造成统一局面。"转引见晏道刚：《追堵长征红军的部署及其失败》，中国人民政治协商会议全国委员会文史资料委员会《围追堵截红军长征亲历记》编审组：《围追堵截红军长征亲历记——原国民党将领的回忆》(上)，中国文史出版社1991年版，第11页。另外，金冲及所撰《中央红军在贵州的若干重大问题》(《历史研究》2014年第1期)对蒋介石和国民党中央与西南军阀之间围绕着围堵追剿长征红军而彼此暗算、勾心斗角有较深入的论析。

⑤潘洵：《抗战大后方战略地位的形成与演变》，《中国社会科学报》第121期，2010年9月9日；潘洵：《从西北到西南：抗战大后方战略地位的形成和演变》，《红岩春秋》2011年第4期。

区。1935年3月2日，蒋介石首次入川，到同年10月7日离开成都前往西安，半年多的时间里，蒋辗转奔走于重庆、成都、贵阳、昆明等地，更加深切地感受到四川“人口之众多，土地之广大，物产之丰富，文化之普及，可说为各省之冠”，“应作为革命与复兴民族之根据地”。[①]他认为，四川不仅“在天时地利人文各方面，实在不愧为我们中国的首省，天然是复兴民族最好的根据地”，[②]而且在中国“对外抗战的形势上”，比广东这个国民党和国民政府的发祥地还更重要，并更具军事地理之优势。“广东僻处海隅，而我国海空防御力量薄弱，敌人的海陆空军随时可以到达……四川则远处西陆，形势天成，估计当时敌人的实力，绝不可能深入到四川省来。”[③]“日本如要以兵力进入四川来消灭国民政府，至少也要三年的时间，这在敌人的内部，是事实上所不许，他一定要失败的”，而如果“我军节节抵抗……就希望吸引他的兵力到内地来，愈深入内地，就愈于我们抗战有利”。[④]“因此本人仍认四川为抗战唯一的根据地”[⑤]。1935年8月11日，蒋又在峨眉军官训练团训话时强调，在抗日战事发生后，无论中国出现什么样的情况，遭遇到何种困难，“我们本部十八省哪怕失了十五省，只要川滇黔三省能够巩固无恙，一定可以战胜任何的强敌，恢复一切的失地，复兴国家，完成革命”。[⑥]10月6日，蒋于离川前在成都行辕对川军将领作《四川治乱为国家兴亡之关键》的训示时再次强调：“今后的外患，一定日益严重，在大战爆发以前，华北一定多事，甚至要树立伪政府都不一定。但是我们可以自信，只要四川能够安定，长江果能统一，腹地可以建设起来”，“国家必可复兴”。他甚至提出：“其实不必说川滇黔三省存在，就是只剩下了我们四川一省，天下事也还是大有可为。”[⑦]1936年7月，蒋又告诉离任回国的国民政府财政顾问、英国人李滋罗斯说：“对日抗战是绝对不能避免的。由于中国的力量尚不足以击退日本的进攻，我将尽量使之拖延。但当战争来临时，我将在沿海地区做可能的最强烈的抵抗；然后逐步向内陆撤退，继续抵抗。最后，我们将在西部某省，可

---

①周开庆：《民国川事纪要》上册，四川文献研究社1974年版，第573页。

②周开庆：《民国川事纪要》上册，四川文献研究社1974年版，第573、604页。

③周开庆：《四川与对日抗战》，台湾商务印书馆1971年版，第13—14页。

④张其昀：《党史概要》第3册，中央文物供应社1979年版，第865页。

⑤周开庆：《四川与对日抗战》，台湾商务印书馆1971年版，第13—14页。

⑥《蒋中正总统档案·事略稿本》，卷32，“国史馆”2008年印行，第215页。

⑦《总统蒋公思想言论总集》，卷13《讲演》，中国国民党中央委员会党史委员会1984年印行，第480页。

能是四川，维持一个自由中国，以等待英美参战，共同抵抗侵略者。”[①]

由此可见，蒋介石通过1935年的西南之行，大致于当年下半年，至迟在1936年初，“已经完全形成了以四川及西南作为抗战重要根据地的思想”。[②]在此基础上，南京国民政府在1936年的国防计划大纲中规定自北向南的五条抵抗线时，即明确提出并规定：“以四川为作战总根据地，大江以南以南京、南昌、武昌为作战根据地，大江以北以太原、郑州、洛阳、西安、汉口为作战根据地。”[③]表明国民政府的抗战后方战略根据地及其重心已由过去的西北地区逐渐转向了西南地区。

（二）全面抗战爆发前四川地区的国防经济建设

在确定四川为中国抗战后方战略根据地和统一川政、整编川军的过程中，蒋介石和南京国民政府也十分重视四川地区的现代工业和国防经济建设，为即将来临的全面抗战做工业、交通等方面的准备。概略而言，在七七事变以前，蒋介石和南京国民政府主要从以下三个方面，加强了对四川地区现代工业、交通暨国防经济的建设。

第一，加强对四川物产、经济资源、工业、交通及社会经济状况等方面的调查和考察。九一八事变后，面对日本侵略者步步进逼，中日战争必然爆发的日益严重形势，一些民间团体和企业首先行动起来，赴四川及西南其他地区进行经济考察。1931年冬，中国银行、上海银行、金城银行等上海的金融机构联合组织考察团来四川考察金融业状况，并做出了在四川开设分行，发展金融业务的决定。[④]随后，国民政府于1932年11月成立国防设计委员会（后改为资源委员会），并迅即采取多种方式和名义，组织专家学者和工程技术人员赴四川及西南其他地区进行与国防建设密切相关的矿产、物产等战略资源和工商业、民生等经济状况的调查和考察。例如：

1933年5月，由中央大学地质学系和全国经济委员会、中央地质调查所联合

---

①（台北）“中研院”近代史研究所：《中华民国建国史讨论集》第4册，1981年版，第10页。转引自程霖等：《中国近代开发西部的思想与政策研究（1840—1949）》，上海人民出版社2007年版，第297页。

②潘洵：《论抗战大后方战略地位的形成与演变——兼论“抗战大后方”的内涵和外延》，《西南大学学报（社会科学版）》2012年第2期。

③《民国廿五年度国防计划大纲草案》，中国第二历史档案馆藏档。

④张守广：《抗战大后方工业研究》，重庆出版社2012年版，第59页。

组织的四川地质考察团一行8人来川，考察嘉陵江地质、石油沟煤油、綦江铁矿以及成都、自流井（今四川自贡市）、峨眉山、涪陵、彭水等地的地质和矿产。①

同年8月，应卢作孚的邀请，中国科学社在重庆召开第十八届年会，与会者利用入川开会的机会参观考察了四川的许多地方，并决定回上海后组织一个委员会，帮助派人调查四川地上地下的各种物产，帮助计划一切，帮助介绍事业上需要的专门人才，帮助对外接头等。②

1934年1月，由新闻记者3人（申报、中央社、国闻社各1人）和摄影员1人、边疆文化社1人共5人组成的上海记者团"赴川考察"。该记者团计划"经渝到蓉后，分川北、川南两队考察，注意民生物产情况，期约两月左右"。③

同年4月底，应刘湘及四川善后督办公署的邀请和资助，中国工程师学会组织会员25人组成四川考察团入川。该团成员分为矿冶、水利水力、电力电讯、铁道公路、水泥、盐业、纺织、油漆、药物等9个小组，分赴四川各地，"本其学术经验"，"利用科学方法与工程技术"，就"改良已有之生产，研究现在之计划，发展未来之事业"等，"作学术上之调查与贡献……供四川当局及社会人士参考"。④该考察团所撰写之考察报告，从各个方面详细介绍了四川的物产、产业发展等情况，提出了若干重要意见和对策性建议。抗战初期负责厂矿内迁具体事务的国民政府资源委员会专门委员兼工业联络组组长林继庸回顾说："关于四川的实业情形，中国工程师学会四川实业考察团于二十三年所撰的调查报告，曾供给我们以许多宝贵的参考资料。"⑤由此可见，中国工程师学会考察团的这份报告，不仅对于沿海沿江经济发达地区社会各阶层及企业界，而且对于国民政府决策层人士正确认识四川经济、社会状况及其在即将来临之抗战中的重要地位与作用，是具有重大影响的。

1934年4月到6月，中国银行总经理张嘉璈一行来四川，用45天时间游历了重庆、成都、内江、自流井、嘉定（今四川乐山市）、叙府（今四川宜宾市）、泸县（今四

---

①四川省文史研究馆、四川省参事室：《第二次国内革命战争时期四川大事记》，四川人民出版社1993年版，第277页。

②中国科学社：《九月廿四日周会中之工作报告》，《工作月刊》第13/14期合刊，1933年月12日，第3—4页，转引自张守广：《抗战大后方工业研究》，重庆出版社2012年版，第61页。

③周开庆：《民国川事纪要》上册，四川文献研究社1974年版，第534页。

④周开庆：《民国川事纪要》上册，四川文献研究社1974年版，第538—542页。

⑤林继庸：《民营厂矿内迁纪略》，新新出版社1942年版，第24页，转引自张守广：《抗战大后方工业研究》，重庆出版社2012年版，第63页。

川泸州市)等四川省内重要大中经济都市,考察实业。[①]中国银行同时还对四川各地的重工业资源进行了比较普遍的调查,统计出四川共有69个县拥有金银铜矿、铁矿、煤炭、石油等矿产资源。[②]1935年1月4日,成都报载西康有金矿62处、金厂32个,矿工1300余人。[③]

1936年3月,南开大学经济研究所组织4名学者成立四川经济调查团,入川后与四川省建设厅合作,计划用8个月时间赴四川各地实地调查,4个月时间编纂出版调查报告,"拟以所得,为政府及人民经营川省实业之参考"。其所拟定的调查大纲为:地理概况、土地人口、农业制度、林牧垦殖、矿产出品、工业生产、商业贸易、金融情形、交通状况、地方财政、都市商埠等项。[④]

同年5月17日,资源委员会派员勘察彭县铜矿后宣布,日可出铜4吨,足供10年开采。[⑤]

在这些调查和考察的基础上,国民政府在编制资源开发计划的过程中,不但编制了《四川水利发电计划》等资源开发和经济建设的专项计划书,还将彭县白水河的铜矿、巴县和达县的油矿以及四川的金矿等,列入国家重工业建设规划之中,并陆续开工建设。

第二,促进四川现代工业经济及企业建设。四川处于中国西南内陆腹地,交通不便,信息不灵,因而在近代受欧风美雨的侵蚀和发展现代工商业经济等方面,比起东南沿海沿江经济发达地区就要迟缓落后一些。民国以降,四川又因受军阀防区制度及军阀混战的严重影响,工商业经济愈加停滞不前。到1933、1934年,甚至出现了市场冷落萧条、工厂关门破产、商店歇业倒闭等凄凉景象。[⑥]成都"各业商人,紧缩范围,勉维现状"。[⑦]重庆山货帮"收歇字号二家,收歇行栈二家,亏累市面在十万元以上"。[⑧]各丝厂"倒闭停业者,几占厂数十分七八"。[⑨]川北丝绸业,"更形成总崩溃之现象,厂家、商家之亏折而停贸者,几达十分之九"。"缫丝(除)作

①张守广:《抗战大后方工业研究》,重庆出版社2012年版,第60页。

②《四川资源调查》,《四川经济月刊》1936年第6卷第4期,第35页。

③四川省文史研究馆、四川省参事室:《第二次国内革命战争时期四川大事记》,四川人民出版社1993年版,第352页。

④周开庆:《民国川事纪要》上册,四川文献研究社1974年版,第616页。

⑤四川省文史研究馆、四川省参事室:《第二次国内革命战争时期四川大事记》,四川人民出版社1993年版,第438页。

⑥匡珊吉、杨光彦:《四川军阀史》,四川人民出版社1991年版,第396—398页。

⑦傅双吾:《四川农村社会苛捐杂税概录》,成都民间意识社1936年版,第55页。

⑧《四川月报》第四卷第四期,1934年4月。转引自匡珊吉、杨光彦:《四川军阀史》,四川人民出版社1991年版,第398页。

⑨《四川月报》第六卷第三期,1935年3月。转引自匡珊吉、杨光彦:《四川军阀史》,四川人民出版社1991年版,第397页。

本地丝绸之用外，其余缫出口丝各大小工厂，均已完全停业”。[①]“荣（昌）隆（昌）夏布业，目前已有破灭之危机”。[②]“内江开设糖房三千余户，到1933年时，仅存七百八十户”。[③]等等。

对于其时四川政治分裂、经济残破、民生凋敝和人民生活痛苦、社会秩序紊乱的暗淡情形，蒋介石及其随从们在踏入川境之初也显得很是失望，但在确定四川为中国抗战后方战略根据地后，蒋加强了对四川现代工商业经济及其企业的建设。1935年5月28日，蒋介石致电财政部长孔祥熙，要求孔在财政金融上向四川倾斜，指示要“早定川中金融之根本方策”，“多解现银入川”，“以备万一”。[④]6月3日，蒋又致电交通部长朱家骅、航空委员会主任陈庆云，指令选定重庆附近为厂址建筑即将从德国引进技术和设备的翁克斯飞机厂。[⑤]6月25日，蒋又致电兵工署长俞大维，令其将“各兵工厂尚未装成之机器”，“尽量设法改运川、黔两厂，并须秘密陆续运输，不露痕迹”。8月1日，又致电资源委员会委员长翁文灏，要资源委员会从速派出“四川重工业之建设程序与其负责筹备人员”。[⑥]

在蒋介石的推动下，国民政府有关部委、四川地方当局和实业界人士及企业家们都加入到促进四川工商业经济及其企业建设的行列中来。国民政府方面：资源委员会、建设委员会、实业部、兵工署等部委，在制定和实施重工业建设计划、兵工五年计划等经济建设计划中，都加强了在四川乃至整个西南地区的工业建设及企业布局，计划在四川布点汽油及代用品、石油探采与提炼、植物油中提炼汽油、酒精厂、新法制盐、烧碱与氯气、电气器材、水力发电等企业，成立了四川金矿、重庆临时炼铜厂、彭县铜矿探勘处、四川油矿探勘处、万县煤矿、四川金属矿办事处、长寿龙溪河水电厂等企业及筹备机构。[⑦]另外，中国银行、中国农业银行等中央金融机构相继在重庆、成都、万县等四川省内大中城市设立了分行或办事处。四川地方当局方面：1932年9月，官商合办的华西兴业公司在重庆成立。该公司由刘

---

①《四川月报》第一卷第三期，1932年9月，第四卷第六期，1934年6月。

②《四川月报》第四卷第六期，1934年6月。

③《四川经济月刊》第二卷第六期，1935年6月。

④秦孝仪：《中华民国重要史料初编·对日抗战时期·绪编》（一），中国国民党中央委员会党史委员会编印，1981年版，第335页。

⑤秦孝仪：《中华民国重要史料初编·对日抗战时期·绪编》（三），中国国民党中央委员会党史委员会编印，1981年版，第336页。

⑥秦孝仪：《中华民国重要史料初编·对日抗战时期·绪编》（一），中国国民党中央委员会党史委员会编印，1981年版，第336、339页。

⑦中国第二历史档案馆：《中华民国史档案资料汇编》第5辑第1编，“财政经济”（5），江苏古籍出版社1994年版，第955—958页；郑友揆等：《旧中国的资源委员会：史实与评价》，上海社会科学院出版社1991年版，第33—41页。

湘支持，刘航琛在幕后运作，胡光麃出面操办，注册资本金25万元，计划开发的区域涵盖了川滇黔数省，重点在重庆，拟议中的建设项目有：发展电力，兴建发电厂数座；创设新型煤矿，实行机械化采煤；建立炼焦厂、钢铁厂、纺织厂、化工厂、水泥厂、电灯厂、自来水厂、建筑材料制造厂及成渝等城市的市政建设等。其中实施计划并开始动工兴建的企业主要有：重庆发电厂、华联钢铁公司、四川水泥公司、兵工厂等。[①]刘文辉也在西康地区兴建了发电厂、纺织厂、制革厂、糖厂、盐厂以及金银铜矿等一批企业。[②]

根据相关的统计资料及研究，直到1937年时，四川所有的工厂，包括规模稍大的手工工场在内，总共有企业583家，资本总额645万元，工人总数18 700人，平均每厂资本仅1万余元，工人在32人左右。在这些工厂（场）中，缫丝、火柴、纺织三业就占到了总数的88.5%，工人总数的87%，资本总额的47.6%。另外，在这些工厂（场）中，真正符合当时工厂法规定标准及要求，拥有动力，工人在30名以上并在政府注册的企业，仅有115家（占全国同期3 935家的2.9%），注册资本214.5万余元（占全国的0.58%），工人13 019人（占全国的2.58%）。[③]在生产力水平及现代化程度方面，战前四川的工矿企业也比较落后而乏善可陈。例如煤矿，采煤“俱系土法”。[④]机器工业，“成都有机器厂23家”，“重庆仅有机器工厂10余家，就中以华兴机器厂及民生机器厂为最大”。[⑤]由于这些机器工厂“主要生产活动是特种生产”，从事军械生产和货币铸造，因而“它们在制造工矿设备，促进本省工业发展方面的作用是很有限的”。[⑥]火柴工业，到1937年时，全川共有火柴企业16家，但“有机器设备者，只有重庆华业一家。该厂因缺乏人力、物力，将各机废置不用”。[⑦]其他轻工企业如丝织、造纸、盐、糖、榨油、制革、卷烟等，“多数仍属手工工场性质。采用新式机器者……终是极少数而已”。[⑧]

①四川省文史研究馆、四川省参事室：《第二次国内革命战争时期四川大事记》，四川人民出版社1993年版，第244页；张彦：《四川抗战史》，四川人民出版社2014年版，第35—36页。

②张彦：《四川抗战史》，四川人民出版社2014年版，第38—39页。

③《四川经济季刊》第一卷第1期；陈真：《中国近代工业史资料》第4辑，生活·读书·新知三联书店1961年版，第92—97页。另外的研究则表明，战前四川有一定规模而符合工厂登记法规定的民营企业仅有10家，分别为电力厂1家、水泥厂1家、纸厂1家、机器厂2家、面粉厂5家。参见张守广：《抗战大后方工业研究》，重庆出版社2012年版，第67页。

④胡焕庸：《四川地理》，正中书局1942年版，第80页。

⑤欧阳仑：《十年来之机器工业》，载谭熙：《十年来之中国经济》上册，中华书局1948年版，第1—14页。

⑥侯德础：《抗日战争时期四川及周边地区的经济与文教》，四川人民出版社2005年版，第59页。

⑦上海社会科学院经济研究所：《刘鸿生企业史料》下册，上海人民出版社1981年版，第152—153页。

⑧侯德础：《抗日战争时期四川及周边地区的经济与文教》，四川人民出版社2005年版，第60—61页。

不过，从抗战大后方川、滇、黔、陕、甘、湘、桂七省战前工业企业发展情况的横向比较来看，四川还是属于发展得比较好的省份。统计资料显示：1937年，大后方七省共有工厂237家，其中四川115家，湖南55家，陕西10家，云南42家，甘肃9家，广西、贵州各3家；资本总额1 520.4万元中，四川即占了214万余元；工人3.3万人中，四川也占了1.3万余人。①

第三，加快公路、河道航运、航空等交通设施的建设。蒋介石与南京国民政府决定以四川为中国抗战大后方战略根据地以后，也加强了对川黔、川湘、川鄂、川陕、川滇、川康等干线公路、航运河道及航空线路的规划与建设，努力改善人力、物力出入四川的交通运输条件。1935年3月29日，蒋介石致电江西方面，命令“迅速选调技术精良之工程师及技士多人，克日入川，规划川、黔、陕、鄂等线路政”。同月，国民政府开设重庆至昆明飞机航线，“由政府独资设立，交中国航空公司代为经营”，先开通重庆至贵阳一段，然后逐步延伸至昆明。5月11日，蒋介石命令国民政府交通部：“着与渝海关及川江航务管理处，合组川江打滩委员会……务须依限将一切险滩炸毁”。8月25日，四川省公路局局长魏军藩发表谈话表示，四川通往外省的公路，“除川黔公路已通车外……川陕、川甘、川滇、川鄂、川康五线，统限明年四月前全部完成”。“现全省路长三千余公里，但车务管理极紊乱，行营已通盘规划，令该局办理”。9月25日，国民政府开设由西安经汉中到成都的航空线路，“委托欧亚航空公司代为经营”。1936年5月5日，蒋介石曾总结：川政统一以来，四川及西南地区的“交通建设，进步亦速”，已修筑通车的川陕、川黔、湘黔、黔滇等干线公路，“合计三千三百余里，均系最近一年间所兴筑”。次日，蒋又指拨四川善后公债500万元，作为修筑川康、川滇两大干线公路的专项经费，并命令川康公路由重庆行营公路监理处派员测勘，“由薛岳及刘文辉所部兵工修筑”，“限三个月完成”。6月1日，交通部饬中航公司筹辟渝蓉沿江航线，“俟宜宾、嘉定两机场修筑竣事”，即“定期开航”。②

在蒋与国民政府的严厉督促、经济资助和四川地方当局的积极努力下，至抗战前夕，四川的交通运输条件已得到了极大改善。公路交通方面，与除西康、西藏、青海以外的周边滇、黔、湘、鄂、陕、甘等省的干线公路全部修通，省内干线公路

①陈真：《中国近代工业史资料》第4辑，生产·读书·新知三联书店1961年版，第92—97页。

②周开庆：《民国川事纪要》上册，四川文献研究社1974年版，第577、582、599、602、613、625、627页。

如成(都)渝(重庆)万(县)、成(都)乐(山)、乐(山)西(昌)、成(都)汶(川)松(潘)等也已基本修通,公路通车里程总计4 206公里,运行的汽车1 100多辆。内河运输方面,江河通航里程总计7 000多公里,航行的轮船60多艘,运力22 000多吨,木船6 000多只,运力8 000多吨。①这一改善,不仅为抗战初期沿海沿江经济发达地区大批的工矿企业和学校等文教机关及人员的紧急内迁,也为国民政府在全面抗战时期源源不断地将外援物资运入内地,将军用物资和人力输送到抗日前线,提供了重要的交通运输保障。

①文双发:《简论抗日战争时期的四川军事交通》,《军事历史研究》2012年第3期。

第二章

川军出川抗战

一、川军将领力促国民政府全面抗战

1937年7月7日，卢沟桥事变（简称七七事变）爆发。七七事变是20世纪上半叶影响中日关系，同时也影响中国历史走向的重大标志性事件。它标志着中国的抗日战争从九一八事变以来的局部抗战阶段进入全面抗战阶段。

七七事变的消息很快传到了四川，激起了包括川军将士在内的四川人民极大的民族义愤。在以“组织起来的和在各地分散活动的共产党员，以及他们所领导的秘密组织为核心”的各种抗日救亡团体的发动和组织下，四川各地迅速掀起了抗日救亡运动的新高潮。“要求川军出川抗战的呼声……愈趋激越”，“在短短一个月时间内就有四十多个县和单位的救国团体致电四川军政当局，要求刘湘‘提挈川康各军，出师杀敌’”。“四川省抗敌后援会和很多县、学校、机关法团的抗敌后援会，如雨后春笋破土而出，积极开展宣传、慰问募捐等活动”。[①]

7月8日，成都各界救国联合会发起召开援助平津抗日将士的市民大会。会后，为适应抗战形势发展的要求，该会改名为“华北抗敌后援会”。

7月13日，华西大学全体师生《致川中将领电》指出，“倭寇一再启衅，咄咄逼人，凡有血气，莫不发指。”呼吁川军将领，“当此存亡危急之秋”，应“一面速电前方将士，勉其誓死守土；一面请缨中枢当局，力为后援。务使国土主权，分毫不损”。当日，成都新闻界也致电宋哲元，向卢沟桥英勇抗敌将士致敬和慰问。《新新新闻》则发表《川军应即请缨出镇武汉》一文，声称：“宛芦战况紧急，华北危在旦夕。川军应即火速准备出动，报效国家，捍卫疆土”。“时至今日，我川军无论应援华北，镇摄后方，巩固长江防务诸点观察，均应马上跳出夔门，静待中央统一之调遣”。[②]

7月15日，四川绅民46人致电刘湘提出：第29军浴血抗战，忠勇堪称，但恐后援不继，独力难支。“我公许身党国，素以抗日为职志。投袂而起，今正其时。恳即提挈川康各军，请缨北上，共雪国耻。”[③]

7月16日，有中共党员参与领导的成都妇女华北抗敌后援会成立。

---

①《新政月刊》第1卷第2期，1937年，转引自四川省政协文史资料委员会、四川省人民政府参事室：《川军抗战亲历记》《前言》，四川人民出版社1985年版，第2页。

②《新新新闻》1937年7月13日.

③《新新新闻》1937年7月15日。

7月17日，韩天石、甘道生等共产党员以“民先队”负责人等身份，按照党的抗日民族统一战线方针政策，与国民党四川当局派出的代表、国民党四川省党部书记长曹叔实协商成立新的四川省抗日救亡联合团体事宜。谈判中，曹爽快表示赞同，双方于是协议以原来共产党领导的成都各界救亡联合会为基础，成立“四川省各界抗敌后援会”（简称“省抗”），办公地点就设在国民党四川省党部大院内。在“省抗”下面，分别设立了文化、妇女、新闻等各界抗敌后援会，其骨干分子大多是以抗日救亡积极分子名义出现的共产党员。[①]

这期间，重庆、自贡、雅安、南充、涪陵、温江、眉山、绵阳、万县、江油、新都、灌县、昭化等地的抗日救亡团体及广大人民群众也积极行动起来，或召开有数万人至10余万人参加的抗日救亡大会，发表为抗日救亡告民众书，或发通电，呼吁全国人民一致团结起来实行对日抗战，要求蒋介石和国民政府“本庐山谈话精神”坚决抗日，[②]从而形成波及全川各地，声势浩大的抗日救亡运动热潮，成为推动川军将士积极请缨抗日，走向抗日战场的强大推动力量。

7月8日中午，正在重庆主持川康整军会议的国民政府军政部部长何应钦向参加会议的川军将领通报了卢沟桥事变发生的消息，对僵持整整两天的川康整军会议形成了强烈的冲击波。参加整军会议的川军将领们本来各怀鬼胎地打着自己的小算盘，但在七七事变发生这一消息的震惊下，在民族大义面前，他们的个人及小集团的私利，川军将领间尔虞我诈、勾心斗角与新仇旧怨都已变得微不足道。第41军军长孙震等人“当场请缨，愿率所部出川参加对日作战”。[③]于是，何应钦顺利地宣布川康整军会议决议结束，同日，奉蒋介石和南京国民政府的命令，径直飞返南京，参与主持研讨对七七事变应变的政策措施和准备对日作战。

7月10、13日，刘湘代表川军连续致电蒋介石和南京国民政府，主动“请缨抗敌”，“同时通电全国，请一致抗日”。在电文中，刘湘指出：“和平果已绝望，除全民抗战外，别无自存之道。”他恳请国民党中枢当局者能“早决大计”，并表示自己“愿率川军供驱遣抗敌”。[④]7月14日，刘湘又通电各省军政首长指出，这次“强寇压境，其危险性之严重……远超于有史以来之外患”。当此“危机一发”之际，“战犹

---

①林蒙：《成都抗日救亡运动和四川党的重建》，《四川现代革命史研究资料》，1981年第2期，第23页。

②黄淑君、涂鸣皋：《四川地方史专题讲座》，第129页，转引自王斌：《四川现代史》，西南师范大学出版社1988年版，第226页。

③周开庆：《民国川事纪要》下册，四川文献研究社1974年版，第17页。

④《新新新闻》1937年7月14日。

有生机，不战亡可立待”。而且这次“日军侵略决非一省一部之问题”，因此需要“全国总动员”，“同德一心，在全国整个计划下，共赴国难”，“拼与一决”。[①]7月10日、25日，刘湘又连邀集川康各军军长、师长开会，商量整军抗敌事宜。会上，刘湘颇带感情色彩地说道：“像我刘湘，还有邓锡侯、我幺爸刘文辉等川中实力派主要人物，打了多少年内战，苛捐杂税，糜烂地方，被川中父老骂为‘烂军阀’。”“我刘湘不愿当被川中父老指着背脊骨骂的‘烂军阀’。”我们“拿了四川老百姓那么多钱粮，要对得起川中父老”。[②]刘湘并与川军其他将领商议决定，整军应以“团结抗战，减少摩擦”为原则，各军原有番号不变，内部自行调整。他并命令各军军长、师长于3日内驰返原防，开始整军，“什么时候出兵，俟请示中央后再定”。[③]在刘湘引领之下，与会川军将领纷纷表示：“甫公所言心迹，也正是我们的心里话。”“拥护中央抗战。川军愿在刘主席统率下，同仇敌忾，请缨杀敌。”7月27日，蒋介石复电刘湘，对他代表川军将领和四川各界所提出的全国一致抗战御侮、共赴国难等主张和加紧整编川军的行动给予嘉勉，称其“志虑忠纯，实深佩慰；务希加紧整编完成，共捍外侮为要”。[④]

8月6日，刘湘又再次召集在成都的川军各军军长、师长、省政府各厅厅长、处长们开会，征询属僚们对即将召开的国防会议的意见。8月7日晨，刘湘应召飞赴南京出席国防会议，邓锡侯、潘文华、王缵绪等川军将领和成都各界代表数千人到机场欢送，四川各界抗敌后援会代表也递交请愿书，请刘“转递中央”。出发前，刘湘发表谈话表示：“中华民族今日已到最后关头，唯一出路只有抗战。本人此次力疾晋京参加国防会议，认为今日之局势，舍抗战外别无他途。入京首当将此意见陈诸当道”。“四川为国家后防，地位重要，今后既需长期抗战，四川即应负此长期支撑之巨大责任，除军队可全部动员开赴前线外，所有人力、物力，无一不可以贡献国家。入京即拟将此意见剀切陈明，以纾中央之忧，而慰国人之望”。“川康责任艰巨，无所遁逃，但今日各项准备均鲜巩固基础，以言长期抗战，资源开发方面有待于人才技术增进甚多，故除建议中央大力协助、充实后防外，并希全国一致认识

①《新新新闻》1937年7月15日；周开庆：《民国川事纪要》下册，四川文献研究社1974年版，第17页。

②《刘甫澄军长讲演集》，转引自(美)罗伯特·A.柯白著，殷钟崃，李惟健译：《四川军阀与国民政府》，四川人民出版社1985年版，第33页。

③乔诚：《刘湘出川抗战前后》，乔诚：《刘湘出川抗敌前后》，《川军抗战亲历记》，四川人民出版社1985年版，第3页。

④周开庆：《民国川事纪要》下册，四川文献研究社1974年版，第17页。

此点，群策群力，俾得奠此复兴之基”。“个人愿以身许国，成败利钝早置之度外”。“各界同仁及民众救国抗敌热情，定将转达中枢，决不有负殷望”。刘湘飞抵南京后，又在机场发表谈话表态说：“决以川康人力、财力贡献国家。”蒋介石闻讯，立即约见刘湘说：“我晓得你今天来，故决定今晚召开国防会议，请甫澄兄务必参加，一切事情，我们另外约时间再谈。”同日，成都10万余市民举行盛大集会，请求国民党当局立即发动全民抗战，保卫国土，收复失地，肃清汉奸。①

1937年8月7日起，国民政府军事委员会在南京召开有中央军政大员和阎锡山、白崇禧、刘湘、龙云等各地方派系军政领导人共41人参加的国防联席会议，商讨对日抗战事宜。会议的主要议题为：其一，卢沟桥事变之经过及其措置；其二，抗日军事准备；其三，大计；其四，关于战费问题之研究；等。②会议讨论了《国军作战指导计划》，正式确定了“抗战到底，全面抗战”“采取持久消耗战略”等基本战略方针。在国防联席会议上，当与会代表围绕主战、主和两种意见相持不下，致令当局犹豫不决之际，刘湘继蒋介石、阎锡山之后第三个发言，慷慨陈词，竭力主战，说：“要抗战才能救亡图存，才能深得民心；要先攘外才能安内。日本人的军事力量虽然比较我国为优，但其必须利用交通线（主要指铁路），始能展其所长；离开交通线，不但军队调动困难，给养补充更不容易。我们只要采取正规、游击两种战术，在交通线两侧及其前方、后方与敌周旋，即可作持久战。就国际形势来看，日、德、意三个法西斯国家企图独霸世界，美、英、法、苏必不会坐视，由中日战争发展到国际战争，是有可能的。抗战最后胜利必属于我国。”并在最后表态时说：“抗战，四川可出兵三十万，供给壮丁五百万，供给粮食若干万石”。③刘湘积极主战的言论以及四川可以为国家抗战出兵、出人、出粮的明确表态，对于抵制会场上的对日妥协主张，帮助蒋介石和国民政府坚定抗战决心起了很好的作用，“得到全场赞许”。因此，会后中共代表周恩来、朱德、叶剑英等都亲临刘湘寓所拜访，极表赞誉。

刘湘8月14日返回成都，于8月25日发表《告川康军民书》，号召四川军民奋

---

①《国民公报》，1937年8月8日；乔诚：《刘湘出川抗敌前后》，《川军抗战亲历记》，四川人民出版社1985年版，第4页；乔诚、杨续云：《刘湘》，华夏出版社1987年版，第228页。

②戚厚杰：《中共代表参加了国民政府召开的国防会议吗?》，《抗日战争研究》2009年第2期。

③邓汉祥：《刘湘与蒋介石的勾心斗角》，全国政协文史资料委员会：《文史资料选辑》第5辑，中华书局1960年版；乔诚、杨续云：《刘湘》，华夏出版社1987年版，第228页。

起抗日，准备为国家抗战做出巨大牺牲。在分析抗日战争的形势和意义时，刘湘强调："自卢沟桥事件发生，此一伟大之民族救亡抗战，已经开始……我前方将士，奋不顾身，与敌作殊死战……后方民众，或则组织后援，或则踊跃输将，亦均有一德一心，誓复国仇之概。""默察此次战事，中日双方均为生死关头，而我国人所必须历尽艰辛，从尸山血海中以求得者，厥为最后之胜利。""必须尽力驱逐（敌人）于大门之外，使禹域神州，无彼踪迹，不平条约，尽付摧毁，然后中国民族之独立自由可达"。在谈到四川对于中国坚持抗战的重要作用及应当负担之巨大责任时，刘湘指出："四川为国人期望之复兴民族根据地与战时后防重地，山川之险要，人口之众多，物产之丰富，地下无尽矿藏之足为战争资源，亦为世界所公认。故在此全国抗战已经发动时期，四川七千万人民所应负担之责任，较其他各省尤为重大。"他要求四川军政及社会各界人民"务即摩顶放踵，贡献民族斗争"，"我各军将士，应即加紧训练，厉兵秣马，奉令即开赴前方，留卫则力固后防。""各界奉公人员与文化知识分子，更应集中精力，分配部门，一致努力于后方民众之组织训练，与战时管理建设诸工作。""我农工商各界广大民众，为组织中华民国之主要分子，尤应认清责任，及民族解放与民族抗战之不可分割，敌忾同仇，毁家纾难，在国家统一指挥下，整齐步调，严整阵容，在实际战事上为前方之后盾"。他还明确表态说："湘忝主军民，誓站在国家民族立场，在中央领导之下，为民族抗战而效命。""总之，我民族为自己生命及世界人类公理与正义而奋斗，势逼处此，虽赤手空拳，尤当与彼飞机重炮一角……前途利钝，只系于吾人今后决心与努力之程度如何"。①其愿率四川军民为国家抗战竭力奋斗牺牲的决心与勇气跃然纸上。

此外，刘湘还积极联络、策动晋绥军将领傅作义、杨爱源等，桂军将领李品仙、夏威、廖磊、周祖晃等，湘军将领孙渡、张冲等，向蒋介石和国民政府请缨求战，从而推动了地方实力派部队参加抗战，对于扭转抗战初期国民党军队正面战场的不利态势具有一定的作用。②

在刘湘的带领与督饬之下，川军将领刘文辉、邓锡侯、杨森、潘文华、李家钰等也积极表态，或致电蒋介石和南京国民政府请缨抗日，或在各种场合及川军部队内部训话中表达要求走上抗日战场的心愿。如邓锡侯在峨眉山军官训练团讲话

①周开庆：《民国川事纪要》下册，四川文献研究社1974年版，第21—22页。
②高松：《刘湘率领川军出川作战的背景》，《成都大学学报（社科版）》2007年第1期。

时说："我们过去拿着枪杆，枪口只是对内，打了多年内战。现在应一致对外，才对得起民族，对得起自己的良心。"①杨森也于抗战初期在汉口日租界对第20军官兵训话时说："我们过去打内战，对不起国家民族，是极其耻辱的。今天的抗日战争是保土卫国，流血牺牲，这是我们军人应尽的天职，我们川军决不能辜负父老乡亲的期望，要洒尽热血，为国争光。"8月5日，第47军军长李家钰致电南京国民政府，要求当局在国家生死存亡的危急关头，"立即下令全国一致动员，挥军应战"，并表示该军"正在整编，士气激昂。倘蒙移调前方，誓当执殳赴难"。②

刘湘等川军将领积极请缨、力主抗战的表态，对计划迁都重庆并以四川为中国抗战大后方战略根据地的蒋介石和南京国民政府下定决心坚持抗战到底，无疑具有积极而重要的促进作用。

二、川军部队出川抗日

（一）川军部队出川

正当国民政府召开国防会议商讨对日抗战事宜之际，1937年8月13日，"八一三"淞沪抗战爆发。面对中日战争日趋激烈、战火蔓延、战场形势日益严峻的军事态势，国民政府军事委员会决定将全国军队编为一线战斗部队100个师和预备军80个师，川军被定为第2路预备军，由刘湘任司令长官，邓锡侯为副司令长官。8月18日、24日、27日，刘湘先后邀集邓锡侯、孙震、李家钰、刘文辉等非刘湘系统的川军将领和唐式遵、潘文华、王瓒绪等嫡系将领以及在成都的川军各师旅长"会商出师抗敌问题"。初步商定并部署首批出川抗战的川军部队编为两个纵队，分别从川东、川北两路出川。其中，第1纵队由非刘湘系统的第45军（邓锡侯部）、第

①邓前程、徐学初：《中国共产党是如何推动地方实力派走向抗日战场的——以四川为例的统战史考察》，《四川师范大学学报（社会科学版）》2007年第5期。
②见成都《新新新闻》1937年8月3日。

41军(孙震部)、第47军(李家钰部)共6个师组成，邓锡侯任纵队司令，孙震任副司令，从川西出发，沿川陕公路走陆路北上，从剑门关出川，经西安再东行到河南许昌集结；第2纵队由刘湘的嫡系部队第21军(唐式遵部)、第23军(潘文华部)两个军5个师又2个独立旅组成，纵队司令唐式遵，副司令潘文华，从川东出发，沿长江走水路东下，出夔门，经宜昌、武汉北行至许昌集结。

为鼓舞川军部队出川抗战的士气和斗志，刘湘及四川省政府采取了多项政策举措。其主要者，一是积极筹集部队出征的军费。刘湘及四川省政府预计，首批川军出川抗战，约需开拔费460万元。由省政府财政厅长刘航琛于9月中旬赴重庆筹措，结果其中200万元由中央、中国两家银行抵押借得，其余260万元"则由渝市绅商借垫"。即：分别由商界承担120万元，绅界承担60万元，金融界承担80万元。"并由刘氏商得金融界同意，先行垫出一百万元，以便转发各开拔部队领用"。二是于10月1日颁布了《四川省出征将士及义勇壮丁优待条例》，规定对于出征将士及义勇壮丁，其家庭清贫者，优先或提前发放义赈、农贷的物资或资金；缺少或无劳动力者，由地方保甲长组织耕种队代为耕种；其家庭所负债务，在出征期间，债权人应暂缓催收；如有被告未了案件，出征期间亦不得向其家属追问，俾以保障出征军人能轻松踏上征途，安心在抗日前线战斗。①

准备出征的川军将士也斗志昂扬，渴望走上抗日战场杀敌卫国，浴血疆场的热烈情绪溢于言表。9月5日，四川省各界抗敌后援会在成都少城公园(今成都市人民公园)大光明电影院举行四川省各界民众欢送出川抗敌将士大会。刘湘偕邓锡侯、孙震、唐式遵、潘文华等川军将领率在蓉的川军各军营连长以上军官和张澜、徐申甫、陈益廷、刘豫波等社会名流及各界代表、大中学生一万余人莅会。会上，张澜代表四川各界民众致词，指出日本侵略者发动侵华战争不得人心，不能持久，利于速决，我们则利于持久抗战。他鼓励川军将士要有长期抗战的决心，发挥冲锋陷阵、吃苦耐劳的特长，奋勇当先，杀敌致果，夺取最后胜利。川军将领及中下级军官代表也先后登台讲话，慷慨陈词，表达抗战决心。刘湘讲话说："军人御侮救亡，为应尽天职。川军今得献身疆场，为民族存亡而战，一洗过去私斗(内战)的耻辱，是很光荣的"。邓锡侯表态说："我们四川人是具有爱国传统精神的。黄花岗烈士有四川人；辛亥革命有四川人；护国之役也有四川人。当前国家民族面

①周开庆：《民国川事纪要》下册，四川文献研究社1974年版，第25—28页。

临生死存亡关头，我们身为军人，受四川人民二十余年的供养，当然要拼命争取历史的光荣，藉以酬报四川人民”。“我们只有长期抗战，才能取得最后胜利！川军出川以后，如战而胜，当然很光荣地归来；战如不胜，决心裹尸以还”。“我们出川抗战，要踏着先烈的血迹前进！更希望后方的人民，要勇敢地踏着我们的血迹而来。如此前仆后继，一定能战胜敌人！”唐式遵也表态说：“川军应当自勉，努力杀敌，发扬昔日之光荣，抱定必死之决心，以报国家。”“式遵宣誓出川抗战，失土不复，誓不返川！”“后方人民一致总动员，为前方补给做好充分准备”。川军中下级军官代表李召南致答谢词时，“语极沉痛，表示了誓复国土，不成功便成仁，为民族解放战死沙场的决心”。大学生邓名芳（女）和实验小学10岁的小学生杨照明代表民众致热情洋溢的欢送词，表示与全国同胞一道，要拿起枪杆，踏着出征将士的热血，把日本帝国主义驱逐出中国！大会还向出征部队将士赠送锦旗：向司令长官刘湘、邓锡侯、唐式遵等赠写有“秉钺鹰扬”的锦旗；向孙震、潘文华等军长赠送“为国干城”锦旗；向师长们赠送“抗敌先锋”锦旗。四川大学向出征将士赠送毛巾2 000张，妇女后援会赠手巾250打。会后，唐式遵将成都市区东胜街沙利文饭店（现成都市政协会址）的房产捐赠作为抗战经费，并召集其统辖之第45军驻蓉官兵进行出川抗战的训话，勉励部属要爱国御侮，军人的天职是保卫国土，出川抗战急如星火，要立即奔赴前线杀敌。“众官兵聆训后，极为振奋，一致要求立即出发。”①

第21军145师师长饶国华在川康整军会议上就慷慨陈词：“国难如此，实不愿再见自相残杀的内战，损失国力，利于敌人……只要开始抗日，我就站在战争的最前线，效死疆场。”②待命期间，他除督促部队加紧训练，准备出征抗战事宜外，还抽空请假回资阳老家省亲扫墓，为七旬老母做寿，与家人作最后一次团聚。临别时，他对其妻蓝紫仙说：“余此去，为国而战，义无反顾。自古忠孝不能两全，老母年高，望尽心奉养。”在拜别业师伍钧时说：“此行，为国抗战，不成功即成仁。学生如幸得马革裹尸还，学生之家属，尚望恩师照拂。”③第41军122师师长王铭章，于出征前夕回到新都老家，辞别家人朋友乡亲，“处理家事，预立遗嘱，誓死报国”。其

①陈仕俊等：《邓锡侯出川抗日及安定后方见闻》，成都市政协文史学习委员会：《成都文史资料选编·抗日战争·中·血肉长城》，四川人民出版社2007年版，第73—73页。

②傅双吾：《民族战争川军战绩史料存要》，成都民族学会丛书，1941年3月出版，第41—42页。

③吕伟叔、胡仲威、杨国材、饶毓秀：《饶国华将军事略》，成都市政协文史学习委员会：《成都文史资料选编·抗日战争·中·血肉长城》，四川人民出版社2007年版，第325页。

遗嘱中说："现在日寇入侵，国家危在旦夕，我军已请准出川抗日。我知道这次抗日战争，我们是以弱对强，当然要付出很大代价。我此次出征，很可能为国战死。如果是为国战死了，这是我的夙愿。"9月6日，王铭章又在德阳驻地慷慨誓师，悲壮激昂地向与会的万余军民说，冠深国难急！我一定用杀敌成仁以死报国的实际行动，以赎二十年来参加内战祸国殃民的罪愆。随后于9月12日率部从德阳驻地出发，踏上抗日征途。[①]

在上级长官积极请缨抗战之带头言行的引领和热烈主战情绪的鼓舞之下，川军广大中下级官兵也"人人自认是黄帝子孙"，明确认识到："今天的抗战，是中国几千年来历史上所无的。如果战胜，则是国家之福；如果战而不胜，将……国破家亡，子子孙孙，都要作人家的奴隶牛马"，因此"抱定牺牲决心"。[②]将士们纷纷表态说，参加抗战"无非是要尽国民的责任，不使敌人长驱直入"。"这次打仗是为了子子孙孙的生存"。"为了抗日，杀日本鬼子，我们吃些苦也愿意的。如果是内战，哼，对不起，老子早就不干了"。[③]有的官兵在烟杆上铭刻"中华男儿，上战场打日寇"、"旌旗一片立功劳，万马军中赴战场，马上长官传下令，不除日寇不回乡"等表达抗日爱国壮志的口号，有的则举着蜀中父老赠予的写有"死"字及"国难当头，日寇狰狞，国家兴亡，匹夫有责……自觉请缨，赐旗一面，时刻随身，伤时拭血，死后裹身，勇往直前，勿忘本分"等表达不惧流血牺牲和抗日爱国情怀的"死字旗"慷慨出征[④]，用实际行动表现出了川军将士为挽救国家民族危亡而毅然走上抗日战场、准备浴血歼敌的爱国主义英雄气概。

8月30日，四川绥靖公署开会决议，"出川抗敌部队，限于九月五日以前开拔"。10月2日，刘湘又发布命令："出川抗敌各军师旅长，限期十月中旬全部到达指定地点待命。"[⑤]

9月1日，几十万川军部队分北、东两路陆续踏上了出川抗日、浴血疆场的艰

①谢孝经：《对〈抗日殉国的民族英雄王铭章将军〉一文的补遗》，成都市政协文史学习委员会：《成都文史资料选编·抗日战争·中·血肉长城》，四川人民出版社2007年版，第308—309页。

②邓锡侯：《出川作战经过与回川后责任，《邓晋康先生讲演辑录》(一)，转引自匡珊吉、杨光彦：《四川军阀史》，四川人民出版社1991年版，第534—535页。

③匡珊吉、杨光彦：《四川军阀史》，四川人民出版社1991年版，第535页。

④王建成：《忆抗战时期请缨杀敌》，《绵阳文史资料选刊》第1辑。另外，这类川军抗日爱国文物，在成都大邑县安仁镇建川博物馆收藏较多。本书此处转引自张彦：《四川抗战史》，四川人民出版社2014年版，第163页。

⑤周开庆：《民国川事纪要》下册，四川文献研究社1974年版，第20—23、28页。

苦抗战征途。北路川军，由孙震第41军122师王志远旅（从德阳驻地出发）打头，按照第41军（从绵阳、广元驻地出发）、第45军（从成都附近驻地出发）、第47军（从西昌驻地出发）的序列出发；东路川军，由第21军独立第13旅和第23军148师分别打头，从原驻地步行至重庆、万县后，再乘船东出四川。

另外，刘湘本来与川军将领商议确定首批出川参加抗战的川军部队为11个师。但是随后，第47军军长李家钰决定所部两个师全部出动，驻防贵州的杨森第20军两个师、郭汝栋第43军26师也奉国民政府军委会的直接命令于8月初起即陆续从贵州驻地直接开赴上海参加淞沪会战。这样，第一期开赴抗战前线的川军部队便增加为15个师，约20万人的规模。

川军部队踏上出川抗战征途之初，因军队整编甫定，部队补给尚未完全就绪，因而武器窳劣，装备简陋，严重缺乏重武器和现代化远距离作战所必需的后勤保障。像第41军，“全军没有骑兵和炮兵，除步兵团各有一个迫击炮连外，没有一门野炮或山炮，更没有任何防空武器和反坦克武器。轻、重机枪和步枪都是四川土造，质量极差，数量极少”。如第122师364旅，全旅“只有八挺重机枪和两挺轻机枪。步枪十之八九没有刺刀，就由修械所自制大砍刀来装备士兵”。每名士兵仅配备子弹三四十发和手榴弹三四枚。有的部队士兵还配有大刀，有的部队士兵则连刺刀都没有。所有步枪，十分之八为四川造，十分之二为汉阳造，“且使用已久，质量太差，大都不堪使用”。轻机枪量也甚少，“每师多则十余挺，少则数挺”。火炮装备更差，“每师除数门迫击炮外，山、野炮一门都没有”。“通信部队极不健全，旅、团均无通信兵的编制，旅以上才有无线电”。“军、师都没有野战医院，师、旅、团虽有卫生队，却缺乏新式器械，担架都是用木棒和绳索绑起来的”。“军、师没有辎重部队”，[①]“士兵们没有水壶，每人背一个竹筒筒，没有背包，每人背一个竹背夹”。[②]“士兵每人仅有粗布单衣两套（短裤）、绑腿一双、单被一条、小草席一张、草鞋两双、斗笠一顶而已”。[③]在交通运输方面，当时的四川地区交通状况极其落后，仅有的长江水道船只极少，川陕、川湘、川鄂等出川干线公路车辆极少，而且还被

①张宣武：《东回村遭遇战》，四川省政协文史资料委员会、四川省人民政府参事室：《川军抗战亲历记》，四川人民出版社1986年版，第19页。

②郭汝瑰：《郭汝瑰回忆录》，四川人民出版社1987年版，第122页。

③胡临聪：《二十二集团军出川抗战概述》，四川省政协文史资料委员会、四川省人民政府参事室：《川军抗战亲历记》，四川人民出版社1986年版，第19页。

国民政府军委会重庆行营所统制，重点用来运输中央军及各种物资，因此川军部队出川抗战，除少数从川东沿长江东下的部队享受到了坐船行军的待遇外，无论是“东路经川湘川鄂两路，北路经川陕路”越巴山、翻秦岭，几百上千里的陆路行军“皆须步行”，①到陕西宝鸡或湖北宜昌后，才改乘火车或轮船行军。大部队行军，每天只能走60—80华里，从成都附近出发步行走到宝鸡，大约需要30天左右时间。首批川军部队于9月份陆续出发，于10月份才陆续走出四川盆地，投入抗日作战。②

（二）刘湘之死③

在南京参加国防会议期间，刘湘曾与龙云、白崇禧商量并向蒋介石提出应将川军、滇军、桂军集中使用于一个作战区域或某一战斗方面的要求。理由是这三省地方军队的语言相近，习惯相同，摆在一起更容易发挥作战能力，实际上也不乏害怕蒋和国民党中央势力利用抗战之机分裂、削弱和消灭川、滇、桂等地方实力派政治、军事力量的担忧。刘湘的这一要求显然很难实现。抗战是与强敌作战，军力须合理配备，把装备和作战能力相对较弱的西南各军摆在一起作战并非最佳选择，何况作为国家的军队，仍按原派系划分战区也与战前整军原则相悖，不利于统一指挥。蒋对刘湘等人的这一要求敷衍了事不足为怪。从南京返回成都后，刘湘在与邓锡侯、孙震等川军将领商谈川军出川抗战事宜时，又告诉大家，他已经在国防会议上与蒋介石谈妥，出川抗日作战的川军各部队统归他指挥，不得分割使用，“希各军长知照”。④

但是，川军部队出川以后，情况却发生了意想不到的变化。首先是国民政府军委会根据战场形势变化，实行战区制度，并于10月15日任命刘湘为第七战区司令长官；将出川抗战的川军第一纵队改编为第22集团军，由邓锡侯任集团军总司令，孙震为副总司令；将川军第二纵队改为第23集团军，刘湘自兼集团军总司令，

①周开庆：《民国川事纪要》下册，四川文献研究社1974年版，第28—29页。

②陈仕俊等：《邓锡侯出川抗日及安定后方见闻》，成都市政协文史学习委员会：《成都文史资料选编·抗日战争·中·血肉长城》，四川人民出版社2007年版，第75页。

③本段史实及资料，主要参引自乔诚：《刘湘出川抗战前后》，四川政协文史资料委员会、四川省人民政府参事室合编：《川军抗战亲历记》，四川人民出版社1985年版，第7—10页；乔诚、杨续云：《刘湘》第十五章“出川抗战病逝汉皋”，华夏出版社1987年版，第232—241页。

④邓汉祥：《蒋介石与刘湘的勾心斗角》，《文史资料选辑》第5辑；《我所知道的刘湘》，《重庆文史资料》第22辑。

唐式遵为副总司令。部队编组不变。其次是对川军出川抗战的部队实行了分别使用于南、北两线战场的策略。即:将北线出川的第22集团军部队,拨归阎锡山的第二战区指挥,参加山西忻口会战;将东线出川的第23集团军部队,先是拨归程潜的第一战区指挥,参加平汉路作战,后转用于华东战场,参加南京外围保卫作战。这样,刘湘第七战区所属的两个集团军全部被调离了原来的建制,拨归别人指挥。刘湘得知此事后,心急如焚,他一面让孙震、邓锡侯于10月22日飞赴西安并迅即转往太原及山西战场,唐式遵于10月25日飞到武汉(李家钰随后也在部队全部出川后,与其手下的两个师长李宗昉、李清廷同飞西安),赴"前线督师",控制住自己的部队;一面自己也决心抱病亲赴前方,向蒋要求归还建制并筹建第七战区司令长官部,由他统一指挥川军,担负一个战区的作战任务。

当时,刘湘确实有病在身,穿鞋都已难曲膝弯腰,因此他的亲信幕僚们都极力劝他留在四川一面养病,一面预防蒋介石及国民党中央势力乘虚而入,改由参谋长傅常去前方代他行战区司令长官之职事。但是刘湘主意已定,并告诉大家说:"我过去打了几十年的仗,报不出账。今天大敌当前,有了抗战的机会,正好尽力报效国家,见信于国人,将来在历史上,也才知道我刘湘是个什么样的人。并且我的部队半数以上都已调赴前方,我自己不出去,别人(指蒋)更有借口给我白白整光。现在大敌当前,又有各抗日民主力量的支持和你们守着后方,量无他虞。"离川前,他下令由总参议钟体乾代行川康绥署主任职务,省政府秘书长邓汉祥代行省主席职务,保安处长王陵基代行保安司令职务,并由傅常、钟体乾、张斯可(顾问)、乔毅夫(高级参谋)、邓汉祥等亲信幕僚人员共同组成绥署、省政府联合办公厅,军政大事通过联合办公方式商量解决。他同时还嘱咐钟体乾、张斯可、乔毅夫、邓汉祥等人,要迅速扩编部队,补充已出川的军队空缺;催促办事人员将向欧洲购买的枪炮、弹药、器械运回;令所属四川的兵工厂、炮弹厂,赶造枪弹;扩大教导总队,训练下级军官,以便补充前方。

11月9日,刘湘偕傅常等人由成都飞抵武汉,随即率同长官部驻汉口办事处有关人员,改乘轮船东下。在安徽芜湖稍事停留,慰问勉励由此上岸向东开赴抗日前线的川军将士。

11月12日,刘湘到达南京,暂设第七战区司令长官部于赤壁路,由参谋长傅常主持事务。他自己则就第七战区的作战区域、战斗任务、长官部的位置以及如何联系指挥部队等问题，多次向蒋介石和国民政府军委会请示，均未得到确切答复。在此期间，刘湘还呈送了一份万言书，就发展四川经济、加强大后方军备和建设、欢迎工厂和技术人才支援四川等问题提出了政策性建议，但也未得到回复。刘湘在南京停留期间，不仅见不到蒋介石，就是何应钦也很难见到。只有孔祥熙、张群等人与之应酬。在川军抗战部队已被南北分散、四处调动，自己指挥的战区既无部队，作战范围也不明确，向蒋请示问题得不到回复，遇到事情无法解决的困窘情形下，刘湘只能采取通电话、接见中上级军官等多种办法与其嫡系的川军部队保持联系，以免完全失控。如唐式遵来南京时，两人见面谈话，刘湘就对唐恳切勉励说，中枢调你和仲三（潘文华）来担任保卫南京外围的任务，这是很难得到的报国机会。今天大敌当前，关系国家存亡，务必发挥我川中子弟兵的特长，圆满完成保卫首都的光荣任务。他还给所部川军营长以上军官下一手令，要求他们一致服从唐副总司令的命令，奋勇杀敌。同时交给唐印好的《告第七战区全体官兵书》，要唐带回转发。

11月中旬，日本侵略军先后攻占了嘉定、常熟、苏州等地，沿京沪铁路和太湖南岸，兵分两路向南京进攻。蒋介石和国民政府中枢围绕首都南京守弃问题，犹豫不决。刘湘闻讯，当即向蒋介石请求将两个川军集团军调集拢来，自己愿负责指挥保卫南京。他告诉亲信幕僚黄闳、于渊说，自己提出负责保卫南京，主要有四点用意："第一，据我估计，南京保证能守三个月。日寇要夺取首都，必须教他付出很高代价，同时也使全世界知道中国军民不可侮；第二，首先掌握第二十三集团军，并调还第二十二集团军，集中川军协力保卫首都。拟请求仍以晋康为副司令长官，我是病躯，倘有不测，前方浴血抗战的川军才付托有人，以免川军分散各地零敲碎打，辜负了将士的报国之心；第三，我以带病之身，如能与首都共存亡，也是心安理得，含笑九泉的；第四，万一不死，今后撤往芜湖，以一部正面抵抗，主力向敌后转移，开展游击战争，吸引敌人向芜湖以西进攻，有利于保卫武汉。果能如此，即可掩护工厂、人员、物资安全撤退。"但蒋和国民政府军委会对刘湘调川军并由他负责保卫南京的请求，仍然没有回复。①

11月20日，国民政府发表宣言，移驻重庆办公。同日，刘湘以四川省政府名

①关于刘湘主动请缨率川军守卫南京城一事，邓汉祥《刘湘与蒋介石的勾心斗角》（《文史资料选辑》第5辑）、林华钧：《刘湘出川抗日及第七战区始末》（《四川文史资料选辑》第三十辑）等文，有不同的说法。有意者可参见，兹不赘考述。

义发电表示“欢迎国民政府移驻重庆”。[1]

11月23日，刘湘的吐血旧疾复发，病情危重，处于时而昏迷、时而清醒的状态。次日傍晚，蒋介石在张群、钱大钧等人陪同下到刘处探视，劝其出京治疗。随即，因战场形势严竣，南京已很危急，国民政府党军政中枢机关及军政要员皆纷纷撤离，第七战区司令长官部人员亦撤往芜湖。11月28日，处于昏迷状态的刘湘也在蒋介石的命令下由医护人员照料护送，乘轮船转移到汉口万国医院治疗。12月初，蒋介石决定以陈诚所率第三战区部队和川军第23集团军组成第七战区（浙赣线战区）建制部队，以陈诚为第七战区副司令长官兼第15集团军总司令，并代理第七战区司令长官职务。

刘湘到汉口以后，经过短期治疗，病情一度稳定下来，精神也逐渐好转。每天除向傅常、参赞黄秋侠询问前方军情外，还能略看前后方来的重要电报、信件，接见少数亲近人员。一些民主党派人士和社会贤达如董必武、张澜、沈钧儒、王昆仑等，都到医院看望刘湘表示慰问，并畅谈商议抗日大计。如立法委员王昆仑在探望时，与刘湘谈及国民党的宪兵特务与八路军后勤、宣传人员发生摩擦的情况，刘湘便当面委托王代笔草拟一份建议书送呈蒋介石，希望及时解决和防止这类不利于抗战的摩擦继续发生，希望加强团结，加强对抗战军队的训练和武器装备，检查和总结前一阶段抗战的战略、战术方面的经验教训，建议加强后方建设和军备，为长期抗战奠定基础。

时任国民政府经济部副部长的黄季陆（四川人）多年以后回忆他当时去探望刘湘时，见病中的刘“对于大局的情势非常关心”，对工厂迁川一事更关怀备至。[2]当时，在上海、南京、苏州、无锡、杭州及华东、华南相继沦陷，沿海沿江经济发达地区的许多国有、民营工厂纷纷内迁，大量的机器、物资、技术人员聚集于武汉。刘湘电令四川省政府建设厅厅长何北衡、工业专家胡叔潜等人来武汉，叮嘱他们要针对准备内迁的民营企业及资本家对入川投资建厂尚心存犹豫、行动迟疑的状况，主动向准备内迁的厂、矿企业负责人详细介绍四川的资源及设厂环境，与他们商谈运输、厂地、电力、劳力、原料、市场、政治、金融、税捐等事宜，帮助他们消除顾虑。在得知内迁企业在武汉购地建厂时遭到地主抬高地价乃至拒绝售地的情报

①周开庆：《民国川事纪要》下册，四川文献研究社1974年版，第31页。
②黄季陆：《悼刘甫澄先生》，周开庆、刘航琛：《刘湘先生年谱·附录》，四川文献研究社1975年版。

后，刘湘立即命令拟电告诉四川省政府秘书长邓汉祥，要求省政府务必协助迁川企业解决购地设厂这一根本难题，万勿任令地主刁难，并给予迁川企业减免赋税之优惠和便利。根据刘湘的指令，四川省政府商议决定在重庆成立“迁川工厂用地评价委员会”，负责拟订和实施迁川厂、矿征地办法。同时还议决：“凡迁川工厂厂地印契，准免附加税三成”以示优待，从而吸引和推动了抗战初期厂矿企业的向四川内迁。[①]

病卧武汉期间，刘湘最关心的仍是出川抗战的川军部队不能统一建制作战的问题，对川军的未来命运十分担心。这期间，蒋和国民政府军委会令北线作战的邓锡侯率第22集团军第41军、第45军赴鲁南战场归第五战区李宗仁指挥，而将李家钰第47军两个师中的一个师留在山西长治、长子，一个师调到河南新乡守护平汉铁路。邓锡侯、李家钰等非刘湘系统的川军将领亦对此不满，请求刘湘向蒋和国民政府军委会力争，无论如何要把川军归还建制，集中使用，统一指挥。邓锡侯甚至非常沉痛地告诉刘湘的亲信幕僚说：“我们一定听从他的指挥。川军出了川，才感到大家格外亲热，死，我们都愿意死在一起。”刘湘在听了亲信幕僚人员的汇报后，要其代问候“晋康（邓锡侯号）、德操（孙震号）、其相（李家钰号）”，并告知他们的意思已向上锋表达过了，还会“继续请求”，望各将领“相互关照”，随时“互通消息”。12月29日，刘湘的高级参谋乔毅夫从成都飞来汉口。乔此行的使命有二：一是向刘湘汇报四川绥、省两署军政工作并请求指示；二是商量迎接刘湘回四川养病的问题。在当日探望了刘湘后，乔与刘约定，从次日起，每天谈一次，谈完为止。

1938年1月1日，刘湘为重申四川支持国家抗战的决心，特发表题为《长期抗战中的四川》的元旦文告，指出：“今天四川的地位，是一天重要一天。四川出产丰富，人口众多，同时敌人万难加以威胁，确是今天最理想的抗战后方。尤其是国府迁到重庆以后，四川日益成为全国政治中心；而随战区之日益扩大，四川也将日益成为全国经济的重心。我相信整个四川是一致拥护领袖拥护政府抗战到底的，同时四川也一定对于前方的给养补充作源源不断的供应和牺牲。我诚恳地希望全国各方领袖以及全国同胞，大家来巩固充实这个重要的后方”，“使四川在政府领导之下，作我民族复兴的根据地。我深信有四川做抗战的一个忠实的后方，也是

①彤新春：《民国经济》，中国大百科全书出版社2010年版，第34—38页。

抗战到底和最后胜利的保证之一”。[①]在文章中，刘湘还表示欢迎工厂迁川，欢迎全国企业家、华侨资本家以及一切技术专家来四川投资和参加建设抗战根据地。但也就在这一天，国民政府军委会武昌行营送来一个《日日命令》，其中有一条说：“第七战区司令长官兼第二十三集团军总司令刘湘，所兼二十三集团军总司令一职，勿庸再兼，遗缺着该集团军副总司令唐式遵升充。”刘湘对此事毫不知情，因而感到突然的同时也有些难过。因此时刘湘已与乔毅夫商量好关于迎接他回四川养病的办法。即：派司令长官部参谋处长周从化到第23集团军任参谋长，全权代表刘湘督促唐式遵率部反攻，于短期内夺回芜湖，打一个大胜仗，然后在成都、重庆两地举行盛大的军民祝捷大会，同时推选出迎刘代表，乘炮舰到武汉去迎接刘湘回四川养病，以防止或减少蒋介石对刘湘回川养病的留难。

1月13日上午，冯玉祥前来探望，刘、冯两人谈了两个多小时。刘湘精神甚好，大谈其团结抗日和建设四川的雄伟设想。下午1点以后，何应钦来访，又谈了一个多小时。何走后不久，刘湘就吐血达半痰盂，人也随即昏迷过去，病情日渐加剧，拖到1938年1月20日下午8时许，遂与世长辞，享年48岁。[②]刘湘去世前，曾留有遗书勉励出征川军将士说：“余此次奉命出师抗日，志在躬赴前敌，为民族争生存，为四川争光荣，以尽军人之天职。不意宿病复发，未竟所愿。今后惟希我全国军民，在中央政府及最高领袖蒋委员长领导之下，继续抗战到底。尤望我川中袍泽，一本此志，始终不渝。即敌军一日不退出国境，川军则一日誓不还乡，以争取抗战最后之胜利，以求达我中华民族独立自由之目的。”[③]刘湘逝世后，整理其遗物时，发现他曾手书唐代大诗人杜甫吟咏成都诸葛亮武侯祠的名句“出师未捷身先死，长使英雄泪满襟”，借以倾吐其未能实现“抗战到底”宏伟抱负的遗憾情怀。

刘湘逝世以后，中共领袖毛泽东发来唁电表示哀悼说：“国家失一栋梁，川军失一主帅。”中共中央在国统区公开发行的《新华日报》以《悼刘湘》为题发表短评指出：“川康绥靖公署主任刘湘死了，抗日的积极分子又弱一个。他在过去怎样，我们可以不论，但从这次抗战开始后，他是统一战线中的一个有力分子。我们正

①周开庆：《民国川事纪要》下册，四川文献研究社1974年版，第37页。

②按，由于刘湘逝世事发突然，加上当时蒋介石及国民党中央势力与川康、滇、桂等地方实力派之间存在着错综复杂、波诡云谲的龙争虎斗，因此人们对刘湘之死一直有着病死、吓死、毒死等多种说法，刘湘之死也由此成为扑朔迷离的难解的历史之谜。有意者，可参见乔诚、杨续云：《刘湘》第十五章“出川抗战病逝汉皋”之“四、死因之谜”的详细解说。

③周开庆：《民国川事纪要》下册，四川文献研究社1974年版，第38页。

对他抱着很大的希望，希望他率领川中健儿和全国人民共同奋斗，争取民族解放的胜利。现在不幸死了，虽然遗嘱勉川军抗战到底，全川健儿，定能继承这个遗志努力奋斗，后继的英勇将领不患无人，但终究是抗战的一个损失。我们谨向刘将军的英灵敬献民族解放的敬礼！”抗日爱国名将冯玉祥也亲自写挽联悼唁云：“倭寇未灭，心伤良将；抗战必胜，足慰英灵。”《大公报》记者范长江也发表《刘司令官精神不死》表示哀悼之至忱。国民政府亦于1月22日明令褒恤刘湘，令文言：“川康绥靖公署主任。四川省主席刘湘，才猷练达，器度恢宏。早岁绾领军符，维护地方，勋勤夙著。嗣膺兼圻主任，整军施政，悉洽机宜。尤于国家统一大计，竭诚匡助，卓识渊谋，至深嘉赖。近以奉命抗敌，统率师旅，亲赴前方，筹策辛劳，突疾遽增，遽闻溘逝，震悼良深。刘湘着追赠陆军一级上将，发给治丧费一万元，派内政部部长何键前往代表致祭。并交行政院转行从优议恤，生平事迹存备宣付国史，用示国家笃念功勋之至意。”2月8日，蒋介石特电国民党中常会，以“川故主席刘湘兼绾军符，历膺疆寄，翊赞中枢，忠贞自矢。去岁领军抗日，不幸赍志遽殁，勋在党国，宜有特典以昭矜式。拟请由常会决议，转函国府，予以国葬”。2月14日，国民政府明令国葬刘湘。1939年9月19日，刘湘被隆重地国葬于成都市郊武侯祠旁（今成都市区南郊公园内）。

刘湘的政治、军事活动及其功过，历史已有很多评论。作为“四川王”，他在四川近现代历史上曾做过许多反对中国共产党、进攻红军和压迫人民的罪恶事情。同时，他出川抗战也怀有保住自己实力的野心。他在川军出川抗战后仍努力争取川军由他统一指挥，防备蒋介石对川军的分化不足为奇。但是，从抗战大局看，当时的国民政府中央军到地方实力派的军队都按需要组合作战，这是有利于抗战之举，川军单独作战完全不具可行性。刘要求川军集中一个集团作战显然不合时宜。不过，刘湘毕竟是作为一个“抗日的积极分子”而死在抗战前方的。他在国家危亡的严竣形势下，竭力主战，整军出征，抱病督师等一系列爱国壮举，无疑也应在川军抗战史册上写下应有的一页。

（三）川军部队继续出川与扩编

刘湘逝世的第二天，蒋介石与国民政府即宣布撤销第七战区司令长官部，并任命张群为四川省政府主席。此举遭到四川军政中高层人士的坚决反对。1月23日、25日，王陵基、潘文华、钟体乾、乔毅夫等及郭昌明、许绍宗等川军师旅长数十人联名通电拒绝张群来川主政。同时，刘湘的武德励进会成员还在成都、重庆及川内各大中城市组织群众开大会，贴标语，散传单，发代电，大造抵制张群(实际上是抵制国民党中央势力)主政四川的舆论声势。

在此情形下，蒋和国民党中央势力只得让步，连续致电抚慰四川军政各界人士，表示："中央措置川事善后，自必一秉至公至正之方针，审酌地方与国家之需要，并顾兼筹，以期裨益抗战全局而安慰甫澄主任与战死袍泽之英灵"。"须知中央重视川政，固无不筹维悉当；而中央对我全川父老、袍泽及甫澄主任多年患难相依之关系，于公于私，尤不能使一人一事之不得其所。甫澄之部属，即中央之部属，爱护之诚，罔间始终。诸凡措置，必以对国、对川、对逝者、对生者，均无遗憾为前提"。"即机关或有更张，而人员必妥为安顿，只要服从中央命令，遵守甫澄遗嘱，则决不令甫澄所部有一人之失所而无所依托"。"务望我全川军政长官，勖勉军民，晓谕部属，一致体念中央爱护之苦心，与甫澄主任公忠体国之遗志，安心服务，努力工作"。①1月29日，国民政府宣布："在新任四川省主席张群未到任以前，省政暂由省府秘书长邓汉祥代理，川康绥靖公署主任暂由绥署总参议钟体乾代理。"随后又陆续发表：邓锡侯为川康绥靖公署主任；潘文华为川康绥靖公署副主任兼第28集团军总司令(所部由抗日前线调回驻防大巴山防线，并改任川陕鄂边区绥靖公署主任)；王瓒绪为四川省主席兼第29集团军总司令；王陵基为第30集团军总司令；刘文辉为重庆行营副主任；许绍宗、郭勋祺、郭昌明等均升任军长，以此安抚川康实力派，缓和其对中央势力的反抗态度。

此后，留川的川军部队又陆续成建制地奉命开往抗日前线作战。其中规模比较大的主要有两次(被称为第二期、第三期川军出川)：

第二期出川抗日的川军部队为王瓒绪第29集团军和王陵基第30集团军两支部队，共8个师。其中，王瓒绪第29集团军下辖第44、第67两个军4个师，4万多兵力，由集团军副总司令许绍宗率领，于1938年5月乘轮东下出川，编入李宗仁第五战区的战斗序列；王陵基第30集团军下辖第72、第78两个军4个师、8个旅，4万多兵力，是由刘湘留川的4个独立旅和四川省政府的8个保安团合编而成，于1938年

①周开庆：《民国川事纪要》下册，四川文献研究社1974年版，第40—41页。

5月从重庆乘轮船东下出川，编入陈诚第九战区的战斗序列，参加武汉会战。

第三期出川抗日的川军部队为范绍曾第88军和王瓒绪新编成的4个旅两支部队。1939年3月，范绍曾率第88军全军12 000人，从南川出发，步行4 000余里，到达江西弋阳，加入第三战区战斗序列。9月，王瓒绪辞去四川省政府主席职务，并于年底率新编成的4个旅川军部队出川抗战。

其后，随着抗战形势变化和川军部队的发展，出川抗日作战的川军部队逐渐由原来的两个集团军发展到7个集团军、2个军、1个独立旅，即：除原来的第22（总司令先后由邓锡侯、孙震担任）、第23（总司令唐式遵）两个集团军外，第20军杨森部扩编为第27集团军，总司令杨森；第23军军长潘文华回川任川康绥靖公署副主任（后改任川陕鄂边绥靖公署主任），遂以留川的第56军为基础，编成第28集团军（负责驻守大巴山防线以防御日军进攻四川），总司令潘文华；留守四川的第44军王瓒绪部与留守川军新编成的第67军合编为第29集团军，总司令王瓒绪；留守四川的8个保安旅整编为4个师、2个军，编为第30集团军，总司令王陵基；将第47军从第22集团军中抽出，扩编为第36集团军，总司令李家钰；新建第88军，军长范绍曾；新建独立第35旅，旅长李宗鉴。这样，全面抗战期间在抗日前线作战的川军部队就共有7个集团军（其中潘文华第28集团军编成后奉命驻防大巴山，后期未参加前线对日作战）、2个军、1个独立旅，总兵力约为12个军、40余万人的规模。①

川军出川抗战部队战斗序列见本书附录第439—449页。

①王晓春：《简述川军出川抗战》，李仕根：《四川抗战档案研究》，西南交通大学出版社2005年版，第85—86页。

三、壮丁出川和知识青年从军运动

（一）300万四川壮丁开赴抗日前线

全面抗战期间，四川不仅出动川军成建制部队7个集团军、另2个军、1个独立旅，共40余万兵力，其中一个集团军驻守秦巴山区，6个集团军直接出川开赴抗日前线对日作战，每年还向抗战前线输送壮丁10万余名至30万名不等，为国民党军的非川军部队源源不断提供兵员补充。因此，四川是当时中国最大的兵源省份，是国民政府坚持抗战的重要兵员基地。据统计，从1937年到1945年间，国民政府兵役部、军政部下达给四川地区的征召壮丁配额总人数为3 193 808名（占同期全国各省壮丁配额总数16 641 801名的19.19%）。[①]四川（不包括西康地区）历年实征壮丁人数如下表所示。

表3-1　1937—1945年四川（不含西康）历年出征壮丁人数统计[②]

年份	四川实征壮丁数(人)	全国实征壮丁总数(人)	四川在全国实征壮丁总数中所占比重(%)
1937	103 837	928 310	11.18
1938	174 145	1 648 913	10.56
1939	296 341	1 975 501	15
1940	266 373	1 901 339	14
1941	344 601	1 667 830	20.66
1942	366 625	1 711 132	21.43
1943	352 681	1 666 918	21.16
1944	391 112	1 611 342	24.27
1945	283 086	939 236	30.14

①《抗战期间各省壮丁配额统计表》，四川省档案馆：《川魂：四川抗战档案史料选编》，西南交通大学出版社2005年版，第598页。

②本表资料原载于何应钦《八年抗战之经过》一书附录《抗战期间各省历年实征壮丁人数统计表》，转引自四川省档案馆：《川魂：四川抗战档案史料选编》，西南交通大学出版社2005年版，第599页。

从上表可见，全面抗战期间，四川实际共输送壮丁2 578 801人，为全国各省之冠，比排名第二的河南省（221万余人）多出45万多人，比湖南省（190万人）多出67万多人，占同期全国实征壮丁总数14 050 521人的18.36%。上述四川实征壮丁人数不包括在西康地区实征的30 938人、特种部队和军事学校征召的10余万人，也不包括前线川军各集团军每年自行回川募补兵员之人数。如若加上这三项，则全面抗战期间，四川实际提供兵员应在300万人以上。在1941、1942、1943这三年间，四川实征壮丁都在35万人左右，1944年则高达39万余人，在全国各省实征壮丁总数中所占比重一直保持在20%以上。这就说明，抗战中后期四川向国民党正面战场前线部队源源不断输送的大量兵员，为国民政府坚持抗战，为中国争取抗战胜利提供了极其重要的兵员保证。

当时，四川人口约在4500多万至5000多万之数，300多万人当兵，这就意味着：平均每1.4户要出1个兵，每15.4个人中就有1个人当兵，每8个男子中就有1个人当兵，每1.8个壮年男子中就有1个人当兵。“如果按照当时国民政府服常备兵役的年龄应在20岁至25岁这一兵役年龄规定，很可能这个年龄段的四川男性全部服兵役都不一定够。”[①]1941年以后，四川地区多丁之家逐渐减少，但全川征兵配额却不断增大（除年度的常征额以外，又在重大战役后增配“紧急征兵额”），征兵频率极高（一年多达四五次），导致了军队抓壮丁和民众抗拒抓壮丁或想方设法躲避兵役的现象发生。[②]但是，从总体上看，大多数的四川人——无论是应征入伍的文盲壮丁，还是志愿从军的知识青年，都是在家人的热情支持和勉励下，怀着抗日御侮的一腔热忱奔赴抗战前线，走上抗日战场的。如新津县72岁的爱国模范高尚奇就把4个儿子中的3个送去参军抗日，长子高光祖、次子高光文在湖北前线作战，三子高光大15岁考入装甲兵团，转战于湖南、广西各战场，只留小儿子高光田在家做小生意，以维持一家6口人的生活。[③]另据当事人回忆，徐州会战结束后，川军第22集团军第45军125师接收的一位方姓眼镜学生兵，是成都树德中学学生。此子中学毕业后毅然投笔从戎，到前线后又坚持下连队当普通兵，3个月后于信阳战斗中壮烈牺牲。军部派人调查时，他是集团军总司令孙震将军的亲戚的事情才广为人知。[④]

①冉绵惠：《抗战时期的兵役制度——以四川为例》，《四川师范大学学报（社会科学版）》2007年第5期。

②关于此点，本书将在后边相关章节略作叙述，此不赘言。

③《新华日报》1943年11月21日。

④白涊：《抗战亲历者回述：老兵鲜活记忆中的10大抗日战役》，万卷出版公司2013年版，第177—178页。

另外，四川是多民族地区。全面抗战爆发以后，四川的少数民族群众也积极请缨并走上抗日前线。1938年2月，四川松潘各藏族土司联名呈文政府，表示愿率兵马赴抗日前线杀敌。[①]1939年，松潘关外24部落30万藏民请缨杀敌团又发表宣言表示："我们三十万番民虽居边缘之地，知识比较落后，但爱国之心，不敢后人。……我们决不放弃这个伟大的使命。我们很知道在日本强盗的刺刀之下，决没有幸存的可能，所以我们在边地已经武装了十万强壮的青年番民，只要政府给我们一个杀敌的机会，就可以很快地动员我们所有的人力与物力"，"追随全国同胞之后"，"共负保土卫国的责任"。[②]同年4月，雷波黑白夷代表十多人赴成都，表示拥护政府抗战决策，请缨抗日。曲登保等松潘大小土官也到成都表示"愿在国民政府领导下，保卫疆土"。[③]在川军部队中，有相当数量的少数民族将士。如145师433旅，即有旅长佟毅（满族）等少数民族将、校、尉军官40余人。

（二）知识青年从军运动

在1943年底至1944年中国抗日战争最紧张激烈、艰苦卓绝的时刻，国民政府在四川等地掀起了一场声势浩大的知识青年从军运动。号召、动员以青年学生为主体的大批知识青年放下书本，离开课堂，从军抗日。

1937年全面抗战爆发后，国民政府根据"战时须作平时看"的教育方针，一度坚持对在校学习的大中学生等各类知识青年实行免征、缓征兵役的政策，没有大批征召知识青年特别是大中学生从军入伍，以致因"全部知识分子皆免服兵役，而实际征服兵役者，几全为无知贫弱之民"。在民国三十二年（1943）"三台学生未发动从军以前，抗战的六年中，所征一千余万兵员中，曾无一个中学生之参加"。[④]

1943年底，蒋介石和国民政府鉴于抗战几年来国军兵员伤亡消耗太大、官兵文化水平低、素质差而严重影响到部队战斗力的严竣现实，在美军将领、中国战区参谋长史迪威的推动下，决定征召适龄学生服兵役。1943年10月中旬，蒋介石手令军政部长何应钦：为加强中国远征军的反攻力量，必须短期内在全国征集10万

①《新华日报》1938年2月16日。

②《松潘关外二十四部落番民请缨杀敌代表团宣言》，《四川档案史料》（内部发行）1985年第3期。

③《新华日报》1939年4月7、11日。

④张群：《兵役与抗战》，独立出版社1939年版，第129—130页，转引自侯德础：《略论抗战后期的知识青年从军运动》，《民国档案》2006年第2期。

名知识青年从军，分期分批空运印度，接受美军的新式武器和现代化训练。并令何限3个月征齐，否则，各级役政负责人以失职论处。[1]11月5日，何应钦在与军政部次长张定璠、兵役署长程泽润、教育部长王世杰、政治部长兼三青团中央书记长张治中、副总参谋长兼军训部长白崇禧、国民参政会会长张伯苓等要员们反复磋商后，向各省政府及军、师管区发出电令，传达蒋介石的手令，并给各县下达配额300名。[2]随后，国民政府通令“各级学校之适龄兵役学生，自（民国）三十三年（1944）一月起依法抽签，按秩征召，依其程度，配服兵役，不得予以缓役”。[3]

四川省政府主席兼军管区司令张群在接到蒋介石、何应钦的命令后，即与军管区参谋长徐思平商定，由徐思平赴川北巡视并深入学校做知识青年从军的宣传动员。1943年11月12日，徐首先在绵阳召集该县士绅、机关、法团及中学以上学生开会，作《征集10万青年驻印军出国受训，提高国军素质》的精彩讲演，闻者动容，当晚即有绵阳中学学生邱永森等15人，来到徐的驻地申请志愿服役。11月15日，徐在三台县借出席东北大学“国父纪念周”活动之机会，作《学生对于民族存亡应有之认识与责任》的精彩讲演，动员知识青年投笔从军，奔赴抗日前线杀敌报国。他强调指出，东北大学是“张汉卿（张学良）创办”，“迁来四川三台”后，得“同胞殷勤相待”，诸生方能“在抗战烽火中，能得弦诵不辍”。他指出：“贵校当前之时代任务，应当是：在战时，必须支持抗战，收复东北；战后，必须建设东北。否则，东北大学将失其存在意义。”徐思平这篇演讲词，洋洋数万言，语言精彩，内容感人，不仅激发了东北大学和三台县学生自愿从军的热情，且被国民政府军政部全文印发给各省军、师管区及各县、市各级兵役干部和大中学校学生作为必读之文件，成为掀起全国知识青年踊跃从军高潮的一篇重要文献。15日晚，徐思平又应东北大学学生的邀请，作《我的人生观》的专题讲演。到会听讲演者，除东北大学学生外，还有国立第18中学、省立潼川中学、三台县中等学校师生和三台县各机关、法团、各界人士等，共约2 800余人。由于会场内座位及空间有限，很多人便在窗外伫立倾听。当晚，大雨滂沱，听讲演者却越听越激动，一直坚持到10时以后才散场。当场有303人自动报名从军。其中，东北大学28人（内有助教1人），省立高

①国民政府兵役部役政司编：《学生从军纪实》，1945年印行，第18页。

②万金裕：《知识青年从军运动在四川》，《四川文史资料集粹》第二卷，第89页。

③《学生要服兵役了》，陶伯川：《中央周刊》第5卷第13期，1943年11月5日，转引自侯德础：《略论抗战后期的知识青年从军运动》，《民国档案》2006年第2期。

中35人，国立第18中135人，县中105人。另有林霖（老家在东北，父母俱亡）等30余名女生也积极报名从军。她们在请缨从军的呈文中写道："今聆徐参谋长传达政府德音……奈规章有限……泉涌之热泪，实有不能自已者。伏乞额外通融，务使生等展鸿鹄之志，愿效花木兰、梁红玉从军杀敌……以赤胆白骨换取新中华自由之花。"由于当时国民政府的《兵役法》规定女生无服兵役义务，女生们的申请被拒绝，她们气得当场痛哭，并提出疑问："爱国不分男女，女子何以不能参加抗战，共同杀敌？"徐思平当即鼓励她们说："此所谓祖国山河兴亡泪，中国之不亡，赖有此耳。"至12月上旬，三台县已有大中学生613人报名应征从军，录取213人。省立三台高中一位原定于11月完婚的学生马先觉毅然推迟婚期，报名从军。三台县县长吴业祥、县参议会参议长霍新吾和寓居三台的著名清史专家、国民参政员、东北大学文学院院长萧一山等人，均带头督促或送儿子报名从军。三台各界群众则纷纷捐献钱物，举办各种活动，欢送从军学生。12月7日上午，在三台县城公园隆重召开了有10余万群众参加的"三台县各界欢送大中学生参加远征军大会"，盛况空前。青年学生出征之日，三台县城万人空巷，倾出送行。三台县县长吴业祥将县城外的麻石桥改名为远征桥，凿石纪念。三台县各界人士和广大群众热烈欢送青年学生弃笔从军的热烈情景，在当时被传为美谈，三台县也因此成为抗战后期大后方知识青年从军运动的发祥地。由三台县发轫的知识青年从军运动迅速在四川各地发展起来，进而推动全国形成了知识青年从军运动热潮。

离开三台后，徐思平又去了绵（阳）广（汉）师管区管辖的罗江、德阳、广汉、新都等县和潼（南）蓬（溪）师管区、成（都）茂（县）师管区所辖各市县，沿途召集各机关、法团、士绅和学校学生开会或作讲演，大力宣传知识青年从军运动。在他的宣传鼓动下，四川各地学生积极行动起来，纷纷报名参军，掀起了全川波澜壮阔的知识青年从军热潮。曾被分配在国民革命军新6军14师的王友文回忆道："最先响应的是住在三台的东北大学的学生。那两百多人，穿着灰军服，扎着皮带，白布袜子套草鞋，走成都过。当时我们这一拨青年看到后激动得热血盈眶。"王受此影响，随后就报名参军。[①]而曾隶属于中国远征军203师608团3营8连的李文华也是在该时期报名参军，沿途老百姓都给他们"挂红放炮"。[②]应该说这些从军的知

①李瑞、吕毅、龙飞：《抗日老兵亲历记》，四川大学出版社2015年版，第22页。
②李瑞、吕毅、龙飞：《抗日老兵亲历记》，四川大学出版社2015年版，第25页。

识青年在社会上都具有极大的荣誉感。

抗战后期的这场知识青年从军运动，分为两期。第一期，从1943年11月中旬起，至次年春止。此阶段四川各地报名登记从军的知识青年共有14 000多人，体检合格者4 117人，约占全国应征学生总数的60%。仅至当年12月8日，四川各地报名从军的青年知识分子已达上万人，成都一地即有8 000余人，其中中学生及公教职员5 094名，女生795名，大学生267名，体检合格者2 229名。[①]从地区分布看，全川体检合格者4 117人中，三台213人，绵广师管区196人，成都2 229人，重庆232人，达县163人，遂宁63人，乐山9人，复旦大学50人，长寿国立第12中学44人，永川9人，泸永师管区451人，巴中29人，广安82人，简阳23人，蓬安26人，万县22人，丰都39人，荣威师管区44人，渠县203人。第二期，从1944年9月16日起，至次年2月止。1944年9月16日，蒋介石在国民参政会即席演讲时宣称："国家在此紧急战时关头，要先其所急，使知识青年效命于战场，因为知识青年有知识，有自动判断的能力，队伍中增加一个知识青年，就不啻增加了十个普通士兵。"为号召全国知识青年积极从军，蒋提出了"一寸山河一寸血，十万青年十万军"的口号。随后，知识青年从军运动再次掀起高潮。在此期间，四川共有29 157名青年男女报名登记从军，经体检合格者12 717人，其中男性12 396人，女性321人。[②]据统计，在两期知识青年从军运动中，国民政府共在成都、重庆两地征集、收训合格知识青年11 123名，对于报名的女生，则因碍于《兵役法》之规定，另辟蹊径，将在成、渝两地收训的两千余名女生编为从军"女子服务队"。[③]

根据万金裕的研究，在整个知识青年从军运动中，全国各地共征集青年学生和公教职员志愿从军者应征入伍50 865名（四川22 022名），体检合格者30 953名（四川14 966名），召集入营人数19 048名（四川7 160名）。[④]另据国军将领、曾任青年从军暨青年军训练部副总监的黄维回忆，在青年从军运动蓬勃开展的1年多时间里，应有12万—15万左右的青年知识分子陆续应征入伍。他们中，除大中学校学生和社会青年外，还有个别大学教师、一些中小学校教员，国民党党团组织工

①万庆元、方庆秋：《中华民国史史料长编》（二），南京大学出版社1993年版，第651页。

②周勇：《西南抗战史》，重庆出版社2013年版，第305页。

③万金裕：《知识青年从军运动在四川》、《抗战八年四川人民在征兵服役上之贡献》，均载于四川省政协文史资料委员会：《四川文史资料集粹》，第二卷，四川人民出版社1997年版。

④万金裕：《知识青年从军运动在四川》，四川省政协文史资料委员会：《四川文史资料集粹》，第二卷，四川人民出版社1997年版。

作人员和政府机关的行政、业务工作人员，部分女知识青年等。这些从军的知识青年，被编成9个师又两个团，分驻各地训练。[1]无论从哪种统计数据来看，四川知识青年从军人数均居全国各省之首。

为编练、军训从军的青年学生，国民政府有关部门在四川境内成立了3个教导团。其中，教导一团团长由军政部第二补充兵训练处处长吴琅兼任，营地先设于重庆，后迁至荣昌县檬梓桥，主要是招收川东、川南各师管区和鄂、豫、皖等省来渝的学生。该团从1943年12月24日成立，至1944年12月底奉命结束，共编训学生兵3 144名（其中女兵72名）。第一批编训的学兵3个营于1944年春经泸县转道昆明飞赴印度。教导二团团长由徐思平兼任，营地设于成都市区西较场中央军校内，主要收训川西、川北的学生，从1944年元旦成立至当年9月，共编训学生兵2 783名，训毕后分批从新津机场飞赴印度。教导三团由军政部第45补充兵训练处主管，营地设在重庆北碚，主要编训各地来渝的学生，该团从1944年4月1日成立到1945年元旦结束，共编训学生兵5 423名，其中有841名分发出国，有249名分派国内各部队。报名入伍的四川青年，在成都、重庆集训一段时间以后，大部分乘汽车、飞机辗转开赴印缅战场，编入战车、汽车等技术部队，参加对日作战；一部分从印度驾驶汽车经史迪威公路和滇缅公路回国，担任滇缅公路，或者重庆、贵阳、昆明、柳州、湘西芷江等地之间公路汽车运输任务。抗战胜利后，参加远征军的四川知识青年，有的继续从军，有的复员就业，有的遣散还乡，情况不一。但他们当年毅然中断学业、放弃事业，投笔从军，远征印缅的报国事迹无疑在抗日战争史册上写下了光辉的一页。

总之，在全面抗战期间，四川通过征调壮丁入伍，源源不断地向抗战前线的国民党军其他部队输送、补充兵员，保证了这些部队的战斗力；抗战后期，又贯彻执行国民政府的指令，开展知识青年从军运动，为国民政府组建、训练青年军，派遣远征军赴滇缅作战，提供了文化水平和综合素质较高的兵员。

①黄维：《关于青年军的回忆》，《文史资料选辑》第96辑，文史资料出版社1984年版，第66页。

四、川军部队抗敌主要战绩概述

从1937年9月誓师出川，到1945年8月中国抗战胜利，八年时间，川军部队分别在长江以南（第22集团军、第29集团军、第36集团军）和以北（第23集团军、第27集团军、第30集团军、第88军、第26师、独立第35旅）参加正面战场南、北两线的抗日作战，辗转征战于上海、山西、山东、河南、江苏、安徽、浙江、江西、湖北等省市。川军部队参加了除平津战役外的淞沪会战、山西会战、南京保卫战（广德泗安之战）、徐州会战、武汉会战、南昌会战、随枣会战、三次长沙会战、浙赣会战、鄂西会战、常德会战、豫中会战、长衡会战、桂柳会战、粤湘桂边会战、豫西北会战等所有重大战役。参战兵力占正面战场部队总数的10%左右，“所担任之前线，约占全国十分之二”。[①]

（一）第43军和第20军淞沪会战率先建功

川军部队最先走上抗日前线参加战斗的，是当时驻防于贵州的第43军（军长郭汝栋）和第20军（军长杨森）两支队伍。七七事变爆发后，他们均积极请战，并奉命驰援上海参加淞沪会战，圆满完成任务，取得了出色的战绩。

1.第43军坚守大场防线

第43军原是杨森第20军部队，后脱离杨森转投于蒋介石的门下，被调出四川后，先是驻防湖北的大冶、阳新，后参加围堵长征红军而调防于贵州独山、都匀一带。该军虽名为一军，但实际上只有第26师一师、两旅、四团，4 000多人。兵员严重不足，武器装备极其窳劣。1个连“仅有士兵八九十人，只有一挺轻机枪和五六十支步枪，有的枪使用过久，来复线都没有了；还有少数步枪机柄用麻绳系着以防失落”。[②]

1937年8月上旬，第43军奉国民政府军政部的直接命令，从黔南驻地出发，

①周开庆：《四川与对日抗战》，台湾商务印书馆1971年版。按，1937年7月全面抗战之初，国民党军共有陆军兵力182个师、180万现役军人，川军当时出川抗战部队为15个师、约20万兵员，约占182个师总数的8.24%、180万兵员总数的11%左右。参见苏志荣、范银飞等：《白崇禧回忆录》，解放军出版社1987年版，第108页。

②何聘儒：《二十六师抗战纪要》，四川省政协文史资料委员会、四川省人民政府参事室：《川军抗战亲历记》，四川人民出版社1985年版，第252页。

历时50余天，翻山越岭步行走出贵州后，再乘坐船、车辗转奔赴上海淞沪战场。当第43军赶到上海时，淞沪会战已进入最为艰苦、激烈的防御作战阶段。10月11日，第43军奉命接防日军重点进攻的“中央军”第38师、第8师和税警总团所防守的上海郊区大场镇一线阵地。“中央军”看见前来接防的川军官兵身着单衣，脚穿草鞋，武器装备陈旧简陋，便很怀疑他们能否守得住阵地。第26师师长刘雨卿率部接防后巡视战场发现，该师守卫阵地附近地势平坦开阔，河湾港汊交错，村庄星罗棋布，易攻难守。加上原来中央军守卫时，在战斗中均遭受了重大损失，丢失了一些据点，所以战场形势很不利于川军完成防守任务。

师长刘雨卿深感战场形势很严竣，防守任务十分艰苦，因而召集全师军官开会进行战前动员，重申抗日救亡图存是报效国家的民族大义，号召大家以“有敌无我，誓与阵地共存亡”的英勇牺牲精神去和日军作殊死的搏杀。第152团团长解固基也教育部下说：“国战已开，关系存亡。我辈报国之期到了，军人要是怕死，民族何由复兴。我部倘有一人怀幸存之心，不但为敌人所不齿，尤为军法所难容。”①全师官兵纷纷留下遗嘱，以视死如归的气概投入战斗。

在日本侵略军“陆上、海上几百门大炮和一批批飞机”狂轰滥炸，“房屋、树林均无幸免”，“有时还派出十辆、八辆坦克”掩护步兵“向我阵地直冲”的进攻面前，缺乏火炮等重武器的川军官兵，抱定“为川军争光，为民族争气”的决心，凭借步枪、手榴弹、刺刀与日军肉搏激战。面对着“我原设工事摧毁殆尽，官兵伤亡已过半”，“阵地周围，战士的尸体成堆，残肢断体在竹林、树梢上随处挂着”的惨烈牺牲及严竣战场形势，川军官兵凭着“对日本侵略者作战，是‘打国仗’”的思想认识，“发扬了高度的爱国热忱，白天凭借简易工事，阻敌进攻；入夜又不顾疲劳，抢修被敌炮火、炸弹破坏的掩体，准备来日迎敌”。当敌人“以优势火力向我猛攻时，我官兵先是在战壕内守候，一俟敌人接近，便上起刺刀，跳出战壕，与敌人肉搏”。“一个连长牺牲了，第二个连长起来指挥；第二个连长牺牲了，第三个人又起来带领。一天换几个连长，升几个排长；从尸体下爬出来，又用尸体堆集作掩体”。激战中，川军将士“随时抱着有敌无我、誓与阵地共存亡的决心”与敌厮杀，浴血奋战。“士气始终很旺盛”，坚守阵地达7昼夜，使日寇未能越雷池一步，“圆满达成任务”。②

①尹忠、张育新：《血染上海大场的解固基团长》，《成都文史资料选辑》第10辑。

②周开庆：《民国川事纪要》下册，四川文献研究社1974年版，第29页。

淞沪会战结束后，蒋介石和国民政府军委会称赞第43军26师为参加淞沪会战的国军70多个师中打得最好的5个师之一，日军方面也承认第26师“是国民党旁系有力部队”。第43军首战便创造了不俗战绩，“为川军争得了光荣”，但也为此付出了惨重代价。战斗结束撤下阵地时，第43军26师全师“四个团长，两个阵亡”；“十四个营长，伤亡十三个；连、排长共伤亡二百五十余名。每个连留存下来的士兵仅三五人，最多不过八九人。换防以后，收容所有前后方官员士兵(包括炊事兵、饲养兵)，全师四千多人，仅剩下六百多人”。[①]“初级干部及士兵伤亡百分之七十”。[②]

2.第20军激战蕴藻浜、陈家行一线阵地

杨森所部第20军在川军中原来就属于比较能打仗、作风顽强但又比较穷、武器装备较差的部队。在接到国民政府军委会的命令后，该军于9月1日从贵州贵阳、安顺一带驻地出发，徒步沿湘黔公路以每天100多里的速度强行军走到湖南辰溪，再乘船过洞庭湖于9月24日赶到长沙——只用了24天时间就走完了滇黔绥靖公署规定59天到达长沙的行军路程，并因此受到国民政府军委会的嘉奖。随即在长沙冒大雨登铁篷列车经粤汉、平汉、陇海、津浦、京沪等铁路线和汉口、郑州、徐州、南京等交通枢纽，辗转向淞沪战场开进。“沿途受到人民欢送和物资慰劳，官兵士气极为旺盛，高唱《义勇军进行曲》、《大刀进行曲》等歌，觉得能为国家民族生存而战，虽死犹荣。”[③]军长杨森还利用部队向上海开进的这一时间空隙，带领部属及参谋幕僚人员赴南京面见蒋介石，说明这次对有现代化装备的日军作战与过去打内战截然不同，要求先到南北抗日战场参观，吸取作战经验。蒋介石批准杨森一行先到上海继到山东胶济路沿线了解战况，并发给差旅费1万元，还电告沿途驻军予以接待。在参观完返回途中，杨森在武汉碰到正乘车向上海开进的第20军部队，于是对官兵们训话做战前动员说：“我们过去打内战，对不起国家民族，是极其耻辱的。今天的抗日战争是保土卫国，流血牺牲，这是我们军人应尽的天职。我们川军绝不能辜负人民的期望，要洒尽热血为国争光。”[④]

①何聘儒《二十六师抗战纪要》、强兆馥《忆大场之战》，四川省政协文史资料委员会、四川省人民政府参事室：《川军抗战亲历记》，四川人民出版社1985年版，第251—252、257页。

②周开庆：《民国川事纪要》下册，四川文献研究社1974年版，第29页。

③李介立：《桥亭宅石桥与陈家行之战》，《淞沪会战：原国民党将领抗日战争亲历记》，中国文史出版社2010年版，第288页。

④向廷瑞：《洒尽热血，为国争光》，《淞沪会战：原国民党将领抗日战争亲历记》，中国文史出版社2010年版，第284页。

10月8日，第20军抵达上海嘉定县南翔镇。此时在淞沪战场上，中国军队已由起初的进攻作战转为防御作战，并以第9集团军（总司令张治中）和第19集团军（总司令薛岳）固守浏河镇——罗店——蕴藻浜——江湾——洋泾一线，以第8集团军（总司令张发奎）防守杭州湾中国军队右后翼阵地，等待增援。第20军到达淞沪战场后，当即被编入第19集团军战斗序列，参加其时中日两军正重点攻防的蕴藻浜、大场一线阵地的防御作战，圆满完成任务，取得了出色战绩。

10月9日，杨森设第20军指挥部于南翔火车站附近的一座院子内，并指挥部队进入大场、蕴藻浜一线构筑工事，挖掩蔽部和防空洞，等待命令"准备增援"前方。10月10日，因南翔西北方面日军攻势极为猛烈，第20军临危受命，在部队"尚未集结完了，战场内敌情、地形、友军状况亦未十分明了"的情形下，"即奉命接替税警总团及22D（师）盛宅、桥亭宅、顿悟寺、陈家行之守备，遂进入阵地，直接与敌发生血战。"[①]其时，第20军所防守的桥亭宅、顿悟寺、陈家行一线阵地当面之敌乃日军白川大将指挥的近卫师团之1个旅团、第3师团之1个联队（团）以及第9师团、第101师团各一部，并配备有飞机、战车、炮兵，总兵力在2万人以上。而第20军装备陈旧，所使用的武器大多是四川兵工厂和汉阳兵工厂制造的步枪、轻重机枪及少量的迫击炮，没有飞机助战和炮兵协同作战。中日两军在武器装备、火力支援等方面的差距何止霄壤。因此在战斗中，日军所依仗的是"火力优势"，即"枪炮齐作"和"大批飞机轮番轰炸"；中国军队"所依仗的是全体官兵的同仇敌忾、勇往直前、不怕牺牲的战斗精神"，[②]与拥有优势武器装备之敌军作艰苦抗战。在临战前，杨森对官兵进行战前动员说："我们20军是川军的铁军，是全国闻名的勇敢部队，所以才调到上海来对日作战。我们这次打的是国际战，是最光荣的，我们一定要抵住敌人的进攻。如果上海这一仗抵不住，就要亡国！我们要为国牺牲，这是最光荣的！"[③]

第20军与日军的激战首先在陈家行阵地上展开。第20军接防时，陈家行阵地已经失守，战场形势非常危急。关键时刻，杨森命令副军长夏炯亲率军独立团

①《陆军第二十军与淞沪会战（1937年）》、《第二十军杨森部淞沪会战战斗要报（1937年11月）》，四川省档案局（馆）：《抗战时期的四川——档案史料汇编》（中），重庆出版社2014年版，第592—596页。

②向文彬：《顿悟寺阵地浴血战》，四川省政协文史资料委员会、四川省人民政府参事室：《川军抗战亲历记》，四川人民出版社1985年版，第275页。

③马宣伟、肖波：《川军出川抗战纪事》，四川省社会科学院出版社1986年版，第32页。

和402旅804团两团兵力收复陈家行阵地。夏炯遂指挥部队向驻守陈家行阵地的日军第18师团35旅团124联队一个大队发起猛攻，与敌激烈拼杀肉搏，并于当天收复了陈家行阵地。随后，不甘心失败的日军连续数日疯狂反攻，川军将士迎头痛击，与日军展开激烈肉搏战斗，顽强地守住了陈家行阵地，于10月12日夜晚顺利交防于第32师王修身部，但自己也损失严重。撤出战斗后，防守陈家行阵地的川军第20军部队士兵伤亡70%，下级军官牺牲殆尽。

10月12日拂晓，日军以1个旅团并配备特种部队向陈家行、蕴藻浜、桥亭宅、石桥一线第20军阵地发起猛攻，第20军将士亦“迎头痛击”。“敌人倾巢而出打冲锋”，第20军官兵则“一进战壕，举起枪来就射击”，“跳出战壕迎头一阵劈刺”。[①]中日两军如此“反复冲杀”，激战到当天下午14时，“敌势不支，陈家行失而复得”。10月13、14日两天，日军在增援部队和“优势炮、空军掩护”下再度发起进攻，“以排山倒海之势，继续进犯”。第20军官兵亦“猛烈出击”。激战至14日下午15时左右，第20军顿悟寺西侧防御工事被日军摧毁，“守军先纠华营全部殉国”。“一点突破，全阵几为之震撼”。危急时刻，杨森严令第20军官兵应“本与阵地共存亡之决心”，并由第134师师长杨汉忠率领部队，冒着敌机的俯冲轰炸、扫射及猛烈炮火，立即反攻夺回阵地。激战中，第20军“官兵前仆后继，视死如归，其壮烈牺牲之精神，洵足惊人”。师长杨汉忠被敌弹洞穿左股，仍“忠勇奋发”，“不顾一切裹伤前进”，“遂致全军感奋，而于是日傍晚恢复原阵地”。14日夜间，日军连夜再度增兵并发动“锐不可挡”之猛烈攻势，第20军副军长夏炯、第133师师长杨汉域等高级军官“均亲临前线”，“在第一线坑壕指挥督战”，督率官兵们“寸土必争”，顽强地守住了阵地，使日军虽然多次进攻却“毫无所获”。[②]

10月15日，日军再次增调兵力，与第20军134师在大场、蕴藻浜一线阵地展开激战。日军以第9师团一个旅团、近卫师团一个旅团和其他部队，以大场、南翔为双轴，猛烈进攻，企图中央突破。第20军将士则坚守阵地，与敌顽强厮杀。第20军在承担本军守备阵地防御任务的同时，还奉命收复国民党军第32师王修身部所失守的桥亭宅、顿悟寺一线阵地。杨森遂令第134师402旅804团连夜出击，

---

①向文彬：《顿悟寺阵地浴血战》，四川省政协文史资料委员会、四川省人民政府参事室：《川军抗战亲历记》，四川人民出版社1985年版，第274页。

②《陆军第二十军与淞沪会战(1937年)》、《第二十军杨森部淞沪会战战斗要报(1937年11月)》，四川省档案局(馆)：《抗战时期的四川——档案史料汇编》(中)，重庆出版社2014年版，第592—596页。

乘着夜幕的掩护向敌反攻，夺回阵地。在川军整编时，第20军因军部在编制上无直属部队，于是将原手枪大队（团）改编成1个营，编列为804团3营，实际上却仍留军部担任保卫勤务，所以804团实际上只有两个步兵营的战斗部队。不过，由于团长向文彬平时治军，既注意抓军事技术提高，又注意关心士兵生活，所以该团官兵精神状态尚好，较第20军其他各团更为活跃能战。接受命令后，团长向文彬立即乘薄暮，冒大雨，带领营连长们侦察地形，分析敌我动态，决定在兵力部署上采取1个营前出攻击1个营随后待命的纵深配备、交替使用的战法，“让大家都有冲杀的机会，也有休整的时间”。入夜后，该团以一营前出攻击二营随后待命即轮番冲锋、交替作战的战斗队形向日军发动进攻，日军则依仗火力优势，以枪炮雨点般地疯狂倾射负隅顽抗。激战中，第20军官兵“踏着先烈的血迹，勇往直前，只听到杀声震天，冲锋号凄厉急鸣”，“经反复冲杀……终将敌击溃”，“敌人如强弩之末，急急后退，一连让出几道防线”，中国军队则“完全收复阵地”。日军不甘心失败，集中许多大炮，一刻不停地向804团阵地猛轰，“一炮被击中，就要死好几十人”，“阵地前面的大片土地都被打翻了，落炮弹之密，骇人听闻！”日军步兵则借助地毯式的炮轰助威，向804团阵地发起一波又一波的猛攻，“而我团战士英勇作战，一尺一寸也不退让，坚持二十多个钟头，不仅没工夫吃饭，连伤兵也运不出去”。终于守住阵地并夺获日军大量轻机枪、步枪和弹药。在取得胜利的同时，第804团也付出了惨重代价。“全团官兵，营长只剩彭焕文一人，连长非死即伤，无一幸免，排长仅剩四人，士兵仅余一百二十余人”。向文彬将全团剩余官兵编成1个连，由营长彭焕文带领，抢修工事掩体，固守待援。因这场战斗关系到大场、蕴藻浜一线阵地安危，因此在战斗过程中，从师长杨汉忠、军长杨森到集团军总司令薛岳以及国民政府军委会高官乃至蒋介石本人，都十分关注战况并等待报告。所以战斗胜利当夜，蒋介石即从南京打来电话传令嘉奖；次日又发来电报，发给奖金6 000元，团长向文彬因功晋升为少将，创下了一天之中3个小时内由中校升上校再晋升少将即连升3级的记录。①

在804团向文彬部收复桥亭宅、顿悟寺阵地后，第134师401旅802团林相侯

①向文彬：《顿悟寺阵地浴血战》，四川省政协文史资料委员会、四川省人民政府参事室：《川军抗战亲历记》，四川人民出版社1985年版，第274—276页；向廷瑞：《洒尽热血，为国争光》，《淞沪会战：原国民党将领抗日战争亲历记》，中国文史出版社2010年版，第284—285页。

部亦奉命进入蕴藻浜阵地担任侧翼掩护。日军则以一部兵力与804团相持，集中优势兵力，在飞机、大炮的掩护下，向802团蕴藻浜阵地发动进攻。双方激战竟日，日军数次进攻均被击退，“阵地屹立不动”。战斗中，团长林相侯始终在第一线与敌拼搏，不幸中弹殉国。该团伤亡亦大，仅剩官兵200余人，缩编为1个营，由营长胡国屏率领继续战斗。杨森得知林相侯牺牲和林团伤亡惨重的消息后，急令师长杨汉忠亲临前线指挥。同时急令801团赵嘉谟部增援上去，守住阵地。次日，日军继续猛攻，赵团官兵沉着应战，终日厮杀，击退了日军的数次进攻。随后，日军又转向进攻桥亭宅、顿悟寺阵地，第803团李麟昭部奉命白天增援，因目标显著而伤亡颇大，但全团官兵激于民族义愤且有向团作榜样，仍然顽强战斗，阻遏了敌军攻势，阵地屹立不动。

其间，第20军又奉命再去收复第32师王修身部失守的陈家行阵地。杨森令第133师师长杨汉域率部火速前进，执行该项战斗任务。当时，第133师仅有第397旅和第399旅徐昭鉴团到达战场。杨汉域以第397旅两个团为第一线向敌攻击前进，以徐昭鉴团为预备队。第397旅旅长周翰熙、副旅长向廷瑞鉴于蕴藻浜左岸至陈家行一带全系棉花地，便决定以第794团李介立部为攻击部队，利用棉花地为掩护，散开队形向敌攻击前进。李团官兵在敌人密集的枪炮声中看到第32师残余官兵逃跑乱窜，仍然士气高昂，挺起胸膛向前迅跑，并在越过第32师残部后立即转变为散兵战斗队形，用机枪、步枪向追赶之日军猛烈开火射击。日军原本以为已胜利在望，正追击第32师残余官兵，冷不防忽然出现这么一股生力军向他们冲过来，仓猝之间不知所措，李团官兵乘机冲上前去与敌展开近距离肉搏战斗，日军的飞机、大炮则因中日两军互相冲杀混战、搅成一团而不能发挥作用。激战约1小时，日军不支而向后溃逃。李团不仅收复了阵地，还缴获了一批枪支弹药。这时，第32师梁副旅长前来交接防务，并指出蕴藻浜右岸还有一段阵地系他旅防守，现日军已退走，需立即派部队占领。于是旅长周翰熙决定由李介立率第794团到蕴藻浜右岸布防，陈家行正面阵地由蔡慎猷团防守。时已薄暮，日军惯于白天作战，夜间停止进攻；第20军部队则趁夜色降临后送负伤官兵，修补工事，补充弹药，准备次日的战斗。

此后，第20军在陈家行、蕴藻浜一线阵地与日军连续激战3天，“白天顶住了敌人在飞机、大炮掩护下的多次进攻，夜间修补工事，全未顾及休息，士气仍很旺盛”。激战多日，“虽一再增援，但官兵已所剩无几”。陈家行阵地上，“营长只剩景嘉谟（战后晋升为中校营长）一人，指挥数名士兵，仍坚守不退”。预备队则“只剩下吴伯勋一个营”。最危急的时候，师长杨汉域只得派师部手枪连前去增援。“陈家行、顿悟寺一带阵地形成焦土”，但第20军阵地却“全线屹立，依然无恙”。随后，奉命交防于桂军廖磊第21集团军第48军（军长韦云淞）。正交接之际，日军一部突然向蕴藻浜阵地猛攻，接防之桂军部队立足未稳，向后退缩。第397旅旅部立即命令李团继续抵抗，等阵地稳固以后再交防撤退。团长李介立当即指挥仅剩下的预备队徐昭麟团吴伯勋营奋勇反击，将敌人击退后，于薄暮时分才交防撤退。战斗结束撤下火线后，第397旅伤亡惨重。营长弋厚培阵亡，旅长罗润德，团长李介立、陈新民，营长刘龙骧、罗先荣、卢光荣负伤，下级军官和士兵伤亡更大，全旅只剩下士兵40余人，其中已找不到1个排长。国民政府军委会嘉奖团长李介立陆海空军甲种一等勋章1枚，晋升为少将。

淞沪会战中，第20军在桥亭宅、顿悟寺、蕴藻浜、陈家行一线与日军激战7昼夜，“虽然取得了胜利，但代价很高”。除团长林相侯阵亡，师长杨汉忠和团长李介立、赵嘉谟、唐武城等师、团级指挥官负伤外，“营长弋厚培、王笔春、先纠华等阵亡，营长刘龙骧、罗光荣、田阡陌、吴伯勋、何学植，副营长陈瑄等负伤，连、排长伤亡二百八十余人，士兵伤亡七千余人”。战后，蒋介石和国民政府军委会论功行赏，以第20军在淞沪战役中表现出色，作战英勇，颁发奖金3万元，并表示将以“进口枪械”优先“补充”杨森军。[①]蒋介石还在南京召见军长杨森并与夫人宋美龄一道宴请杨以示褒奖。

（二）驰援娘子关，第22集团军鏖兵山西

第22集团军于9月上旬从北线沿川陕公路徒步行军，走了近1个月才翻越秦岭走出四川盆地。[②]原计划是走到陕西宝鸡并更换武器装备以后乘火车向河南郑州、许昌一带刘湘第七战区川军部队集结地开进，加入平汉路沿线的战斗。谁知

①向廷瑞：《临危受命，喋血淞沪》，四川省政协文史资料委员会、四川省人民政府参事室：《川军抗战亲历记》，四川人民出版社1985年版，第269—273页；向廷瑞：《洒尽热血，为国争光》，《淞沪会战：原国民党将领抗日战争亲历记》，中国文史出版社2010年版，第284—287页。

②据时任先头部队第41军122师364旅727团团长的张宣武回忆，他的部队从成都附近的德阳县孝泉镇出发，走了13天才走到汉中附近的褒城，休息两天并补充粮秣后继续行军，又走了13天，才于10月3日抵达宝鸡。参见张宣武：《东回村遭遇战》，四川省政协文史资料委员会、四川省人民政府参事室：《川军抗战亲历记》，四川人民出版社1985年版，第31页。

道，当先头部队第41军122师364旅（旅长王志远）和第45军127师379旅（旅长陶凯）于10月上旬赶到宝鸡并登火车开到西安后，即接到西安行营主任蒋鼎文转来蒋介石的命令，因山西战场情况紧急，我军在晋北忻口、晋东娘子关遭到日军猛烈攻击，第22集团军第41军、第45军迅即原车东开潼关北渡黄河，到山西加入第二战区战斗序列，驰援娘子关战场；李家钰第47军拨归第一战区程潜指挥，前往中条山一带作战。10月13日，第122师师长王铭章从成都紧急飞赴西安转往前方指挥部队。10月14日，第41军122师364旅作为第22集团军的先头部队到达风陵渡准备北渡黄河。15日，122师师长王铭章向部队作誓师动员讲话，提出四条原则："受命不辱，临难不苟，负伤不退，被俘不屈。"16日，第364旅乘同蒲路窄轨火车北上进入山西。第22集团军其他部队也随后陆续进入山西，驰援娘子关战场我军战斗。

然而，在山西抗日战场上，第22集团军将士却遇到了意想不到的困难。首先是第二战区副司令长官黄绍竑（原桂系将领）为应付危局，对川军随到随用，造成川军被各个击破的境地。10月10日，日军在攻占河北石家庄后，以第20师团等主力部队沿正太线西进，企图迂回忻口、太原侧后，配合在忻口正面战场作战的日军部队攻取太原。这样，作为晋冀间交通要冲和太原门户的娘子关，就成为中日两军必争之战略要地。在此之前，国民政府军委会于10月8日任命桂系将领黄绍竑为第二战区副司令长官，负责统率入晋作战的中央军和非晋系地方部队并指挥正太路沿线战事。随后，"山西王"、第二战区司令长官阎锡山又派黄赴娘子关战场指挥战斗，并委派原西北军将领、第2集团军兼第26路军总司令孙连仲具体指挥正太路及娘子关一线战事。黄在赴娘子关前线指挥督战时，身边只带有从南京随他而来的高参陶钧、裘时杰、徐佛观和两三个副官，广西桂军拨给的卫队200多人和阎锡山拨给的无线电台及电报人员。桂军卫队的武器，步枪是由国民政府军政部配发的，9挺机枪则是黄向阎锡山再三要求才得到的。其时，黄负责防守的娘子关战场一线阵地长达150余公里，当面之敌为日军川岸兵团（由第20师团和一些特种部队组成），而黄所能调动和指挥的部队主要有：负责娘子关正面防守的原西北军杨虎城部所改编的第38军17师（师长赵寿山）5个团，防守娘子关左翼阵地的陕军第27路军（总指挥冯钦哉）两个师和防守右翼阵地的中央军第3军（军长曾万钟）两个师，临时抓来使用的孙连仲部第30师一个旅（旅长侯镜如）、原杨虎城部教导团(团长李振西),随后赶来增援的孙连仲第27师等部队。因此,在司令部除了卫队即无兵可调的窘况下,黄对陆续赶来的川军部队采取了随到随用,哪里战事激烈、战局危急就往哪里调动的办法“逐次使用”。而山西境内同蒲路火车(窄轨)的装载情况,与陇海路完全两样,原来一列车(准轨)至少可以装载1个团以上的兵力,现在1个团就必须分为两列车来载运,遂使进入山西作战的川军部队“被零星分割为以营为单位”投入战场使用,“部队建制被分割得支离破碎,七零八落”,无法形成系统而完整的集团战斗力。黄还常常越级指挥。“集团军总司令未到,他就直接指挥军长;军长未到,他就直接指挥师长,乃至直接指挥旅长、团长、营长”。第41军各部队“竟是成团地,甚至是成营地被黄绍竑直接指挥,逐次使用到平定县属的西村、阳泉、测石、赛鱼、芹泉一带作战”,结果“使一个军变成了大大小小若干条无头之蛇”,“分批被敌各个击破”。“当师长王铭章到达前线时,一二二师已经被打烂了;军长孙震到达前方时,四十一军已经(被)打得不成形式了;当集团军总司令邓锡侯到达太原时,第二十二集团军的人马只剩下半数了”。①

10月19日,第122师364旅抵达太原城东郊后,黄绍竑在122师师长王铭章及366旅均未赶到的情形下,即命令364旅乘正太路火车开往阳泉待命,由孙连仲指挥作战,并且还于途中不停变更部队下车及作战地点。10月23日,黄下达作战命令,要求364旅“即刻出发还击西进之敌”,在敌情不明,“没有作战方针,又没有任何指导要领”的情形下,364旅只得向东搜索前进,迎击西犯之日军。10月25日,364旅在平定县东回村与日军不期而遇,发生猝不及防的遭遇战。战斗中,日军除使用飞机、重炮猛烈轰炸外,还违反国际公法使用毒瓦斯和火焰喷射器,日军步兵则以每四五十人为一拨进行轮番冲锋。川军将士由于没有野炮、山炮,迫击炮又达不到有效射程,仅有的几挺轻、重机枪在日军火力打压下也“成为哑巴”,只得用步枪、手榴弹还击,“手榴弹甩光了,于是展开了肉搏战,敌人以刺刀戳,我们以大刀砍”,反复冲杀激战。从上午与敌接战起,“旅部即以无线电向黄绍竑、孙连仲联络,但始终呼叫不到”。“孤军作战竟日”,第727团伤亡800余人,第728团伤亡1 000余人,“弹药粮草无处补充”,只得退下来,乘夜色向西转移。10月26日拂

①张宣武:《东回村遭遇战》,四川省政协文史资料委员会、四川省人民政府参事室:《川军抗战亲历记》,四川人民出版社1985年版,第34—35页;雷云仙:《川军第二十二集团军抗战在山西》,全国政协文史资料委员会:《文史资料存稿选编·抗日战争》,中国文史出版社2002年版,第679—690页。

晓，得知第366旅与敌发生激战的消息，遂赶去与之会合共同作战，但在黎坪附近遭遇日军阻击，“仓促遇敌，措手不及，在很短的时间内，死伤达二百多人”。数天中，“三六四旅同一二二师师部、四十一军军部、二十二集团军总部以及黄绍竑联系不上，既无法报告，又无法请示”，只得自行与敌周旋，且战且走，“随大流向西撤退”。直到11月初，才与师部和366旅会合，“继续西退”太原。[①]

第41军其他部队也都经历了与364旅同样的遭遇。第366旅（旅长童澄）奉黄绍竑命令赴东、西回镇迎击日军。10月25日夜，走在前头的该旅732团陈永沛营刚接近西回镇时，即被日军包围，激战至次日拂晓，全营官兵壮烈殉国，732团另外两个营亦因力战不支而被迫后撤。随后跟进的该旅731团也于10月26日在西回镇以西的柏木井沟与日军遭遇，短兵相接。日军步兵在大炮、机枪火力的掩护下冲入川军阵中，川军将士因没有配备刺刀，只能用枪托与日军肉搏激战，苦战至当晚，731团趁夜色撤离战场。

10月26日，娘子关失守。防守娘子关的中国军队撤退转移到寿阳。川军第41军124师等部队奉命在正太路阳泉、寿阳南侧之柏井驿、平定、龙泉镇一带防守，掩护正太路正面友军之侧翼作战。第124师师长税梯青命令370旅在平定县西郊村抗击日军。担任正面防守的该旅744团因武器太差，占领阵地后，听任日军炮击而不敢出去迎战；担任侧翼防守的该旅743团在与日军激战一番以后，亦撤退转移。

124师307旅739团“团部和第一营（营长蔡征）搭乘的列车，半夜到达榆次”即奉黄绍竑的命令赶赴辛兴镇阻击日军西进。“此时团的另外两个营，还阻滞在下一趟北开的列车中”。团长吕波臣“即率团部和第一营”原车东行，赶到辛兴镇后，“占领阵地，连夜赶筑急造工事。由于士兵随身携带的工作器具太少、太劣”，工事未及筑好敌已开始进攻。士兵只能“靠手榴弹的威力打击敌人”。但“敌炮火”太猛，顽强抵抗两小时后“不支”而退。[②]

10月底，日军接连攻占平定、阳泉、寿阳等地，兵锋已威胁太原，阎锡山召开军事会议，决定进行太原保卫战。第22集团军奉命北上，增援太原，任务是在太

①张宣武：《东回村遭遇战》，四川省政协文史资料委员会、四川省人民政府参事室：《川军抗战亲历记》，四川人民出版社1985年版，第30—35页。

②雷云仙：《川军第二十二集团军抗战在山西》，全国政协文史资料委员会：《文史资料存稿选编·抗日战争》，中国文史出版社2002年版，第679—690页。

原城南郊的北营、狄村一带集结，担任总预备队。此时，川军部队已损失严重，但集团军总司令邓锡侯仍表示："我们四川军队连年打内战，名声不好"，"这次奉命出川抗战"，"沿途群众热烈欢迎，对我们刮目相看，家乡父老也对我们寄予厚望。我们决心与战区友军团结战斗，密切配合，争取抗战胜利"。[①]11月5日，邓锡侯率部分参谋幕僚人员和一个警卫连先行出发，准备赶到北营布防，为集团军主力进驻打前站。11月6日，邓锡侯一行因不熟悉环境、路线和误用汉奸带路，在路经南盘村时与日军战斗部队突然遭遇并被包围。激战中，邓策马跃过一壕沟时，马失前蹄，"被掀入道旁泥淖中"。副官王席儒冒死冲过日军的射击火网"将邓扶出泥淖"撤退，直到天明遇害。"孙震副总司令和王志远旅亦撤退到此"方才脱离险境。邓锡侯一行历经艰险，辗转赶到西营时才知道日军已于11月5日逼近太原，友军均已南撤，第22集团军部队已不可能也无必要按原计划向太原城郊开进。11月9日太原城陷落。第22集团军部队绕道转向榆次，经交城、文水撤退至洪洞县城一带，与随后陆续赶到的第41军、第45军后续部队会合集结，一面在安泽、沁源、长治一线构筑阵地，阻拒敌军；一面整补部队，待命反攻。

从10月下旬到11月上旬，第22集团军部队特别是第41军，经过娘子关等一系列激战，"人员伤亡一半，武器损失一半，没有一个完整的师、旅、团、营，有的连队只剩下十个、八个人"。无奈之下，集团军副总司令兼第41军军长孙震只得将所部每个旅原来的两个战斗团合并为一个战斗团，腾出一个空团的干部回四川去接领新兵。第41军原来8个战斗团部队，"至此只剩下四个步兵团"。[②]随后第45军125师（师长陈书农）到达洪洞归建，增添了生力军后，集团军的战斗力及官兵士气才得以恢复。

第22集团军在山西战场抗战期间，部队的武器弹药以及后勤补给成了一个严重问题。在川军出川以前，蒋介石和国民政府军委会曾承诺在陕西宝鸡一带对川军将士进行武器弹药的补充和更换军服装备，但部队出川后，因调往山西战场而改由第二战区阎锡山拨补。但是当邓锡侯、孙震飞赴太原向阎报告川军部队情况并请求补充武器弹药和更换冬季军装时，却遭到阎锡山的推诿和婉拒，仅送晋

①山西省政协文史资料委员会：《山西文史资料》第17辑，第31页。

②张宣武：《东回村遭遇战》，四川省政协文史资料委员会、四川省人民政府参事室：《川军抗战亲历记》，四川人民出版社1985年版，第35—36页。

造轻机枪20挺给第41军敷衍了事。当时川军“各军部队的武器装备极为低劣简陋，所有步枪十分之八为川造，十分之二为汉阳造，更因使用已久，质量太差，以致大部不堪使用，打一两枪就扳不开枪机，有的枪上连刺刀也没有”。至于轻重机枪，“每师多则十余挺，少则数挺而已”。火炮每师仅有“数门迫击炮”。士兵“每人仅有粗布单衣两套（短裤），绑腿一双，既窄且短的单被一床，小竹席一张，雨鞋两双，斗笠一顶。而其所赴之地，则系气候多寒的黄河附近地区，真是武器不堪杀敌，衣被难以御寒”。[①]加之川军中“有个别的旅团长以为中央已答应配换和补充武器，就将部队中能用的枪提留起来，作为自己失败后‘重起炉灶’的后路；更有拿废枪换好枪，迳自私运回家，以致一连之中，仅有一两只枪打得响者。至于机关枪一项，一个团或一个旅才有两三挺；手榴弹每兵只有三四颗；比较有战斗力的部队，还是靠‘背插一把大砍刀’”。[②]同时，因阎锡山及第二战区长官部拒绝向川军提供军事地图、战场情况等图情资料，致使川军部队在进入战地以后，“各军师连作战地区的军用地图也没有一张，通信器材亦极缺乏”，敌我态势不清，作战盲目。[③]在这样武器装备极差，敌我力量悬殊，并且无粮，无地图，地形不熟，无援军，无友邻配合部队的情形下，川军部队在与日军的遭遇战中阵地失守，被迫后撤，是情有可原的。

另外，抗战初期的川军，属于传统的地方军队，缺少现代化、远距离作战所必需的医药、救护、兵站、补给等后勤保障系统，由此造成川军的死伤士兵无法得到救治，粮食供给成为问题。据当事人回忆：“由于（川军）没有兵站机构的设施”，“部队自身没有健全的卫生部队，死者就地挖坑掩埋，轻伤能背运出来的，只是一小部分，大多数伤员都是忍痛留置于当地老百姓家中，甚至还有不得不遗弃于道旁的”。[④]“第41军虽然参加了晋东的几次战斗，只因各师、旅、团，都是以平常行军的态势进入战场，都没有配属战时卫生部队（如绷带所、担架队……），故在战斗

①胡临冲：《第二十二集团军出川入晋抗战》，全国政协文史资料委员会：《文史资料存稿选编·抗日战争》，中国文史出版社2002年版，第675—678页。

②雷云仙：《川军第二十二集团军抗战在山西》，全国政协文史资料委员会：《文史资料存稿选编·抗日战争》，中国文史出版社2002年版，第679—690页。

③胡临冲：《第二十二集团军出川入晋抗战》，全国政协文史资料委员会：《文史资料存稿选编·抗日战争》，中国文史出版社2002年版，第675—678页。

④张宣武：《东回村遭遇战》，四川省政协文史资料委员会、四川省人民政府参事室：《川军抗战亲历记》，四川人民出版社1985年版，第36页。

中，凡负轻伤、能行动者，就血淋淋地自个儿往后走；凡重伤或轻伤而不能行动者，多遗弃阵地，或留置阵地后方的临时收容所，任敌杀戮，弃尸于野，只有待敌去后，靠当地人民出面掩埋尸体。”①

第22集团军的川军将士们就是在这种武器弹药严重不足，没有军用地图也没有向导，缺乏通信器材，不了解战区地形，不明敌情，不知道自己部队所处位置，官兵们仅穿短裤、单衣、草鞋，缺少战地医疗救护等艰苦条件下，顶着三晋大地上的凛冽寒风，在霏霏雨雪之中，凭借着一腔爱国主义热情与日军进行着惨烈搏杀，殊死奋战。当事人回忆说：“在晋东战役中，川军第二十二集团军全体官兵的士气是十分高昂的。虽然他们武器装备不好，伤亡又那样惨重，但他们没有临阵退缩，我亲眼看到许多官兵都是负伤不下火线的。粮秣没有补给，他们吃不上饭，忍饥挨饿而没有一个开小差的。”②

太原保卫战后期，在国民党军大溃退的过程中第22集团军官兵既是出于部队激烈战斗后急需补充武器弹药、粮秣等军需物资的需要，也是出于对阎锡山及第二战区拒绝向川军提供军需补给做法的强烈不满，沿途见有晋军的军械库便“破门而入，擅自补给”，结果惹怒了阎锡山，诬称川军“抗日不足，扰民有余”，电请蒋介石及军委会将川军调离第二战区。军委会欲将川军调往第一战区，遭司令长官程潜一口回绝。关键时刻，桂军将领、时任国民政府军委会总参谋长的白崇禧经与第五战区司令长官李宗仁商量协调，并向蒋介石建议将第22集团军调往第五战区李宗仁麾下作战，填补因山东省主席兼第3集团军总司令韩复榘率部溃逃而遗留下的兵力及防守空缺。③1937年12月，第22集团军第41军、第45军离开山西战场，调归第五战区司令长官李宗仁指挥，并按李宗仁的命令，第41军暂时集结于山东单县、渔台一带，第45军开往山东滕县、邹县一带布防。

①雷云仙：《川军第二十二集团军抗战在山西》，全国政协文史资料委员会：《文史资料存稿选编·抗日战争》，中国文史出版社2002年版，第679—690页。

②张宣武：《东回村遭遇战》，四川省政协文史资料委员会、四川省人民政府参事室：《川军抗战亲历记》，四川人民出版社1985年版，第36页。

③李宗仁、唐德刚：《李宗仁回忆录》，广西师范大学出版社2005年版，第511页。

（三）广德、泗安之战，饶国华将军悲壮殉职

淞沪会战结束后，华东战场上中日两军的攻防重点遂转移到了国民政府首都南京城的保卫作战上来。蒋介石和国民政府在谋划保卫南京之役时，曾设想以唐生智指挥不到3个军的部队防守南京城，以刘湘的川军部队6个师防守南京外围。[①]不过，最后确定的作战计划是以第2军团（徐源泉部）、第66军（叶肇部）、第71军（王敬玖部）、第72军（孙元良部）、第74军（俞济时部）、第78军（宋希濂部）、第83军（邓龙光部）和教导总队（桂永清部）以及第103师、第112师共14个师，10万余兵力守卫南京城，以川军等部队在南京外围进行阻击作战。日军于1937年11月中旬攻占嘉兴、苏州、常熟等地后，随即沿太湖南北走廊兵分两路向南京进击，企图从东、南、北三面合围南京，攻占中国首都。

东路出川的川军第23集团军第21军、第23军各部队，于1937年9月下旬从重庆、万县乘船出川时，因船既小又少，直到10月下旬至11月初才先后到达汉口，随即被紧急调遣到太湖西岸的宜兴、长兴、广德、泗安一线阻击日军并掩护从淞沪战场上下来的中国军队撤退。刘湘、唐式遵及第23集团军总部得悉：约有3个师团以上之日军，正沿京杭公路向长兴急进；苏州之敌亦占据吴江，正搜夺民船向太湖的洞庭山前进，有越湖向长兴包抄之势，于是部署第145师（师长饶国华）守卫广德、泗安一线并保卫飞机场和仓库的安全，第144师（师长郭勋祺）和第148师（师长陈万仞）守卫长兴一线，第146师（师长刘兆藜）守卫吴兴一线，独立第13旅（旅长田冠五）、独立第14旅（旅长周绍轩）协防第144师、145师、146师、148师阵地，第147师（师长杨国桢）作为总预备队，策应前方各军战斗。“各师旅得到上述命令后，即开往指定地点，连夜构筑工事，准备迎击敌人”。

从11月23日起，第145师436旅即与日军激战长达3日，在部队伤亡严重之下逐次抵抗后退。同日，该师433旅前进至泗安一线构筑阵地，掩护从前方撤退下来的友军退却。

11月26日，日军步、骑兵在20多架飞机、数十辆坦克和火炮的掩护下，向第23集团军各师旅阵地发起猛攻。川军将士在中央军炮2旅1个山炮营火力的支援下，“不遗余力，沉着应战，使阵地始终保持，未被攻破”，“持续到入暮，敌始逐渐

①林华钧：《刘湘出川抗日及第七战区始末》，《四川文史资料选辑》第三十辑，四川人民出版社1983年版。

退去”。激战中，第144师师长郭勋祺亲赴前线指挥战斗被敌弹击中左腿，仍坚持坐在担架上指挥，并激励部下说：“国家养兵千日，用在一朝”，“现在正是国家用你们一朝的时候”，“各部官兵”必须“克尽军人天职，不畏艰难，杀敌至果，互相应援，固守阵地”。[①]同日，守卫泗安机场的870团与日军血战竟日，团长刘孑生身负重伤，全团军官兵伤亡三分之一以上，因机场阵地被日军突破，全师被迫后撤。

11月27日，从黎明起，日军即派出10架飞机向第23集团军各师旅阵地轮番轰炸扫射，随即日军步兵在坦克、装甲车的掩护下分头向各阵地进攻。第146师师长刘兆藜指挥部队“逐次佯退，诱敌深入”，等敌军进入我军炮火有效射程而且狭隘道路区域时，用火炮首先击毁走在后面的敌军车辆以堵塞其退路，然后再山炮、迫击炮、轻重机枪、步枪、手榴弹一齐向敌发射，一时间，弹如雨点，震耳欲聋，烟尘蔽天、血肉横飞，敌军欲进不得，欲退不能，激战数小时后，始在飞机掩护下仓惶溃退。“是役，俘敌官兵六名，击毁坦克三部、炮车四部、装甲车九部，缴获山炮三门、野炮一门，步枪八十九支、机枪两挺，大小军旗十七面，其它物资三百余件。”第144师在太湖沿岸与驾船欲登陆之日军展开激战，师长郭勋祺手提1支20发子弹的手枪，“率十余手枪兵在阵地前端，指挥营连长作战”，中日两军“儿经肉搏，双方伤亡惨重，直到入暮时，敌人方悄悄后退”。[②]

从11月26日起，负责守卫泗安、广德一线的第145师，迎战日军1个混成旅团并附坦克2辆、炮车4辆、装甲车10余辆的进攻，因阵地前面地势平坦，易攻难守和“寡不敌众，实难以支持”，“不得不且战且退”。激战至29日，泗安失守，遂撤退至石牌、广德一带固守。30日，日军步兵在重炮、飞机的掩护下，“如潮水般铺天盖地涌来”。第145师师长饶国华率部拼死苦战，不幸所部团长刘儒斋关键时刻不听指挥，擅自率部后撤，导致防线溃败，广德失守。饶师长抱定“与城共殉”之决心，亲率手中仅有的1营官兵反攻，终因寡不敌众，被日军重兵围困于十字铺据点，反复冲杀，未能突围。日军一再劝降，饶威武不屈，盘脚坐于卧毯中间，用所佩手枪自戕，以死殉国，时年43岁。[③]

①马宣伟、肖波：《川军出川抗战纪事》，四川省社会科学院出版社1986年版，第57页。

②胡秉璋：《记太湖、泗安、广德之战》、林华钧：《南京保卫战的金村南山和泗安广德战役的经过》，四川省政协文史资料委员会、四川省人民政府参事室：《川军抗战亲历记》，四川人民出版社1985年版，第143—162页。

③周开庆：《民国川事纪要》下册，四川文献研究社1974年版，第32页；罗明登等：《缅怀抗日殉国的饶国华烈士》，四川省政协文史资料委员会、四川省人民政府参事室：《川军抗战亲历记》，四川人民出版社1985年版，第163—167页。

饶国华师长自戕殉国的忠勇事迹激发了川军将士的抗战斗志，刘湘急令第146师和独立第14旅突击反攻。经过激战，收复了广德、泗安，并缴获日军野炮两门、装甲车多辆、四五辆汽车以及呢军服、呢大衣、毛毯等军用品。泗安、广德战役后，国民政府论功行赏，除对参战川军各部师、旅、团长等指挥官予以表彰并加官晋级外，还特别追晋饶国华师长为陆军二级上将，并在武汉举行了追悼大会。饶将军的遗体由民生公司的"民俭"轮运送回四川时，沿途各地均举行了隆重的公祭仪式，其遗体于1937年12月12日抵达重庆后巴蜀各地也纷纷设立灵堂祭奠，政界要人、群众团体及各界人士都敬献了花圈和挽联。蒋介石亦分别为重庆、成都的灵堂撰写对联云："虏骑正披猖，闻鼓鼙而思良将；上都资捍卫，昌锋镝以建奇勋。""秉节之来，捍国卫民方倚异；存仁而达，唁生吊死倍哀思。"中共领袖毛泽东也在1938年3月12日延安各界举行的纪念孙中山逝世13周年暨追悼抗日阵亡将士大会上高度评价说，"从赵登禹、饶国华……诸将领到每一个战士，无不给了全中国人民以崇高伟大的典范"，对包括饶国华将军在内的国军牺牲将士做出了高度评价。

（四）徐州会战，王铭章将军滕县殉国

上海、南京失守后，为防止日军沿长江直攻武汉，国民政府大本营决定发动徐州会战，迟滞日军。侵华日军逐次调集8个师团、5个旅团（支队），共约24万兵力参加徐州会战。1938年1月下旬开始南北对进，企图攻占徐州，打通津浦线，使南北日军连成一气，进而窥伺武汉。中国军队第五战区也先后调集了11个集团军和军团、64个师，约60万兵力参加徐州会战，以主力集中于徐州以北，抗击北线日军南犯，以一部兵力部署于津浦铁路南段，阻击南线日军北进。

从第二战区转调到第五战区的川军第22集团军被派遣参加津浦路南段作战。接受命令后，第22集团军由陇海线经徐州沿津浦路北调，开赴界河、滕县一线布防，以第45军为第一线部队，以滕县为据点，在界河东西一线占领阵地，构筑工事，进行滕县外围的阻击作战；以第41军为第二线部队，担负滕县城关守备、掩护第45军阵地侧翼和预备队等任务。第22集团军防守的滕县、界河一线，是日军沿津浦路进攻徐州的门户，也是台儿庄战役的前哨阵地。

在这期间，因刘湘病逝，邓锡侯奉命回川担任川康绥靖公署主任，孙震接任集团军总司令职务。第41军军长由122师师长王铭章代理，第45军军长由125师师长陈书农接任。

从2月中旬起，日军开始对第22集团军阵地多次发动试探性进攻，但均被击退。2月17日，第125师、第127师部队向驻两下店的日军发起进攻，将该部日军包围。日军拼命挣扎，集中火力猛轰川军阵地，川军将士杀敌心切，置敌军炮火于不顾，将日军死死围困。随后，日军援兵赶到，向川军发起反攻，川军也派出739团增援，内外夹击将日军击溃。2月25日，125师750团在团长陈仕俊的指挥下，趁着冬夜严寒冰雪气候日军龟缩于军营内防备松懈之机，以第1营(右翼)、第2营(左翼)为攻击部队，第3营为预备队，奇袭两下店日军。670多名官兵冲进镇内，用马刀、手榴弹与日军拼死搏斗，激战至中午11时，川军官兵退守镇内以两座砖房为据点，打退日军多次进攻。15时许，日军从邹县派来援军增援，第3营在镇外与敌援军对战，互有伤亡。战至深夜，攻进的川军官兵在连长吴钦明、李银川的带领下突围出镇。是役，川军以伤亡500多人的代价，给予日军以沉重打击。①

这期间，日军不断增兵滕县方向，共计投入有：第10师团全部及第108师团、第106师团各一部，共约步兵29 000名，骑兵1 500余名，野炮100余门，重炮30余门，战车40余辆；而川军第22集团军第41军、第45军两军合计虽有4师8旅，但因自山西娘子关等战役以后，伤亡迄未补充，实际上每旅只有一个团兵力，总兵力不过两万余人，主要武器为川造步枪、手榴弹、少数机关枪与数门迫击炮。②"各步兵连无轻机枪，每营有一挺重机枪……在近距离作战中只有用马刀、手榴弹才能显威力。"③调入第五战区后，虽然蒙司令长官李宗仁电呈军委会拨给新枪500支，每军各分到250支，并由李从第五战区库存中拨出大批子弹及迫击炮予以补充，但"枪械太坏，子弹太少"仍然是困扰和影响川军战斗力的重要因素。因川造步枪故障多，而不得不将津浦铁路的钢轨拆下来雇请当地铁匠打造马刀以备近距离作战时使用。

①参见陈仕俊《奇袭两下店》、姚超伦《香城濮阳山战斗》、周公辅《界河之战》，均载于四川省政协文史资料委员会、四川省人民政府参事室：《川军抗战亲历记》，四川人民出版社1985年版，第37—52页。

②《第二二集团军滕县战役战斗详报(1938年春)》，四川省档案局(馆)：《抗战时期的四川——档案史料汇编》(中)，重庆出版社2014年版，第533页。

③陈仕俊《奇袭两下店》，四川省政协文史资料委员会、四川省人民政府参事室：《川军抗战亲历记》，四川人民出版社1985年版，第37页。

3月初，第22集团军总部获悉，占据济南的日军第12军团将向第22集团军阵地发动进攻。总司令孙震遂亲赴滕县、界河前线视察，与第41军代军长兼122师师长王铭章、124师师长税梯青，旅长吕康、王志远；第45军127师师长陈离，旅长陶宗伯、杨崇礼等研究作战方案和战斗部署，决定将原作为集团军总预备队的122师师部和364旅（旅长王志远）旅部，与第124师师部、127师师部一道进驻滕县县城，并以122师师长王铭章为第41军前方总指挥，统一指挥122师、124师防守滕县，俾以屏障台儿庄，保卫徐州。王铭章临危受命，慷慨陈词："我们身为军人，牺牲原为天职，现在只有牺牲一切以完成任务，虽不剩一兵一卒，亦无怨尤。"① 他命令728团（团长张宣武）由滕县之南的南沙河进驻滕县之北的北沙河，布置第二道防线；令731团（团长王文振）由韩庄进驻滕县东北的平邑、城前，以掩护第45军第一线阵地的侧翼，防止临沂方向的日军侧击。

3月14日，中日两军拉开了攻守滕县的战斗帷幕。是日拂晓，日军步、骑兵一万余人，在20多门大炮、20多辆坦克和30余架飞机的配合下，向两下店、界河一线第45军125师、127师的阵地全面进攻，第125师、127师其他部队也奋勇还击。日军首先集中3 500余名步、骑兵，重点攻击看埠、白山、黄山、石墙等川军前沿阵地，"并行两翼包围"。川军虽英勇抗击，然终因敌军飞机、炮火之猛烈轰击，防守黄山之一连官兵全部牺牲，阵地失守；防守石墙之124师370旅伤亡甚重，不得不退守季寨、大山、小山一线；防守普阳山之125师"因装备太劣，虽牺牲惨重，亦未能阻敌之挺进"；第127师亦且战且退，撤至龙山阵地固守。激战竟日，第22集团军防线上，除看埠、白山、黄山等前沿据点失守外，界河东西一线正面主阵地屹然未动，但界河正面阵地已陷于被敌包围、前后受敌之严重态势。

同日，李宗仁转来蒋介石的命令："41军固守滕县3日，迟滞敌军，以待后方陇海铁路转运增援兵力，巩固徐州。"第22集团军总部遂命令所属各部队逐次抵抗，向滕县方向退守，以阻击日军沿津浦铁路南进，等待增援。

3月15日清晨，日军即向九山、王福庄一线川军阵地进攻，双方展开激战并形成相持状态。日军见正面进攻不能得手，便改变战术，除以主力继续猛攻界河正面阵地外，另以3 000余兵力进攻川军界河一线阵地左右方的龙山、濮阳山，企图

①方秋苇：《悲壮的滕县之役》，建国出版社1938年版，第28页，转引自《四川近现代人物传》第2辑，四川省社会科学院出版社1986年版，第114页。

迂回包围川军。第127师师长陈离闻讯后，亲率一营官兵急驰前往抵抗。日军又再增兵力采用迂回战术，从龙山、前后枣庄出动，占领了川军后方的柳泉埠，截断了从滕县到界河的公路，使川军127师陷入日军包围之中。但该师仍在师长陈离的率领下，坚守龙山、濮阳山阵地，等待援军。同日，日军还从济宁东南的石墙出动3 000余兵力进攻124师370旅深井阵地。该旅因只有1个战斗团，兵力单薄，布防不久，虽激战苦撑，但伤亡惨重。在滕县县城指挥作战的王铭章为防止日军占领深井从我军左后方迂回包围，从而动摇第45军界河正面主阵地，于是急调负责滕县城防的124师372旅驰援，经过激烈战斗，深井阵地始得稳固。当天中午，为防止日军乘隙渗入滕县左侧，王铭章还命令驻北沙河的727团抽出1个营的兵力到滕县西北七八里的洪町、高庙布防，阻击日军。

当日，日军还调兵一万余，由龙山以东以南迂回运动，绕开川军界河正面阵地而直奔滕县城关而来，企图攻占县城，迫使我军不战而自动放弃正面阵地。这股日军以15辆坦克、1 000余名骑兵为先导，并在伪军、刘桂堂匪军的援助下，突破川军香城防御阵地，于下午5时许进到滕县县城东北10余里的冯河、龙阳店一带。3月14日从两下店附近发动进攻的日军濑谷支队（1个旅团兵力）亦于15日傍晚前进到滕县县城附近。

这期间，除蒋介石通过第五战区司令长官李宗仁下命令要求第41军死守滕县，等待汤恩伯军团前来解围外，第22集团军总司令孙震也多次赴前线指挥战斗，命令全体将士：人人要抱有敌无我，有我无敌的决心，死守滕城，非奉令不准任何一个人擅自离城。滕县守城总指挥、第41军代军长兼122师师长王铭章晓谕全体守城官兵："师决心固守滕县。城存与存，城亡与亡。"

这时，第41军、第45军各部大都在前线与敌苦战，陷入胶着状态，滕县县城内只有川军122师、124师、127师3个师的师部和364旅旅部，每个师、旅部只有1个特务（警卫）连、1个通信连和1个卫生队，此外没有任何战斗部队。王铭章命令在平邑、城前的366旅迅速回援，命令727团除留下两营在洪町、高庙、北沙河执行原任务外，其余部队（4个步兵连、1个有4门土造"八二"迫击炮的迫击炮连、一个有4部破旧电话机的通信排和1个有20副担架的担架排）由该团团长张宣武带领跑步赶回县城布防。第22集团军总司令孙震为加强滕县县城防守力量，也将集团军总部唯一一支战斗部队——特务营的3个步兵连星夜调到滕县，只留下1个手枪连担任集团军总司令部的警卫任务。到15日深夜，滕县县城内的战斗部队，为1个团部、3个营部、10个步兵连和1个迫击炮连，加上师、旅部的4个特务连，以及临时来滕县县城领运弹药的124师372旅743团1个步兵连，“共约二千五百人”。另有滕县县长周同所属的武装警察和保安团约500多人，“合计起来，城中共有武装力量三千人，但真正的战斗部队，尚不满两千人”。王铭章任命727团团长张宣武为城防司令，以仅有的10个步兵连、1个迫击炮连为守城的基干部队。

16日凌晨，日军一万余人继续向川军龙山、濮阳山阵地猛烈进攻。上午8时许，日军开始从东、北两面进攻滕县县城。“十二架飞机飞到临城上空，疯狂轰炸、扫射”，“炮弹、炸弹如狂风暴雨般从天而降”。随后，日军集中兵力、火力向县城东关发起猛攻。激战中，日军以炮火狂轰寨墙，等炸开数米或数十米宽的缺口后，再以数十挺轻、重机枪对着寨墙缺口猛烈射击，掩护步兵进攻。川军官兵则埋伏于寨墙缺口两侧，等日军步兵冲进寨墙外壕沟内时，再向其近距离射击和投掷手榴弹，展开近战肉搏。如此反复数次，日军的每次进攻，以遗下约三十到五十具尸体而告结束。在战斗的间隙，“守城部队为了避免和减少伤亡，城隍(墙)上只有最低限度的瞭望哨，其余都在城墙脚下的防空洞内隐蔽和休息，等到敌人冲锋爬城时，再迅速登城抵抗”。

16日上午，中央军将领汤恩伯率其第20军团已经赶到了临城。孙震立刻电告王铭章援军已到，要求转告滕县守军全体官兵，务必死守待援。并立即面见汤恩伯，要求汤派部队迅速奔赴滕县增援，但汤军团称其所奉之命是经临城向日军左侧北进行攻击，拒绝援助滕县川军。日军乘势向南沙河川军阵地发动攻击，第22集团军总部直属少数兵力力战不支，遂后撤至运河南岸之利国驿，从而使得王铭章所部川军陷入孤军无援，只能死守滕县，壮烈殉国的绝境。

当日下午，日军逐渐加强攻势，大炮从10多门增至30多门，“其中威力较大的野炮约占半数”，“机枪火力也比以前猛烈；飞机每批约在十架以上轮番助战轰炸”，“步兵也不像前两次那样每次以一个排的兵力进行逐次的攻击，而是一次三个排，每排相距约百米左右，前后重叠形成波浪式的攻击前进”。激战中，川军将士多次打退日军的疯狂进攻，但自己也伤亡严重。有些连队只剩下一二十名士兵，甚或死伤殆尽。王铭章、张宣武见守军伤亡惨重，遂将城外的守备部队和124师742团一个连调到东关，作为严翊营的预备队。下午5时，日军集中30余门火炮，飞机以10架一批轮番助战，对滕县县城发动第3次猛烈攻击，进攻的重点仍然是东关，并集中攻击东关门。严翊营长将吴连投入战斗，并就近急调守备东关南、北两头的部队到关门附近奋力堵击敌军，但仍有40余名日军突入东关门内。其时暮色渐浓，日军因不习惯夜战，并未增派后续部队跟进，于是中日两军遂成相持局面。严营长又命令何连投入战斗，驱逐突入东关门内的日军。一番激战之后，何连伤亡三分之二，却仍有二三十个敌军未被消灭。这时天已黑尽，城防总指挥、727团团长张宣武认为如果不趁这一有利时机把残余敌军歼灭掉，等敌人后续部队增援上来，东关就势将不保，于是抽调守备城垣东、北面的727团第3营的预备队第11连急赴东关，在严营长指挥下做最后一击。该连官兵振奋精神，昂扬斗志，英勇出击，以阵亡两个排长、伤亡70多名士兵和督战的严营长大腿负伤为代价，全歼了剩余的日军残兵，东关门失而复得。晚8时以后，战斗停止，双方暂处休战状态。

17日拂晓，日军增调来攻城重炮8门和坦克、装甲车100余辆，从早上6时许即动用五六十门山炮、野炮和飞机五六十架进行了长达两个多小时的狂轰滥炸，“每分钟发炮在十发以上”，“一时烟尘弥漫，墙倒屋塌，爆炸之声震天撼地”，“全城一片火海，遍地都是焦土”。8时许，日军步兵开始发起一波接着一波的猛攻，仍用前日战斗方法，以火炮、飞机轰炸打开寨墙缺口，以数辆至十余辆坦克掩护步兵从各个方向同时频频攻城，并以一部分炮火进行遮断射击，以牵制和阻止城内我军调兵增援。川军将士则以几门迫击炮的微弱火力为支援，凭借城墙和简单工事，使用机枪、步枪和手榴弹、大刀顽强阻击日军的进攻。一时间，“血肉与砖石交织横飞”，双方均伤亡惨重。但防御阵地依然稳固，日军则攻势受挫。

13时许，日军再次发起猛烈攻势，“敌机轰炸益烈，城内房屋半被炸平，浓烟弥漫，火光冲天，我城内守兵已伤亡过半”。激战至15时许，“城门洞已成全部崩塌之势”。“寨墙被敌炮炸得犹如锯齿似的……阵地工事全部摧毁”，“同时，弹药，特别是手榴弹亦已告罄”，“守军无所凭藉，以致死伤愈来愈多”。负责在东门指挥作战的740团团长王麟见川军防御阵地行将崩溃，于是不顾一切冲上城垣，想要指挥部队奋战以支撑危局，但不幸被日军炮弹碎片击中头部，倒地不起。危急关头，王铭章亲率124师师长税梯青、旅长王志远、吕康、曾甦元及各团长与滕县县长周同登上城墙，“沿城垣往来督战，鼓励残卒，死力抵抗，以待援军到来”。王铭章致电孙震报告战况："独立山（滕县东南10余里，即汤军团预定到达地点）友军本日无枪声，想系被敌所阻，目前敌用野炮、飞机，从晨至午，不断猛轰，城墙缺口数处，敌步兵屡登城，屡被击退，毙敌甚多，职忆委座成仁之训，及开封面晤嘉慰之词，决心死拼，以报国家，以报知遇。"

此后，川军守兵"愈战愈少"，并因弹尽援绝而逐渐"无力反击"，日军则"源源而来"，"连续不断地进攻"。激战中，滕县东、南城墙均被大股涌来的日军及坦克突破，防守东门、东南门及城垣上的川军官兵已伤亡殆尽，指挥作战的旅长吕康头部负伤，副旅长汪朝濂胸部负重伤。①苦战至黄昏时分，日军已攻占滕县县城东、南、西三面城墙，突入城内。川军余部则边战边撤退至城东北、西北两个城角和北面城墙上固守苦撑，浴血死战。王铭章情知已经无法再在县城内继续抵抗敌人，于是准备偕参谋、副官退出县城，赴火车站指挥124师732旅余部继续战斗。王铭章一行走到西关电灯厂附近时，即被西城门楼上的日军发现并用机枪猛烈扫射。激战中，王铭章与122师参谋长赵渭滨、副官长罗辛甲及随从10余人同时牺牲，只有卫士李少坤一人幸免于难。对于王铭章壮烈殉国的经过，第22集团军总部于战后作战况报告时是这样记述的："（王铭章）见援兵不到，敌众我寡，城破敌入，大势已去，知杀身报国之时机已至，乃自持手枪，率同赵参谋长等转登西城督战。是时，轰炸炮击更烈，全城陷入火光烟尘之中，巷战愈形混乱。王师长回顾左右，所余无几，吕康旅长弹贯面部，路卧不能行动。王志远旅长、张宣武团长、汪朝濂副旅长等均负重伤，指挥残部奋力死战……旋赵参谋长渭滨被敌弹击穿腹部，踣地挣扎，王师长急趋前救护，不幸遭敌机关枪扫射，当其执赵参谋长之手而泣慰时，一弹飞来，直中腹部，竟卧地不起，然犹挥臂狂呼'杀敌不已！'时有敌兵数人欲趋前加辱，被王师长连毙其三，余惊骇而退，无奈伤势太重，竟于手刃敌贼后，大呼'中华民国万岁'以亡。"②其卫士李少坤则回忆说："他（指王铭章）因只有少数士兵，不能支持，乃率同师部参谋长赵渭滨、副官长罗辛甲及卫士等转赴西门，企图在那里掌握到一些部队后，继续指挥作战，殊知还未接近西门时，敌人已完全将西门占领，正据城楼向我官兵四面扫射，他们不得已又转向西北门之间登上城墙，判

①张宣武《滕县守城战亲历记》、何煋荣等《记王铭章师长血战滕县壮烈牺牲的经过》，均载于四川省政协文史资料委员会、四川省人民政府参事室：《川军抗战亲历记》，四川人民出版社1985年版，第53—85页。

②《第二二集团军滕县战役战斗详报（1938年春）》，四川省档案局（馆）：《抗战时期的四川——档案史料汇编》（中），重庆出版社2014年版，第538—539页。

断形势，正遇敌人侧射炮弹飞来，王师长腹部中弹，几名卫士用绑腿把他系住，缒下城来。这时，城外之敌，又向他们扫射，王师长继续中弹，身边搀扶人员和卫士除我一人外，全部阵亡”。“我眼见王师长阵亡，立即把他的私章摸出，脱下他的大衣，掩盖尸体后突围出来”。①

王铭章牺牲后，滕县守城川军将士余部继续英勇抵抗，坚持到夜晚9时许，利用夜色的掩护，一部分官兵突围出城，向临城、徐州中国军队的后方方向撤去。当夜，滕县城内烟火四起，枪声彻夜不绝，与大部队失去联系而未突围出城的川军官兵三四百人，仍在城内凭借街巷民房，人自为战，与敌作殊死搏斗。直至18日中午，滕县城内依然枪炮声不绝，说明这些失去联系的零星川军将士仍然在孤军奋战，与日军作逐街逐屋的战斗，直至最后牺牲殉国。②留在县城内的川军重伤员300余人因不愿落入敌手，也“均以手榴弹自炸殉国”，无一人投降。③

滕县保卫战，“自3月14日早晨开始，到18日过午止，前后共四天半，计一百零八小时”。激战中，仅16日、17日两天，滕县城关落下的炮弹就在3万发以上。是役，共毙伤日军官佐320余人，击毙日军士兵1 500余名，击伤日军士兵5 700余名；川军官兵也伤亡惨重，“第四十一军守城部队，自一二二师师长王铭章以下死伤五千余人。在滕县以北界河、龙山一带作战的第四十五军，自一二七师师长陈离以下伤亡亦达四五千人”。其中，伤亡的师旅团级指挥官主要有：师长王铭章，师参谋长邹绍孟、赵渭滨，师副官长罗辛甲，团长王麟等阵亡；师长陈离，旅长王志远、吕康和副旅长汪朝濂，团长张宣武等负伤。战后收容零残部队，第41军122师364旅仅余300余官兵，364旅仅余400余人，124师所余较多，也只有1 000余人。

第22集团军血战滕县，以自己的惨重牺牲为代价，出色并超额地完成了蒋介石、李宗仁下达的守城3天的战斗任务，为李宗仁指挥第五战区部队随后取得台儿庄大战的胜利创造了条件，换来了整个战局的胜利。徐州会战结束后，李宗仁在向蒋介石报告战况的电文中评价说，第22集团军“以劣势之装备与兵力，对绝对优势之顽敌，独能英勇抗战，官兵浴血苦斗达三日半以上，挫敌凶锋，阻敌锐进，

①何煋荣等：《记王铭章师长血战滕县壮烈牺牲的经过》，四川省政协文史资料委员会、四川省人民政府参事室：《川军抗战亲历记》，四川人民出版社1985年版，第78页。

②张宣武《滕县守城战亲历记》，四川省政协文史资料委员会、四川省人民政府参事室：《川军抗战亲历记》，四川人民出版社1985年版，第70页。

③傅双吾：《民族战争川军战绩史料存要》，第18—19页，转引自匡珊吉、杨光彦：《四川军阀史》，四川人民出版社1991年版，第531页。

使我援军得以适时赶到，战役中心之徐州得以转危为安，此为国牺牲之精神，不可泯也”。[①]

蒋介石致电殷切慰问孙震及第22集团军将士：“贵部捍卫鲁南，浴血奋斗，殊堪嘉尚。”并指示，对滕县战役生还官兵，均予以升职晋衔等奖励；尽快补充第22集团军滕县战役兵员伤亡及武器弹药消耗；就地拨补4个新兵团给第22集团军；第41军增编一个新5师编制；派人入滕县城附近地区寻回王铭章等忠勇将士遗体，运回四川隆重公葬。[②]

遵照蒋介石和国民政府军委会的命令，孙震迅即派人潜赴滕县城内探问情况，得知战斗结束后，由红十字会出面各处掩埋尸体，在掩埋中发现一具尸体，其形象显然是一位高级指挥官，因而将所掩埋之处记得比较清楚。当晚，在红十字会人员带领下，将王铭章的遗体挖出，乘夜潜运回徐州，随即运回四川。在王铭章的灵柩运回四川家乡的过程中，沿途城市各界均举行了隆重而盛大的公祭、悼念活动。1938年5月8日，王铭章的灵柩运抵武汉时，国共两党在武汉的领导人及党政军各界人士6 000余人，前往武汉大智门车站迎灵，“满街标语牌坊，沿途致敬鸣炮，唱挽歌，异常热烈悲壮”。并举行为期一周的隆重祭奠活动。9日，蒋介石率国民政府军委会要员亲到灵堂致祭，并亲笔为王铭章撰写祭文和题词“民族光荣”。中共中央和八路军、新四军的领导人也到灵堂致祭，敬献花圈和挽联。中共领导人毛泽东、吴玉章、秦邦宪、董必武、陈绍禹等联名送的挽联题写道：“奋战守孤城，视死如归，是革命军人本色；决心歼强敌，以身殉国，为中华民族争光”。郭沫若、林森、何应钦、李宗仁、孙震等国共两党军政要员也题词哀挽。国民政府论功行赏：追赠王铭章为陆军上将，明令褒奖，拨款12 000元治丧，将生平事迹宣国史馆；所有随征阵亡将士从优议恤：少将参谋长赵渭滨8 000元，上校参谋长邹绍孟、团长王麟各5 000元，以次均从优议恤。5月15日，武汉各机关、学校、民众团体代表又齐集循礼门车站，恭送王铭章的灵柩到民生轮船公司码头登轮西返。5月23日，王铭章的灵柩抵达重庆，国民政府各部院会、重庆行营和重庆市各机关、法团、学校、民众代表齐集朝天门码头，由行营主任贺国光登船举行启灵礼，奏哀

①何煋荣等：《记王铭章师长血战滕县壮烈牺牲的经过》，均载于四川省政协文史资料委员会、四川省人民政府参事室：《川军抗战亲历记》，四川人民出版社1985年版，第79页。

②孙震：《八十年国事川事见闻录》，四川文献研究社1979年版，第247页。

乐，献花圈，读诔文，向灵柩行三鞠躬礼。岸上乐队齐奏哀乐，鞭炮鸣放，兵舰鸣炮6响，外船亦下半旗致哀。随即，在哀乐声中，灵柩由3团宪兵护卫和各界代表簇拥，向重庆城区徐徐移动，“行列长达半城”，“炮声震天，悲壮热烈，夹道瞻仰者，不下十万人，纷纷脱帽致敬”。6月13日清晨，王铭章的灵柩经陆路运抵成都，四川省及成都市各界人士在邓锡侯、潘文华、王瓒绪等四川省党政军要员的带领下，“赴牛市口恭迎者达十余万人，迎榇行列长十余里”。“灵柩置于炮车上，覆盖国旗，以五马拖行，缟车素马，备极悲壮”。“沿途高呼口号，声震屋瓦。各商家住户，争相路祭，鞭炮之声，震耳欲聋，万人空巷，争观盛典。全市下半旗，停止娱乐宴会致哀”。8月30日，王铭章的灵柩被运回新都公祭。次日，由第22集团军总司令孙震主持出殡，“送殡人员及观礼民众十万余人，咸皆挥泪，悲壮热烈，备极哀荣”。[①]

（五）武汉会战，川军多路奋力阻敌

徐州会战结束以后，日军又发起以攻取武汉为目标的进攻作战，调集了9个陆军师团（约25万兵力）、海军第3舰队（约120艘舰艇）和3个航空兵飞行团（约300余架飞机），由华中派遣军总司令官畑俊六统一指挥进行武汉会战。

蒋介石和国民政府决定调集重兵，实施规模宏大的武汉会战。战役目的是：运用第五战区（司令长官李宗仁，由白崇禧代）、第九战区（司令长官陈诚）两个战区的兵力，在华中地区与日军进行消耗作战，通过节节抗击日军向武汉的进攻，粉碎日军继续进攻的能力，换取至少4个月的时间。[②]为此，国民政府军委会调集了14个集团军、47个军、120余个师，约100万兵力，以及舰艇30余艘、飞机约200架，由蒋介石亲任总指挥进行武汉会战。第20军（由杨森任司令的第27集团军统辖）、第43军（军长郭汝栋）、第22集团军（总司令孙震）、第29集团军（总司令王瓒绪）、第30集团军（总司令王陵基）等多支川军部队，均先后奉命参加武汉会战，阻击进犯之日军。

1938年6月，杨森奉命率第27集团军参加武汉外围作战，担任桐城、舒城一带的守备。第20军133师和第21军两个团在夏炯的指挥下，数次击退来犯之日军第

①何煋荣等：《记王铭章师长血战滕县壮烈牺牲的经过》，均载于四川省政协文史资料委员会、四川省人民政府参事室：《川军抗战亲历记》，四川人民出版社1985年版，第79—81页。

②蒋纬国：《抗日御侮》第5卷，黎明文化事业公司1978年印行，第206页。

13师团。后因战局恶化，第27集团军后撤至潜山的水吼岭一带驻防。6月15日，日军第6师团及海军一部，与伪军于芷山部，共约万余人，与133师在潜山源潭铺西北地区发生激战。川军阵地一部被敌突破，全线处于危险之中，134师急派一部增援。后因力战不支，遂由133师留下部分兵力守备潜山，第20军主力则向潜山以西山地转进。从16日午后起，日军开始猛攻潜山县城，川军守城部队奋力防御，激战至18日，我军终因孤军乏援，伤亡甚重，阵地失守，不得不撤退出城。

6月下旬，日军向长江中游的马当、湖口等要塞发起进攻，正式揭开了武汉会战的序幕。6月30日，马当要塞失守，湖口告急，第九战区任命川军第43军军长郭汝栋为湖口守备军司令。郭遂率第43军26师赶赴湖口接防。7月3日，日军登陆进攻湖口，已经交防调离的77师奉命回援却因受敌钳制而未能增援，第26师仓促迎战，陷入孤军奋战状态。第26师之前在淞沪会战中已经损失严重，战后所补充之四川新兵主要是保安队员，战斗力弱，加上武器装备仍未改善，缺少轻重机枪和火炮支援，因此虽有师长刘雨卿等指挥官亲赴前线督战，官兵们也奋勇抗敌，但经过两日激战，终因部队伤亡甚重，所剩兵力已不到三分之一，弹药不济，阵地被日军逐次突破，不得不于7月4日晚在夜色的掩护下撤退至九江附近收容休整。

7月6日，第五战区命令杨森率第27集团军占领望江、太湖一线，从侧面打击从潜山、太湖西进的日军。

川军第29集团军在代总司令许绍宗指挥下，奉命以第44军部署于太湖、宿松一带，第67军部署于黄梅、广济一带，阻击西进日军。战斗到7月底，因太湖、宿松、黄梅、广济先后陷落，第29集团军各部队均后撤至合（肥）田（家镇）公路以西山地守备。其间，第44军还曾两次攻占宿松县城。9月中旬，第五战区决定发起“黄广战役”，命令第29集团军进攻黄梅，桂军廖磊第21集团军进攻广济，通过在黄梅、广济地区与日军第6师团决战，以保卫田家镇要塞。第29集团军领受命令后，遂部署第44军进攻黄梅，第67军进攻黄梅、广济之间的金中铺，连续5天向驻守日军发起持续猛攻，形成对峙状态。9月底，日军攻陷田家镇，随即其海军沿长江西犯，陆军在蕲春以西的黄柏城和浠水以南的兰溪分别登陆。第五战区命令第29集团军派部队迎击敌军。第44军447旅奉命出击，于10月9日在黄柏城附近的九狼山与登陆日军海军陆战队一个大队竟夜激战，夺占了九狼山制高点，并于10日拂晓收复了黄柏城。随后，第29集团军又奉命在浠水、上巴河地区掩护第五战区转移。激战中，集团军总部与第44军、第67军及各师旅部队失去联系，各军、师部队遂采取各自为战的方式，先后撤退至当阳一带休整。是役，第29集团军人员、武器损失过半，经过半年多时间的休整补充，才恢复元气。

9月下旬，还未从滕县血战中恢复元气的第22集团军又奉命参加武汉会战。经请示国民政府军委会同意，决定将两个军之战斗团编组成两个师，即：将第41军122师731团和124师739团、743团编成124师（师长曾甦元），第45军125师749团、750团和127师757团、758团编成125师，由第45军军长陈鼎勋带领，加入河南信阳方面胡宗南军团的战斗序列，驰赴罗山、息县抗击日军，参加会战。10月3日，川军124师在罗山任岗阵地上与沿信（阳）潢（川）公路来犯之日军展开激战，当天即连续打退日军的3次进攻。次日，日军继续疯狂进攻，并施放毒气，川军官兵依然沉着应战，坚守不退。日军于是改变战术，从守军右后方迂回进攻，企图合围124师。当夜，军长陈鼎勋决定放弃任岗和罗山县城，并将125师也从息县撤回，布防于罗山县城以西地带，与敌隔罗山县城而成相持态势。随后，第22集团军部队又奉命转入大别山区，封锁罗（山）宣（化店）公路，阻敌南犯湖北省境。10月17日，第22集团军部队且战且退，逐步向信阳方向撤退，再经桐柏、唐河撤退至樊城休整待命。

第30集团军出川以后，被编入第九战区参加长江南岸的作战。1938年8月，蒋介石下令，第30集团军参加南浔路战役，负责防守瑞昌、武宁公路一线阵地，随后陈诚又命令该集团军推进到永修、德安地区防守。8月下旬，该集团军部队奉命在瑞昌及瑞昌城外的岷山、麒麟峰、大洼山、棺材山一线，顽强阻击日军沿瑞（昌）武（宁）公路进犯，战斗持续近一个月时间，反复争夺攻守，阵地失而复得。激战至9月底，终将日军击退，参战部队以损失兵员一半的代价，挽回了中国军队在长江南岸战斗不利的局势。其间，蒋介石和国民政府军委会为挽救武汉的危急形势，还命令第30集团军与第9集团军（总司令吴奇伟）、第29军团（军团长李汉魂）、第30军团（军团长卢汉）约20万人在赣北发动攻势，牵制长江北岸之敌，阻止其进逼武汉。9月25日，第30集团军新13师与第9集团军部队以攻击前进的态势，在德安西南的万家岭与日军苦战旬日，击毙日军师团长本间，并乘势将正面日军击退，还有较大俘获，受到蒋介石、陈诚的嘉奖。不过，川军的战斗胜利并未能扭转武汉会战的失败局面。10月25日，武汉陷落。

（六）转战豫晋，李家钰将军忠勇殉国

第47军出川抗战时原本隶属于邓锡侯统率的川军第22集团军，但在出川后即脱离第22集团军建制，奉命一部开往山西长治、长子，受第二战区副司令长官卫立煌指挥；一部开往河南新乡平汉线，受第一战区司令长官程潜指挥。随后，全军由陕西经河南辗转4 000余公里于1937年12月到达山西长治，负责守备长治、长子、潞城、黎城等地，重点防守长治和东阳关。军长李家钰遂部署军部率104师驻防长治县城及附近地区，重点防守长治县城；178师守备从潞城、黎城到东阳关一带，重点防守东阳关。在晋东南抗战期间，第47军曾一度调归八路军（第18集团军）总司令朱德统率的第二战区右翼军战斗序列，与八路军129师刘伯承部等毗邻驻防，并肩作战，双方关系融洽，结下战斗友谊。[①]八路军129师师长刘伯承因公经过长治，李家钰曾请他向第47军营以上军官讲授抗日游击战术。1940年春，李家钰得悉八路军朱德总司令由武乡赴洛阳开会途经其驻地时，曾派兵一个连前往迎接并设宴款待。当晚，朱德就团结御侮、抗日及民主等问题，同李家钰促膝磋谈至深夜。次晨，朱德一行跨越晋（城）博（爱）公路日军封锁线时，李家钰为安全计，增派一个加强连，掩护朱德顺利过境。

1938年春，在朱德、卫立煌等第二战区长官的指挥下，李家钰率第47军在东阳关、长治一带与来犯的日军108师团104旅团等部连续激战。2月中旬，日军兵分两路，一路从河南安阳经林县向长治进攻，一路从河北邯郸经武安、陟县向东阳关进攻。2月14日，日军在飞机、坦克及大炮的掩护下，首先向东阳关发起进攻，守卫东阳关的178师官兵士气高昂，以步枪、手榴弹与日军激战3昼夜，多次打退敌军的进攻，终因伤亡甚众，力战不支，于2月17日撤退。从2月20日起，日军开始进攻长治。守城总指挥、104师312旅旅长李克源督率所部624团官兵与日军围绕城垣、街巷逐次进行激战，“子弹（打）完后，继以枪头、拳脚与敌巷战肉搏”。战斗中，营长杨岳岷，连长杨显谟、夏抚涛、陈绍虞、黄高翼等壮烈殉国，副团长杜长松负重伤。旅长李克源见我军伤亡重大，下令部队撤出城外，并亲率由旅、团参谋、副官及直属队组成的预备队进行逐街逐屋之战斗，掩护部队撤退，“战斗至夜，始由南门撤出”。激战中，旅长李克源、参谋宁浩东等均身负重伤。有些未能撤退

①周勇：《西南抗战史》，重庆出版社2013年版，第141—144页。

出城的负伤官兵则与敌军拼杀至死，或举枪自殉，宁死也不做俘虏。长治激战“历时两天，敌我伤亡均在千人以上，足见战斗之激烈”。

长治失陷以后，李家钰率第47军退到城外山区壶关、潞城一带，原想组织力量收复失地，苦战10余日，终因实力不足而未果。随后奉命转往同蒲路以东及中条山地区，分布兵力，进行破袭日军交通线，截获日军辎重等作战，予以打击。其间，曾在八路军和抗日游击队的配合下主动出击，连续猛攻并收复了被日军侵占的晋南平陆、芮城、安邑等县城，“毙伤日伪军近万人”，取得较为出色的战绩，军长李家钰因功升任第4集团军副总司令、第36集团军总司令。[①]

1940年4月，李家钰指挥第47军及3支抗日游击队，在晋城以南天井关一线，给予进犯之日军、伪军以重大杀伤，毙伤敌1 000多人。104师亦曾一度克复陵川县城。4月15—20日，李家钰率部在高平、陵川、晋城与日军激战8次，毙伤敌1 000余人；又在博爱、焦作等地与日军作战6次，毙敌200余人。4月20日，日军两万余人分6路进犯晋东南，另股日军3 000余人由博爱北犯晋城。李家钰率部英勇抗击，连长罗绍光死守晋城近郊山头，击退日军的多次冲锋，与日军展开肉搏战。团长双宗海率部扼守白洋泉河南高地，日军飞机大炮掩护全力进攻，激战一昼夜，我军始终保持着制高点，李家钰亲率全军将士与敌搏斗竟日，终于挽救危局。4月25日，李家钰所部协同友军克复陵川县城。次日，104师在天井关阻击敌人，178师进攻晋城，又毙伤日军1 000余人。

1940年6月，蒋介石及国民政府军委会得到密报，认为李家钰部川军与八路军关系很亲近，随即命令李家钰率第47军渡过黄河，担任灵宝至渑池一线河防。李家钰遵命率部从晋城南下经留坪到白狼渡过黄河。未能赶上部队的川军部分政工人员，后来由八路军专门派人护送到黄河渡口。过河后，李家钰率第36集团军总部驻河南陕县五原村，第47军104师、178师6个团，担任从西起阌乡，经灵宝、陕县，东至渑池一线河防。在此期间，李家钰还曾多次派部队配合八路军及抗日游击队，渡河北袭击晋南一带日军，炸毁过敌军的一些碉堡，毙伤敌军，夺获过一些武器辎重。

1944年春，日军调集重兵，发动豫湘桂战役，企图“打通大陆交通线”，以配合

---

①李卓夫:《四十七军出川抗战琐记》，四川省政协文史资料委员会、四川省人民政府参事室:《川军抗战亲历记》，四川人民出版社1985年版，第427—431页。

其在太平洋战场的作战。为此，日军在晋豫战场上集中了4个师团(包括1个坦克师团)、4个独立旅团、1个骑兵团共14万兵力，发动“中原会战”。3月，中国军方已获悉日军将对河南战场的中国军队防线发起进攻，第一战区司令长官蒋鼎文于3月中旬在洛阳召开军事会议商议对策。李家钰在会上提出，我军应先发制人，说：“与其准备待敌来攻，不如先发制人，使用飞机轰炸邙山头，并继之以佯渡以牵制之，使敌人被动，我为主动。”蒋鼎文拒绝了李家钰的建议，但又不提出有针对性的意见和部署。会议没有决定如何对付敌人，对部署也没有丝毫变更或加强，只是谈了将各军军官眷属及笨重行李、重要文件向后方转移等事宜。

4月17日，日军从中牟县渡过黄河，于20日攻占郑州，击溃了汤恩伯率领的4个集团军，然后以主力攻击登封、虎牢关等中国守军防线，以一部迂回龙门以南之水砦，意图形成对洛阳的包围。在强敌面前，蒋鼎文不敢正面交战，而是率先弃守洛阳而逃。原来集结于洛阳附近待命会战的李家钰、高树勋、孙蔚如等4个集团军又3个军近20万人的部队顿失指挥，只得纷纷向豫西方向退却，日军乃乘势追击。在此危急情形下，李家钰在新安古村召集第47军师、团长开会说：“我们南渡以来，吃了河南老百姓4年的饭，现在不能见了日本人就跑”。“别的部队怕跑在后面挨打，我不怕，我们川军愿意殿后”。这时，李家钰的第47军实际上只有4个步兵团，但李仍然临危不惧，指挥部队沉着应战。

5月11日，李家钰命令104师迅速向小狼地出发，占领云梦山，阻击日军，掩护友军撤退。在部队出发前做战前动员时，李家钰说：“我们四十七军出川抗战是自己请缨杀敌的。现在大敌当前，正是我们保卫国家的时候！正是我们大显身手的时候！我们应该不怕困难，不怕牺牲。”①104师接近云梦山时，日军先头部队两个大队(1 000兵力)已经抢先占领了云梦山顶。关键时刻，李家钰令310团团长吴长林率部坚决阻击日军。吴团冒着飞机、大炮的猛烈轰炸，向云梦山日军阵地发起持续不断的仰攻。激战竟日，我军牺牲近400人，受伤近500人，为第一战区友军撤退争取了一天的宝贵时间。战至夜暮时分，在我军部队均已安全撤离，124师部队方撤出战斗，顺利转移。

5月13日，李家钰又派遣532团团长彭仕复率部开赴铁门附近，掩护第4集团

---

①张灿华:《云梦山之战》，四川省政协文史资料委员会、四川省人民政府参事室:《川军抗战亲历记》，四川人民出版社1985年版，第445—446页。

军孙蔚如部安全通过新安。14日，彭仕复团长派第1营营长率部扼守两郁山，抗击从新安西进之敌；第3营营长梁俊范率部扼守金斗岩牛心寨，抗击从渑池东进的日军。日军以3架飞机、8门山炮轰炸金斗岩，掩护步兵进攻。金斗岩战斗激烈，彭仕复又派第2营代理营长谢国柱率部赴援。3个营全部派出，团部只剩下两个步兵班20余人。下午，渑池的日军200余人迂回至河上沟袭击532团团部，团长彭仕复亲率士兵向日军冲杀，壮烈殉国，时年43岁。团部20余人，除1位副官杀出重围外，都为国捐躯。

从5月13日至15日，李家钰先后与孙蔚如、刘戡、张际鹏等国军将领会晤，研究敌情，商量对策，但几次拟定联合作战计划，均因友军被蒋鼎文调作他用而作罢。

5月17日，李家钰和刘戡、张际鹏（第14军军长）、胡伯翰、李宗昉（第47军军长）、谢辅三（暂4军军长）等国军将领及随军参谋、幕僚们在位于渑池南边山中一个小集镇翟涯的暂4军军部中召开临时会议，商量如何统一行动，统一指挥，避免拥挤混乱等问题，与会将领都认为大队人马争先恐后抢路走不是办法，如遇日军袭击，将损失惨重，并共推李家钰作总指挥。

次日，李家钰率部殿后，掩护友军后撤。当李家钰部撤至新安以南时，已经是四面受敌。5月21日上午，因部队在行军中遭到敌人的炮击，李家钰于是变更了行军路线。当日下午，李家钰率集团军总部行至河南陕县秦家坡第3个高地时，遭遇到从山西渡河攻陷陕县并设伏于秦家坡的日军的突然袭击。仓促遇敌，李家钰立即指挥总部直辖两连卫士抢占阵地迎战。日军居高临下，对我军的情况一目了然，于是集中机枪火力射击穿黄呢子军服的显著目标。曾亲历这场战争的译电员黄开仁忆道当时场景："李家钰一听到枪响，就从滑竿上下来，很沉着的智慧，就喊'大家找有利的地形抵抗！'……他让浙西警卫赶紧集中火力打，往山下突围。李家钰就由警卫人员保护下山，我们就弓着身子跟在他后面走，走着走着，我就听到李家钰大叫一声，一下就趴在路边上。他赶紧把钢笔、日记本拿出来，我看他写的'迅调104'，没有写完，日本人的炮弹就打在他的左右，他就被炮弹碎片打到了。"[1]李家钰阵亡时年仅52岁，其所率集团军总部官兵200余人，除两人生还外，其余全部壮烈牺牲。随后，第47军军长李宗昉、104师师长杨显名等和军部特务

①李瑞、吕毅、龙飞：《抗日老兵亲历记》，四川大学出版社2015年8月，第136页。

营、后卫533团、104师荀载华营等部队相继闻讯赶来。经过激战，将已冲至坡地腹部地带的日军赶回坡顶，并组织突击队将李家钰的遗体抢回，连夜运到灵宝县南的虢略镇装殓。

李家钰牺牲后，蒋介石致电悼念。国民政府追赠其为上将，准入忠烈祠。中共中央南方局的机关报《新华日报》亦于当年6月11日发表短评《悼李家钰将军》。柳亚子作《李其相上将挽诗》："万里中原转战来，前师忽报将星颓；归元先轸如生面，化碧苌弘动地哀。军令未闻诛马谡，思纶空遣重曹丕，灵旗风雨无穷恨，丞相祠堂锦水隈。"后来，李家钰将军的遗体被运回四川，在成都举行国葬仪式，将其遗体安葬于成都南郊红牌楼。

（七）川军多部参加长沙会战

从1939年9月至1941年底，国民党军第九战区部队与日军华中派遣军进行了三次长沙会战，第27集团军杨森部、第30集团军王陵基部奉命参加了三次长沙会战。

1939年9月中旬，日军为打破僵局，调集6个师团及海军陆战队和其他兵种，共计18余万兵力，从赣北、鄂南、湘北三个方面六路会攻长沙。第九战区司令长官薛岳决定"诱敌至长沙郊区采取反包围与敌决战"，命杨森指挥第27集团军第20军、第73军4个师及湘鄂赣边挺进军第8军两个师又两个挺进纵队位置于湘、鄂、赣边幕阜山区；第30集团军守备武宁以西蒲田桥、琵琶山一线阵地。9月14日，赣西北奉新附近的日军首先向高安、铜鼓方向发起进攻，欲策应湘北日军主力向长沙的进攻作战。在罗卓英指挥下，第30集团军与第19集团军、第30军团（卢汉部滇军）阻击侧击进犯之敌，迫使其分别于9月22日、10月12日撤回奉新以南和靖安、奉新原阵地。随后，第20军亦在修水附近与日军展开激战，第30集团军奉命增援，但未能抵挡住敌军的猛烈进攻，修水失守。川军第72军在友军配合下，奉命反攻，经过一昼夜激战，收复修水。川军第78军奉命反攻武宁，经过激战，击退日军，收复武宁。战至9月27日，第27集团军在杨森的亲自指挥下围攻日军第33师团，激战3昼夜，迫使日军败退。战后，参战川军各部均受到国民政府军委会的嘉奖。

1941年9月，日军第11军为消灭中国第九战区主力而发动湘北、赣北战役。第九战区则决定诱敌于汨罗江以南、捞刀河两岸地区而歼灭之。战斗打响后，第九战区司令长官部却突然与蒋介石失去了联系，蒋遂急令杨森指挥第九战区部队作战。杨森接到命令后，即令第20军攻击敌后续部队，切断日军后勤供应。9月26日，日军兵分两路，欲合围长沙。28日，日军一部攻入长沙城内，守军拼死抵抗。激战中，杨森调第4军、第20军一部进攻日军主力据守的汨罗江阵地，并派出小部队对敌日夜袭扰，使敌难以首尾兼顾。9月30日，从湘西赶来增援的第六战区第79军加入长沙守城战斗，将侵入长沙城内的日军驱赶出城。10月1日，日军被迫后撤。第九战区命令各部队截击追击。第20军一部尾追撤退日军，并在新墙河附近包围日军一部予以沉重打击。随后，日军在中国军队追赶下，退过新墙河，回到原阵地。中日军队重新对峙。

1941年12月，日军企图乘偷袭美国珍珠港成功之机会，第三次进犯长沙，目的是策应驻广东日军进行香港作战，牵制中国军队南下应援。中国第九战区司令长官薛岳决定诱敌深入，在长沙城外围歼来犯之日军。杨森第27集团军奉命阻击日军，并在新墙河、汨罗江以南地区机动作战，伺机歼敌；王陵基第30集团军参加围歼逼近长沙之日军主力的战斗。

12月25日，日军强渡新墙河开始向中国军队阵地发起进攻。杨森命令第20军133师在新墙河以南、汨罗江以北地区坚守阵地，顽强阻敌7天，以掩护第九战区主力兵团在长沙附近布防；134师在日军来攻时，先予以迎头痛击，然后沿岳阳到长沙的大路，逐次在旨泉岭、影珠山、古华山等地构筑阵地，阻滞日军向长沙进犯。

25日，日军第6师团兵分三路渡过新墙河，第20军以398团、399团两团兵力坚守新墙河以南阵地，凭借工事、据点顽强防守；以4个主力团实行机动与侧击。激战至深夜，日军接连两次踩中我军预埋的地雷，“死伤敌步骑甚重”后，才放缓进攻节奏。第20军第一线守备部队于是乘机转入主阵地。从26日拂晓起，日军继续猛攻第20军阵地，先向三江口、王家坊间133师阵地攻击，继向关王桥、陈家桥间134师阵地猛攻。第20军主力苦战竟日，因伤亡惨重，敌众我寡，遂利用夜色掩护转移到富贵洞、沙湾里、王家坊一线，再整态势，准备迎接次日更艰苦、激烈的战斗。27日，第27集团军调整战斗部署，令第58军向长湖、洪桥，第20军向关王桥、三江口、渡头桥一带日军发起猛力反攻，一度将关王桥收复，战场形势好转。战斗到当晚，黄沙街据点因遭日军飞机、大炮连日猛烈轰炸，工事全毁，守军133师399团黄化南连全连官兵血战数日，“悉作壮烈牺牲”。当晚，日军先头部队南渡汨罗江，与第37军、第99军进行攻防战斗。这样，第20军与日军在新墙河以南、汨罗江以北地区连续战斗3昼夜，完成了阻滞日军南进，掩护我军展开主力兵团及纵深布防的任务。战斗中，第20军伤亡惨重。133师397团团长陈亲民负伤。第398团王超奎营全营壮烈牺牲。此后，第27集团军各军继续在新墙河以南、汨罗江以北地区，与日军反复争夺据点，阻击日军后续部队，进行牵制作战。

1942年1月1日，日军开始进攻长沙，守城的第10军（军长李玉堂）沉着应战，架设在长沙城外岳麓山上的我军重炮也集中炮火猛轰攻城日军。随后几日，日军从东、南、北三面进攻长沙，中国军队顽强防守，与敌进行激战。在此期间，杨森指挥在外围作战的第27集团军各部频频袭击日军后续部队，重点打击维修公路的日军工程兵和运输补给的后勤辎重队伍，并令第20军、第58军阻击沿粤汉铁路南下的日军增援部队，命令第37军侧击日军。在北沙岭战斗中，川军将士在日本军官的尸体上搜出第3师团的命令，了解到日军出发时携带的弹药和粮秣数量。1月3日，长沙城下的日军已经弹尽粮绝。1月4日，薛岳下令，各攻击部队于4日夜发起总攻。川军各部也奉命参加追击撤退日军的战斗。川军第72军、第99军占领达摩山东侧及东北侧地区进行阻击，迫使日军退到福临铺。第20军在东珠影山、古华山、汨罗江等系列阻击战斗中顽强作战，多次打乱日军的突围计划和撤退路线，“斩获北溃之敌甚众”。133师399团一直追击日军至新墙河以南地区，迫使日军退回到原来盘踞的岳阳地区。

（八）常（德）桃（源）会战，许国璋将军悲壮殉国

1943年10月，日军中国派遣军以第11军司令官横山勇为总指挥，集中5个师团、4个支队（旅团级建制）共8万兵力和130余架飞机，分三路在西起沙市东至岳阳的广大战线上，对中国第六战区防御地带发起进攻，其战役目的：一是占领战略要地常德；二是通过攻击常德，牵制中国远征军发起怒江战役。战役开始后，中国守军第一线部队一面顽强抵抗，一面逐步后撤，以迟滞敌人的攻势。至11月下旬，日

军已从西北和东北两路逼近常德、桃源。此时,第29集团军奉命阻击西北一路敌军。集团军总部遂令第44军军长王泽浚率161师赶赴常德西北40公里的漆家河、羊毛滩,协同第64军侧击敌军;令许国璋率150师立即占领常德北面的太浮山建立阵地,与相邻的太阳山162师互相呼应,袭击敌之侧后。

这时,许国璋率150师已在南县、安乡一线迟滞敌人、辗转作战20余日,部队伤亡惨重。但在接到命令后,还是当即命令449团迅疾驰赴太浮山先敌占领要点,448团、450团分别取捷径向太浮山疾进,自己率师直属部队跟进。但因敌军亦行动迅速,截断了许国璋及150师师部通向太浮山的前进道路,并且还紧追不离。危急情形下,许国璋只得率师部和手中仅有的两连士兵且战且走,被迫撤退到常德西面10余公里的陬市镇。敌人紧追而来,在黄昏时分将陬市镇三面围住。许国璋没有掌握大部队,自身已处境困难,但认为陬市镇是常德门户,构筑有工事,可以御敌,于是指挥部队就近占领外围各据点,与敌对峙。许国璋的设想是:与敌战斗周旋至深夜,再利用夜色掩护钻隙转进到太浮山与所部主力会合。他对官兵进行战前动员时说:“我们为国家尽力的时候到了,多打死一个日本兵,就给守备常德的部队减轻一分压力,尽到我们军人的天职。我们已经三面被包围,背后又是深不可测的沅水,既无渡船,天气又冷,与其当俘虏被日寇侮辱杀害,或落水淹死,不如在前线光荣战死。我们前进是生路。我决不离开阵地一步,战死在这里,这里就是我的坟墓!”日军已判定镇内中国守军兵力薄弱,于是发起猛攻。许国璋亲自提着手枪指挥战斗,激战中,许国璋中弹片负重伤昏迷。幸得有两名渔民欲驾船逃离,愿尽全力将许国璋送至南岸。许国璋一行被送至南岸后,随行官兵饥饿疲劳,困乏已极,大家挤在一间小屋内休息。翌日清晨4时许,许国璋逐渐清醒过来,问及战况,始知陬市镇已被日军占领,自己伤后被抬过南岸。他感到自己责任未尽,贻军人羞,大呼:“我是军人,应该死在战场上!你们把我运过河,这是害了我!”说完后,又昏过去。许国璋再次醒来后,摸到睡在他身边卫士的手枪,自戕殉国。

许国璋悲壮殉国以后,国民政府追赠他为陆军中将。但其遗体被运回家乡成都后,却因其家无余财而无钱安葬,后经成都一些爱国人士仗义奔走,第28集团军总司令、川鄂陕边区绥靖主任潘文华资助并出面主持召开隆重追悼会后落葬。我国著名雕塑家刘开渠亦为其塑像纪念。许国璋的塑像,与刘湘、李家钰、王铭章的塑像一同屹立于成都市区少城公园（今成都人民公园）内，被合称为“四将军像”。

总之，全面抗战期间，四川将士在抗日前线浴血奋战，英勇杀敌，功不可没，其英雄事迹永垂史册。据不完全统计，全面抗战期间，川军健儿在抗日前线浴血奋战中阵亡263 991人（其中牺牲将级军官饶国华、王铭章、许国璋、李家钰以及杨怀[①]、张雅韵[②]、张敬[③]等7人，校官9人，尉官21人），负伤356 267人，失踪26 025人，总计64万余人，抗战伤亡人数为全国各省（区、市）之冠。本章上述川军部队主要抗战史绩，不过是沧海涓滴，为免挂一漏万之憾，兹就川军部队全面抗战参加之主要战役及相关战况，制成表2-1，以观其概。

除上述成建制川军部队出川抗战的战绩外，还有两类川籍抗日军人的英勇抗战事迹，也必须要简略提及：

其一，抗战期间国民政府在四川征集并用以补充其他非川军部队的官兵。比如，从1944年10月国民政府颁布知识青年从军条例等文件起，至1945年1月，四川即有50 865名大中学生和公教人员志愿报名从军，走上了抗日前线。[④]其中，仅这期间四川129个县市即有29 157名知识青年组成远征军，飞赴印度参加对日滇缅作战。另外，全面抗战期间，国民政府军政部、兵役署（部）分配给四川省的征兵名额为3 193 807名，而有关的统计资料显示，国民政府在四川（不包括西康地区及特种部队和军事机关、学校）所征召的兵员数量为2 578 810名，其中，1937年为19万人左右；1941年至1944年的4年中，每年平均35万人；1945年为28万人。[⑤]他们中的相当一部分人，甚至大多数人都用于补充中央军及其他非川军部队的兵员缺额。

其二，国共两军中的四川籍抗战军人。例如，在共产党领导下的八路军总司令朱德、八路军129师师长刘伯承和政委邓小平、115师副师长聂荣臻、新四军军长陈毅、东北抗日联军女英雄赵一曼等；国军中央军将领孙元良、萧肃毅等，空军英雄乐以琴也应算入四川抗战名人之列。另外，当年红军长征转战四川地区时，

---

①杨怀，1897—1938年，四川綦江人，抗战时任第10集团军第60师180旅359团上校团长，1938年4月5日牺牲于安徽省戴埠，国民政府追认为陆军少将。

②张雅韵，四川成都人，抗战时任第72军新编第15师44团团长，1941年3月24日在江西牺牲，国民政府追认为陆军少将。

③张敬，1908—1940年，四川安县人，国军第33集团军少将参谋，1940年5月16日牺牲于湖北南瓜店。

④万金裕：《知识青年从军运动在四川》，《西南民众对抗战的贡献》，贵州人民出版社1992年版，第222—223页。

⑤何应钦：《八年抗战之经过》，转引自冉绵惠：《抗战时期的兵役制度——以四川为例》，《四川师范大学学报（社会科学版）》2007年第5期。

曾有许多四川人参加红军并随军北上。特别是八路军129师的前身红四方面军，曾于土地革命战争时期在川东北活动并建立了川陕苏区，军中四川籍人士更多。抗战时期，他们在中国共产党的领导下，以八路军战士的身份参加了抗战。

以上两类抗战军人，虽然没有在川军部队中参加抗日作战，但是他们作为四川人，在中国抗战史上的光荣战绩及其流血牺牲，同样也是川军抗战史上光辉夺目的一页，值得我们永远铭记。

表 2-1　全面抗战期间川军参战各主要战役及战绩一览表①

战役名	会战时间	主要作战地区	参战川军部队及指挥官	备注
淞沪会战	1937年8月13日至11月9日	上海	第20军（杨森）、第45军（郭汝栋）第21师（刘雨卿）	两支川军部队因战绩不俗受到蒋介石和国民政府军委会的慰勉嘉奖
太原会战	1937年9月21日至11月9日	山西	第22集团军（邓锡侯）	由于敌强我弱和阎锡山等指挥失误，致川军部队损失严重。到战役结束时，部队兵员损失过半。如第41军原8个团的战斗部队，仅能合编成4个团
广德泗安之战	1937年11月9日至30日	太湖、广德、泗安	第23集团军（唐式遵、潘文华）	11月30日，第23军145师师长饶国华殉职于广德
安庆之战	1937年12月18日至次年6月12日	安徽安庆	第27集团军（杨森）	第20军134师在反攻巢县时突入城内，击毙敌军200余人
晋东南作战	1938年2月至当年6月	山西长治、安邑等地	第47军（李家钰）	
徐州会战	1938年3月12日至6月12日	山东滕县	第27集团军（杨森）、第22集团军（邓锡侯、孙震）	滕县血战，第41军122师以师长王铭章以下5 000余人殉国，3 000余人负伤的惨重代价，固守滕县3天半，为台儿庄大捷创造了条件

①本表主要根据成都市政协文史资料办公室《川军抗战事迹概述》（成都市政协文史学习委员会：《成都文史资料选编·抗日战争·卷中·血肉长城》，四川人民出版社2007年版）和四川省政协文史资料委员会、四川省人民政府参事室《川军抗战亲历记》（四川人民出版社1985年版）中有关内容整理而成。

续表

战役名	会战时间	主要作战地区	参战川军部队及指挥官	备注
武汉会战	1938年7月22日至10月25日	安徽、江西、湖北	第22集团军（孙震）、第27集团军（杨森）、第29集团军(许绍宗)、第26师（刘雨卿）	
皖南作战	1938年7月	安徽	第50军(郭勋祺)144师(师长范子英)	与日军在台子基、前江口一带激战两日并收复；攻击官股煤炭山之敌，与敌激战5昼夜，致敌伤亡惨重。战后，郭因功升任第23集团军副总司令
武宁战役	1939年3月	武宁及湘鄂赣边区	第27集团军(杨森)、第30集团军(王陵基)	
南昌会战	1939年3月至5月	江西南昌一带	第30集团军(王陵基)、第26师(刘雨卿)	第26师突进至南昌城郊并攻击飞机场，击毁敌机数架，与敌激战7昼夜。战后,师长刘雨卿升任第29军军长
襄樊战斗	1939年3月下旬至4月	湖北襄樊一带	第22集团军(孙震)	在与日军的对峙中，掌握其活动规律，遂进行层层设伏，截击或堵击作战，消耗敌军
随枣会战	1939年5月1日至20日	湖北随县、枣阳一带	第22集团军(孙震)、第29集团军(王瓒绪)	第22集团军损失兵员3 000余人
中条山之战	1939年6月	山西平陆一带	第47军(李家钰)	与日军在山西平陆一带激战10昼夜，伤亡5 000余官兵，日军伤亡逾万人
长江防守作战	1938年6月	横港、单山、南江一带	第21军(陈万仭)	与来犯之日军激战3昼夜，浮尸满江。自己伤亡500余人，击沉日军大小汽艇20余只，击毙日军900余人。日军不敢再轻举妄动
第一次长沙会战	1939年9月14日至10月6日	湖南长沙一带	第27集团军(杨森)、第30集团军(王陵基)	第27集团军总司令杨森因指挥有功升任第九战区副司令长官

续表

战役名	会战时间	主要作战地区	参战川军部队及指挥官	备注
枣宜战役	1940年5月1日至6月18日	湖北枣阳、宜城、宜昌一带	第22集团军(孙震)、第29集团军(王瓒绪)	第29集团军在大洪山与日军战斗20余日,部队损失三分之一。第22集团军在襄樊、石门一带抗击日军,收复南漳县城,迫使日军向荆门方向撤退
晋南之战	1940年5月7日至30日	茅津渡	第36集团军(李家钰)	
第二次长沙会战	1940年9月17日至10月8日	湖南长沙一带	第27集团军(杨森)、第30集团军(王陵基)	见前面专题记述
马当之战	1940年10月11日至13日	安徽马当	第21军(陈万仞)	为阻止日军进犯武汉,派147师主动进攻马当要塞,驱走日军,克复马当,取得自南京、上海失守以来的重大胜利,全国舆论赞扬,成都各界亦集会庆祝
上高会战	1941年3月15日至31日	江西上高一带	第30集团军(王陵基)、第26师(王克俊)	国民政府战后特赐第26师第二号武功状,新15师有功官兵亦受嘉奖
第三次长沙会战	1941年12月24日至1942年1月15日	湖南长沙一带	第27集团军(杨森)、第30集团军(王陵基)	见前面专题记述
豫南之战	1942年1月25日至2月10日	河南信阳一带	第22集团军(孙震)	见前面专题记述
浙赣会战	1942年5月15日至8月3日	金华、上饶、横峰、贵溪、鹰潭	第23集团军(唐式遵)	145师参加浙赣会战中的龙(游)、衢(州)战役时,埋设地雷,炸死日军酒井师团长。该师刘子生团防守衢州机场,全团壮烈殉国。战后,国民政府追赠团长刘子生少将军衔,以表彰该团的忠勇战绩

续表

战役名	会战时间	主要作战地区	参战川军部队及指挥官	备注
鄂西会战	1943年5月20日至6月21日	沙市、宜昌、新安、石门	第29集团军(王瓒绪)	
常德之战	1943年11月1日至12月17日	湖南常德	第29集团军(王瓒绪)、第20军(杨汉域)、第30集团军新15师	第44军奉命在南县、华容地区与敌战斗20余日，将敌击溃。许国璋师长悲壮殉国
石门、慈利之战	1943年11月20日	石门、慈利	第29集团军(王瓒绪)	
河南会战	1944年4月17日至6月19日	河南洛阳、渑池	第36集团军(李家钰)	李家钰将军殉国
长衡会战	1944年5月26日至8月8日	湖南长沙、衡阳	第27集团军(杨森)、第30集团军(王陵基)	第20军在湖南茶陵对日作战25天后，奉命撤至安仁，又同日军激战8昼夜。第44军奉命守衡阳，与日军激战两日后撤退
桂柳会战	1944年9月8日至12月14日	广西桂林、柳州	第27集团军(杨森)	杨森奉命率第20军、第37军1个师及1个炮团向贵州撤退，在日军三面包围下激战至夜晚，走小道而顺利撤退
独山之战	1944年12月2日至8日	湘黔边区	第27集团军(杨森)	从广西急行军参加独山反攻作战，收复独山后，国民政府任命杨森为贵州省主席，防守贵州
豫西、鄂北会战	1945年3月12日至5月1日	襄阳、老河口	第22集团军(孙震)	伤亡官兵4 000余人

第三章

抗战时期的四川政局

一、全面抗战爆发后四川抗日救亡运动再掀高潮

七七事变的消息传到四川后，激起了全川人民极大的义愤和爱国热情。在"已经组织起来的和在各地分散活动的共产党员，以及他们所领导的秘密组织为核心"的抗日救亡团体的组织、带动下，四川各地各界民众行动起来，集会游行，通电请愿，组织新的抗日救亡团体，开展抗日救亡宣传活动，推动四川地区的抗日救亡运动走向新高潮。

七七事变发生的当天下午临近黄昏时，由共产党员领导、"民先"队员为骨干的"天明歌咏团"及其团员们立即行动起来，打着写有"天明歌咏团"的横幅，高唱着《义勇军进行曲》、《救亡进行曲》、《枪口对外》、《牺牲已到最后关头》、《五月的鲜花》、《毕业歌》、《大路歌》等抗日救亡歌曲，走上街头游行示威，声援华北前线第29军将士奋勇抗战的爱国壮举。游行队伍沿着成都市中区最热闹繁华的街道，从东丁字街出发，沿途经过西丁字街、东大街、春熙路、提督街、中山公园（今成都市劳动人民文化宫）、东御街、西御街、祠堂街，最后到达少城公园（今成都市人民公园）。沿途的行人、居民都纷纷驻足观看，鼓掌欢迎，同声歌唱，抗日救亡气氛激昂热烈。不少路人还自动加入到游行队伍中来。"天明歌咏团"因这次游行而成为七七事变发生以后全川甚至全国反应最快、行动最敏捷的抗日救亡团体。①

7月8日，《四川日报》发表社论《为二十九军英勇抗战谨致民族的敬礼》，指出："国家民族已属生死关头，整个抗战乃为今后惟一出路……救亡图存，自今日始。"

同日，由共产党员廖寒非②主笔的宜宾地方报纸《边疆新闻》也印发《紧急号外》，及时报道了日军在北平卢沟桥挑起战火，中国军队奋起反抗的消息，并发表社论和评论。为帮助宜宾社会各界民众更好地了解抗战前方的局势，从而更积

①杨鸣皋：《记"天明歌咏团"成立的经过和活动情况》，《中共成都地方历史资料选编》（一），中共成都市委党史研究室内部编印2004年版，第462页。

②1937年初，在"西安事变"和平解决，国共两党合作抗日前途渐趋明朗的形势下，国民党四川当局与刘湘释放了一批政治犯。大革命时期的老共产党员万敬修和土地革命时期曾任成都市委书记的廖寒非从重庆反省院获释后来到宜宾，组织"秘密读书会""信义互助储蓄会"等进行抗日救亡活动。其时，宜宾老报人周素薰申请登记的报纸《边疆新闻》因经费无着而停刊。万、廖与周进行谈判，协商合作，由万、廖负责解决办报经费，条件是把该报革新成为宣传抗日救亡的进步报纸。随后，《边疆新闻》于1937年4月出版，小四开，日报，由廖任主笔，报社采编人员均为抗日救亡运动积极分子。因为消息及时，内容丰富，文章有特色，《边疆新闻》报纸发行量很快由创刊时的300多份增至700多份，有时还超出1 000份。

极、也更踊跃地投入到抗日救亡的时代大潮中来,《边疆新闻》还在报社门口安放了收音机,以方便民众收听抗战消息,关心抗战形势发展。

7月9日,成都“民先”主办的《大声》周刊更名为《图存》周刊出版发行,并在《发刊词》中大声疾呼道:“现在全中国人民刚巧站在新生和毁灭的岔路口!”“中国民族正遇着一个空前的灾难,这个亡国灭种的大难,震撼着无数人的心……‘团结御侮,救亡图存’,便为全国上下一致的要求和共同的自觉,这种强烈的要求和深刻的自觉,推动着中华民族走向新生的前途。”“我们坚信民族利益高于一切,‘民族第一’是我们坚信的真理。”“我们是中华民族的儿女,我们死也要爱中国,我们誓为中华民族的生存奋斗到底!”

…………

从总体上看,全面抗战爆发后,四川地区的抗日救亡运动走向新高潮,主要表现在以下几个方面:

(一)成立新的抗日救亡团体

从九一八事变至七七事变前,四川各地已陆续成立了一批以共产党员、“民先”队员为领导骨干的抗日救亡团体。主要有:“四川抗日救国大会”、“抗日义勇军(四川)省总监部”、“四川省国难救济会”、“国民救国会四川各界民众促成会”、“成都各界抗敌后援会”,以及“反日会”、“抗宣队”、“对日经济绝交大会”、“经济绝交厉行团”、“肃清仇货委员会”等。七七事变后,在全面抗战和抗日救亡运动不断蓬勃高涨的形势下,四川各地各界民众又通过新成立,或对原有的抗日救亡团体改组,而建立了一批新的抗日救亡团体。主要有:“四川民众华北抗战后援会”、“重庆各界抗敌后援会”、“三台县抗日总动员委员会”、“四川青年救国会”、“四川学生救国联合会”、“成都学生抗敌宣传团”、“少年抗敌宣传团”、“四川妇女抗敌后援会”、“四川妇女界抗日军人家属救济会”、“四川妇女战地服务团”、“重庆妇女救国会”、“渠县妇女抗敌救亡协会”、“四川工人抗敌宣传团”、“成都工人抗敌宣传团”、“大众抗敌宣传团”、“中苏文化协会四川分会”、“中苏文化协会成都分会”、“重庆文化界救亡协会”、“成都市记者抗敌后援会”、“工商界抵制日货委员会”、“宜宾对日经济绝交委员会”、“川康军人干部救亡协会”(刘湘部队系统)、“在野军人协会”、“成都市回教抗敌后援会”、“僧侣救国会”、“基督教青年乡村服务团”、“自贡话剧歌咏队”、“宜宾晨呼队”、“宜宾抗敌剧团”、“万县三一剧社”、“江安戏剧协会”、“邻水救亡歌咏队”、“内江兴华救亡歌咏剧社”、“南充南华艺社”等。据统计，截至1937年11月，全川已有120余个县市成立了抗日救亡团体，形成了以成都、重庆为中心，分布于四川大多数市县，团结社会各界各阶层民众，汇聚抗日救亡力量的抗日救亡组织网络。

在全面抗战初期新成立的抗日救亡团体中，“四川省抗敌后援会”（简称“省抗”）因其拥有国民党四川当局支持的政治背景，自上而下、覆盖全川各地及各行各业的庞大组织体系，在进一步推动四川抗日救亡运动蓬勃发展中起着极为重要的领导骨干作用。

1937年7月17日，在七七事变后四川地区抗日救亡运动蓬勃高涨的形势下，中共党员韩天石、甘道生等以“中华民族解放先锋队”负责人的身份，按照中共抗日民族统一战线的方针政策，代表“成都各界救国会联合会”、“四川民众华北抗敌后援会”，出面与国民党四川当局的代表、国民党四川省党部书记长曹叔实协商成立新的四川全省性抗日救亡联合团体事宜。商谈中，曹爽快地表示：“现在抗战了，不管是国民党也好，共产党也好，都来抗战吧！”双方于是达成协议，以共产党员领导、“民先”队员为骨干的原“成都各界救国联合会”为基础，成立“四川省抗敌后援会”，“以唤起民众，动员民众，在中央领导下抵抗敌人，保全领土完整为宗旨”。

“省抗”成立后，办公地点就设在国民党四川省党部大院内，由著名民主人士张澜任执行委员会主任，国民党四川省党政军三方面各派代表1人任执行委员会常务委员，国民党四川省党部派3人、省政府派2人、四川绥靖公署派2人组成执行委员会，负责“处理一切日常事务，并对常委会执监会代表大会或会员大会负完全责任”。在组织机构建设方面，“省抗”一是在省总会内设秘书室、总务组、组织组、宣传组、调查组（办理调查及检举汉奸仇货等一切特务事宜）、根绝仇货委员会（办理登记、拍卖仇货等事宜）等职能机构；二是自上而下，从省、市县到乡镇，成立了“省抗”（总会）、市县分会、乡镇支会等各级组织机构；三是在“省抗”、市县分会和乡镇支会下面，成立职业团体（工人、农人、商人等）、自由职业团体（医师、律师、会计师、药剂师、教师、新闻记者等）、文化团体（各级学校、各种学会、研究会等）、公益团体（同乡会、同学会等）、慈善团体（红十字会、慈善会、救济会等）等各行业支会；四是各分会、支会根据情况设立侦查、演讲、歌咏、戏剧、交通、运输、救护、工程、消防、纠察、炊浣、生产队、义勇队等工作团体。

“省抗”成立后，以共产党员、“民先”队员为领导骨干的原“四川省妇女抗敌后援会”、“工人救国联合会”等抗日救亡组织，也并入“省抗”的组织系统中来，在“省抗”的旗帜下公开地、合法地进行抗日救亡活动。“省抗”的成立，还进一步推动了四川各地各界新的抗日救亡团体的成立。如成都，在“省抗”成立的示范作用及带动、影响下，就相继成立了成都学生抗敌宣传团、大众抗敌宣传团、大众壁报社、少年抗敌宣传团、群力抗敌宣传社、四川妇女战地服务团、成都市记者抗敌后援会等10多个抗日救亡团体。

在“省抗”及各市县分会、乡镇支会和各行业支会、工作团体中，实际做事并发挥领导骨干作用的，主要是韩天石等以抗日救亡积极分子名义出面活动的共产党员和“民先”队员。他们基本上掌握了“省抗”的中下层组织和工青妇等各行各界组织，并在其中发挥着领导骨干作用。另外，“省抗”组织、安排的一些抗日救亡活动或宣传游行队伍，往往是从国民党四川省党部大院出发。[①]因此，“省抗”的成立，及其覆盖全川各市县乡镇和各行各业的组织机构网络的建立，就使得中共四川地方组织及党员领导或起骨干作用的四川各地各界民众抗日救亡活动，在“省抗”的旗帜下，由原来秘密、半秘密的组织活动状态，走向了合法、公开的活动状态，由原来分散的、各自为战的状态，汇聚成波澜壮阔的抗日救亡洪流，从而实现了中共中央提出的“迅速地、切实地组织统一战线，以扩大救亡运动”的要求，为贯彻中共的抗日民族统一战线和全面抗战路线，也为把四川地区的抗日救亡运动推向更高潮，创造了有利的政治环境和前提条件。

随着全面抗战形势和抗日救亡活动的发展，中国共产党在四川各地各界抗日救亡团体中越来越处于核心领导地位，发挥着日益重要的领导骨干作用。如在成都地区的大中学生群体中，除国民党四川当局发起成立的“川大抗敌后援会”外，中共也领导进步学生成立了“成都学生抗敌宣传团”（简称“抗宣团”），并分别由四川大学文、法学院学生组成“抗宣一团”，川大农、理学院学生组成“抗宣二团”，金陵大学、金陵女大、华西协和大学、中央大学、齐鲁大学等5所大学的学生组成“抗

①林蒙：《成都抗日救亡运动和四川党的重建》，《四川现代革命史研究资料》，1981年第2期，第23页；《四川省抗敌后援会总章》，1937年8月，四川省档案馆：《川魂：四川抗战档案史料选编》，西南交通大学出版社2005年版，第462—472页。

宣三团”，协进中学的学生组成“抗宣四团”等。“抗宣团”利用节假日或寒暑假，组织大中学校的学生们到成都近郊中和、华阳、红牌楼、簇桥、天回镇等场镇，温江、双流、郫县、灌县、新都等远郊县城，举行抗日救亡讲演、歌唱戏剧表演等抗日救亡文艺宣传活动，举办民众免费读书识字班，利用教民众识字学文化等机会，宣讲抗战形势，宣传抗日救亡道理。“四川省妇女抗敌后援会”在共产党员、“民先”队员的领导下，通过各种形式、各种关系和各种活动，把职业妇女、家庭妇女、社会名媛以及上层社会的太太、小姐和社会下层的妓女等各社会阶层的广大妇女群众，团结到了抗日救亡的队伍中来。开办妇女救护训练班，由医护人员讲授医疗救护常识并组织实习；开办政治培训班，请车耀先、邓照明、李公朴等中共党员、“民先”队员、著名进步人士讲解国际国内政治时事、抗战形势、中共的抗日民族统一战线方针政策和妇女解放问题，政治培训班共办了4期，每期1个月，培训妇女抗日救亡运动的骨干分子200余人；组织妇女到剧场、茶馆、酒店等热闹场所义卖瓜果，集资捐献；动员邓锡侯、王缵绪等二三十名川军中高级将领的家属发起成立“四川省抗日军人家属救济会”，主要工作是发动募捐，动员成都川、京剧演员义演，请白杨、赵丹等进步名演员到成都义演《日出》等进步话剧；组织出征军人家属识字，学习时事政治，参加抗日救亡宣传，并在成都市区长顺街开了一个粮油店，安排生活困难的出征军人家属就业等。①

（二）兴办进步报刊和书店

在抗战时期资讯传播的历史条件下，报刊、书店（出版社）是宣传抗日救亡声音的重要舆论阵地和主要传播平台。因而，全面抗战爆发后，四川各地纷纷创办宣传抗日救亡主张的进步报刊，成立进步书店（出版社），成为全面抗战期间四川抗日救亡运动新高潮的重要标志之一。据不完全统计，抗战期间，四川各地出版的各类报纸约近200种，刊物约1 600种。具有全国性影响的报刊，集中在成都、重庆两市，中小型报刊则分布于四川各地。其中，重庆的刊物达到900种以上，成都的刊物也在400种以上。这些报刊，有一部分是国民党党政军系统从中央到四川省、市、县所主办的，也有很大一部分是中共和民主党派所举办的。

①安德才：《“七·七”事变后的成都》《中共成都地方历史资料选编》（一），中共成都市委党史研究室内部编印2004年版，第490—491页。

在重庆，除中共机关刊物《群众》周刊外，受中共中央南方局领导，由地下党员和进步人士以合法身份公开出版的重要刊物在40种以上。大体上，它们可分为两类：一是时事政治理论刊物，如《战时青年》、《战时文化》、《全民抗战》、《反攻》、《反侵略》、《抗到底》、《中苏文化》、《国讯》、《战时教育》、《妇女生活》、《战地知识》、《读书月报》、《理论与现实》、《学习生活》、《现代妇女》、《宪政》、《文汇周报》、《职业妇女》、《民主与科学》、《青年知识》等；二是文艺刊物，如《抗战文艺》、《文艺阵地》、《青年文艺》、《文艺战线》、《文学月刊》、《文艺工作》、《文坛》、《中原》、《艺文志》、《文哨》、《文艺杂志》、《戏剧岗位》、《戏剧月报》、《戏剧时代》、《新音乐》、《音乐艺术》、《歌曲创作月刊》等。在成都，有大约20种进步刊物是中共领导或支持创办的。时事政治综合类刊物，主要有：《大声周刊》、《新时代》、《救亡周刊》、《星芒救亡联合周报》、《抗战星期刊》、《战时学生旬刊》、《时事新刊》、《统一战线》、《妇女呼声》、《抗敌周刊》、《抗战与教育》等；抗战文艺类刊物，主要有：《金箭》月刊、《散文》、《抗敌周刊》、《战旗旬刊》、《火炬》半月刊、《笔阵》半月刊、《戏剧战线》月刊、《挥戈文艺》月刊等。

四川其他县、市的刊物。川东地区：《诗前哨》（万县）、《谷音》（巫溪）、《鸡声周刊》（开县）、《呐喊周刊》（开江）、《血汗周刊》（石柱）、《儿童福利月刊》（北碚）、《时闻》月刊（北碚）、《文摘》旬刊（北碚）、《书学》（北碚）、《青鸟》（北碚）、《诗垦地丛刊》（北碚）、《明耻》月刊（合川）、《叱咤》半月刊（合川）、《璧山农村》月刊（璧山）、《国民教育刊》（璧山）、《社会教育学院院刊》（璧山）、《教育与社会》季刊（璧山），《白沙青年》（江津）、《图书月刊》（江津）、《理想与文化》月刊（江津）、《暗群季刊》（江津）、《国立女子师范学院季刊》（江津）、《佛光季刊》（綦江）等。川北地区：《余墨周刊》（达县）、《小学生旬刊》（达县）、《嘉陵公报》（南充）、《青年旬刊》（岳池）、《边风月刊》（阆中）、《阆中青年月刊》（阆中）、《民锋周刊》（遂宁）、《建国与教育》（三台）、《国立东北大学校刊》（三台）、《东北集刊》（三台）、《志林》（三台）、《文学青年》（射洪）等；川南地区：《青年旬刊》（泸州）、《边疆新闻》（宜宾）、《宜宾民众》（宜宾）、《中国青艺》（乐山）、《蚕丝月报》（乐山）、武汉大学《经济学会会刊》（乐山）、《诗月报》（乐山）、《川南工商》月刊（乐山）、《川滇西路》月刊（乐山）、《林木》双月刊（乐山）、《屏山县政》旬刊（屏山）等；川中地区：《自贡合作》旬刊（自贡）、《音乐与戏剧》（自贡）、《文教丛书》（内江）、《辅导月刊》（资中）、《威风》月刊（威远）、《流火》月刊（荣县)等;川西地区:《文化堡垒》(灌县)、《烟草技术月刊》(郫县)、《温江乡村建设》月刊(温江)等;西康地区:《新西康》月刊(康定)、《康导月刊》(康定)、《川康建设丛刊》(康定)、《西康经济季刊》(康定)、《社政季刊》(康定)、《西康统计季刊》(康定)、《西康妇女》(康定)等、《新宁远》月刊(西昌)、《边政》季刊(西昌)、《边政月刊》(西昌)、《西昌县政月刊》(西昌)、《新宁月刊》(西昌)、《力行半月刊》(雅安)、《西康青年》(雅安)、《党国前锋》(雅安)等。[①]

在书店与出版业方面,重庆作为陪都和抗战大后方的政治、经济和文化中心,汇集了众多图书出版发行机构。据统计,当时在重庆登记备案的出版发行机构有404家,加上未登记注册者,共有644家。它们总共出版书籍8 000余种、期刊近2 000种。著名的全国性出版发行机构商务印书馆、中华书局、正中书局、大东书局、开明书店、世界书局、文通书局等7大书局,开明书店、生活书店、中华书局、正中书局、大东书局、文通书局、世界书局、新生命书局、北新书局、儿童书局等有名的书店书局,其总部均设在战时的重庆。[②]成都作为四川省的政治、经济和文化中心,仅在市中区文化街—祠堂街上,即有中共领导的新华日报成都分馆、大声社、群力社、星芒社、战时学生旬刊社等进步报刊发行部,著名的"努力餐"饭馆,生活书店、三联书店等20多家书店沿街而立。

这些进步报刊和书店,通过出版进步书刊,发表文章,在宣传抗日救亡主张,唤醒民众的抗日爱国热忱,呼唤人们投身于抗日救亡运动;宣传中国共产党的抗日民族统一战线方针政策和全面抗战路线;揭露日寇侵略罪行,痛斥汉奸卖国行径,抨击顽固派的反共逆流;介绍抗日民主根据地,宣传八路军及敌后抗日军民取得的胜利;以文艺形式歌颂抗日将士的英勇事迹等方面,起到了为抗日救亡呼吁呐喊,宣传中国共产党抗日民族统一战线方针政策的舆论喉舌重要作用。

---

①左东枢:《抗日战争时期的四川报界》,《新闻研究资料》1987年第4期;徐登明:《抗日战争时期的四川期刊》,《新闻界》2005年第5期。

②李晟:《抗战时的民生路是书市一条街》,《重庆晨报》2014年6月22日。

（三）集会游行

举行大规模、群众性的抗日救亡集会游行示威，是抗战时期四川抗日救亡运动蓬勃高涨的重要标志之一，也是中国人民表达反对日本侵略罪行之民族义愤与爱国情绪的重要途径。七七事变后，成都、重庆、万县、宜宾、南充等四川各大中城市都举行了抗日救亡的集会示威游行。

7月8日，由中共党员车耀先、韩天石等人以“成都各界救国联合会”名义发起，召开了有3万多成都各界民众参加的援助平津抗日将士市民大会。大会号召民众行动起来，开展援助平津抗战将士，实行全民抗战的宣传、募捐、慰问等抗日救亡活动。大会发布了《为日寇进攻平津宣言》，指出：“民族解放的战争已经发动，四万万五千万人生死存亡，要在这一次抗战中决定”，号召民众“不要畏缩，不要犹豫……集中我们的人力和物力，尽量支持和援助我们前线的抗日战争，完成我们抗日救国的神圣使命”。这是全面抗战爆发后成都，也是四川地区最先响应全国抗战的一次群众性抗日动员大会。会后，著名民主人士张澜等人建议，为适应全面抗战形势发展的要求，应当成立四川全省性的统一的抗日救亡组织。车耀先于是两次召集“成都各界救国联合会”执委会会议，决定将该会改组为“四川民众华北抗敌后援会”（简称“华抗”），并推举张澜为会长，由韩天石具体负责。

7月中旬，南充各界群众在果山公园集会，声讨日本侵略者发动七七事变的侵略战争罪行。

7月31日，四川大学300余名师生在校内举行声援华北抗敌大会。会上，师生们慷慨讲演，高唱《义勇军进行曲》等抗日救亡歌曲。会后，组织成立了“四川大学学生抗敌后援会”，按照“省抗”的安排和指定，在少城公园、中山公园、提督街、东西御街、祠堂街、外东九眼桥、望江楼、南较场、文庙西街等处，进行演讲、演唱、张贴标语、散发传单、为抗日将士募捐等抗日宣传活动。

8月7日，“省抗”在少城公园公共体育场内召集成都市民大会。国民党四川省党政军领导人和社会贤达名流等出席会议。参会民众达10万多人。会议提出了“请中央立即发动全民族对日抗战，厉行对日经济绝交，请中央保全领土收复失地，肃清汉奸巩固国防，请四川各军出师抗敌，请政府武装民众强化后援，电唁佟副军长赵师长”等7个议案。当日，成都全市“下半旗，停止娱乐，各机关放假一日，商店停业半日，以示抗日决心”。①

9月18日，“省抗”组织成都民众5万余人，在少城公园举行纪念九一八事变6周年大会，要求政府：立即武装民众，彻底开放学生救国运动，切实提倡民众爱国运动，彻底清查私货与仇货，严厉惩办汉奸等要求。会后还举行了示威游行，高唱抗日歌曲，高呼口号，呼吁对日实行经济绝交，进行全面抗战！

同日，重庆市暨江（北）、巴（县）两县各界民众10余万人，在夫子池体育场举行纪念九一八事变6周年抗日救国大会。有64个党政机关、54所学校、27个军警机关、146个工商团体参加了大会。会后，重庆各界救国会发起举行了由800余人开始，最后汇聚到3 000余人的歌咏大游行。游行者人人臂戴黑色袖章，抬着血迹斑斑的巨幅国难地图，高唱抗日救亡歌曲，悲壮游行，场面震撼人心，气氛慷慨激昂。观者无不感动泪下，义愤填膺。

1937年8月中下旬，为推动川军出川抗战，四川各界民众特别是青年学生还到成都、重庆等地川军各军部、师部驻地游行请愿，要求川军出川抗战，将日寇逐出国境。

1938年2月13日，成都各界群众一万余人在少城公园举行反侵略大会，响应伦敦国际反日援华会议。会议通过了“拥护国际反侵略运动，通电慰劳前线抗敌川军，立即实行战时教育”等八项议案。会后，组织数万人举行了声势浩大的火炬游行。

4月，成都民众在少城公园集会庆祝台儿庄大捷，会后举行了盛大游行示威。

5月12日，成都10万余民众在少城公园举行集会，欢送川军第二次出征。

1938年8月，国民党四川省党部通令全川禁止人民组织任何抗日救亡团体和集会游行。此后，中共四川地方组织就采取相应的对策，一面加强党在此前已公开成立、合法活动的“省抗”等抗日救亡团体中的核心领导与骨干作用，一面利用那些赞成中共抗日救亡主张，政治左倾的国民党中上层人士和社会名流来挑头组织“中苏文化协会四川分会”、“中苏文化协会成都分会”等新的抗日救亡组织。例如，1939年初成立中苏文化协会四川分会时，即由著名民主人士和知名文化人张澜、李璜、王干青、刘披云等出面发起，由国民党四川省党部主任委员、四川大学校

①《中央社关于四川各界抗敌后援会召集成都市民大会的报导》，四川省档案馆：《川魂：四川抗战档案史料选编》，西南交通大学出版社2005年版，第459—460页。

长黄季陆任会长，车耀先等共产党员和进步人士任理事。1939年2月，中苏文化协会成都分会成立时，还邀请四川省主席王缵绪等国民党四川当局官员到场致词，以减少来自国民党有关方面的阻挠，继续推动四川地区抗日救亡运动蓬勃发展。

全面抗战期间，四川各市、县均利用欢送川军出川抗战和纪念九一八、七七、八一三等各种纪念周、纪念日活动，举行大规模的群众性的抗日救亡集会和游行示威。

（四）通电请愿

发通电和请愿，是民国年间各种政治力量进行宣传造势的重要手段之一，也是全面抗战时期四川地区抗日救亡运动蓬勃发展的重要标志。

1937年7月13日，华西协和大学全体师生在《致川中将领电》中指出："倭寇一再启衅，咄咄逼人，凡有血气，莫不发指。"呼吁川军将领："当此存亡危急之秋"，应"一面速电前方将士，勉其誓死守土；一面请缨中枢当局，力为后援。务使国土主权，分毫不损"。当日，成都新闻界也致电宋哲元，向卢沟桥前线抗敌将士致敬和慰问。《新新新闻》同日亦发表《川军应即请缨出镇武汉》提出："宛芦战况紧急，华北危在旦夕。川军应即火速准备出动，报效国家，捍卫疆土"。"时至今日，我川军无论应援华北，镇摄后方，巩固长江防务诸点观察，均应马上跳出夔门，静待中央统一之调遣。"①

7月15日，四川绅民46人致电四川省主席刘湘提出：第29军浴血抗战，忠勇堪称，但恐后援不继，独力难支。"我公许身党国，素以抗日为职志。投袂而起，今正其时。恳即提挈川康各军，请缨北上，共雪国耻。"②

7月23日，"省抗"就其成立一事，分别电呈蒋介石和刘湘，表示"此次芦宛事变，冠犯平津，举国同心，图存御侮，敌忾同仇，自当奋勉"。"本会爱国不敢后人，现正加紧工作，扩大宣传，誓为抗敌后援。于中央整个计划之下，共赴国难。"又在通电全国的文电中表示："吾国内忧方靖，外患频生，暴日侵凌，有加无已。近来芦宛之变，举国兴悲。天下兴亡匹夫有责，凡我同志，应抱爱护党国之革命热忱……同心同德，磨砺以奋……一俟全国总动员之日，定当事先效命，救亡图存，冀以倾国

①《新新新闻》1937年7月13日。

②《新新新闻》1937年7月15日。

之师，大雪积年之恨，敌忾同仇。”在声援宋哲元及平津抗战之第29军的通电中亦说：“强寇入室，窥我堂奥，贵部捍卫守土，浴血奋斗，艰苦支持……凡在国人，闻风兴起。敝等集合全川志士，誓为后盾。”[①]

8月1日，“省抗”又通电南京、上海、北平、天津、广州、福州、武汉及各省市县抗敌后援会，呼吁一致对日经济绝交，提出：“日寇侵凌，邦交绝(决)裂，举国民众，愤慨同深。此间(四川)虽在西陲，抗战何敢独后。昨经本会决议，厉行全川经济绝交，各商现存仇货集中拍卖，严禁今后贩运。惟抵制仇货，首在杜绝来源，务须各地同时检查，执行始能彻底。特此电请贵会……务采一致行动，倘有仇货经过，立予扣留。如已私运过境，事后发觉者，希即立电通知，以便俟其入口时，设法处理。”[②]

8月2日，“四川民众华北抗敌后援会”发出通电：要求蒋介石与南京国民政府立刻对日作战，恢复失地；要求刘湘率军出川抗日；要求各省市对日经济绝交，抵制日货等。

此外，全面抗战期间，每遇重大事件或重大纪念日等，四川各地各界都要发通电，表达坚持抗战的立场，营造抗日救亡的舆论声势。

(五)开展群众性抗日救亡宣传活动

七七事变后，四川地区抗日救亡活动再掀高潮，其最主要表现，是大规模、群众性的抗日救亡宣传活动的蓬勃开展，并形成此起彼伏、波澜壮阔的抗日救亡宣传声势。当时，四川各地各界抗日救亡团体都组织了歌咏队、戏剧队、演讲队、壁报队等宣传团队，到城镇、乡村及工厂、学校、工地等，张贴标语，散发传单和小册子，街头讲演，演抗日戏剧，唱抗日歌曲，办抗日宣传壁报(黑板报、宣传栏)等，启发民众的抗日爱国觉悟，增强人民的抗日救亡意识，营造推动四川地区抗日救亡运动进一步蓬勃发展的舆论声势。中共党员和“民先队员”为领导骨干的抗日救亡文化团体在其中扮演了重要角色，发挥着领导核心和骨干带头作用。

---

①《四川各界抗敌后援会关于成立大会的通电》，1937年7月23日，四川省档案馆：《川魂：四川抗战档案史料选编》，西南交通大学出版社2005年版，第457—458页。

②《四川各界抗敌后援会通电各省市一致对日经济绝交》，1937年8月1日，四川省档案馆：《川魂：四川抗战档案史料选编》，西南交通大学出版社2005年版，第458页。

第一，“天明歌咏团”的抗日救亡宣传活动及其影响。“天明歌咏团”是以中共党员、“民先”队员为领导骨干，以四川大学学生为主，以“益民书店”和“救国会读书小组”为基础成立的青年抗日救亡团体。七七事变后，他们公开打出旗帜，每天黄昏时分到成都市区的春熙路、中山公园、少城公园等市民聚集的繁华地方开展歌咏游行、教市民演唱抗日救亡歌曲等活动；或利用电台、电影院、剧院等广电文娱场所，演唱抗日爱国歌曲，进行抗日救亡宣传；或在“民先”、“成都救国会”召集的抗日救亡集会游行等活动中担负带领群众唱抗日救亡歌曲的任务。同时还指导和带动成都大中小学的教职工、学生，其他行业或社会阶层的人们，组织成立了“叱咤风云歌咏团”、“海燕歌咏团”（又名“电讯歌咏团”）、“川大歌咏团”（后改名“抗敌后援会歌咏团”）、“晨呼队”等高唱抗日救亡歌曲，传播抗日救亡声音的歌咏团队。

1937年7月8日，在“天明歌咏团”的影响和带动下，成都地区的“民先”队员和部分进步教师组织召开“教师座谈会”，商议发动学生、民众参加抗日救亡运动事宜，决定由一部分青年教师和学生联合组成一支抗日救亡歌咏队，用歌声唤起民众参加到抗日救亡运动中来。

受“天明歌咏团”的影响和带动，成都地区的工人（以印刷工人为主）、商店与书店的店员、中小学教师等组织起来，成立了“晨呼队”。每天清晨组织队员在所在街区及附近社区（如印刷工人在学道街、卧龙桥，书店店员在祠堂街一带）高唱抗日救亡歌曲，“要唤醒睡梦中的人！每一声——都要刺入每一个人们的心！”呼唤大家起来投入抗日救亡运动。

在“天明歌咏团”的影响和指导下，成都市电话局100余名职工组织成立了“海燕歌咏团”。该团成立后，与“天明歌咏团”一起上街开展抗日救亡歌咏活动，并在南较场电话局电线工人比较集中的地方，利用举办读书识字班、举行抗日救亡座谈会、教唱抗日救亡歌曲等方式，传播抗日救亡的声音。

在“天明歌咏团”的影响和带动下，成都各界各抗日救亡歌咏团队将演唱、教唱抗日救亡歌曲的宣传活动范围，由市区逐渐扩大到成都近郊的青龙场、天回镇、红牌楼、簇桥和双流、温江、郫县、灌县（今都江堰市）、新都、广汉等远郊县城。当时，“天明歌咏团”的名气很大，国民党中央电影制片厂在拍摄反映抗战大后方抗日救亡运动情况的新闻记录片时，还专门来成都邀请“天明歌咏团”组织了一次街头歌咏活动，供其拍摄。

第二，社会各界各种群众性抗日救亡宣传活动的开展[①]。其一，学生群体的抗日救亡宣传活动。如“四川大学抗敌后援会”，仅在1937年8月15日至25日期间，即印制传单、口号2万余份，绘制漫画及国难地图40余幅。8月26日，川大抗敌后援会组织的两个乡村宣传队共40余人，又分别深入温江、新都、新繁等地城乡进行抗日救亡宣传。他们每到一地，即高唱抗日救亡歌曲，讲述抗战故事，讲解国难地图，揭露日军侵占我国领土，屠杀我同胞的罪行。场面悲壮感人，听者无不义愤填膺，“情绪至为激烈”。9月，川大抗敌后援会成立了“宣传二队”（简称“抗宣二队”）后，利用从“省抗”领取的少量经费和师生们的捐款，制作旗帜，购买纸张，利用星期日，组织师生走上成都街头开展讲演，教唱抗日救亡歌曲，演街头剧等抗日救亡宣传活动。又据华西协和大学1937年10月的记载：“本校抗敌后援会成立以来，积极工作，征集募捐各种慰劳品外，还积极进行宣传工作。除在本校、安顺桥、浆洗街三处设立抗敌壁报，尤重农村宣传。前次星期日去青羊宫，队员们分头讲演，组织游艺，听者观者不下数千人。”当时，“全民抗战”、“有钱出钱，有力出力”是广泛传播、深入人心的口号，也是激发中国人民抗日爱国热情的战斗号令。因此，华西协和大学号召教职员捐款的启事即说：“此次国战，全赖前方出力，后方输资，乃能长期抵抗以求最后胜利。……务记在国难期间，节衣缩食，出其所余，以济战区。”华西协和大学学生自治会召集的慰劳抗敌将士的募捐会议提出：“全民抗战，必须全民力量。前方将士力争求整个民族生存，在冰天雪地中浴血苦斗，后方民众自应努力捐输，庶不愧为中华国民，而操战争之最后胜利。”除川大、华大等大学外，当时成都地区的协进中学、华美女中、中华女中、建国中学等许多中学甚至一些小学的师生，也积极投入到抗日救亡的宣传活动中来。

其二，工人群体的抗日救亡宣传活动。七七事变后，“成都工人救国联合会”更名为“成都工人抗敌宣传团”（简称“工抗团”），先后建立了各行业22个分团，在工人中广泛组织或秘密或公开的茶话会、识字班、读书会等抗日救亡组织，领导工人办夜校，开展歌咏活动，并在《四川日报》副刊开辟《工人园地》，发表反对日本侵略、宣传抗日救亡和宣传工人生活与斗争的文章，成为广泛联系工人群众，并在成

---

①本节所述，主要参引自安德才：《“七·七”事变后的成都》，《中共成都地方历史资料选编》（一），中共成都市委党史研究室内部编印2004年版，第475—493页。

都地区抗日救亡活动中很有影响力的主力社团。1938年2月13日,在“工抗团”的发动和组织下,成都各行业工人参加了成都各界响应国际反日援华特别会议的反侵略大会与火炬游行。

其三,妇女群体的抗日救亡宣传活动。以中共党员、“民先”队员为领导骨干的“四川省妇女救国联合会”在并入“省抗”并改组为“四川省妇女抗敌后援会”(简称“省妇抗”)以后,在妇女中组织妇女读书会,开办妇女识字班、妇女夜校和妇女救护训练班,组织妇女募捐、慰劳,为前方抗战将士制作寒衣,开展义演、义卖,在《四川日报》上开辟《妇女园地》,自办报刊《妇女之声》等,教育、引导妇女走出家庭,在抗战爱国的旗帜下与男子一道投入抗日救亡的时代大潮。特别值得一提的是,“省妇抗”成员还深入到妓女群体中,在教她们唱抗日歌曲,演抗日短剧的同时,还教她们读书识字,动员医护人员为她们治病,唤起她们对生活的憧憬。在“省妇抗”的动员和组织下,一些妓女行动起来,参加了抗日救亡的集会游行,并将其收入捐作抗日经费。为此,报纸曾以“商女已知亡国恨”为题,表扬了她们的爱国精神。与此同时,“省妇抗”也与“民先”、“学联”、“青救”、“天明歌咏团”、“星芒社”等抗日救亡进步团体合作,组织会员和妇女群众到成都市区、近郊农村和新都、广汉及川军部队中演(教)唱抗日救亡歌曲,演出《放下你的鞭子》、《以身保国》等短剧,宣传抗日救亡主张。1938年3月,“省妇抗”组织30余个妇女团体2 000余人,举行三八妇女节纪念大会,并发表宣言号召妇女同胞们:要将自己训练成刻苦、耐劳、沉毅、英勇、铁的意志的“新女性”;要巩固和扩大抗日民族统一战线;要抗战到底,反对中途妥协,争取最后胜利。同月,“省妇抗”发起组织妇女战地服务团。成都各界妇女纷纷报名,踊跃参加。随后挑选了11名妇女组成战地服务团第一队。3月27日,成都各界群众举行了声势浩大的欢送妇女战地服务团第一队出征抗日的游行活动。11名女队员在“战地服务团是妇女抗战的先锋队”、“在民族解放中争取妇女解放”、“全国妇女武装起来参加全民抗战”等慷慨激昂的口号声中,英姿飒爽地踏上征途。她们经重庆沿长江三峡东下出川,辗转于湖北、江西、安徽等抗战前线,沿途慰问负伤住院的抗战将士,开展战地服务工作,并曾受到川籍中共将领、新四军领导人陈毅的接见和鼓励。同年,“省妇抗”还先后组织了妇女界“保卫大武汉”抗日动员宣传、声讨汪精卫叛国投敌活动的集会游行示威活动。

全面抗战期间，在自贡、雅安、南充、涪陵、温江、眉山、绵阳、万县、江油、新都、灌县、昭化等四川各县市，在各界各个抗日救亡团体的组织下，广大民众积极行动起来，不时召开有数万人至10余万人参加的大规模的抗日救亡集会游行，发通电或发表为抗日救亡告民众书，呼吁全国人民一致团结实行对日抗战，要求蒋介石和国民政府"本庐山谈话精神"坚决抗日，并通过张贴标语、散发传单、宣传讲演等方式，促使全川各市县城镇"热闹的街头，在人群会聚的茶楼和公园里，在电影院和游艺场所里"，都充溢着声势浩大、慷慨激昂的抗日救亡宣传鼓动的声音，[①]形成了遍及全川各地各界，声势日益浩大的抗日救亡运动新高潮。"在短短一个月时间内就有四十多个县和单位的救国团体致电四川军政当局，要求刘湘'提挈川康各军，出师杀敌'"。"四川省抗敌后援会和很多县、学校、机关法团的抗敌后援会，如雨后春笋，破土而出，积极开展宣传、慰问募捐等活动"，"要求川军出川抗战的呼声……愈趋激越"，[②]营造了促使蒋介石与南京国民政府下定决心对日作战，推动川军出川抗战，欢迎国民政府迁都重庆并以四川为抗战大后方的有利的政治形势。

二、国民政府迁都重庆的过程及意义

七七事变以前，蒋介石和南京国民政府即已拟订预案：一旦抗战全面爆发，"将迁都四川重庆"[③]。全面抗战爆发后，随着日军步步进逼和抗战局势的日益严峻，蒋介石和南京国民政府中枢开始考虑迁都并着手选择迁都地点。8月4日，国民政府军委会举行卢沟桥事件第25次汇报会，主持会议的军政部长何应钦要求与会者对战时政府所在地加以慎重、周全的考虑，并讨论了是否以迁都武汉为宜

①安德才：《"七·七"事变后的成都》，《中共成都地方历史资料选编》(一)，中共成都市委党史研究室内部编印2004年版，第473—475页。

②《新政月刊》第1卷第2期，1937年，转引自四川省政协文史资料委员会、四川省人民政府参事室：《川军抗战亲历记》《前言》，四川人民出版社1985年版，第2页。

③何廉：《何廉回忆录》，中国文史出版社1988年版，第129页。

的问题。8月6日，国民政府有关部门又提出“大战爆发后，如首都遭受敌人空军之激烈袭击，则迁往衡阳衡山”的建议。[1]四川省主席刘湘听说此事后，即对其亲信幕僚、时任四川省政府财政厅厅长的刘航琛说，国民政府准备迁往湖南“是不合适的”，“因为国际战争，恐怕宜昌、沙市不能保。如果宜昌、沙市失守，长沙断不能守。应该欢迎国民政府一直迁往重庆，免得节节败退，动摇民心”。并指示四川省政府立即致电蒋介石和国民政府中枢，欢迎迁都重庆。[2]8月13日，蒋介石对刘湘“建议中央迁川，长期抗战的种种意见”“甚表嘉许”。随后，蒋又告诉其亲信幕僚何廉等人，“我们将迁都重庆”，并要求何廉等人“以此为基础计划同各部开会商议”[3]。11月12日，蒋介石与国民政府主席林森商议，决定迁都重庆，“以备长期抗战”[4]。11月15日，战时代行国民党中央政治委员会职权的国家最高决策机关——国防最高会议决定：“国民政府及中央党部迁重庆，军事委员会迁移地点，由委员长决定；其他各机关或迁重庆，或随军委会设办事处，或设于长沙以南之地点。”[5]随后，南京国民政府各机关，除行政主官仍留南京主持工作外，其余职员开始陆续撤离南京，向武汉、重庆、长沙等地转移。

11月16日，南京国民政府主席林森率领国府直属的文官、主计、参军3个处部分人员，乘军舰离京西上，拉开了国民党中央和南京国民政府向西迁移，以重庆为战时首都的帷幕。18日，国民党最高当局决定：“于林主席抵川或抵宜昌时，发表迁徙政府于重庆之文告……政府机关最高人员须于文告(发)表后始得离京。”[6]19日，林森一行抵达武汉。同日，蒋介石在国防最高会议上作《国府迁渝与抗战前途》的讲话，向与会者宣布：“现在中央已经决议，将国民政府迁移到重庆。”“国府迁渝并非此时才决定的，而是三年前奠定四川根据地时早已预定的，不过今天实现而已。”“希望政府和党部同人迁渝以后，秉承主席教导，对于一切职务，不但要照常努力，而且要积极整顿，格外振作，在艰苦之中力求革新和精进，总要使有

①周勇：《重庆抗战史：1931—1945》，重庆出版社2013年版，第99页。

②沈云龙、张朋园、刘凤翰访问，张朋园、刘凤翰纪录：《刘航琛先生访问纪录》，九州出版社2012年版，第66页。

③周勇：《重庆抗战史：1931—1945》，重庆出版社2013年版，第99页。

④《抗战时期国民政府迁都重庆及明令以重庆为陪都经过》，(台北)《近代中国》第18辑，1980年版；《徐永昌日记》第1册，(台北)中央研究院近代史研究所1980年编印，第177页。

⑤《王世杰日记》第1册，(台北)中央研究院近代史研究所1990年编印，第140页。

⑥《王世杰日记》第1册，(台北)中央研究院近代史研究所1990年编印，第142页。

一番新气象，来安慰前方的将士，激励后方的军民。”[1]20日，林森在汉口发表《国民政府移驻重庆宣言》，以国民政府主席即国家元首的身份，向国内外公开宣布："自卢沟桥事变发生以来，平津沦陷，战事蔓延。国民政府鉴于暴日无止境之侵略，爰决定抗战自卫。全国民众敌忾同仇，全体将士忠勇奋发，被侵（略）各省均有急剧之奋斗，极壮烈之牺牲。”“我国自决定抗战自卫之日，即已深知此为最后关头，为国家生命计，为国际正义与世界和平计，皆已无屈服余地。凡有血气，无不具宁为玉碎不为瓦全之决心。国民政府兹为适应战况，统筹全局，长期抗战起见，本日移驻重庆。此后将以最广大之规模，从事更持久之战斗。以中华人民之众，土地之广，人人抱必死之决心，以其热血与土地凝结为一，任何暴力不能使之分离。外得国际之同情，内有民众之团结，继续抗战，必能达到维护国家民族生存独立之目的。”21日，刘湘以四川省主席名义致电林森，代表四川民众，诚恳欢迎国民政府移驻重庆。电文云，国府中枢“为适应战况，统筹全局，长期抗战起见，移驻重庆。（中央）有此坚决之表示，益昭抗敌之精神；复兴既得根据，胜算终自我操。不特可得国际之同情，抑且愈励川民之忠爱。欣诵之余，谨率七千万人，翘首以待，伏乞睿鉴”[2]。

11月22日，林森一行抵达宜昌，因军舰吃水深不能航行长江三峡，遂改乘民生公司的“民风”轮西进。11月25日，重庆市政府奉令将市区曾家岩重庆高级工科学校改建为国民政府办公地址，经昼夜赶工，于当日即完成改建工作。次日，林森率国民政府首批迁渝机关、人员抵达重庆时，重庆军政当局及各界民众10余万人热烈欢迎，“盛况空前”。11月28日，四川省及成都市各界在少城公园举行各界民众欢迎林森主席暨国府莅渝大会，“情况热烈”[3]。11月30日，中国国民党中央执行委员会秘书长叶楚伧、中央监察委员会秘书长王子庄及中央委员吴稚晖、丁惟汾、钮永键等率中央党部职员40余人抵达重庆。12月1日，国民政府宣布在重庆新址正式办公。同日，国民政府行政院通知各省市政府、西康建省委员会、威海卫管理公署："本院依照中央决议，兹经移渝办公，转电知照。”12月7日，国民党中央党部在范庄举行迁渝后首次执、监委联席会议，表示正式在渝办公。在此期间，

①蒋介石：《国府迁渝与抗战前途》（1937年11月19日），《总统蒋公思想言论总集》卷14“讲演”，（台北）中国国民党中央党史委员会1974年编印。

②周开庆：《民国川事纪要》下册，四川文献研究社1974年版，第31页。

③周开庆：《民国川事纪要》下册，四川文献研究社1974年版，第30—31页。

国民政府文官长魏怀、主计长陈其、考试院院长戴季陶等先后抵达重庆。到1938年1月11日，除军事、外交、经济、财政、内政、交通等重要职能部门尚在武汉或长沙外，国民政府其他各机关均由南京迁移至重庆并正式办公。

1938年7月17日，鉴于武汉会战形势愈益严峻，国民政府军委会遂令国民政府和国民党中央驻武汉各机关，限5天之内全部移驻重庆。为贯彻这一命令，7月18日，中央社会部移驻重庆并开始办公；7月27日，外交部政务次长徐谟、常务次长曾镕甫抵渝；7月29日，蒙藏委员会委员长吴忠信、侨务委员会委员长陈树人抵渝；7月31日，经济部部长翁文灏与该部常务次长秦汾等抵渝；8月2日，内政部部长何键、财政部次长徐堪、中国青年党主席曾琦等抵渝；8月3日，行政院副院长张群奉命出任重庆行营主任并与中央振济委员会委员长许世英等一行抵渝……截至8月4日，驻武汉国民政府和国民党中央各行政机关，已全部迁移至重庆并陆续开门办公。这期间，驻武汉之各军事机关，先是迁移至湖南南岳等地，后于11月中旬起亦陆续迁往重庆。12月8日，以蒋介石率领军事大本营从广西桂林飞抵重庆为标志，战时中国政府首脑机关和首都西迁重庆这一壮举遂告完成，重庆亦由此成为中国战时首都和抗战大后方的政治、军事、经济、文化中心。

多年后，刘航琛回忆时认为，全面抗战爆发后，国民政府之所以能下定决心迁都重庆并迅速付诸行动，正是“因为在‘八一三’之后，刘甫澄即表示欢迎他们去，大家既然推诚相见，自己又领兵到外面抗日……政府当然心安理得，以重庆为国民政府所在地，以西南为大后方”[①]。

在此期间，大批的政府职能机构、政党、外交使领馆、社会团体及社会名流要人等，也追随国民政府迁往四川。他们除集中居留于重庆外，也有部分居留于成都、昆明及其周边地区。据不完全统计，仅重庆市，即先后接纳和安置国民党中央党政军各类机关团体130余个，各级官员和公职人员上万人。[②]此外，中共中央南方局和第十八集团军（八路军）办事处也迁驻重庆市区沙坪坝红岩村；美、苏、法、德、土、澳、加及大韩民国等驻华使领馆也迁至重庆、成都等川中城市；中央研究院、故宫博物院等科研学术机构和社会团体等也迁到重庆、成都及川内其他城市。[③]

①沈云龙、张朋园、刘凤翰访问，张朋园、刘凤翰纪录：《刘航琛先生访问纪录》，九州出版社2012年版，第66页。

②陆仰渊、方庆秋：《民国社会经济史》，中国经济出版社1991年版，第585页。

③冉志、杨化：《抗战时期国民政府人口政策研究》，《重庆师范大学学报》2007年第1期。

国民政府和国民党中央西迁重庆，打破了日本侵略者“图袭我首都，迫订城下之盟”的阴谋，表明了蒋介石和国民政府“贯彻持久抗战之主旨”，极大地鼓舞了中国人民的抗日斗争精神，激发了国人的抗战爱国斗志。首都是国家最高政权机关所在地，也是一国政治、经济、军事、文化、外交、社会统治及活动的中心，在国人的心目中有着其他城市远远不可比拟的重要政治地位和强大影响力。因而，在历史上，古人即有“欲灭其国，必陷其都”之说。古往今来，国与国之间，或国内不同势力之间的攻伐，都把攻陷对方的首都作为具有重要象征意义的首选目标之一。因此，全面抗战爆发前，侵华日军将领向日本天皇和大本营、内阁保证说：“南京一丢，蒋介石就会屈服，中国事变就结束了。”阎锡山认为：“山西人怕山西败，尚没有怕南京败厉害。盖山西败尚有南京，若南京败则全国败矣。”国民政府则通过迁都重庆这一举动，“一则防为城下之盟，一则更坚定抗战之决心……使前方将士、后方民众咸知政府无苟安求和之意念”，“就长期抗战之阶段上，对于国民及友邦表示其更坚决之意志，予敌人以警觉”。当时人亦认为：“政府移驻上游，便利甚多”。“我们恭读宣言全文及国府移驻办法，惟有感激致佩，认为非常适当”。“此一纸宣言，足以抵百万生力军。因为自失太原、退淞沪，接着敌军一面攻济南，一面攻苏嘉，一部分人心上不免有忧郁的暗影。而这个宣言发表后，顿时把这个忧郁一扫而空，全国士气为之振奋，人心之感激，有不可以言语形容的”。“战壕哨兵聆之，有击枪跃马而出者，铜锄铁锹亦将使敌寒胆，其兴奋热烈之忱，溢于每一字里行间”。由此可见，“国民政府在战争开始后不久就断然将战时首都迁到重庆，这对全国人民，是在抗战初期起了有力的动员和鼓舞士气的作用”。①

①金冲及：《应当重视抗战时期陪都史的研究——在重庆抗战陪都史学术讨论会上的讲话》，顾乐观：《中国重庆抗战陪都史国际学术研讨会论文集》，华文出版社1995年版，第13页。

三、重庆直辖和西康建省

（一）重庆直辖

1927年11月，重庆设市。1929年2月，正式成立重庆市政府，从此成为以市为名的市建制城市。重庆建市初期，是四川省直辖市，编制为国民政府二级乙等省辖市。抗战初期国民政府迁都重庆后，为提高重庆作为中国战时首都的政治地位，加强其作为国家行政中枢及政治、经济、文教中心的功能，遂于1939年5月5日明令定重庆为行政院特别市，即甲等中央直辖市。1940年9月6日，又明令定重庆为陪都，“战时蔚成军事、政治、经济之枢纽，此后自更为西南建设之中心”，并训令行政院“督饬主管机关，参酌西京之体制，妥筹久远之规模，藉慰舆情，而彰懋典”。[①]

重庆成为国民政府战时首都（陪都）后，为适应大批党政军机关、工矿企业、文教单位及其人员的涌入，城市迅速发展、城区面积不断扩大的实际情况与客观需求，对城市管理体制进行了重要的改变。即：由抗战前市政单一机构管理，变成多机构、多部门分工管理；由市政府单一层次的管理，变成国民政府（前期四川省政府也参与）与市政府之间的多层次管理。有关重庆城市建设发展的重大方针政策的制定与发布，由国民政府直接定夺。市长及市政府各局行政官员，由国民政府行政院直接任命。国民政府还成立了筹划重庆城市建设的机构“陪都建设计划委员会”，相继颁布了《都市法》、新勘定《重庆市新市区地界》、《战时三年建设计划大纲》等重要的法规文件，将重庆城市的规划、建设统管了起来。

国民政府迁都重庆，推动了重庆城市的发展。1927年重庆设市之初，规划重庆两江上下游南北两岸30华里为市区，“以南纪门至菜园坝一带为第一区，临江门至曾家岩一带为第二区，曾家岩经两路口至菜园坝一带为第三区，通远门至两路口为第四区，南岸玄坛庙至龙门浩一带为第五区，江北嘴至香国寺一带为第六

①周开庆：《四川与对日抗战》，台湾商务印书馆1971年版，第68—69页。

区，次第开辟，分期进行”。[1]但无明确边界。1932年，第21军军部派员踏勘划界，从巴县划入43平方公里，从江北县划入3.75平方公里，使抗战前重庆城市的总面积达到46.75平方公里。抗战初期国民政府迁都重庆后，将重庆市原有的5个区改设为12个区（后扩至18个区），并陆续将巴县，江北县位于重庆城郊的区域划归重庆。至1946年，重庆市辖区面积增至295.78平方公里。城市人口，亦由1936年47万余人，1945年增至125万人，成为当时仅次于上海、天津、北平、南京、沈阳、广州的第七大城市，西南地区的政治、经济、文化和教育中心。城市的道路交通、给排水、供电、医药防疫、环境卫生、学校教育、公共事业等基础设施建设，也有长足的进步。市容市貌显著改善。[2]

（二）西康建省

建省前的西康，旧称“川边”，隶属于四川省，即东起打箭炉（今甘孜州康定），西邻西藏，南接云南，北抵青海，东西宽约1 500公里，南北长约2 000公里的广大地区。区域内居民以藏族为主，也有汉、彝、蒙、回等族。清末，川边相继发生了泰宁事件和凤全事件，清廷遂派赵尔丰出任川滇边务大臣并率军前往平定。赵尔丰鉴于川边地区“国防重镇”、“西陲中心”的重要战略地位，同时出于抵制英国侵略者支持西藏上层亲英分子侵扰川边的考虑，在康区厉行“改土归流”，设置30余县，为西康建省奠定了初步的基础。1911年，赵尔丰的文案、代理川滇边务大臣傅嵩炑具奏清廷，建议川边改设行省，拟名“西康省”。但因辛亥革命推翻了清王朝，西康建省未能实现。

民国初年，因军阀混战，边防空虚，在英国侵略者的怂恿下，西藏上层亲英分子屡派藏军东侵川边，进占昌都各县，侵犯金沙江以东的德格、邓柯、白玉、石渠等县，甘孜、康定频频告急。北京政府亦先后派尹昌衡、殷承献、陈遐龄为川边经略使、镇守使，统兵西进，镇抚川边。1925年，北京政府下令将四川川边道所属地区改为西康特别行政区，撤消陈遐龄的川边镇守使职务，任命刘成勋为西康屯垦使兼管民政事宜，统管川边地区的军政、民政大事，其防区从新津一直延伸至川边。

1927年，四川省政府主席、第24军军长接管了第23军军长刘成勋的西康戍

①《重庆商埠月刊》第2期，1927年。

②详见周勇：《重庆抗战史：1931—1945》第十一章《重庆城市的发展》，重庆出版社2013年版，第343—373页，兹不赘述。

区和部队，并由蒋介石和南京国民政府委派兼任川康边防军总指挥。其后，刘文辉因在“二刘大战”中战败，而被迫退守雅安、西昌和川边地区。1935年，打破军阀防区制，实行川政统一时，刘文辉不得不将雅安、西昌所属各县交给四川省政府管辖，其所仅能控制的川边地区，因地广人稀、地瘠民贫、赋税收入少而难于养活部队。为求自存自保，刘文辉便根据川边地区的自然环境、人文条件和历史沿革，向国民政府要求建立西康省，以扩大其财政经济来源，加强实力。时任国民政府行政院长的汪精卫，念及刘文辉在1930年曾附和过他在北平组织的国民党扩大会议，遂竭力支持刘文辉的西康建省要求及活动。蒋介石也不愿刘湘及其派系势力在四川独大，亦同意刘文辉占据西康，另建一省，借以牵制刘湘，平衡四川地方各派的势力。在此情形下，1935年7月22日，经国民政府批准，在雅安成立了西康建省委员会，刘文辉任委员长，诺那（藏）、向传义、刘家驹（藏）、张铮、冷融、段班级为委员。但这时刘文辉统治的川边地区虽有19个县和1个设治局，人口却仅有30余万，每年赋税收入仅有50万元左右，与预计建省后每年开支需300多万元相差甚远。刘文辉于是要求国民政府：一是将四川省的西昌、雅安两个专区15个县、两个设治局，划归西康省管辖；二是西康建省后，每年各项事业经费开支325万元中的不足部分，概由国民政府全部补助。经过蒋介石和国民政府、四川省政府暨刘湘、王缵绪与刘文辉三方多次、反复的协商沟通，国民政府于1938年4月颁令，自该年9月1日起，四川省将西昌、雅安两个专区移交给西康省接管；在西康省政府成立后，按西康省的财政收入预算，由国民政府和四川省政府补助西康不足的行政和建设经费。这样，西康建省的条件就成熟了。

1938年11月28日，国民政府行政院召开第390次会议，根据刘文辉和西康建省委员会的报告，并鉴于日军已占领大片国土，抗战局势日益严竣，西康建省可加强西部国防、安定后方等考虑，批准西康建省，并致电刘文辉和西康建省委员会提出：“西康准予建省，于二十八年一月一日成立省政府。”[①]1939年1月1日，根据国民政府行政院的电函指示，西康省政府在康定正式成立。省政府主席刘文辉，秘书长张为炯，民政厅长段班级，财政厅长李万华，教育厅长韩孟钧，建设厅长叶秀峰，保安处长王靖宇。西康建省之初，有康属18县、雅属6县、宁属8县，宁东、金汤两个设治局，共32县、两个设治局，辖区总面积35.15万平方公里，人口150万，省会康定。

①四川省档案馆、四川省民族研究所：《近代康区档案资料选编》，四川大学出版社1990年版，第69页。

西康建省后，刘文辉掌握了党、政、军、财大权，建立起了对西康省的全面统治。蒋介石和国民党中央为控制西康，监督刘文辉，曾先后派C.C系的叶秀峰、周学昌、骆美伦等人到西康省党部任职。又于1939年2月1日下令在西昌设军事委员会委员长行辕，派张笃伦为主任，率中央军1个营(后有增加)进驻西昌，并设立各种机构，监视刘文辉和西康省政府，收集各种情报。刘文辉也针锋相对，在西昌设立宁属屯垦委员会，拉拢彝族首领邓秀廷等少数民族上层人物，进行反对和抵制西昌行辕的斗争。

四、川康实力派与蒋介石集团围绕川政的明争暗斗

1938年1月20日刘湘病逝后，蒋介石认为四川实力派已经群龙无首，正是国民党中央势力直接统治四川的好时机，遂于1月22日由国民政府出面，任命其亲信、川籍人士张群为四川省主席。消息传到成都，迅速引起川康地方军政官员，特别是刘湘部队将领的强烈反应。大家瞻念前途，认为“联合起来，尚可图存，各自为谋，则终必同归于尽”。于是决定团结修好，一致反对张群主川。并由刘湘部队的核心组织——武德励进会出面，组织人员在成都全城遍贴反张标语，举行反张主川的集会和武装游行示威，命令留川各部队：没有武德励进会的命令不准调动。同时由刘湘部师长彭焕章出面，领衔留川的数十名川军师、旅长，联名致电蒋介石和国民政府，明确拒绝张群主政四川，要求中央收回成命。蒋介石和国民党中央势力见川军将领反应强烈，当时又正值日军大举进攻、战事激烈和迫切需要安定后方之际，遂改变策略，一方面，复电“慰勉”川军各将领，说“甫澄之僚友，即中(正)之僚友，甫澄之部属，即中(正)之部属”，“不会(使)甫澄所部有一人之失所而无所依托”。并电令重庆行营主任顾祝同，“宣达中央眷念川省军民之意旨”，申明“中央措置川事善后，自必一秉至公至正方针……”，要求“全川军政长官……安心服务，努力工作，勿惑于谣言，勿懈其素志”。[①]另一方面，宣布由四川省政府秘书

①周开庆：《四川与对日抗战》，台湾商务印书馆1971年版，第124—125页。

长邓汉祥暂代省主席，省总参议钟体乾暂代川康绥靖公署主任，维持现状。并派刘湘的高级幕僚傅常、刘航琛、卢作孚等人回成都居间调停，进行疏通。并答应了川军将领的其他一些要求。此后，蒋介石还曾先后委派重庆行营正、副主任顾祝同、贺国光为四川省主席，均因遭到川军将领的坚决拒绝而作罢。

在这种情势下，蒋介石和国民政府被迫同意由川军将领自荐一人暂代省主席职务，并对四川军、政人事进行调整。1932年3月2日，国民政府委任非刘湘派系的邓锡侯为川康绥靖公署主任。3月16日，在撤销了对第21军军长潘文华因"作战不力"所受撤职留任处分后，委任为第28集团军总司令，委任刘湘部队另一高级将领王瓒绪为第29集团军总司令。3月23日，委任刘湘部队另一将领王陵基为第30集团军总司令。随后，又委任潘文华为川康绥靖公署副主任、川陕鄂边区绥靖公署主任，王缵绪为四川省主席。对川康实力派首领刘文辉，则先后委以重庆行营副主任、西康建省委员会委员长、西康省主席等重要职务。这样，通过对川康实力派军、政要员安排以重要的军、政职务或升职，加以安抚，以稳定四川政局。

王瓒绪野心勃勃，为人"利欲熏心，反复无常"。在刘湘生前，"就望到省主席这个位置"。他经过苦心钻营，如愿以偿坐上四川省主席的位子后，一方面，也做过一些有利于抗战和四川建设的事情；另一方面，又很骄横跋扈，不仅不买川康实力派军政要员的账，反而处处作对，甚至在会上公开责骂留川将领。尤其令川康实力派不能容忍的，是他甘当蒋介石和国民党中央在四川的代理人，勾结军统，向蒋介石密告川康实力派团结拒蒋，以及"云南王"龙云路过成都时，与刘文辉、邓锡侯、潘文华等密商川、滇、康三省联合反对蒋介石与国民党中央势力并签定协议等情形。于是，刘文辉、邓锡侯、潘文华等川康实力派首领，策动部下彭焕章、陈兰亭、谢德堪、刘元瑭、刘树成、周成虎、杨晒轩等7师长联名致电蒋介石，历数王瓒绪挑拨中央与地方感情、攘夺川康政权、卖官鬻爵、征兵征实、扰民病民、任用私人、树立党羽等"祸川十大罪状"，要求中央速撤王的省主席职务，以谢川人。同时采取军事行动，将部队调往成都附近，驻成都的彭焕章部做出战时戒备姿态，"刘树成外出会客改乘大卡车，车上架机关枪，如临大敌"，[①]制造紧张空气，给蒋介石和王瓒绪施加压力。当时川军留川部队9个师中，只有两个师长没有参与联名倒王，而王手中只有一个保安旅的兵力，无力应战，遂"引咎自动请缨抗战"。蒋介石

①黄应乾：《刘湘死后川局波澜纪略》，《文史资料选辑》第12辑，中华书局1981年版。

亦准王所请，将其派回湖北抗日前线继续任第29集团军总司令。蒋介石通过川军将领反对张群主川、倒王等一系列事件，认识到川事棘手，川政难治，于是决定自己兼任四川省主席，直接压制川军将领，加强中央对四川的统治。

1939年9月19日，国民政府明令宣布：四川省政府主席王瓒绪，志切抗战，请缨出川，恳辞主席职务，应准其率部驰赴前方，英勇卫国，悉力御侮。在王出征期间，所遗四川省主席职务，由军事委员会委员长蒋介石兼任。任命贺国光为四川省政府秘书长。10月3日，蒋介石由重庆飞成都。10月7日，在贺国光、王陵基陪同下，到省政府视事，在大礼堂与省府各厅处长及直辖各机关首长、职员见面并训话，“谆谆以奉公守法，负责任守纪律相勉”。10月9日，蒋约见成都绅耆与教育界人士，征询治川意见。10月10日上午，蒋偕夫人宋美龄在川康军政首长邓锡侯、贺国光、刘文辉、王瓒绪等的陪侍下，主持国庆日阅兵典礼。下午，招待成都市出征军人家属，慰问殷勤。10月11日，蒋赴省政府主持省务会议，贺国光与省府各厅、委首长全体出席。各厅长依次报告本年度以往施政纲领。蒋做恳切训示。10月15日，蒋发表《告四川省同胞书》提出：愿全省贤达与知识人士，领导社会，转移风气，使社会有蓬勃奋发之朝气；今日川政要务，在休养生息，而生息之本，决非姑息苟安，而在勤劳严肃；厉行禁政，肃清烟毒等要求。并期望川省同胞：“黾勉奋发，进为现代之国民，发扬川省之特长，以求抗战之胜利与建国之成功”。“上无愧于先民与先烈，下无愧于艰苦抗战牺牲奋斗之将士”。10月16日，蒋在出席成都党政军联合扩大纪念周训话时，谈到其在川施政方略，指出：要旨在除大害，锄大毒，即：清除盗匪，禁绝烟毒。施政方针是先重管教，次及养卫；积极筹备地方自治，厉行保甲制度。并强调要求：“党政军各界人士，务须共同一致，分工合作”，“明礼义，知廉耻，负责任，守纪律，开诚心，布公道，与川民共祸福，同荣辱”，“川政乃能有成”。[①]

蒋自10月3日飞抵成都，到10月17日，在处理川政、部署工作暂告一段落后，便飞回重庆处理全国事务，四川省政府的日常工作即交给成都行辕主任兼省政府秘书长贺国光料理，蒋在重庆遥控指挥。因蒋兼任四川省主席的真正意图，是为张群主政四川铺平道路。为此，国民政府于1940年6月成立川康经济建设委员会，由蒋兼任委员长，张群、徐堪、卢作孚、刘文辉、邓锡侯、潘文华等任常务委员。

①周开庆：《民国川事纪要》下册，四川文献研究社1974年版，第79—82页。

张群实际主持该会工作，以为其拉拢川康实力派，协调关系，交流沟通，俾以顺利主政四川的工具。同年11月，川康经济建设委员会在成都召开第一次全体委员会议。80名委员中，共有65人出席。蒋介石以公务繁忙，不克分身为由，委托张群代其主持会议。会议虽然宣称“抗战时期，开发川康极为重要，应是当务之急”，并提出和讨论了发展川康经济的方针策略，但实际上成为张群与刘文辉、邓锡侯、潘文华等川康实力派进行暗中政治交易的场合。刘、邓、潘等见蒋介石和国民党中央已绝不可能再让川康实力派主持川政，而蒋兼理川政，比起张群主政四川，还更具威胁性，于是在与张群达成默契后，便改变态度，两害相权取其轻，同意并拥戴张群出任四川省主席。蒋介石见时机成熟，遂由国民政府于1940年11月15日明令宣布：免去贺国光成都行辕主任职务，由张群担任；四川省政府兼理主席蒋中正呈辞照准，遗职由张群兼理。11月18日，张群正式宣誓就任四川省政府主席。此后，张群担任四川省政府主席6年多，直到1947年4月出任国民政府行政院长时才辞去四川省主席职务。张群主政四川期间，继续推行蒋介石手订的《四川省施政纲要》，处处按照蒋和国民党中央的意旨，一方面推动川康地区的经济发展和建设事业，一方面加强对川康地区的控制。

五、抗战时期中共在川康地区的统一战线工作

西安事变和平解决后，中国共产党利用第二次国共合作的有利时机，积极开展抗日民族统一战线工作，创造全民抗战的有利国内政治环境，也为党和人民革命力量重新发展创造有利的条件。在抗日民族统一战线工作中，中国共产党清醒地认识到，国民党地方实力派在当时中国政坛上具有举足轻重的分量，团结和争取地方实力派对中国共产党发展抗日民族统一战线具有至关重要的意义。1936年3月20日，中共中央即在《共产国际“七大”与我党抗日统一战线的方针》中提出，党应该“首先注意那些有群众的、有实力的抗日派别”。“我们愈能组织南京以

外各派军阀走向抗日，我们愈能实现（逼蒋抗日）这一方针”。[①]七七事变以后，在全面抗战的新形势下，中国共产党更进一步加强了团结和争取川康实力派的统一战线工作。

1937年8月，周恩来、朱德、叶剑英等中共领导人，利用在南京参加国防会议的时机，直接对刘湘进行统战工作，并对其产生了重大的影响。在中国共产党与会人员的影响和帮助下，刘湘在会上慷慨陈词，积极主战，表示四川愿出兵出粮支持国家抗战。刘湘的发言，扭转了会议气氛，一定程度上推动了蒋介石和国民政府下定决心全力抗战，并得到中国共产党与会人员的赞扬。刘湘会毕回来，曾对幕僚们说：“这次去南京，会见了全国的英雄豪杰，但同我谈话最投机的、最有内容的是朱玉阶（朱德字玉阶）。刘湘对朱德同志的印象极好。”[②]

同月，不久前返回延安汇报四川地下党工作的张曙时，受中共中央派遣，“以中央特派员身份返川，并派李一氓随张曙时同来，建立党与刘湘的正式联系”。随后，中共中央“又派罗世文以党中央正式代表身份来川与刘湘继续建立联系，在地方实力派中，进一步开展统战工作”。罗世文回川前，毛泽东亲自指示他说，刘湘在四川实力派人物中，军队最多，武器最好，实力最强，影响也最大，做好了刘湘的工作，四川抗战的局面就可观了。[③]罗世文到成都后，以刘湘亲信、四川绥靖公署顾问蔡识军的寓所作为自己的活动基地。“刘湘指定郭秉毅、高兴亚、张斯可三人同罗世文联系。……还聘罗世文为顾问，并在学员队任政治教官”。刘湘去世后，潘文华出任武德励进会主席，成为刘湘部队在川的首领，罗世文则“常到潘的副官长夏奇峰家，通过夏和潘文华联系”。[④]

9月，毛泽东在延安接见曾在川军中做过师、旅长，与刘文辉、邓锡侯等川军上层人士交往颇深的张志和，要他回四川利用“与四川军阀的历史关系最深”这一有利条件，专做刘、邓、潘等川康实力派中上层人物的统战工作。临别时，毛以亲笔题字的照片相赠，以示重托。张志和回四川后，在党的组织关系上，“绝对禁止同地方（党）组织发生任何关系”，除先后接受张曙时、罗世文、华岗、张友渔等人领导外，“每次去重庆，均要亲自去见周恩来同志请示一切，有时约在新华日报营业

①《张闻天选集》，人民出版社1985年版，第85、90页。
②田一平：《武德励进会纪实》，《重庆文史资料》第22辑，重庆印制一厂1984年版。
③李洪、胡卡里：《抗战前后党对刘湘的编织袋工作》，《四川党史研究资料》1985年第10期。
④田一平：《以刘湘为心的反蒋秘密组织——武德励进会》，《四川文史资料选辑》第三十三辑，四川人民出版社1984年版。

处楼上，有时约在曾家岩办事处。大概都是深夜来往，并由周恩来同志派汽车接送”。按照中共中央的指示，张志和除参加中国民主政团同盟并担任民盟的中央委员外，其主要精力集中于做刘文辉、邓锡侯、潘文华及其部属的统战工作。为此，张根据党的指示，曾组织了一个时事座谈会。刘派段升阶、吴景伯，邓派陈离、余中英，潘派钟体乾、乔毅夫为代表参加，张为召集人。每周开会一次。张友渔负责提供情报资讯，并指导工作。此事后因为张群所探悉而中止。张志和的统战工作，不仅为周恩来、张友渔等中共领导人与刘文辉、潘文华等直接对话创造了有利条件，并且推动了王陵基率川军第30集团军出川抗战，张自己亦担任第30集团军总司令部参谋长随军出川。①

1938年夏，中共中央代表董必武、林伯渠、陈绍禹等人，由陕北去汉口参加国民参政会。途经成都时，与刘文辉在市区方正街刘氏寓所会面。双方就如何坚持团结抗日等问题交换了意见，收到了很好的效果。对这次会面，刘文辉后来回忆说：“这是我同中共中央同志第一次正式接触。当时正是日本帝国主义者通过希特勒德国驻华大使陶德曼向蒋介石诱降的时候，投降主义的逆流泛滥于国民党的权贵之中，抗日形势非常险恶，所以我们这一次的话题也是以如何团结地方力量，坚持抗日战争，反对蒋介石投降妥协为中心。从他们三人的谈话中，我已初步了解党的抗日救国方针和人民民主统一战线政策；同时我也把自己反对蒋政权和拥护中共抗日方针的态度向他们做了明确的表示。经过这次会晤，我同党相互间都是有了了解，为我进一步亲共开辟了一条坦途。”②同年，周恩来路过成都时，也在中共地下党员甘树人的陪同下，与潘文华见面洽谈，向潘宣传中共全面抗战主张和抗日民族统一战线的方针政策，促进了潘与中共进一步密切统战关系。

1939年1月，中共中央南方局成立，周恩来任书记兼管统战工作，对川康实力派的统战工作进一步加强。“周副主席刚到渝不久，即找了四川地下党和熟悉川滇军阀工作的同志廖志高、张友渔、于江震、罗世文等在办事处开了几天的会，专门研究了川、滇的军阀问题。”将川、滇军队将领“按对蒋对我态度排了个队，分左、中、右”，并确定了统战工作的方针是：“团结左派，争取中间派，分化、瓦解、孤立、打击右派，利用各种矛盾和机会开展工作。”③同年5月，中共代表董必武、林伯渠

①《张志和自传》，转引自匡珊吉、杨光彦：《四川军阀史》，四川人民出版社1991年版，第565—566页。

②刘文辉：《走到人民阵营的历史道路》，《文史资料选辑》第33辑。

③赵继：《在南方局工作的七年》，《重庆党史研究资料》1982年第12期。

在重庆曾家岩潘文华公馆与刘文辉、潘文华会面。交谈中，董、林向刘、潘分析国内外形势，阐释坚持抗战必胜、妥协投降必败的道理，帮助他们坚定抗战必胜的信念。当年底，中共中央南方局鉴于汪精卫叛国附日后，外界盛传"陈公博在成都事先有所布置，并拉拢四川的军阀在大后方响应"，于是将刚从广西回到重庆的郭秉毅派往成都了解情况，"搞川康军人的团结工作"，希望通过"团结四川地方实力派的上层，加强大后方的抗日团结，防止蒋介石的动摇叛变"。[①]郭秉毅到成都后，加紧做川康实力派的统战工作。至次年3月被捕前，正同邓锡侯"谈判同我党订秘密协定，推动抗日战争"。

从1940年起，南方局又相继派钱瑛、陈于彤等到成都，"经各种渠道向潘（文华）、刘（文辉）进行工作外，也对他手下的重要幕僚，如钟体乾、乔毅夫、邵石痴、张志和等人做工作，并推动他们去影响潘、刘"。[②]随后，又派华岗到西康，以中共中央代表身份同刘文辉联系，做川康实力派的统战工作。

1942年2月，周恩来与刘文辉在重庆机房街吴晋航住宅的会面，促使中共与刘文辉的关系进入一个新阶段。在这次长约一个多小时的周、刘会面中，周恩来向刘文辉扼要分析了国内政治形势，指出当前必须坚持抗战，坚持民主，反对蒋介石独裁的道理。周恩来表示：在反对蒋介石法西斯独裁统治的斗争中，中共愿与国民党左派和民主党派合作，尤其希望西南地方的民主力量能同中共保持密切联系，相互配合。并说，团结就是力量。在现阶段，就是要通过川康朋友自身的团结，去促进西南地方民主力量的团结，联合起来对蒋介石政府的一切反动政策措施给以坚决反对和有效抵制，共产党愿意在政治上给以支持。刘文辉后来回忆说："周的这番话，使我明确了政治方向，增加了前进的力量。经过这次会晤以后，我同党的关系，也就由一般联系开始进入实际配合的阶段。"[③]同年6月，按照周恩来与刘文辉达成的秘密协议，南方局派王少春夫妇和杨作爱携电台，秘赴雅安，在刘文辉公馆里建立起了延安中共中央与刘文辉的秘密电台联系。为帮助刘文辉及时了解中共中央的方针政策，王少春等人"凡收到明码电报……都要用毛笔抄写一份，外加标题、按语，送给刘文辉看。有重要的，还请刘文辉转给成渝的朋友

①《郭秉毅自述》，转引自匡珊吉、杨光彦：《四川军阀史》，四川人民出版社1991年版，第570页。
②《访问陈于彤同志记录》，《重庆现代革命史资料》第9期。
③刘文辉：《走向人民阵营的历史道路》，《文史资料选辑》第33辑。

传阅。在长达八年的时间里,从不间断。对这些电稿,刘文辉是每日必读。有时事多忙不过来,他就利用抽大烟的时间,睡在烟盘边,边抽烟边看被他称为'红色参考消息'的抄电。有时他看得入神,忘了抽烟,还要他的夫人叫,才又抽上几口继续看"。王少春等人除帮助刘文辉学习理论、提高认识外,还将收听到的有关刘的密电及时转告,并与之共商对策。刘文辉"对王少春这种忧喜与共的诚恳态度,十分感动,很是钦佩",并且"从王少春身上看到共产党对他的真诚态度"。[①]刘文辉后来回忆说:"王每天把党中央的方针政策和解放区胜利的消息向我传达,同时把川康方面的军政动态向党中央汇报。毛主席的一些重要著作和党中央的重要政策文件,我都通过电台先一步读到了。因此,我在政治上不断受到教育,从而在实际活动中也就减少了一些盲目性。"[②]1944年冬,南方局又派张友渔赴成都做刘文辉的统战工作。张友渔到成都后,经商定,每天上午去刘家,"给他分析国内外形势,阐释我党的方针政策,指出保卫大西南的必要性和可能性,以及抗战必胜的前途","明确表示我党一定竭尽全力支持他们保卫西南的斗争"。张友渔同时还"通过田一平做潘文华的工作,通过杨伯恺做邓锡侯的工作"。[③]刘文辉后来回忆说:"1942年2月,张友渔到成都,党派他帮助我进行政治理论学习。他每天清早就到我方正街住所,给我系统地分析世界和中国的革命形势,讲解革命理论和党的方针政策,连续一个多月之久,我等于进了一次政治学校。"[④]

自刘湘病逝,唐式遵、王瓒绪、王陵基等率部出川抗战后,潘文华成为刘湘系统留川部队的首领和川西地区举足轻重的政治军事力量。为此,中国共产党先后派张友渔、田一平、徐淡庐等到潘文华部队工作,并派老党员苏爱吾担任潘文华及其儿子潘清洲的顾问,专做潘文华部上层人物的统战工作。同时派钱松甫、江洪夫妇到潘部架设秘密电台,加强中国共产党与潘的电讯联系。[⑤]田一平利用担任潘文华侍从室上校参议的有利条件,进行更有效的统战工作。他每天剪报时,除剪"一些应付的东西外,着重有意识地剪些有关民主运动的报导","经常告诉他(潘)一些左翼方面的情况"。并利用潘文华与部属将领、幕僚每周二、五下午聚会

①刘德:《党在刘文辉部的秘密电台》,转引自匡珊吉、杨光彦:《四川军阀史》,四川人民出版社1991年版,第571—572页。
②刘文辉:《走向人民阵营的历史道路》,《文史资料选辑》第33辑。
③张友渔:《我做刘文辉工作的经过》,《四川党史月刊》1988年第6期。
④刘文辉:《走向人民阵营的历史道路》,《文史资料选辑》第33辑。
⑤童小鹏:《周恩来同志领导我们战斗——回忆在红岩的一段战斗生活》,《重庆地方志》1988年第1期。

宴饮(俗称“二五会议”),商讨研究刘湘系部队(俗称“甫系”)和川康的团结问题,讨论决定一些重要事情的时机,把一些民主运动及外国通讯社的有关消息译出来告诉大家,“用各种机会对潘文华及其周围的人做潜移默化的工作”。帮助潘认识到,只有坚持抗战,坚持民主,才能自存自保。1943年春,周恩来在听取田一平关于在潘文华部队中进行统战工作的汇报后,指示说:四川是抗战的大后方,要加强对川康大团结的工作。在潘文华部队中要利用“武德励进会”的影响开展工作。很多旧军人,用一大套政治理论去宣传,作用不大,要用爱国主义去启发,激励他们的爱国心,使他们坚持抗战立场。要尽力鼓励四川人团结。广泛利用各种关系开展工作,这是对四川工作的总方针。按照周恩来的指示,田一平利用自己在刘湘部队及“武德励进会”的旧关系,在潘文华部队中广交朋友,发展共产党员,建立党的支部,推动其“朝有利于我党方面的转化”。[①]

在团结、争取川康实力派的统战工作中,中国共产党注意维护团结抗日的大局,尽可能避免导致抗日民族统一战线内部出现分裂。1940年初,刘文辉、潘文华派人到重庆对周恩来说:“目前蒋介石自顾不暇,进川势力立足未稳,希望共产党南下,潘、刘部队北上,来个南北夹击,把蒋的势力从四川赶走。”周向延安中共中央汇报后没有同意刘、潘的这一要求,于是转告刘、潘说:“我们当前主要任务是抗战,不能做于抗战不利的事,一切要以这个大局和整体来考虑,所以现在驱蒋不是时候。”并要刘、潘“主要想办法保存自己的力量,只要你们站稳了脚跟,蒋介石是赶不走你们的”。[②]1944年6月,中共中央南方局在了解到“川、康、滇、粤、桂西南地方实力派,有拥护李济深为中心,对重庆采取马蹄形包围,希望(中共在)西北来一个军事发动,并拟西南在双十节将有一个大发动的想法”后,也劝告他们“不要妄为,要在法令中抓住有利于实行地方自治的东西,放手去做,要使自己比中央更进步更民主”。[③]在随后进行的豫湘桂战役中,在国民党军正面战场大溃败的严峻形势下,“邓锡侯、潘文华慑于日寇一时猖獗。他们合议把军队向雷(波)、马(边)、屏(山)撤退,以观动静”。在此情形下,南方局和四川地下党大力进行工作,促使川军部队“开展坚持抗战的保家自救运动”。周恩来还接见邓锡侯的代表,给他分析形

①童小鹏:《周恩来同志领导我们战斗——回忆在红岩的一段战斗生活》,《重庆地方志》1988年第1期。
②赵继:《在南方局工作的七年》,《重庆党史资料》总第27期。。
③《南方局党史资料大事记》编写组:《南方局党史资料·大事记》,重庆出版社1986年版,第231页。

势，鼓励其不要被日本侵略军的嚣张气焰所吓倒。田一平等人也“通过各种统战渠道，阻止（邓、潘）这一逃跑行为”，使得“此一逃跑计划未能付诸实施”[①]。

在做好川康实力派统战工作的同时，中共中央南方局和中共四川地方组织也很重视对其他群体的统战工作。例如，对坚持抗战、团结抗日的国民党内民主派人士冯玉祥、李济深、于右任、孙科、张治中、贺耀祖、王昆仑、朱蕴山等人，周恩来、董必武、王若飞、叶剑英等就与他们经常联系，交朋友，向他们宣传、阐释中国共产党的全面抗战路线和抗日民族统一战线方针政策，争取他们的理解和信任，促使他们接受共产党的抗战主张，跟着共产党走。对中间阶层和民主党派，在1939年8月召开的中共中央政治局会议上，毛泽东即提出“向中层阶级发展统一战线”的主张。周恩来进一步解释说：“过去偏于联蒋，对中层阶级联络不够，如对黄炎培、梁漱溟等的联合工作做得不够，而国民党现在是不要中间分子。”[②]据此，中国共产党提出并实行了积极团结和努力争取中间阶层和民主党派的方针政策。主要是：“对接近我们的党派、团体及个别分子，应扶助其发展。”“对中间分子或团体，应密切其关系并争取之”，“应与各方面经常地密切地往来”，“应多发表文章，并帮他们做事”等。[③]此外，对抗战大后方的民族工商业者（如卢作孚、刘鸿生、胡子昂、胡厥文、余名钰、吴晋航等）、进步知识分子（如邹韬奋、马寅初、陶行知、邓初民等）和著名文化艺术家，中国共产党也进行了积极、主动的统战工作，取得了很好的成效。

六、抗战时期中共四川地方组织的恢复与发展

前面说过，土地革命战争前期，在国民党蒋介石集团和刘湘等四川军阀的残酷镇压和白色恐怖形势下，中共四川地方组织屡遭严重破坏，党的力量基本上损失殆尽。至1935年初，中国共产党在四川地区已“既无领导机关，又无基层组织，

①匡珊吉、杨光彦：《四川军阀史》，四川人民出版社1991年版，第575—576页。
②《周恩来传》，中央文献出版社1990年版，第560页。
③《南方局党史资料》（三），重庆出版社1990年版，第37页。

只剩下失掉组织关系的一些零散党员”。[1]“没有党的省委和党的市委，只有个别党员和小组在进行分散活动，不能形成领导中心”[2]，无法发挥党的战斗堡垒作用，难以承担起领导四川地区抗日救亡运动和革命斗争的历史重任。在此情形下，从1935年初起，中共中央、中共中央上海局、中共北方党组织等先后派张曙时、罗世文、邹风平等得力干部入（回）川，一面进行统战工作，一面清理、恢复和发展中共四川地方党的组织。

1935年春，中共中央上海局派张曙时入川，一面和蔡翼公、吕寒潭等人，利用各种关系，在川军将领上层中进行统战工作；一面发展王伯杰、黄品三、钟汝为、甘树人、潘扫尘等30余名四川军政界中上层人士加入中国共产党，或参加党的情报、统战组织。“这种上层党员虽然人数不多，但在上层统战工作中的能量还是很大的。”[3]1936年10月，原在北京大学、山东大学读书的韩天石、王广义等外地党员，转移到四川大学读书，为四川地方党增添了新生力量。同年冬，与党组织失去联系的共产党员饶孟文（世俊），在成都自行发展了一些党员，并自行成立了中共成都特支。同一时期，任廉如、廖寒非、万敬修等出狱的共产党员，先后在宜宾、泸州组织“信义互助社”，联系一批失掉组织关系的党员开展革命活动。1936年，中国共产党上海情报系统还先后派曾学圃、周俊烈、刘连波、张晓峰等人，来川进行情报、统战工作。他们也在四川发展了30多名党员。这样，到全面抗战爆发前后，四川全省约有党员100人，已形成6个党员群体。这就为中国共产党四川地方组织的恢复、重建，提供了骨干力量，奠定了组织基础。

全面抗战爆发前后，中共中央相继派赴延安汇报工作的张曙时、罗世文、邹风平等和李一氓、廖志高、于江震、余洪远等川籍党员干部回川，一面做统战工作，一面清理、整顿党员队伍，恢复、重建四川地方党组织。1937年11月，邹风平、廖志高、于江震、余洪远等人入川后，在广元商量决定：邹风平、廖志高等到成都筹建中共四川省工作委员会（简称“省工委”）；于江震、余洪远等去南充筹建中共川北工作委员会（简称“川北工委”），属省工委领导。12月，邹风平、廖志高等到达成都，与张曙时、罗世文等取得联系，与韩天石等接上

①《川康特委报告书——一九三七至一九四〇年七月》，中央档案馆、四川省档案馆：《四川革命历史文件汇集》甲12册，1988年内部铅印本，第158页。

②韩天石：《关于抗战前后成都青年运动和党的重建的一些情况》，中共成都市委党史研究室：《八年抗战在蓉城》，成都出版社1994年版，第655页。

③林蒙：《成都抗日救亡运动和四川党的重建》，《四川现代革命史研究资料》总第8期。

了组织关系，并在市区平安桥设立省工委机关。根据中共中央的决定，由邹风平（书记）、廖志高（组织部长）、张曙时（负责统战）3人组成省工委。随后，中共中央长江局又调派程子健、郑伯克等入川，参加省工委的领导工作，加强四川党的领导力量。

省工委成立后，按照“要建立四川党，首先建立成渝党，创造一批干部出来”①和“把失掉组织关系的党员一个一个地清理联系起来，成为重建党的基本力量”②的思路，以成都、重庆为重点，对全川各地的党员、党组织进行清理审查和组织整顿，开始恢复和重建四川党的基层组织。1937年12月，经省工委批准，由原重庆救国会发起人漆鲁鱼领导的“中共重庆干部小组”，改组为“中共重庆市工作委员会”，漆鲁鱼任书记，下辖5个区委。1938年2月，在南充成立川北工委，于江震任书记，同时建立了南充县临时工委、苍溪党支部。3月，在成都成立成都市委，杜桴生任书记，下辖4个区委和川大总支。同月，在泸州成立川南工委，万进修任书记，下辖宜宾县委和泸县、江安两个特支。4月，在万县成立特支，欧阳克明任书记。这样，省工委就在川内主要地区建立起了党的领导机关和工作基点。到1938年3月，“全川共有党员三百四十余人，散布在成都、重庆、万县、南充、保宁、苍溪、泸县、宜宾、江安等县”③，为抗战时期中共四川地方组织的发展，党员队伍的壮大，奠定了坚实的基础。

1938年4月，中共中央长江局通知邹风平到汉口，向他传达党中央《关于大量发展党员的决议》，严厉批评四川党“犯了严重的关门主义错误”，说：“在目前顺利条件下，川党三四个月时（间）仅发展三百四十余人，以七千万人的四川，此极小数量的党员在政治上不会有什么作用的，同时会使一般渴望党领导极愿加入共党的青年彷徨无路”，要求四川党在3个月内发展党员10倍。④邹风平回川后，立即召开省工委会议，传达中央指示，表示完全接受长江局的批评，计划在成都、重庆、自贡各发展党员1 000名；从6月到8月底完成发展10倍党员的任务。为此，省工委采取措施：一是派廖志高到重庆，张秀熟等到南充，韩天石到宜宾，传达中央指示，“号召全川党员六至八月来完成这个任务”。二是硬性规定：每个党员最低限度3

①中央档案馆、四川省档案馆：《四川革命历史文件汇编》甲12册，1988年内部铅印本，第171—172页。

②张文澄：《蓉城杂忆》，中共成都市委党史研究室：《八年抗战在蓉城》，成都出版社1994年版，第664页。

③中央档案馆、四川省档案馆：《四川革命历史文件汇编》甲12册，1988年内部铅印本，第172页。

④中央档案馆、四川省档案馆：《四川革命历史文件汇编》甲12册，1988年内部铅印本，第172页。

个月内要发展1人，“至少要有（交）几个朋友”；“每支部至少有一个群众团体”，“不让川康范围内任何一个中级学校没有党的组织”。三是改组党的基层组织，调整和充实基层党组织的领导力量。将省工委直接领导的成都学委、文委、工委、妇委等合并，成立新的成都市委，原市委书记杜桴生调省工委任文化党团书记，原学委书记韩天石任市委书记；撤销“民先”队组织，将符合条件的“民先”队员吸收入党；由到重庆传达指示的廖志高组织成立新的重庆市委；分别撤销川南、川北两个工委，成立南充、阆（中）苍（溪）南（部）、泸县、宜宾等中心县委；“把成都有独立工作能力、政治上完全可靠的干部（40多人）分派于全川各重要城市”（比如，派侯方岳到乐山，饶孟文到自贡，韩天石到宜宾，游萍生到达县），独立开展工作，建立党组织。到当年底，已在四川近60个市、县成立了市委、县委或特别支部，全川党员增至3 258人，完成了长江局要求10倍发展党员的任务。同年11月下旬，省工委在成都召开扩大会议。省工委委员、各地党组织代表和列席代表14人出席会议。陈绍禹（王明）、吴玉章代表南方局出席会议。会议总结了省工委成立以来的工作，部署了今后的工作。根据中央的决定，会议结束了省工委，撤销成都市委和重庆市委，成立川东、川康两个特委，直属南方局领导。川东特委由廖志高任书记，领导重庆、川东和川南之宜宾、泸县等地党组织和1 500多名党员；川康特委由罗世文、邹风平分任正、副书记，领导成都、川西、川北和川南之自贡、内江、乐山等地党组织和1 800多名党员。[①]

1939年5月，中共中央鉴于国民党顽固派已开始进行反共，搞摩擦，向各地党组织发出《关于在国民党统治区保存党员干部的指示》。1940年，在相继发生皖南事变、成都抢米事件等国民党顽固派反共摩擦事变，中共川康特委书记罗世文、川康特委军委委员车耀先、刘湘部队高级顾问郭秉毅（中共党员）、进步人士汪导予等先后被捕后，中共中央连续发出指示，指令撤退党员干部，执行“长期埋伏，积蓄力量，隐蔽精干，以待时机”的方针。为对付国民党特务的破坏，适应国共关系与国统区工作环境的重大变化，南方局成立了“南方工作委员会”、“西南工作委员会”两个地域性的工作机构。由后者直接领导当时设立的上川东特委、下川东特委、川康特委、川南特委等四川省级党组织。川北特委、贵州省工委等省级党组织，则由南方局直接领导。贯彻执行中央的指示，中共四川地方组织经疏散党员

①中共四川省党史工作委员会：《中共四川地方党史大事年表》，四川人民出版社1985年版，第80页；中央档案馆、四川省档案馆：《四川革命历史文件汇编》甲12册，1988年内部铅印本，第182页。

1 000多名，暂停联系和洗刷1 000多名，被捕100余名，新发展200多名后，党员人数从1939年9月的4 500余名，至1940年4月降至4 000余名，至1941年8月再降至2 000余名。到1942年1月，四川有党组织的县47个，有5个中心县委，7个县委。[①]党员的数量虽然减少，但党员的质量大大提高，党的组织更加精干隐蔽，“在川东南北各地中心区域建立了党的基础……各重要部门仍然隐蔽着相当组织”[②]。到1943年底，四川地方组织没有发生重大破坏事件，党的工作重心已转移到农村。1944年，南方局鉴于抗日战争形势开始好转，重视和加强在川军部队中发展党员，建立党的组织，是抗战时期中共四川地方组织恢复和发展的一个重要特点。早在大革命和土地革命战争时期，中共即在川军部队中发展了一批党员，建立有党的组织。其中，仅是刘湘的“武德励进会”组织中，即有郭秉毅、田一平等中共党员100余人。他们在促进四川地区抗日救亡运动蓬勃高涨和推动川军出川抗战中发挥了至关重要的作用。全面抗战后，他们中的一部分人随军出川抗战，一部分人仍留在四川。1939年初，潘文华出任川陕鄂边绥靖公署主任调防大巴山后，中共即通过“武德励进会”派了大量党员到潘部工作。同年4月，党已在潘的川陕鄂边绥靖公署中成立了秘密支部，党员分布于绥署的设计委员会、副官处、机要室等要害部门及部队官兵中。其后，“党在潘文华部的各个方面都有了秘密小组”。中共在川康军队中发展党员，建设党的基层组织，“极便于全面迅速地了解和掌握部队的思想动态，有针对性地去开展抗日救亡工作”[③]，并为后来推动刘文辉、邓锡侯、潘文华率部起义，人民解放军顺利消灭国民党军胡宗南集团于成都平原，促使四川地区迅速解放，奠定了坚实的基础，创造了有利条件。

七、新县制建设

所谓“新县制”，是指抗战时期国民政府在抗战大后方国统区所推行的一种以“县”为单位的地方自治制度。在国民党内，孙中山是“县自治”政治方案的首倡

①中共四川省党史工作委员会：《中共四川地方党史大事年表》，四川人民出版社1985年版，第93页。
②中央档案馆、四川省档案馆：《四川革命历史文件汇编》甲12册，1988年内部铅印本，第188—189页。
③杨尚元：《抗战时期党在四川地方部队（刘湘系统）中的活动概况》，《四川党史研究资料》1958年第8期。

者。他提出："中华民国之建设，必当以人民为基础；而欲以人民为基础，必当先行分县自治。"他强调，地方自治是"民国之础"。"础坚则国固，国固则子子孙孙同享福利。"[①]而县则是地方自治，建设民国的起点。"以县为自治单位，举县议会，选县长，凡关乎地方之事，赋与全权。"[②]按照孙中山的设想："以县为自治之单位，于一县之内"，一面调查户口，改良交通，推广教育，垦殖土地，振兴实业，一面实行"人民有选举权、创制权、复决权、罢官权"的"全民政治"，[③]"努力除旧布新"，"深植人民权力之基本，然后扩而充之"[④]，"一县办有成效，他县必争先仿行。如是，由一县而推之各县，以至一省一国，而民国之基于是乎立"。[⑤]在"县自治"的制度框架下，"人民有县自治以为凭借，则进而参与国事，可以绰绰然有余。……苟不如是，则人民失其参与国事之根据，无怪国事操纵于武人及官僚之手"。[⑥]

蒋介石和国民党中央通过北伐战争建立南京国民政府，成为执政党后，便将孙中山"县自治"的设想付诸实行。1934年，南京国民政府颁布了《各省县市地方自治改进办法大纲》、《改进地方自治原则》、《改进地方自治原则要点之解释》等法规，明确规定以县、市为地方自治单位，确定了自治的层次、推进的分期及自治的程序与方式等。全面抗战以后，蒋介石和国民党中央提出"抗战建国同时并进"的口号，决定对县及以下基层政权进行调整。1938年，国民党临时全国代表大会通过《抗战建国纲要》，决定以县为地方自治单位，使其成为中国坚持抗战的政治的、社会的基础，并为实行宪政准备条件。同年4月，国民党召开五届四中全会，蒋介石在会上作《关于改进党务与调整党政关系》的讲演。会议吸收其观点，通过了《关于改进党务并调整党政关系案》，提出了在保甲制度基础上设计的《县以下党政机关关系草案》及《图例释要》，明确规定：各县设立地方自治指导员，由国民党县党部书记兼任；设立地方自治推进委员会，由县党部和地方民众团体推举产生；筹设县参议会，为设立地方民意机关做准备。[⑦]会后，经国民党中央执行委员会和国防最高会议共同议决，交行政院在四川、陕西、贵州、湖南、江西5省各择一县，

①陈旭麓、郝盛潮：《孙中山集外集》，上海人民出版社1990年版，第36页。
②《孙中山全集》第3卷，中华书局1981年版，第345页。
③《孙中山全集》第3卷，中华书局1981年版，第323—324页。
④《孙中山全集》第11卷，中华书局1981年版，第103页。
⑤《孙中山全集》第5卷，中华书局1981年版，第225页。
⑥陈旭麓、郝盛潮：《孙中山集外集》，上海人民出版社1990年版，第36—37页。
⑦荣孟源：《中国国民党历次代表大会及中央全会资料》（下），光明日报出版社1985年版，第522—524页。

进行改革县制的试点。随后，国民党中常会决定增加试点县份，并决定由国民政府公布新的县制条例。1939年9月，国民政府行政院颁布《县各级组织纲要》，随即又颁布了据说多达150余种附属法规，开始正式在抗战大后方的国统区推行"新县制"建设。

在此情势下，蒋介石于1939年兼理四川省主席后，即手令四川137县从1940年3月1日起，3年内按《县各级组织纲要》，在全国首先实行新县制，"以树全国改革县政之先声"。

新县制规定：第一，实行县、乡（镇）两级地方自治。"县为法人，乡（镇）为法人"；区为县政府的辅助机关暨派出机构；乡（镇）以下建立保甲制度，作为乡（镇）以下地方自治体系中的基层组织。

第二，县作为地方自治单位，设县政府，设县长一人。其职权：一是"受省政府之监督，办理全县自治事项"；二是"受省政府之指挥，执行中央及省委办事项"。县政府内设民政、财政、教育、建设、军事、地政、社会等科，设秘书、科长、指导员、督学、警佐、科员、技士、技佐、事务员、巡官等正式行政人员。县政府设县政会议，每两星期开会一次，由县长、国民兵团副团长、县政府秘书、科长、指导员、警佐、技士、会计员、县金库主任及其他经县长指定的人员参加，负责议决"奉令办理之事项"、"县政府及国民兵团应办之主要事项"、"准备提出县参议会之案件"及"其他有关县政之重大事项"。

第三，县以下划区，原则上以15至30乡（镇）为一区。区作为"县政府辅助机关，代表县政府督导各乡（镇）办理各项行政及自治事务"，设区署。设区长一人，指导员2—5人，分掌民政、财政、建设、教育、军事等事项；同时可酌设雇员2—5人、区丁2—4人；区署所在地可设警察所，受区长指挥，执行地方警察任务；设建设委员会，作为区内乡村建设的研究、设计、协助、建议机关，由区长、区署各指导员及区长所聘请的区内"声望素著并热心地方公益"人士组成，区长任主席。

第四，乡（镇）原则上以10保为一乡（镇），不得少于6保或多于15保。乡（镇）作为实体性地方自治机构，设乡（镇）公所。设乡（镇）长一人，副乡（镇）长1—2人。乡（镇）长、乡（镇）中心学校校长及乡（镇）壮丁（国民兵）队队长，可暂由一人兼任；但在经济教育发达地区，乡（镇）中心学校校长以专职为原则。乡（镇）公所设民政、警备、经济、文化4股，各股设主任一人，干事若干人，可由副乡（镇）长及中心学校教员兼任，但须有一人专职办理户籍。可设事务员1—2人。乡（镇）设乡（镇）务会议，乡（镇）长为主席，由乡（镇）长、副乡（镇）长、乡（镇）中心学校校长、乡（镇）国民兵（壮丁）队队长、队副和专任事务员组成，与所议事项有关的保长可列席。乡（镇）务会议的职责是讨论和议定：乡（镇）自行举办事项，乡（镇）中心工作实施事项，县政府委办事件执行问题，乡（镇）民代表会议议决案执行问题，提交乡（镇）民代表会议的议案，出席人员的提案和本乡（镇）公民10人以上连署的提案。凡乡（镇）自行举办事项，应经乡（镇）务会议议决，方得施行。

第五，保甲：原则上以10户为一甲，不得少于6户或多于15户；以10甲为一保，不得少于6甲或多于15甲。在人口稠密地方，如一村一街为自然单位而不可分离时，可以就2保或3保联合设立国民学校、合作社、仓储等机关，推举保长一人为首席保长。保设保办公处，设保长一人，副保长一人，干事2—4人，分掌民政、警卫、经济、文化各事务。保长、保国民学校校长、保壮丁（国民兵）队队长，可暂由一人兼任；在经济文化发达地区，保国民学校校长以专职为原则；保干事亦可由国民学校教员兼任。保设保务会议，每月开会1次，由保长召集并担任主席，由保长、副保长、保国民学校校长、保壮丁（国民兵）队队长、队副、保民政、警卫、经济、文化各干事组成，与所议事项有关的甲长也可列席会议。保务会议的职责是讨论和议定：保甲规约，保民大会决议案的执行情况，提交保民大会的议案，出席人员的提案和保内公民5人以上连署的提案。

按照新县制的规定，县设参议会，乡（镇）设乡（镇）民代表会议，保设保民大会，甲设户长会议（必要时，还得举行甲居民会议），作为县及以下各级“民意机关”。设县国民兵（壮丁）团、区国民兵（壮丁）队、乡（镇）国民兵（壮丁）队、保国民兵（壮丁）队、甲国民兵（壮丁）班，作为民兵武装组织。学校教育方面，设立县立中等学校、区中心学校、乡（镇）中心学校、保国民学校。

除上述内容外，新县制建设还包括健全机构、设立学校、推行合作社运动、编查户口、规定地价、整理财政、干部训练、国民兵（壮丁）训练、设立民意机关、推进卫生、办理警卫等10多个方面的内容。不过，其中最为关键的是健全机构，确立和强化保甲制度是其核心。至于民意机关、推进卫生、规定地价等，不过是装点门面的东西。

按照蒋介石和国民政府的指令，四川于1940年3月开始推行新县制，至1943年7月完成。其最主要目标及中心工作是：充实县政府，调整区署，改组乡（镇）公所，建立保甲，成立乡（镇）中心小学和乡（镇）国民兵（壮丁）队，选拔和训练乡（镇）长和保甲长。在县政府机构设置方面，四川省按土地面积、人口、经济、文化及交通等情况，把县划分为1至6等，规定："一至三等县设民政、财政、教育、建设、兵役等五科和会计室，四、五等县设民政、财建、兵役三科和会计室（各县曾一度设过禁烟科）"。县政府公务人员的编制，"以三等县为准，按照县等的高低递增递减。三等县80余人，一等县为120余人，五等县为50余人"。在乡（镇）的区划与设置方面，四川则是大费踌躇。"因为四川原是根据'南昌行营'的保甲令以五保为一联保，如即以联保改称乡镇，那末，乡镇的区域未免过小，单位也未免过多，不但管理不便，经费的开支也大有可观"。在此情形下，四川省政府规定："原有的保甲编制暂不变动，只是在原则上先将三个联保并为一个乡镇，也就是以15保划为一个乡镇，同时酌留伸缩余地，又规定为至少不得少于10保（等于过去的两个联保），至多不得多于20保（等于过去的四个联保）。"对于保甲的编制，四川省也是因地制宜，并不强调和拘泥于国民政府提出的十进制原则及规定。"在人口密集的城市编组保甲采取20进制，即20户为一甲，但不得少于15户，多于30户；20甲为一保，但不得少于15甲，多于30甲"。[①]在此基础上，四川省共划乡镇4 262个，其中甲种1 284个，乙种2 978个。[②]保则由"原来的9万多保减为7万多保"。保甲数量大大减少。[③]据统计，截至1947年6月，四川省146县（设治局）中，已有143县（设治局）实行新县制，共设立乡（镇）公所4 617个，保办公处62 826个，编甲657 015个；西康省52县（设治局）中，已有35个县（设治局）实行新县制，共设立乡（镇）公所350个，保办公处340个，编甲25 115个。[④]在民意机关建设方面，截至1947年11月，四川省已在142个县（设治局）成立县（局）参议会，并成立区、乡（镇）民代表会议4 517个，保民大会62 993个；西康省，在21个县（设治局）成立县（局）参议会，并

①胡次威：《国民党反动统治时期的"新县制"》，《文史资料选辑》第129辑，第204—206页。

②魏光奇：《官治与民治——20世纪上半期的中国县制》，商务印书馆2004年版，第239页。

③胡次威：《国民党反动统治时期的"新县制"》，《文史资料选辑》第129辑，第209页。

④《中华年鉴》上册，1948年，第565页，转引自魏光奇：《官治与民治——20世纪上半期的中国县制》，商务印书馆2004年版，第242页。

成立区、乡(镇)民代表会议244个,保民大会1 834个。[①]

抗战时期,蒋介石和国民政府推行新县制,主要目的是为便利政府推行各项战时财经政策和筹粮筹款、征调壮丁民夫,并借机强化中央对地方乃至城乡基层社会的控制。因此,新县制规定,县及以下民意机关主席、各级国民兵(壮丁)团(队)、学校校长等职务,均可由县长、区长、乡(镇)长、保长等兼任。这样,通过他们一身几任、多位一体的兼职,就把民意代议、行政管理、民兵武装、文化教育等权力集中了起来,实际上成为各级政权及社会事务中的独裁者。新县制还规定,县长、区长、乡(镇)长、保甲长,应由国民党员充任。如果不是党员,应由县党部介绍其入党。县、区、乡(镇)、保各级重要部门人员,也应在经国民党训练合格的人员中选任。为此,国民党中央还提出"使每保甲皆有本党党员之分布"的要求。另外,新县制下的各级民意机构,作为装点门面的工具,也往往是徒有其名,或者名实不符。如召开保民大会或甲居民会议时,出席者是各户户长(家长),而非全保甲的成年男女,"就其性质来说,也就是扩大的家长会议"。更有甚者,"为了凑足所谓'法定人数',各户户长还可以派人代表出席,因此出席保民大会的有不少的白发苍苍的老太婆……"而当时四川各县参议会的2 000多名参议员,"90%以上是当地的土豪劣绅、袍哥大爷、党棍(指国民党员)和团棍(指三青团员)"。[②]由此可见,抗战时期蒋介石和国民政府推行的新县制,已远离孙中山"县自治"的本意,而成为其加强对四川基层社会控制的工具。

---

①《中华年鉴》上册,1948年,第567—569页,转引自魏光奇:《官治与民治——20世纪上半期的中国县制》,商务印书馆2004年版,第249页。

②胡次威:《国民党反动统治时期的"新县制"》,《文史资料选辑》第129辑,第208—210页。

第四章

抗战中的四川经济(上)

一、国民政府决策开发和建设大西南

自1931年九一八事变以来，因日本侵略者步步进逼而相继引发"一·二八"上海抗战、华北事变等系列中日冲突事件，在"东北已藩篱尽撤，东南则警号频传，一有非常，动侵堂奥"[①]的严峻形势下，蒋介石和南京国民政府中枢逐渐意识到中日两国必有一战，"现代战争起因往往在经济掠夺，而成败胜负也往往以经济持久为决定因素"。[②]因此，国民政府在战前未雨绸缪，调整经济建设方略，决定开发大西南，建设抗战后方根据地，加强国家进行持久战争的经济基础，为即将进行的中日之战预做准备。[③]

当时四川所在的西南地区，因地处长江上游内陆腹地，交通闭塞，对外联系交流不畅，生产力水平低，基本经济结构依然是以传统的农业和手工业为主，近代工商业虽有一定程度的发展，但比东南沿海沿江经济发达地区明显落后。因此，蒋介石和南京国民政府在策定四川为中国抗战大后方的同时，即把加快西南地区的资源开发和经济社会建设提上议事日程，"斟酌西南各省的资源及交通，决定在四川境内，选择适当地点，为第一期要发展的工业区域"。[④]全面抗战爆发后，随着东南沿海沿江地区沦为敌占区或成为战区，国民政府在迁都重庆，国家财赋收入源泉地和经济建设重心从东南沿海向西部内地转移的形势下，更加重视西南地区的资源开发和经济建设，按照"以农立国，以工建国"的原则，实行战时经济政策，一是建构以"统制经济"为主要特征的战时经济体制；二是提出"武汉失守，即以巴蜀为最后根据地"[⑤]，中国战时经济建设的重点向西南、西北地区转移，并为此颁行了一系列政策措施，期望通过开发大西南，促进西南地区的资源开发和经济建设事业，为中国坚持抗战创造必要的物资基础和经济支撑。

---

①邵元冲：《西北建设之前提》，载秦孝仪：《革命文献》第38辑，中国国民党党史史料编纂委员会1981年版，第158页。

②《蒋介石在国民党五中全会上的讲话》，《申报》1939年1月28日。

③按，关于七七事变即全面抗战爆发以前南京国民政府的抗战准备，学界已有较丰富而充实的研究成果。对此问题的学术综述，可参见苏舟：《南京国民政府初期的经济政策与经济建设》，载陈廷湘、徐学初：《新时期的中国现代史研究》，四川大学出版社2008年版。近年来的论文主要有操申斌等：《论"华北事变"前南京国民政府的抗战准备》，《安徽大学学报（哲学社会科学版）》2005年第6期。

④孔祥熙：《在第一次全国生产会议上的开幕词》（1938年5月），董文中：《中国战时经济特辑汇编》，中外出版社1940年版，转引自张莉：《抗战时期四川征用民工探析》，四川师范大学2007年硕士学位论文，第10页。

⑤张其昀：《党史概要》第3册，（台湾）中央文物供应社1979年版，第866页。

二、抗战时期国民政府促进西南农业发展的政策

1938年4月，国民党临全大会通过《抗战建国纲领》、《非常时期经济建设方案》，决定把农业置于工业、交通之前，提出："中国为农业国家，大多数人民皆为农民，故中国之经济基础在于农村。抗战期间，首宜谋农村经济之维持，更进而加以奖进，以谋生产力之发展。"[①]1939年1月，国民党五届五中全会提出开发后方农业问题。同年4月召开的第一次全国生产会议，根据国民党临全大会和五届五中全会精神，拟订了战时农业生产的方针政策，强调：一是开发农林资源，利用未垦荒地，增加生产；二是改良旧式农业经营，推广农业科学应用；三是组织生产，调节农村金融，组织农村合作社等。其政策措施主要有：发放农贷，建设农村金融网，开展农村合作运动，改良农业生产，推广新作物和良种，兴修农田水利等。在此期间，四川省政府也拟订、颁布了《四川省三年计划纲领》、《四川后方国防基本建设大纲》等法规性文件，在涉及农业时，提出了"开发粮食和服装资源，兴修水利，实施农贷，救济农村"等政策措施。

第一，扩大农贷。蒋介石和国民政府鉴于"目下农村均苦于资金之缺乏，凡属农民均受高利借贷压迫"，[②]严重制约农村经济发展，影响农民生产生活的景况，把扩大农贷，建设抗战大后方农村金融网作为开发大后方农业资源、促进农业生产发展的重要政策举措。在农贷方面，以中国农民银行为农贷发放主渠道，与各省农村合作委员会等机构合作，采取信用保证、抵押和实物等形式，发放农产抵押贷款、农民小额贷款和合作社贷款等，尽量满足农民的融资贷款需要。1937年8月26日，国民政府在《中、中、交、农四行内地联合贴放办法》中，将米麦、杂粮、面粉、棉花、植物油、花生、芝麻、大豆、盐、丝蚕、茶、牛羊皮毛、猪鬃等农副产品列入贴放之押品内。1938年颁发的《战时合作农贷调整办法》(国民政府军委会)、《扩大农村贷款办法》(财政部)、《改善地方金融机构办法纲要》(财政部)等文件规定：农贷不得停顿，不得少于历年放款数额；各地方金融机构要增加"农业仓库之经营，农

①荣孟源、孙彩霞：《中国国民党历次代表大会及中央全会资料》，光明日报出版社1985年版，第470、506页。

②《中国合作学社关于以合作方式繁荣农村方案致国民党中执委呈》，中国第二历史档案馆：《中华民国史档案史料汇编》第5辑第1编财政经济(7)，江苏古籍出版社1997年版。

产品之储押，种子、肥料、耕牛、农具之贷款，农田水利事业之贷款，农产票据之承受或贴现"等业务，促使资金流向农村等。1939年，四联总处增设农业金融处，实施农业放款。随后，又相继设立了农业金融设计委员会、农贷审核委员会等机构，负责全国农贷的设计、审核和执行。1940年，四联总处又颁行《二十九年度中央信托局、中国、交通、农民三银行及农本局农贷办法纲要》规定：农贷区域应力求普遍，贷款数额应予以提高，放宽贷款对象，扩大贷款种类等。同年，蒋介石指示："农贷须定""四川为首区，所有人才组织，当先用之于四川、西康，必使其本年发生成效，其他为陕、甘与滇、黔，亦望有相当成效，而后推及其他各省"。①按照蒋介石的指示，1941、1942两年，四联总处在发放农贷时，川、康、滇、黔4省占国统区农贷款项总数的40%以上，四川一省即占30%以上。②另据统计，从1937年至1942年，国民政府共发放农贷152 916万余元。其中，1937年3 452万余元（法币），1938年7 355万余元，1939年11 265万余元，1940年21 140万余元，1941年为46 530万余元，1942年62 880万余元。如以1937年为基数（100%），则历年的增幅分别为：1938年186%，1939年280%，1940年535%，1941年1 177%，1942年1 727%。③据记载："各行局办理农贷，区域至广，或深入苗瑶蒙藏之区，或接近敌人炮火之境，农贷所及之处，颇收农业生产增加之实效；而边区农民，深受农贷实惠，感怀政府德泽，坚定抗战信心，尤具重大之意义。"④

第二，建设农村金融网。从1938年起，国民政府在西南各地大力建设农业金融网，严令各行局限期完成。这一农业金融网由三部分组成：一是由国家行局在西南各地遍设分支行处；二是由农本局、国家行局协同地方设立合作金库；三是由国家金融机关协同各级合作行政机构普遍设立农村信用合作社。在这个农业金融网中，国家行局是农贷的主要提供者。国民政府发放的农贷，一部分由国家行局直接发放给合作社或其他农民组织；一部分由国家行局通过各县合作金库转手

①《四联总处关于战时农业金融政策的有关文件》，中国第二历史档案馆：《中华民国史档案史料汇编》第5辑第2编财政经济（8），江苏古籍出版社1997年版。

②《四联总处1941年工作报告》、《四联总处1942年度办理农业金融报告》，中国第二历史档案馆：《中华民国史档案史料汇编》第5辑第2编财政经济（4），江苏古籍出版社1997年版。

③《财政年鉴·续编》，转引自黄立人：《抗战时期大后方经济史研究》，中国档案出版社1998年版，第54页；李新：《中国新民主革命通史》（8），上海人民出版社2001年版，第218页。

④《四联总处1941年度工作报告》，中国第二历史档案馆：《中华民国史档案史料汇编》第5辑第2编财政经济（4），江苏古籍出版社1997年版。

贷放于各合作社。合作金库是联结国家行局与合作社的一种中间环节，以合作社及社员为贷款对象，其资本由各合作社尽先认股，余由各行局和政府机关按比例认购（在实际运作中，合作金库的股本和运用资金大部分是由国家行局投资和透支而得）。合作社是联系金融机关与农民的基本环节，负责将从合作金库所贷得之款项，贷放给农民。国民政府在《合作事业五年发展计划》中提出："以县为合作社之发展单位，用半强制方式，期于全国各乡镇各保各有一合作社之设立，每户至少得有一个合作社社员。"在国民政府经济强力支持和行政严厉督促下，国家行局在西部农村地区的金融网建设相当迅速。截至1943年上半年，中国农民银行已在西部抗战大后方地区设立分支行处315个，其中有121个在西南地区。至1942年2月，已在后方15省设立合作金库344个，其中有234个在西南地区，120个在四川地区。至1942年底，后方已有农村合作社10余万个，西南地区即有6万余个，其中绝大部分是农业信用合作社，放贷农业生产款总计98 530 913元。[①]这样，抗战后方农村形成了一个以中国农民银行和中央合作金库为核心，各省分行、库为主干，各区县分支行、库为执行支干，农村合作社为基层组织的农业金融网。抗战时期由国家行局、合作金库、农村合作社组成的农业金融信贷网，作为国民政府实施战时经济统制的重要工具，在抗战时期四川农业生产发展和农民金融经济活动中发挥了重要而积极的"经济输血"作用。

第三，扩大耕地面积，提高农地利用率。一是鼓励垦荒。全面抗战爆发后，国民政府成立农林部垦务总局以统筹荒地垦殖事务，颁布《九省荒地开垦计划》、《非常时期难民移垦规则》、《筹设难民垦区计划纲要》等垦荒法规，要求在川、陕、康、滇、桂、湘、甘等后方各省选择宜农荒地设置垦区，并选定四川2处、西康1处、云南2处、广西1处、湖南1处先行办理。在垦荒的组织上，规定由中央和各省地方垦殖机关筹办国营、省营、县营垦区，也鼓励民间金融机关、实业界和私人出资募民垦殖。国民政府的战时荒地垦殖事务，主要有四项原则性规定：其一，1万亩以上能施行大规模经营的大片可耕荒地，由中央设国营垦区经营管理；其二，中央对省营、县营和民营之垦荒事务，尽量给予经济上、技术上的支持和协助，同时鼓励归国华侨从事垦殖并进行督导；其三，尽可能采用集体耕作的经营方式；其四，垦民

①《国民政府年鉴》1943年版，转引自黄立人：《抗战时期大后方经济史研究》，中国档案出版社1998年版，第53页。

须是有耕作能力之人。[①]据统计，截至1942年底，仅西南各省就成立了110多个垦殖单位，新垦耕地333万亩，有6.7万人被安置于垦区。[②]四川省政府根据本省实际情况，制定垦殖法规，设立垦殖机构，开展垦荒。农林部、军政部、社会部等中央机关也在四川各地设立国营垦场，收容难民，组织荣军进行垦荒。在四川的雷马屏峨垦务管理局、平北垦务管理局、松理懋茂汶靖垦务管理局、东西山垦区办事处、彭水垦区办事处等地，都办有国营或省营垦场。沐川、屏山等县也办了县营垦场。实业界和民间人士也响应政府号召，纷纷建立民营垦社，主要集中在雷(波)、马(边)、屏(山)、峨(边)地区。[③]二是加强土地利用管控。国民政府在《土地政策战时实施纲要》中规定："土地之使用，应受国家之限制，政府并得依国计民生之需要，限定私有农地之耕作种类。"在相关的土地法规中，又提出："凡编为某种使用地之土地，不得供其他用途之使用"。凡不依规定使用农地者，"得由各县行政机关，勒令原使用人改种"。凡按规定使用农地并能提高产量者，则给予奖励。[④]为增加西南地区粮、棉产量，保障军需民食供给，国民政府还多次颁布《肃清烟毒善后办法》等禁烟令，要求西南各省除缓禁县外，其余各县一律严禁种植罂粟，"尽量将烟地改种小麦"，同时推广玉米、洋芋、红苕等旱地高产作物或黄豆、油菜等经济作物。由于抗战初期"高价小麦及油菜与抗战前之低价鸦片烟比较，种小麦、油菜之利润尚厚"，因此农民"对于禁种(鸦片)未尝怨言"，[⑤]禁种罂粟的作物替代事务一度进展较为顺利。

第四，改良农业经营方式。抗战时期，国民政府在抗战后方各省大力推广农业科技，改良农业生产，其活动涉及许多领域，主要有：提倡应用农业科学技术，推广良种和新作物，改良农具，指导施肥，防治农作物病虫害，畜牧兽医，栽培经济林木，改进农产品加工工艺、兴修水利等。[⑥]据战时后方各省的农业统计资料，上述抗战时期国民政府促进农业生产发展的政策措施，在推动后方各省农业生产发

①陈济棠：《抗战四年之农业》，农业部1941年编印，第34—35页，转引自周勇主编：《重庆抗战史：1931—1945》，重庆出版社2013年版，第144页。

②陆仰渊、方庆秋：《民国社会经济史》，中国经济出版社1991年版，第605页。

③周云容：《抗战时期四川垦殖运动初探》，四川大学2007年硕士学位论文。

④周开庆：《经济问题资料汇编》，京华书局1967年版，第321页。

⑤沈宗翰：《中央协助西南各省农业工作之检讨》，《西南实业通讯》第2卷第6期，转引自秦和平：《有关抗战前期西南地区农业发展与禁烟运动》，《近代中国》第13辑，上海社会科学院出版社2003年版，第291—292页。

⑥按，关于战时国民政府促进农业生产发展的政策措施及成效，本章后边"战时四川农业发展"一节，还要有所论述，为避免重复，此处不再赘言。

展，提高农业生产力水平，改变农业生产面貌等方面，确实起到了一定作用。例如，通过招民垦荒，至1942年时，仅西南五省，即已有垦殖单位110个，垦民67 018人，垦殖荒山荒地897 914亩；通过战时农业水利建设，受益农田470万多亩；通过开展“冬耕运动”，在改变西南各地农业“关冬水田”习惯的基础上，推广冬耕面积1 300万余亩（其中，四川2 003 265亩，广西6 353 703亩，云南15 360亩）；……通过上述系列土地垦殖措施，战时后方各省土地耕作面积，由战前七年年平均耕种65 940万亩，增长至全面抗战八年年平均耕种68 951万亩。推广良种方面，1941年至1942年，后方各省推广改良稻种3 610 296亩，推广改良麦种1 695 525亩，1938年至1942年，推广“斯字”、“德字”、“脱字”等优良棉种6 041 007亩。在此基础上，1938年至1945年间，国统区战时年均农业总产量，超过战前1937年农业总产量的2.6%。形成了粮棉产量有所增加，经济作物增减不一的农业生产发展格局。①

表4-1　1937—1942年川、滇、黔、桂四省主要农作物种植面积统计②

（单位：千市亩）

年份 / 农作物品种	稻谷	麦	棉花
1937	66 887	42 996	3 050
1938	76 714	51 026	3 727
1939	78 753	49 478	4 816
1940	73 795	49 635	6 005
1941	71 885	51 432	5 397
1942	73 473	57 485	5 378

①黄立人：《抗战时期大后方经济史研究》，中国档案出版社1998年版，第56–57页；周勇：《重庆抗战史：1931—1945》，重庆出版社2013年版，第144—145页。

②《国民政府年鉴》1943年版，转引自黄立人：《抗战时期大后方经济史研究》，中国档案出版社1998年版，第57页。

三、战时四川粮政与特种农副产品管理

四川是中国重要的农业大省和粮食主产区。尤其是在抗战时期中国东北、华北、华南、长江中下游等重要农业区沦陷或成为战区的情形下，四川的农业生产地位及粮食生产供给能力，就越发显得重要。孔祥熙指出："四川为大后方之谷仓，粮食产量，几达大后方各省三分之一，故对于战时粮食之供应，所负责任，特别重大。"①《国民公报》社论《四川粮食问题新阶段》也认为："当前粮食问题，四川最重要，四川粮食问题有办法，则全国粮食管制就算成功。"②全面抗战爆发后，国民政府及四川当局为加强对粮食生产、消费，市场粮价、储蓄、运输等方面的管理，颁布了一系列战时粮食管控政策，成立了专门的粮政管理机关。

（一）战时四川粮政管理机关的成立及其沿革

1937年8月18日，国民政府颁布《统制战时粮食管理条例》，宣布在行政院下设战时粮食管理局，统筹战时粮食的生产、消费、储藏、运输、贸易、统制、分配等事宜。1938年1月，四川省也成立粮食调整委员会（后相继更名为"粮食调查委员会"、"粮食管理委员会"、"物价平准处"等），并在川内各市县成立相应的粮政机关，负责粮食调查、米粮仓栈管理、粮食储运、粮食市场管理、稻谷收购、代购军粮等粮政事务。1940年9月，因市场粮价波动剧烈，为平抑粮价，加强对粮食的管控，四川省又根据国民政府的指令，将原省政府物价平准处的一部分改组为"四川省粮食管理局"，承办全川粮政事务。四川省粮食管理局除隶属省政府领导外，还要接受全国粮食管理局的指挥和监督。1941年7月，国民政府成立粮食部。9月，四川省结束粮食管理局，改设省粮政局，各市县裁撤粮食管理委员会，在市县政府内设粮政科，其地位与省厅、市县科相同。粮政由是成为省、市县政府行政事务的重要部分。1941年8月，为推行田赋征实，四川省政府又成立了省田赋管理处，各市县也设立田赋管理处（科），乡镇设田赋征购办事处。此外，1941年10月，四川

①《孔庸之（祥熙）先生讲演集》，文海出版社1972年版，第362页。

②《四川省志·粮食志》编辑室：《四川粮食工作大事记（1840—1990）》，四川科学技术出版社1992年版，第35页。

省还将原粮食管理局时期的粮食购运处改组为四川省粮食储运局，负责办理全川粮食储运、配拨事宜，并将四川全省划为8个储运区，设立分区储运局，县设储运处，负责粮食储运事务。[1]由此建立起来的战时四川省市县乡多层级、多元化、组织健全的粮政管理机构，成为战时四川粮政管理的组织架构和制度保障。

（二）国统区的战时粮食危机与“抢米事件”

1938年10月下旬，武汉会战结束后，随着华北、华南和长江中下游产粮区沦陷或成为战区，全国粮食供应形势日益严峻，前方将士和后方城镇居民所需粮食主要靠四川供给。而四川地区的粮食生产，“自1936年到1940年，平均年产量虽有11 800余万市石，但每年供康、滇、黔三省人民所需的食米已在30%以上，要供应四川约5 000万人口的粮食尤赖由湘、鄂两省输入部分食米，以资调剂”。但在武汉、宜昌沦陷，“湘、鄂两省之食米来源断绝”的情形下，“川省食米已形成严重之恐慌”。[2]当时，四川除需向本省原住居民供应粮食外，还要负担数以百万计的内迁人口和抗战前线几百万国军将士的军粮供给。因此，从1939年夏收起，四川盆地内重庆、成都等大中城市的市场粮食价格开始持续上涨。重庆粮食市场，若以1937年各月粮价平均指数为100，则1939年8月升至107.9，10月升至122.3，12月升至139.8，1940年2月升至159.8。[3]1940年，因湘、鄂区域之米粮不能后运，重庆及鄂西地区的军粮民食均需仰赖四川供给，加上当年四川春寒夏旱，秋收荒歉，全川稻谷夏收产量骤然下降了32%。这年，四川米粮产量4 451万市石，比1939年减产3 103万市石。该年度全川米粮需求量为6 899万市石，供需之差额为2 448万市石。[4]这就更进一步加剧了四川地区粮食生产与粮食消费的供需失衡，造成成都、重庆等川内各大中城市和粮食市场上粮食供应日益紧张，粮价不断高涨。7月8日，成都市场每石米售价为100元，7月9日涨至108元，7月10日再涨至115元。至10月1日，已涨至每石200元。[5]重庆市场，1937年上半年米每市斗1.32元，

①汤梓军：《抗战时期四川粮食动员研究》，《求索》2005年第10期。

②中国人民政治协商会议四川省委员会文史资料研究委员会：《四川文史资料选辑》第十一辑，四川人民出版社1979年版，第111页。

③陆大钺：《抗战时期国统区的粮食问题及国民党政府的战时粮食政策》，《民国档案》1989年第4期。

④张国均：《四川粮食问题之分析》，《川康建设》1943年第1卷第2、3期合刊，第21—32页。

⑤周开庆：《民国川事纪要》下册，四川文献研究社1974年版，第114、120页。

1941年6月涨至41.87元，上涨了约31倍。[①]四川全省米价，若以上涨前的1939年6月为基数，至1940年12月时，已暴涨了9倍。四川省内主要粮食市场，各月每市石米价之差别均在20元以上。有的市场，甚至一日之内，上下午之隔，每市斗米也要涨价二三元及以上。[②]1940年在四川爆发的市场粮食紧缺、粮价上涨之风潮，很快就蔓延到后方各省，尤以大中城市为烈，成为一场空前严重地影响战时国统区国计民生和社会安定，影响国民政府抗战及其统治根基稳固的粮政危机。

表4-2　1937—1941年成都、重庆大米、面粉零售价格表[③]

年度	成都（米：元/升）	成都（面粉：元/斤）	重庆（米：元/升）	重庆（面粉：元/斤）
1937年上半年	1.25	0.100	1.32	0.121
1940年6月	3.54	0.345	4.80	0.440
1940年7月—1941年7月	34.48	2.21	41.87	1.93
1941年7月后	28.67	36.87	42.67	2.00

表4-3　全面抗战时期成都粮价物价指数表（1937年上半年为100）[④]

年份	物价指数	粮价指数	年份（月份）	物价指数	粮价指数
1937	100	95.2	1942	4 420.6	3 079.3
1938	113	88.8	1943	11 030.4	9 611.4
1939	182.8	99.2	1944	16 739	19 651
1940	580.9	419.4	1944年4月	20 984	33 851
1941	1 525.4	2 053.6	1944年7月	40 958	38 128

当时，市场粮价不断上涨，带动其他物价也跟风上涨，而法币则在不断贬值。在此严重经济形势下，国统区"有钱有势的人，都看中了大米的投机买卖"，认为"大米是人民生活所必需，无论买进卖出，都很方便"，"既可以确保他们的既得利

①"抗日战争时期国民政府财政经济战略措施研究"课题组：《抗日战争时期国民政府财政经济战略措施研究》，西南财经大学出版社1988年版，第29页。

②陆大钺：《抗战时期国统区的粮食问题及国民党政府的战时粮食政策》，《民国档案》1989年第4期。

③资料来源：《粮食管制的措施》，秦孝仪：《革命文献》第110辑，（台湾）中央文物供应社1985年版，第219—221页，转引自罗玉明：《抗日战争时期国统区的粮食危机及其原因》，《安徽史学》2008年第1期。

④资料来源：《粮食问题》第1卷第3期，粮食出版社1944年版，第34页。

益，又能够牟取暴利”，[1]于是竞相囤积居奇，投机倒把，“把粮食闭藏起来，不到市场上出售”。[2]例如，1940年3月，成都闹米荒，但全市商家、富户囤积米谷却在10万石以上。其中，美丰银行仓库即囤米13 000石，惠川银行存米10 700石。[3]而在“距离成都四十华里的乐山小小县城里，据报载已查出了24个私仓，囤米占500万（石）”。“同样距离（的）温江、新都、新繁等县公私囤积的米谷更多，一般估计总在3 000万石以上”。[4]川西温江县某次场期，一家“银行代表携一皮箱，装满钞票，大量收购新谷，一小时间，每市石上涨八元”。[5]重庆江北县舒家场周国昌，一年内购囤麦子120石。江津县白沙镇绅士古明顺，两个月购囤谷子490市石。[6]最可恶的是成都市市长杨全宇，于1940年9月，勾结大川银行重庆分行经理欧书元、合川万福发银行经理李渝臣，冒用福民面粉厂名义，购囤小麦数百石，成为当时贪官污吏与不法奸商勾结，囤积居奇，发国难财的典型。

在投机奸商、富户囤粮居奇或储米保值的带动和影响下，负责军粮采购的人，“只求购粮到手，不择手段”，“限定期间，限定数额，不问有无，勒令按时摊派”[7]。一般民众因担心粮价上涨也纷纷抢购、储囤粮食，留待日后消费，避免高价购粮或有钱买不到粮食的风险，由此更进一步加剧了粮食供应紧张形势，“造成市场粮食的缺乏”和“粮价非理性的上涨”。[8]市场粮食紧缺和粮价持续上涨的局面，害苦了那些每天赚取微薄劳动收入，只能买“升升米”来艰难维持生计的劳苦大众。他们“为了购两升米，要跑，要站，要挤，才把‘米条子’得到手中，忙了半天，‘平价米售毕’牌子一挂，不禁饮声吞泣，失望而去”。普通市民拿着钱买不到米，眼睁睁地看着粮价逐日上涨或一日数涨而束手无策。这就造成了粮食恐慌，人心不安，引发了

---

①李文孚：《抗战中期成都抢米事件真相》，成都市政协文史学习委员会：《成都文史资料选编·抗日战争》下册《天府抗战》，四川人民出版社2007年版，第488页。

②蒋介石：《为实施粮食管理告川省同胞书》（1940年9月11日），秦孝仪：《总统蒋公思想言论总集》，第31卷，（台湾）中国国民党党史委员会编印，第211—216页。

③王洪峻：《抗战时期国统区的粮食价格》，四川省社会科学院出版社1985年版，第22页。

④王清：《粮食问题》，《群众周刊》第7卷第9期，第214页，转引自陈丹丹：《抗战时期国民政府粮食征收述论》，湘潭大学2009年硕士学位论文，第11页。

⑤《中国农民银行四川省农村经济调查委员会调查报告》，1942年第5号，转引自陆大钺：《抗战时期国统区的粮食问题及国民党政府的战时粮食政策》，《民国档案》1989年第4期。

⑥“重庆经济检查队调查材料”，转引自陆大钺：《抗战时期国统区的粮食问题及国民党政府的战时粮食政策》，《民国档案》1989年第4期

⑦《孔庸之（祥熙）先生讲演集》，文海出版社1972年版，第362页。

⑧蒋介石：《为实施粮食管理告川省同胞书》（1940年9月11日），秦孝仪：《总统蒋公思想言论总集》，第31卷，（台湾）中国国民党党史委员会编印，第211—216页。

类似抢米风潮的群体恶性事件。

1940年3月14日，成都发生了“抢米事件”。当时，成都市场上每石米已涨价至60元也难买到的程度。当晚，一些成都市民因愤恨“奸商囤积居奇，米价飞涨”，又听说川康实力派首领潘文华和已故“四川王”刘湘的老婆刘周书在南门外簧门街重庆银行仓库中囤积了大量谷米准备待价而沽，于是便聚集前往该仓库外，高呼“把米拿出来卖”等口号，与前来弹压的国民党军、警、宪、特等发生冲突。激愤的民众砸开仓库大门，将囤积于仓库中的大米抢劫并散发给闻讯赶来的市民群众。对成都抢米事件的经过，军委会成都行辕保安课长李又生在事后撰写、呈报的《成都抢米风潮经过》(1940年3月20日)中叙述说：“川省因天旱，奸商囤积居奇，米价飞涨，群情愤怨，成都一般贫民，即有蠢蠢不安之象。……(3月14日)晚八时发生暴乱。事发之始，仅有八九人在南门外倡率，贫民愤米商之高抬时价，沿途逐渐啸聚(警察及当地哨兵亦同情彼等，初亦未加制止)，由数十人而数百人，并转移目标于银行仓库。……当饥民沿途抢劫啸聚至重庆银行时，已有三四千人，狂呼乱叫，捣毁窗壁。”[①]后因时任全国粮食局局长的卢作孚从雅安紧急调粮供应成都市场，“抢米事件”所引发的民众闹事群体性事件才得以逐渐平息下来。

成都“抢米事件”发生后，国民党当局认为这是中共四川地下党组织暗中策划和发动的“暴乱”，目的是“扩大群众对国民党”的“不满情绪”，并乘机捣毁了新华日报成都分馆，查封了《时事新报》，逮捕工作人员20余人。随后又逮捕了中共四川地下党领导人罗世文、车耀先、洪希宗等和亲近共产党的爱国人士郭秉毅、汪导予等10余人，陆续秘密杀害。[②]中共方面于1940年4月5日起由延安《新中华报》连续发表两篇社论，否认中共参与了此事，声明该事件是国民党反动派破坏国共合作和团结抗战的阴谋暴行。随后，中共中央又连续发出《关于成都事件经过及戒备国民党阴谋破坏》和《关于成都抢米事件对南方党工作的指示》，指令在国统区活动的中共党地下组织，“须根据保存干部、蓄积力量的原则，采取必要的办法缩小机关，调动、隐蔽干部，焚毁文件，准备口供，给新干部、新党员进行秘密工作和被捕审讯时应有的态度的教育等”。[③]中共中央南方局也起草了《中国共产党成

①昌文彬：《1940年成都“抢米”由民变转化为政治事件的考察》，《西南民族大学学报》2005年第10期。

②李文孚：《抗日中期成都抢米事件真相》，成都市政协文史学习委员会：《成都文史资料选编·抗日战争》下册《天府抗战》，四川人民出版社2007年版，第491—494页。

③中共成都市委党史工作委员会：《中共成都市委简史》，四川民族出版社1989年版，第30—31页。

都市委员会为成都抢米事件真相告成都市同胞及全川同胞书》，指示中共川康特委以“中共成都市委”名义（当时未设市委）在成都、重庆、西安等地散发。该《告同胞书》仍然强调成都抢米事件“系奸人、匪徒有计划制造的阴谋暴行，其目的在破坏团结抗战”。这次事件由国民党特务组织指派暴徒（一说是国民党中央军校成都分校学员）二三百人，装扮成老百姓模样，故意高呼“打倒资本家”、“无产阶级万岁”等蛊惑人心的革命口号，伪装成赤色分子所为。目的是要破坏国共合作、团结抗战的政治局面，镇压共产党人，并分化离间川康地方实力派与中共的统战关系，逼地方实力派进行政治表态。[①]

然而，无论成都抢米事件背后有着多么错综复杂的国共两党政治较量的因素，但它确实在一定程度上反映出从1940年起国统区市场粮食供应紧张、粮价不断上涨并带动其他物价跟风上涨所造成的国计民生的深刻、严重的政治、经济危机。因此，国民党当局一面把抢米事件发生的责任推诿到共产党身上，一面也竭力加强对市场粮食和粮价的管控。3月15日，即成都抢米事件发生的第二天，蒋介石（其时兼任四川省主席）即致电成都行辕主任兼省政府秘书长贺国光和川康绥靖公署主任邓锡侯指示：“据报近日成都米价陡涨，确系奸商大贾囤积抬价居奇，诚堪痛恨。应即查明存量，作有计划之平价销售，务期平民生活，不受影响。此外各县市并应一律遵照办理”。“经取缔平价之后，不许再有囤米买卖，如再发现仓飞（即购米票单）交易，无论何人，一经查出，除将所囤积之谷米悉数充公平糶外，并即以扰乱治安问罪”。[②]（注：原文如此。）四川省政府也颁布《紧急处置办法》，提出最高限价，严禁暗盘黑市，禁止官员经商等措施。贺、邓两人及四川当局还采取强硬手段，严厉稽查和禁止商人、富户囤积粮食，哄抬市场粮价，极力平抑米价，但基本上无效果。粮价仍旧持续上涨，粮食恐荒仍在蔓延扩散，抢米事件在各地亦时有发生。1940年6月，成都市场米价已涨到每石70元左右。6月8日，成都市政府发放贫民购米证，每间隔3天可凭证购买平价米一次。6月17日，成都市政府请省政府调拨2万石平价米出售。7月2日，成都市平价米20 800石已售空，无米供应，米价涨至每石93元，市民纷纷聚集到市政府请愿。7月11日，成都市场上米价涨至每石115元。省政府规定：每石米价格为82.5元，省物价平准处

①中共成都市委党史研究室：《中国共产党成都历史》第1卷，中共党史出版社2013年版。

②周开庆：《民国川事纪要》下册，四川文献研究社1974年版，第96页。

拨米800石按规定价出售，并严禁食米黑市高价交易。7月12、13日两天，情势更趋恶化，市民成群结队，携筐提袋，到有米处拥挤抢购，形势愈益混乱。7月15日，川康绥靖公署、四川省政府联名发布公告宣布："严禁人造米荒，纠众抢米者处死刑，囤积居奇者没收充公。"7月30日，蒋介石再次致电四川省政府指示："粮食为军民所系，当此抗战期间，管理调节，不容或缓。现除由中央统筹管理外，各专员县长，身任地方，承办军粮民食，责无旁贷"，"应视为本身最大责任，不得视为协助性质。省政府对于专员县长办理成绩，尤应严加督察，明定奖惩，不得稍有松懈"。[①]9月3日，成都米荒还未解决，川康绥靖公署接军政部电示：部队士兵伙食不敷甚巨，改为日食干饭两餐。9月30日，蒋介石再次严令遏止米价狂涨，将对各县办理粮食管制无成绩之县长，撤职究办。10月1日，勾结奸商囤积粮食图谋获取厚利的成都市市长杨全宇被迫辞职，以"囤积粮食罪"于当年12月23日在重庆枪决。是月，重庆市场上每石熟米价涨至151.25元，并呈继续上涨之势。1941年1月2日，蒋介石手令：严禁人为制造米荒，凡囤积食米在200石以上拒不抛售者，准予没收充作军粮。2月1日，四川省政府通令全川各县：严格登记存粮、存货，凡有粮食十双石以上拒不登记者，以囤积论罪。2月4日，成都市场上的米价，由1940年11月的每石180元涨至每石289元。成都行辕主任兼四川省政府主席张群以米价不断上涨，赌期交易猖獗，特明令严禁，如仍有从事非法赌期交易者，一律军法从事，处以极刑。2月21日，成都市场米粮供应严重缺乏，成都行辕派宪兵赴各县督促运输米粮供应省垣。四川省粮食局拨官米一部交本市100家米店具结承办，供应市场。次日，四川省政府严令省会附近10县，每县按月供应食米38 400双石，解决成都食米问题。在此期间，成都市因粮食紧张，已出现吃大户现象。市政府严令保甲人员切实劝阻。如每甲有5人以上、每保有10人以上参加聚众吃大户情事，以该保甲长是问。[②]

再者，1940年8月，国民政府为确保军需民食的供应，成立了由卢作孚任局长的全国粮食局，拟以"派购余粮"的方式在四川"订购"粮食1 000万石。9月，卢作孚提交了《四川省粮食管理局征购军民粮食暂行办法大纲》，以现金购买各县学产

①周开庆：《民国川事纪要》下册，四川文献研究社1974年版，第115—116页。

②成都市政协文史办公室编辑组整理：《抗战八年成都纪事》，成都市政协文史学习委员会：《成都文史资料选编·抗日战争》下卷《天府抗战》，四川人民出版社2007年版，第53—57页。

公产、民众囤积及余粮等[1]，囤积超过自用范围或粮商囤积不售者科以罚金，并以“扰害治安”论罪，由军法机关按军法审判。[2]尽管如此，然最后实际仅购得稻谷400余万石。[3]国民政府和四川省当局在四川进行的“捐献军粮运动”，也只获得稻谷11.3万余石和代金13万元。[4]而征购粮食的政策给社会也带来一定的负面影响。卢作孚在全国粮食会议上总结道：“全国粮食管理局成立后，工作便侧重于四川，统购了廿九年全年的军粮。当时人民心理本来不免恐慌，政府复大量购买军粮，愈发感受刺激，纷纷存积，各县各乡镇又先后封仓阻关，消费区域的民食，遂发生恐慌，增加了粮食问题的严重性，于是不得不回头来做民食的准备……”

在采取上述政策措施不能够缓解粮食供应紧张局面，遏止粮价上涨的情势下，蒋介石和国民政府只得另寻途径，来解决日益严重的粮食危机。

（三）田赋征实

1941年，国军部队兵员已由抗战初期的250余万人增至450余万人。数百万军队每年所需军粮，大约在1 500万市石左右。[5]在实行田赋征实以前，国民政府实行购粮养兵之法，每年需花费大笔金钱购买军粮。在应对1940年国统区战时粮食危机中，蒋介石和国民政府中枢逐渐认识到，如果继续实行购粮养兵政策，不但政府须开支庞大的财政经费，而且千万石级数量的军粮购买，势必推高市场粮价，并带动其他物价跟风上涨，同时会造成定价与市价的差额越来越大，既完不成军粮采购任务，增加财政负担，也会加剧粮食恐慌，造成物资供应紧张、物价高企不下的经济危机，不利于前方将士和后方居民的人心稳定。因而，“收集民间存粮，最适当之办法，莫如田赋改征本色（即征收实物）”，从而“既不致影响财政制度，于财政收入亦复有利，以此改充军粮，尤属简便可靠”。[6]

1941年4月2日，国民党五届八中全会通过《各省田赋暂归中央接管以便统

---

①卢作孚：《四川省粮食管理局征购军民粮食暂行办法大纲》，载张守广、项锦熙：《卢作孚全集》，人民日报出版社2016年版，第1061—1064页。

②卢作孚：《粮食管理治本治标办法》，载张守广、项锦熙：《卢作孚全集》，人民日报出版社2016年版，第1071—1073页。

③刘航琛：《戎幕半生》，文海出版社1978年版，第68页。

④周开庆：《民国川事纪要》下册，四川文献研究社1974年版，第136—137页。

⑤中国第二历史档案馆：《中华民国史档案史料汇编》第5辑第2编财政经济（9），江苏古籍出版社1997年版，第319页。

⑥中国第二历史档案馆：《中华民国史档案史料汇编》第5辑第2编财政经济（9），江苏古籍出版社1997年版，第318页。

筹而资整理案》，提出“中央为适应战时需要，得依各地生产交通状况，将田赋之一部或全部征收实物”。[①]据此，同年6月，国民政府在重庆召开第三次全国财政会议。蒋介石亲自与会并发表讲话，强调田赋必须征实，以应抗战需要。会议确定，从1941年起，全国各省田赋收入，从地方收归中央，一律改征实物。并做出决议：“(1)自民国卅年(1941)下半年起，各省田赋战时一律征收实物；(2)田赋征收实物，以卅年度田赋正附税总额，每元折征稻谷二市斗为标准；(3)各省征收实物，采取经征经收划分制度。凡经征事项，由经征机关负责，经收事项，由粮食机关办理。”[②]7月1日，国民政府成立粮食部，将各地方粮政机关和粮食储运、供应等部门归口统管。财政部也成立了田赋管理委员会，并草拟出《战时各省田赋征收实物暂行通则》，提交行政院第525次会议通过后，于7月23日正式颁布。按照国民政府田赋征实采取“经征经收划分制度”的制度设计，经征机构，在中央是财政部，下辖各省、县田赋管理处，县以下设经征分处，负责向粮户征粮；经收机构，在中央是粮食部，下辖各省粮食管理局和各县粮政科，以下再设经收分处和仓库，负责收储粮户抽纳粮食。

在贯彻国民政府田赋征实政令之初，四川省当局赞成中央在四川购粮而不赞成征粮。后迫于形势，于1941年6月同意实行田赋征实，制订了《四川省田赋改制有关机关移交与接收办法》。8月1日，在撤销原来负责田赋征收事务的省征收局的基础上，成立了四川省田赋管理处和四川省粮食局。8月4日、13日，四川省政府分别在成都、重庆召开有各专区行政督察专员、各县县长、各县征收局长、征收处主任、粮食管理委员会主任、粮食督察长、田赋管理处督导员等参加的田赋征实工作会议，研究部署田赋征实工作。为防范中央政府直接插手、控制省、县乃至基层田赋征实及粮政，四川省政府规定：省田赋管理处长由省财政厅长兼任，县处处长由县长兼任，所有经征责任，完全由他们担负。在县一级成立征购粮食监察委员会，由县政府选聘本地“公正”绅士(按每个乡镇聘1至3人的原则)与县党部、三青团等党团干部共同担任委员或监察干事，负责“防除弊端”。同时按照每3个乡

①荣孟源、孙彩霞：《中国国民党历次全国代表大会及中央全会资料》下册，光明日报出版社1985年版，第688—690页。

②中央银行经研处编印：《民国卅一年上半年国内经济概况》，第22页，转引自侯德础：《抗日战争时期四川及周边地区的经济与文教》，四川人民出版社2005年版，第167页。

镇设立一个田赋经征收分处的原则，将乡镇经征、经收分处改称乡镇办事处（后改称“乡镇征收处”）。乡镇办事处，除由所在地乡镇长兼办事处主任外，另设专职副主任一人，设经征、经收两股，各设股长一人，经征（收）员、催征警、斗手、仓夫等若干人。每个乡镇办事处，人员均在10人以上，负责大约28个保的田赋征收。当时，四川全省共设办事处1 400余个，有些大县，设置了四五十个乡镇办事处（如富顺县即设有42个），成为田赋征实的基层组织。

1941年9月16日，四川各地正式开始实行田赋征实。川康绥靖公署也通令川康各军，凡军官有粮在册的，应率先交粮。由于历史的原因，四川各县的田赋及附加在田赋上的“捐输”、“津贴”等各种款项、摊派，轻重极不一致，差别大者甚至达到一二十倍。若按田赋征实“以卅年度田赋正附税总额每元折征稻谷二市斗”的标准，1941年四川田赋正附税总额约为9 000万元，即应折征稻谷1 800万石，不仅负担过重，折征标准也不符合四川原来粮额较重县份折征银元一般较轻，粮额较轻县份一般折征银元较重的实际情况。经四川省政府与中央交涉，除将征额减至1 200万石外，折征办法也改为“两、元并用，征购平摊”。所谓“两、元并用”，就是按照各县粮额，每两银的粮额配征稻谷11担；同时也按1914年四川改两为元后正税一征折合银元的总数，每元征稻谷一担。例如，设某粮户有粮（田赋）一两，按照“两、元并用”的原则，除一两银应征稻谷11担外，还要按1914年废两改元时每两折征银元8元的标准再征8担粮食。这样两、元合计，一两银的田赋共应征粮19担。按此“两、元并用”原则计算，1941年四川（不含西康）总粮额为62万余两白银，应征稻谷682万余担；一征正税740多万元，应征稻谷740多万担。两、元合征，应征稻谷1 400多万担，此即四川省的征实配额。其超过中央定额部分，作为预防流滥短缺而事先溢收部分。省配征额再平分为二，一半为无偿的征实，一半为给价的购粮，便是所谓的“征、购平摊”。后来，因各年征、购数并不相等，“平摊”政策也就渐告终止。另外，当时实际购粮时，政府只发三成现金，七成发“粮食库券”，年息5厘，本息在日后征实配额中抵扣偿还。1942年，国民政府提高田赋征实标准，规定：“各省田赋征收实物，依卅年度省县正附税总额，每元折征稻谷四市斗或小麦二斗八升。”四川各地虽继续实行“两、元并用”政策，但也随着其后各年征、购（借）数额增加而加重了两、元的配征额。1943年，因粮价上涨致使国民政府购粮开支日益浩大，财政不堪重负，粮食部长徐堪遂与四川省当局协商，在川省率先改征购为征借，即征（派）购的粮食全部发给粮食库券，不再配发现金，起借点是载粮五分。从表面上看，征购属于强制性的商业买卖行为，征借属于强制性的借贷，两者都不属田赋征收范围的事情，但因为它们一直随田赋摊派，并在日后的田赋额中抵还，所以在本质上还是属于政府利用田赋征收而进行的超经济土地摊派。

四川省田赋征实确定以征收稻谷为主，对不产稻谷的杂粮区也折征小麦、玉米等，比率为稻谷1担等于小麦7市斗或玉米8市斗。1941年，四川135县中，有121个县全收稻谷，川西平原十几个县则收大米（以米0.46石作稻谷1石）；有7个县全收玉米，有1个县专收青稞；有6个县兼收稻谷和玉米。据统计，从1941年至1945年，通过田赋征实中的征粮、征购、征借（俗称田赋三征），四川共向国家缴纳粮食8 408万石，占其时国民政府田赋征实所收粮食总额的1/3左右。如：1941年，国统区田赋征实实收总数4 597万石，四川1 382万石，占30.06%；1942年，国统区实收总数6 617万石，四川1 658万石，占25.06%；1943年，国统区实收总数6 478万石，四川1 605万石，占24.78%；1944年，国统区实收总数5 428万石，四川1 941万石，占35.76%，等。①

除田赋征实外，这期间四川所贡献的粮食还有：1940年，全国粮食管理局在川购粮400多万石；四川各界为改善国军官兵待遇而捐献军粮234万石；1942年，四川省以食盐交换湖南省粮食500万石，运用于供给下川东和湖北地区的军需民食；1943年至1945年，四川省政府派募积谷927万石（其中，1943年305万石，1944年310万石，1945年312万石）。

表4-4　四川历年田赋征实概数（品种：稻谷；单位：万石）②

年份	中央配征额	四川省政府配额	实收数量	实收数超出中央配额
1941	1 200（征600，购600）	1 443	1 382	+182
1942	1 600（征900，购700）	1 773	1 658	+58

①侯德础：《抗日战争时期四川及周边地区的经济与文教》，四川人民出版社2005年版，第174页。

②资料来源：《四川田赋半月刊》创刊号，第6页；米庆云：《蒋政权下川粮九年征实》，《四川文史资料选辑》第十一辑；陈志苏等：《抗战时期四川田赋征实》，成都市政协文史学习委员会：《成都文史资料选编·抗日战争》下册《天府抗战》，四川人民出版社2007年版，第115页等。

续表

年份	中央配征额	四川省政府配额	实收数量	实收数超出中央配额
1943	1 600(征900,借700)	1 773	1 605	+5
1944	2 000(征900,借1 100)	2 152	1 941	−59
1945	2 000(征900,借1 100)	2 134	1 822	−178
总计	8 400	9 275	8 404	+8

1941年10月,国民政府军委会通令各战区及各省驻军:自1941年10月起,一年内所需之粮,已就征实数内拨足,嗣后军队不得在各地方自行购粮,以免刺激粮价。城市居民粮食供应方面,1941年10月6日,成都市场米价每双石售卖570元,第一民食供应处遂以每双石524元的价格在市场上出售,促使米价回跌至500元一双石。民食供应处再以每双石460元的价格供应市场长达一个月之久,促使成都市场米价保持稳定。四川省政府同时还动用军米,在绵阳等地粮食市场上低价销售,以保障市场供应,平抑米价。由此可见,实行田赋征实之初,在一定程度上缓解了国民政府的粮食危机,保障了军需民食的需求,平抑了市场粮食价格的上涨。不过,单靠抛售粮食来平抑市场粮价,作用毕竟还是很有限的,加上国民政府后来实行战时通货膨胀政策,滥发纸币,因此造成粮价、物价的一齐持续上涨,严重地影响到国统区人民的生活,动摇了其在中国的统治根基。①

(四)加强战时粮食管制

1.管理粮食市场

国民政府颁布的《粮商登记规则》、《非常时期违反粮食管理治安罪暂行条例》等规定:凡经营粮食的仓栈、商家、经纪、加工企业、运输工具等,必须一律进行登记;未经登记,不得经营粮食业务。市场上所有从事与粮食贩卖有关业务的仓栈、商家、经纪、加工企业等,均须各别或联合组成同业公会。凡经登记之粮食商人,必须加入同业公会。粮食同业公会须依据政府粮食管理机关及粮食管理规定,制

①本段四川田赋征实的叙述及资料,主要参引自侯德础:《抗日战争时期四川及周边地区的经济与文教》,四川人民出版社2005年版,第167—177页;陈志苏等:《抗战时期四川田赋征实》,成都市政协文史学习委员会:《成都文史资料选编·抗日战争》下册《天府抗战》,四川人民出版社2007年版,第105—119页。

定同行应遵守之公约，并根据政府粮食管理机关分配之粮食购销、加工数量，约集各有关粮商分摊或联合办理。有组织之粮商，在采购或起运粮食时，应先领取粮食采购证或运输证。各地粮食管理机关，订定适合当地之粮食销售价格，逐日挂牌公布。凡非经营商业之人或非经营粮食之商人购囤粮食营利者，或经营粮食业之商人购囤粮食不遵主管机关规定出售者，粮户或粮商之余粮经主管机关规定出售而藏匿者，均以囤积居奇论罪。凡囤积谷50市石以上或小麦30市石以上者，均根据其囤积数量，处以拘役、徒刑直至死刑，并没收其囤积的全部粮食。公务人员、军、警营私舞弊，参与粮食囤积者，从严从重治罪。[①]为落实这项政策，重庆、成都等大中城市成立了由军统特务、宪兵、警务人员等组成的"经济检查大队"，任务是通过明查暗访，打击、查处非商人囤积物品、商人超越经营范围大量囤积物品、代他人囤积大量物品、进行黑市交易、操纵市场等违法行为，并设立告密奖，将所查获违法物品的30%作为奖品，以严厉打击奸商囤积粮食等物资、哄抬市场粮价、黑市交易等不法行为。

2.保证对军人、公职人员和城市居民的粮食供应

第一，保证军队及军属的粮食供应。抗战初期，国民政府为改善部队官兵生活，实行粮饷划分，主副食品公给的制度，规定国军士兵的口粮标准为每日大米22两(16两为1斤)。实行田赋征实后，蒋介石手令：各地田赋征实所获粮食，须"按部队驻地、需要情况，尽先就近拨作军粮，禁止地方机关自由提用"。随后，国民政府又将士兵口粮标准提高至每日米24两或面粉26两，同时规定：每3师之军，准发700人军米以供军属食用。在重庆等米珠薪桂、物价高昂地区，部队官兵的供给标准还更高一些。如驻渝部队准尉以上官佐，每月食米定为31岁以上者8市斗，26岁至30岁者6市斗，25岁以下者及士兵4市斗。另外，从1942年10月起，驻重庆部队自准尉到上将，每人每月增发生活补助费130元至340元不等；各地驻军亦均按当地物价，酌发副食代金每人每月12元至14元不等，较1940年时增加了三四倍不等。[②]据统计，1942年，国民政府拨发军粮配额按628万人需要配备，实际享受军粮补给官兵512万人；1943年，拨发军粮配额按600万人配备，实际享

①《全国粮食管理局管理粮食办法汇编》，转引自陆大钺：《抗战时期国统区的粮食问题及国民党政府的战时粮食政策》，《民国档案》1989年第4期。

②何应钦：《对五届十中会会军事报告》，载何应钦：《八年抗战之经过》，金文图书公司1982年版，转引自侯德础：《抗日战争时期四川及周边地区的经济与文教》，四川人民出版社2005年版，第176—177页。

受军粮补给官兵546万人；1944年，拨发军粮配额按615万人需要配备，实际享受军粮补给官兵681万人。[1]数百万国军官兵享受到军粮补给，对于稳定军心，保持军队战斗力，是有积极意义的。

第二，保障公职人员的口粮供应。所谓“公职人员”，主要是指党政机关公务人员、文教科研单位公职人员、警察等依靠工薪养家糊口、维持生计者。为解决这些人的生活困难，国民政府在行政院设立了“非常时期改善公务员生活委员会”，并于1941年7月1日颁布《非常时期改善公务员生活办法》，规定：中央公务员及其眷属（共以四口为限），每人每月可以基本价购平价米2市斗，每斗只收基本价6元。次年10月，国民政府又补充规定：公务员口粮一律免费配发，标准为31岁以上者月领1市石，26岁至30岁月领8市斗，26岁以下者及工役月领6市斗，均以发实物为原则。为保证这一政策能够贯彻执行，国民政府还规定：凡居住在重庆和迁建区以外之公务员，由中央发给平价米代金；居住在重庆和迁建区以内之公务员，中央每月共发平价米18 000市石，超过此额后仍按旧案发给代金。贯彻中央指示，四川省首先援例实施。1941年度，从征实项下拨配本省公教、保警人员的稻谷计有：省级公粮70万担，县级公粮120万担。1942年度，拨出省、县及专案公粮2 205 615担。1943年度，拨配省级公粮90万担，县级公粮210万担。1944年度，按照行政院新规，市县公粮以不超过征实量30%的限度随赋带征。当年，四川省征实配额为900万担，其公粮数可达300万担左右。另据统计，在实行田赋征实的第一年，即1941年，四川省共调拨给各县驻军及军事机关、学校、厂场等碛米168.7万担，第6战区100万担，陕南、西康、大巴山三地屯粮各4万担，合计近300万担，约相当于稻谷600万担，占当年四川征、购总额的50%左右。[2]

第三，对城市居民实行粮食定量供应。1940年12月，国民政府在重庆试行平价米供应，供应对象主要是：党政军机关公务员役及其眷属（祖父母、父母、配偶、未能自立之子女等）、文教单位教职员役及其眷属、住宿学校之学生、抗战军人家属、贫苦市民等，每人每月供应2市斗，5岁以下儿童减半供应。随后，国民政府指令各省在区域内大中城市实行公粮民食和平价米市场供应，以调剂民食，纾缓民

①陈雷：《抗战时期国民政府的粮食统制》，《抗日战争研究》2010年第1期。

②侯德础：《抗日战争时期四川及周边地区的经济与文教》，四川人民出版社2005年版，第177—178页；陈雷：《抗战时期国民政府的粮食统制》，《抗日战争研究》2010年第1期。碛米，是还带薄皮的米，经再加工才能用来做饭。

困。四川省即率先在省内成都和绵阳、内江、自流井、犍乐盐区等工矿业集中城市及川东、川北等地设立了4个“民食调剂处”,负责区域内市场粮价平抑和粮食余缺调剂。并按照中央政府指示,为各大城市确定粮食供应区,对成都、重庆等较大城市的粮食供应,实行指定产粮县份定量供给。如重庆,其粮食供应区为广安、岳池、大竹、潼南、江津、永川、邻水、长寿等24县。仅1941年度,四川在田赋征实稻谷中划供民食的数额为:重庆200万担,成都100万担,内江50万担,绵阳60万担,共410万担。1942年以后,四川每年拨充民食调剂的粮食也在360万担至450万担之间,对平抑城市市场粮价,缓解粮食供应紧张形势,具有一定作用。

(五)提倡节约粮食

全面抗战进入相持阶段以后,为缓解日益严重的粮食等物资供应危机,最高国防会议于1938年通过了《节约运动计划大纲》,训令后方各省开展以节约粮食、节约储蓄等为主题的节约运动,要求人民节制饮食,多吃糙米粗面,减少饮酒,节约粮食。同年7月,国民政府又颁布了《非常时期禁止进口物品办法》及《禁止物品表》,将洋酒、海产和一些奢侈性的糖品、荤食、罐头、蔬菜等列入禁止进口和在国内转口、邮寄销售的范畴。四川省政府遵循中央政府的指令,在川内各地开展了节约粮食、节约储蓄等运动。1938年1月17日,四川省政府颁布《四川省节食运动实施细则》,其第二条规定:“各专员及各县市长,应以身作则,并督励所属各级公务人员、保甲人员及学校学生(家属在内),实行一日两餐。”10月14日,四川省政府又颁布《四川省粮食节约实施办法》,明确宣布:严禁制、售精白米,一律制健康米(即糙米),以提高稻谷出米率;不准以米、麦烤酒、熬糖和喂养牲畜;提倡多吃杂粮等。据原籍四川渠县,后定居于台湾高雄并创办了四川同乡会的杨义富在其《四川轿夫》一书中回忆道:“忆及儿时约1941年间,正值抗日战争打得难分难解之时,东南半壁山河已先后沦陷日军之手,故乡又连续苦旱三年。真是天灾人祸纷至沓来,辛辛苦苦一年眼巴巴的收成,刚好只能够缴‘公粮’,可是我们没有半句怨言,如数缴给了公家,一家八口只是望着空空的箩筐大哭一场。可怜的母亲拖着一双‘三寸金莲’,一跛一颤地跟在父亲身后,隔两天去‘佛显圣’大庙后面,排队挖回白色的‘观音土’,掺和着少许玉米粉,先让孩子们果腹,剩余的才是他们两位老人家吃。其他左邻右舍，家家户户亦莫不如此。”[①]1941年秋，四川省田赋管理处处长甘绩镛由南充到三台督粮，途中在路旁一家鸡毛店歇脚。遇到一个老农民，便与其聊天。甘问：“今年收成怎么样？”老农回答道：“收成差一点，每天吃杂粮加苕藤，但还是吃得饱。”甘绩镛又问他上粮没有和有粮无粮，老农说，该上的粮已经上了，邻居的粮都上了。甘绩镛再问：“你们自己口粮都有困难，哪来多余的粮食交给公家？”老农很质朴地回答说：“军队在前方打仗，吃不饱，有命也不能拼。只要打胜仗，赶走日本鬼子，老百姓能够过太平日子，我们暂时吃点苕叶也有想头，比起日本人来抢好得多了！”[②]以上记忆史实是否完全准确此处不论，但说明在抗战时期粮食紧张和国民政府极力倡导节约粮食的形势下人民生活十分困苦则应是可信的。

此外，抗战时期国民政府在粮食储蓄、运输等方面提出和实施的一系列政策措施，也为粮食的丰歉、余缺调剂提供了政策保障。[③]

四、抗战时期四川农业的兴衰

从总的发展趋势看，抗战时期的四川农业，以1940年为界，经历了一个先扬后抑，即前期逐年增长，中后期在起伏不定中逐渐下行的兴衰过程。

表4-5　战时四川历年粮食、棉花年总产量统计(单位:千市担)[④]

年份 / 作物	粮食	年总产指数(%)	棉花	年总产指数(%)
1937	282 836	100	691	100
1938	401 037	141.79	763	110.42

①杨义富:《四川轿夫》,四川人民出版社1992年版,第7—8页。

②陈志苏等:《抗战时期四川田赋征实》,成都市政协文史学习委员会:《成都文史资料选编·抗日战争》下册《天府抗战》,四川人民出版社2007年版,第113页。

③有意者可参见谭刚:《抗战时期四川的粮食储运》,四川师范大学2003年硕士学位论文,兹不赘述。

④资料来源:许道夫:《中国近代农业生产及贸易统计资料》,上海人民出版社1983年版,第54—57、207页。另外,棉花1937年栏的年总产量,为1931年至1937年棉花平均年总产量。

续表

年份 / 作物	粮食	年总产指数(%)	棉花	年总产指数(%)
1939	342 322	121.03	1280	185.24
1940	261 385	92.42	1129	163.39
1941	279 081	98.67	952	137.77
1942	317 942	112.41	956	138.35
1943	264 615	93.56	1244	180.03
1944	340 272	120.31	1123	162.52
1945	336 179	118.86	1452	210.13

表 4-6　抗战时期主要粮食作物历年总产量统计(单位:千市担)①

年份	稻	麦	玉米	高梁	豆类	甘薯
1937	85 344	48 841	31 713	14 612	17 054	85 272
1938	168 419	81 955	31 258	12 900	35 327	71 178
1939	143 331	69 181	26 080	12 899	36 887	53 944
1940	68 603	64 038	17 717	12 904	29 389	68 689
1941	84 394	59 551	21 149	12 772	27 146	74 069
1942	98 401	84 943	28 053	12 385	32 034	62 126
1943	86 902	52 307	27 375	12 110	21 118	64 803
1944	113 210	83 258	31 908	13 713	33 380	64 803
1945	112 029	79 194	32 425	13 393	30 363	68 775

(一)抗战前期四川农业的发展

随着抗战的发展,国民政府统治区失去了约占全国50%以上农地、1.3亿农业劳动力等农业资源。在此情势下,国民政府为保障几百万国军官兵的军需,解决几千万逃避战乱而追随国民政府内迁之战争难民和后方各省原住居民的衣食供给,稳定抗战大后方及军心民心,制定和颁行了一系列利农、惠农

①资料来源:许道夫:《中国近代农业生产及贸易统计资料》,上海人民出版社1983年版,第54—57页;侯德础:《抗日战争时期四川及周边地区的经济与文教》,四川人民出版社2005年版,第149页。另外,表中的稻包括籼稻和糯稻,麦包括小麦和大麦,豆类包括碗豆和蚕豆。

的政策，为战时后方各省，也为四川农业的发展，营造了一个短暂而有利的政治环境。

1.增加粮食生产

抗战时期，为应对粮食供给困难及所引起的国统区粮食危机，国民政府和四川省除加强战时粮食统制外，也出台了积极的农业政策，采取有效措施，增加粮食生产。从总体上看，抗战时期国民政府和四川省增加粮食生产，主要也只能是依靠增加耕地面积（扩大粮食种植面积）和提高单位面积产量（提高粮食亩产水平）这两条途径。1941年2月，国民政府发布了《关于粮食增产计划及实施状况有关文件》，训令后方各省按照这两条途径，发展农业生产，增加粮食产量。四川省政府也先后颁布了《四川战时粮食增产办法》（1937年9月、1938年3月两次颁布）、《四川增加粮食生产紧急措施大纲》（1941年3月）等文件，要求各地采取措施，增加粮食产量，支持国家抗战，并将中央要求与本省实际相结合，提出了四川粮食增产的计划与政策措施。主要有：

第一，垦殖荒山荒地。1938年2月，四川省政府颁布《四川省公共坟地地面种植杂粮规则》提出，为谋增加粮食生产，在文到第二个月内，各县市须将境内公共坟地尽数招佃垦种作物。同月，又颁布《四川省督垦荒地大纲》、《四川省督垦荒地实施规则》，划四川省内通江、南江、巴中、城口、万源；北川、平武；松潘、理县、懋功、茂县、汶川、靖化；天全、芦山、宝兴、金汤；昭觉、冕宁、宁南、盐源、盐边、会理、越西；雷波、马边、屏山、峨边；南川金佛山；酉阳、秀山、黔江、彭水；铜梁东西山；华莹山；昭化、广元、剑阁等11个区域内之官荒为垦殖范围。1939年4月，四川又先后颁布《荒地清理规则》、《四川省垦务委员会难民移垦实施方案》等文件，成立垦务委员会，设立东西山、雷马屏峨、金佛山等国营垦区，鼓励民间兴办民营垦社，“督促人民承垦荒地，从事种植，增加生产，以作长期抗战之充分准备”。[①]东西山垦区招垦民2 244人，垦地17 358亩；雷马屏峨垦区招垦民383人，垦辟荒地2 605亩；金佛山垦区招垦民425人，垦殖荒地8 976亩；康属西昌垦牧实验场和泰宁垦区管理处招垦民757人，垦地3 572亩。四川民营垦社中，规模最大者是抗战垦殖社，有垦民3 200人，在雷马屏开垦荒地逾万亩。另据国民政府农林部的统计，截至1944年1月，全国各省共有公、私垦殖单位153个，四川最多，有53个；垦民数

①周开庆：《四川与对日抗战》，台湾商务印书馆1971年版，第267—268页。

量，陕西第一，四川第二，为24 834人；当年四川累积垦殖荒地已达297 074亩（整个抗战期间，四川共垦殖荒地769 652市亩）。[①]通过垦殖荒山荒地，不仅扩大了耕地面积，拓展了增产粮食的空间，也利用垦荒安插了许多难民、流民，为战时入川难民、流民解决生计困难提供了出路。

第二，提高耕地复种、轮种指数以提高耕地利用率。在此方面，国民政府和四川省采取措施：一是开展冬耕运动，推广冬作。1939、1940两年，四川春夏少雨，粮食发生恐慌，四川当局与中央粮食管理局合作，1940年办理粮食冬季增产，1941年办理粮食夏季增产。两年中，在川内温江等67县，推行冬（夏）季粮食增种11 500余亩。1941年，农林部农产促进委员会要求后方15省增加冬耕面积，完成年度增产粮食1 850万市石的计划。四川省政府与四川粮食增产督导团一道，组织全省129县开展冬粮增产运动，引导农民种植小麦、大麦、碗豆、蚕豆（胡豆）等冬季粮食作物，利用桑园、果园、甘蔗园之隙地种植粮食作物。当年春，在温江等9县增种土豆34 000亩，在温江等30县增种春荞麦35 000亩，在绵阳增种玉米60万亩，红薯90余万亩。二是引导农户种植再生稻。四川丘陵、山区各县因经常冬春干旱，故农民在种早中稻时，有"关冬水田"的农事习惯。即冬季蓄水于田中，以待春耕。每年一作水稻，土地复种指数低，耕地利用很不充分。再生稻是早稻收割后由根部重新抽出的新苗，其生长期约需50余天，中间仅需施肥、除草各1次，即可收获。种植再生稻，平均每亩可增产约20%，而且不妨碍次年小春栽种。1939年，四川当局在川南眉山等9县推广再生稻种植24 472亩；1940年，万县等川东南27县推广种植再生稻122 156亩；1941年，万县、乐山等川东南19县推广种植再生稻61 315亩。[②]另据统计，1941年至1944年，四川省累计利用休闲田地复种、轮种7 819 247市亩，增产粮食18 664 337市石。

第三，禁种罂粟，限制烟叶等经济作物种植，间接扩大粮、棉作物种植面积。1938年3月，国民党临全大会通过的《非常时期经济方案案》即明确规定："禁止有害作物之种植"，"以期有益作物数量之增加"。[③]1939年5月9日，蒋介石又通令西南各省严禁罂粟种植，指出："禁烟要政，正本清源，首在禁种。"按照禁烟法令规

①侯德础：《抗日战争时期四川及周边地区的经济与文教》，四川人民出版社2005年版，第142页。
②四联总处秘书处：《四联总处四川省农贷视察团报告书》，1942年8月印行，第40页。
③中共浙江党史学会：《中国国民党历次会议宣言决议案汇编》第2分册，1985年印行，第375页。

定，川、康、黔等西南省份，“本系绝对禁种区域”，但是诸省“所属各地，偷种甚多，而且地域广阔，情形严重”，因此严令各省政府及官员，“限于本年内将各该省辖境以及边区地带，一律绝对禁种，不得再以任何理由，容留片面寸孽发现”。“凡有包蔽纵容，或因缘贪利者，即为党国公敌。无论其人居何地位，有何关系，均必断然法绳惩处”。[①]1940年6月，蒋介石再次强调对农户所种植之罂粟要实行“禁种严铲”，要求在每年罂粟种植、收获期间，集中动员“党政军所有力量，认真检阅”，“一有发现，不论何种原因，均将种户枪决，并罪及联保之邻里”。[②]在蒋介石和国民政府严禁种植鸦片政策的高压之下，川、康地区一度不再有公开种植罂粟的县份，涪陵、丰都、宣汉等川东北原来种植罂粟最盛的县份，也不再大面积种植罂粟。川内暗中流贩之鸦片烟土，主要来自西康和川边僻壤地区。[③]内地种植罂粟面积及鸦片烟产量的减少，相应地就为种植粮、棉等农作物腾出了耕地，有利于扩大军粮民食所急需的粮、棉等农作物种植面积。

第四，推广良种和玉米、土豆（洋芋）、番薯（红苕）等旱地耐寒高产作物，提高单位面积产量。战前我国农业生产力水平较低，包括水稻、小麦等主要粮食作物在内的各类农作物，品种较差，亩产甚低。水稻亩产平均保持在340至380市斤，小麦亩产平均在150市斤。[④]抗战时期，通过培育、推广良种，后方各省粮食作物品种得到改进，产量有所提高。其间改良稻种约130种，每亩增产约60市斤；改良麦种约50种，每亩增产约40市斤。[⑤]1943年，川北推广种植优良小麦品种2905约55万亩，增产效果明显。同年，又试种早稻南特、沙吊子，晚稻和籼稻混合间种，增产40%。当年还在川东、川南推广种植南特约10万亩。[⑥]引进的美国良种南瑞苕（红苕）在华阳、双流、达县、合川等地示范种植288亩，平均每亩产量2 773.8市斤，与本地品种红苕亩产1 851.6市斤相比，增产49.8%。[⑦]

2.改善农业生产条件

战前，四川所在的中国西部地区现代农业生产发展滞后。农村中，几乎谈不

①周开庆：《民国川事纪要》下册，四川文献研究社1974年版，第72—73页。

②《新华日报》1940年6月4日。

③侯德础：《抗日战争时期四川及周边地区的经济与文教》，四川人民出版社2005年版，第373页。

④许宗仁：《中国近代粮食经济史》，中国商业出版社1996年版，第144页。

⑤秦孝仪：《革命文献》第102辑，《抗战建国史料—农林建设一》，中央文物供应社1985年版，第2页。

⑥四川省文史馆：《抗日战争时期四川大事记》，华夏出版社1987年版，第170页。

⑦李俊：《抗战时期四川省农业改进所对川省粮食作物之改良述略》，《天府新论》2006年第6期。

上也看不到农业科学化生产和经营，农业生产基本上处于粗放耕作和“靠天吃饭”的状态。根据西部地区农业生产落后这一现实情况和抗日战争对大后方农业生产的要求，1938年3月，国民党临全大会通过了《战时土地政策草案》，提出：“中央及地方政府应特设土地利用指导机关，改善农业生产技术，统制其生产种类，提高土地利用精度。”次年1月，国民党五届五中全会再次提出，要加快大后方农业开发。1939年4月，国民政府召开第一次全国生产会议，对开发大后方农业生产做出全面规划，并拟定了促进战时农业生产的政策要点，把加强农业科技机构建设、兴修农田水利工程、改良旧式农业经营、推广农业科学应用（包括改良种子、防治病虫害，改进肥料、农具，兴修水利等）等，作为发展战时国统区农业生产，促进农作物增产的具体方针政策，要求后方各省认真贯彻执行。

第一，加强农业科技机构的建设。为加强战时西部地区农业科学技术的推广，国民政府加强了对农事研究机构的建设和调整。其一，加强中央农事机关的设置与调整。1937年，国民政府在军委会下面设立农产调整委员会。次年1月，在将实业部改组为经济部时，将农产调整委员会改组为农产调整处，改隶经济部农本局领导；同时还在经济部内设主管农、林、蚕、垦、渔、牧等业务的农林司；将此前成立的稻麦改进所、棉业统制委员会、蚕丝改良委员会等中央农事科研机关一并划归到中央农业实验所，由经济部管辖。1939年，国民政府设立农产促进委员会。1940年，在行政院设农林部。农林部内设农林渔牧、农村经济等司，管理全国农林事务；设中央林业实验所、垦务总局、中央畜牧实验所等农事机构；将中央农业实验所改归农林部领导，并进行扩充，作为全国农林科技研究的总机关。1941年2月，成立中央粮食增产委员会，职责是动员中央及各省农业机关，推动开展大规模的粮食增产运动。其二，加强地方农技科研机构建设。一是规定省、县级农业行政事务，分别由省政府建设厅、县政府建设科负责。二是成立省级农业推广机构。先后成立了贵州农业改进所、四川稻麦改进所、棉作试验场、家畜保育所等省级地方农业科技推广机构。三是成立农业推广辅导区。1944年，在四川华阳、璧山，陕西咸阳、甘肃天水等4处设置农业推广辅导区，要求每区在所辖县中择定1县设置中心农业推广所，并设立区农场作为繁殖推广材料和举行区域试验的场所。据统计，截至1944年5月，国民政府共在后方各省设立县级农业推广所578所，设立推广实验县14个。同时，由县农业推广所联络当地党、政、军及农业机关，辅导农民成立乡农会。截至1943年9月，共在川、闽、皖、甘、滇、粤、桂、豫、赣、浙、湘、黔、康、鄂、陕、渝等16省（市），设立省（市）农会10处，县（市）农会640处，乡（区）农会9 198处，有基层农会会员2 206 443人。四是设立农林部改良作物品种繁殖场和省级推广繁殖站。1941年，农林部设立西南、陕西两个改良作物品种繁殖场。其中西南一场的场地面积620亩，特约繁殖2 523亩；陕西一场的场地面积1 125亩，特约繁殖5 744亩。次年，农林部又在川、黔、桂、陕、滇、甘、湘、赣、粤、闽、鄂11省设立改良作物品种推广繁殖站，在河南设分站，负责在各区域内进行关于农林垦牧副等涉农行业、部门经济的调查、实验、繁殖、制造、示范，推广等项事务。[①]

第二，兴修农田水利。1938年，国民政府经济部颁布《水利建设纲领》，提出发展农田水利"三个为主"的基本原则，即：一是水利建设以地方政府办理为主；二是大型水利工程以旧有工程之重修为主；三是小型水利工程以奖励人民办理为主。主要内容包括：筑坝引水、开渠引水、筑塘蓄水、打井、排除农田积水、疏浚与农业有关的河流等。在水利行政管理上，国民政府规定：全国水利事业，由经济部水利司（后改设行政院水利委员会）和农林部管理；西南各省地方水利，在经济部农本局的协助下，成立农田水利贷款委员会（后改设省建设厅水利局），负责推进地方农田水利建设。四川盆地属于多高山大川、多丘陵的农业地理形势。盆地内，除成都平原土地肥沃、有都江堰水利工程提供的自流灌溉之便利外，其余丘陵、山区，土地瘠薄，农业水利大多是靠一些小型塘堰沟渠有限的蓄水、流水灌溉，或者靠"关冬水田"（冬季农田蓄水以防春旱和保证春耕，但影响提高农田复种指数），或者种"望天田"（"靠天吃饭"，影响农业生产的稳定性）。为改善这一农业生产的落后面貌，抗战时期，四川省按照国民政府《非常时期修筑塘坝水井暂行办法》、《服役兴修小型水利办法》等农业水利法规，在国民政府农林部、农本局、农产促进委员会、粮食增产委员会等中央农事机关的资助、支持下，成立了农田水利贷款委员会，通过在资金、技术等方面资助和扶持，引导四川各县积极兴修农业水利工程。从1938年至1944年，四川水利工程贷款总额为375 338 488元。截至1943年10月，全川已完成大型灌溉工程15处，可灌溉农田30万亩；堵水坝227座，灌田95 895亩；凿塘2 826亩，可灌田125 849亩。总计各项工程可灌溉

①郑起东：《抗战时期大后方的农业改良》，《古今农业》2006年第1期。

农田521 744亩。[①]另据统计，1942年，四川省已完工的新办各项大小型水利工程，实际已灌田亩并有增益者为335 000亩，每亩平均增产稻谷2市担，计增收稻草67万市石，“对大后方农业增产确具贡献”。[②]

第三，改良并推广作物品种。抗日战争时期，国民政府中央主要由中央农业实验所领导农作物品种改良。1942年，该所迁至重庆北碚，先后在川、黔、滇、湘、桂、陕、豫等省建工作站，与当地农业科技机构合作，开展农业耕作方法和农作物品种改良等方面的研究。1939年，该所选育的“中农28号小麦”试种并推广后，每亩增产量达33%，即亩增产41市斤。1937年，其在四川地区推广的“脱字棉”和“德字棉”分别较旧品种增产25%和15%。1938年，这两个品种开始全面推广。在推广棉花良种时，四川各县还在农本局、中国农民银行、省农业改进研究所等涉农机关的资助下，购买轧花机数百部，为棉农代轧皮棉，进一步提高种棉利润，“颇得农民欢迎”。因措施得力，战时四川棉花推广种植面积逐年增加。至1945年，棉花种植已达488.2万亩，年产棉145.2万担。[③]有关的统计资料显示，战时四川推广的农作物优良品种甚多，其中，水稻高产品种有“川农422”、“川农303”、“川农1025”、“巴州玉”、“富绵黄”、“嘉陵黄”、“�连粘”、“郫县大叶子”、“水白条”等，亩产量均比旧品种增收30%以上。引进的秋植印度蔗和春种爪哇蔗，亩产分别高于本地蔗43.7%和29%。小麦“金太2095”自1938年被确定为优良品种起先后在川北30余县播种了2 184 631亩，平均亩产量比旧品种增产10%。至1943年，小麦良种播种面积已占到四川冬季作物播种面积的28%。[④]良种推广成为战时四川发展农业生产、增加农业收成的重要途径。

第四，辅导农民使用肥料。抗战时期，四川省农业改进所通过对四川盆地和盆周山区80余处土地的地力实验，了解到在四川地区紫色土的地力最好，水稻土次之，棕色土又次之；农作物的肥料需要方面，水稻需要氮肥最切，油菜次之，小麦又次之；油菜需要磷肥最切，水稻次之，小麦又次之等。在辅导农民生产和使用肥料方面，一是推广种植苕子等类作物以增加绿肥。1939年，在泸县等17县推广种

①侯德础：《抗日战争时期四川及周边地区的经济与文教》，四川人民出版社2005年版，第145页。

②四联总处秘书处：《四联总处四川省农贷视察团报告书》，1942年8月印行，第37页。

③许道夫：《中国近代农业生产及贸易统计资料》，上海人民出版社1983年版，第207页。

④《七年来之四川农业改进》，《四川经济季刊》1945年第2期，转引自陈国生：《战时四川的农业改良与农村经济》，《抗日战争研究》1999年第4期。

植苕子2 902亩，肥田13 946亩；还积堆肥83 180担，肥田16 636亩。[①]二是提倡使用棉子饼、花生饼等饼肥。四川省政府曾高价收购棉子，榨油后将棉子饼卖给农民作肥料使用。[②]三是结合四川农民使用骨肥的习惯，进一步帮助农民改进使用方法，并加以推广。历史上，四川农民居住、生活在长江流域者习惯使用骨灰，在成都附近即川西平原各县居住、生活者习惯使用骨粒作农田肥料。骨灰须经燃烧制作，其中所含的氮素及有机质受很大损失，后者则因骨粒粗大、不易分解而肥效迟缓。针对这些缺陷，四川省农业改进所采用蒸制骨粉技术制作骨肥，以保障骨中原含的氮素和有机质仍能充分存在，并且分解甚易和见效快速。1939年，成立成都、泸县、合川3座骨粉厂。1940年，增设绵阳、重庆、五通桥3厂。1939年，成都、泸县、合川3厂共制成骨粉362 339斤，推广186 173斤，肥田约6 309亩。1940年，成都等6厂共制成骨粉493 082斤，推广288 318斤，肥田9 607亩。1941年，因日机轰炸，仅制成骨粉268 253斤，推广228 794斤，肥田9 607亩。[③]

第五，农作物病虫害防治。中国传统农业除受天气即旱涝冰雪等自然气候影响外，作物病虫害也是重大影响因素。据当时人研究，民国时期，螟虫灾害给四川水稻生产造成的损害率是10%，即四川每年因此损失稻谷2 000万市石；麦类黑穗病使四川小麦每年减产100万市石以上。[④]为解决此问题，四川农业部门每年都派人分赴各县开展农作物病虫害防治的宣传和技术推广。指导农民采用拔除稻桩，采除卵块，捕杀成虫、幼虫等技术防治水稻螟虫。其大致成绩：1938年，在仁寿等9县，除卵782 915块，捕虫4 951 218只，拔桩195 744亩；1939年，在仁寿等8县，除卵2 122 280块，捕虫15 528 796只，拔桩703 555亩；1940年，在彭县等7县，除卵25 847 307块，捕虫1 749 427只，拔桩78万亩。水稻经除螟后，每亩可增收20%左右，“农民见有成效，每年参加者甚众”。对麦类黑穗病，通过辅导农民采取冷渍温汤浸种和碳酸铜拌种及拔除病穗进行防治也收效显著。1938年，在三台等4县，防治60 197亩；1939年，在绵阳等11县，防治16 7391亩；1940年，在三台等8县，防治358 317亩；1941年，在三台等7县，防治464 234亩。棉花病虫害种类较多，病害以角斑病、缩叶病、炭疽病、红腐病、黑果病等为害尤烈，防治办法

①《七年来之四川农业改进》，《四川经济季刊》1945年第2期。
②《四川植棉事业之展望》，《四川经济季刊》1945年第4期。
③四联总处秘书处：《四联总处四川省农贷视察团报告书》，1942年8月印行，第47页。
④《四川农业现状及其改进》，《四川经济季刊》1945年第3期。

是喷洒波尔多液；虫害以地老虎、红蜘蛛、卷叶虫、红铃虫等为害最大，防治办法是堆草诱杀和烟茎液砒酸钙处理落花蕾等。对棉作物病虫害的防治工作，由四川省农业改进研究所（负责具体实行）与农产促进委员会（补助防治经费）、中央农业实验所（提供喷雾器）合作进行。起初棉农不知效果，防治并不积极，甚至表示反对，后"经设立表征区，比较防治与未防治之优劣，更经第一年防治效果之证明"，"二十九、三十两年，农民均自动购置药剂及用具，请求指导，所有关于防治技术，一经指导，棉农无不遵照办理"。[①]1938年，在射洪县等，防治棉病100亩；1939年，在三台等4县，防治1 004亩；1940年，防治4 476亩；1941年，防治10 052亩。防治棉铃虫病的规模较大。1938年，在三台等4县防治58 639亩；1939年，在三台等14县防治140 000余亩；1940年，在三台等22县，防治333 874亩；1941年，在三台等县防治187 294亩。棉作物病虫害经防治以后，与未经防治者相比较，防治地老虎，每亩可增收16%；防治棉蚜虫，可增收17%；防治红蜘蛛，可增收23%；防治红铃虫，可增收14%；防治卷叶虫，可增收30%。

此外，国民政府和四川省政府还在农贷、农户家禽家畜疾疫防治等方面，出台了惠农政策措施，给农户予指导和帮助。

在国民政府和四川省政府上述战时惠农政策措施的鼓励和支持下，抗战前期，四川农业呈现出较好的发展势头。主要表现在：一是主要农作物总产量明显增长。其中，全面抗战初期的1938年是战时四川粮食总产量最高、增幅最大的年份，增幅超过40%。二是农户家庭收入增加。在当时农民以农作物收获物为主要经济收入来源的格局下，粮食等农作物的增产在一定程度上意味着农民收入的增加。因为战时物资供应紧张，"物价飞涨不已，日用必需之品，有涨至三倍以上者"[②]，带动了农产品市场价格上扬，农民种植粮、油作物如"小麦、油菜之利润尚厚"，更给农民带来了好处。[③]同时，通过国民政府在战时后方各省推广各种农作物，防治病虫害，推广肥料、蚕桑、畜牧、农村副业及辅导水利、林垦等，从1938年至1940年的3年内，共增加农民收益194 158 794元，平均每年使农民增加收益

①四联总处秘书处：《四联总处四川省农贷视察团报告书》，1942年8月印行，第46页。

②《新新新闻评论成都市物价问题》1937年9月4日，《四川月报》第11卷第3期，1937年9月。

③沈宗瀚：《中央协助西南各省农业工作之检讨》，中国国民经济研究所：《西南实业通讯》第2卷第6期，中国西南实业学会1904年12月出版。

64 719 598元。[1]三是农村商品经济有所发展。以棉田经济为例，据统计，在1938年至1940年间，四川全省棉花种植面积由1.9%上升到4.7%。[2]

（二）抗战中后期四川农业在曲折中艰难前行

1940年，四川农业发展出现重大转折。这年，大后方15个省的稻谷收获量“较常年减产20%，全年农产品较常年减产10%”。1941年，国统区粮食年总产量继续下降，“较战前平均降低了9%–13%”，[3]从而引发了严重的粮食危机。面对粮食供应紧缺，粮价逐日上涨，甚至一日几涨，并带动其他物价跟风上涨的严峻经济形势，国民政府加强战时经济统制，对粮食和桐油、蚕丝等国家出口换汇的重要农产品实行统购统销和物价管控，推行“田赋征实”及粮食的征购、征借等，无偿或以远低于市价或生产成本的价格，从农民那里掠走粮食和重要农副产品，进行超经济掠取。在这种形势下，四川与战时后方各省一样，农业经济陷入了粮食生产及年总产量起伏不定，于曲折中艰难发展，渐趋式微的困境。其主要表现：

第一，粮食年总产量起伏不定。从统计数据可见，1940、1941两年，四川年产粮食总量分别为261 385千担和279 081千担，较最高峰1938年的401 037千担，分别减产139 652千担和121 956千担，分别下降34.82%和30.41%，均已低于抗战初期1937年（282 836千担）的生产水平；1942年，四川粮食产量有所恢复，增长至317 942千担，高于1937年但仍低于1938、1939两年；1943年又大幅下降至264 615千担，低于1937、1941两年；1944、1945两年又大幅回升，分别增至340 272千担和336 179千担，高于1937年但再未能达到或超过1938年的水平。从具体粮食品种的年总产量看，稻谷（籼稻和糯稻）的年产波动，与粮食年总产量波动总趋势大致相似；麦（小麦和大麦）、豆（豌豆和蚕豆）的年产量有升有降，但均在1937年水平线之上；玉米产量低于1937年的年份居多，8年中就有6年；高粱、番薯则是年年不及1937年。

第二，农业生产基本上仍处于粗放耕作状态。统计资料显示：1942、1943两

①行政院：《国民政府年鉴》第一回，《中央之部》第12章《农林》第2节《农业建设》，1943年印行于重庆，第221页，转引自郑起东：《抗战时期大后方的农业改良》，《古今农业》2006年第1期。
②薛维宁：《棉田经济概况》，《农业推广通讯》1944年第6卷第1期。
③周春：《中国抗日战争时期物价史》，四川大学出版社1998年版，第13页。

年，四川地区籼稻平均亩产为303斤和281斤，糯稻平均亩产为278斤和287斤，均低于1936年332斤和316斤的水平。[①]国民政府实行的战时农业政策，宣传多于实干，投资总额少，覆盖面极其有限。例如，西南5省因农业水利兴修而受益的田地，仅占西南(未包括西康)地区耕地总面积的0.2%。大后方10余省推广改良稻种、麦种的耕地面积，也只分别占到大后方稻、麦种植总面积的1.67%和0.91%。[②]因此，战时后方各省主要农作物单位面积产量，除小麦略有提高外，稻谷、棉花等反而呈下降态势。

表4-7　战时后方主要农作物单位面积产量统计(亩产单位:市斤)[③]

年份 / 农作物品名	粳稻	小麦	棉花
1937	316	125	22
1938	362	183	27
1939	369	173	32
1940	311	169	28
1941	325	132	25
1942	313	159	22
1943	306	141	26
1944		169	
1938—1945年平均数	328	158	26

在此情形下，战时四川农业生产仍然处于粗放耕作状态。粮食年总产量的增加，主要依靠扩大种植面积，提高复种指数，即垦荒、减少田地休耕、加强轮作等途径得以实现。如1939年，西南4省推广冬耕面积847万余亩，增收粮食1 156万余担；利用荒隙地243万亩，增收粮食1 024万余担；利用夏闲田315万余亩，增收粮食1 039万余担；减糯改粳139万余亩，增收粮食37万余担；推广再生稻3.7万亩，增收粮食2万余担。总计相当于扩大耕地面积1 548万亩，增收粮食3 258万

①许道夫:《中国近代农业生产及贸易统计资料》，上海人民出版社1983年版，第54—55页。
②黄立人:《抗战时期大后方经济史研究》，中国档案出版社1998年版，第59页。
③吴伟荣:《论抗战期间后方农业的发展》，《近代史研究》1991年第1期。

担。[1]1942年，西南4省稻谷种植面积较1937年增加658.6万亩，增产5 444.3万担；小麦种植面积增加1 448.9万亩，增产5 302.1万担；棉花种植面积增加332.2万亩，增产88.5万担。[2]这种主要靠扩大耕地面积来增产粮食及农产品的做法，并不能使农业生产及产量保持长期、持续稳定增长的势头。换言之，它既然可以因扩大耕地面积而增产，也可能因耕地面积的萎缩而减产。而纵观战时四川的农业生产，在经历了1937年至1941年种植面积不断扩大、耕地面积扩展的发展时期以后，从1942年起开始出现下降的趋势。据统计，在1942年至1944年间，四川地区的冬季作物种植面积，从6 000万亩减少为5 700万亩；夏季作物种植面积，从7 900万亩减少为7 600万亩。[3]有必要指出，战时四川农作物种植面积的减少，除自然灾害、农业劳动力减少等一般性农业生产因素的影响外，主要还是国民政府利用战时统制经济政策和统购统销，肆意压低农产品收购价格所致。如内江一带即沱江流域的甘蔗种植，1941年，市场上每市斤甘蔗的卖价都在2.9元，而被纳入统购统销范围的甘蔗，政府的收购价却是每市斤0.5元。在此情势下，因农民不愿种或尽量少种甘蔗，致使1943年沱江流域的甘蔗种植面积，比1941年减少了30%左右。在这种情势下，抗战中后期四川农业生产，除粮食产量起伏不定，棉花保持继续增长势头外，桐油、甘蔗等重要经济作物的种植面积及总产量，均有所下降。

第三，各类经济作物产量有增有减。其一，桐油等出口换汇农产品的产量明显下降。桐油、猪鬃、蚕丝、茶叶等，是抗战时期四川重点发展的出口换汇经济作物。其中，猪鬃（年出口量2万市担左右）、蚕丝（年出口量在600—2 000关担之间）两项，基本上保持在大致相当或略高（低）于战前生产、出口水平上。桐油的生产和出口，则远逊于战前的水平。1936年，四川全省年产桐油76.2万市担；抗战初期的1938年，四川桐油生产仍保持在年总产量76万担的水平，国民政府实行战时经济统制政策后始呈下滑状态。因国家对重要农产品统购统销时尽量压低桐油等农产品的收购价格，使桐油价格从每百斤43元跌到20元。抗战初期，每桶桐油可易玉米5担，至抗战结束时还不能易玉米1担。桐农感觉太吃亏，大量将桐树砍作柴薪，全川桐树减少了30%，桐油年总产量跌破40万担。到1945年抗战胜利

①封昌远：《最近全国粮食增产工作概况》，《中国农民》第2卷第4期，1942年9月第，56页，转引自秦松：《抗战时期国民政府的农业行政》，西南大学2006年硕士学位论文，第23页。

②秦松：《抗战时期国民政府的农业行政》，西南大学2006年硕士学位论文，第33页。

③陈翰笙等：《解放前的中国农村》第2辑，中国展望出版社1987年版，第380—381页。

前，更跌至年产26.7万担的新低。其二，棉花生产持续增长。与粮食作物年总产量增(减)产起伏不定，桐油、甘蔗等经济作物总产量持续下降形成鲜明对比的是战时四川棉花生产的一枝独秀，持续增产，年产量均高于1937年，在1939、1940、1943、1944、1945等年份还出现增幅较大的情况。究其原因，一是战前的四川并非中国重要棉花产区和棉纺织品生产基地，四川农民种棉不普遍，年总产量历来不高。起点低，超越起来就比较容易。二是战时四川棉纺织工业的发展及其对原料棉花的强劲需求，推动了四川地区棉花种植面积和棉花年总产量显著增长。不过，当时四川所种棉花品种，主要是本地土棉或退化美棉，纤维粗短，适合手纺但不宜机织，所以川内重庆、成都等地的机器纺织厂仍然需要从陕西、湖北等省输入部分皮棉。

第四，农业生产缺少青壮劳动力。抗战时期，四川每年要向前线输送几十万壮丁，为国民政府各项工程建设和各种劳役提供几十万甚至上百万民工、民夫。当时，平均不到14个人就有一个人参军，50%左右的适龄男子上了前线。至于民工、民夫的征调，数量则更为巨大。国民政府粮食部部长徐堪1944年关于粮食运输的一份报告有如下估算：以每个运夫负重80斤和每天走60里计算，集中运输500万担粮食，每月需征用民夫670万人，平均每日需征用民夫20万人。[①]大量征兵和征用民工、民夫，造成农业生产缺少必要的青壮年男劳力。据统计，1942年，四川农村家庭中，因征调兵役而家中完全没有壮丁者占16.2%，征调民工、民夫后家中完全没有壮丁者占14.9%。[②]三台县某村，原有壮丁152人，1944年5月以前，有84人已离村流亡，有26人连年出征，所余之94人中，除去不事劳动的大小地主家壮丁37人，只剩下53人，其中只有11人属于20岁至40岁的强劳力。[③]在此情势下，家中缺少青壮年男劳力的农户，为解决劳动力的困难，或者雇人耕作(但在当时劳动力缺乏，雇工困难而且工资不断上涨的情形下，此举并非上策)，或者出租、出卖土地，减少自种面积，或者由老弱妇孺勉力而为。对此，时人有如下描述："以前在田间工作的都是壮丁，而现在却多是老弱妇女。所有犁田的、插秧的、上

①《新华日报》1945年7月5日。

②农林部农产促委会：《各省农村劳动力征调概况》，1943年12月印行，第30—37页，转引自陈国生：《战时四川的农业改良与农村经济》，《抗日战争研究》1999年第4期。

③南田：《从一个村子看今天的农村》，《新华日报》1945年5月21日。按原文引述，数字有错误。转引自王方中：《中国经济通史》第9卷，湖南人民出版社2002年版，第874页。

粪的、除草的、割稻(麦)的、修堰掏渠的、肩挑运输的……常见老汉妇女或者孩童。他们都在以超过体力所能的工作强度在挣扎着,奋斗着。”[①]此种状况造成农业生产的实际下降,自是不言而喻的。

第五,农村资金紧张,农民融资困难。农村缺少资金,农民缺乏正常融资渠道,因借高利贷负债累累,是历史时期中国农村社会的经济常态。据统计,战前的四川农村,农民普遍负债。每户自耕农一般一年欠债234元,佃农负债379元。[②]农村金融紧缺与高利贷盛行成为制约其时农业生产发展的严重问题,成为影响农民生活水平的重要因素。有鉴于此,战时国民政府不得不实行农贷政策以纾缓民困。不过,其时的农贷资金与农贷政策覆盖的范围有限,不能惠及大多数的农村和农民。相关的统计资料显示,战时国民政府农贷政策所惠及的合作社农户,仅占农户总数的26%,并且限于有产的农民。这意味着有74%的农户因无产或缺乏人脉关系资源,无形之中被摒弃于农贷政策惠及的范围以外[③],不能享用利率较低的农贷资金。另外,行政院农业生产促进委员会1940年的一份调查报告指出,战时后方各省每户农民每年所需要的现金周转额度,“平均为255.22元,而以四川为最高,计达552.19元,云南为459.09元……陕西等省均为300元以上”。但即使以农贷资金投放数额最多的1941年计算,每个能享受农贷资金的合作社社员,也只能从农贷资金中借贷到112元。[④]也就是说,即使享受农贷资金优惠政策的农户,从政府农贷资金中获得的低息资金也远不够用,仍需借高利贷。1941年至1943年,四川负债农民从51%上升到54%。[⑤]这说明战时四川农村存在着农民负债人数增加,债务负担日益加重的趋势。这也极不利于战时四川农业的发展。

表4-8　战时四川农业经营每亩需要资金和农民实际借贷状况[⑥]

作物	水稻	小麦	番薯(红苕)	玉米(苞谷)
每亩平均需款(元)	31.17	20.83	18.97	13.22
每亩实际借款(元)	16.59	10.75	9.75	7.33

① 陈翰笙等:《解放前的中国农村》第2辑,中国展望出版社1986年版,第380—381页。

②中国农民银行四川省分行:《四川农村经济调查报告》1941年版,第16页。

③《新蜀报》社评,1940年9月14日。

④《建立合理的农贷制度》,《新华日报》1942年6月12日。

⑤ 周天豹等:《抗日战争时期西南经济发展概述》,西南师范大学出版社1988年版,第210页。

⑥ 侯德础:《抗日战争时期四川及周边地区的经济与文教》,四川人民出版社2005年版,第148页。

第六，农民普遍缺乏生产积极性。战前，四川农村已处于地权集中，农民破产，农村经济衰败的状态。据1936年四川97县的统计，在农民阶级中，自耕农占29%，半自耕农占20%，佃农占51%。各县每亩平均租额，谷租为2.3担，钱租为4.69元，分租为58.04%。1937年，四川农村佃农的比例上升到52%，自耕农和半自耕农分别只占24%。[①]全面抗战爆发后，在大量游资涌入后方从事土地经营获利，以及通货膨胀、法币贬值等因素的推动下，四川农村的土地兼并问题更加严重，地权更进一步集中于有钱有势的官吏、富豪手中。从1937年至1941年，四川地区的地主所占土地在耕地总面积中所占比重由69%上升至71%。同期，大地主在地主阶级中所占比例，亦由7.3%增至9.6%；中小地主所占比例，则由63.2%降至59.2%。[②]另据对四川华阳县农村的调查，在1937年至1940年期间买田的人中，军政界人士占34%，商人占28%，地主占15%。[③]另据1946年四川26县的调查统计，自耕农在农民群体所占比重，已从战前的20%下降至19%，同期半自耕农也从29%下降至17%，佃农则从51%上升到64%。[④]

地主购买土地出租，自然是欲不劳而获，坐收厚利，因而必然想方设法加重对佃农的剥削。战时四川地主对佃农的租佃制剥削，主要有押租、租谷（金）、差役等形式，不仅剥削额沉重，而且随行就市，跟风上涨。例如，三台县某村战时租佃情况：战前，旱田采取对半分成租（主佃各得50%），水田采取四六租（佃四主六）；1942年，改旱田为四六租（佃四主六）；1943年，改水田为三七租（佃三主七）；1944年，无论水、旱田地，普遍提高到二八租（佃二主八），甚至还有达到一九租（佃一主九）者。[⑤]又如，重庆市郊一位当甲长的佃农，1940年以800元押金佃了30担谷子的田耕种。1942年，地主增加了1担租谷和1 300元押金。1943年，又增加3担租谷和2.8万元押金。1944年，地主还准备要增加5万元押金。[⑥]另外，战前，遇到灾害歉收，地租还可以议让，战时则颗粒皆收，毫不通融。在此情形下，佃农自然没有生产积极性。1945年，川北大旱，自耕农还多半雇工车水抗旱，佃农却宁愿坐

①《民国二十年代中国大陆土地问题资料》，成文公司1977年版，第47035、47299页。

② 张兰英：《民国时期四川农村土地制度》，四川师范大学2002年硕士学位论文，第7—8页。

③ 参见周天豹等：《抗日战争时期西南经济发展概述》，西南师范大学出版社1988年版，第209页。

④《四川经济季刊》第4卷第1、2、3期合刊，1947年，第57页，转引自张兰英：《民国时期四川农村土地制度》，四川师范大学2002年硕士学位论文，第7—8页。

⑤荒山樵夫：《面向农村》，《新华日报》1945年2月20日。

⑥一民：《渝郊农村见闻》，《新华日报》1994年7月24日。

视田地龟裂而不愿雇工。“原因是佃户胼手胝足，原就朝不保夕，若雇工夺水，徒然增重成本负担；将来所有收获，终被地主吞尽。与其徒耗钱财，不若报荒还合算些”。另外，四川许多地方，“大春收获大部分归地主所有，每年仅有小春收获归于佃户，因此佃户多努力小春耕作，而常疏忽于大春之经营”。[①]

对于战时后方农村经济凋敝、农民生活困苦的情形，当时人即指出：“抗战八年，在前线苦战杀敌的，固然十分之九以上都是贫苦农民，在后方做苦工出重税的，也十分之九以上全是贫苦农民。……当兵服役，送粮送草，所有抗战八年的负担差不多全部落在贫苦农民的头上”。“这八年的苦战，已把他们的血汗流枯，生产破灭。不仅在战区各地，人口逃亡，田地荒芜，房屋破毁，没有粮食，没有耕畜，没有农具，没有种子，亟待救济。即在未经战事的地方，也壮丁被拉，粮食被征，生产萎缩，灾害遍地”。[②]

以上描述是否完全属实，兹不深论，但当时农民因负担重而缺乏生产积极性的问题是可能存在的。考察与概述抗战时期四川农业生产起伏不定，农村经济于波动之中的艰难发展态势，并非要否定抗战时期四川农业的发展和进步。其实，相关的统计数据也表明：战时四川农业生产，在起伏波动之中，总体上还是处于增产状态。主要表现在：一是战时四川粮食年总产量超过1937年的年份占了八分之五；二是1938年至1945年间，四川粮食年平均总产量为317 854千市担，高于1937年的水平。可见战时四川粮食确是有所增产。另据估算，1937年至1945年，大后方15省每人年均占粮（稻、麦、杂粮）644市斤；1938年至1945年，四川人均拥有粮食约683市斤，而且这一数字还未将燕麦、荞子、小米、饭豆、马铃薯（洋芋）、青稞等杂粮统计在内。两相比较，若以大后方15省每人年均占粮644市斤为基准，则四川每年还可攒余粮1 815 046市担，可再维持2 818 951人的生计。并且，实际上当时人均年消耗粮食是达不到644市斤这一标准的。按照《国民政府年鉴》统计，当时国统区每人每年最低粮食（包括米、麦、杂粮等）消耗标准为252市斤。如此，抗战时期四川地区所产粮食，在维持四川盆地内军用民食之需的基础上，还有较大量的剩余供应前线或省外地区。

①陈翰笙等：《解放前的中国农村经济》第2辑，中国展望出版社1986年版，第544页。
②陈翰笙等：《解放前的中国农村经济》第2辑，中国展望出版社1986年版，第544页。

五、四川农村为抗战提供的物力、人力支援

（一）粮食供给

1938年10月后，随着华北、华东、中南等产粮区沦陷或成为战区，前线抗战将士和后方城镇人民所需的粮食都主要依靠四川供给。据时任国民政府粮食部部长的徐堪回忆：抗战时期，“四川出粮最多，计自（民国）30年度（即1941年度）起，至（民国）34年度（即1945年度）止，5年之间共征获稻谷82 285 990市石，占全国起征稻谷总量的38.57%。在全国起征谷麦总量中也占31.63%”。[①]其中，1941年度“全川征购总数已达1 100余万市石，完成规定川省征购总额的90%以上”。“全国21省，征实征购共计得粮食5430余万石，四川征实征购收入各为678万余石，占全国总收入的四分之一”。[②]另据统计，从1941年至1945年间，四川即以田赋征实、征购、征借等“三征”形式贡献给国民政府粮食10 238万市石（张群说是7 100万石），占同期全国征、捐、借粮食总数的三分之一以上。在军粮供应方面，四川从1941年起负担了全国军粮供给总数的三分之一以上。如1941年，全国军粮总数为米9 629 836大包、小麦7 619 679大包，四川则交付了军米225万大包；1942年，全国军粮为米11 039 656大包、麦7 019 843大包，四川则交付了军米748.5万石（折合约5 613 750大包）。此后的几年间，四川承交军粮的比重还有所增加。[③]1941年的统计资料显示，当年全川稻田每市亩平均收获4市石，而所担负的征实、征购和县级公粮附加、地方积谷和收粮时规定溢收的15%的折耗等项叠加，每市亩共计要负担2.38市石，占每市亩收获总量的59.5%。

---

①徐堪：《抗战时期粮政纪要》，《四川文献月刊》第11、12期合刊，第13页。

②甘典夔：《1941年四川田赋改征实物经过》，中国人民政治协商会议四川省委员会、四川省省志编辑委员会：《四川文史资料选辑》第11辑（内部发行），四川人民出版社1964年版，第125页。

③刘一民：《论抗战时期四川农民对兵源和后勤的贡献》，李仕根：《四川抗战档案研究》，西南交通大学出版社2005年版，第111页。

表4-9 1941—1945年间四川省粮食征借统计表(计量单位:市石)[①]

项别/年份	1941年	1942年	1943年	1944年	1945年
预算数总计	14 431 334	17 733 679	17 763 044	21 523 616	21 345 639
应征额	7 215 667	10 093 744	10 064 613	8 822 080	9 780 207
应借额	—	—	7 698 431	11 701 536	11 565 432
应购额	7 215 667	7 639 935	—	—	—
实征购数总计	13 821 635	16 579 777	16 024 113	19 412 173	—
已征额	6 910 808	9 388 329	9 158 229	9 203 538	—
已借额	—	—	6 865 884	10 208 635	—
已购额	6 910 817	7 191 448	—	—	—

(注:数字格式有改动)

除粮食外,四川还要为前线抗战将士或驻军、过路军队提供油、盐、糖、肉等副食品和军棉、衣物以及马料、桐油、药材等后勤补给物资。这类额外的负担,往往是有实物就征派实物,“没有实物的就折成现金”。其“数量和次数是看当地驻军的多寡和它的需要量而定,一月少则一次,多则四五次,每次出钱三百、五百甚至一千不等”。如川中隆昌县,“人口仅30万,纵横不到100里,而三年来为驻军垫付副食、马乾、烧薪各费竟达九百多万元”。[②]1943年第43军军长陈牧农致电四川省政府提出:“本军奉令移防西昌、会理间,日内由现驻地经贵省犍为、内江、富顺,威远、荣县、乐山、峨眉各县境前进,官兵二万人,马骡一千二百匹,所需燃料、麦料、马料,希兹饬沿途各县妥为衔接。”[③]

有必要强调指出,抗战时期四川的粮食及农产品的输出,其实是在本省农业生产不足以维持本地民众生计,甚至于歉收而导致民食艰难的严峻形势下进行的。从总体上看,全面抗战期间,四川粮食年平均总产量大约在317 854千担左右。具体波动的情形为:1938、1939两年粮食生产情况较好,1940、1941两年连续减产,1942年略有回升,1943年再度减产,1944、1945两年虽略有上升但未能再超

①本表转引自四川省档案馆:《川魂:四川抗战档案史料选编》,西南交通大学出版社2005年版,第601页。

②《新华日报》1945年4月28日。

③四川省档案馆藏档案:四川省民政厅-54-7404,转引自刘一民:《论抗战时期四川农民对兵源和后勤的贡献》,李仕根:《四川抗战档案研究》,西南交通大学出版社2005年版,第111页。

过1938年。其中,四川民众倚为主食的玉米产量长年低于1937年的水平,番薯(红苕)、高粱亦是年年不及。[①]另据研究,从1931—1937年间,全国人均占粮(稻、麦、杂粮)为501市斤,1937—1945年间,抗战大后方15省人均占粮为644市斤。战时人均占有粮食超过战前28.5%,主要原因在于"日军侵占了中国的绝大部分主要城市和人口稠密地区,战争对国统区粮食供需关系产生了最大的影响","粮食产量减少大约40%左右",而"人口减少了52%"。另外,战前人均占有粮食501市斤,在扣除牲畜饲料、种子和其他用粮外,人均拥有粮食为原粮356市斤,加工后人均拥有的食用净粮为206市斤;同样,战时人均拥有粮食644市斤,实际人均拥有原粮为472市斤,加工以后人均食用净粮为265市斤,在当时肉、蛋、禽、油等类荤腥副食严重供给不足的情形下,这些粮食定额是不能满足一人全年的粮食正常消费需求的。[②]此外,战前及抗战前期四川还要负责供应西康、云南、贵州三省人民所需粮食的30%以上,因而每年均需从湖南、湖北两省输入部分食米俾以解决本省人口的粮食需求。1938年底武汉会战结束,宜昌陷落后,因"湘、鄂两省之食米来源断绝,川省食米已形成严重之恐慌"。[③]在这种严峻形势下,四川省政府相继颁布了《四川省战时增加粮食生产办法》(1937年9月30日)、《四川省节食运动实施规则》(1938年1月17日)、《四川省粮食节约实施办法》(1938年10月14日)等战时粮食统制法规,要求"各专员及县市长,应以身作则,并督励所属各级公务人员、保甲人员及学校学生等(家属在内),实行一日两餐"[④],和杂粮作饭,严禁制售精白米,不准以米麦烤酒熬糖,不准用粮食喂牲畜家禽。[⑤]1941年,四川省田赋管理处处长甘绩镛行经南、潼道上,于一茅店小憩时,遇一朴质老农,相与闲谈聊天,问询其今年收获及生活情形,老农回答,天年欠丰,日以苕藤菜叶及杂粮充食。问以完粮事,则回答说本人应缴之粮已缴,邻里亦然。再即以自顾且难,何来余粮缴公反问之,则慨然回答道:"军队去前方打仗,无粮吃不饱,虽有命也不能拼,只要能打胜仗,驱逐日本鬼子,老百姓能过太平日子,我辈暂时吃苕藤树叶也

①侯德础:《抗日战争时期四川及周边地区的经济与文教》,四川人民出版社2005年版,第150页。

②王方中:《中国经济通史》第9卷,湖南人民出版社2002年版,第882页。

③甘典夔:《1941年四川田赋改征实物经过》,中国人民政治协商会议四川省委员会、四川省省志编辑委员会:《四川文史资料选辑》第11辑(内部发行),四川人民出版社1964年版,第111页。

④ 周开庆:《民国川事纪要》下册,四川文献研究社1974年版,第38页。

⑤王斌:《四川现代史》,西南师范大学出版社1988年版,第310页。

有想头，比起让日本人来抢我们好多了！”[①]渠县人杨义富亦回忆，1941年，他家的粮食收成刚好只够缴公粮，但“没有半句怨言，如数缴给了公家，一家八口只是望着空空的箩筐大哭一场。可怜的母亲拖着一双三寸金莲，一跛一颤地跟在父亲身后，隔两天去‘佛显圣’大庙后面，排队挖回白色的‘观音土’，掺和着少许玉米粉，先让孩子们果腹，剩余的才是他们两位老人家吃。其他左邻右舍，家家户户亦莫不如此。宁愿自家饿得半死，也从不欠缴公家的一分一厘公粮！”[②]上述事例呈现的艰难程度的可信度自然尚须进一步考证，但至少可以说明四川人民为确保抗战后勤供应，自身生计十分艰难应是事实。

（二）食盐、蔗糖等军民生活必需品的生产与供给

全面抗战爆发后，随着东南（两淮、两浙）、华北（长芦）等主要海盐生产区和广东、广西等蔗糖产区沦陷敌手或成为战区，食盐、蔗糖等军民生活必需品亦主要仰赖四川供应。为应战时急需，自贡盐场开足马力生产，盐产量从1937年的328万担，至1941年增长至519万担，1945年为505万担；川盐在全国盐产的比重亦由1937年的17%至1939年上升到43%，1945年又再升至64%；[③]不仅成为保障川、滇、黔、桂、湘、鄂等省军需民食的盐业生产基地，而且其盐税收入也成为国民政府重要的财政收入来源。

另外，因战争阻断了洋糖进口渠道，曾一度造成大后方各省食糖供应的紧缺，四川的蔗糖产业因此得以蓬勃发展，产量从1938年的2 594 169担，1940年增至3 273 303担，在一定程度上缓解了抗战大后方食糖供应的紧张局面。另外，抗战时期四川纺织工业的发展，也在一定程度上保障了大后方军民和前线将士在衣服、被褥等轻工产品方面的供给。

①甘典夔：《1941年四川田赋改征实物经过》，中国人民政治协商会议四川省委员会、四川省省志编辑委员会：《四川文史资料选辑》第11辑（内部发行），四川人民出版社1964年版，第120—121页。

②李远江：《牙缝里的“天下粮仓”：饥饿的四川供应全国抗战》，《先锋国家历史》2009年5月21日。

③鲁子健：《抗日战争时期的四川盐业》，《盐业史研究》2008年第2期。

（三）赋税贡献

全面抗战爆发以后，作为国民政府财政收入主要来源的中国东南沿海沿江经济发达地区或沦陷敌手或成为战区，国民政府财政因军费开支和抗战大后方经济建设支出与日激增而陷于入不敷出的困境。面对日益严峻的财政经济困难，国民政府实行战时财政经济体制，竭力弥补不断扩大的财政赤字。其主要的战时财政税收政策措施：一是实行通货膨胀、扩充税目、修改征课标准、调整税率等财政税赋政策；二是将中央财政税赋收入重心，从战前的上海、江苏、浙江等东南富裕省市，转向地瘠民贫、物产不丰、经济落后的西部各省，将云南、新疆、西康、青海等边疆民族省份亦纳入中央财政税赋征课之区，以扩大财税来源；三是将赋税收入的重点，从原来的关税、盐税、统税（习惯称为“三税”）等商品流通领域税种，转向土地税（包括田赋的征实、征购、征借，地价税，契税等）、物产税等与农业关联度较大的生产领域税种。在此情形下，在西部各省中，物产丰饶，经济发展相对较好的四川，不仅成为国民政府中央财赋收入的主要来源地，还成为国民政府尝试推行新的财政税赋政策的实验区。

1945年9月3日，四川省主席张群在发表的《胜利日感言》中说，全面抗战期间，国民政府“各种公债之摊募，各类储蓄之劝派，以及各种税捐，如营业税、各种专卖税、印花税、所得税、地价税等，或则创始于全川，或则在川继续扩大进行”，“综计川人直接间接负担数字，亦无一不超过全国其他各省”。[①]据统计，从1938年到1940年，四川解入国库的赋税征课收入，每年约在8 000万元（法币，后同）以上。另外的统计数据也显示，全面抗战期间，国民政府财政支出共14 640亿元，四川负担了4 400亿元，占总额的三分之一左右。在国家抗战最困难的时候，四川甚至负担了国家总支出的50%以上，是全国各省中负担最多的省份。[②]在这其中，以“田赋征实”为主要内容和代表的农业税占了大头。如1941年，国民政府规定，从当年秋季起，田赋收入划归国家财政，并实行田赋收入征收实物（简称“田赋征实”）的制度。即按照“两、元并用，征、购平摊”的思路和原则。所谓“两、元并用”，即按各县赋税册上的粮额，每1两粮赋额征粮食11石和按每1两粮折征银元后每

①周开庆：《民国川事纪要》（下册），四川文献研究社1974年版，第273页

②周开庆：《四川与对日抗战》，台湾商务印书馆1971年版，第278—280页。

元征粮食一石之总和。比如，某户额有粮赋一两，现在就应征粮食11石，而这样一两粮赋在原来征收货币粮赋时是征银元8元，现在即应征粮食8石，两项合计，这一两粮赋现在应征应购粮食19石。所谓"征、购平摊"，即中央政府下达的征粮数和购粮数(购粮以后要给价款)相等，粮赋一两征购粮食19石，以2除之，征、购各为9.5石。由于国民政府从1942年起所下达四川的粮食征、购数量并不相等，所以无法平摊(详见表4–10)[①]。

通过"田赋征实"，四川为国民政府坚持抗战提供了源源不断的财力支持。1941年，国民政府为推动"田赋征实"和加强赋税征收工作力度，组织开展征收处、县田赋管理处、省田赋管理处三级田赋征收竞赛。竞赛结果，四川在省级竞赛中名列第一，在县级竞赛中囊括了前三名(依序是灌县、梓潼、南川三县)。国民政府为竞赛拨发的奖金1 200多万元，四川获得1 147万元，其他各省合计共得100多万元。[②]除"田赋征实"而外，国民政府还通过扩大征税范围，提高税率标准，开征新税等途径，增加中央政府的赋税收入。据统计，1941年第4季度，国民政府盐税收一项，即达1.7亿元，是上年同期的3.4倍。1942年，国民政府烟草、火柴、食粮等专卖商品收益约为18亿元，占其岁入总额的21%。[③]

表4–10　1941—1944年四川田赋征实统计数据[④]

年份(年)	中央配征额(万市石，稻谷)	四川省政府配额(万市石)	实收数(万市石)	实收数较中央配额(万市石)
1941	1200(征600，购600)	1443	1382	+182
1942	1600(征900，购700)	1773	1658	+58
1943	1600(征900，借700)	1773	1605	+5
1944	2000(征900，借1100)	2151	1941	–59
合计	6400	7141	6586	+186

①按，关于抗战时期国民政府在四川实行"田赋征实"及其成效，本书将在后边有关章节叙述，此处不赘。

②陈志苏等：《抗战时期四川田赋征实》，成都市政协文史学习委员会：《成都文史资料选编·抗日战争卷下·天府抗战》，四川人民出版社2007年版，第107—108页。

③朱斯煌：《民国经济史》，银行学会编印1948年版，第416—420页。

④转引自侯德础：《抗战时期四川田赋征实述评》，《四川师范大学学报》1988年第6期。

表4-11 抗战时期四川税收状况举隅[①]

年份	税收状况
1937	1.11月1日，四川省政府决定，从本日起，将原按营业额征收2%的营业税率，上调为征收3%。此前尚未开办营业税的市县，全部自12月份起，按新税率开征营业税
1938	1.8月，四川省营业税局宣布，自9月1日起，对从外国进口舶来的洋烟、洋酒、咖啡、毛呢衣料、化妆品、唱机和唱片、玩具等，征收奢侈品营业税。 2.9月10日，四川省政府将鸦片烟税由每担700元上调至900元
1939	1.4月14日，财政部川康区所得税处重庆分区公布：自3月15日开征营利事业所得税1个月以来，各类税收达170余万元。 2.8月31日，四川省政府决定加税，对屠宰税、房捐、契税附加、斗息、公学产、保甲捐、土地增益税等均有所上调。 3.财政部通令税务机关自该日起开征糖类统税，规定从价征收15%
1942	1.2月17日，四川省营业税局发表统计：1941年实收税款9502.1440万元。 2.3月1日，川康区营业税自本日起划归财政部直接税收处接收
1943	1.10月23日，四川省政府决定：完成地籍整理的成都等80余县市，开征地籍税，并确定本年度全省征额为1亿元
1944	3月17日，四川省本年度土地税定额为4.2亿元

（四）人力支援

全面抗战期间，四川除出动几十万川军、300多万壮丁直接开赴抗日前线浴血奋战外，还抽调了数百万民工充当修建军事工程和交通运输等力役，为国民政府坚持抗战提供了人力资源的强力保障。从1935年至1940年，四川在修筑川黔、川陕、川湘、川滇4条干线公路期间，仅修筑川陕、川湘公路，即征用民工250万余人次；为加强空军基地建设和配合盟军作战，国民政府先后征用四川民工90余万人次，修建空军基地33处，其中包括新津、彭山、邛崃、广汉4个轰炸机机场和重庆、成都、温江、德阳、梁山5个驱逐机机场。在修筑军事工程以及其他工程方面，根据《内政部非常时期征工动员县份及人数一览表（1937—1939）》统计数据，仅仅是在这两年多时间里，四川省即共修建交通和军事工程31项，征用农民

①本表资料来源于四川省档案馆：《川魂：四川抗战档案史料选编》，西南交通大学出版社2005年版，第429页。

工625 890人(尚未将工程养护和打杂用工统计在内)。又据《全川(民国)三十三年度民政总报告》统计,该年度四川总计征用民工3 098 802工数,其中修筑自卫工事75 400工数,修筑道路1 584 465工数,水利建设1 305 874工数,植树造林66 011工数,垦荒13 792工数,其他53 260工数。①在军粮调运输送方面,四川除利用江河水道运输外,在不通公路的一些地方,则是征调民夫人力背驮搬运。据时任国民政府粮食部部长的徐堪说:抗战时期四川粮食的外运和再度集中,平均每天需要征用民夫20万人,总共征用了民夫2 000多万人次。②例如,1941年6月18日四川省粮食管理局在发给重庆四川粮食购运处的代电中陈述:"第十五区所辖各县动员民夫十万人运送军粮,惟南江至江口一段途长四百五十华里,山路崎岖,往返共需九日,每人仅发口食费二十七元,际此生活日高,致归途颇多乞食者。"③时任国民政府粮食部督导委员的陈开国多年以后回忆说:"笔者在征实期间也先后到过巴县、温江、资中、内江等行政区,会同各区专员沈鹏等督导过征实。并在岷江区主持粮食运输。……在温江县城楼上,看到成群结队的农民,推着'鸡公车'把国家征收的粮食送入仓库,以及在巴县、仁寿等山区,目睹广大农民群众用肩挑马驮,把分散的粮食,集中到据点和县城的情景……深受感动,至今记忆犹新"。④在民工伤亡方面,根据《四川省各县府呈复抗战时期(民工)伤亡数目调查表》和《四川省统计提要(1945年)》记载:黔江县,征用13 000人,伤65人,亡173人;叙永县,征用12 020人,伤64人,亡126人;万源县,征用4 874人,伤25人,亡17人;温江县,征用53 902人,伤212人,亡134人;长宁县,征用2 931人,伤95人,亡154人;隆昌县,征用10 000人,伤3人,亡162人;等等。⑤

①四川省档案馆藏档案:四川省政府民政厅:全宗号:54,案卷号:7617,转引自刘一民:《论抗战时期四川农民对兵源和后勤的贡献》,李仕根:《四川抗战档案研究》,西南交通大学出版社2005年版,第110页。

②四川省档案馆编:《川魂:四川抗战档案史料选编》,西南交通大学出版社2005年版,第415页。

③四川省粮食管理局发重庆购运处代电:《动员民夫十万人归途乞食者颇多》,1941年6月18日,中国第二历史档案馆藏档案:96-447,转引自谢刚:《抗战时期的四川粮食储运》,四川师范大学2002年硕士学位论文,第20页。

④陈开国:《西南人民踊跃出粮支援抗战》,中国人民政治协商会议西南地区文史资料协作会议:《西南民众对抗战的贡献》,贵州人民出版社1992年版,第263页。

⑤四川省档案馆藏档案:四川省政府民政厅:全宗号:54,案卷号:7919,转引自刘一民:《论抗战时期四川农民对兵源和后勤的贡献》,李仕根:《四川抗战档案研究》,西南交通大学出版社2005年版,第110—111页。

表4-12　四川省1938—1944年间义务劳动人数统计表[①]

年份	总计（人数）	总计（工数）	自卫工事（人数）	自卫工事（工数）	筑路（人数）	筑路（工数）	其他（人数）	其他（工数）
1938	5 100 252	14 681 917	229 161	2 188 500	896 514	1 735 000	—	—
1939	……	……	……	……	……	……	—	—
1940	39 172	390 529	1 103	3 594	30 463	67 889	—	—
1941	25 090	523 085	529	8 170	14 356	219 463	—	—
1942	141 291	3 942 269	4 942	13 672	641 271	1 732 357	—	—
1943	515 785	3 098 792	850	75 400	271 137	1 584 465	2 550	53 250
1944	558 682	……	17 680	……	165 471	……	19 512	……

对于抗战时期四川作为中国抗战大后方战略基地的重要作用以及四川人民对于中国抗日战争胜利不可磨灭的历史贡献，中共中央南方局机关报《新华日报》在题为《感谢四川人民》的社论中高度评价说：“抗战之中，这个历史上最大规模的民族战争之大后方的主要基地，就是四川。自武汉失守以后，四川成为正面战场的军事政治财政经济的中心。随着正面战线内移的军民同胞，大半居于斯，食于斯，吃苦于斯，发财亦于斯”。“四川人民对于正面战场，是尽了最大最重要的责任的。直到抗战终止，四川的征兵额达到三百零二万五千多人；四川为完成特种工程，服工役的人民总数在三百万人以上；粮食是抗战中主要的物质条件之一，而四川供给的粮食，征粮购粮借粮总额在八千万石以上，历年来四川贡献于抗战的粮食占全国征粮总额的三分之一以上，而后征借亦自四川始。此外各种捐税捐献，其最大的一部分也是由四川人民所负担。仅从这些简略统计，就可以知道四川人民对于正面战场送出了多少血肉，多少血汗，多少血泪！”“现在抗战结束了，我们想到四川人民，真不能不由衷地表示感激”。[②]蒋介石也于1944年6月对四川在中国抗战胜利中的重要作用与杰出贡献做了高度评价：“川省同胞，遵奉国家至上、军事第一之要旨，忠诚奋发，同心勠力，以收动员人力财力之功。每年粮政兵役所负担之数量均属甲于各省。输将慷慨，缴纳必先，丁壮从戎，踊跃恐后。推而至于增产、运输、募债、献金等一切有关抗战之工作，莫不有优良之表现。”[③]四川省主席

①四川省档案馆：《川魂：四川抗战档案史料选编》，西南交通大学出版社2005年版，第602页。

②《新华日报》1945年10月8日，转引自四川省档案馆：《川魂：四川抗战档案史料选编》，西南交通大学出版社2005年版，第455—456页。

③周开庆：《四川与对日抗战》，台湾商务印书馆1971年版，第267页。

张群发表的《胜利日感言》亦充分肯定四川对中国抗战胜利所做出的杰出贡献："四川……曾经作了中国政治军事的中枢所在地，曾经出了最多的力量，支持军事，取得胜利。"抗战中，"四川应征赴敌之壮丁，达300万人以上。征购捐献粮食约7100万石，建筑空军基地33处，征工90万人。其他建设、运输公役以及公债储蓄税捐等各项负担，无一不超过全国其他各省"。《新民报》1946年5月7日题为《莫忘四川》社论亦说："四川对于抗战的贡献是特殊的。抗战期中，四川不仅为中枢政府所在，容纳了所有全国性的行政机关，养活了不愿做奴隶的官民。就以支持抗战一事而论，征兵征粮，以四川的负担为最重；出钱出力，又总是率先倡导。假如没有四川，我们就不能想象抗战何以能支持如此之久。"①

有必要指出，抗战时期的四川，是农业大省，农村人口在全省总人口中占了绝大多数。因而，国民政府战时在四川的兵役、民工、民夫等人力资源征发，其主要对象便是四川农民。质言之，抗战时期四川对国家抗战的人力支援，主要是由四川农民承担和完成的。我们今天回顾抗战历史，讴歌四川人民对国家抗战的杰出贡献，千万不可忽略甚至忘却四川农民这一群体的突出作用。正是他们默默而沉重的付出乃至流血牺牲，为四川在国家抗战史上的重要历史地位奠定了基础，增添了光彩。

①转引自四川省档案馆：《川魂：四川抗战档案史料选编》，西南交通大学出版社2005年版，第437页。

第五章

抗战中的四川经济（下）

一、实行战时统制经济政策

（一）战时统制经济政策的提出

全面抗战爆发后，国民政府中枢决定实行战时统制经济政策，对金融、贸易、物价、物资、工矿、交通等实行经济统制。1937年7月下旬，国民政府成立了以何应钦为主任的国民政府总动员委员会。在有党、政、军各方人士参加的实施总动员谈话会上，提出了实行战时统制经济的若干原则，商议确定了参与战时统制经济工作的政府部门与负责单位。①1938年3月，国民党临时全国代表大会通过了《抗战建国纲领》，其中有众多对战时统制经济的规定。②1939年1月，国民党五届五中全会也强调要“实行统制经济，调节物资之生产消费”。其后，国民党中央先后通过并颁布了《加强经济统制力量以应非常时局案》、《集中财力物力以利抗战建国案》（1940年7月）、《积极动员人力物力财力确立战争经济体系案》、《动员财力扩充生产实行统制以保障胜利案》、《战时经济体系基本纲领》（1941年3—4月）、《国家总动员法》（1942年3月）等关于战时统制经济的法规文件。强调“对于人民经济活动，从生产过程以迄最后消费，应作有计划之计划统制”，“务使一切经济之力量，得到全盘控制之运用”，“以配合军事之应用”。③这些政策的制定，逐步确立起了以“统制经济”为主要特征的战时经济体系。

所谓“战时经济统制”，按照1938年国民党临全大会的解释，就是“政府根据国情与需要，将整个国家经济如生产、分配、交易、消耗诸方面，制成彼此相互联系之精密计划，以为一切经济建设进行之方针。在此政策之下，全国人力与资源，得不分界域，为全盘适当之配置，以发挥最大之效率；生产之结果，得共同利用，为公平适当之分配，以提高大家之福利”。④这种战时经济统制，主要表现为国家在战争情况下，对国民经济和社会生产生活实行计划管理和严格控制。即：国家按照

①《实施总动员谈话会记录》（1937年7月21日），《民国档案》1987年第2期。

②荣孟源、孙彩霞：《中国国民党历次代表大会及中央全会资料》下册，光明日报出版社1985年版，第486—487页。

③秦孝仪：《中华民国重要史料初编——对日抗战时期·战时建设》（三），（台湾）中国国民党中央委员会党史委员会1988年编印，第249—251页。

④《中国国民党历次会议宣言决议案》第2分册，浙江省中共党史学会编印，第295页。

战争的需要，采用行政、法制、计划等手段，直接干预和管制国民经济的各个主要部门及社会生产、分配、流通、消费、社会再生产等各个主要环节。实行战时经济统制政策，主要目的有两个：一是使经济建设适应战争环境，从而最大限度地保障或满足前方战斗需要；二是使战时人民日常必需品“无需仰赖外人，生活得以自给”，即保障抗战军民的生活温饱或基本生存，保证政府正常运转，以稳定军心民心。战时经济统制政策的主要内容：一是募债（发行内债与举借外债）；二是金融垄断与财政管制；三是增加税收（开征新税和提高税率）；四是实行物资专卖与统购统销制度（保障物资供给与平抑市场物价）；五是扩大货币发行，实行通货膨胀。战时经济统制，是国民政府在抗日战争的严峻形势下，为最大限度地集中人力、财力和物力坚持抗战而采取的一种必要且行之有效的经济垄断政策。它对中国坚持抗战具有一定的积极作用，但同时因为它是一种牺牲人民利益，对全民普遍掠夺并带有强制性的残酷的经济政策，因而对整个国民经济以及政治所造成的负面影响乃至伤害也是深远的。

（二）战时统制政策执行机关的设立与沿革

为保证战时统制经济的方针政策能切实、有效地贯彻执行，国民政府对中央经济行政机关和科学事业单位进行了重大调整，实行撤并改组或新建增设。1937年8月，国民党中央执行委员会通过《国防最高会议条例》，成立以蒋介石为主席的“国防最高会议”，将原属国民党中央政治委员会的财政、经济、交通等专门委员会划归其节制。同时，为加强国民政府军事委员会的经济统制权力，除扩大其原有的资源委员会的职能范围外，又增设了农产、工矿、贸易等3个调整委员会，并由三会联合组织了水陆运输联合办事处。这些专业经济统制机关及其分设于全国各重要地点的办事处，在抗战初期一度成为战时经济建设的重要领导机构，具体执行经济统制之权。1938年1月1日，国民政府颁布《调整中央行政机构令》，提出调整中央行政机关的基本原则，[①]将原实业部改组为经济部，将原国民政府建设委员会、全国经济委员会之水利部分、军委会所属第三部（主管重工业动员）、第四部（主管轻工业、农业和外贸动员）、资源委员会、工矿调整委员会、农产调整委

①《行政院工作报告》，1938年档案，原件藏重庆市档案馆，转引自周勇：《西南抗战史》，重庆出版社2013年版，第312页。

员会等并入经济部;将原军委会贸易委员会改隶财政部,更名为贸易委员会,并将国际贸易局改归贸易委员会领导;将农业调整处、四省合作事业办事处并入农本局;将铁道部、全国经济委员会所辖公路处、军委会所属水陆运输联合办事处并入交通部;将全国稻麦改进所、中央模范林区管理局、蚕丝改良委员会、中央棉产改进所、中央种畜场、西北种畜场等并入中央农业实验所;将有关工业实验、研究的机构并入中央工业实验所。同时,新创设了中央燃料管理处、矿冶研究所、农本局合作指导室、粮食部、农林部和中央、中国、交通、中国农民四银行联合办事处(简称"四联总处")及四行联合贴放委员会等机构。通过调整,国民政府中央经济行政机关的人员编制由战前的3 684人减少到1 561人,精简率约为58%,一定程度上改变了过去系统分歧、政出多门的现象,有利于国民政府中枢对战时经济的集中统一领导。

国民政府同时还采取其他一些政策措施,以加强对西南、西北抗战大后方地区经济建设和战时经济统制的领导。主要有:

第一,国民参政会成立川康经济建设委员会、川康建设期成会,组织川康建设视察团,编拟《川康经济建设方案》,负责川康地区经济建设的调查、建议、设计、考核、督导等工作。

第二,于1939年5月、1943年6月两次召开全国生产工作会议。与会者有:行政院正副院长,主管各部部长、次长,各省政府主管机关负责人,各理工大专院校、科研事业机关、学术团体、经济团体的负责人,各重要企业的实业家及各行业特邀专家等。会议讨论、研究的范围和内容非常广泛,包括农、工、商、金融、交通、科技、文教等各个方面及宏观、微观等层面的东西。会议采取提案、审议提案的形式,提案一经通过,便批转有关主管机关或执行,或复议,或参考。第一次全国生产会议收到提案386件,第二次会议收到提案446件。这种会议,对于国民政府集思广益,听取各方面的意见和建议,规划抗战大后方经济建设,解决经济建设中出现的问题,改良政府工作,起了一定的积极作用。它因而有"生产议会"之称。

第三,加强经济社团组织的建设,强化政府对民营工商业的联系、统制和监督。国民政府强制实施新商会法和同业公会法,要求各地限期成立各业同业公会,使每一工厂、商号、银行、钱庄等,都成为同业公会会员,又使每一同业公会成为当地商会会员。“如是纵横连系，形成一有机组织，政府对于工商运输各业之辅导监督，赖以进行。”[①]另外，政府还根据需要，扶植成立了“迁鄂工厂联合会”、“迁川工厂联合会”、“迁桂工厂联合会”等跨行业的联合经济社团组织。

（三）国民政府的战时工矿业政策

蒋介石认为：“现代战争，无论装备给养，均需仰赖工业。”[②]基于对现代工业在现代区域经济建设和国防军事战略中重要骨干地位的认识，蒋介石和国民政府在开发西南、加强抗战大后方经济建设时，特别看重工业建设，尤其重视国防军事工业的建设。如时为蒋介石战时经济建设重要助手的经济部部长翁文灏在1941年拟定《国防工业三年计划》中写道“目前政府对于重工业之经营，系由资源委员会负责，而民营各厂则由工矿调整处督促辅导进行”，对于经济部的国防计划则主要集中在钢铁、机械、化学、燃料、电机、纺织、铜铅锌矿、电力等领域，与军事工业紧密相关。[③]而该项计划方案的制定实施亦“并与军政部交通司、兵工署及交通部分别就兵工需要及交通条例，切实商洽”予以补充修正。[④]

为促进抗战大后方的工业经济建设，国民政府先后颁布了《工业奖励法》及《特种工业保息及补助条例》（1938年6月7日）、《修正矿业法实施细则》（1938年9月30日）、《非常时期农工矿商管理条例》（1938年10月19日）、《非常时期工矿业奖助暂行条例》（1938年12月1日）、《经济部国营矿区管理规则》（1938年12月15日）、《西部各省生产建设与统制案》（1939年1月26日）、《特种股份有限公司条例》（1940年3月）等一系列法规条例[⑤]，大体上确立了抗战时期国民政府工矿经济的基本法律法规体系，成为抗战期间国民政府实行战时工矿业经济统制体制的重要法律依据。

---

①《行政院工作报告》，1938年档案，原件藏重庆市档案馆，转引自周勇：《西南抗战史》，重庆出版社2013年版，第313页。

②“蒋介石在生产会议上的讲话”，《东方杂志》第36卷第12号。

③《翁文灏呈拟三年工业计划及所需经费》，1940年3月21日。载陈谦平《翁文灏与抗战档案史料汇编·下》，社会科学文献出版社2017年版，第16—22页。

④《翁文灏呈国防工业三年计划》，1941年6月21日。载陈谦平《翁文灏与抗战档案史料汇编·下》，社会科学文献出版社2017年版，第38页。

⑤这些法规条例，均载于中国第二历史档案馆：《中华民国史档案史料汇编》第5辑第2编财政经济（5）、（6），江苏古籍出版社1997年版，兹不赘录。

从总体上看，抗战时期国民政府的工业经济政策，具有鲜明的战时特征和国家资本垄断的特点，其主要表现在以下四个方面：

第一，鼓励民营企业发展和实行工业垄断。在奖励、扶持民营企业和私人投资办厂开矿方面，国民政府先后颁布了《非常时期工矿企业奖助暂行条例》、《经济部小型工业贷款暂行办法》、《战时领办煤矿办法》等法规，简化民间办厂开矿的申请、批准的程序和手续，取消对民营企业在经营门类上的某些限制，扩大奖励范围，降低呈请奖励的资本额等。规定：凡“中华民国人民，在后方新办有关国防民生之重要工矿业”，均可呈请奖励；厂矿呈请奖励的门槛，由原来的资本额100万元以上降低至20万元以上；企业申请贷款的资格，凡举办纺织、制革、造纸、金属、化工、农林产品加工等产业行业，“资本总额在五万元以下一万元以上，其实收额已达百分之五十以上者”，均可向经济部呈请；将奖助项目由原来的5项扩大为9项，包括保息、补助现金、减低或免除出口税、减低或免除原料税、减低或免除转口税及其他地方税、减低国营交通运输费、租用公有土地在5年内免除地租、协助向银行借用低息贷款、协助原料和产品的运输等；简化申请、批准开厂矿的程序和手续，“使呈领矿区者，于极短时间，即可着手开采，不至拘泥文书，空废时日”。[①]在实行工业垄断方面，国民政府按照战时经济统制的思路，对于工矿企业，“无论国营或民营，无论其为原有设置，或新谋创办，凡需增加力量者，在合理计划之下，拨助资本，以及工厂迁移，出口疏销，积极统辖”。并通过《非常时期农矿工商管理条例》，把战时必需的工矿业、制造军用品之各工业、电气事业等划为国家资本垄断经营范围，“收归政府办理或由政府投资合办”。又规定，凡属有关日用必需品生产者、无力经营者、应迁移而无力迁移者、经营未能改善者、技术上有发明或专利者，均可由政府没收、接办、合并、代管、收买、合办、改组。[②]依据这些法规政策，国民政府一面在资本、原料、动力、人才等工业经济资源配置上亲“官”疏“民”，采取国库拨款、四行投资与贷款等方式，大力扶持国营厂矿；一面通过没收、无偿接办、收买、投资入股等方式，兼并或鲸吞了四川的綦江铁矿、彭县铜矿、威远铁厂、资蜀钢铁厂、资鑫钢铁厂、江北铁厂、天府煤矿、威远煤矿、建川煤矿、泸县电厂、宜宾电

①国民党中央训练团：《中华民国法规辑要》，1941年12月版，转引自黄立人：《抗战时期大后方经济史研究》，中国档案出版社1998年版，第44—45页。

②陈真：《中国近代工业史资料》第3辑，生活·读书·新知三联书店1961年版，第726—727页。

厂、万县电厂、四川丝业公司、成都自来水公司、李家沱给水公司、渝西自来水公司、重庆中国汽车制造公司、龙章造纸厂等，云南的云南锡业公司、滇北矿务公司、易门铁矿、明良煤矿、中国电力制钢厂、华新水泥厂、云南橡胶厂、昆明自来水公司等，贵州的贵阳电厂、中国机械厂、筑东煤矿等一大批民营企业。至1943年，在国统区工业资本总额中，国家垄断资本已占到69%，实现了国家资本对工业经济的绝对垄断。

第二，在工业布局和产业行业管理上，强调既要因地制宜均衡发展，又要突出重点，实行差序化建设。由于中国西部各地区"物产此瘠彼盈，至不一致，故利用及制造中心亦不能各物概归一律，要当通筹原料供给，产品销路，运输路线诸条件，妥为筹划"。[①]并按照这一思路，国民政府在西南地区相继建立起了重庆、川中、川东、昆明、桂林、广元、贵阳、宁雅等8个工业中心区；在产业建设中，注意重、轻、农等工业产业行业门类的配置，其中以重庆、川中、昆明、桂林4个工业区产业行业门类配置较为合理与齐全。与此同时，国民政府又按照战时"经济建设，应以军事为中心"及"不能依照一般国家由轻工业向重工业的工业发展的自然顺序"等原则，将战时工业建设的重点放在国防军事工业（兵器工业、军用品生产等）、重工业（钢铁、冶炼、金属矿产等）、能源工业（电力、燃油等）等领域。对于重点、优先发展的行业，国家的投资比重要远远大于其他行业。据统计，在1940年至1942年间，国民政府以国库拨款、四行投资及贷款等形式配置给工业的资金总额204 504 000元中，有170 730 000元配置给了重工业（尚不含酒精、化工等行业），占总额的83.5%。同期配给轻工业（包含酒精、化工等行业）的资金为24 280 000元。由此使得重工业厂矿在全国厂矿企业总数中的比重，由战前的14.68%上升到抗战时期的35%，同期重工业厂矿在工业资本构成中的比重，亦从18.27%上升到50%以上，形成工业结构上强"重"弱"轻"的格局。另外，国民政府经过考察，在决定在西南地区重点发展钢铁、机械、化工等重工业行业，在西北地区重点发展石油、电力、煤矿等能源工业行业的同时，还决定实行先西南后西北的工业经济差序化建设方略。[②]

①《经济部报告》（1940年），藏重庆市档案馆，转引自黄立人：《抗战时期大后方经济史研究》，中国档案出版社1998年版，第40页。

②参见黄立人：《抗战时期大后方经济史研究》，中国档案出版社1998年版，第39—42页。

第三，在工厂选址上，实行分散与集中相结合，即“小分散，大集中”的原则。国民政府认为，在现代海、陆、空立体化作战的战争形势下，工业建设应考虑工厂的安全与分散问题，但是如果为了防止敌机轰炸而在工业布局上采取“大分散”、“遍地开花”的设厂办法，又有违现代工业发展规律，会造成在道路交通、水电供应及基础设施建设方面的浪费，因此主张“宜选定若干中心地点，充实其动力与运输设备，使各种工业依其性质，得有适当萃聚之地”，[①]并“立定计划在若干工业中心设立电厂，以供给新兴工厂所需要的电力”，[②]通过利用能源、动力工业的布局来影响工业生产力布局。

第四，内迁企业与西南本土原有厂矿相结合。抗战初期，国民政府在力战不能却敌的形势下，被迫将国家的政治、经济中心迁移到西部。但是要在很短的时间内，在工业基础十分薄弱的西部地区建立起足以支撑中国抗战之军需民用的现代工业生产体系，其困难程度“不啻要无中生有”。为此，国民政府双管齐下，一面督促东南沿海沿江内迁企业尽快搬迁复工，利用内迁企业经营管理经验丰富，机器设备比较先进，管理者和员工素质较高等优势，以促成“迅速成功”，[③]迅速奠定中国抗战大后方“经济建设的巨大基础”[④]；一面也把西部“当地工业工厂之利用”作为战时西部工业建设的重要环节，从“筹设新工业区及迁移工厂至内地开工”，“时间既嫌过缓，需费（亦）多”这一现实问题出发，“对内地原有之工厂，亦计划尽量设法利用”，“以收事半功倍之效”。[⑤]仅在1938年度，国民政府即贷款或代向银行商借款项600余万元，对重庆电力公司、重庆自来水公司、水泥公司、民生实业公司，广西的糖厂、油厂、酒精厂，云南的纺织厂，四川的煤矿等本土原有厂矿进行技术改造，以提高其生产能力和经济效益。[⑥]

①经济部档案：《西南西北工业建设计划》（1938年），藏中国第二历史档案馆，转引自黄立人：《抗战时期大后方经济史研究》，中国档案出版社1998年版，第39页。

②《经济部报告》（1940年），藏重庆市档案馆，转引自黄立人：《抗战时期大后方经济史研究》，中国档案出版社1998年版，第40页。

③经济部档案：《西南西北工业建设计划》（1938年），藏中国第二历史档案馆，转引自黄立人：《抗战时期大后方经济史研究》，中国档案出版社1998年版，第41页。

④史世珍：《抗战以来之西南经济建设》，《经济汇报》第1卷第7期，1940年2月1日，第11页。

⑤经济部档案：《西南西北工业建设计划》（1938年），藏中国第二历史档案馆，转引自黄立人：《抗战时期大后方经济史研究》，中国档案出版社1998年版，第42页。

⑥翁文灏：《一年来之经济建设》，《中央周刊》第1卷第2期，1938年。

（四）物资专卖与统购统销政策

物资专卖政策。1938年10月6日，国民政府在修正公布的《非常时期农工矿商管理条例》中，将47种主要农矿工业产品确定为战时由经济部管理的物资。从1942年1月1日起，首先实行盐专卖。同年2月，实行糖专卖。当年3月24日至4月2日召开的国民党五届八中全会，在宣布实行统制经济的同时，决定对盐、糖、烟、火柴4种生活必需品和主要日用品实行专卖制度。同年5月，实行火柴专卖。同年7月，实行烟专卖。物资专卖政策，首先在川康地区实施，逐步推广至国内其他各地。物资专卖的具体办法，是以"民制、官收、官运、商销"为原则，以官收为核心。即：第一，专卖品由民生产，但未经政府许可，民不可生产；未经政府许可，民也不能停止生产。第二，专卖品由专卖局（公司）组织评价委员会制定统一的收购价格，并按此价格收购。第三，厂商成品须在规定的时间内全部交送到专卖局（公司）所设的公栈或指定的商栈，未经许可不得出栈；运往外地及运量须经专卖机关规定和批准。第四，专卖品的销售，实行政府定售，委托商人零售的办法。所有承销商或零售商须经政府专卖局（公司）核准登记，方可经销，停止销售也须经同意，不得自由买卖。第五，专卖品的批发价，由专卖局（公司）根据收购成本和国家利益为标准核定，并上报财政部备案；专卖品的零售价，由商业同业公会拟定，专卖局（公司）核准公布。[①]在实际运作中，只有盐、糖的专卖采取这种办法。烟、火柴的专卖，则没有政府收购这一环节，而是由专卖局（公司）将已核定收购价格的品种，按数配拨给各承销商，由承销商直接向烟厂、火柴厂缴价承购，并向专卖局（公司）缴纳专卖利益，逐包领贴专卖凭证，以资证明。政府在专卖机关的设置上，盐、糖、烟分别设立专卖局，火柴设专卖公司，负责对专卖物资生产、营销的管控和稽查。国民政府实行物资专卖政策，对外宣称是为了"创造国家资本，节制私人资本，消灭居间剥削阶级，使财政经济均得调剂"，实际的用意是为了控制物资、平抑市场物价和增加财政收入，并以增加财政收入为其最为关心之所在。统计资料显示，国民政府通过实行盐、糖、烟、火柴等物资专卖制度而获得的专卖利益收入：1942年为14.04亿元，1943年为31.49亿元，1944年为47.77亿元，分别占该年国民政府税项总收入的19.46%、16.87%、11.75%和财政总支出的5.73%、5.35%、

①韩渝辉：《抗战时期重庆的经济》，重庆出版社1995年版，第113页。

2.78%。[①]由此可见，实行专卖制度的确有益于国民政府改善战时财政经济拮据的状况。但是另一方面，盐、糖、烟、火柴等物资是民众生活的必需品，实行政府垄断专营专卖后必然会造成价格随之增高，"市场上公开买不到，黑市到处流行"和"物价之波动"。结果是"便利了一群贪官污吏与贪污勾结囤积居奇的奸商，而国家和人民两方"都更"困惫"。[②]这种饮鸩止渴的财政经济政策，会使得人民在战争环境下本已十分艰难的生活更加艰难，进而腐蚀全民抗战的信心和基础，严重影响到国民党与国民政府的执政根基。因此，1944年7月，国民政府首先废止了糖专卖，改征统税。从次年2月起，又同时废止了盐、烟、火柴的专卖，恢复征税。

统购统销政策。抗战时期，国民政府统购统销政策所管控的物资，大体上可分为重要战略物资和日用必需品两类。重要战略物资，主要有生丝、茶叶、桐油、猪鬃、羊毛等出口农产品和钨、锑、锡等出口矿产品，钢铁、煤、酒精、汽油、水泥等重要工业品及日用必需品，包括棉花、棉纱、棉布、粮食、食油、燃料、纸张等。为保障统购统销政策的顺利、有效实施，国民政府实行部门分工负责制，茶叶、桐油、猪鬃、生丝、羊毛等由财政部贸易委员会负责；钨、锑、锡等，由资源委员会负责；花、纱、布等，由农本局负责；钢铁、煤炭、酒精、汽油、水泥等，由各类专制机关负责管制；盐、糖、烟、酒、茶、火柴等专卖品，由专卖机关负责管制。并在这些机关下面设置了"复兴"、"复华"、"中茶"、"福生庄"(后改为"花纱布管制局")等具体经营的公司。对统购统销的物资，国民政府"均予管制"，利用统购统销、专卖、限价等方式，低价收购(如1943年，川康区白糖的收购价仅及成本的77%。1944年，岷江区煤的限价仅及成本的50%，重庆棉纱的工价仅及成本的80%，棉布的工价仅及成本的55%，自流井盐的收购价仅及成本的40%等[③])高价售卖，既剥削生产者，又掠夺消费者，从中谋取巨额价差利益。

另外，抗战时期，国民政府还实行对重要商品限价、限购的管控政策，先后颁布了《非常时期评定物价及取缔投机操纵办法》(1939年2月)、《日用必需品平价购销办法》(1939年12月)、《非常时期取缔日用重要物品囤积居奇办法》(1941年

①"抗日战争时期国民政府财政经济战略措施研究"课题组：《抗日战争时期国民政府财政经济战略措施研究》，西南财经大学出版社1988年版，第162页。

②董必武：《抗日战争时期国民党统治区的情况》，《近代史研究》1980年第3期。

③黄立人：《抗战时期大后方经济史研究》，中国档案出版社1998年版，第68页。

2月)、《加强管制物价紧急措施方案》(1943年)等法规,宣布“政府于必要时得对国家总动员物资及民生日用品之交易价格、数量加以管制”。其主要办法及规定是:第一,各省市政府对管辖区域内重要市场的物价、运价、工资,应于1943年1月15日起一律实施限价。第二,物价、运价、工资,以1942年11月30日市场价格为标准。第三,同一地区、同一时期、同一物品,只有一个价格。限价的商品,主要有粮食、盐、食油、棉花、棉纱、布、燃料、纸张等。[①]不过,限价政策的实行效果却并不理想。因法币发行逐年大幅度增加,引起物价飞涨不可遏制,“物价统制多只及于表面的零售市场,始终未控制着假借权力囤积居奇”的商人和投机家。“所以物价上涨终不可制止”,真正被管制的“只是中小零售商”和“工业家”。[②]

(五)金融货币政策

抗日战争时期,蒋介石和国民政府出于稳定金融秩序和“谋内地金融农矿工商各业资金流通”等方面的考虑,先后颁布了《非常时期安定金融办法》(1937年8月15日)、《战时健全中央金融机构办法》(1939年9月)、《非常时期管理银行暂行办法》(1940年8月)等一系列法规,同时成立“四联总处”,代表政府管控战时国家金融活动,维护金融秩序,将全国的金融业纳入战时经济统制体系,实行严厉的金融货币统制政策。[③]

第一,限制储户随意提取存款。全面抗战爆发后,储户因人心惶恐不安而纷纷涌向银行提取存款,造成金融恐慌。针对这一严峻现实,国民政府在《非常时期安定金融办法》中规定,自1937年8月16日起,银行钱庄各种活期存款如需向原存银行钱庄支取者,每户只能照其存款余额,每星期提取5%,但每存户每星期至多以提取法币150元为限。定期存款未到期者,不得通融提取。随后,鉴于这一限制给小额储户和工商业者造成极大的不便,国民政府遂逐步放宽限制或实行变通措施。规定:凡经四大银行各分支行组成的审核委员会证明,或提供了证明文件者,可以无限制支取法币;存款额在300元以下者,自当年9月1日起,可一次支取完毕。同年8月26日,国民政府又颁布《中中交农四行内地联合贴放办法》,要

---

①谭熙鸿:《十年来之中国经济》上册,中华书局1948年版,第25页。

②彭泽益:《中国近代手工业史资料》第4卷,生活·读书·新知三联书店1957年版,第401页。

③黄立人:《抗战时期大后方经济史研究》,中国档案出版社1998年版,第73—75页。

求四大银行按照中央银行、中国银行各35%，交通银行20%，中国农民银行10%的比例分摊，承做票据贴现和货物公债的押款业务。四行联合贴放的资金，起初暂定为法币1亿元，但实际上在1937年9月至1939年12月期间，共贴放款项超过6亿元，为战区厂矿内迁复工和战时物资抢运与储备提供了重要的资金周转支持。

第二，外汇管制。抗战初期，为维护外汇市价，防止资金外流，国民政府在让中央、中国、交通三大银行无限制地买卖外汇（主要是卖出外汇以维持官方汇率）的同时，还与外商银行订立"君子协定"，共同维持汇率和上海外汇市场。1938年3月，针对华北日伪政权阴谋以伪币换取法币套取外汇，国民政府颁布《购买外汇请核办法》、《购买外汇请核规则》，将无限制买卖外汇改变为各银行需用外汇时，须经中央银行核定后实行。同年4月，国民政府贸易委员会又颁布《商人运货出口及售结外汇办法》，规定商人出口所得外汇，要按法定价格售与中国银行或交通银行。随后，国民政府还相继颁布了《出口货物结汇领取汇价差额办法》、《进口货物申请购买外汇规则》、《非常时期禁止进口物品办法》等法规，进一步加强外汇管理和外贸统制。按照国民政府的法规，中国、交通、中国农民三行停止卖出外汇，但是在上海的英、美银行却借口不受国民政府的限制，自行挂牌做起了外汇买卖。外汇开始有了黑市。黑市牌价总体上是以英国汇丰银行的牌价为基准。法定比价与黑市牌价之间的差额越来越大，严重影响到国民政府维护中国外汇市场及稳定汇率的努力。在此情形下，国民政府被迫放弃了上海的外汇市场，另在重庆（以后又在昆明）新辟外汇市场。1942年2月，国民政府放弃通过抛售外汇来维持官方汇率的做法，不再按官方汇率向公众供汇，同时也放弃了法币与英镑的汇率联系。

第三，黄金统制。1935年，国民政府实行币制改革，废止银本位，以法币（纸币）作为市场流通的唯一货币，同时宣布白银收归国有而不得自由买卖，但黄金仍可以自由买卖。全面抗战爆发后，国民政府于1939年9月15日宣布黄金收归国有，颁令严禁自由买卖黄金。1943年6月，国民政府从美国借得5亿美元信用贷款并从美国购买了大量黄金后，又宣布解除黄金禁令，准许人民自由买卖黄金，用意是通过政府售出黄金和吸收黄金存款两条途径，回笼法币，稳定物价。从1943年至1945年5月下旬，国民政府共售出黄金1 145 453两。由于国民政府不是无限制地出售黄金，也不是定价出售，而是高价出售，因此在出售黄金的过程中形成了黄金官价与黄金黑市价格互相推高、黄金价格与物价互相推高、黄金价格带动物价上涨的局面。在黄金投机利润很高和政府黄金解禁政策的鼓励、引导下，在抗战大后方的西南、西北各地，不但形成了黄金投机市场，国统区有条件的人们也纷纷收藏、储蓄黄金，作为保本增值的硬通货。在此情形下，1944年，中央银行委托中国、交通、中国农民三行及中央信托局、邮政储金汇业局办理黄金存款。因这种黄金存款具有储蓄保值、回避货币贬值风险的功能，故吸引人们纷纷存储。但是，1945年7月31日，国民政府竟采纳宋子文的建议，借口“充实反攻经费”，强行要求储户将“所存黄金存款一次捐献40%”。这样，国民政府就从人民那里掠夺走了相当于黄金820 468两的巨额存款，为其丧失人心和后来走向失败种下了祸因。

第四，货币政策。1927年南京国民政府成立之初，继续实行“银本位”货币政策，只是停止铸造袁头币（俗称“袁大头”），改铸“中山开国纪念币”（俗称“孙币”或“船洋”），同时各地仍自行铸币发行流通，且币种有银、铜等多种形式，币制也混乱不堪。1933年，国民政府宣布“废‘两’改‘元’”，颁布了《银本位币铸造条例》，提出“银本位币之铸造专属于中央造币厂”。同年12月21日，美国政府颁布《银购入法》，次年6月又颁布《1934年的购银法案》（即《白银法案》），抬高银价，并在国内外大量收购白银，俾以操纵世界白银市场，推销美国商品，转嫁经济危机。美国政府推行的白银政策引起世界银价暴涨，使得中国白银大量外流，严重破坏了中国国内金融秩序，影响到国民经济的正常运行和国民政府的财政收入。在此情形下，国民政府于1935年实行币制改革，宣布废止银本位货币制度，禁止银元流通，将中央、中国、交通、中国农民四大银行发行的纸币定为法币，以法币代替银元流通。规定：所有完粮、纳税以及一切公私款项支付和市面流通货币，均用法币，不得使用现银。白银国有，所有银元均须向中央等四行兑换法币。实行法币制度后，外商银行和商业银行已发行的钞票陆续收回。随后，全国各地陆续采用法币流通（仍有一些边远山区或少数民族地区继续使用银元、铜钱等），全国货币渐趋统一。

全面抗战爆发后，国民政府继实施限制存款人任意提取存款，由四行负责实行“内地联合贴放办法”以调剂金融市场等金融货币政策以后，又于1939年9月8日颁布《巩固金融办法纲要》，将法币的准备金，在原来的金、银、外汇（即六成现金）和公债外债（即四成保证）外，特新增加短期商业票据、货物栈单、生产事业之投资（即股票）三项，并废除原来规定的“六成现金、四成保证”的比例，现金准备也在实际上换成了票据、股票、栈单，为其实行货币“弹性发行制度”，即滥发纸币，通过通货膨胀解决战时财政困难开绿灯。相关统计资料显示，1940年以前，国民政府的法币发行量增长尚属和缓。从1940年起，法币发行进入高速膨胀阶段。1939年底，法币发行量为4 287百万元；1940年底，增至7 874百万元；1941年，增至15 138百万元；1942年底，达到34 260百万元；1943年底，达到75 379百万元；1944年底，达到189 461百万元；1945年12月，更是猛增至1 031 900百万元。[①]国民政府滥发纸币的政策，造成战时国统区物价上涨幅度大大超过了货币发行增长幅度，给抗战大后方人民的生产生活带来了严重困难。如以1937年6月法币发行指数、重庆趸售物价指数和货币购买力指数均为100，至1940年12月，法币发行指数560，重庆趸售物价指数1 267，货币购买力指数7.83；1943年12月，法币发行指数5 357，重庆趸售物价指数20 930，货币购买力指数0.47；1945年6月，法币发行指数28 289，重庆趸售物价指数213 320，货币购买力指数0.04。[②]

国民政府的通货膨胀政策，对抗战大后方的人民，尤其是依靠工资收入维持生活的公务员、知识分子、军队官兵等工薪阶层，造成了极大的经济损害和生计困难。到1940年，公务员、教师及军队官兵实际收入的2/3被通货膨胀所吞噬。工、农业劳动者的实际工资下降了1/3。到1943年，公务员已濒临于饥饿线上，其实际收入下跌到战前的1/10，“教授薪金的购买力下降到了战前的20%”。[③]

（六）财政税收政策

全面抗战爆发后，国民政府因军费开支不断增加而造成了日益严重的财政赤字问题。统计资料显示：国民政府的战时财政赤字，1937年为15.32亿元，占其财政支出的73.3%；1940年为39.71亿元，占其支出的75.1%；1943年为4 229.9亿元，占其支出的71.9%；1945年为10 650亿元，占其支出的87.7%。[④]为了弥补这日益扩大的财政赤字黑洞，国民政府采取了银行垫款、发行内债、增税等措施。

第一，银行垫款。主要是由国营四大银行垫款。据统计，全面抗战期间，银行

①杨菁：《试论抗战时期的通货膨胀》，《抗日战争研究》1999年第4期。

②杨培新：《旧中国的通货膨胀》，人民出版社1985年版，第34页。

③中国人民银行总行参事室：《中华民国货币史资料》第2辑（1924—1949），上海人民出版社1991年版，第396—397页。

④杨荫溥：《民国财政史》，中国财政经济出版社1985年版，第102页。

共为政府缓解财政赤字垫款12 608.38亿元。[1]这笔庞大的资金，银行主要是依靠增发法币、实行通货膨胀来获取的。

第二，发行内债。抗战期间，国民政府共发行了18种内债，累计发行法币150亿元，外币内债美金2.3亿元。它们有的用法币发行，有的用关金，有的用美元、英镑。其发行、推销的方式，或以预约券的方式向银行抵借，或直接向人民募集，或强行摊派。

第三，增税。战前，国民政府税收的主要来源是关、盐、统三大税种，占其税收总额的90%以上。全面抗战爆发后，这三大税收的税源地大部分沦陷或成为战区，三大税收在国民政府税收总岁入中的比重大大降低。在此情形下，国民政府只得采取增加旧税、开征新税种等措施，以填补日益扩大的财政赤字黑洞。一是通过食盐专卖，提高税率和新开征食盐附加税，将盐税加征到食盐售价的90%左右。1945年3月，又规定：不论老幼贫富，每消费1斤食盐，就得在专卖盐价或正规盐税外，负担附加税70元。二是不断扩大征收货物税的范围，几至无物不征税。扫帚1把收1角，草鞋1双收3角，粪箕1个收5角，甚至于1只鸡、1个蛋、1棵白菜、1根葱等，都有税。1940年，又开征直接税，包括印花税、所得税、非常时期过分利得税、营业税、遗产税5项，主要是向工商业者征收。由于国民政府税收烦琐苛刻，搞得抗战大后方民众苦不堪言，怨声载道。

二、沿海沿江企业内迁入川

（一）国民政府动员、组织企业内迁

全面抗战爆发后，国民政府鉴于战前中国工业大部集中于沿海沿江和东北地区，或已经沦入敌手，或正受到战火严重威胁的严峻形势，组织战区工商企业内

①杨菁：《试论抗战时期的通货膨胀》，《抗日战争研究》1999年第4期。

迁,加紧"将沿江沿海的物资、机件、人才,搬迁到内地",以便在西部工业基础十分薄弱的条件下,"持久抗战,争取胜利"。[1]起初,国民政府只计划援助与军需有关的五金、机械、化学、冶炼、橡胶、煤气等厂矿内迁,打算在1个月时间内完成搬迁任务。但是随着战事日益紧张激烈,战争形势日益严峻,申请内迁的企业不断增加,涉及行业越来越广泛,国民政府决定"除拆迁有关军需各厂外,更次第迁及民生有关之工厂"。[2]国民政府制定了战区厂矿迁移原则,明确规定:迁移之厂矿,分为军需厂矿和普通厂矿两种类型。军需厂矿,包括兵工所需之机械、化学、冶炼工厂及矿厂,动力及燃料工厂及矿厂,交通器材制造工厂,粮食及被服工厂,医药品工厂,其他军用必需品工厂等。军需厂矿由政府指令迁移,政府将给予迁移补助费、免征各种转口税及落地税、按军用品减收运费和优先运输、拨给建厂用地、由政府担保或介绍银行借低利息贷款、发给奖励金等优惠、奖励和资助。非直接军需的普通厂矿实行自愿内迁,政府扶持和鼓励的政策。凡经政府主管机关核准内迁的普通厂矿,政府实行一系列优惠、鼓励和扶持的政策,诸如:战区企业在内迁过程中,可享受免税免验,便利运输,政府代征建设用地和辅助复工;对于后方之厂矿,设法增加资本,扩大产量;对于新兴企业,予以种种奖励;对于工业材料之必需取给于国外者,设法统筹购储,分配使用;对于工业所需之技术员工,设法增求登记,分发服务,等等。[3]

为尽可能顺利地完成沿海沿江企业内迁这一艰巨任务,国民政府成立了国家总动员设计委员会主持各项战时紧急动员事宜;指定"由资源委员会、财政部、军政部、实业部组织监督委员会,以资源委员会为主办机关,严密监督,克日迁移。关于印刷业之迁移,由教育部参加监督"。资源委员会及随后成立的工矿调整委员会、上海工厂迁移监督委员会等机关,则负责与上海、江浙各地厂矿及企业家们接洽商议,劝导、组织和督促企业内迁;制定和颁行对内迁企业奖励、补助、扶持并协助其搬迁的各项优惠政策及有力措施。资源委员会提出对拟内迁的上海各机器厂、大鑫钢铁厂、中国煤气公司、大中华橡胶厂、康元制罐厂、民营化学工业社等企业,由政府补助迁移经费56万元,在10年内每年奖励金额25万元,允由政府代

①翁文灏:《科学与工业化——翁文灏文存》,中华书局2009年版,第643页。

②中国第二历史档案馆:《中华民国史档案资料汇编》第5辑第2编"财政经济"(6),江苏古籍出版社1997年版,第105—106页。

③张士杰:《国民党政府经济部关于战时经济建设的工作报告》(1938年6月)(上),《民国档案》1989年第3期。

商银行低利息借款329万元，允拨给用地500亩等奖励、补助方案，又在迁移沿途各个重要城市设立办事处并派专人协助内迁企业处理相关事宜。1937年8月10日，国民政府行政院第324次会议决定："奖励金暂从缓议，余通过。"①9月18日，资源委员会又向行政院提出《迁移工厂扩充范围请增经费办法》并获得批准。新成立的工矿调整委员会主任翁文灏于9月27日召集各有关部门、机构开会议决，政府再资助西迁天利氮气厂、天盛陶器厂、天原电化厂、天厨味精厂和三北、公茂、和兴、中华等8家造船厂，以及中华书局等10余家企业。对内迁企业，不仅增拨经费、地亩额以资助，还帮助解决"机器设备极为笨重，战时交通阻塞"造成的困难，②并协助内迁企业解决易地经营在原料、运输、动力、人工、资金、市场等方面的实际问题。③

（二）刘湘和四川省政府对内迁企业的欢迎、接纳和优待

四川在当时中国西部抗战大后方各省（区）中，因地处中国东西部经济结合带和西南西北交接部的地缘优势，以及具有长江及其水系支流水运比较发达，交通相对便利，农业经济较为发达，工业资源较为富集，人力资源丰富、幅员广阔等有利条件，而成为接纳、安置内迁企业的重要迁入地区。四川盆地内的重庆，更是因其长江上游重要的商贸物资集散地、政治经济文化中心和国民政府陪都的显要地位，而成为内迁之厂矿企业的首选和集中居留之地。另一方面，在全面抗战爆发以后沿海工矿企业向西内迁的过程中，由于国民政府有关部门和企业均对抗战局面的严峻形势缺少应有的清醒认识，因而最初决定只需迁至武汉地区即可。但是这些企业迁移到武汉以后，却在购地建厂、招雇工匠、原料采购、电力供应、资金信贷以及复工等方面遭遇了未曾预料到的麻烦。

其时，率领川军出川抗战而因病正在汉口疗养的四川省主席刘湘听说上海等地的工矿企业在武汉地区建厂时因征地、电力供给、税费减免、资金信贷等问题不能解决落实而处于进退两难、束手无策的窘境，意识到这是一个吸引他们迁往四

①张小雁、朱琪：《抗战时期工厂内迁史料选辑》（一），《民国档案》1987年第2期。

②胡世华等：《胡厥文回忆录》，中国文史出版社1994年版，第49页。

③张小雁、朱琪：《抗战时期工厂内迁史料选辑》（一）、（二）、（三），《民国档案》1987年第2、3、4期；张士杰：《国民党政府经济部关于战时经济建设的工作报告》（1938年6月）（上）、（中）、（下），《民国档案》1989年第3、4期和1990年第1期；中国第二历史档案馆：《中华民国史档案史资料汇编》第5辑第2编财政经济（6），江苏古籍出版社1997年版，第321、405—409页。

川，以推动四川现代工商业经济发展，促进四川抗战大后方基地建设的有利时机。他主动派人向内迁的工矿企业详细介绍四川的情况，欢迎他们把厂矿搬到四川去，并表示："四川有原料，有人力，但是缺乏资本，缺乏技术人才。四川不仅宜于各种工业的发展，尤其适于国防工业、动力工业的建设，我可以代表四川同胞欢迎全国企业家、民族产业家、华侨资本家及一切技术专家在四川投资建设。"①刘湘还电令四川省政府建设厅厅长何北衡、工业专家胡光麃等人来武汉，叮嘱他们要针对准备内迁的民营企业及资本家对入川投资建厂心存犹豫、行动迟疑的状况，主动向他们详细介绍四川的资源及设厂环境，帮助他们消除顾虑。在得知内迁企业在武汉购地建厂时遭到地主抬高地价乃至拒绝售地的情报后，刘湘立即电令四川省政府秘书长邓汉祥，要求省政府务必协助迁川企业解决购地设厂这一根本难题，万勿任令地主刁难，并给予迁川企业减免赋税之优惠和便利。

根据刘湘的指令，四川省政府先后派建设厅厅长何北衡、川籍工业专家胡光麃等来武汉，向国民政府资源委员会、工矿调整委员会负责组织企业内迁的林继庸和聚集武汉地区的厂家介绍四川的情况，说明四川急需纺织、炼铁、机器、玻璃、制革、造纸、酸碱工业以及其他工业项目，并与厂家详细商量、讨论了运输、厂地、动力、工人、原料、市场、政治、金融、税捐等与工厂建设运营密切相关的问题，以打消他们的顾虑。四川省政府还决定在重庆成立"迁川工厂用地评价委员会"，负责拟订和实施迁川厂矿征地办法，为内迁厂矿征地提供帮助和便利；同时还议决"凡迁川工厂厂地印契准免附加税三成"（后又修改为减收五成）；并向内迁厂矿及企业家们表示，企业迁川"途中所保的运输保险、平安保险等费用，因雇用木船而增付的保险费用的差额，完全由四川省政府负担，以表示优待和欢迎工厂迁川之意"。②

在刘湘及四川省政府的诚心邀请及各种优惠政策与方便措施的感动下，许多内迁企业报名愿意迁往四川盆地。据不完全统计，至1937年12月底，已有20余家企业表示愿意迁川；次年1月，准备迁川的企业已增加到41家。同月，国民政府工矿调整委员会与内迁企业代表赴重庆以及内江、自流井、成都、都江堰、乐山等四川其他拟迁厂地区实地考察勘测，认识到"内江的糖，自流井的盐，彭山的芒硝，

①刘湘：《长期抗战中的四川》，《大公报》1937年12月31日。

②胡光麃：《波逐六十年》，文海出版社1973年版，第313页，转引自张守广：《抗战大后方工业研究》，重庆出版社2012年版，第111页。

彭县的铜，都江堰的水利，五通桥的盐及煤，物产丰盛，均可利用厚生”，“乐山五通桥一带，资源尤为充裕，交通便利，四川的化学工业区将在该处荣发”，四川人口众多而人民勤劳，“人力物力均可使四川成为后方工业中心”。[①]四川由是成为全面抗战时期沿海沿江厂矿内迁的首选之地。

（三）“宜昌大撤退”：卢作孚与民生公司奋力协助政府和企业迁川

论及抗战初期四川地方当局与四川人民积极协助国民政府将中枢机关、文教单位、厂矿企业、物资和人员西撤内迁，最值得一书的是卢作孚和他的民生公司，以及1938年底至1940年初那场著名的“宜昌大撤退”。

抗战之初的四川，因公路、铁路建设薄弱，不仅四川盆地内部的交通运输比较落后，而且与盆地外部世界的交通运输也极不方便（这也是当时许多沿海沿江工矿企业不愿内迁四川的重要原因）。[②]在当时四川的交通运输条件下，国民政府中枢机关及公职人员，厂矿企业及企业家、技术人员、工人和物资，文教单位及学校师生、文化人及家属等西撤入川，只有走长江水路，即通过从武汉、宜昌经长江三峡溯江而上至奉节、万县、重庆这一长江三峡水道乘船入川。但当时长江从宜昌以上至奉节、万县的川江一段，航道狭窄弯曲，江流湍急，浅滩、险滩、急滩多达158处（其中著名险滩即有70余处），暗礁密布，危险重重，有的地方仅容一船通过，且只能过1 500吨以下的轮船。所有从上海、南京、武汉等长江中下游来的大船都不能直航重庆，乘客与货物都必须在宜昌中转换乘能航行长江三峡的大马力小船（俗称“川江轮”），才能继续溯江西进入川。而在当时经营宜昌以上川江一段航运业务的多家轮船公司中，卢作孚的民生公司以其占有川江航运业务61%的份额，成为抗战初期从武汉、宜昌抢运物资、人员入川的主要力量和重要角色。

其时，民生公司拥有轮船42只、吨位16 884吨、职工2 836人、股本120万元、资产730万元。公司的轮船，不仅占有川江航运业务的61%，而且也跑长江中下游的航运业务。在全面抗战爆发后，时任民生公司总经理的卢作孚很快就被国民政府任命为军委会水陆运输管理委员会主任（后又担任交通部次长），既指挥长江

①林继庸：《民营厂矿内迁纪略》，新新出版社1942年版，第31—32页，转引自张守广：《抗战大后方工业研究》，重庆出版社2012年版，第111页。

②关于抗战时期四川交通运输落后状况及其改善，本书后边将专题论述，此不赘言。

上游的民生公司船只运送川军出川抗战(如从东线出川抗战的川军第23、29、30等集团军几十万兵员,均是乘坐民生公司的轮船出川走上抗战前线的),也指挥长江中下游的民生公司轮船抢运上海及江浙各地向西撤退的厂矿、学校、科研学术机关的物资、人员及前线伤兵。

抗战军兴之初,卢作孚及民生公司除集中船只抢运国民政府各部委机关及人员撤退至武汉、重庆外,亦运载了中国科学社理化研究所、中央研究院、复旦大学、中央大学、金陵大学、金陵机器厂、常州大成纺织厂等京、沪、江、浙地区的政府机关、学校、企业西撤迁川。八一三事变发生后,卢作孚还公开发文以动员支持抗战,他说:“对日作战以后,江阴封锁了,上海割断了,公司的业务即十九被割断。一部分杞忧的人们认为国家对外的战争开始了,民生公司的生命就完结了;我的感觉,却恰相反,认定国家对外的战争开始了,民生公司的任务也就开始了。”卢“以其极大的爱国热情,而且以卓越的眼光,为维持战时运输做好了进一步的准备”。[①]据统计,从1937年8月至当年11月的3个多月时间里,民生公司即运输京、沪、江、浙地区的众多政府机关、科研机构、学校、厂矿的设备及人员至武汉、重庆地区,其中运送物资共计13 460吨。民生公司镇江临时办事处在1937年9月1日成立至11月20日因日军逼近镇江而撤离的两个月又20天时间里,办理运送政府公物和工厂器材物资到武汉、重庆等地,共5 149吨。同年9、10月份,民生公司轮船利用其南京办事处所属澄平码头,从南京抢运物资到武汉。10月运送公物2 957吨,11月运送公物2 877吨,搭运商货657吨。另外,还运送金陵机器厂2 000吨器材,免费运送中央大学2 000箱图书、仪器及航空教学用的飞机3架,等等。[②]

在保障国民政府机关人员和公物撤运方面,民生公司于1937年10月23日专门召开转运西上客人服务工作及宣传办法会议,研究转运国民政府官员600人及滞留宜昌旅客5 000人的服务宣传办法,并于会后通函公司航行各轮船,强调在此抗战非常时期,全体船员应动员起来,实现公司宗旨,表现服务精神。从1937年11月起,南京国民政府各机关及人员、器材、公文档案等,开始从南京向武汉、重庆撤退,民生公司即派出“民政”、“民贵”、“民元”、“民风”等轮船协助国民政府机

①《一桩惨淡经营的事业——民生实业公司》,1943年9月初,载张守广、项锦熙:《卢作孚全集》,人民日报出版社2014年版,第1139页。

②简笙蕾:《卢作孚与抗战初期京沪地区政府和人员、物资的后撤(1937年8—12月)》,《社会科学研究》2013年第1期。

关公物、人员撤运。11月16日，国民政府决定迁都重庆，国民政府主席林森于当日即率领文官、参军、主计处主管等部分人员，从南京乘“永绥”舰撤离，于11月21日抵达宜昌后，23日改乘民生公司的“民风轮”西进入川。国民政府其余人员和物资，也分乘民生公司的“民政”、“民贵”、“民元”等轮船随后入川，26日抵达重庆。从而保证了国民政府于12月1日正式在重庆开门办公。

全面抗战爆发后，上海民族工业在战火中遭受到严重的损失，迁出的工矿企业不及总数的10%。而在抢运沿海工矿企业西撤的过程中，民生公司发挥了极其重要的作用。这一时期，民生公司在协助沿海沿江厂矿企业内迁方面，主要以镇江为基地，调动船只抢运上海、苏州、无锡、常州等地的民营企业及其机械、货品及技术人员、熟练技工西撤。从1937年8月中旬起，卢作孚即多次与负责京、沪地区工矿企业内迁的林继庸洽商京、沪地区工矿企业西迁入川设厂的事宜，并随时派人调查接洽，只要有货可装，即派船接运。9月1日，民生公司设立镇江临时办事处。此时，江阴已被封锁，长江下行轮船止于镇江。此地已成为上海地区人民、物资利用长江水道西撤的交通运输中转枢纽。因此，镇江临时办事处即成为民生公司与南京国民政府、上海地区内迁工矿企业协商及办理货物转运等事项的办事机构。9月2日，民生公司“民泰”轮首航至镇江。当时上海地区民营企业的西撤，是先以木船沿苏州河水运至苏州，然后再雇小火轮拖原船走江南运河至镇江，再换江轮行驶往汉口或重庆。卢作孚及民生公司先后派遣“民泰”、“民宪”、“民族”、“民勤”等轮船，运送上海及周边地区工厂的机器设备、人员内迁。在积极帮助沿海民营厂矿西撤内迁的同时，民生公司也集中船只运送兵工署、军需署的兵工军用器材、军需物资内迁。1937年9月，卢作孚在南京与金陵兵工厂商谈由民生公司抢运金陵兵工厂枪弹厂2 000吨器材入川事宜，10月18日双方签订合约，由芜湖装船运往重庆，限2个月完成。运价全程每吨75.6元，分起运时、过汉口时、抵重庆时，三次平均付清；兵工厂员工、家属搭船半价优待。为保证能按期完成兵工企业运输的任务，卢作孚先后调集了民生公司可装载500吨的“民本”、“民风”、“民元”、“民权”4轮到安徽芜湖抢运，提前完成了该项运输任务。[①]

1938年5月，徐州会战结束后，中日两军又开始进行武汉会战。当时，汉口战区聚集了准备继续西迁的金陵、汉阳、巩县等兵工厂和汉阳铁厂等兵工、民用企业

①简笙蕾：《卢作孚与抗战初期京沪地区政府和人员、物资的后撤（1937年8—12月）》，《社会科学研究》2013年第1期。

256家(占其时全国内迁工厂总数的55%),物资10.8万吨,技术人员1万余人。为抢运企业、物资和人员,民生公司与招商局、三北公司等在武汉联合成立“长江航业联合办事处”,并在宜昌设立分支机构,组织、指挥抢运工作。同年10月至1940年初,卢作孚及民生公司协助国民政府组织、指挥“宜昌大撤退”,更是抗战初期中国交通运输史上值得以浓墨重彩大书特书的重要事件。

1938年10月25日,武汉陷落,日军乘势溯江而上进犯湖南岳阳,同时沿平汉路北进逼近襄樊,作为长江中上游交通枢纽的宜昌面临着侵华日军两面夹击包围的危险。而这时的宜昌,却“遍街皆是人员,遍地皆是器材”。“拥塞着三万以上从各地撤退来的人员和难民,等待撤到四川去。”“在宜昌沿江两岸,乱七八糟地堆放了九万吨以上从长江中、下游撤退到这里来的物资。其中绝大多数没有装箱,敞露在地上,听任风吹雨淋。这批物资极为重要,全中国的兵器工业、航空工业、重工业和轻工业的生命,都集中在这里。”“除了工厂器材设备之外,还有上万吨的汽油、炸弹、炸药等军用物资,以及国民党中央政府机关和四行储备会的家具及全部人员,大批逃难民众、学生和各界人士。”“一旦遭到损失,后果将不堪设想。”更要命的是,长江即将进入枯水期,航运时间只有40天,一旦错过此期,则许多物资尤其是大型机器设备就无法通过轮船航运入川。按照当时民生公司仅有22艘川江轮加上两艘外轮能跑川江三峡段的正常运输能力,在这40天时间里,最多能运送1.4万吨的物资。也就是说,要运送这些物资、人员到重庆,需要整整1年的时间。[①]

在这一关键时刻,卢作孚临危受命,以交通部次长、国民政府运输联合办事处主任的身份,担起组织、指挥“宜昌大撤退”的重任。1938年10月下旬,卢作孚赶到宜昌,于当晚召集各轮船公司负责人、船长和技术人员彻夜开会,于次日清晨拿出了抢运方案。该方案参考前一年长江枯水期川江航行的方法,采取“三段航行”[②]的运送法,即:以宜昌至奉节三斗坪为第一段,以三斗坪至万县为第二段,以万县至重庆为第三段。每段配以最适航的轮船,并在三斗坪、万县实施陆上转运,以避开险滩、浅滩。卢作孚还与公司制定了新的调船计划,亲自掌握运输计划分

①卢国纪:《我的父亲卢作孚》,四川人民出版社2003年版,第238—240页;李肇基:《宜昌大撤退及汉口沦陷的回忆》,《武汉文史资料》2005年第8期。

②“三段航行”参见张守广:《卢作孚年谱长编》,中国社会科学出版社2014年版,第658页。

配，同时开辟短航、调集木船协运等帮同抢运。[1]由于长江三峡段航道复杂，弯多曲折，滩险水急，轮船只能白天航行。为了争取时间，民生公司就冒着敌机轰炸的危险，白天航行，夜间装卸货物，“尽量利用所有的力量和所有的时间，没有停顿一个日子，或枉费一个钟点”。卢作孚写道：“每晨宜昌总得开出五只、六只、七只轮船，舱口盖子早已揭开，窗门早已拉开，起重机的长臂，早已举起，两岸的器材，早已装在驳船上，拖头已靠近驳船。轮船刚抛了锚，驳船即已被拖到轮船边，开始紧张地装货了。两岸照耀着下货的灯光，船上照耀着装货的灯光，彻夜映在江上。岸上每数人或数十人一队，抬着沉重的机器，不断地歌唱，拖头往来的汽笛，不断地鸣叫，轮船上起重机的牙齿不断地呼号，配合成了一支极其悲壮的交响曲，写出了中国人动员起来反抗敌人的力量。”[2]对此，卢作孚的儿子卢国纪回忆：“长江航线，从宜昌到重庆，上水航行至少需要四天，下水航行至少需要两天，费时太长，必须采取尽量缩短航程的办法，以争取多运物资。于是，除了最重要的和最不容易装卸的笨重设备，由宜昌直接运到重庆外，次要的、较轻的设备，则缩短一半航程，只运到万县即卸下，交由其他轮船转运。这样就节省了一半的时间。更轻、更无关紧要的器材，再缩短一半航程，只运到奉节、巫山或巴东即卸下，留待以后再转运。还有的甚至运进三峡即卸下，让轮船当天即开回宜昌。这样，每天早晨，必有五只、六只或七只装满物资的轮船从宜昌开出去；每天下午，也必有同样数量的空船开回宜昌来，充分地利用了难得的40天中水位时间，最大限度地增加了运输能力，使成千上万吨至关紧要的军工和民用工厂设备从宜昌抢运出去，安全地送到了大后方。”[3]

在抢运物资的同时，卢作孚也指挥民生公司加紧抢运滞留宜昌的人员入川。在10月24日从宜昌开出的第一艘船上，除装载了紧急抢运的物资外，还有几百名免费乘船入川的孤儿难童。史料记载：“当汽笛声中，这些孩子们扒在栏杆上放声高歌，摇着小手向卢作孚告别的情景，令岸边观者无不动容。”伤残军人也需要优先运走，公司采取轮船舱底装器材、公物、商货等，舱面装运伤兵的方式运送。为了尽量多和尽可能快地运送人员西撤入川，卢作孚指示对轮船客运舱实行“座票

---

①张守广：《卢作孚年谱长编》，中国社会科学出版社2014年版，第797页。

②《一桩惨淡经营的事业——民生实业公司》，1943年9月初，载张守广、项锦熙：《卢作孚全集》，人民日报出版社2014年版，第1141页。

③卢国纪：《我的父亲卢作孚》，四川人民出版社2003年版，第241—242页。

制”，将二等舱铺位一律改为座票，以增加一倍以上的客运量。

为加强运输秩序管理，规定了客货运输的先后急缓次序；同时在一些较大的轮船及沿江重要码头、港口等地装备无线电台，用现代通信联络方式将轮船、岸上（码头、港口）和宜昌指挥中心连接起来，以便准确了解和掌握轮船运行状况，及时组织、协调轮船、码头的运输、装卸工作。为了尽力增加运力，除用轮船运输外，还征募了850余只木船协助运输，并要求马力较大的轮船除本身装人载货外，还得拖带一只驳船。为加强码头和轮船的装卸力量，民生公司还增雇了码头搬运工人2 000多人（一说是3 000多人），在轮船上安装了大型起重吊杆，从上海招募来40名有经验的起重工人负责解决重件、大件的吊运装卸问题。

在国难当头，国家财产和人民生命财物受到日军侵略严重威胁的关键时刻，卢作孚和民生公司还主动降低运费票价，让利于国，优惠乘船内迁的企业、学校和乘客。例如，在货物运价方面，民生公司对兵工器材只收每吨30元至37元，其他公物只收40余元，民间器材收60余元至80余元，而其时外国轮船运输商品，每吨运费为300元至400元。①客运方面，民生公司对中华慈幼协会、世界红十字会、战时儿童保育会等慈善机构组织撤退入川的难童实行免费运送；对抗战前线下来的伤兵实行船票半价结算，伤兵眷属按6折计算；对经宜昌到重庆的复旦、金陵两大学的师生及图书、仪器、教具等，全部免运费和船票；对由宜昌入川的叶圣陶等文化名人及其家属，也给予同样的免票优待。事后，卢作孚说：“这一年，我们没有做生意，我们上前线去了。”他的儿子卢国纪多年以后回顾往事时也说：“国难当头的这一年，民生公司放弃了当年最后5个月里绝大部分的商业运输机会，将上万吨重的重要机器和军械物资从长江下游的上海、南京运到武汉，再运往宜昌；而运费，只有平时的一半。”②1939年6月，民生公司即以航线缩短，差运所得运费过低等造成巨额亏损来发行公司债以解公司资金周转困难之局。③

在政府机关、厂矿企业、文教单位和人员西迁入川的过程中，由于仅靠轮船明显运力不足，为了发动川江上原来的柏木船东下宜昌参加物资抢运和鼓励内迁企业选择木船运载，负责组织企业西迁入川的国民政府官员林继庸等人先是与中央

①卢国纪：《我的父亲卢作孚》，四川人民出版社2003年版，第244页。

②吴金勇：《抗战中的民族企业家》，《商务周刊》2005年第15期，2005年9月。

③张守广：《卢作孚年谱长编》，中国社会科学出版社2014年3月，第823页。

信托局商定：木船上驶物资保“运输兵险”、“平安险”，计保险额每1 000元取费20元，保险期30天；随后又与四川省政府商定：“凡由木船上载迁川工厂矿物资的保险费每20元由川省津贴15.95元，其余4.05元由工厂负担。”四川省政府津贴之保险费在宜昌装船上载时即发给，然后再与中央信托局商定：木船运输之物资、机器设备等的“兵险”、“平安险”减至每1 000元只收12.5元，保险期限延长为50天。据事后统计，在“宜昌大撤退”中，850余只木船共上运物资2.5万多吨，损失物资约0.12万吨，占其运输总数的5%。[①]

在国民政府、四川省政府及有关部门的政策支持下，经过卢作孚和民生公司广大员工的共同努力，“40天过去了，拥塞在宜昌的三万待运人员早已运完，器材运走了三分之二。又过了20天，当长江水位已经低落到不能大规模运输时，堆满宜昌两岸的器材都看不见了，剩下的只是一些无用的零碎废铁”。[②]最终，“宜昌大撤退”胜利完成，中华民族保留了长期抗战的火种，卢作孚和民生公司功不可没，却也牺牲惨重，共损失船只16艘，公司员工牺牲116人，伤残61人。1939年，曾有1 330名川江水手联名写信给国民参政会说：“我们并不顾虑工钱太少，职业无保障。对于战时的交通，曾尽了和正在尽着最大的努力，输送杀敌壮丁，抢救生产器材，护送伤兵和遇难同胞等。在敌人的飞机炸弹下工作，不管死或活。如果说我们是在为微薄的工资而苟延残喘，实在不如说我们是为了抗战的胜利。”[③]卢作孚在回顾这段往事时也高度赞扬广大人民群众在“宜昌大撤退”中的重要贡献，说：“宜昌大撤退功劳不仅仅是民生公司的，做出贡献的还有宜昌人民。那些三峡的纤夫，还有搬运工、那些码头的工人、挑夫都做出了贡献。那些人衣不遮体，光着脚，有的还穿着一双草鞋，有的甚至全身都没有穿衣服。三峡滩多、险多，非常的不畅通，有的地方很容易触礁。有的地方要绞船，有的地方要靠人工拉纤，拉那些木船。很多人就是乘木船进的川，靠的就是那些纤夫一船一船地拉，非常的辛苦，他们拼命地抢运，唯一的报酬就是民生公司给他们的补贴。”[④]

正是以卢作孚和民生公司为代表的广大四川人民不怕牺牲、无私奉献的精神和行动，为抗战初期国民政府机关、学校、厂矿企业及物资、人员的西迁内移，提供

---

①刘凤翰，彤新春：《民国经济》，中国大百科全书出版社2010年版，第42页。

②卢国纪：《我的父亲卢作孚》，四川人民出版社2003年版，第242—243页。

③《新华日报》1939年9月5日，转引自苏智良等：《去大后方——中国抗战内迁实录》，上海人民出版社2005年版，第152页。

④苏智良等：《去大后方——中国抗战内迁实录》，上海人民出版社2005年版，第152页。

了极大的帮助，最大限度地减少了损失。

据不完全统计，抗战初期，民生公司运送部队、伤兵、难民等各类人员总计150余万人，货物100余万吨。其中，从上海、南京、芜湖、武汉和宜昌等地抢运入川的各类物资，仅兵工器材一项即达16.28万余吨，航空油、炸弹、器材3.35万吨，共计19.6万余吨。其中，从汉口转运入川的物资即有：兵工器材3.8万多吨，公物6 900余吨，迁川工厂机器材料7 900余吨，一般物资3700多吨，学校图书、科教仪器等1 800多吨，平均每月转运物资6 400多吨。同时还运送16万多人入川。[①]抢运内迁的钢铁厂、兵工厂、纺织厂等企业607家，其中重要厂矿有：兵工署22厂、23厂、24厂、25厂，及金陵兵工厂、兵工署陕厂、兵工署巩县分厂、兵工署汴厂、湘桂兵工厂、南昌飞机厂、宜昌航空站、航委会无线电厂、航委会安庆站、扬州航空站、钢铁迁建委员会、申钢厂、大鑫钢铁厂、周恒顺机器厂、天元电化厂、新民机器厂、中福煤矿、大成纺织厂、武汉被服厂、武昌制呢厂、武汉纱厂等；抢运技术人员和熟练技工1.208万人，连同家属号称10万工业移民。抢运入川国民政府机关团体、学校、厂矿、医院等单位100多个，人员6.4万多人。抢运入川的学校主要有：复旦大学、中央大学、金陵大学、武汉大学、山东大学、航空机械学校、中央陆军学校、国立戏剧学校等数十所。1937年11月2日至12月8日，抢运国家文物9 369箱至重庆，7 286箱文物至宝鸡，随后再分别转运至乐山、峨眉保存。

以卢作孚、民生公司为代表的四川人民，无疑为这场20世纪上半叶中国历史上蔚为壮观的工业生产力、文化教育资源和战争难民向西部地区大转移的“西进运动”，做出了彪炳史册的杰出贡献。

（四）沿海企业内迁之历史概况

从总体上看，抗战时期沿海沿江工矿企业内迁，主要集中于从1937年8月至1940年12月期间。大略而言，经历了三个阶段：

第一阶段：1937年8月至当年12月，主要是搬迁上海及沿海工矿企业至武汉。仅仅是上海一地，即迁出企业146家，搬运机件14 600吨，技术工人2 500人。至1938年2月，由上海等地迁至武汉的厂矿企业共137家，机器重量25 700吨，技术工人2 300人。

---

①王绍荃：《四川内河航运史（古、近代部分）》，四川人民出版社1989年版，第222页。

第二阶段:1938年7月至当年10月,因武汉形势危急,迁至武汉的上海及沿海企业和武汉本地企业再次西迁。按照国民政府的统一规划,从武汉内迁的厂矿,分为三条路线向西迁移:一是向南,迁往湘西、湘南、桂林;二是向北,迁往陕西;三是向西,沿长江三峡航道,先迁至宜昌,再迁往重庆、四川。这一阶段,共从武汉迁出厂矿企业304家,物资51 182吨,技工2万余人。其中,由上海等沿海地区迁移到武汉后再次西迁的企业170多家,主要涉及机械制造、钢铁、造船、电器及无线电、化学、医药、纺织、采矿等行业;武汉本地企业拆迁西移者150余家,主要涉及化学、机器、翻砂铸造、织染以及其他工业行业。至1938年8月中旬,除少数工厂被限期拆除,一部分工厂迁往湘西、湘南、广西、云南、贵阳等省区外,大部分工厂迁往四川。

第三阶段:1938年10月至1940年2月,内迁工作的焦点在宜昌与重庆之间,主要是将聚集于宜昌的厂矿企业、物资、人员,紧急转运到长江上游的四川盆地内,总共抢运了9万余吨物资器材和3万余人员。

据不完全统计,在抗战初期的这次大规模厂矿内迁中,国民政府总共从沿海沿江地区组织、督促厂矿企业内迁448家(另有100多家企业自动迁移,两者合计,内迁厂矿企业共600余家)[①],物资79 000多吨,技术人员和熟练工人12 000多人。这些内迁厂矿中,机械厂占40.4%,纺织厂占21.65%,化工厂占12.5%,教育文具厂占8.26%,电器厂占6.47%,食品厂占4.91%,钢铁厂占0.24%,其他厂占5.57%。另据统计,内迁的这448家厂矿企业中,有254家迁入四川,占内迁之民营厂矿总数的56.70%。[②]迁移至湖南、广西的许多企业,后来又因豫湘桂战役中国民党军队大溃退而辗转迁到了四川。

①朱斯煌:《民国经济史》,银行学会1948年编印,第257页,转引自军事科学院军事历史研究部:《中国抗日战争史》(中卷),解放军出版社1994年版,第383页。

②吴文建:《中国工矿企业之内迁运动》,《新经济》7卷9期(1942年8月1日),转引自军事科学院军事历史研究部:《中国抗日战争史》(中卷),解放军出版社1994年版,第383页。

表5-1 内迁厂矿统计(1938年12月底)[①](单位:家)

迁往省区/业别	四川	湖南	广西	陕西	其他省区	合计
机器五金	51	55	10	3	3	122
电器无线电	8	6	2		1	17
陶瓷玻璃	5	3	1		1	10
化学	22	4	2	2	1	31
罐头食品	7	3		1	4	15
印刷文具	19		3			22
纺织染	10	44	2	14	1	71
其他	8		1			9
矿业	4	3				7
合计	134	118	21	20	11	304

此外,国民政府兵工署、军需署所辖的兵工厂、军需厂在奉命迁往内地时,除少数迁往湘西、贵阳外,多数也集中搬迁到了重庆及附近地区。如兵工署直辖的16家独立兵工厂,即有9家迁到重庆,加上重庆原有两家,共11家,另外5家,1家在四川泸县,1家在云南昆明,2家在贵州,1家在湖南。[②]由于对兵工企业实行了比民营企业和国营普通厂矿更优先的搬迁政策,因而兵工企业的搬迁相对较为顺利。国民政府正是以这些内迁企业为基础,在重庆、成都及四川盆地内建立起了中国坚持抗日战争所必需的军事工业与民用工业体系及生产基地,[③]并为四川盆地后来成为当代中国的国防军工战略基地奠定了根基。

2004年,中央电视台《东方时空》专题节目在评述战时沿海沿江企业内迁的重要历史作用时说:通过抗战初期"那些抢运入川的物资",国民政府"很快在西南和西北建立了一系列新的工业区,尤为重要的是以重庆为中心的兵工、炼钢等行业的综合性工业区,构成抗战时期中国的工业命脉。正是这些撤退运输到大后方

①冯蓉:《抗战初期民营工矿辅助军需生产的一件史料》,《民国档案》1986年第3期。

②陆大钺:《抗日战争时期我国兵工企业内迁述论》,李仕根主编:《四川抗战档案研究》,西南交通大学出版社2005年版,第16页。

③冉志、杨化:《抗战时期国民政府人口政策研究》,《重庆师范大学学报》2007年第1期。

的工矿企业成为抗战的坚强后盾，生产了大批枪炮，为前线的将士们提供了源源不断的杀敌武器，为战争的最后胜利，提供了有力的保证”，使得当时中国的基本经济力量得以保存，政治实体、工业命脉和文教事业得以薪火传承。[①]

三、抗战时期四川工业的发展

战前，四川地区工业落后，现代工业基础薄弱，“已设之工厂数量及范围均甚狭小”。据统计，其时全川（含重庆市）共有工厂583家，但只有115家符合国民政府《工厂法》的标准，即资本金1万元以上、拥有动力和工人在30名以上，在全国3 935家符合标准之工厂中只占2.92%；共有工业资本214.5万元，在全国工业资本总额中只占0.58%；共有工人13 019名，只占全国工人总数的2.58%。[②]当时，全国工厂每厂资本平均为9.6万余元，四川每厂平均资本则只有2万元，仅为全国工厂每厂资本平均额的20%左右。规模较大的新式工厂，也只有重庆电力公司、四川水泥厂、华兴机器厂、民生机器厂、民生实业公司等寥寥数家。四川地区的工业呈现出以中小工厂为主，每厂规模小，工人人数少，机器设备简陋，工艺技术落后，资金短缺等落后特征。

全面抗战爆发后，国民政府鉴于中国东南沿海沿江传统的工业发达、工矿企业集中地区或者沦陷，或者成为战区，为保持中国战时工业生产力，为坚持抗战提供必要的战时工业经济支持，一面组织沿海沿江工厂企业紧急内迁，一面将国家工业建设的重点向西部地区即抗战后方各省转移。在此过程中，无论是沿海沿江企业内迁，还是政府在后方各省布局工业建设，都将侧重点放在四川地区，战时首都重庆及其周边地区则更成了重中之重。据统计，在抗战初期沿江厂矿企业内迁

①李仕伟：《卢作孚和“宜昌大撤退”》，《华西都市报》2014年8月16日。据该文介绍说，卢作孚和民生公司抢运的这批器材物资，很快在以重庆为中心的四川地区建设起钢铁厂、兵工厂，形成了每月能生产手榴弹30万颗，迫击炮弹7万发，炸弹6 000颗，子弹几百万发，军用十字镐20万把的兵器工业生产能力，从而在保存中国工业命脉的基础上，为抗战胜利和大后方建设奠定了现代工业基础，也在国民政府和国民党军队坚持抗战中发挥了重要作用。

②陈真：《中国近代工业史资料》第4辑，读书·生活·新知三联书店1961年版，第92—97页。

活动中,有大约40家国营厂矿、647家民营厂矿迁移到了中国西部地区。其中,迁移到四川地区的民营企业即有254家。另据《国民政府年鉴》(1943年7月编)统计:沿海沿江迁川的民营工矿企业,1938年为134家,1939年223家,1940年254家。总计三年迁川的沿海沿江厂矿企业共611家。[①]在迁川的厂矿企业中,又有“90%以上均在川东、靠近重庆巴县一带”。[②]并由此造成抗战军兴以来,在“沦陷区工厂内迁”,“外货来源断绝”的情势下,四川地区“新兴工厂乘机而起”,工业经济快速而蓬勃发展的局面。

(一)工厂、工人、资本额等的大幅度增长

从总体上看,自1937年全面抗战爆发到1942年,是四川工业蓬勃发展的黄金时期。在此期间,因战时对后方工业物资生产的客观需求和沿海沿江内迁工厂的影响、带动下,四川地区新建了一大批工厂,呈现出工厂、工人、资本额全面增长的发展趋势。据统计,截至1944年底,四川地区已呈报登记并符合工厂法的工厂为2 382家,其中有1 518家集中布局在重庆市及附近区域,有864家分布在除重庆以外的四川其他地区。从工厂设立时间上看,只有199家民营工厂设立于战前,绝大多数工厂皆设立于全面抗战爆发后。其中:1937年37家,1938年77家,1939年170家,1940年248家,1941年366家,1942年609家,1943年454家,1944年290家。[③]西康省战前没有一家有规模的民营工厂,在全面抗战爆发后的1937年、1939年分别开办了1家民营工厂。[④]国(公)营工矿企业,除国民政府资源委员会、经济部、交通部、兵工署、军需署等部(会、署)在川迁建、复工或新建了一批厂矿企业外,四川省当局也建设了水电厂、四川酒精厂、四川丝业公司等24家厂、公司,总资本额达3 654万余元。[⑤]工厂资本额,1944年,四川地区2 392家工厂共有资本总额25亿余元,每厂平均资本额为107万元,排除通货膨

①王斌:《四川现代史》,西南师范大学出版社1988年版,第269页。

②周开庆:《四川与对日抗战》,台湾商务印书馆1971年版,第52页。

③四川省政府统计处:《四川省统计提要》,1945年版,第30—33页,转引自张彦:《四川抗战史》,四川人民出版社2014年版,第254页。

④建子:《川康区之民营工业》,《西南实业通讯》第8卷第5期,1943年11月30日,转引自张守广:《抗战大后方工业研究》,重庆出版社2012年版,第275—276页。

⑤《川省府投资实业界逾三千六百余万元》,《商务日报》1944年4月9日,第4版,转引自张守广:《抗战大后方工业研究》,重庆出版社2012年版,第232页。

胀因素，仍有较大幅度的增长。工人数量，1942年已达10.82万余人。与战前的1937年相比，工厂、工人的数量均增加了约15倍，资本总额、每厂平均资本额均增加了几百倍。①

表5-2 抗战期间四川符合工厂法之工厂数、资本额统计表②

年份	工厂数（家）	增长指数	资本总额（元）	增长指数
战前（1937年）	115	100	2 145 000	100
1940年8月底	974	847	265 772 817	12 390
1942年12月	1 326	1 153	443 001 367	20 635
1944年底	2 382	2 071	25 426 469 980	118 538
1945年3月	1 522	1 323	737 112 168	34 365

（注：数字格式有改动。）

（二）工业生产工艺技术的提高

战前，四川工矿业的生产工艺技术水平较低。如钢铁业，1936年四川铁矿业仅限于小型土法开采，年产铁矿石5.4万余吨，钢铁年产额“约计2.3万吨”，主要是炼些土铁，用来制造农具、铁锅等铁器。③华西兴业公司所办重庆华联钢厂虽于该年完成设备安装，但“因某些关键性的技术问题未得解决，炼制的钢不合标准，不能正式开工”。④16家火柴企业中，“有机器设备者，只有重庆华业一家”。而且“该厂因缺乏人力、物力，将各机废置不用”，以致“川省火柴，现仍用黄磷制造，其性颇毒”。⑤至于盐、糖、榨油、造纸、制革、卷烟等行业，多数仍是手工工场。

抗战初期迁川的沿海沿江工厂中，“渝鑫（大鑫）、新民、建国、震旦、顺昌、光

①陈真：《中国近代工业史资料》第4辑，读书·生活·新知三联书店1961年版，第96页，转引自侯德础主编：《抗日战争时期四川及周边地区的经济与文教》，四川人民出版社2005年版，第70页。
②段渝：《抗战时期的四川》，巴蜀书社2005年版，第123页。
③胡焕庸：《四川地理》，正中书局1942年版，第84页，转引自侯德础：《抗日战争时期四川及周边地区的经济与文教》，四川人民出版社2005年版，第57页。
④宁芷村：《华西兴业公司始末》，《重庆工商史料》第2辑，重庆出版社1983年版，第59—61页。
⑤上海社会科学院经济研究所：《刘鸿生企业史料》下册，上海人民出版社1981年版，第152—153页。

华、上海、中国实业、恒顺、达昌等机器厂，都能生产出各种工业所需要的机器”。[①]它们所生产的各种动力机械，车、刨、钻、铣、镗等金属切削加工机械，电容器，变压器，以及纺织、磨面、榨油、针织、碾米、缫丝、印刷等机具和冶炼、采矿、化工等重化机械设备，装备了战时四川大批新兴厂矿。随大批工厂内迁入川的，除了9万余吨物资设备(其中有4.5万余吨为机械材料)外，还有近万名技工、技师和企业管理人员(其中有机械工人3 900余人，纺织工人797人，化学工人688人，其他行业工人3 300余人)。因而，战时沿海沿江企业及其人员的内迁，不仅给四川带来了数万吨新式机器设备，近万名掌握着先进工艺技术的熟练工人和企业经营管理人员，也带来了沿海沿江地区自近代以来积累起来的先进工业生产技术和经营管理经验，推动战时四川地区工业生产工艺技术和企业经营管理水平的不断提高。

(三)工业生产能力显著提高

战前，四川仅有两家钢铁企业，主要进行土法炼铁。1942年时增至44家，已能生产钢铁及钢品。其中重庆地区的大渡口钢铁厂，有资本6 000万元，工人近万人，年产生铁约9 000吨，钢铁年生产能力达3万余吨。中兴公司，年产生铁9 000吨，钢品5 000余吨。资源委员会所属资渝钢铁厂，年产生铁3 000吨，钢2 800吨等。[②]战前电力工业十分落后，四川仅有电厂22家，总装机容量5 127千瓦，年总发电量19 381度。抗战时期，全川(含重庆市)电力装机容量约为3万千瓦，年发电量约为2.6亿度，是战前川省年发电总量的25倍。战前，全川煤炭“每年产量，约在120万吨左右”，1937年增至160余万吨。[③]到1942年时，四川“全省煤产至少当为330万吨”。战前四川纺织工业尚无一厂一锭，只有手工纺织工场，至1942年时，已有棉纺织工厂88家，麻纺织厂5家，纱锭17.39万枚，铁木织机1 724台。其中，仅重庆一地，即可年产棉布19万匹，棉纱近6万件。抗战时期，四川是国统区重要的蔗糖产区，机器制糖工业有所发展。1941年时，已有9家机器制糖工厂。蔗糖产量，1939年为2 594 169担，1940年增至327.33余万担，较战前增产一倍以

①许涤新:《努力奋斗，增加生产》，《新华日报》1942年1月11日，转引自侯德础:《抗日战争时期四川及周边地区的经济与文教》，四川人民出版社2005年版，第67页。

②侯德础:《抗日战争时期四川及周边地区的经济与文教》，四川人民出版社2005年版，第71页。

③周开庆:《四川经济志》，台湾商务印书馆1972年版，第5页，侯德础《抗日战争时期四川及周边地区的经济与文教》，四川人民出版社2005年版，第58页。

上。抗战军兴以降，因沿海的海盐和山西的池盐等产盐区相继被日军侵占或成为战区，大后方各省军需民食，主要仰赖川盐接济。因此，自流井、犍(为)乐(山)等重要井盐产区迅速发展，并推动了四川盐业生产的快速发展，井盐生产能力不断提高。如自流井盐场，1938年1月有机推盐井32眼，日推卤水32万担；1943年增至72眼，日推卤水74万担，增长1.3倍。机推卤水已占全部井盐生产卤水的91%。战前普遍使用的效率较低的站炉机车(60—100马力，日汲卤水250担至300担)逐渐被效率较高的卧炉机车(250—300马力，日汲卤水千担以上)所替代。井盐产量，1937年为328万担，1940年增至519万担，1945年为505万担。川盐在全国盐产总量中所占比重，也由战前的17%增至1939年的43%，至1945年，因国统区缩小、全国盐产量总体下降，川盐在全国盐产总量中所占比重进一步增至64%，自流井的盐产量则占四川全省盐产量的60%和全国盐产量的38%。

(四)军工基地作用凸显

全面抗战爆发后，随着沿海沿江地区大批军工企业的内迁，四川成为大后方最主要的兵工生产基地，以重庆为中心，辐射乐山、宜宾、万县、涪陵、合川、江津等川江沿岸城镇，聚集了当时国民政府所掌握的规模大、生产能力强、技术先进的18家兵工企业，形成了川江沿岸工业带。这些兵工企业设施先进，门类齐全，能够生产抗战前线国民党军作战所急需的除飞机、坦克、重型火炮以外的大多数武器装备，数量颇为可观，成为国民政府坚持抗战所需武器弹药、辎重装备的主要生产基地。根据1945年4月19日《兵工署各厂生产能力表》统计，兵工署在四川的各兵工厂，平均每月能生产"七九"步枪万余支，捷克轻机枪350余挺，马克沁重机枪340挺，"八二"迫击炮200门，"六〇"迫击炮300门，"一二〇"迫击炮20门；每月能生产枪弹1 460万发，"八二"迫击炮弹8万发，"六〇"迫击炮弹8万发，"一二〇"迫击炮弹2.4万发，"一五〇"迫击炮弹4 000发，"七五"山野炮弹1.3万发；每月可生产掷榴弹、枪榴弹13万多发，手榴弹20万颗，地雷1.2万多颗。[1]除兵工署、军需署所辖国有军工企业外，民营企业也积极参与到战时军事工业生产的行列中来，并成为重要力量。据统计，1937年至1939年，民营企业每月制造手榴弹30万颗，

①《兵工署所属各兵工厂生产能力与实际产量比较表》，1944年，中国第二历史档案馆藏档案：四一九-670卷，转引自张旭东《抗战时期四川兵器工业述论》，四川师范大学2012年硕士学位论文，第56页。

迫击炮弹7万发，各式炸弹和炮弹引信7万枚，飞机用炸弹6 000余枚，机枪零件1 000余套，军用纽扣500万颗，军用仪器、炮表、子弹机等难以计数。[①]又据统计，全面抗战期间，国民党军正面战场作战部队枪械、弹药损耗巨大，平均每月损耗步枪8 368支，轻机枪515挺，重机枪119挺，迫击炮59门，枪弹17 811 666发，迫击炮弹62 997发。同期，大后方各兵工厂平均每月实际生产步枪5 675支，占损耗数的68%；轻机枪444挺，占损耗数的86%；重机枪195挺，占损耗数的164%；迫击炮144门，占损耗数的244%；枪弹11 151 648发，占损耗数的63%；迫击炮弹62 411发，占损耗数的99%。[②]在太平洋战争爆发以前，我国基本上是在孤立无援的情况下独立对日作战，"直至珍珠港事变后，盟邦始逐渐加以援助，但延至（民国）三十三（1944）年，有一部分取给于租借或贷与者，终因运输困难，（作战兵器）大部分仍赖本国兵工厂之产量以维持，中印公路通行后，始源源而来"。[③]由此可见，在抗战前中期国际交通线被严重封锁，外援很少能进来的情形下，因为有以四川为主要基地的兵工企业提供的武器弹药的源源接济，国民党军正面战场才没有因为弹药尽绝而崩溃。

（五）现代工业体系初步建立

战前，四川不仅钢铁、煤炭、电力、机械制造等基础工业薄弱，工业门类也很不齐全。据记载，当时稍具规模、称得上机械工业的"民营厂家，在四川仅有电力厂1、水泥厂1、面粉厂5、纸厂1、机器厂2"[④]，即使是号称集中了四川全省工厂"十分之七八"的重庆，也只有机器厂10余家、制革厂4家、面粉厂3家、染织厂15家、肥皂厂6家[⑤]。若干现代工业之重要产业行业发展薄弱或尚属空缺，严重地制约着四川工业经济的发展。

---

①谭熙鸿：《十年来之中国经济》（上），中华书局1948年版，第9页。

②兵工署外勤司：《三十六年度械弹补充损耗数与抗战各年度平均补充损耗数比较表》（1948年7月1日），原件藏中国第二历史档案馆，转引自陆大钺：《抗日战争时期我国兵工企业内迁述论》，李仕根：《四川抗战档案研究》，西南交通大学出版社2005年版，第18页。

③ 国防部史料局：《军事委员会抗战留渝经过纪要》（1947年），原件藏重庆市档案馆，转引自陆大钺：《抗日战争时期我国兵工企业内迁述论》，李仕根：《四川抗战档案研究》，西南交通大学出版社2005年版，第18页。

④ 经济部统计处：《后方工业概况统计》，1943年5月编印，第3页，经济部档案四 / 33537，原件藏中国第二历史档案馆，转引自周勇：《西南抗战史》，重庆出版社2013年版，第334页。

⑤《重庆工业调查》，《四川月报》第6卷第2期，1935年2月。

抗战军兴以降，在迁川的沿海沿江企业的带动和国民政府的扶持下，四川省当局及实业界投资开办了一些新兴产业及厂矿企业，为其时四川的工业体系建设起到了拾遗补缺、填补门类空白的重要作用。

截至1942年底，迁川的254家民营企业中，其行业分别为：钢铁冶炼工业1家，机械制造业108家，电器制造业20家，化学工业37家，纺织工业25家，饮食工业12家，教育用具工业32家，矿业4家和其他工业15家。[①]同时，资源委员会与兵工署迁建的重庆大渡口钢铁厂、兵工署新建的第28兵工厂（生产矽铁与合金钢等），以及重点布局于重庆地区的17个兵工厂和钢铁厂等，这些现代化工厂都对战时四川工业门类逐步趋于合理做出了重要贡献。

根据对1942年四川厂矿企业的分类统计，主要有：机械制造210家，纺织207家，酸盐29家，炼油47家，酿造77家，制药29家，造纸25家，制革27家，皂烛53家，火柴48家，电气40家，电器制造34家，矿冶62家，五金47家，其他化工41家，印刷54家，文具21家，建材27家，陶瓷玻璃44家，食品45家，烟草94家，其他100余家。这些企业生产物品“达四千七百八十余种”。[②]另据1943年的调查统计，成都市共有大小工厂154家，分为机械、纺织、化学、制革、电气、印刷、造纸、饮食、烟草、其他等10类。其中，机械工业：有较大的机械厂43家，机床162台，从业人员1 160人，主要生产弹花机、碾米机、磨面机和农业机具，并抽制铜线等。另有200多家小厂，多数从事汽车修理和黄包车修理、制造等。成都印刷业有印刷厂13家，资本总额10万元，工人1 000余人。食品工业有制冰厂1家，酿造厂16家，糖果糕点企业4家。烟草工业有卷烟厂32家，卷烟箱1 000具，工人2 500多人，每月可生产手卷纸烟3万条。纺织工业有纺织厂（社）12家及棉织、毛织厂（社）若干家。[③]

①《国民政府年鉴》1943年版。

②陆诒：《参观物产竞赛会》，《新华日报》1943年4月18日。

③何一民：《成都通史·民国时期》，四川人民出版社2011年版，第220—223页。

表5-3　战时四川工业各行业企业变动概况[①]

工业分类	纳入统计之行业经营内容	资料反映时间	行业工厂数(家)	行业厂均资本额(元)	行业资本额总计(元)
纺织	各种棉、麻制品、染织品	1940年8月底	173	6 916	1 196 468
纺织	棉、丝、麻纺织品、服饰	1945年3月底	229	816 524	186 984 120
化学	榨油、制漆、造纸、陶瓷、酒精、火柴、煤油、化学品等	1940年8月底	254	588 240	149 412 960
化学	酸碱、炼油、制药、造纸、制革、火柴、皂烛、玻璃、陶瓷及其他	1945年3月底	361	386 982	139 700 770
食品	碾米、磨面、味精、酱油、汽水、果汁、糖果糕点等	1940年8月底	43	14 916	641 388
食品	酿造业77家,食品加工业54家	1945年3月底	131	517 003	67 727 451
机械	机械制造和修理	1940年8月底	148	200 000	29 600 000
机械	机械业217家,五金业50家	1945年3月底	267	754 387	201 421 480
电气	电池、电灯、无线电及器材	1940年8月底	85	346 300	29 435 500
电气	电气工业41家,电器制造36家	1945年3月底	77	883 827	68 054 731
建筑、建材	建筑、建材及营造工程	1940年8月底	131	28 000	3 668 000
建筑、建材	建筑、建材(不含营造业)	1945年3月底	28	306 989	8 595 712
印刷	印制书籍、报刊及其各种印制品	1940年8月底	111	65 042	7 219 662

①转引自段渝:《抗战时期的四川》,巴蜀书社2005年版,第117—120页。

续表

工业分类	纳入统计之行业经营内容	资料反映时间	行业工厂数(家)	行业厂均资本额(元)	行业资本额总计(元)
印刷	印刷出版业54家,教育文具业21家	1945年3月底	75	89 984	6 748 854
其他	卷烟、自来水公司等	1940年8月底	29	1 537 891	44 598 839
其他	烟草业185家,其他性质不详工业102家	1945年3月底	287	375 331	107 720 050

从上表5-3可见,抗战时期,四川工业各行业在发展过程中,呈现出企业数量增加,行业资本总额和厂均资本额显著增长,各行业经营内涵日益丰富,经营范围不断扩展变化的态势。说明通过抗战时期的发展,四川工业部门较战前大为增加,工业门类趋于齐全。

另外,在抗战时期后方各省工业建设的过程中,因国民政府比较注意根据资源状况和战时经济社会要求合理布局工业,注重工业区的规划和建设,到1941年时,已在西部即后方各省初步形成了以重庆为核心,包括重庆、川东、川中、广元、宁(西昌)雅(安)、湘西沅(陵)辰(溪)、桂林、昆明、贵阳、西(安)宝(鸡)、甘(肃)青(海)等11个工业中心区,建构起了一个大致能保障自给的战时后方工业经济体系。

表5-4　抗战时期四川各工业中心区工业行业、工厂统计①

地区 工业类型	重庆区	川中区	广元区	川东区	宁(西昌)雅(安)区
机械	159	16	2	8	6
冶炼	17	23	3	20	2
电气	23	3	0	0	0
化学	120	100	1	4	9
纺织	62	31	1	4	3
其他	48	14	0	2	0
总计	429	187	7	38	20

①经济部统计处:《后方工业概况统计》,1943年5月编印,第3页,经济部档案四/33537,原件藏中国第二历史档案馆。

（六）战时四川工业发展的主要特征

第一，一些新产业、新产品出现后迅速推广开来，促进其行业生产呈迅速发展态势。例如，因战时汽油短缺，酒精于是作为四川新兴的燃料产业应运而生，迅猛发展。1940年，四川共迁建、新建酒精厂15家，至1941年增至33家，1941年太平洋战争爆发后更激增至115家。战时四川酒精生产，主要是以省内盛产之糖、酒为原料，炼制高纯度动力酒精。其产量，1940年为400万加仑，1941年增至500万加仑，1942年更增至800万加仑。①川内一些炼油厂还尝试用菜油、桐油等植物油做原料，提炼代汽油、代柴油；利用烟煤低温蒸馏汽油、柴油、灯油等。又如，化学工业中酸、碱、再生橡胶、染料等许多化工产品，"都是四川战前不能生产的产品"。②

第二，重工业发展尤其突出。战前，四川地区重工业发展缓慢，工业基础十分薄弱。重工业尤其少得可怜，而"没有重工业，便没有民族工业的基础，更谈不上国防工业"。③战时，国民政府加强了对四川地区重工业的投资和建设，推动四川地区以机械制造、五金、矿冶、电气、建筑建材为代表的重工业快速发展。据统计，1940年，四川地区有重工业企业364家，合计资本额为6 270.35万元，占同期全川企业总数的37.4%，资本总额的23.6%；1942年，四川地区的重工业企业增至421家，合计资本额增至13 821.89万元，占同期全川企业总数的31.3%，资本总额的31.2%；1944年，四川地区的重工业企业再增至800家，合计资本额增至118 249.29万元，占同期全川企业总数的33.6%，资本总额的46.5%；1945年，四川地区有重工业企业439家，合计资本额为338 230.92万元，占同期全川企业总数的28.8%，资本总额的45.6%。④由此可见，抗战时期，四川地区的重工业企业、资本额始终保持着较高的增长水平，与同期的轻工业相比，重工业资本数额的增长明显超过企业数量的增长，说明重工业各行业中的中小企业比例在减少，投资较多的大企业逐渐占据了主要地位。

第三，1943年以后，四川工业开始衰落。从1943年起，因战时通货膨胀形势

---

①按，1美制加仑等于3.785升。

②侯德础：《抗日战争时期四川及周边地区的经济与文教》，四川人民出版社2005年版，第73—75页。

③"周恩来为渝鑫钢铁厂的题词"，唐维华：《周总理给重庆全作五金厂、渝鑫钢铁厂题词》，《重庆文史资料》第5辑。

④段渝：《抗战时期的四川》，巴蜀书社2005年版，第122页。

日益严峻，国民政府加重企业税负，企业所需电力等能源和原材料供应日益困难，四川地区的工业开始走向衰落。1943年下半年，重庆地区18家铁厂，有14家停炉；4家钢厂，1家停产，3家勉强维持。[①]当年，嘉陵江区原有的300多家煤炭厂矿，此时只剩下186家。至当年底，又有44家停业，100多家减产，只有36家勉强能够维持现状。[②]全川开工不足的厂矿则比比皆是。究其原因，一方面在于“时局变化迅速，物价工资及运费均高涨不已”，预算经费多不敷。在翁文灏实施三年工业计划中，讨论最多的即在于建设经费的确定与落实。[③]另一方面，翁文灏还指出：“目前工业困难之最大原因，厥在新兴工业大量减少，铁路、桥梁、造船及新式建筑工程又多停滞不进，故使钢铁及机械皆有销路缺乏之苦。”[④]在此情势下，许多内迁企业开始考虑抗战胜利后复员回沿海沿江地区另谋发展空间和机遇的问题，无心在后方继续经营或生产。

四、战时四川商业的兴衰

（一）战时四川商业的起落

随国民政府迁都四川，机关、文教科研单位、厂矿企业及其人员和难民也纷纷涌入四川。他们入川所带来的巨大社会消费力，推动了战时四川地区的商业经济发展，促进了四川尤其是重庆、成都等川内大中城市商业的繁荣。

作为战时国民政府首都，重庆商业的繁荣在国统区即抗战后方各省市中首屈一指。主要表现在：一是商业企业数量的增加。据统计，1937年，有1 007家商业

①重庆市档案馆、四川省冶金厅《冶金志》编委会：《抗战后方冶金工业史料》，重庆出版社1988年版，第422页。

②《每况愈下的工业支柱——煤》，《新华日报》1943年12月9日。

③《翁文灏点呈请以紧急命令拨发资委会工业三年计划各事业追加经费》，1942年6月12日，以及《翁文灏呈西南国防三年计划实施困难原因》，1941年2月21日，载陈谦平：《翁文灏与抗战档案史料汇编·贰·战时工矿建设》，社会科学文献出版社2017年版，第44、59页。

④翁文灏：《后方工业现状及其困难》，《中国工业》第23期（1944年1月），第36页。

企业在重庆市政府登记注册，其中有700余家企业资本在2 000元及以上，其中百货业企业70余家，每天营业额最高时达2万元。1941年，重庆市商业字号已增至14 262家；1942年再增至25 920家，百货业同年亦增至2 403家。二是商业从业人口的增加。据重庆市人口职业统计，1941年12月，全市总人口为702 002人，其中有职业人口536 686人，其中从事商业人口为106 083人（当年重庆工矿业从业人口92 006人），分别占总人口的15.1%和职业人口的19.8%。1946年1月，重庆市商业从业人口增至262 074人，分别占总人口（124.56万人）的21.04%和职业人口（71.14万人）的36.84%。商业从业人口不仅是人数绝对增加，而且在总人口、职业人口中所占比重也有大幅度的增长。三是商业同业公会的增加。1937年，重庆市有14个经政府批准成立的工商业同业公会，1939年增至39个，1940年再增至69个，1942年增至88个，1944年增至116个，1945年增至123个（当年重庆还有未成立同业公会的行业37个）。在这些行业中，若扣除大约40个工业公会，至抗战末期，重庆市有120个左右的商业行业，涵盖了百货、服装、饮食、印刷、服务、五金电器等涉及民众生活的方方面面。其四，商业资本的增长。1941年，重庆市14 262家商业企业共有资本金12 583万余元；至1942年，重庆市商业企业增至25 920家，商业企业资本金总额也增至46 925万余元。扣除通货膨胀的因素，商业资本仍有较大幅度的增长。[①]

抗战时期，四川省会成都的商业经济亦有相当程度的发展，呈现出繁荣兴旺的景象。1935年川政统一时，成都有大小商店7 000余家，其中日用百货业店铺5 566家，食品饮食业店铺2 636家，同类业店铺708家，“都有生意可做”。[②]1937年全面抗战前夕，成都市各类商店增至17 497家。至抗战中期，再增至28 480家，其中日用百货业6 829家，丝棉麻纺织品业6 795家，食品饮食业7 806家，茶旅服务业4 814家，文化用品业1 300家，五金制品和古玩玉器商店1 226家。[③]至1945年，成都市经营日用工业品的商家再增至8 000多家，其中上百家的行业有：丝绸呢绒553家，针棉织品499家，鞋帽袜子460家，煤炭业292家，小五金255家，中西服装246家，京苏广杂货245家，笔墨纸砚245家，色染土、夏布185家

①周勇：《重庆抗战史：1931—1945》，重庆出版社2013年版，第332—333页。

②成都市政协文史资料委员会：《民国时代成都金融实况概述（中）》，《成都文史资料》1988年第3期，第68页。

③解放军十八兵团政治部：《成都概况》（根据成都商会统计资料编制），1950年，转引自何一民：《成都通史·民国时期》，四川人民出版社2011年版，第233页。

等。[①]抗战初期成都安乐寺市场的纸烟业会员有400余家，抗战末期增至千余家。当时的报纸报道说：抗战以来，成都市场，“因物价逐渐抬高，一般商人，虽运输困难，成本加重，而营业收入并未受到丝毫影响”，“土广商店，或零售，或贩庄，均莫不大赚其钱，庆走红运，称为商界黄金时代”。[②]但是，由于受战时通货膨胀和社会购买力下降等因素的影响，从1943年下半年起，成都市的商业开始出现衰落迹象。1944年，成都市全年倒闭商号300余家，其中主要是呢绒、丝绸、布匹及百货业。1945年抗战胜利后，受市场物价狂跌、内迁厂矿准备复员返迁、本地小工厂成本过高等因素的影响，成都商业危机显现，“各业均债台高筑”，“多有歇业之势”，其中“金银、匹头等业损失尤其严重”，“最繁华的春熙路各大商家，都沿街摆摊，昼夜削价拍卖商品，归还借款，市场一片卖声，买主寥寥无几”。[③]成都商业由此进入全面萧条之中。

（二）金融业的发展

受战时工业发展、商业繁荣的推动，抗战时期四川地区的金融业也一度呈现出强劲发展势头。战前，成都以银号、钱庄等传统金融机构为主，现代银行业发展缓慢。全面抗战爆发以后“四联总处”迁至重庆，历经两次改组，成为全国金融宏观决策性的机构。在四联总处及四行的带领下，中国银行业、保险业等现代金融机构亦随之内迁，“带动了现代金融机构在西南西北地区的迅速发展，改变了全面抗日战争前中国现代化金融机构主要集中在沿海地区，内地较少的不平衡状态，对促进内地经济的发展与维持社会稳定起着重要作用”。[④]加之国民政府于1938年4月颁布《改善地方金融机构办法纲要》、《县银行法》等金融法规，大大加快了四川地区的现代化进程。

在成都地区，中央银行、四川省银行纷纷在成都开设分行。1938年，成都市市长陈炳光联合社会知名人士发起筹组股份制的成都市民银行，设定资本总额30万元，每股50元，共6 000股。陈代表市政府认购2 000股，其余发起人认购300

①成都市地方志编纂委员会：《成都市志·商业志》，四川大学出版社1996年版，第44—45页。
②《蓉市战时繁荣》，《建国日报》1940年2月27日。
③《蓉市场价狂跌各业损失严重》，《黄埔日报》1945年9月12日。
④刘志英：《全面抗战时期的中国金融现代化》，科学出版社2017年版，第92页。

股，然后再向社会公众募集，共实收资本21.95万元。1942年5月，成都县银行注册成立，资本60万元，公股20万元，商股40万元。同年10月，成都市市长余中英又发起成立成都市银行，设定资本500万元，市政府认股100万元，其余概由市工商界及士绅认购。这3家银行，均属于官商以股份制形式合办，官股少而商股多，实际上由商界人士主持运营。省外一些资金雄厚的银行在抗战期间也进入成都金融市场，受其影响和推动，从1942年起，成都市的银号、钱庄开始逐渐向现代银行业转化，并一度形成了改组银行的风潮。至1945年，成都有8家私营银号、钱庄转化为银行，有3家重庆银号、钱庄成都分号也转化为银行。至抗战胜利时，成都市已有银行50余家，银号、钱庄则下降到13家，金融业的现代化程度大大提高。

重庆作为国民政府战时首都，同时也是国民党政府"资金融通与划拨的中心，是战时最大、最重要的金融中心"。[①]重庆市内聚集着从中央金融机构"四行二局"，到四川省、重庆市和外省、外地官办、民营银行在内的众多金融机构，其金融活动及其影响遍及后方各省乃至战区各地。特别是四联总处在重庆的全国金融领导地位确立后，"将分支机构扩建到西南、西北为主体的整个国统区，成为全国抗战时期中国金融业的指挥中心，为抗战的军需和民用做出了重大贡献"。[②]1937年，重庆共有金融机构59家，其中有国家和外地银行的分支行、处27家，重庆本地银行9家，银号、钱庄23家。1941年底太平洋战争爆发时，重庆市金融机构已达143家，净增84家。其中：银行总行增加9家，达18家；银行的分、支行、处增加45家，达72家；银号、钱庄增加30家，达53家。[③]1945年8月抗战胜利时，重庆总共有银行、银号和钱庄的总、分、支行、处233个，其中总行（处、局、会、公司）61个，分行32个，支行6个，处（办事、代理、分理）113个，银号、钱庄21个。[④]

随着金融机构数量的增加，战时重庆银钱业的金融总资本和平均资本也呈同步增长态势。1937年，重庆银钱业资本总额为1 600万元，至1943年底，增至64 725万元，增长近40倍。其中，银行业的资本总额是战前的38倍多，银号、钱庄业的资本总额是战前的22倍多。从银钱业的平均资本来看，1943年10月重庆银行

①刘志英：《全面抗战时期的中国金融现代化》，科学出版社2017年版，第101页。
②刘志英：《全面抗战时期的中国金融现代化》，科学出版社2017年版，第65页。
③康永仁：《重庆的银行》，《四川经济季刊》第1卷第3期，1944年6月。
④中央银行：《全国金融机构一览表》，1945年8月，转引自周勇：《重庆抗战史：1931—1945》，重庆出版社2013年版，第317页。

业的平均资本是战前的9倍半，银号、钱庄业的平均资本是战前的14倍半。[①]重庆金融业在特定历史条件下表现出异常繁荣的景象。

总之，国民政府通过改组四联总处，提升中央银行的地位并完善其职能，财政部亦开始具备实施金融监管的职能，形成一个“以财政部、四联总处、中央银行三者互为分工、互为补充的多元化金融监管制度”，并根据战时环境变化，建立了“一个较为完整的具有现代化性质的战时金融法规体系”，从而有效地调动了国家的财力和物力支援抗战，支撑了中国的全面抗战。[②]此外，各式金融机构的建立和发展都需要相应的金融从业人员。除了内迁的金融人才外，各类金融机构还通过招考录用，与大后方大专院校建立联系招募人才，自主培养金融人才等方式培养了大量的金融人才。[③]

五、战时四川的交通与邮政通信建设

四川地处西南内陆腹地，“山岭绵亘交通困难，与邻封各省气脉间断”。[④]历史上有“蜀道难，难于上青天”之说。进入近代以后，四川地区现代新式交通事业有一定程度的发展，但仍远远落后于东南沿海沿江发达地区。抗战时期，蒋介石提出“无论财政金融经济和军事，一切都要以交通为基础”，“发展交通，然后才能促进生产与国防事业。……如果交通问题不解决，那我们办事无论有多少人力和经费，结果也一定要半途而废”。[⑤]他强调“强化西南西北的运输力量”，是“关系前方军运与后方经济建设最重要的一件事”。[⑥]针对四川因交通不便，以“致物产虽极富饶……终难发达”这一社会经济现状，国民政府军事委员会提出“开放交通”，已

①周勇：《重庆抗战史：1931—1945》，重庆出版社2013年版，第318—319页。

②刘志英：《全面抗战时期的中国金融现代化》，科学出版社2017年版，第141页。

③刘志英：《全面抗战时期的中国金融现代化》，科学出版社2017年版，第204—212页。

④《军事委员会委员长行营政治工作报告》，沈云龙：《近代中国史料丛刊》第3编第25辑，文海出版社1974年版，第120页。

⑤蒋介石：《抗战建国中交通财政经济金融各界人员之职责》（1940年6月3日），中国国民党党史委员会：《先总统蒋公思想言论总集》《演讲》第17卷，第351—352页。

⑥蒋介石：《改进党务政治经济之要点》（上）（1939年11月15日），中国国民党党史委员会：《先总统蒋公思想言论总集》《演讲》第16卷，第454—455页。

成为当时四川省的“首要之图，治本办法”。[1]在蒋介石和国民政府的高度重视和严厉督饬下，经过国民政府和四川当局的积极努力，抗战时期，四川的交通建设取得了比较显著的成绩，交通闭塞的状况得到了一定程度的改善。

（一）公路与铁路建设

近代四川修建公路开始于20世纪20年代。1925年，成都至灌县（今都江堰市）的成灌公路建设通车，是为四川地区第一条公路。随后，四川军政当局陆续开工修建其他川内或出川的干支线公路。截至1937年，四川已修筑干支线公路总计一万余公里，公路通车里程达4 681公里，已有川黔、川陕、川湘、川鄂4条省际干线公路，以成都为中心的4条省内干线公路（成都至重庆至万县，成都至松潘，成都至乐山，成都至广元），以及川康（成都至雅安至康定）、南广（南充至广元）、叙纳（叙永至纳溪）、井富（自流井至富顺）等公路。战前四川修建公路，因受四川军阀防区制的局限，存在着诸如“路线无一定计划，建筑无一定标准”，“无县道乡道之分，更无省道国道之别，各自为政，任意施工”，“联系不周，工程不合”[2]等弊病。

抗战军兴，国民政府和四川当局鉴于兵员运送和战时军需民用物资运输的迫切需求，加强了四川的公路交通建设，促使四川公路建设事业进入一个发展较快、建设成绩比较显著的时期。

1.连接国际交通线的公路建设

抗战时期，因东南、华南沿海沿江地区沦陷或成为战区，中国对外交通运输的海路中断，出海口被日军封锁，运输国际援华的人员、物资和国内出口换汇产品，便主要依靠西北、西南的国际公路干线进行。在此形势下，四川加紧修筑或改善通往云南、甘肃、陕西等省的川滇东路、汉渝公路、西祥公路、甘川公路、川陕公路、康青公路等省际公路，向西北连接兰新路，经陕西、甘肃、新疆至苏联或南亚，向西南连接滇缅路，经云南至缅甸、越南等东南亚国家出海，俾以改善战时四川的国际交通运输状况。

---

①《军事委员会委员长行营政治工作报告》，沈云龙：《近代中国史料丛刊》第3编第25辑，文海出版社1974年版，第120页。

②魏军藩：《四川四大国道建筑之回顾及其使命》，四川省公路局总务处编查股编印：《四川公路月刊》第11期，1936年11月30日出版，第14页。

(1)川滇东路。川滇东路起始于成渝公路上的四川隆昌，经泸县、叙永，贵州赤水、毕节、威宁入滇，至昆明后与滇缅公路、滇越铁路连接。川滇东路全长969公里，其中四川境内长272公里。该路于1938年3月8日全线动工兴建，同年12月19日粗通，1939年秋正式通车。走此公路，比走川黔公路绕道贵阳至昆明，缩短里程240公里，通车后很快成为由川入滇并连接滇缅公路、滇越铁路的省际、国际交通要道。

(2)川滇西路。川滇西路分为两道：一是雅挖公路。起始于四川雅安，经荥经、汉源、西昌、会理、攀枝花，在挖断入云南境内后，经云南龙街、大姚、姚安，在祥云下庄街与滇缅公路连接。该公路在四川境内路段长718公里，实行分段陆续修筑。1938年至1939年5月，修通雅安至荥经段，长44公里。1940年8月至1941年6月，修通西昌至祥云段，长348公里，其中在西康境内路段长258公里。汉源至挖断段，长560公里，1941年修通。1940年开始修荥经至汉源段，长114公里，因经费问题，时修时停，断断续续修了10年都未竣工。二是乐西公路。起始于四川乐山，经峨眉，汉源县富林、冕宁，到达西昌后，与雅挖公路西祥段重合。乐西公路全长520公里，北接成乐路、成渝路，南连滇缅路，通车后成为四川连接滇缅路的第二条国际通道，并成为战时国统区西南国际运输的捷径。

(3)川陕东路连接重庆与陕西汉中，故又名汉渝公路。川陕东路起始于重庆小龙坎，计划经邻水、大竹、达县、宣汉、万源，在西乡与陕西境内汉白(汉中至白河)公路连接。汉渝公路全长587公里，其中四川境内长438公里。国民政府修筑此公路的目的在于接运苏联援华物资。1939年1月，该公路动工修筑。1940年以后，因苏联援华物资减少，万源至西乡路段暂停修建，所以实际上只修成、通车了重庆至万源长417公里的路段。

(4)甘川公路。起始于四川绵阳，经江油、平武出川，至甘肃碧口。该公路在四川境内长105公里。国民政府修筑此公路的目的在于，当陕西及川陕公路受到日军侵略威胁时，即以此公路保证西南地区与西北地区乃至和苏联的交通。1940年，该公路动工修筑。1941年太平洋战争爆发后，因日军对陕西及川陕公路的威胁暂时缓解，加上政府财政困难，所以只修了江油至涪江峡口一段后就停工了。

2.省际公路的新建和旧路改扩建

抗战时期，国民政府在四川境内新建了川康公路雅安至康定段、康青公路等省际公路干线，并对川陕、川黔、川湘等省际旧道实施了改扩建工程。

(1)川康公路。川康公路起始于成都，止于康定。全长370公里。其中，成都至雅安段，已于1932年建成通车。抗战时期重点修筑了雅安至康定段。雅康路段全长219公里，沿途自然条件恶劣，施工难度很大。该路段从1936年动工修建，历时4年多，付出经费650万元，民工10余万人，“职员死7人，伤10余人，路工死亡越3 000人，负伤越6 000人”[①]的沉重代价，于1940年10月建成并试通车。后因塌方严重，经改善后，于1942年2月正式通车。

(2)康青公路。康青公路起始于康定，经泰宁、炉霍、甘孜、石渠，至青海玉树。该公路全长791公里，其中西康境内路段长767公里。该公路沿途多雪山高原，海拔高，气候高寒，地形地貌和地质条件复杂，施工难度极大。国民政府修筑此公路，目的在于便利内地与青海、西藏等民族地区的联系，也含有经西藏而至印度等南亚地区的深意。该公路于1941年5月动工，1944年10月全线土路竣工。因其中部分路段未铺筑路面，建成后，仅用2.5吨道奇卡车满载，全线试车一次。

(3)川湘、川黔、川陕等省际旧道的改扩建。全面抗战爆发后，国民政府和四川当局鉴于这3条公路干线是进入四川的陆路交通要道，具有连接川、湘、黔、陕、鄂等省的重大战略意义，加之这3条公路，除川黔路成渝段和渝松段、川陕路成绵段等路段的路况较好外，“川陕路绵广段仅可通行，川湘路全线尚有三分之二不能通车”，[②]遂于1937年8月，由重庆行营拨款40万元，由四川公路局负责实施三路改扩建施工。从1938年1月起，四川陆续动工省际公路改扩建工程。工程主要内容是：增建桥梁、船渡，加宽路基、路面，加筑土石方，改良路面、坡度和沟道等，“求其可以安全通行，不致发生重大危险”，“不致有长期中断之虞”。[③]截至1942年，川黔、川湘两路改线8.5公里，扩宽路基341公里，改善路面30公里。川陕、川滇东路两路改扩建设工程，从1939年1月起动工，至当年7月，川陕路已完成改善路基3处；至1941年，完成武侯坡、剑门关、牟家山、金限桥和广元穿城路改线路基、路面工程共13公里，拓宽、改弯、降坡、加高路基等工程20余处，[④]改善了公路状况，提高

①王立显：《四川公路交通史》，四川人民出版社1989年版，第135页。

②《四川省政府令公路局整理全川公路》，四川省档案局(馆)：《抗战时期的四川——档案史料汇编》下册，重庆出版社2014年版，第1521页。

③《四川省政府令公路局整理全川公路》，四川省档案局(馆)：《抗战时期的四川——档案史料汇编》下册，重庆出版社2014年版，第1521页。

④王立显：《四川公路交通史》，四川人民出版社1989年版，第158—159页。

了通行能力。

3.省内公路的新建和旧路改扩建

(1)新建内峨公路,亦名川中公路。内峨公路起始于内江,经自贡、荣县、五通桥、乐山到达峨眉,全长231公里。该条公路,除乐山至五通桥一段1931年已建成通车外,其余路段均在1936年至1941年期间陆续建成通车。内峨公路贯通后,从重庆经内江到乐山,将比绕道成都要缩短路程160公里,成为重庆连接国际通道的捷径。同时,该公路还把自贡和五通桥这两大川中产盐区连接起来,具有重大的经济价值。

(2)修建专用公路。抗战时期,国民政府出于便利机场之间联结、防空疏散、厂矿交通运输等方面的需要,还修建了18条、总长295公里的厂(矿)区公路和支线公路。比较重要的主要有:重庆青木关至北碚(24公里),华阳到仁寿(52公里),长寿至涪陵袁家坪(28公里)、重庆海棠溪至广阳坝机场(37公里)。

(3)旧路改扩建主要有:成灌路(55公里)、成雅路(150公里)、新(津)乐(山)路(160公里)、成(都)彭(县)路(28公里)等。

经过全面抗战期间的交通建设,四川共新建公路2 944公里,其中干线公路2 306公里。截至1945年10月,全川公路通车里程达到6 664余公里,其中干线公路4 207.49公里,支线公路2 456.54公里。通车之县市,从战前的65个发展到111个,占其时四川170个县市的65%左右,形成了以重庆、成都为中心的公路网络。

抗战时期四川的铁路建设,可以说是乏善可陈。战前,四川盆地内只有一条从重庆北碚白庙子到黄桷树的窄轨运煤专线铁路,全长16.8公里。虽然自清末起,四川各界人士就呼吁和筹划修筑成渝、成松(潘)、成雅(安)康(定)、渝钦(广西钦州)等干线铁路,并做了募集资金、成立铁路公司(局)、勘察线路、调查沿路地质状况等前期准备工作,但始终没有实质性的动作。1939年1月,国民党五届五中会全通过的《财政经济交通报告决议案》提出,"西南西北与国际交通之铁路,为我国军事上经济上之生命线,无论如何艰困,必须积极推进",并设想"利用陇海路拆卸路轨,展筑宝鸡至成都之川陕路,以沟通西南西北交通"。[①]四川当局也提出了规模更加恢宏的"三年内设法完成川省主要铁道"的建设计划。即:"以成都为中

①朱子爽:《中国国民党交通政策》,国民图书出版社1943年版,第75页,转引自谭刚:《抗战时期大后方交通与西部经济开发》,中国社会科学出版社2013年版,第131页。

心点，成都以东至重庆为成渝铁道；成渝铁道并将由荣县展至自流井，为荣井铁道；荣县展至五通桥，为荣五铁道；内江展至自流井，为内井铁道。成都以北至宝鸡，为川陕铁道；成都以西至会理，为成会铁道；由会理展至康定，为川康铁道；会理展至云南，为川滇铁道”。四川当局还设想，成渝、川陕两条铁路，由中央铁道部主持修筑；四川省政府则负责修成会、川康、川滇等路。“第一步测量成都至雅安，再由雅安至会理，测量竣事以后，即行开路建筑。”[①]不过，这些铁路建设计划，大都只是停留于规划层面而没有实质性进展。战时四川盆地内，只是为满足重庆地区钢铁和兵工生产的运输需要，于1942年5月至1945年11月间修筑了綦江铁路。该铁路起始于江津县属綦江与长江汇合处之江口北岸，经长江边上的猫儿沱，沿綦江东岸蜿蜒前行，过綦江县城后，经转关口迄止于三溪场。全长85公里。1945年11月通车后，主要用来运输供应大渡口钢铁厂所需要之煤铁矿石。[②]另外，抗战期间，四川、云南两省政府还曾经设想联合修筑昆(明)叙(宜宾)铁路。该条铁路设计从云南昆明起始，经曲靖、宣威、威宁、昭通、盐津，止于四川叙府(宜宾)。全长850公里。但在实际修筑中，该条铁路只修通了云南境内昆明至霑益一段，并未通到四川境内。因此，整个抗战时期，四川盆地内尚无干线铁路。[③]

(二)内河航运建设

四川盆地内江河纵横，许多河流中下游均利舟楫航行，历史上已形成了通航能力。抗战时期，国民政府提出：“西南各省水道，多可利用，亦应积极疏导，多备船只，为有组织之管理，以补充公路铁路运输之不足。”[④]由此推动了战时四川内河航运业的恢复和发展。

①《四川省政府之铁路计划》(1937年7月)，四川省档案局(馆)：《抗战时期的四川——档案史料汇编》下册，重庆出版社2014年版，第1545—1546页。

②四川省地方志编纂委员会：《四川省志·交通志》下册，四川科学技术出版社1995年版，第2页。

③新中国成立后，在共产党和人民政府领导下，成渝铁路于1950年6月动工兴建，到1952年6月底竣工通车，成为四川盆地内第1条干线铁路。随后，又再接再厉，陆续修筑了宝成、川黔、成昆、襄渝等出川干线铁路。

④朱子爽：《中国国民党交通政策》，国民图书出版社1943年版，第75—76页，转引自谭刚：《抗战时期大后方交通与西部经济开发》，中国社会科学出版社2013年版，第131页。

表5-5　战前四川主要河流的通航能力[①]

河流	总长（公里）	通航里程·木船（公里）	通航里程·轮船（公里）	备注
长江主流（宜宾至宜昌段）	1000余	850	750	重庆以下通江轮，渝宜段通小轮，宜宾以上至雷波、宁南、金阳等通木船
嘉陵江主流（四川段）	800余	550	250	渝合（川）段通小轮，合川到南充段增水期通小轮
岷江主流	745	400	350	增水期小轮可经乐山而达成都
沱江主流	620	350		金堂赵家渡以下木船可长年通航，富顺、泸县之间增水期可通小轮
涪江	670余	300	125	增水期浅水轮可达遂宁
黔江		250		四川境内全通木船
渠江	723	200		干流自江口以下，通江自宣汉以下，通木船

1.疏浚、整治河道

历史上，四川境内的江河多存在着水流湍急、暗礁险滩密布等航运安全隐患。因此，抗战时期国民政府与四川当局对四川河道航运的整治，主要是从疏浚河道、治理险滩、炸除礁石、设置绞滩站和整修人工纤道、增设导航助航设备等方面着手进行。

第一，设置绞滩站。1938年10月，国民政府交通部令汉口航政局在宜昌设绞滩管理委员会，“管理滩务施绞船舶”，要求在长江宜渝段、渝乐段和嘉陵江、金沙江、乌江、酉水等江河“各航道间险滩处，分别设置一、二、三等各级绞滩站”。[②]根据这一政令，1938年至1940年，在川江上共设置了21个绞滩站，绞滩能力在100吨至3 000吨之间；在嘉陵江上共设置绞滩站25处，并修整纤道8.7万方。为提升川湘水陆联运能力，在乌江、酉水上设置绞滩站8处。[③]据统计，1942年，内河施绞轮船239次，施绞木船29 018次；1943年，施绞轮船172次，施绞木船35 408次；1944年，施绞轮船173次，施绞木船22 292次；1945年，施绞轮船194次，施绞木船11 658次。[④]

①侯德础：《抗日战争时期四川及周边地区的经济与文教》，四川人民出版社2005年版，第190—191页。

②《交通部汉口航政局绞滩管理委员会组织规程》（1941年2月5日），朱汇森：《中华民国交通史料》（一）《航政史料》，“国史馆”1989年版，第522—524页。

③ 中国人民政治协商会议西南地区文史资料协作会议：《抗战时期西南的交通》，云南人民出版社1992年版，第140页。

④ 谭刚：《抗战时期大后方的内河航运建设》，《抗日战争研究》2005年第2期。

第二，疏浚河道，治理险滩。在长江川江段（即：宜昌至重庆和重庆至宜宾两段）整治了重庆至宜昌段17处险滩和宜宾至重庆段的箐箕背、小南海、莲石滩等险滩。在嘉陵江上，疏浚卵石4.1万方，炸除礁石300多万方。在金沙江上，经过两期河道疏浚、治理，疏通主要险滩8处，疏浚砂石5 000余方，炸除礁石2.75万余方。

第三，增设标杆标志、岸浮标志、水位标志等导航助航设施。1938年时，长江川江从宜昌至重庆一段，共设有53艘标识船，标杆标志、岸浮标志、水位标志等导航助航设施392座。1941年，从重庆至宜宾段，设有各种导航助航设施331座。[①]

通过上述河道疏浚、整修工程，减少了水上船舶事故，延展了航道，提高了航运能力。如金沙江航道，经整修、疏浚后，民生公司于1941年10月派"民教"轮试航宜宾至安边段成功，同年12月，又派"民生"轮试航至屏山成功。在此基础上，开辟了金沙江叙屏航线，全长210公里，于次年1月正式开行营运航班。嘉陵江航道原来合川以上只能行驶木船，经疏浚、治理后，1939年民生公司开辟了合川至南充轮船营运航线。合川至广元段原来最浅处只能行驶5吨木船，也提升到可行驶14吨木船的通行能力。

2.发展木船运输

木船业是历史上四川地区内河航运传统的主要运输行业，一度相当发达。1894年，在重庆厘金局唐家沱验卡登记进出口之厘金木船，"进口八千多艘，出口一万余艘"。"重庆常年抵埠和离埠的民船大致不少于2万只，运载约50万吨"。[②]另据统计，"涪江有船五千多艘，泸州港有船三千多艘，江北梁沱常泊船千艘以上"。[③]清末民初，随着川江轮船运输业的蓬勃兴起，木船运输渐趋衰落。1925年后，"重庆、万县两关已无木船报运"。[④]1929年，宜宾至重庆川江航道上，"木船渐渐绝迹"。[⑤]不过，在轮船不能通行的川江支流和其他江河上，木船仍是主要水运工具。如岷江木船"年运量战前约四十余万吨"。嘉陵江合川以上不能通行轮船之航道，木船"年运量战前约五十至七十万吨"。涪江流域，木船始终是运输主力，

①王绍荃：《四川内河航运史》，四川人民出版社1989年版，第269—270页。

②周勇、刘景修：《近代重庆经济与社会发展（1876—1949）》，四川大学出版社1987年版，第140页。

③四川省交通厅四川地方交通史志编纂委员会：《四川内河航运史料汇集——建国前的四川航运》第一辑，1984年编印，第20页。

④四川省交通厅四川地方交通史志编纂委员会：《四川内河航运史料汇集——建国前的四川航运》第一辑，1984年编印，第21页。

⑤邓少琴：《近代川江航运简史》，重庆地方史料组1982年编印，第184页。

"其数量从未下于千只"。[①]

抗战时期，国民政府和四川当局迫于运输任务繁巨，现代公路、铁路和轮船运输行业不能满足需求，于是实行设厂造船、贷款扶持船户买船等政策措施，积极促进内河木船运输业的发展，取得了显著成效。在设厂造船方面，1939年夏，交通部命令驻重庆的汉口航政局设立造船处，筹办造船事宜。共设立造船厂10家，即：长江区3家（重庆、泸县、宜宾），嘉陵江区3家（南充、阆中、广元），涪江区2家（绵阳、太和镇），乌江区1家（涪陵），綦江区1家（綦江）。1939年至1940年间，共计贷款101.2万元，造出木船388只，7 398吨。其中：长江区96只，1 770吨；嘉陵江区157只，3 612吨；涪江区52只，600吨；綦江区57只，456吨；黔江区26只，660吨。[②]在1943年1月至1945年8月期间，又代粮食部、盐务局、兵工署、花纱布管制局及其他公私机关造各式木船369只，14 784吨。另据统计，1939年1月至1945年5月，交通部造船处"先后完成大小木船三千六百余艘，约计五万吨"。[③]在政府造船厂的带动下，一些民办造船、修船厂也应运而生。据统计，1941年，重庆即有修造船厂130余家，有水木工3 000余人，比战前增加近1倍；其他如万县、涪陵、泸县、宜宾、乐山等港口，共计有修造船厂140余家，有水木工4 000余人。[④]在提供贷款支持中小船户买船方面，国民政府起初规定：按每只木船造价的80%提供贷款支持。1939年，又规定为按木船运载吨位，每吨贷款70元至110元。1940年，增加为80元至120元。实际提供贷款总额，1939年为16.3万元，1940年为54.9万元。[⑤]1944年，四川主要江河共拥有木船16 536只，257 152吨。其中：长江上游（重庆以上）3 114只，61 305吨；长江下游（重庆以下）2 167只，51 586吨；嘉陵江1 500只，21 000吨；渠江2 100只，21 000吨；涪江2 158只，41 588吨；沱江2 400只，19 800吨；岷江600只，8 500吨；永宁河249只，2 205吨；綦江1 285只，17 405吨；乌江602只，9 490吨等。[⑥]由此可见，在抗日战争特定的历史条件下，木船已成为战时四川内河"运输上的主力"，[⑦]对"后方航运吨位增加，俾益军公民运，颇著成效"。[⑧]

①四川省交通厅四川地方交通史志编纂委员会：《四川内河航运史料汇集——建国前的四川航运》第一辑，1984年编印，第28—34页。

②王洸：《战时航政与航政建设》，《经济建设季刊》第1卷第2期，1942年10月，第58页，转引自迟香花：《抗战时期川江的木船运输》，西南大学2008年硕士学位论文，第19页。

③中国第二历史档案馆：《中华民国史档案资料汇编》第5辑第2编"财政经济"（10），江苏古籍出版社1997年版，第153页。

④王绍荃：《四川内河航运史》，四川人民出版社1989年版，第243—246页。

⑤江天枫：《长江航运史（近代部分）》，人民交通出版社1992年版，第515—516页。

⑥周开庆：《民国川事纪要》下册，四川文献研究社1974年版，第248页。

⑦王绍荃：《四川内河航运史》，四川人民出版社1989年版，第243页。

⑧中国第二历史档案馆：《中华民国史档案资料汇编》第5辑第2编"财政经济"（10），江苏古籍出版社1997年版，第473页。

（三）民用航空事业建设

战前，四川已有一定的民用航空事业基础。主要有重庆、成都、万县3个民航机场。承担民航运营任务的，主要是中国航空公司、欧亚航空公司两家。开通的民航班线主要有：沪渝线（经汉口，1931年10月通航）、沪蓉线（1933年6月通航）、渝蓉线（1933年11月通航）、渝昆线（1935年5月）、陕蓉线（1935年9月）、渝贵（阳）线（1936年9月）等。

抗战时期，四川地区的民航事业得到了进一步发展，重庆成为大后方航空运输中心。国内民用航空班线增至11条。增辟了重庆至嘉定（经停泸县、叙府，1938年5月通航）、成都至兰州（1939年7月通航）、重庆至汉中（1939年9月通航）、成都至雅安（1941年6月）、重庆至桂林（1942年1月通航）、重庆至兰州（1942年8月通航）、重庆至宝鸡（经停汉中，1945年1月通航）、重庆至哈密（1945年3月通航）、重庆至柳州（经停芷江，1945年8月通航）、重庆至宜昌等航线。国际航空线路主要有：重庆至河内（1938年11月通航）、重庆至仰光（经停昆明、腊戍，1939年10月通航）、重庆至阿拉木图（经停哈密，1939年12月通航）、重庆至加尔各答（经停昆明、腊戍，1941年12月通航）等。另外，中国航空公司利用美国提供的90余架飞机，承担了飞越“驼峰”航线（汀江—宜宾—重庆）的空运任务，共飞行8 000余架次，运送人员3万余人次，运输军用物资7万余吨。并于1942年7至8月间，利用驼峰航线，从重庆起飞，经成都、兰州、迪化（乌鲁木齐）、伊犁、莎车、白沙瓦至新德里试航成功，但终未正式通航运营。仅于1943年10月开通了叙府至汀江的航线。①

（四）驿运

驿运是中国古已有之的传统运输方式及制度。驿运的范围主要包括：传递文书，运送使客和官员，转运物资等。清中叶以降，在铁路、公路、汽车、火车、轮船等更加便捷的现代运输方式兴起后，传统的驿运业逐渐衰微。据记载，清光绪年间，全国尚有2 000多个驿站，10余条驿运干线和100多条支线，13万多里驿道。②

①谭刚：《抗战时期大后方交通建设与西部经济开发》，中国社会科学出版社2013年版，第70、134、216页。

②中国公路交通史编审委员会：《中国古代道路交通史》，人民交通出版社1984年版，第609页。

1913年1月，民国北洋政府下令裁撤驿站，官办驿运自此退出历史舞台。此后，驿运便主要以民间形式，存在于那些不通公路、铁路，又无水运舟楫之利的交通不便地区。

全面抗战以后，因战时人员、物资运输任务实在繁巨，作为抗战大后方的西部各省现代交通运输业又确实发展落后，加之战时“汽车、汽油等物订购内运，均感不易”，蒋介石和国民政府于是决定“尽量采用人力兽力车辆以减少漏卮，并以关济多数平民生活”。明确提出：对“旧有运输方法，如人力兽力之驮运，政府已经举办，仍宜扩充范围，尽量利用，并恢复驿制以补新式运输工具之不足”。1939年初，交通部在重庆成立驮运管理所，随后开办了从四川宜宾起始，经横江、盐津、昭通、会泽至云南昆明的叙昆驿运线路。①

1940年6月10日，蒋介石在致交通部的代电中，就驿运工作指示说：“（甲）管理机构于交通部设置驿运总管理处，为中央主持驿运机构，受运输管理局之指导；各省设驿运管理处，由建设厅长兼任处长；各行政督察区设驿运管理区，以行政督察专员兼任区长；各县设驿运管理段，以县长兼任段长，均就其辖区内主持驿运事宜。对于各县，并视辖境范围运输需要，就交通要点设置管理站，站与站间相距30至50（华）里，至多60（华）里，站长由县长遴选当地乡镇长或保长充任。（乙）运输线路，以各省已经办成之公路，或省县道与尚可通行之旧驿路及各河川，就其交通便利者采用。各线路中，其水陆运具，如铁道、轮船、汽车等已足应付者，即暂不设备驿运，以节人力物力。（丙）运输工具，就各省县原有之夫马车船给费利用，如感不敷，或令由邻近地区酌量抽调，或由公家贷款民间，奖励添造。”②根据蒋介石的指示，同年7月15至18日，国民政府军委会在重庆召开全国驿运会议，决定：中央和地方各省政府同时举办驿运，交通部设驿运管理处，主管全国驿运；国际、省际驿运线路，称为干线，由中央政府直接主办。各省境内与干线相连的驿运路线，称为支线，由地方主办。驿运干线的一切经费开支，由国库负担，收入也上交国库。各省驿运费开支，在提取的驿运管理费中支出，不足部分由中央政府酌情补助；各省组织驿运，提取管理费为加收运费的5%，摊入成本内；长期参与驿运

①朱子爽：《中国国民党交通政策》，国民图书出版社1943年版，第75—77页。

②《蒋介石为筹办驿运饬令拟具进行方案代电》（1904年6月10日），中国第二历史档案馆：《中华民国史档案资料汇编》第5辑第2编“财政经济”（10），江苏古籍出版社1997年版，第425—426页。

的人员，可免服兵役。民众参加驿运，属于半工半义务性质，必须一般民众平均负担，轮流服务。驿站设置距离为30华里至60华里，使人畜均能当日或次日往返，既能得到必要的休息而能确保持久的运输，亦使驿运人员无离乡背井之苦和器材无散失之虞。①

1940年9月，国民政府交通部于全国驿运会议结束后，即开始建设以重庆为中心，向后方各省和各战区幅射的驿运干线。其中涉及四川地区的驿运干线主要有：叙昆线（宜宾至昆明）、泸昆线（泸县至昆明）、川黔线（成都至贵阳）、川鄂线（万县至湖北恩施）、川陕线（成都经广元出川入陕西）、川湘线（重庆经涪陵、彭水至湖南沅陵）、川康滇线（从乐山至西昌后分为两线，一是从西昌至昆明，一是从西昌至康定）、康藏线（康定经西藏拉萨至印度噶伦堡）、嘉陵江线（重庆溯嘉陵江而上至广元）等。这些驿运干线的运输状况如下：

（1）叙昆线。1939年2月设立。起自叙府（宜宾），经横江、盐津、昭通、会泽，至昆明。全程810公里。主要是将四川所产桐油、五倍子、茶叶等出口土特产品，经昆明转道运至越南或缅甸出海口，回程运送棉纱、布匹、汽柴油、炸药及其他军需器材。该线除使用人力背、挑运货物外，也采用驮马、板车等运输工具。当时在这条干线上，常年保持着驮马800余匹、背夫800余人的运力。极盛时，曾拥有运夫1 500人、驮马6 000多匹，运输货物14.5万公吨。②

（2）泸昆线。1940年9月由泸昆车马驮运所改组成立。起自泸县，经叙永、赤水河，沿川滇东路至昆明。全程1 020公里，其中滇境内553公里，川境内467公里。主要是将川盐、棉花等运往昆明，运回从西南进口之军用国防物资。该线路以陆路运输为主，有马车500辆，驮马500匹。另据1940年12月统计，有铜身板车140辆，牛车230辆，胶轮板车180辆等。运输量1940年9月为85 794公吨，10月为63 600公吨，11月为39 980公吨，12月为104 605公吨等。③

（3）川黔线。1940年9月设立。从成都出发，经重庆、綦江、松坎、遵义等，至贵阳。其中重庆至贵阳段长488公里。主要运输钨砂、食盐和交通器材、军用物资等。

①侯德础：《抗日战争时期四川及周边地区的经济与文教》，四川人民出版社2005年版，第210页。
②谭刚：《抗战时期大后方交通建设与西部经济开发》，中国社会科学出版社2013年版，第312页。
③谭刚：《抗战时期大后方交通建设与西部经济开发》，中国社会科学出版社2013年版，第312页。

(4)川鄂线。1940年12月设立。起自万县,经利川至恩施,全程319公里。主要承担为鄂境内作战之国军第6战区运送军粮、军需物资等任务。

(5)川陕线。又名川陕水陆联运线。1942年7月设立。有3条路线:一是起自成都,沿川陕公路北上经广元出川入陕西;二是起自重庆,溯嘉陵江而上至广元,沿川陕公路入陕;三是起自重庆,经长江转岷江至成都,再沿川陕公路由成都经广元入陕。该线路仅水运线路即长达1 099公里。主要任务是:接运苏联援华物资及西北所产羊毛、棉花、皮革、汽油等物资入川,向华北、中原抗战前线运送军粮、武器弹药等军需物资,向西北运送丝、茶、盐等物资。

(6)川湘线。又名川湘水陆联运线。起自重庆,经涪陵,溯乌江至彭水,再辗转至湖南。川湘水陆联运线全长986公里。该线路任务,一是运输湘米、茶叶等物资入川,二是向湘、桂、鄂等省战区输送军粮、食盐和武器、弹药及各类军需民用物资。该线路每月往返运量在4 000吨至5 000吨之间,是当时支援湘桂鄂前线和后方生产、生活的生命线。

(7)川康线。1942年7月设立。起自成都,经乐山、西昌至康定。主要是接运英美空运援华物资。

(8)康藏线。1944年2月开始运营。起自康定,经甘孜、德格、昌都、拉萨、亚东等,至印度噶伦堡。全程501公里。主要是通过川康线和该线,将内地的茶叶、丝绸等和康藏地区的羊毛等运送出口,将汽车轮胎及配件、电线、电料等战时紧缺物资和康藏地区所产硼砂等运入内地。不过,该线路因沿途多为雪域高原和高山峻岭,货物运输主要依赖畜力,费力耗时而且运量较小,加之蒋介石和国民政府与刘文辉等川康实力派间的明争暗斗,所以未能发挥较大的驿运作用。

1940年10月,四川省政府成立驿运管理处,开始举办本省支线驿运事务。起初,四川省举办了奉建(奉节至湖北建始)、新渝(新都至重庆)、渝广(重庆至广元)、川西、渠万(渠县至万县)等5条驿运支线,随后又举办了渠蓬线(渠县至蓬安)、营蓬线(营山至蓬安)、渠遂线(渠县至遂宁)、江宣(江北至宣汉)等驿运支线。1942年6月,四川省将渠万、新渝两条驿运支线分别改组为川东、川西两个驿运支线总段,并在原来驿运线路的基础上分别向各个方向有所延伸。1943年1月,又将川东、川西两个驿运支线总段改名为川东驿运区和川西驿运区。其中,川东驿运区辖渠万线、渠遂线、渠蓬线、汉渝线4条线路;川西驿运区辖成温线、成什线等19条线路。

表5-6　1940—1942年四川省办5大驿运支线概况[①]

线路名称	设立时间	线路情况	主要运输物资
奉建支线	1940年10月	起自四川奉节大溪，止于湖北建始，后延伸至恩施。全程165公里	承运第6战区的军粮、武器弹药等军需物资和钢铁、桐油、食盐及日用品
新渝支线	1940年10月	起自新都，沿毗河至金堂入沱江，抵达泸县后转长江至重庆。全程816公里	主要运输川西、川北各县所供给之军米，兼运烟、糖、桐油、药材等物资
渝广水陆联运线	1940年12月	起自重庆，溯长江抵达泸县后，转沱江、岷江到达成都，再沿川陕公路至广元。全程1 127公里	主要承运乐西公路和四川特种工程委员会的工粮、棉花、布匹等物资
川西支线	1941年1月	以新津为中心，辐射蒲江、邛崃、崇庆、温江、郫县等成都附近各县	承运新津特种工程工粮
渠万支线	1941年1月	起自渠县，经大竹、梁山至万县。全程224公里	主要运输全国粮食管理局储存在梁山、大竹一带的粮食，兼运沿线的棉纱、食盐等物资

抗战时期，四川地区开辟的驿运干、支线路总里程为11 519.5公里，占当时全国驿运干、支线路总里程952 600公里的2%，居于各省之首。当时全国有7条驿运干线，四川就占了5条（只有陕甘、黔桂两条干线不在四川境内）。投入的驿运运输力量有：人畜力车31 985辆，其中自制车7 685辆，长期雇佣243 00辆；征雇运夫64 700人。[②]运输成绩方面，从1940年至1944年，四川地区的驿运干、支线路，共运输军、公、商、邮、粮及其他物资[③]1 756 254吨，超过同期汽车运输量的20%以上，货物周转量达4 568 762 000吨公里。客运方面，据1943年1月至1944年6月统计数据，四川各支线驿运输送旅客68 552人；川陕线驿运管理分处和重庆服务所统计，1942年至1943年，四川干线驿运共运送旅客1 904 411人；1942年

①资料来源：刘世茂《抗日战争时期的四川驿运述论》，《西南民族学院学报》2001年第11期；肖雄《抗日战争时期四川省办驿运研究》，巴蜀书社2012年版，第98—112页。

②中国人民政治协商会议西南地区文史资料协作会议：《抗战时期西南的交通》，云南人民出版社1992年版，第154页。

③按，军，包括弹药、服装、军粮等；公，包括工矿产品（钨砂、锡块、煤、水泥等）和农副产品（桐油、茶叶等）；商，包括棉花、药材、盐、糖、卷烟、杂货等商品；邮，指邮包。

10月至1944年，成渝两地间长途马车客运量在400多万人次。另外，从1942年起，成都、重庆两地还开始举办市郊马车客运，以解决战时城郊短途客运问题。[①]

1944年春，随着抗战形势好转和后方各省公路、内河航运、航空等运输力量增加，驿运业务大大减少，国民政府开办驿运的动力消失，战时驿运由是逐渐衰落。当年3月底，国民政府裁撤交通部驿运总管理处，将驿运事务改归战时运输管理局办理。根据中央指令，四川省也同时解散了川西驿运区。抗战胜利后，国民政府于1945年底完全停止了官办驿运事务。1946年5月，四川省将省办驿运业务全部移交给四川省公路运输公司，宣告四川地区官办驿运事务结束。

（五）邮政电信业建设

战前，四川地区的邮政电信业已有一定基础。邮政方面，四川地区现代邮政起步于晚清，但很快就显示出现代邮政送递信函快捷、便利的优势。当时，从成都邮寄信函，“重庆五天到，雅州（今雅安）三天到，叙府（今宜宾）四天到，嘉定（今乐山）二天到，石泉（今北川）四天到，灌县一天到，资州二天到，上海不过二十天到”。[②]民国二年（1913），四川分设东川邮政管理局和西川邮政管理局。东川邮政管理局设在巴县，管理川东55县邮政；西川邮政管理局设在成都，管理川西北96县和西康16县邮政。邮件、信件的传递，除利用江河舟船外，主要靠人力步班行走。1914年，“蜀通”、“蜀亨”、“利川”、“大川”等轮船航行于川江后，重庆至宜昌间开始用轮船运送邮件。1931年10月，沪（汉）渝航线开通，始有邮件航空输送。1936年8月7日，重庆至成都开通邮政汽车，成为全国第一条自办汽车邮路，全程450公里。[③]电信方面，四川地区的电报通信起步于19世纪80年代。民初，四川当局积极发展出川电报通信。民国四年（1915），架设成都至汉中线路，实现了成都与西安间的直接电信联系。同时，随着重庆至綦江的电报线延伸到贵阳，泸县至叙府的电报线延伸到云南昭通，成都、重庆与西南各省及城市间的电信联系进一步加强。在四川盆地内，也形成了以成都、重庆为中心的全川电报通信网络。到1934年，成都、重庆与遂宁、潼南、资中、乐山、雅安、绵阳、灌县、仁寿等川内城

①侯德础：《抗日战争时期四川及周边地区的经济与文教》，四川人民出版社2005年版，第215页。
②（清）傅崇矩：《成都通览》上册，巴蜀书社1987年版，第90页。
③苏丽萍、张箭：《抗战时期四川的邮政通信建设》，《重庆邮电大学学报（社会科学版）》2007年第5期。

市和上海、南京、汉口、西安、昆明、贵阳等国内城市间的电报联系已很密切。“凡来去官商各报均可按时拍发收送”。[①]川内主要城市及一些县城都设有邮局、电报局、电话局等现代邮电机构，负责区域内或跨区域的电报、电话等电信通信事务。

全面抗战以降，随着国民政府迁都重庆和四川成为战时大后方的政治、经济、文化中心，四川地区邮政电信业得到了更进一步发展。

1.邮政业的发展

第一，增辟邮运路线。抗战初期，国民政府交通部鉴于军情紧急、函件交驰而西部地区邮电业落后的严峻现实，迅速开辟了西南、西北联络邮班两路：一路起自陕西宝鸡，经南郑到成都，再经重庆、贵阳，而达西南各地；一路起自西安，经洛阳、南阳、沙市、常德，而达长沙、贵阳。1938年10月以后，因武汉、广州沦陷，重庆到港澳的邮运通道阻断，开辟了重庆—贵阳—昆明—腊戍（缅甸）—海防（越南）—港澳的邮路。此外，还开辟了重庆—加尔各答、重庆—哈密—阿拉木图等国际邮路。川内邮路也有很大的发展。大部分县城及沿线城镇都通公路，实现了邮件的汽车运输。不通汽车的地方，也大多开设了旱班邮路。

第二，积极发展汽车邮路和航空邮路。一是汽车邮路的开辟。抗战军兴，随着大片国土沦陷或成为战区，铁路中断，水道被封锁，汽车邮路成为主要邮运通道。1938年3月，为加强西南地区与西北地区的邮电联系，开设了川陕路成都至南郑段自办汽车邮路，全程564公里。先后开行逐日班、间日班，主要运送信函等轻件。同月，开行了渝筑自办汽车邮路（隶属贵州管辖），起自重庆，经綦江、遵义而达贵阳，全程493公里。逐日开行。在开辟省际汽车邮路的同时，四川也大力增辟川内自办汽车邮路。先后开辟了成都至乐山、成都至灌县、成都至雅安等自办汽车邮路。1942年，成渝自办汽车邮路重庆至内江段首开夜班邮车，成为我国长途邮车昼夜兼程运邮之始。二是航空邮路的开辟。抗战时期四川地区的民用航空，以重庆为中心，主要有：重庆至成都（每日飞）、重庆至昆明（每日飞）、重庆至宜昌（每周飞三次）、重庆至桂林（每周飞三四次）、重庆至贵阳（每周飞三次）、重庆至乐山（每周飞二次）、重庆至香港（每周飞二次）、重庆—兰州—凉州—肃州—哈密（不定期）、重庆—昆明—腊戍—加尔各答等航线。各线均随机携运邮件，开展航空邮运业务。

---

①《西川邮工月刊》第3卷第4期，1935年4月。

第三，利用木船、板车、马帮、成队步班等传统水陆邮运方式，弥补汽车、航空、轮船等现代邮运的力量不足和覆盖不及。

截至1940年，东、西川邮政管理局管辖之邮政路线总长度达83 737公里。其中，邮差邮路65 452公里，村、镇邮路10 997公里，两者合计，占四川邮路总长度的91.3%；水道邮路42 85公里，占5.1%；汽车邮路3 003公里，占3.6%。边远县镇均已通邮。1944年9月，东川邮政管理局下辖邮政局（所）2 567所，西川邮政管理局下辖邮政局（所）2 354所，两者合计，四川地区的邮政局（所）在全国各省中位列第一。当月，东、西川邮政管理局共收寄邮件28 326 193件，其中东川邮政管理局收寄12 294 369件，西川邮政管理局收寄16 031 824件，约占同期国统区邮政系统收寄邮件总数33 692 632件的80%。[①]

2. 电信业的发展

1935年川政统一后，蒋介石和国民政府出于追剿红军、建设西南大后方抗日根据地等方面的考虑，着手加强四川地区的电报、电话等电信业建设。抗战全面爆发，特别是国民政府迁都重庆后，又进一步加强以重庆为中枢的战时全国电信业建设。据统计，抗战时期，国民政府共新铺设电报线路42 136公里，长途电话线路37 377公里，推动了战时四川地区电信业的发展。

第一，电报即无线电通讯的发展。1935年，国民政府交通部对重庆、成都、万县等川内电报局实行合并，并对重庆、成都等地无线电台进行增机扩充。成都因此增装了250瓦、500瓦机各1部，并“为通报敏捷，便利各界通讯起见，特改装遥控收报台”，以保障“来去官商各报均可按时拍发收送”。[②]抗战时期，国民政府交通部将原来南京、上海等大城市的电信设备撤迁到重庆、成都等西南地区城市。上海国际无线电台迁移到成都后，逐渐形成以成都为中心，幅射伦敦、柏林、日内瓦、莫斯科、旧金山、马尼拉、万隆、西贡、新德里、孟买等国外城市的无线电通讯网络。1945年，国际无线电台总台从成都迁往重庆，另在成都设立支台，以保持成都与国际社会的电讯联系。[③]1938年12月，国民政府将川康藏电政管理局由成都迁到重庆，与重庆电报局合并，每月收发电报达40万件以上。1943年1月，交通

①苏丽萍、张箭：《抗战时期四川的邮政通信建设》，《重庆邮电大学学报（社会科学版）》2007年第5期。

②《西川邮工月刊》第3卷第4期，1935年4月。

③何一民：《成都通史·民国时期》，四川人民出版社2011年版，第200页。

部又在合并重庆电报、电话两局的基础上,成立重庆市电信局,综合办理重庆电信业务。根据1944年3月的统计,由重庆发往国内的电报占同期国内电报总数的85%,国际电报占全国国际电报总数的83.5%,重庆接通长途电话次数占全国总数的16%。重庆已经成为战时大后方的邮电通信中心。[①]

第二,电话通信业发展。其一,城市市区内电话业的发展。1935年川政统一时,交通部成立了“成都市内电话筹备处”,接管成都市电话局,从武汉市电话局撤来1 500门共电式总机,用于对成都市区内电话装机容量的扩容改造。至1937年竣工,开放使用。1940年,成都市还曾装用过200门自动交换机,实装军政机关及防空机关80余户。抗战胜利后,这些自动交换机被交通部拆迁回南京。1937年10月,重庆电话总所有市内电话用户1 000余号。抗战军兴,该总所派人赴香港采购器材并装机扩容后,电话达到1 400余门。1938年10月,交通部接管重庆电话总所并改组为重庆市电话局。11月,开始安装从南京拆运来的1 000门史端式自运交换机,次年初投入使用后,重庆全市共有电话3 000门,市内电话用户2 450户。后来又陆续增装了从武汉撤运来的1 500门西门子下式进制自动电话交换机、800门自动电话交换机等。到1941年9月,重庆市电话局已设有9个电话分局。其中心城区(今渝中区)已拥有自动电话上千门,南岸、江北地区使用人工电话800余门。其二,长途电话的发展。战前,四川地区即已开通了重庆—成都、重庆—贵阳、成都—西安、成都—峨眉、成都—乐山、成都—广元、重庆—綦江—南川—彭水—酉阳—秀山—湖南沅陵等多条长途电话线路,重庆、成都因此正式成为全国电话网的“总转接站”和“转接站”。抗战全面爆发后,国民政府和四川当局鉴于战时“长途电话业务,亦在蒸蒸日上”,而重庆、成都等城市电话线路负荷紧张的情形,为保障战时通信畅通,在重庆—成都、重庆—贵阳、成都—南郑、成都—西安、成都—峨眉、成都—宜宾等城市电话线路上装备了先进的三路或单路载波电话机,并在重庆、成都、西安、贵阳、兰州等城市间铺设了多重电话线,以弥补单向通话的不足。到1944年底,成都已可与川内100余个县城通电话。据1944年3月的统计,重庆市电信局每天接通长话56万次。每月电话费收入达到120万元,其中长途话费占到75%。不过,当时川内大部分地区都是利用电报线路通电话,因此存在着通话效果比较差的问题。

①段渝:《抗战时期的四川》,巴蜀书社2005年版,第140—141页。

六、“特种工程”建设

国民政府航空委员会是抗战时期中国空军的首脑机关和指挥中心。1939年1月，该委员会从贵阳迁到成都后，成都成为中国空军最大的前进基地和后方基地，是中国空军最重要的人才培养和训练基地。迁蓉后，中国空军总指挥周至柔对空军进行了整训，改编成分驻重庆、兰州、成都、昆明和柳州的五路。其中，第三路司令部设在成都，“除部分作战部队外，学校、工厂、修护厂、库房等设施均在这个基地，几乎占当时空军全部人力物力的80%”，“是当时最大的一处空军基地”。[①]国民政府还利用四川盆地广阔的平原，在成都及其周边郊县兴建了许多空军基地和机场。

太平洋战争爆发后，美国决定正式派空军来华助战。其主要战略意图，一是与侵华日军争夺中国战场的制空权，加强中国方面的空防力量；二是加强中印之间“驼峰”航线的空运能力，以便运输更多的军用品及其他物资援华，帮助中国提高坚持抗战的信心和能力；三是利用设在中国大陆的军用机场，派B-25、B-29等远程重型轰炸机长途奔袭，轰炸日本本土，严厉打击并遏制日本侵略者的气焰。1943年底，美国总统罗斯福致电蒋介石和国民政府，请求中国方面协助美军，1年内在成都地区修建5个远程重型轰炸机机场（后改为修4个机场）及其配套设施。中美双方商定，修建机场的费用由美方全额负担（美方为此支付了2.1亿美元给中方），中方负责各飞机场及其配套设施的设计（以美方所提供的设计样图为基础）、征地、征工和建设等事务。中方将这一修建飞机场及其配套设施的工程称作“特种工程”。“特种工程”项目实施后，先后修建了几十个飞机场及其配套设施，以供来华美空军作战和空运使用。其中，在四川地区即新建或改扩建空军基地“前后共三十三处”。[②]在成都及附近地区，除新建或改扩建了新津、邛崃、彭山、广汉4个远程重型轰炸机机场外，还新建或改扩建了成都、温江、双流、大邑、德阳5个驱逐机、战斗机机场。

修建美军军用机场，关系到太平洋战争的全局和中国能否获得美援，蒋介石、

①王苹、许蓉生、胡越英：《成都与抗战时期的中国空军》，四川大学出版社2015年版，第47页。
②周开庆：《民国川事纪要》下册，四川文献研究社1974年版，第273页。

国民政府和四川当局非常重视。1943年12月19日，国民政府交通部长曾养甫与四川省政府主席张群带领有关官员、专家和工程技术人员，赴成都周边县份实地考察、选点和初步勘测。12月28日，四川省政府召集成都市和温江、绵阳、内江3个专区的专员及区域内29县县长到成都开会，商议修建川西地区美军用机场事宜。会议决定，成立工程管理机构“四川特种工程征工总处”；特种工程所需用民工，主要在川西地区征调。张群在会上指出，这次修建机场的工作，仍需由四川民众来承担。因为是国防工程，关系重大，需严格保密，所以修建这些机场的工程，就统称为“特种工程”。[①]他要求，各县县长会后立即赶回去部署组织，民工务必于3日内到达施工现场。“必须按计划征集民工，一定要按期完成任务。哪一个县出了问题，该县长、所属专员及有关人员按军法论处。”[②]

会后，四川省成立了机场建设工程管理机构——四川特种工程征工总处，由省政府民政厅厅长胡次威任处长，处内设秘书、会计、总务、调配、管理、督导、宣传等科室，有职员200余人。在各机场设立民工管理处和工程管理处，负责民工管理和机场修建事宜。各机场建设管理处处长由专员兼任，负责协调专署和县府对民工进行征调、施工和管理。具体情况是：第一区行政督察专员王思忠，任彭山机场管理处处长；第四区行政督察专员陈炳光，任邛崃机场管理处处长；第五区行政督察专员柳维垣，任新津机场管理处处长；第十四区行政督察专员林维干，任广汉机场管理处处长。对于工程需征用的土地、房屋以及拆迁、青苗赔偿等问题，四川省政府要求当地政府解决，原则上不得贻误开工。

在川西“特种工程”施工建设过程中，陆续从成都、温江、绵阳、内江所属29县征调民工55万人（当时，四川为完成川内33处空军基地的特种工程建设，前后共“征工逾九十万人”[③]）为保证按计划完成民工征调任务，各县均成立了县民工总队，由县长兼任总队长，县政府民政科科长兼任副总队长。总队下面设大队，由县政府的科长或区长、技士等任大队长。每1大队辖4个中队，每1中队辖4个小队，每1小队由30名民工编成。中、小队长由联保主任和保甲长担任。当代四川诗人流沙河回忆了这段经历：

---

①刘祯贵：《抗战时期四川“特种工程”修建始末》，《成都大学学报》1998年第2期。

②林成西、许蓉生：《国民党空军抗战实录》，中国档案出版社1994年版，第420—421页。

③周开庆：《民国川事纪要》下册，四川文献研究社1974年版，第273页。

“抗日战争爆发时我刚进小学，到我进初中的时候抗战已经进入最后阶段，也是最艰难的时期。我13岁那年曾经与其他同学一起去美军的军用机场，跟所有大人一样参加劳动。一样吃的是糙米饭，米汤是红颜色有气味的；一样是八个人一桌，只有一小碗不见油花的盐拌萝卜丝。就这样修了一个星期机场。”①

仅仅十三岁的流沙河先生“与其他同学一起”去修机场，而当时的信念是“再不出力国家就要亡了”，“不能当亡国奴”，从这段回忆中不难看到民众参与特种工程建设的艰苦环境。被征调的民工，除自带劳动工具外，还要自带赴施工工地路途中的口粮及铺盖、席子、斗笠等生活用具，行程在60华里以内的民工还要自带床铺垫草。按规定，每1 000名民工，需带挖土工具锄头300把，担土工具鸳兜（撮箕）600挑，扁担绳索800付，鸡公车（民间传统木制独轮车）每小队不得少于10辆。政府按照每名民工不超过100元的标准，付给民工周转金。被征调的民工，每人每天由政府供应粮食1.4升（前提是必须完成每天的工作量）。民工的口粮由省粮食厅全额供应，由各县组织民工集中运输到各机场施工工地，再根据每个民工每天完成工作量的大小配额领取。为保证特种工程能够尽快开工，各县征工总队对施工现场所需要的工棚材料、炊事用具、卫生设施及其他各种必备工具、用具，都提前进行了准备和安排。②

“特种工程”主要是为当时世界上最大、最先进的B-29远程重型轰炸机修建机场。B-29轰炸机号称“超级空中堡垒”，体长近30米，高8.4米，翼展近43米，时速560公里，续航能力5 600公里，飞行高度1.1万米，可携带炸弹4吨。它起飞、降落时的冲击力很大，需要跑道长2 600米，宽60米，厚1米。进驻四川各战斗机机场的P-51驱逐机，也是当时美军战斗性能最好的机种之一，可与日本“零式”战斗机抗衡。它要求跑道长2 200米，宽4米，厚0.4米。按美方要求，每个机场除需要修筑1条主跑道外，还需要修建两条1 000余米长的辅助跑道（副跑道）、20个停机坪（每个停机坪可停1架B-29轰炸机）、3座燃料仓库、6座弹药库、2座无线电通信所，以及机库、发动机配备所、指挥所、兵营宿舍、发电所和办公室、食堂、娱乐场、

①流沙河：《二战我修飞机场》，载《各界》，2013年第6期。

②李泽民：《川西抗战“特种工程”》，李仕根：《四川抗战档案研究》，西南交通大学出版社2005年版，第228—229页。

厕所等配套设施。其中，跑道和停机坪的建筑要求特别严格而且工程量很大。如停机坪，为了隐蔽飞机，均要求修成拱桥形洞子，洞顶上覆盖混泥石后，再堆积泥土并种上花草作为伪装。飞机跑道修筑的工程量更大。首先需要先挖出场地的老底；经多次滚压后，再把黏性很强的黄泥浆与卵石、河沙混合搅拌铺上；然后再分层滚压结实，再用大卵石直立排列于路基上，分3层堆砌，每层均需灌以富有黏性的黄土浆，层层滚压后，再用色青质细的碎石、河沙、黄土浆等混合拌匀，填满滚压。据计算，修建一条跑道，需石方93 600立方米，修建一条连接跑道的滑行道和停机坪等，也需沙石10万余立方米。当时，因缺少水泥，便用黏性强的黄土浆代替；没有碎石机械，便采用人工、铁榔头碎石头；没有汽车等运输机械，便靠民工用架子车、鸡公车和扁担、鸳兜(撮箕)肩挑搬运(据计算，1立方米卵石，1个民工需肩挑10担以上。距离近时，民工每人每天可挑运数担至10担；距离远时，民工每人每天只能往返1次，甚至两天才能往返1次)；没有压路机械，便由民工人力拉着两三吨重的石滚子来回碾压。因民工不熟悉拉石滚子的技术，经常操作不当而发生石滚子致民工伤亡的事故。最多1次，压死民工13人。①

从1944年4月中旬起，“特种工程”修建的各机场陆续竣工。5月18日，在新津机场举行了B-29轰炸机试行飞降。10架从印度飞来的B-29重型轰炸机顺利、安全地降落于新津机场。四川省政府主席张群、省民政厅厅长胡次威和在成都的中美两军高级将领与四川省、市、县官员均亲临新津机场观看。“特种工程”建成和美空军飞机驻川后，很快便显示出战略轰炸和威慑、打击日本侵略者气焰的重要作用。6月16日，63架B-29轰炸机分三批，从成都地区各机场起飞，执行“马特霍恩”作战计划，轰炸了日本钢铁中心八幡制铁所，一次性向其投掷炸弹200多吨。轰炸日本归来，美军第20航空队伍虎准将发表谈话说：“盖非有五十万的中国爱国人民，离其农作，建造机场，此一出袭必不可能。”②6月17日，蒋介石致电四川省临时参议会，对抗战以来四川民众出钱出力有功国家，粮政役政负担甲于各省表示嘉许，并特别表彰四川人民在特种工程建设中的重要贡献说：“去冬以还，发动五十余万之同胞，修筑多数机场，祁寒赶工，风雨无间。不仅应征作工之同胞，昼夜辛劳，况瘁无比；即民间财力之所耗费，土地之被征划，其贡献之钜，盖亦不可数

①李泽民：《川西抗战“特种工程”》，李仕根：《四川抗战档案研究》，西南交通大学出版社2005年版，第229—230页。
②《新华日报》1944年6月17日，转引自刘祯贵：《抗战时期四川“特种工程”修建始末》，《成都大学学报》1998年第2期。

计。而各县同胞，皆能深明大义，勇于报效，卒使此项空前伟大之军事建设工程，仅以简单之人力，均于最短时间，一一如限完成。此举对我共同作战，固有重要意义；而盟国人士，亦相率致其赞誉。故我四川同胞，不惟在我抗战史上克尽其国民之天职，无愧为贯彻胜利之基础；即在全世界反侵略战争之阵容中，亦具有卓荦光荣之贡献”。①

1944年夏，四川省又征调4万民工，参与修扩建梁平军用机场。为该机场增修了两条供B-29轰炸机起降的跑道。其后，中美还继续在四川、陕西等省多地实施“特种工程”，修建可起降B-25、B-29等远程重型轰炸机的机场，为美空军轰炸日本本土提供系列大中型前进基地。另据统计，从1944年6月至当年12月，美空军第20航空队B-29轰炸机队，以成都地区各机场为前进基地，先后执行了约20次战略轰炸任务，轰炸了日本的八幡、长崎和中国奉天（沈阳）、本溪、鞍山、武汉等地的重要军事目标。抗战时期四川的“特种工程”建设，为中国抗战胜利和第二次世界大战中盟军的胜利，做出了不可磨灭的历史贡献。

①周开庆：《民国川事纪要》下册，四川文献研究社1974年版，第239页。

第六章

抗战时期四川的科教文卫建设

一、战区学校内迁对战时四川教育事业的促进

战前，四川地区已有一定数量的学校，新式教育事业有一定基础。在成都的公(国)、私立大专院校主要有：由国立成都大学、国立成都师范大学和公立四川大学合并而成的四川大学、教会大学华西协合大学、四川法政学院、志诚学院、敬业学院、农业学院等；在重庆的主要有：省立重庆大学、省立四川教育学院、西南美术专科学校等。①全川共有中学191所，川内各县县城及一些乡镇上都设有中学，共有在校中学生48 937人，教职员3 000余人②。全川共有小学16 900余所，有在校小学生100余万人，每年毕业小学生20万人以上③，求进入中学继续读书者日渐增多。职业教育、社会教育已经起步，但是仍落后于沿海沿江经济文化发达地区。抗战时期，因战区学校内迁，一批沿海沿江发达地区的学校，特别是名校及名师随校迁川，为战时四川地区教育事业的发展、教学水平的提高带来了师资力量，输入了新鲜血液，推动战时四川地区教育事业进入了一个新的、重要的发展时期。

(一)战区高校迁川对四川高等教育的促进

全面抗战爆发前，我国共有专科以上学校108所，其中大学42所、独立学院36所、专科学校30所。④这些高校主要分布在华北(平、津、冀、晋、鲁，30校)、东南(京、沪、江、浙、皖、赣，45校)、华中(豫、湘、鄂，17校)等沿海沿江发达地区，尤其集中于北平、南京、上海、天津等大都市，仅京津沪三地即有46校，学生占学生总数的三分之二以上。⑤全面抗战爆发后，东南沿海沿江地区首当其冲，北平、天津、上海、南京等大都市相继沦陷，我国高等教育事业遭到严重的摧残与破坏。国民

---

①比较悲观的研究结果则认为，在战时高校内迁以前，湖南以西(不包括宁夏、西藏等)的西部地区，即陕、甘、新、川、康、滇、黔、青、湘西等地区，总计只有10所左右的专科以上学校，"且学术水平普遍偏低，其中不少省区连一所专科学校都没有"。余子侠：《抗战时期高校内迁及其历史意义》，《近代史研究》1995年第6期。

②王斌：《四川现代史》，西南师范大学出版社1988年版，第277—278页。

③何一民：《成都通史·民国时期》，四川人民出版社2011年版，第295页。

④《第二次中国教育年鉴》第14编，商务印书馆1948年版，第1400页，转引自张根福：《抗战时期的人口迁移——兼论对西部开发的影响》，光明日报出版社2006年版，第89页。

⑤魏宏运：《抗战时期高等学校的内迁》，《档案史料与研究》1996年第4期。

政府也考虑到“我国易受敌人攻击之区，多为学校文化中心”[①]，高等学校及文教机关“关系我国文化之发展。此项损失，实为中华文化之浩劫”。[②]从保护中国文化命脉和高等文化教育宝贵资源出发，遂令平、津、沪、京、江、浙等地一些重要高校迁往西南、西北建立抗战教育基地。为达此目标，国民政府设立全国战时教育协会来负责全国各地高校的内迁和复校等工作；制定、颁布了若干教育改革政策，采取诸如鼓励学校开设专修科、短训班、先修班，允许各文法科大学改变战前行政院的学科限制进行招生或扩大招生面；向学生提供生活救济、减免学杂费或发放贷款，对同等学力者免试入学，允许借读；对失业教师进行登记和分配工作，增加师范教育，帮助和扶持高校顺利内迁复校，解决学生实际的学习生活困难。[③]在此情形下，东南、华北、华中沿海沿江发达地区的一些高校遂陆续向中国西部地区迁移，并且大多集中于四川地区。据统计，抗战期间，沿海沿江沦陷区或战区共有136所公(国)、私立大专院校奉命内迁或自发内迁[④]。其中有64所迁至四川、云南、贵州地区，有48所(一说是52所)迁入四川，占总数的37%。[⑤]截至1944年，共有31所(一说32所)大专院校迁至重庆地区[⑥]，主要有：中央大学、中央政治学院、交通大学、上海医学院、蒙藏学校、中央工业职业学校、戏剧学校、复旦大学、沪江大学、武昌中华大学等；有12所高校迁至成都地区，主要有：清华大学航空研究所、燕京大学、齐鲁大学、光华大学、金陵大学、金陵女子文理学院等；此外，还有一些学校分别迁至川内南溪李庄(同济大学)、三台(东北大学)、乐山(武汉大学等)、万县(山东大学等)等县城乃至乡村场镇(参见表6-1)。

随着高校及学术文化机构的内迁，许多教师、科技人才、文化人也纷纷内迁到四川及西南其他地区躲避战乱。据当时人估计，抗战期间，中国知识分子中，“高级知识分子十分之九以上西迁；中级知识分子十分之五以上西迁；初级知识分子

①国民政府教育部档案：《战争发生前后教育部对于各级学校之措施说明》，转引自史全生：《中国民国文化史》下册，吉林文史出版社1990年版，第1077页。

②延安时事研究会：《抗战中的中国文化教育》，上海人民出版社1961年版，第28—32页。

③军事科学院军事历史研究部：《中国抗日战争史》(中卷)，解放军出版社1994年版，第386—387页。

④覃红霞：《抗日战争时期高校内迁探析》，西南师范大学2002年硕士学位论文，第14—18页。

⑤另外的统计数据则显示，抗战时期内迁高校共计61所，其中有48所迁居于四川，占内迁高校总数的78.6%。其中，迁至成都的高校9所，迁至重庆的高校、军校、国立中学共计31所，居全国之冠。参见冉志、杨化：《抗战时期国民政府人口政策研究》，《重庆师范大学学报》2007年第1期。

⑥周勇：《重庆通史》第3卷“近代史(下)”，重庆出版社2003年版，第1291页。

十分之三以上西迁”。[1]一时间，郭沫若、冰心、巴金、老舍、茅盾、臧克家、阳翰笙、田汉、洪深、夏衍、李劼人、李四光、梁思成、马寅初、熊十力、傅斯年、钱穆、陈寅恪、李济、徐中舒、顾颉刚、吴宓、陶行知、梁漱溟、晏阳初、朱光潜、徐悲鸿、傅抱石、丰子恺等文学艺术、科学技术、教育、哲学、经济等诸多文化领域中名扬中外的大师云集四川。重庆沙坪坝、成都华西坝、重庆北碚夏坝、江津白沙坝成为以“四川文化四坝”著称的抗战大后方文化中心区。

表6-1　抗战时期部分迁川学校概览[2]

学校	原校址	迁入地	迁移时间	备注
国立中央大学	南京	重庆沙坪坝	1937年10月	医学院、农学院畜牧医药系迁至成都
中央政治学校	南京	重庆南温泉	1937年7月	1937年9月迁江西庐山，1938年6月迁湖南芷江，次月迁重庆
国立山东大学	青岛	四川万县	1937年10月	
私立金陵大学	南京	成都华西坝	1937年11月	
私立金陵女子文理学院	南京	成都华西坝	1937年	抗战爆发后，先在沪、汉、渝设分校，1938年集中迁至成都办学
私立齐鲁大学	济南	成都华西坝	1937年	抗战爆发后一度停办，1938年秋大部分师生迁蓉复课
国立同济大学	上海	四川南溪	1937年	抗战爆发后，辗转迁移于浙江金华、江西赣州、江西吉安、广西贺县、云南昆明等地，1940年由昆明迁四川南溪县李庄
私立光华大学	上海	成都西郊	1938年	抗战爆发后在成都设分校
私立东吴大学法学院	苏州	重庆	1938年2月	1941年停办。1942年法学院与沪江大学法学院、之江大学合组法商工学院

①孙本文：《现代中国社会问题》，商务印书馆1942年版，第261页。

②资料来源：徐国利：《关于“抗战时期高校内迁”的几个问题》，《抗日战争研究》1998年第2期；覃红霞：《抗日战争时期高校内迁探析》，西南师范大学2002年硕士学位论文，第14—18页。

续表

学校	原校址	迁入地	迁移时间	备注
国立药学专科学校	南京	重庆歌乐山	1938年2月	1937年8月迁武昌，至是迁渝
国立中央工业专科学校	南京	重庆沙坪坝	1938年2月	抗战爆发后，先迁湖北宜昌，再迁四川万县，至是迁渝，并设分校于巴县
私立复旦大学	上海	重庆北碚	1938年春	抗战军兴，先迁江西庐山，与私立大夏大学联办。至是迁渝，改为国立
武汉大学	武汉	四川乐山	1938年4月	
东北大学	沈阳	四川三台	1938年3月	九一八后入关，辗转迁移于北平、西安、开封等地，至是迁川
蒙藏学院	南京	四川万县	1938年6月	原为中央政治学校蒙藏班，抗战爆发后改此名，先后辗转迁移于安徽青阳、湖南芷江，至是迁万县。1941年8月改称国立边疆学校
私立武昌文华图书馆学专科学校	武昌	重庆江北	1938年7月	
私立两江女子体育专科学校	上海	重庆南岸	1938年8月	
山东医学专科学校	青岛	四川万县	1938年	该院后与私立南通学院医科在湖南衡阳合并成立国立江苏医学院
私立武昌中华大学	武昌	重庆南岸	1938年秋	先迁桂林，后迁重庆
私立朝阳学院	北平	成都、重庆	1938年	抗战时期，辗转迁移于湖北沙市、四川简阳、成都等地，1941年夏迁重庆巴县兴隆场

续表

学校	原校址	迁入地	迁移时间	备注
江苏省立教育学院	无锡	四川璧山	1938年	辗转迁移于湖南长沙、广西桂林等地后，迁渝。1941年停办，在此基础上，开办国立社会教育学院
南京戏剧专科学校	南京	重庆	1938年2月	战前筹划建校，在长沙正式开学后，1938年2月迁渝，1939年4月迁四川江安，后复迁渝改为国立戏剧专科学校
私立武昌艺术专科学校	武汉	四川江津	1938年	
私立医药技士专门学校	武汉	重庆	1938年	
江苏省立医政学院	镇江	重庆北碚	1939年1月	抗战后，辗转迁移于湖南长沙、沅陵，贵州贵阳等地。1938年8月改名江苏医学院。至是迁渝
吴淞商船学校	上海吴淞	重庆江北	1939年夏	迁渝复校后，改名重庆商船专科学校
国立上海音乐专科学校	上海	重庆复兴关	1939年冬	1939年11月，该校部分内迁师生设音乐干部训练班于重庆，后改为国立音乐学院分院
山西工农专科学校	太谷	四川金堂	1939年	抗战时期，辗转迁移于晋南运城、豫西陕县、陕西西安、陕南沔县等地。迁川后改名铭贤学院
国立中央技艺专科学校	成都	川内南充、乐山等地	1939年	1939年创办于成都，后辗转迁移于川内南充、乐山等地
国立交通大学	上海	重庆九龙坡	1940年	1940年在重庆设分校，1942年在重庆设总校

续表

学校	原校址	迁入地	迁移时间	备注
国立上海医学院	上海	重庆歌乐山	1940年夏	1939年夏部分师生迁昆明，与中正医学院合并。至是迁重庆。1941年12月、上海师生分批赴渝
中央国立体育专科学校	南京	重庆北碚	1940年冬	
私立之江大学	杭州	重庆	1941年	抗战时期，辗转迁移于浙江金华、福建邵武、贵州贵阳等地，后贵阳分校迁渝并与东吴大学法学院、沪江大学合组法商工学院
国立北平艺术专科学校	北平	四川璧山	1941年	1938年在湖南沅陵与杭州艺专合并，辗转迁移于云南昆明、呈贡和四川璧山、重庆等地
国立杭州艺术专科学校	杭州	四川璧山	1941年	抗战爆发后，辗转迁移于浙江诸暨、江西贵溪、湖南沅陵，与北平艺专合并后，再迁云南昆明、呈贡，1941年迁璧山，1943年夏迁渝
私立立信会计专科学校	上海	重庆	1942年秋	
私立北京协和医学院护士学校	北平	成都	1943年9月	迁成都重建
私立东亚体育专科学校	上海	四川泸县	1944年夏	1941年停办，至是迁川南泸县复校
国立东方语专科学校	云南呈贡	重庆	1945年7月	1942年10月创办于云南呈贡，至是迁渝
私立民治新闻专科学校	上海	成都	不详	
私立正则艺术专科学校	江苏丹阳	四川江津	抗战初期	

续表

学校	原校址	迁入地	迁移时间	备注
支那内学院（佛学院）	南京	四川江津	抗战初期	
山东医学专科学校	济南	四川万县	抗战初期	
山东药学专科学校	青岛	四川万县	抗战初期	

抗战时期内迁的战区高校，曾饱经战火摧残，在多次辗转迁移过程中，师生职员大量流失，图书、仪器、设备等损失严重。据统计，战前中国约有专科以上高校108所，教员7 560人，职员4 290人，学生41 922人，当年毕业生9 154人。受抗战影响，至1938年底，“此一百零八高校中受敌人破坏者，共九十一校，其中全部受敌人破坏者计十校”。“受影响之教职员共计二千人，学生二万余人”。[①]“学生几减百分之五十，教职员也减少百分之三十”[②]。学校财产损失3 360万余元法币（其中公立学校损失2 249万余元，私立学校损失754万余元）[③]，图书资料、教学仪器设备等实际损失不可估量。另外，战时内迁的高校，均有辗转迁移的经历。少则迁移一两次，多数迁移了三四次，更多者则辗转迁移了五六次，甚至更多次。如浙江大学，战时辗转迁移于浙西天目山、建德，赣中吉安、泰和，桂北宜山，黔北遵义等地，行程5 000多公里。杭州艺术专科学校，从1937年11月至1946年秋，先后辗转迁移于浙、赣、湘、黔、滇、川6省，行程6 000多公里。同济大学，战时先后迁移于上海公共租界、浙江金华、江西赣州和吉安、广西八步、云南昆明、四川南溪李庄，迁移了7次。

战区高校及其师生们经过长途跋涉，辗转迁移，内迁至西南地区后，在复校、开学的过程中，面临着许多意想不到的困难和问题。这些困难和问题，概括起来，就是“三缺”：缺经费，缺校舍，缺图书和仪器设备。

第一，缺经费。缺少复校、办学即维持学校日常运行所必需的经费，是战时内迁西南地区各高校普遍面临的最大的经济困难。抗战时期，军需民用支出浩繁，

①延安时事研究会：《抗战中的中国文化教育》，上海人民出版社1961年版，第28页。

②庄泽宣：《抗战十年来中国学校教育总检讨》，《中华教育界》1947年第1期，中华书局印行，转引自张勤《抗战时期内迁西南的高等院校》，四川师范大学1995年硕士学位论文。

③ 彭明：《中国现代史资料选编》第5册（下），中国人民大学出版社1989年版，第631—632页。

国民政府财政拮据，无力顾及发展文化教育事业所必须支付的经费。即使对于像北京大学、中央大学等由中央政府全额拨款的国立大学的经费，都要想方设法百般克扣，尽量拖延拨款。对于像燕京大学、金陵大学等教会大学和复旦大学等私立大学所面临的办学经费困难，更只能是漠然坐视，任其自行想法解决。在此情势下，内迁各校当局和一些著名教授便不得不四处奔走，呼吁求助，甚至向银行透支、借债，来维持学校正常的教学秩序和师生们日常的生活开支。①经费奇缺、战时恶性通货膨胀和物价持续上涨，严重影响到了学校正常教学秩序的维持，导致师生们的生活水平江河日下，衣食艰难。"房租、衣着、零用、子女教育费，都无着落，若遇疾病，只好听天摆布"。为了维持自己及家人的生计，教师们"始以积蓄补贴，继以典质救济"②，重庆、成都、昆明等内迁高校集中的城市社区，时常"可见到教授们出入旧书摊、拍卖行，或在公米店、公盐店前鹄候终日"③等辛酸情形。学生们的伙食更差。有些经费困难的学校，甚至到了学生"每饭难得一饱"的艰难程度。如某大学伙食团，400人的菜钱每天总共才40元，按当时市场上猪肉的售价，每人每餐可分到二钱。④对此，国民政府也承认：战时"物价腾贵，以致各级学校膳食发生困难，从而影响青年学生之营养，实在是一个急待解决的教育问题"。⑤

第二，缺校舍。战区高校内迁入川以后，因西南各地接待能力有限，并且缓不济急，在办学、复校条件上，只能因地制宜，因陋就简。"讲堂、寝室、集会、办公、操练、庖湢之所，取诸廨宇寺观假诸第宅之羡者十八九"⑥。大多采取租借、商借庙宇、祠堂、民房和当地学校校舍或搭建简易房屋等途径，解决课堂教学与师生住宿等问题。例如，中央大学迁至重庆沙坪坝后，主要利用重庆大学校舍；迁至成都的齐鲁大学、金陵大学、燕京大学、金陵女子文理学院和国立牙医专科学校等5校，主要借用华西大学的校舍和教学仪器设备；武汉大学迁至乐山后，借用嘉定文庙、

①如著名的享有很高学术声望和社会地位的西南联大，迁至云南昆明后，因清华属教会大学，南开属私立大学，战前原有的经费来源已经中断，三校便只能共用国民政府每年拨给的120万元法币（相当于战前清华大学一校的开支）和举债来勉强支撑，苦度时艰。据统计，1940年至1945年，西南联大借债本息合计即共达1 400多万元法币。参见萧超然等：《北京大学校史》，北京大学出版社1988年版，第338—339页。

②清华大学校史编写组：《清华大学校史稿》，中华书局1981年版，第313页。

③《提高教授的待遇》，《云南日报》1943年6月23日。

④延安时事问题研究会：《抗战中的中国文化教育》，上海人民出版社1961年版，第88页。

⑤潘公展：《教育上的两个迫切问题》，《中央日报》1942年4月27日第2版。

⑥竺可桢：《国立浙江大学黔省校舍记》，中国人民政治协商会议西南地区文史资料协作会议：《抗战时期内迁西南的高等院校》，贵州民族出版社1988年版，第129页。

崇圣寺、三清观、乌尤寺等庙宇；东北大学迁至三台县后，借用草堂寺等旧址；同济大学迁至南溪李庄后，租（借）用当地祠堂、庙宇和农户多余、空闲的房屋；复旦大学迁至重庆北碚后，租用民房和自盖“几间土坯平房”作校舍[①]；等等。学校临时搭建的简易校舍，大多就地取材，以泥土、竹木为墙壁，用茅（谷）草、青瓦、铁皮覆盖屋顶。学生宿舍亦多为茅顶、土墙、泥地建筑。一间屋通常要住几十人乃至上百人。室内灯光昏暗，空气污浊，喧闹拥挤不堪。“教室是铁皮顶的房子，下雨的时候，丁当之声不停。地面是泥土压成的，几年以后，满是泥坑。窗户没有玻璃，风吹时必须用东西把纸压住，否则就会被吹掉”。[②]教室里的课桌、板凳，“均以木作柱，其上横置一板即为台，以土砖作基，其上置一板即为凳”[③]。多数内迁学校校舍“教室破烂，桌凳数量有限，不敷使用”，学生后至者只能站在门外听课。学校没有电灯，晚上除宿舍里每两个学生可领一只煤油灯外，“其余各地皆漆黑”，学生只能窝在宿舍里自习。[④]另外，由于缺少校舍，很多学校的教学区与生活住宿区分开而且相隔距离颇远。如武汉大学在乐山，全校师生就分散在7个地方学习和生活。

第三，缺图书资料和仪器设备。战区各高校仓促内迁，入川前，大多数都经历了长途跋涉、辗转迁移的过程。学校原有的教学、科研需用的图书资料和仪器设备，或是留在了原校址，或是在辗转迁移中散失，或是毁于战火，只有很少部分被携带至后方。例如，图书资料条件最好的中央大学，图书馆藏书50余万册，但在重庆沙坪坝新校址的图书馆建筑却是一座“简易平房，不足1 000平方米，只能容500个座位，而学生超过数倍”，于是“抢座位，抢参考书，抢灯光（因灯光昏暗，要抢离电灯近的位置）”[⑤]便成为中央大学师生每天自习生活的重要内容。西南联大在昆明，总共有中外文图书资料4.8万册，全校师生人均图书资料不到14册，学生基本上做不到人手1册教科书。[⑥]东北大学迁至三台县后，修了一座可容纳300余

①《回忆抗战时期的复旦大学》，中国人民政治协商会议西南地区文史资料协作会议：《抗战时期内迁西南的高等院校》，贵州民族出版社1988年版。

②杨振宁：《读书教学四十年》，《光明日报》1983年12月1日。

③梁山等：《中山大学校史》，上海教育出版社1983年版，第101页。

④《回忆抗战时期的复旦大学》，中国人民政治协商会议西南地区文史资料协作会议：《抗战时期内迁西南的高等院校》，贵州民族出版社1988年版。

⑤《抗战时期的国立中央大学》，中国人民政治协商会议西南地区文史资料协作会议：《抗战时期西南的教育事业》，贵州文史书店1994年版。

⑥张勤：《抗战时期内迁西南的高等院校》，四川师范大学1995年硕士学位论文，第19页。

人的图书馆阅览室，但学校仅有图书2万余册。[①]于是上课记笔记，下课整理、核对笔记或抄基本参考书，考试背笔记，便成为战时内迁各高校学生的日常功课。缺少教学、科研所需要的仪器设备，便就地取材，寻找替代品或自行制造。没有烘箱，便用饼干箱代替；买不到双氧水、盐酸，就自行配制；用皮老虎鼓风；用酒精蒸汽代替煤气；用废信封做育种袋；用油纸代替玻璃建温室，用瓦盆做蒸发器皿；等等。[②]

就这样，在抗日战争的烽火岁月里，在奔波流离的辗转迁移过程中，在简陋粗砺的生活环境里，在艰难困苦的教学条件下，内迁高校师生“民族精神依然兴旺”，“‘士气’更因炮火的洗礼而变得更刚毅”，“饱尝艰辛，却没有颓废”，依然怀有严肃“求学的态度”[③]，“始终如一”。[④]教师们“非但不稍松懈”，还“增加课程”，对学生“循循善诱，殷殷教导”一如既往。[⑤]大量时间都花在图书馆和实验室埋头工作，[⑥]发表了一大批重要的自然科学与人文社会科学研究的成果，培养出了一批有志有为、成材成功的优秀学子。并在改变四川地区教育事业落后面貌，推动战时四川地区高等教育事业发展方面，做出了极其重要的历史性贡献。

第一，促进了四川地区高等教育事业规模的扩大。主要表现在三个方面：一是在川高校数量增加。战前，四川地区有四川大学、重庆大学、华西大学等大专院校10余所。抗战期间，有48所战区大专院校陆续迁入四川地区，以机械迁移即“嵌入”的方式，推动着战时四川地区高等教育迅速发展，学校数量增加。另外，四川战时还新办大专院校14所。其中，重庆4所（陆军军乐学校、中华工商专科学校、汉华农业专科学校、重辉商业专科学校），成都4所（艺术专科学校、成都理学院、会计专科学校、体育专科学校），江津两所（女子师范学院、体育师范专科学校），乐山两所（中央技艺专科学校、复性书院），巴县1所（乡村建设学院），自贡1所（工业专科学校）。[⑦]根据1944年的统计资料，全国共有大专院校145所，四川地

①《抗战以来的东北大学》，《教育杂志》第31卷第1号，第23页，转引自胡瑛：《抗战时期的高校内迁及其意义》，《文史杂志》2005年第4期。

②侯德础：《抗日战争时期四川及周边地区的经济与文教》，四川人民出版社2005年版，第225页。

③柳无忌：《烽火讲学双城记》，转引自何一民：《成都通史·民国时期》，四川人民出版社2011年版，第338页。

④熊明安：《中国高等教育史》，重庆出版社1988年版，第536页。

⑤《东吴法学院年刊》1946年，转引自张勤《抗战时期内迁西南的高等院校》，四川师范大学1995年硕士学位论文，第22页。

⑥祝文白：《抗战期间的浙江大学》，中国人民政治协商会议西南地区文史资料协作会议：《抗战时期内迁西南的高等院校》，贵州民族出版社1988年版，第123页。

⑦李平：《抗战时期的四川高等院校》，《长春工程学院学报》（社会科学版）2010年（第11卷）第1期。

区即有70余所，占全国高校总数的50%左右。抗战胜利后内迁高校复员时，国民政府决定“国立专科以上学校，一部分迁回收复区，一部分留在后方”。[①]只有公（国）立高校迁返可得到国家资助，私立学校的复员返迁则只能自筹经费。在此情势下，一些内迁私立高校因无力、无法复员返迁而留在了四川地区。如光华大学成都分校即成为四川成华大学（后先后改组为四川财经学院、西南财经大学），国立女子师范学院与四川教育学院合并后组成西南师范学院（后先后改组为西南师范学院、西南师范大学、西南大学），东北大学返迁后留下川北大学，复旦大学校友在重庆北碚校址上组建了相辉学院，以及中央工业专科学校、辅成学院、正阳学院等亦都成为四川的大专院校。

二是学校院系增加。如中央大学刚迁至重庆时，有7院37系，至1945年发展为8院37系。复旦大学1938年迁至重庆时，有4院16系，至1940年秋发展为5院22系。四川本土高校四川大学，1939年至1943年因避战火迁至峨眉时，设有文学、理学、法学、农学、师范等5院23系，1943年迁回成都后，又恢复了工学院，增设了中国文学研究所、化学研究所、航空工程系、土木水利工程系、机电系等院系。重庆大学，亦由战前的2院7系发展为3院12系、2个专修科和1个师资班。战时在川高校内设院系的增加，推动了学校学科体系的健全完善，提升了学校的教学科研能力，并为培养国家建设和社会发展所需人才提供了教师及教学条件的保障。

三是学生人数增长。1936年，全国高校共有在校大学生41 922人，其中：国立大学有学生13 882人，省立大学有学生7 376人，私立大学有学生20 664人。1945年，全国高校共有在校大学生80 646人（一说是86 854人），增加38 724人，增加近1倍。其中：国立大学有学生47 573人，增加33 693人，增幅达243%；省立大学有学生6 918人，减少458人，减幅为6%；私立大学有学生26 153人，增加5 482人，增幅为27%。[②]抗战时期川内高校在校学生数量增加的情况：中央大学，刚迁至重庆时有学生1 500余名，至1945年增加至学生4 000多名。复旦大学，1943年有在校生1 900余人，1945年增至2 000余人。同济大学在南溪李庄5年多时间里，“共毕业学生3 000多人”。[③]在成都的本土高校华西协和大学，战前有在

①张根福：《抗战时期的人口迁移——兼论对西部开发的影响》，光明日报出版社2006年版，第262页。

②中国第二历史档案馆：《中华民国史档案资料汇编》第5辑第2编“教育”，江苏古籍出版社1997年版，第790—805页。

③江鸿波等：《烽火同济》，同济大学出版社2007年版，第201页。

校生335人，到1945年增至1 300余人。[①]相关统计资料也显示：1938年上半年，16所迁川高校，共有学生4 647人（包括在四川招收的部分学生）；1940年，26所迁川高校，共有学生10 722人，当年毕业学生1 826人；1942年，30所迁川高校，共有学生13 510人，当年毕业学生3 000人左右。[②]另外，抗战时期，包括内迁各校在内，中国高校都扩大了招收西部地区生源的比例。据复旦大学、浙江大学等校统计，川籍学生与外省籍学生的比例，大致在各占50%左右。[③]战时西南地区各高校培养的人才“遍布云、贵、川的军工、机械、机电、冶金、水利、交通、建筑、化工、医疗卫生及教育等各行各业”[④]，成为抗日战争和后来新中国建设以及国家开发、建设西部的优秀才俊和骨干力量。

第二，促进了四川地区高等教育资源的区域性均衡分布。战前，四川大专院校主要集中在成都、重庆两个中心城市。战区高校内迁入川后，大多数学校仍继续选择在重庆、成都两地办学、复校，同时也有一些学校选择在川内的万县（山东大学、上海法学院、山东医学专科学校等4校）、璧山（交通大学唐山土木工程学院、铁道管理学院等4校）、江津（武昌艺术专科学校、支那内学院等3校）、乐山（武汉大学、江苏蚕丝专科学校两校）、三台（东北大学）、南溪李庄（同济大学）、泸县（东亚体育专科学校）、宜宾（国立戏剧学校）、金堂（铭贤学院）等市县乃至乡镇去办学、复校。这有利于改变战前四川地区高校集中于中心城市的面貌，有助于促使高等教育资源向川内其他市县发展和布局，对后来四川地区高等教育资源的均衡布局具有奠基性的作用。

第三，促进了四川地区高校教育质量和教学水平的提高。战前，四川因地处西南内陆腹地，又属于西南民族地区，被人看作地理位置边僻，交通闭塞，对外交流不便，信息不灵，经济社会发展落后的偏远蛮荒之地，少有非川籍的知名学者或海内外学术名流、文化名人愿意专程入川讲学或任教于川内高校。抗战时期迁川的高校，主要来自平、津、沪、宁、苏、杭和湖北等经济文化发达地区，并尤以国（公）立和知名的私立大学特别是教会大学为主。它们的内迁，以及一批当时中国的重

①季啸风：《中国高等学校变迁》，华东师范大学出版社1992年版，第992页。

②四川省教育志编辑组：《抗战中48所高等院校迁川梗概》及附表，《四川文史资料选辑》第十三辑，四川省政协文史资料委员会、四川省地方志编委会1964年编印。

③丁润生：《抗战时期内迁院校与西部开发》，《淮南师范学院学报》2002年第4期。

④陈种美等：《同济大学在云南四川的岁月》，中国人民政治协商会议西南地区文史资料协作会议：《抗战时期内迁西南的高等院校》，贵州民族出版社1988年版，第65页。

量级学者、文化名人和学术中坚骨干随它们内迁入川后，在整体上增强了战时四川地区高校的师资力量，提升了四川地区高等教育教学的水平。川内本地高校也利用这一有利时机，或者聘请这些著名学者、文化名人来校讲学或兼课，或与内迁高校联合办学，提升自己的教育质量和教学水平。如成都华西协和大学，即利用燕大、金陵、齐鲁、东吴等高校借用其校园之机，同它们联合办学，学习它们的办学经验，引进人才，聘请名家到校执教、讲学，使自己在办学规模、教研水平上得到很大提高，不仅院系增加，学生数由战前的335人增至1945年的1 300余人，还先后创办了6个研究所(室)，取得了不少科研成果。另外，抗战胜利复员返迁时，一批著名学者出于各种原因留在四川，继续执教于川内高校。他们后来成为四川学术界的领军人物和国内外知名学者，为提高四川地区高等教育的知名度，提升四川高校的教育教学质量和学术研究水平，做出了不可磨灭的贡献。

(二)战时四川地区中小学教育的发展

抗战时期，四川地区的中小学教育事业发展很快。1936年，四川有中等学校264所，其中普通中学199所，中等师范学校37所，中等职业学校28所，共有在校中等学校学生47 654人，其中普通中学学生41 800人，占中等学校学生总数的87.7%；1937年，四川地区的中等学校增至267所，学生人数增至73 529人；1945年，四川(不含重庆)地区的中等学校增加至671所，其中有省立中学65所，县立中学303所，私立中学303所，另有国立中学20余所，在校中学生增加至247 748人，几为战前的3倍。1937年，四川(不含重庆)地区有各类小学(包括可办高初级小学的乡镇中心国民小学、只办初级小学的保国民小学和短期小学等)共计20 303所，有在校小学生约135万人，教职员4万人左右，入学儿童占学龄儿童总数的21.89%；至1944年，四川地区的小学增加至47 341所，在校小学生增加至353万多人，教职员增至12万多人，均超过了战前的2—3倍。[①]重庆市在1938年至1945年间，普通中学由16所增加至46所，实增30所；职业中学由10所增加至20所，实增10所。小学，从1936年至1945年，由79所增加至294所，实增215

①李挺：《抗战时期中国高等院校内迁研究》，西北大学2000年硕士学位论文，第41—42页，转引自周勇：《西南抗战史》，重庆出版社2013年版，第429页。

所。[1]战时四川地区中小学教育的快速发展，同样是在战时人口内迁和内迁学校的推动下进行并取得显著成就的。主要表现在：

第一，有些中学是为接纳、收容从战区流亡而来的内迁学生所创办的。抗战时期，沿海沿江地区相当一部分学校遭受战火毁坏或者停办，大批师生与失学青年被迫西迁。为处理好这些师生的问题，国民政府颁布了关于救济战区流亡、内迁之失学失业教师学生的法规政策，先后设置"冀察绥平津中等学校学生通讯处"（1937年底，开封、许昌）、"四川临时中学"（武汉，负责收容南京、江苏、浙江、安徽等战区逃难来汉的学生）、"战区来渝学生指导处"（重庆，1940年7月）、"教育部战区学生指导处"等机构，负责办理失业失学之教员学生登记，收容战区教师学生等事务。1940年12月，重庆已收容战区学生38 270人（以后陆续收容者，应远不止此数）。对于战区流亡、内迁的学生，国民政府在经过编级考试后，合格者或帮助进入川内原有的公、私立学校，或创办一些新的国立中学校供其就读。[2]从1937年底起，教育部开始筹设国立中学，俾以打破向由省、市教育厅（局）主管地方中等教育的体制。在整个抗战时期，国民政府共设国立中学34所。其中，除3所是接收中英庚款董事会所办的中学改组而成，3所为返国侨生而设立外，其余大多数是为收容、解决战区内迁之中学教师、学生而设立的。其中有些学校就分布在川内重庆青木关、北碚、长寿、合川、江津、永川、三台等地。

表6-2　抗战时期四川地区部分国立中学情况概览[3]

校名	校址	主要招生对象	
国立2中	合川	京、苏、沪、浙、皖、鄂等战区失学内迁学生	
国立4中	阆中	察、绥、冀、鲁等省失学内迁学生	1938年2月筹设于陕西安康，1939年10月迁阆中
国立6中	绵阳	冀、鲁等省战区失学内迁学生	1938年2月筹设于湖北郧县，1939年2月迁绵阳
国立9中	江津	皖省迁川学生	

①李定开：《抗战时期重庆的教育》，重庆出版社1995年版，第35—40、69—71页。
②张根福：《抗战时期的人口迁移——兼论对西部开发的影响》，光明日报出版社2006年版，第265—266页。
③资料来源：蒋致远《第二次中国教育年鉴》第4编《中学教育》第4章"国立中学概况"，宗青图书公司1991年版。

续表

校名	校址	主要招生对象	
国立12中	长奉	鄂省迁川学生	
国立14中	重庆青木关	中央各机关公务员子女	1941年，由贵阳中央大学实验中学改用国立14中名称
国立15中	荣昌	川境各儿童保育、教育机关毕业生	1941年8月设于永川，1943年7月迁荣昌
国立16中	永川	战区中小学教师第三服务团学生	
国立17中	江津	战区中小学教师第三服务团学生	
国立18中	三台	原国立东北中学学生	由原国立东北中学与三台私立国本中学合组改设
国立女中	合江	战区失学内迁女生	
国立华侨2中	綦江	港澳等地侨生	
国立东北中山中学	威远	东北流亡失学学生	1934年初设于北平，后辗转迁移于南京、湖南湘乡，1939年6月迁至威远
国立东北中学	三台	九一八事变后东北撤入关内之流亡、失学学生	由原来北平私立东北中学迁川后改设

第二，内迁学校，特别是高校及师生直接参与了战时西南地区中小学的办学。其一，创办学校。典型如重庆南开中学，1936年创建之初，本名“南渝中学”（取南开在渝办学之意）。1937年中日平津战事激烈之时，天津南开大学和南开中学遭日军炸毁。为表示“南开生命之延续，以及不屈之决心”，校长张伯苓接受校董会的建议，将学校更名为“南开中学”，后成为重庆乃至川内著名的中学。其他如武汉大学迁至乐山后开设附中，金陵大学设附中于万县。①二是战区中学或内迁高校附中内迁至川内各地复校、办学。战时随高校内迁之附中，如同济大学附中随本部迁至南溪李庄，武昌艺术专科学校附中随本部迁至四川江津，光华大学附中与分校一道迁至成都西郊草堂寺，四川国立社会学院附中迁至重庆青木关（校本

①符开甲：《昆明市私立中学在抗战中的崛起》，中国人民政治协商会议西南地区文史资料协作会议：《抗战时期西南的教育事业》，贵州文史书店1994年版，第24页。

部在璧山)等。[1]抗战时期,内迁高校所带或所办的附中虽然数量不多,但因其拥有高校的教师资源和学校显赫的声望、地位作保障,故其对所在区域中小学教育的影响力不容轻视。另外,也有一部分战区私立中学为逃避战乱而内迁入川(详见表6-3)。三是教师资源的提供。首先是内迁教师以"战区教师服务团"为组织形式,深入国统区后方各地兴办中小学校,开展教育教学活动。其中第三服务团(团部设于江津白沙镇,有教职员362人,其中中学教职员85人,小学教职员277人)、第五服务团(团部设于三台,有教职员219人,其中中学教职员96人,小学教职员123人)均活动于四川境内,为战时川内中小学教育事业的发展提供了重要的师资保障。第三服务团,下辖5个分团,分布在重庆市区、北碚、江津、永川等地。小学教育方面,第三服务团在永川办理国民学校100余所,经办师资培训班两期;在北碚办理三峡实验区保国民学校及北碚小学等19所;在江北大石乡、永川西乡等地办理国民教育实验区,办理中心小学3所、保国民学校13所;在重庆各地合办小学40余所,协办小学50余校。中等学校教育方面,在南温泉办学生营4班,学生135人;在重庆黉学小学办中学补习班21班,学生300余人;在江津白沙镇办附设中学班10班,学生470余人;办中山中学班第1至8期共63班,学生2 564人;代办凡江女子中学、川南中学、川东中学等校;还派团员到复兴、东方、钟南、正则、崇教等10余所迁川中学和建文、立人、中正、江北、巴县、重庆川师、重庆女师等10余所川内中学任教,加强了这些学校的师资力量,提高了教学水平。[2]其次是大学毕业生到中小学任教。在当时情况下,大学生毕业后,主要也只能是在西南地区就地找工作就业。"教书又是他们最大的出路"。[3]抗战胜利后,因"许多外省中小学教师返回原籍",导致川内成都、重庆等地的一些中小学校出现了师资缺乏的问题[4]。这就在一定程度上说明,战时内迁学校及其教师参与四川教育事业,保障了四川地区中小学校教师资源的供给,提高了其时四川中小学教师队伍的整体文化水平和教师素质,这是有利于四川地区学校教育事业发展的事情。

①冉春:《抗战时期中学西迁及西部教育的发展》,《河北师范大学学报》(教育科学版),2005年第4期。

②李定开:《抗战时期重庆的教育》,重庆出版社1995年版,第89—91页。

③中国人民政治协商会议西南地区文史资料协作会议:《抗战时期西南的教育事业》,贵州文史书店1994年版,第12页。

④何一民:《成都通史·民国时期》,四川人民出版社2011年版,第320页。

表6-3 抗战时期战区私立中学迁川情况概览[①]

中学名称	原校址	迁川后校址	中学名称	原校址	迁川后校址
华英中学	湖北宜昌	奉节	哀欧拿女中	湖北宜昌	奉节
青年会中学	南京	重庆江北	太原友仁中学	山西太原	重庆两路口
萃文中学	安徽芜湖	重庆江北	吴淞中国中学	上海吴淞	巴县兴隆场
儒励女中	江西九江	资中	南京钟南中学	南京	重庆曾家场
葆灵女中	江西南昌	遂宁	南京东方中学	南京	重庆南岸
铭贤中学	山西太原	金堂	九江同文中学	江西九江	璧山丁家镇
建国中学	上海	合川北门	南通崇敬中学	江苏南通	合川
立达学园	上海	隆昌	江苏正则女校	江苏丹阳	重庆
汉口心勉中学	湖北武汉	重庆江北	汉口博学中学	湖北武汉	重庆黄桷桠
汉口懿训女子中学	湖北武汉	重庆黄桷桠	武昌楚村中学	湖北武汉	重庆江北
武昌旅川中学	湖北武汉	万县	天津志达中学	天津	重庆江北
北平志成中学	北平	重庆			

（三）职业教育的发展

战前，四川地区的职业教育已有一定发展。1934年，四川地区有职业学校17所，职业学校学生2 348人，职业学校教育经费23万余元，仅次于江苏、浙江，排在湖北、甘肃、云南等省之前。[②]抗战军兴，国民政府提出要加紧推进职业教育，“训练各种专门技术人员，以应抗战需要”[③]。并颁布《战时各级教育实施方案纲要》强调：“为谋行政与国防及生产建设之沟通与合作，尽量推行职业补习教育，使各级干部均有充分之供给”，[④]要求“职业教育之设置，尤应根据各种事业需要，加紧推进，务造就大量的专门人才”[⑤]。并采取一系列具体政策措施，推动四川地区发展职业教育。

①本表转引自冉春：《抗战时期中学西迁及西部教育的发展》，《河北师范大学学报》（教育科学版），2005年第4期。
②侯德础：《抗日战争时期四川及周边地区的经济与文教》，四川人民出版社2005年版，第283页。
③国民政府教育部教育年鉴编纂委员会：《第二次中国教育年鉴》第1编第2章，商务印书馆1948年版，第8页。
④国民政府教育部教育年鉴编纂委员会：《第二次中国教育年鉴》第1编第2章，商务印书馆1948年版，第9页。
⑤《中国国民党五届六中全会决议》，中共浙江省党史学会：《中国国民党历次会议宣言决议案汇编》第3册，1984年印行，第37页。

第一，建立“国立职业学校教育制度”。民国以来，职业学校的建设都是“以地方设置为原则”。但因为职业教育科目种类繁多，地方财力有限，一些职业教育科目，如医生、护士、助产士、药师、土木工程、水利水电等，地方上不一定迫切需要，但中央政府出于国家整体发展战略和社会经济建设事业的考虑，却必须要培养、储蓄此类人才。为此，战时国民政府实行了“国立职业教育制度”，设立若干国立职业学校，如“国立四川造纸印刷学校”、“国立商业职业学校”、“国立高级机械学校”、“国立歌剧学校”等。[①]同时还将国立中学分成中学、师范、职业3部，要求在普通中学课程中增加工农业生产和战时知识、技能等科目。随后又明确规定，普通中学、师范学校要增设职业科，以强化中等学校的职业技术教育功能。并要求各县市设立初级实用职业学校，“以学校和生产机关合作办理为原则”，设置科目规定为农艺、农产制造、养殖、纺织、木工、应用化学、印刷等实用技术。“各科课业分配中实习至少占50%”。[②]

第二，推行职业补习教育。1939年7月，国民政府教育部指令各省推行职业补习教育，以帮助民众“增进都市职业知识技能，服务道德及改良乡村农业与手工业”。即：一是要求各级各类职业学校充分利用既有的师资和教学设施，开办与学校性质相关的补习班。二是要求公私营企业、农场开办补习班。并规定，凡职工人数在500人以上的厂矿、农场，必须独自开办补习班；200人以上的厂矿、农场，可以数家联合办班；职工人数不足200人的厂矿，则由附近教育机关办理巡回职业补习班，定期到厂矿、农场开展义务培训和职业教育活动，以提高职工的专业技能、职业素养和文化知识。[③]

第三，各高校结合抗战军兴和后方经济社会建设的迫切需要，加强实用学科及课程建设。一是增设机械工程（修理、制造军事机械工程及有关军事机械工程事项）、机电工程（修理、制造、架设军用电气机件及有关军用电气工程事项）、土木工程（修筑道路、桥梁、堡垒，挖掘壕沟、水井及其他土木建设工程事项）、化学工程（制造防毒面具用品、消毒剂及其他化学工程事项）、医药救护（医疗、医护、防疫、公共卫生等）、西部资源及生物物种研究、西南农学研究、西南边疆史地、西南地区

①高奇：《中国教育史研究》，华东师范大学出版社1994年版，第333页。
②侯德础：《抗日战争时期四川及周边地区的经济与文教》，四川人民出版社2005年版，第285页。
③侯德础：《抗日战争时期四川及周边地区的经济与文教》，四川人民出版社2005年版，第288页。

民族问题等系科课程。二是将课程分为"常轨教育"与"辅助常轨教育"两种类型。减少原有课程教学时数，直接或间接加开战时应用课程。三是与企业联合开展实用性强的工业产品、科学技术的应用性研究。据统计，1936年，全国高校各类系科为文科192个、法科82个、商科55个、教育58个、师范无、理科160个、工科99个、医科23个、农科54个，到了1944年，各类系科的数量已发展调整为文科158个、法科127个、商科94个、教育42个、师范137个、理科140个、工科164个、医科41个、农科106个。[①]两相比较，师范增加137个，工科增加65个，农科增加52个，法科增加45个，商科增加39个，医科增加18个，文、理、教育等则呈减少趋势。

第四，各高校利用其雄厚的师资力量和教学设施，加强中等职业技术教育。1939年1月，国民政府教育部颁布《特设各种专修科办法要点》提出："高等学校可特设专修科，教授应用科学"。并指定中央大学、西北大学等14所高校，开设职教专修科，设置工、农、医、商4大类及电讯、汽车、采矿、机械等12个专业，总计20个班。1940年，又指定中央工业专科学校、同济大学附属高级工业职业学校等9所高校，"增设中等机械电机技术科"。随后又指定办土木科有教学成绩的高校和一些职业学校设置"中等水利科"，或开办水利学校。按照国民政府的要求，各高校纷纷开展开门办学和平民教育活动。开办师资培训班、教员函授夜校、先修班、民众夜校、青年补习班、民众阅览室、学术讲座等，在宣传新思想、新知识、新科学技术，开启民风民智的同时，也使得战时后方国统区的职业教育发展出农业、工业、商业、医药、水利、家政及其他诸多门类科目，形成了多门类、多样化的职业教育与职业学校教育教学的格局。

从全川的总体情况来看，1935年，四川有省立中等师范学校7所，即：省立成都师范学校（原省一师）、省立西昌师范学校（省二师）、省立遂宁师范学校（省三师）、省立万县师范学校（省四师），省立成都女子师范学校（原女一师）、省立重庆女子师范学校（原女二师）、省立南充女子师范学校。川内各县基本上都设有县立师范学校，或在县中学里附设有师资班。到1941年初，又增设省立师范学校8所，即：省立川东师范学校（江津）、省立乐山师范学校、省立宜宾师范学校、省立大竹师范学校、省立绵阳师范学校、省立剑阁乡村师范学校、省立达县师范学校、省立威州乡村师范学校（茂县）。此外，至1942年时，四川省立职业学校也发展到20多

①侯德础：《抗日战争时期四川及周边地区的经济与文教》，四川人民出版社2005年版，第229页。

所，主要有：省立成都高级工业职业学校、省立成都高级医士职业学校、省立成都高级女子职业学校、省立内江实用职业学校、省立重庆高级商业学校、省立重庆女子职业学校、省立江津窑业职业学校、省立宜宾农业职业学校、省立南充高级蚕丝职业学校、省立万县高级农业职业学校、省立巴中农业职业学校等。[①]成都市1932年有中等职业学校6所，中等师范学校7所；到1942年，全市中等职业学校发展至23所，有教职员269人、在校学生1 770人，中等师范学校3所，有教职员55人、在校学生733人。职业教育及职校覆盖了农业（1所）、工业工艺（4所）、医药卫生（6所）、女子职业（2所）、音乐美术（4所）、体育（1所）、会计（2所）等多个行业。同时成都还有职业教育补习学校17所，其中以会计补习学校最多，达7所。[②]重庆市战前有中等师范学校和中等职业学校共计17所；到1945年，发展为中等师范学校4所，中等职业学校22所。[③]另外，为鼓励青年学生积极报考和就读职业学校，国民政府还规定："职业学校学生公费名额至少占30%，农、工、医科职业学生享受公费比例为80%，商科为40%。"[④]战时四川地区的职业学校和职业补习学校，均以社会需求为办学目标，以促使受教育者"生产技能增进，生活能力充实，家庭社会愈趋安定"为原则，在专业设置、招生等方面，强调实用，注重生产技术与生活技能的教授。因此，战时四川地区职业教育的发展，有利于受教育者提高文化程度，增进生产技能，增强生计能力，从而也有利于中国坚持抗战、争取最后胜利这一伟大事业。

二、战时四川的文化艺术

抗战初期，全国抗日救亡文化中心也随国民政府西迁而转移到重庆。"中华全国文艺界抗敌协会"（简称"文协"）、"中华全国戏剧界抗敌协会"（简称"剧协"）、

①王斌：《四川现代史》，西南师范大学出版社1988年版，第278—279页。
②何一民：《成都通史·民国时期》，四川人民出版社2011年版，第315—320页。
③周勇：《重庆通史》第3卷，重庆出版社2002年版，第1294—1295页。
④高奇：《中国教育史研究》，华东师范大学出版社1994年版，第337页。

"中国青年新闻记者协会"(简称"青协")等抗日文化团体和大批文化人士,纷纷西迁入川,聚集于重庆、成都等川内中心城市。1941年"皖南事变"后,中共中央南方局组织、资助已不能继续留在重庆工作的左冀进步文化人士疏散转移者就有"100余人"。[①]1942年上半年统计,其时有200多名文化界人士到国民党中央宣传部文化委员会招待所办理登记补助和在渝工作的手续。中共中央南方局接待安置或自找门路者尚不包括在内。至1943年,已有35个全国性文化团体在渝活动。抗战初期,周恩来出任国民政府军事委员会政治部副部长。他主管的军委会政治部第三厅负责文化宣传,厅长由郭沫若担任。第三厅内各处、科负责人,由阳翰笙、杜国庠、田汉、冯乃超、洪深等中共党员或倾向于中共的左冀进步人士担任。该厅成立了10个抗敌演出队、4个电影队、1个漫画队和孩子剧团,领导着7个文艺界抗敌协会等抗战文艺宣传机构和表演团队,在宣传抗日救亡主张方面发挥了重要的引领功能和骨干作用。1940年底,国民政府撤销第三厅,随后成立文化工作委员会,由郭沫若任主任,阳翰笙、谢仁钊任副主任。该文化工作委员会的工作人员大部分是从第三厅转过来的,其所聘任的委员如茅盾、老舍、陶行知、沈志远、田汉、王昆仑等,也大多是中共党员和左冀进步文化人士。在这些有利条件和积极因素的促进下,以宣传抗日救亡为主旨的四川地区战时文化艺术活动就蓬勃开展起来,取得了重要成绩。

(一)戏剧与电影

1.戏剧

抗战时期,戏剧以其生动形象、声情并茂、通俗易懂、群众喜闻乐见等表演优势,成为抗日救亡宣传活动中采用最多的抗战文艺演出形式。战时四川地区戏剧活动的蓬勃开展,主要表现在以下四个方面:

第一,剧团、剧社等演出团队多。抗战时期,四川地区仅以宣传抗日救亡为主旨的剧团、剧社、演出队、宣传队等戏剧演出团队即有上百个。其他常规、纯文娱性的戏剧表演团队,如活跃于川内各县市的川剧团、话剧社等,尚未统计在内。当时,全川各地及各抗日社团和许多机关、厂矿、学校等都成立了剧团、剧社、宣传

①《南方局关于文化运动工作向中央的报告》,南方局党史资料征集小组:《南方局党史资料》(六),重庆出版社1990年版,第13页。

队、演出队等或专业或业余的文艺演出团队。影响大者除国民政府军委会政治部第三厅下辖的10个抗敌宣传队、孩子剧团和成、渝两地学生、工人组织的抗敌宣传团(队)外,还有中央实验剧团、中华剧艺社、怒潮剧社(后更名为“中国万岁剧团”)、中国青年剧社、上海影人剧团、上海业余剧人协会、中电剧团、中国艺术剧社、中国胜利剧社、农村抗战剧团、四川旅外剧人抗敌演出队、怒吼剧社、华北宣传队、复旦剧社、五月剧社、华西学生救亡剧团、华西协中抗日移动剧队、江安戏剧协社、南充南华艺社、灌县轻风社等。

第二,演出的剧目多。抗战时期,四川地区各剧团除演出传统剧目外,更主要的是结合开展抗日救亡宣传活动的需要,演出抗日爱国戏剧。如《流民三千万》、《逃难到四川》、《我们的国旗》、《民族万岁》、《全民总动员》、《抗战进行曲》、《打鬼子去》、《中华民族的子孙》、《自由魂》、《我们的游击队》、《父仇》、《铁血青年》、《女英除奸》、《沈阳之夜》、《卢沟桥之战》、《台儿庄大捷》等。这些剧目对鼓动民族抗战发挥了巨大作用。话剧是当时比较新潮、时尚的戏剧形式。川内各地所演出的话剧,大多是作家、戏剧家根据抗战形势发展和国内政治斗争需要而创作的以抗日救亡为主题的剧目。如阳翰笙编有《槿花之歌》、《两面人》、《草莽英雄》、《天国春秋》等剧本。其中,《天国春秋》借太平天国“天京事变”史实和剧中人物之口,大声疾呼“大敌当前,我们不该自相残杀”,抨击国民党当局破坏国共合作、团结抗战局面的倒行逆施;郭沫若编剧的《屈原》,发出“将一切沉睡在黑暗里的东西,毁灭,毁灭,毁灭呀”,“把这黑暗的宇宙,阴惨的宇宙,爆炸了吧”等愤怒的呐喊,表达了国统区广大民众不满国民党当局专制独裁政策的心声。其他如《棠棣之花》、《虎符》、《孔雀胆》(郭沫若)、《法西斯细菌》、《水乡吟》、《芳草天涯》(夏衍)、《魔窟》、《秋收》(陈白尘)、《雾重庆》、《祖国在呼唤》、《刑》、《春寒》(宋之的)、《蜕变》、《北京人》、《桥》(曹禺)、《风雪夜归人》、《牛郎织女》、《少年游》、《林冲夜奔》(吴祖光)、《包得行》、《黄白丹青》(洪深)等剧目,具有鲜明的时代特色和强烈的战斗精神。其中一些因针砭时政,遭到禁演。[1]尽管存在这些问题,但抗战话剧的许多剧目的演出在宣传抗日救亡方面产生了广泛影响,展现了抗战文艺一个重要方面军的风彩。

第三,形成了多剧种百花齐放、竞相争妍的繁盛局面。在话剧的带动下,川剧、清音、京剧、平剧、越剧、汉剧、梆子戏等地方传统戏剧曲艺等也蓬勃发展起来。

①《取缔不准上演的剧本一百一十六种》,《新华日报》1944年1月24日。

抗战时期，四川地区的戏曲曲艺界十分活跃。至1942年，成都已经建成春熙大舞台、华瀛大舞台、成都大戏院、悦来戏院、永乐剧院，重庆也建成国泰大戏院、抗建堂、青年馆、得胜剧院、重庆剧院、又新剧院、一川剧院、来苏场、第三剧场等。川内各县城也基本上建有既可演戏剧又可放电影的影剧院。

第四，利用举办戏剧节或纪念日等时机，组织众多剧团进行文艺汇演。1938年10月10日，"剧协"在重庆举行第一届戏剧节，历时22天，共组织20个剧团（不含曲艺）、500名专业演员和1 000余名业余演员参加了汇演，公演剧目40个，观众达40万人次。戏剧节期间，还组织25个街头演剧队，进行了为期3天的大规模的街头剧演出，并举行了平、川、评、杂、歌舞剧征集寒衣联合公演。[①]1940年10月，"剧协"又在重庆举办第二届戏剧节，组织15个话剧团和8个其他剧种剧团参加公演。同年，组织16个川剧俱乐部票友在合川举行公演，共募集到抗战捐助资金6 000余元。此外，从1941年至1945年，每年10月至次年5、6月期间，重庆还举行"雾季戏剧节"。据统计，在这4年的"雾季戏剧节"活动中，总共创作话剧242个，公演106个，其中大型剧98个，短剧和独幕剧8个，有数十个剧团（队）参加了演出。[②]

全面抗战期间，来成都演出的剧团有数十个，共演出古今中外话剧剧目160多个。[③]据记载，1937年12月至1938年春，上海影人剧团在成都演出《卢沟桥之夜》、《沈阳之夜》、《日出》、《雷雨》等戏剧。因剧团拥有白杨、谢添等著名影星助阵，成都市民特别是影迷们便相约"看白杨去"，群聚于演员下榻的益州旅馆和演出的智育电影院门前，争睹为快。剧团所演各剧，"场场座无虚席"。[④]甚至出现智育电影院、春熙大舞台、沙利文剧院3家争演《日出》的盛况。时人对此有如下记录："观众之多竟是超记录，影响之大更不用说了，你瞧瞧上中社会的，有谁不谈这出戏的？"[⑤]当事人回忆说："那个（抗战）时期的戏剧创作，从艺术上是有很大提高的。作品是富有生命力的。有不少当时已成名的作家，也表现出更高深的造诣"。"在舞台艺术上，包括导演、舞台美术、表演，也有新的创造，新的突破"，几乎

①周勇：《西南抗战史》，重庆出版社2013年版，第395—396页。

②周勇：《西南抗战史》，重庆出版社2013年版，第398页。

③成都市地方志编纂委员会：《成都市志·文化艺术志》，四川辞书出版社1999年版，第37页。

④周芷颖：《新成都》，复兴书局1943年版，第213页。

⑤沙龙：《观雷雨后编者接》，《捷报》1938年3月20日。

已“达到完善的地步”。①因此，后来的戏剧史家们称这一时期为近代中国戏剧发展史上的“黄金时代”。

2. 电影

20世纪上半叶，电影尚属于比较新潮、时尚的文化娱乐形式，电影业也属前卫、新锐的文化产业。抗战军兴，中央电影制片厂(简称“中制”)、中央电影摄影场(简称“中电”)迁到重庆，西北电影公司(简称“西北”)迁到成都。史东山、郑君里、于伶、田汉、夏衍、阳翰笙、陈鲤庭、金山、金焰、谢添、蓝马、袁牧之、白杨、吴茵、张瑞芳、舒绣文、秦怡、王人美、陈波儿、魏鹤龄、应云卫等一批中共党员或亲近中共的左翼电影人士也纷纷迁移入川，聚集于重庆，促进了四川地区战时电影业的发展，重庆成为战时国统区电影业的中心。

抗战期间，“中制”、“中电”对战时国统区电影业发展的作用甚大。1935年，国民政府军委会电影股在汉口设立摄影场，1937年扩大为“中央电影制片厂”。抗战初期，“中制”由黄埔军校第3期毕业生、自贡人郑用之任厂长。郑用之在电影拍摄技术上依靠成都人罗静予，在编剧导演方面求助于中共党员、四川老乡阳翰笙等左翼进步文化人士，并吸纳了一些著名剧作家、导演、演员加盟。“中电”隶属于国民党中央宣传部。1938年初迁川时有140多名职工。入川后，“中电”先是以重庆上清寺“范庄”作临时摄影棚，后来在重庆南岸玄坛庙租赁了一个别墅作厂址。从1937年7月七七事变到1941年8月这4年间，“中制”共出品电影60种，其中故事片10种，抗战实录片7种，军事教育纪录片5种，专题片8种，标语卡通片6种，歌唱片7种，纯新闻片18种；“中电”总共出品电影77种，其中故事片5种，抗战实录片9种，专题新闻片18种，新闻报道片31种，纪录片10种，歌唱短片4种。西北电影公司筹组于1934年，系阎锡山的亲戚温松康、郝振邦等人在阎锡山的支持下，由西北实业公司和斌记五金行共同出资设立。西北电影公司于1938年春迁移入川，至成都市区灯笼街设厂。抗战时期，西北电影公司曾派摄影队赴晋西克难坡第二战区所在地、屯留八路军野战总司令部以及129师作战地区拍片，先后拍摄了以太行山工农联合抗日为主题的《风雪太行山》、反映抗日根据地村民与日寇作殊死斗争的《老百姓万岁》等故事片和大型纪录片《华北是我们的》。另

①张颖：《冲破国民党政治高压的雾重庆话剧运动》，中共中央党史研究室科研部、中共重庆市委党史研究室：《见证红岩——回忆南方局》，重庆出版社2004年版，第483页。

外，抗战时期还有几处专摄16毫米小型片的制作场所，如教育部电化教育委员会、国民党中宣部国际宣传处等。它们拍摄的抗战电影，也在宣传抗日爱国主张，号召民众行动起来抗日御侮、抗战卫国方面，发挥了积极作用。

当时在四川拍摄的众多影片中，《塞上风云》（“中制”拍摄，阳翰笙根据同名话剧剧本改编，舒绣文主演，应云卫导演）是一部讲述汉、蒙两族人民团结抗日、英勇歼敌故事的外景实拍影片。为拍摄该影片，“中制”派出了庞大的摄制队伍前往陕北榆林以北的沙漠地带实地拍摄。《日本间谍》（“中制”拍摄，陶金等主演）是一部揭露日军侵略暴行、讴歌抗日义勇军抗战爱国壮举的影片。该片系根据意大利人范思伯的亲身经历记录《范思伯》一书改编而成。《风雪太行山》（“西北”拍摄，贺孟斧编剧，谢添等主演），讲述太行山区矿工与农民联合抗日的故事。

抗战时期在四川地区拍摄的记录片、短片主要有：“中制”拍摄的记录重庆大轰炸等内容的《电影新闻》9本，记录片《中国之抗战》，各族人民支援抗战的《民族万岁》1部（9本），《抗战标语卡通》1集，《抗战歌集》3本，《抗日特辑》等；“中电”拍摄的《抗战实录》11本，《西藏巡礼》等记录片13本，《中国新闻》等；“西北”拍摄的记录晋东南抗日根据地情况的《华北是我们的》6本；在重庆的国际宣传处摄影科拍摄的《人民的悲惨》等记录片3部；中华教育制片厂摄制的《新四川》、《太极拳》等记录片、短片共23集；电影教育画片社摄制的《生生不息》；成都金陵大学电影播音专修科摄制的《四川水利》等短片3集。

“中制”在拍摄反映日军内部反战思潮的纪实性影片《东亚之光》和故事化的军事记录片《湘北大捷》等抗战电影时，为使影片内容显得更加真实可信，剧组还特别邀请“日本人民反战同盟”负责人鹿地亘作顾问，在重庆日本战俘收容所里实地拍摄，用真实的日本战俘作演员，让他们接受记者访问，反省侵略战争，进行现身说法的对日反战宣传；《湘北大捷》则邀请陈诚等国军战地指挥官充当临时演员，拍了他们电话指挥作战的镜头。“中电”拍摄空军题材的影片《长空万里》时，为了影片叫座，邀请当时著名的电影演员白杨、金焰、高占非、王人美、魏鹤龄等加盟。《华北是我们的》是全面抗战期间国统区纪录片里唯一反映敌后抗日根据地军民抗日、生产、生活和战斗真实情况的纪录片。该片同时也拍摄了不少晋绥军和卫立煌指挥的中央军及国统区军民战斗、生活的镜头，从而使国统区民众和港澳同胞、海外华人华侨及国际友人从银幕上看到了中国人民坚持抗战的真实情景。

该片采用的抗战歌曲《游击队员之歌》也成为经典之作。中共中央南方局机关报《新华日报》评论说:“《华北是我们的》这部影片的创作,在抗战文化史上写下了最光荣的一页。”

从总体上看,这些大多根据真人真事改编、拍摄的抗战影片,或揭露、批判日本侵略军灭绝人性的屠杀暴行,或讴歌中华儿女痛歼倭寇的民族抗战忠勇事迹,或展现中国人民艰苦卓绝、奋勇抗战的历史风貌。它们上映后,社会反响很好。“观众购票的拥挤,比争买平价米还要热闹”。[①]这些影片对鼓舞大后方人民的抗日救亡斗志和促进中华民族团结抗战,起到了不可或缺的宣传教育作用,完成了时代赋予电影艺术的使命。

抗战时期电影发行十分兴旺,国统区各大中城市甚至一些县城都有电影院或影剧院,成都、重庆等川内大中城市的电影院、影剧院大都“建筑新颖,院场宽敞”,影片需求颇旺。看电影已经成为有条件的城镇居民广泛接受、十分喜爱的一种时尚的休闲文娱活动。据统计,20世纪40年代中期,成都每年看电影的观众大约在300万人次左右。[②]另外,“中制”、“中电”也组织流动放映队,奔赴前方和后方各城镇流动放映,扩大了电影的受众面和影响力。不过,战时中国电影业的发展水平还较低,在编剧、导演、演员表演技巧和拍摄技术等方面与欧美发达国家拍摄的电影相比都有一定差距,存在着题材浅显浮泛,作品叙事简单,故事情节简陋,拍摄技术也较粗糙,有相当明显的说教痕迹等问题。时人曾有评论说,当时中国的电影“场面太渺小,简陋,不够伟大。一般的剧情,也无非是奇侠、爱情、大打、火烧……演员们对于演戏的修养功夫也说不上”。[③]因此,当时中国民众还是爱看外国影片。当时的一份社会调查报告显示,从1939年至1944年间,成都总共上映电影2 260部,其中外国影片1 265部,占总数的56%。分年度统计结果也显示,除1941、1942两年外,抗战时期其他年份上映的外国影片所占比例均高于国产片。[④]时人回忆说:“那时成都中心城区有五家电影院……放映的电影,除国民电影院以国产片(主要放映香港片和太平洋战争爆发前的上海版影片)为主外,其余

①《阳翰笙日记》(1943年4月29日),转引自杨泽平:《抗战电影(四川)纪事》,《巴蜀史志》2005年第2期。

② 何一民:《成都通史·民国时期》,四川人民出版社2011年版,第500页。

③尖兵:《谈电影》,《新新新闻》1946年1月25日。

④李声震:《成都市电影业之社会地位》,华西协和大学文学院社会学系1944年本科毕业论文。

四家,几乎全部放映美国片。"[①]当时的舆论更说"国产片在影院里放映"真是"凤毛麟角"。[②]此类回忆与评论自然有过头之嫌,但反映当时民众对中外电影抱有不同态度是可信的。

表6-4 1939—1944年成都电影上映类型统计[③]

类型/年份	1939年	1940年	1941年	1942年	1943年	1944年
国产片(部)	165	156	223	253	157	41
外国片(部)	299	212	216	206	226	66
总数(部)	464	368	439	459	383	107

(二)小说、报告文学和诗歌

抗战时期,茅盾、巴金、郭沫若、刘白羽、何其芳、周立波、李劼人、沙汀、艾芜、艾青、周而复、陈荒煤、吴祖湘、张恨水、碧野、路翎、姚雪垠、靳以、光未然、袁水拍、冯乃超、胡风、绿原、阿垅等一大批作家辗转迁徙到重庆、成都、桂林等抗战大后方城市。他们在安定下来后即着手文学创作,用小说、诗歌等文学形式表达对社会的观察与思考,写出了一批富有时代特色、内涵丰富、思想深刻、具有重大影响和历史意义的优秀文学作品。

1.小说

抗战时期,很多作家在思想深度和文学艺术技巧上都有较为明显的进步,创作出了一批广为流传的名篇。如茅盾《风景谈》、《白杨礼赞》等优秀散文。巴金写了长篇小说《春》、《秋》,"抗战三部曲"之二的《火》,中篇小说《憩园》、《第四病室》,短篇小说《还魂草》、《大人小事》等。他于1944年在重庆开始写作,1947年出版的长篇《寒夜》是继激流三部曲《家》之后的又一力作,标志着巴金在艺术上进入了新的阶段。老舍在重庆开始写作的长篇小说《四世同堂》是抗战时期最重要的作品之一。《四世同堂》长达100多万字,是一部京味十足的反映抗战时期北平沦陷区人民生活百态的优秀长篇小说。全书共3部。其中《惶惑》、《偷生》两部完成于重

①杨乾森:《抗战胜利后的成都电影》,《龙门阵》2005年第12期。

②尖兵:《谈电影》,《新新新闻》1946年1月25日。

③李声震:《成都市电影业之社会地位》,华西协和大学文学院社会学系1944年本科毕业论文。

庆。该书以北平小羊圈胡同为背景，以胡同内的祁家为主，钱家、冠家两家及其他居民为辅，刻画了抗战时期沦陷区社会各阶层众多普通人的形象，并通过抗战时期人们对反抗与顺从、国家与个人等种种艰难的选择，深刻地展示了普通人在大时代历史进程中所走过的艰难曲折之人生道路。老舍抗战时期长住重庆，在此写成《火葬》、《惶惑》和《饥荒》等长篇小说。沙汀的长篇小说《淘金记》、《困兽记》、《还乡记》和《在其香居茶馆里》、《磁力》、《联保主任的逍遣》、《范老老师》、《呼嚎》、《医生》等短篇小说及中篇小说《闯关》等，通过对战时国统区各有个性特点的地主官绅、乡镇保甲长等形形色色人物的刻画，或揭露国统区乡村统治者勾心斗角、欺压民众的丑恶形象和黑暗现实，或表现人民争民主、反内战的主题。张恨水写了谴责侵略者和讴歌抗战英雄的小说《疯狂》、《虎贲万岁》、《热血之花》、《大江东去》等。李颉人出版了短篇小说集《好人家》。艾芜在抗战时期主要不在四川活动，但其长篇小说《故乡》第五、六两部写作于重庆。《故乡》通过描写青年余峻廷抗战后回家乡与县城旧势力发生的一系列冲突，反映了战时国统区社会的黑暗和旧势力的顽固。叶以群的小说集《新人的故事》，靳以的短篇小说集《洪流》、《遥远的城》、《众神》、《遥远的城》和长篇小说《前夕》等，均以揭示、剖析社会生活的深刻、艺术技巧的圆熟而在中国现代文学史上占有着显著的位置。

抗战时期小说的繁荣，还体现在文坛新秀辈出。一批有创作才能的中青年作者从各个角度抨击社会弊端，反映民众的苦痛，讴歌对光明的渴求。如：碧野的中篇小说《奴隶的花果》和长篇小说集《风砂之恋》、《肥沃的土地》、《没有花的春天》、《湛蓝的海》；田涛的长篇小说《潮》、《焰》和短篇小说集《牛的故事》；路翎的《财主底儿女们》、《饥饿的秦素娥》、《家》、《祖父的职业》等；姚雪垠的《春暖花开的时候》、《戎马恋》、《新苗》、《重逢》等。他们的作品，都反映了中国抗战和战时人民的生活状况，产生了较大的社会影响。

2.报告文学

报告文学是“文艺的轻骑兵”，在真人真事的基础上用文学手段及时反映现实生活。它具有迅速地把社会生活中所发生的事件及时传达给读者大众的文学创作和文化传播优势。抗战时期，国共两党都曾设立过“战地文化服务处”、“西北战地服务团”、“作家战地访问团”、“抗敌文艺宣传队”等抗战文艺宣传机构、团队，组织文艺家们奔赴抗战前线，深入抗日根据地、国统区的城镇乡村，开展抗战文艺宣传活动，同时也实地考察采风，既为文艺创作收集、积累素材，提供给“现在及未来的诗人、小说、戏剧、散文家，让他们去歌咏，去表演，去记叙”[①]；利用新闻报导、报告文学等形式，快捷地、及时地报道和反映中国抗日战争的真实情形，以满足海内外社会及广大民众了解中国抗战真相的迫切需要。

当时，中国的大多数作家都使用过报告文学这一体裁进行抗战文学写作。抗战报告文学的作家群体中，不仅有徐迟、萧乾、范长江、穆青等兼具新闻记者和作家双重身份的文化人士，一些原来从事其他文学体裁创作的作家，如小说家茅盾、老舍、沙汀、丁玲、孙犁、周立波、欧阳山、骆宾基、周而复等，诗人郭沫若、刘白羽、臧克家、何其芳等，评论家靳以、黄源等，影剧作家宋之的、蔡楚生、陈荒煤等，也纷纷加入抗战报告文学的写作队伍中，写作了大量高水平的报告文学作品。当时中国国内各报刊也都以十分之六七的篇幅大量发表报告文学。如茅盾主编的《文艺阵地》(第6卷起在重庆出版)，先后发表报告文学200篇。延安出版的《文艺战线》，6期即发表报告文学21篇。这些报告文学作品，控诉了日本侵略者的残暴罪行，表现了中国人民不畏强暴、抗倭御侮的坚强决心和必胜信念。

不仅是作家们写报告文学，普通民众也积极参加到抗战报告文学的创作中来。1936年，茅盾等人发起并主编“中国的一日”(记述5月21日这天发生的事情)征文活动，1个多月时间就收到来稿3 000多篇，600余万字。1938年发起的“上海一日”(反映八一三事变之后一年间上海的社会风貌)征文活动，收到来稿2 000余篇。中国共产党也在敌后抗日根据地进行过“冀中一日”等抗战征文活动。参与者职业广泛，有教师、公务员、工人、战士、商人、警察、舞女等社会各阶层人士，显示出抗战时期中国报告文学的创作者群体具有的广泛性和群众性。

3.诗歌与散文

抗战时期，在民族危亡严峻形势的激励和抗战号角的鼓荡之下，诗歌得以兴盛并成为战时国统区文学的主流表现形式。其时，聚集在成都、重庆的诗人及其诗歌创作成绩主要有：艾青的《火把》、《旷野》，臧克家的《泥土的歌》、《十年诗选》和一些长篇叙事诗与政治讽刺诗，如袁水拍的《人民》、《向日葵》、《冬天、冬天》，阿

①胡邵轩：《中华全国文艺界抗敌协会始末》，中国人民政治协商会议西南地区文史资料协作会议：《抗战时期西南的文化事业》，四川人民出版社1990年版，第25页。

陇的《纤夫》,绿原的《送报者》、《童话》等。[1]此外,任钧、方敬、王亚平等老诗人和一批诗坛新秀也有诗集和诗作发表。郭沫若、光未然、冯乃超等人除自己努力创作新诗外,还致力于发起组织诗歌朗诵队,举办"诗人节"、诗歌朗诵会等,进行普及和推广朗诵诗的活动,既进行抗战文艺宣传,也推动"诗人们互相检阅,互相砥砺,以育成中国诗歌的伟大将来"。[2]

抗战时期流寓于成渝两地的作家们,还有许多人写作出版了散文或散文集。郭沫若、茅盾是这一时期发表散文、杂文较多的作家。郭沫若出版了《羽书集》、《蒲剑集》、《波》等,茅盾著有《风景谈》、《柏杨礼赞》等散文集。其他如叶圣陶的《西川集》,朱自清的《成都诗》,老舍的《可爱的成都》和《青蓉略记》,张恨水的《蓉行杂感》,黄裳的《关于川剧》等,都是这一时期散文的上乘之作。

(三)美术与音乐

1.美术

抗战时期,大批美术界人士如画家、雕塑家徐悲鸿、丰子恺、傅抱石、李可染、潘天寿、叶浅予、廖冰兄、刘开渠、吴作人等,美术理论家常任侠、陆丹林、唐义精等,因避战祸而内迁入川,寓居于成、渝等川内城市,使得战时四川地区美术界名人云集,美术创作出现繁荣局面。重庆当时就有全国性美术团体5个,经常举办有影响力的美术展览,开展绚丽多彩的抗战美术活动。美术家们结合宣传抗战,创作了大量颇具影响力的传世美术佳品。徐悲鸿寓居重庆期间所创作的数十幅国画,如《巴人汲水》、《巴之贫妇》、《九歌》、《山鬼》、《国殇》、《群奔》、《鹅闹》、《月色》、《青城山风景》、《银杏树》、《群狮》、《紫气东来》、《少陵诗意》、《梅花通景》,从立意到所题诗文,皆与爱国密切相关。川籍著名画家张善子,本以画虎著名,抗战期间所作国画多取材于中国历史上的爱国故事和爱国英雄人物,其创作的《苏武牧羊》、《精忠报国》、《文天祥正气歌图》等,皆以宣传抗日救亡,鼓舞抗战士气为主旨。他画《双马齐驱》图,表现和赞美国共合作;又画《飞虎图》,赠送来华援助中国

①详见苏光文:《抗战诗歌史稿》,四川教育出版社1991年版;刘静:《抗战时期的重庆诗坛》,《江西社会科学》2005年第3期;吕进等:《重庆抗战诗歌研究》,重庆出版社2009年版;何一民:《成都通史·7》,四川人民出版社2011年版,第431—432页等。

②《"诗人节"宣言》(1941年5月30日),《作家在重庆》,重庆出版社1983年版,第131页。

抗战的美国空军志愿队及领队陈纳德，陈纳德即因此启发而将志愿队改称“飞虎队”。在《猛虎扑日图》画卷上，象征当时中国28行省的28只斑斓猛虎，奔腾跳跃，生气勃勃地扑向暗喻奄奄一息之日本的落日。他还将此画题为“怒吼吧，中国！”，并在画的左下角题字“雄大王风，一致怒吼；威震河山，势吞小丑”，表达了中国人民坚持抗战，决心打败日本侵略者的气慨和信心。1938年底，张善子在周恩来、林森、许世英等人的赞助下，带着自己和八弟张大千的180余件作品，赴法、美等国举办画展，通过历时两年的100多次画展，共募得抗日捐款20余万美元，全部寄回国内支持抗战。其他如油画家杨建侯的《军民合作》、《游击队之战》，艾中信的《枕戈待旦》，黄显之的《武运长久》，吴作人的《空袭下的母亲》；漫画家丰子恺的《漫画日本侵华史》、《劫余漫画》，叶浅予的《重庆小景》、《逃出香港》，廖冰兄的《抗战必胜》、《猫国春秋》；宣传画家杨立光的《把敌人赶出中国去》、《血债血还》、《到敌人后方去》、《保卫大武汉》；木刻画家汪刃锋的《起来，不愿做奴隶的人们》、《敌后游击队》，丰中铁的《北平，我们游击队回来了》，刘铁华的《东北健儿》、《抗日挺进敌后》，王琦的《嘉陵江上》、《难民一群》，王树艺的《难民》、《无家可归》；雕塑家刘开渠的《抗日英雄阵亡图》、《王铭章骑马像》、《抗日将士无名英雄纪念碑》、《农工之家》，王临乙的《汪精卫跪像》，傅天仇的《望夫石》等作品，无不洋溢着抗战爱国的主题思想和艺术情怀。

抗战时期，木刻版画成为抗战宣传的重要艺术形式。木刻是我国的一种传统艺术形式。旧式木刻画的特点是艺术家(画)与刻工(刻、印)在工艺流程上分离，现代木刻则画、刻、印合而为一，均由艺术家一手完成。20世纪30年代，在鲁迅的介绍、倡导下，现代木刻作为左翼文艺的一部分而逐渐发展起来。抗战时期，活跃于抗战后方国统区的木刻艺术组织有“中华全国木刻界抗敌协会”(简称“全木协”)、“重庆木刻研究会”等；发表木刻画的文艺阵地主要有：《新华日报》副刊《木刻阵线》，《救亡日报》副刊《抗日木刻》，《新蜀报》副刊《半月木刻》，《国民公报》副刊《木刻研究》和木刻刊物《战斗美术》等。它们通过发表木刻作品、举办抗战木刻展览等途径，联系艺术家，推动抗战木刻运动的发展。1939年4月6日到8日，“全国木刻协会”举办第三届全国抗战木刻展览，展出作品571幅，观众约1.5万人，《新华日报》为此发表特刊，取得了很好的社会影响。

2.音乐

抗战时期，知名音乐家马思聪、黄友葵、吴伯超、喻宜萱、朱崇懋、盛家伦、张权、李凌、赵沨等避战祸入川寓居于重庆。在成都，则有郎毓秀、蔡绍序、丁孚祥等著名音乐人。加上这时期群众性抗日救亡歌咏活动频繁举行，抗日救亡歌咏团体如雨后春笋般出现，推动四川战时音乐活动蓬勃发展，音乐艺术水平不断提高。

1938年12月25日，“中华全国音乐界抗敌协会”在重庆成立。1939年，重庆又成立了“普及群众歌咏运动委员会”。战时成立的音乐艺术团体主要有：在重庆的国立音乐学院实验管弦乐团、中华交响乐团、山城合唱团、重庆业余交响乐团等；在成都的海星合唱团，以及成渝及川内各城市中以多种形式活动的抗日歌咏团（队）、合唱团（队）等。这些音乐团体机构积极组织群众性的抗日救亡音乐活动，促使战时四川地区的音乐歌咏活动空前普及。如1937年九一八事变6周年纪念日，重庆举行歌咏大游行，开始时只有800人，到最后汇集了3 000多人。1939年2月5日，中国电影制片厂合唱团、孩子剧团歌咏队等艺术团在中央公园举行露天歌咏大会，观众达4 000余人。1942年，国民政府教育部决定，每年4月开展“音乐月”活动，要求在“音乐月”期间，举行各种演唱、演奏会等。演唱会主要是唱抗日救亡歌曲，如《救亡进行曲》、《大刀进行曲》、《游击队歌》、《五月的鲜花》、《渔光曲》、《大路歌》、《保卫黄河》、《到敌人后方去》、《黄河大合唱》、《救国军歌》等。中国共产党方面歌颂革命根据地、歌颂共产党的一些红色歌曲，如《三大纪律八项注意》、《延安颂》、《歌唱二小放牛郎》、《在太行山上》、《没有共产党就没有新中国》等，也在国统区群众中传唱。

抗战时期，著名舞蹈家戴爱莲、吴晓邦、盛婕等寓居重庆，开展了许多教学与表演活动。1941年4月，戴爱莲从香港来重庆，先后任教于国立歌剧学校、国立社会教育学院，并应著名教育家陶行知的聘请，创办了育才学校舞蹈组。同年6月，她与吴晓邦、盛婕等人在抗建堂举办“新舞蹈表演会”。戴爱莲借鉴西方舞蹈语汇，创作了《警醒》、《进行曲》、《游击队的故事》、《空袭》、《东江》等激励人心、鼓舞斗志的抗战舞蹈作品。在传播西方舞蹈艺术的同时，戴氏也积极发掘中国民间舞蹈的精华。她首创的中国“边疆舞”，即采风、取材于四川甘孜、川北等民族地区。1946年，戴氏在重庆“边疆舞蹈大会”上，演出了藏族舞蹈《春游》、《甘孜古舞》和彝族舞蹈《倮倮情歌》等，成为现当代中国舞蹈艺术发展的奠基之作。1944年

2月，银行公会举办了“吴晓邦作品舞蹈会”。4月，吴晓邦在赴延安前又演出了两场“舞蹈表演会”。1945年3月，吴晓邦从西北几省演出后再次来渝，举办了“个人舞蹈作品欣赏会”。另外，自1945年初延安的秧歌舞传入重庆，至抗战胜利后广为流传，成为民众易于参与的一种普及性舞蹈。

（四）新闻出版

1.报刊

抗战时期，四川作为抗战大后方国统区的政治、经济、文化中心，新闻出版业非常繁荣兴旺。据统计，战时四川约有各类报纸近200种，刊物1 600多种。[①]重庆拥有70余家报社和900多种刊物，成都也有约50家报纸和400多种刊物。此外，川内各县市也出版众多的报刊。如万县的《万县日报》、《川东日报》、《民主报》等，达县的《达县日报》，泸州的《泸县日报》，宜宾的《蜀南日报》，自贡的《自贡民报》，西康的《西康新闻》、《西康国民日报》、《康导月刊》等。抗战时期四川地区的报刊，种类繁多，政治背景不一，情况错综复杂。从总体上看，有下述几个特点尤其值得注意。

第一，从渊源上看，大致可分为三种情况。一是抗战以前就已在四川出版、发行的报刊。如重庆的《商务日报》、《新蜀报》、《四川晚报》、《大江日报》、《国民公报》等，成都的《四川日报》、《新新新闻》、《成都快报》等。二是抗战开始后陆续从沦陷区或战区迁入四川各地的报刊。如由南京迁渝的《新民报》、《中央日报》等，由上海迁渝的《时事新报》、《大美晚报》，由天津迁渝的《大公报》、《益世报》等，由武汉迁渝的《扫荡报》、《新华日报》、《自由西报》等；迁至成都的《新中国日报》、《党军日报》等。三是新创办的报刊。如重庆的《星渝日报》、《西南日报》、《工商新闻》、《世界日报》、《市民周刊》、《中国工人》、《中国儿童》、《中学生导报》等，成都的《兴中日报》、《建国日报》、《四川国民日报》等。

第二，从政治背景看，大致也有三种情况。一是由国民党中央主办，或倾向于国民党的报刊。如在重庆的《中央日报》、《扫荡报》、《时事新报》、《益世报》等。二是以川康实力派为背景，或代表民族资产阶级，即走中间路线的报刊。如重庆的

---

①向纯武：《抗战时期的四川报刊》，《抗战时期西南的文化事业》，成都出版社1990年版，第359—380页。

《商务日报》、《新蜀报》、《国民公报》、《大公报》、《中国工人》(月刊)、《民主》(民盟机关报),成都的《华西时报》、《华西晚报》,西康的《西康国民日报》、《康导月刊》等。三是由中国共产党主办,或倾向于中国共产党的报刊。如《新华日报》(中共中央南方局机关报)、《群众》(周刊)、《全民抗战》(周刊,邹韬奋主编)、《大声周刊》、《星芒周报》等。

第三,从整体上看,虽然报刊的种类繁多,政治背景复杂,有倾向左翼的进步报刊,有持中间立场的报刊,也有右翼的、保守落后的报刊,但总的倾向还是能围绕着抗日救亡的时代要求,以团结抗战为主题,开展新闻报道或文化宣传工作。

第四,从经营情况看,大多数报刊都很注意办出自己的特色,并重视在篇幅、版式、编排等报刊技术业务上求精、创新。

2.图书出版

抗战时期,沦陷区和战区各省、市的出版社、书店(如当时全国闻名的商务印书馆、中华书局、正中书局、大东书局、开明书店、世界书局、文通书局等7大书局)辗转内迁入川;一些商人和文化人为宣传抗日救亡,推动大后方文化事业的发展,也创办了一些出版社和书店,使抗战时期的四川成为战时国内图书出版业的中心。

全面抗战期间,重庆有404家图书出版发行机构在国民政府图书审查处登记注册并经过行文审批程序,另有200多家未登记注册;有461家印刷厂登记注册,其中60%—70%以印刷报刊、图书为主。这些名称为书店、书局的图书出版发行机构,除著名的7大书局(店)外,以中国共产党为背景的书局(店)主要有:生活书店、读书出版社、新知书店、《新华日报》营业部图书科、重庆新出版业联合总处(简称"联营书店")等;由国民党领导、支持的书局(店)主要有:中国文化服务社、独立出版社、三民主义青年图书店、拔提书店、军用图书社、青年出版社等;由社会名流、学者创办的图书出版发行机构主要有:中外出版社、群益出版社、峨眉出版社、美学出版社、国讯书店、作家书屋等21家;其他规模较小的书店、出版社如:重庆北新书局、光明书局、南方印书馆等11家。抗战时期,重庆图书出版发行机构共出版、发行图书8 000余种。其中,商务印书馆总管理处,注册资本500万元,总经理王云五,共出渝版书1 011种;中华书局总管理处,注册资本500万元,总经理李淑明,共出渝版书679种;正中书局(有国民党中宣部背景)总管理处,注册资本5 000万元,总经理吴秉常,共出渝版书826种;大东书局总管理处,注册资本

400万元，总经理沈骏声，共出渝版书53种；开明书店总管理处，注册资本30万元，经理范洗人，共出渝版书38种；文通书局重庆办事处，注册资本45万元，分局经理王萼华，共出渝版书8种。另外，1943年，国民政府教育部指定7大书局成立"国定本中小学教科书联合供应处"（简称"七联处"），7大书局总经理参与讨论拟定各种教科书，并派代表联合组成工作班子，负责国定本中小学教科书的编辑、出版、发行事务。供书比例为：商务、中华、正中各占23%，大东12%，世界8%，开明7%，文通4%。当时，国民政府还在重庆设立了中央图书杂志审查委员会和重庆市社会局图书审查处，负责审批出版、发证、印刷行业注册登记、发放营业许可证和查禁不符合国民党宣传要求的书刊。据统计，抗战时期在重庆被查禁的图书2 000余种，期刊200余种。[①]另外，在1941年"皖南事变"后的两年多时间里，国民党查禁了国统区的《救亡日报》、《全民抗战》等500多家报刊。至1944年10月，国统区的报刊由1939年的400多种增至1 100多种，恢复到抗战前夜的数量。

战时成都图书报刊发行、零售行业主要集中在少城公园附近的祠堂街。在这条街上聚集了新华日报成都分馆、大声社、群力社、星芒社、战时学生旬刊社、笔阵、金箭等10多个进步社团及其报刊发行机构，并有战时出版社、莽原出版社和生活书店、开明书店、商务印书馆、中华书局等驻蓉办事处、营业部等20多家书店。其中，新华日报成都分馆的营业部，每天除分发报纸、办理订报手续外，还经售由延安运来的马列著作、解放日报、群众以及生活书店、战时出版社发行的进步书刊。另外，抗战初期，生活书店等也曾公开经售由延安运来的马恩列斯著作和毛泽东、刘少奇、周恩来、朱德等中共领导人的著作，以及《联共（布）党史简明教程》、《群众》、《大众哲学》等进步书刊。国民党当局曾多次借故派军警搜查"禁书"，甚至连买书、看书的读者也受到监视。为了对付国民党当局的搜查和查禁，书店经常把可能被列为"禁书"的书刊与一般书刊混装打包转移，或千方百计通过各种关系送到读者手中。

3.广播电台

战前，成都、重庆等川内大城市都已有广播电台，每天播放新闻、戏曲、歌曲等节目。抗战时期，国民政府中央广播事业指导委员会、中央广播事业管理处、中央广播电台等机构迁至重庆。随后又在重庆设立了中央短波广播电台（后改称"国

---

①周勇：《西南抗战史》，重庆出版社2013年版，第414—415页。

际广播电台”)，负责对国外广播。战时重庆、成都的广播电台在国民党当局控制下，播放每日新闻、一周大事、评论、音乐、家庭生活等节目。在舆论宣传导向上，既传播团结御侮、抗日救亡的正义声音，揭露日本侵略者的战争罪行，表彰中国军民英勇抗战、为国牺牲的民族精神和壮烈义行；也播放宣传反共的反动内容，甚至诬蔑、攻击共产党和民主党派。其宣传导向和各部分比例，随国内外政治、军事形势的变化而变化。

三、战时四川科技与学术研究的进步

战前，四川地区的自然科学技术和人文社会科学事业基础薄弱，科研机构分散，科研人才零落，发展水平相当落后。抗战时期，南京、上海、北平、天津及华北、江、浙、皖、赣等沦陷区、战区的高校、科研文教单位、学术机构络绎内迁，先后疏散来川的学校和科研文教单位200余个，科技人员、专家学者3 000多人。他们入川后，以“嵌入”的方式，推动着战时四川地区科技文化事业蓬勃发展，人才队伍迅速壮大，科研实力显著增强，研究成果不断涌现，促使四川成为抗战大后方科学技术与人文社会科学研究中心。这一时期也成为20世纪上半叶科技文化事业发展最好的历史时期。

(一)战时四川地区科学技术的进步

1.战时四川地区科学技术研究机构与科技社团的增加

抗战时期四川地区科学技术事业的进步，首先表现在科研机构和科技社团数量的增加上。

第一，科研机构的增加。战前，四川地区的科研机构主要有：中国西部科学研究院、四川地质矿产调查研究委员会、四川中心工业实验所等，以及四川大学、重庆大学等高校的理学院、工学院、农学院及理工科技研究所等。其中，卢作孚发起成立的中国西部科学研究院，虽然是一个民间科研机构，但该院设有理化、地质、农林、生物4个研究所，并延揽、聘请了北平研究院、中央地质研究所、中国科学社、四川大学、华西协和大学等川内外著名高校、科研机构的著名学者担任特约研究员，加上资金充裕，因而科研活动活跃，科研实力较强。全面抗战爆发后，陆续迁入四川的自然科学技术研究机构，一是中央级科研机构，主要有：中央农业研究所、中央工业试验所、中央地质调查所、中央水工试验所、矿冶研究所、中央研究院的部分研究单位，及许多打着国字号招牌的自然科学研究、工农业技术研发机构。二是内迁高校，特别是像中央大学、复旦大学、同济大学、交通大学、东北大学、山东大学、武汉大学等著名一流高校的理学院、工学院、农学院及科学技术研究所。它们既是高等教育机构，同时也与四川本地的四川大学、重庆大学、华西协合大学一道，构成战时四川地区自然科学技术研究的主要阵地和重要力量。

第二，科技社团的增加及其主要活动。抗战时期迁入四川的国字号科技社团及科学技术专业协会，主要有：中国水利工程学会、中国化学学会、中国度量衡学会、中国测绘学会、中国地质学会、中国矿冶工程协会、中国工程师学会、中国化学工程学会、中国农学会、中国气象学会、中国地理学会、中国纺织学会、中华药学会、中国护士学会、中国科学社、中国自然科学社、中国营造学社、中国卫生教育社、中华图书馆协会、中国教育学术团体联合会、中国地理教育研究会等。另外，为适应战时大后方科学技术事业发展和科学技术工作者联谊等需要，还成立了一些新的科技协会及科技社团，主要有：中国农业推广协会（1939年）、中国青年科技协会（1940年）、中国工程标准协会（1941年）、中国业余无线电协会（1941年）、国防科学技术策进会（1942年）、市政工程学会（1943年）、中国自动机工程学会（1943年）、中国发明协会（1943年）、战后建设研究会（1943年）、中国工矿建设协进会（1943年）和中国造船工程学会、中国昆虫学会、中国土壤学会、中国医药改进会、中国动物学会、中国农具学会、中华医学会、中国科学工作者协会、中法科学合作协会、中英科学合作馆等。①

抗战时期大后方国统区的科学技术机构和科技社团主要的学术活动有：一是召开学术年会，报告并讨论会务，会员间联络感情，“并宣读论文以交流一年来学

①黄侃如：《抗战时期重庆的科学技术团体》，中国人民政治协商会议西南地区文史资料协作会议：《抗战时期西南的科技》，四川科学技术出版社1995年版，第426—433页。

术研究的心得及经验”。[①]例如，中国工程师学会从1939年至1945年每年都举行年会进行学术交流。其中，1939年交流论文50余篇，1940年交流论文80余篇，1941年交流论文160余篇，1942年交流论文204篇。[②]二是通过举行学术报告、科普讲座、科学座谈会等途径，“把科学的新发现或当前的科学问题，做成讲题，向当地的公众讲演”。[③]例如，中国地质学会组织常隆庆、李善邦、方俊分别做《川西南之现状及其资源》、《扭称探矿之应用》、《欧洲最近地球物理之趋势》等学术报告；中国科学工作者协会安排吴有训、赵忠尧讲原子弹问题，重庆大学教授谢立惠讲雷达问题；1944年，中国科学社与11个科学社团在成都召开联合年会期间，组织科学家们到成都地区各大、中学校做学术讲演，向公众普及科学技术知识，激发了大、中学校学生研究科学技术的兴趣，推动了科学技术研究活动的开展。三是出版学术刊物。据统计，抗战时期大后方出版的自然科学技术刊物约有85种。比较著名的主要有：《科学》、《科学画报》、《社友》（中国科学社主办），《中国古生物志》（中国古生物学会主办），《化学通讯》、《中国化学学会会志》（中国化学会主办），《地质评论》、《中国地质学会志》（中国地质学会主办），《气象学报》（中国气象学会主办），《宇宙》（中国天文学会主办），《林学》（中国林学会主办），《科学世界》（中华自然科学社主办），《中华医学杂志》、《中华医学会英文杂志》（中华医学会主办），《中国药学会会志》（中国药学会主办），《工程》（中国工程师学会主办），《地理学报》（中国地理学会主办），《中华农学会报》、《中华农学会通讯》（中华农学会主办）等。四是组织会（社）员进行科学考察。如中国工程师学会组织会员分别组成军事工程团、四川考察团、西康考察团、广西考察团等，深入西南各省开展科学考察。中国科学社组织了为期3个月的对西南、西北地区的科学考察活动。中华自然科学社组织了西康考察团，分为地理气象、农林畜牧、药物、工程4个组，历时3个月，足迹遍及西康各重要区域，实地考察，采集标本。这些科学考察，有助于了解抗战大后方各省及县市的地理环境、自然条件、资源状况和社会经济概貌，其所提出的富有针对性的建设性方案及对策性建议，不仅为战时国民政府在西部地区搞经济建设，也为后来新中国的西部大开发，提供了重要科学依据。

①任鸿隽：《中国科学社社史简述》，《中国科技史料》1983年第1期。

②茅以升：《中国工程师学会简史》，《文史资料精选》第13册，中国文史出版社1990年版，第429—430页。

③任鸿隽：《中国科学社社史简述》，《中国科技史料》1983年第1期。

在战时科学技术活动蓬勃开展的过程中，这些科学社团也在不断地发展壮大。如中国化学会成立了北碚分会、成都分会、峨眉分会、泸县分会等11个分会。中国工程师学会，1939年有个人会员3 290人、团体会员26个，1941年增至个人会员4 623人、团体会员43个，1943年再增至个人会员6 731人、团体会员71个，1945年又进一步增至个人会员9 482人、团体会员126个。这显示出即使是在抗日战争的艰苦环境下，中国科学技术也展示出社团不断发展，科技人员大量增加，科学技术事业不断进步的历史风貌。

2.战时四川地区科学技术研究的进展

科学技术的不断进步与新成果的不断涌现，是抗战时期四川地区科学技术事业发展的又一重要表现，主要体现在技术研发领域的进展和基础理论研究的成果两个方面。

第一，技术研发与推广应用领域的进展。一是仿造品的研制与生产。实行"拿来主义"，借鉴、募仿发达国家先进的科学技术和科技创新成果以提升本国的科技水平。抗战时期，特别是太平洋战争爆发后，中国的国际交通路线基本中断，外国先进的工业技术和机械设备输入困难重重，仿造外国产品或生产代用品，成为战时中国工业生产技术研发领域的当务之急。通过仿造、革新与改进，当时中国的工程技术人员已能够自主制造小型炼铁炉、电炉、平炉及采矿、选矿等矿冶机械；可自制生产工具钢、高速锋钢、钢轨、钢板等重要钢铁产品；可自主生产2 000千瓦汽轮机、1 500千瓦汽轮发电机、120—180马力船用蒸汽机、250马力陆用蒸汽机、水型水轮机、发动机活塞、传动齿轮等动力机械；试制成功了发电机、电动机、油压开关、收发报机、无线电话机、收音机及电线器材等。二是发明创造。从1912年至1937年，国家仅批准专利157件，且大都属于日用消费品；1938年至1943年6月，国民政府经济部奖励工业技术审查委员会即批准工业专利286件，其中约200件是化学、机械、工具、交电器材等。各高校响应国民政府号召，研究汽油代用品，研究出用桐油、菜油等植物油提炼汽油、柴油、煤油，用酒精、甘蔗、松香提炼汽油代替品等技术；还研制出桐油汽车（每加仑桐油行车18公里）、煤炭汽车等。钢铁专家李华研究改良内燃机成功，效率超过普通内燃机3倍。化工专家侯德榜发明的"侯氏制碱法"在英国刊物上发表后受到国外学术界的重视，随后欧美各国均采用"侯氏制碱法"生产纯碱。这些实用性技术、工艺的发明创造和代用品研制成果投入生产后，产生了很好的社会和经济效益。[1]

第二，自然科学基础理论研究的成就。在抗日战争的艰苦环境和简陋条件下，一些学者仍潜心致志地进行自然科学技术的基础研究，并取得了成果。如：马士俊的原子核及宇宙射线之同子理论，李四光对岭南地质构造之研究，柯召关于数论中的二次型和不定方程的研究，方文培的《峨眉山植物图志》等成果，均引起国内外同行的高度重视和好评。特别是林学家干铎1941年在川鄂交界处的磨刀溪首先发现水杉更是影响很大的研究成果。水杉是第四纪冰川浩劫中孑遗植物的后代，为古生物学、古地质地理学和地球发展史的研究提供了新的内容，引起了国内外学术界的轰动。后来由郑万钧和胡先啸两位教授鉴定定名，如今在全国各地已普遍繁殖、栽种了这种珍贵而美丽的树种。动物学家郑义，对四川地区的寡毛类资源进行深入调查，共报道了34个新种、1个新亚种，被国外同行称为中国研究寡毛类动物的奠基人。

（二）战时四川地区的文化活动与文史研究

抗战时期，许多国内知名文化人士、文史学者络绎内迁入川，聚居于重庆、成都等川内城市，与四川本地文化人士、文史学者一道，组织文化机构，成立文化社团，进行文史研究，开展文化论争，从而推动了战时四川的文化学术活动，文史研究不断取得新进展。

1.抗战时期四川地区重要的文化学术机构

战时四川重要的文化学术机构、社团，主要集中在成都、重庆、南溪李庄等3个地方。其中，重庆是国民政府战时首都，聚集了数量众多的文化学术机构和著名文化人士、文史专家。成都地区的文化学术机构则主要有：(1)四川大学西南社会科学研究处，1935年夏成立，以西南人文与社会经济为研究对象，分为社会经济（赵人俊负责，调查研究西南地区经济发展状况、物价指数等）和人文（冯汉骥负责，搜集蜀中文献、金石古物等）两个研究组。(2)四川大学文科研究所，1940年经国民政府教育部批准成立，分史学、中国文学、语言文字学3组，专任指导教授有向楚、林山腴、庞石帚、彭云生等。(4)华西协和大学中国文化研究所，1939年成

①周勇：《重庆抗战史：1931—1945》，重庆出版社2013年版，第295—296页。

立，所长闻在宥，聘请陈寅恪、李方桂、刘咸炘、吕叔湘、董作宾、韩儒林、缪钺等国内知名学者，从事中国文化，特别是人类学、考古学、语言学、历史学等领域的深入研究。该研究所出版的刊物《华西大学中国文化研究所论丛》、《华西人学文化研究所集刊》，所刊载的闻在宥《论民家语之系属》、《民家语中同义字研究》，吕叔湘《释您俺、咱、喒，附论们字》、《汉语第三身代词说》，韩儒林《吐蕃之王族与汉族》，刘咸炘《亚洲狗祖传说考》，李方桂《沙佛，藏汉语的元音》等论著，发表后颇受国际学术界重视。(5)华西协和大学历史研究部，1942年成立，由著名历史学家钱穆主持，所培养的学生严耕望等后来也成为知名史学家。(6)华西边疆研究所，1942年成立，校长张凌高兼任所长，李安宅主持实际研究所工作，研究人员有藏学家任乃强、谢国安、刘立千等。该所前身为1922年成立的华西边疆研究学会，主要研究中国西部边疆的自然环境和文化，而以藏族为研究重点，成果卓著，很有特色。出版有《华西边疆研究会杂志》。南溪李庄，除同济大学外，文化学术机构主要有：(1)中央研究院历史语言研究所，所长傅斯年，所内人才济济，有李济、董作宾、梁思永、李方桂、凌纯声、夏鼐、吴金鼎、劳干等众多知名历史学、考古学、语言学方面的专家。(2)中央研究院社会学研究所，所长陶孟和，有罗尔纲、梁方仲、巫宝三、汤象龙、韩启桐等研究人员。(3)中国营造学社，梁思成主持，成员有林徽因等，是当时中国知名的建筑设计和古建筑研究机构。

2.文史研究的重要进展

第一，“巴蜀文化”命题的提出与研究。抗战时期，一些寓居四川的知名学者与川内学者一道潜心研究，根据相关史料和当时十分有限的考古文物资料，提出了“巴蜀文化”这一命题，推动了“巴蜀文化”研究的蓬勃开展。战前，四川广汉县(广汉市)城西18里太平场附近真武宫南侧燕氏宅旁即陆续发现了大批玉石器，并引起了有关方面及相关人士的注意。1933年，华西大学博物馆葛维汉教授与馆员林名钧应广汉县政府邀请，在燕宅旁开展正式田野考古试掘，由此揭开了日后三星堆考古文化发掘与研究的序幕。1941年，当时在国内学术界颇有盛名的《说文月刊》，在其第3卷第4期、第7期以“巴蜀文化专号”题名出版的刊物上，集中刊登了卫聚贤、于右任、张继、吴敬恒、王献唐、郑德坤、林名钧、董作宾、朱希祖、缪凤林、徐中舒、傅振伦、郭沫若等人研究巴蜀文化的文章。在《说文月刊》第3卷第4期的《冠词》中，作者谈到巴蜀文化研究兴起的背景、意蕴时指出：“自抗战军兴，国都西徙，衣冠人物，群聚渝蓉，巴蜀一隅，遂成为复兴我国之策源圣地，政治、经济、人文学囿，蔚为中心，粲然大观，日下风流，俨然见汉家旧典，中华崭然新文化，当亦将于此处孕育胚胎，植其始基，继吾辈研究巴蜀古文化而发扬滋长。……奋起有人，使巴蜀新文化衍而为中华新文化，其光华灿烂与国运日新不已。”[①]“巴蜀文化”命题提出后，激起了学术界的强烈反响。学者们纷纷著文发表己见。有的学者固守传统的“中原中心论”文化观，认为古代巴蜀地区蛮荒、落后，否认“巴蜀文化”的存在。大多数学者则赞成“巴蜀文化”这一命题，并且或通过对巴蜀古史及相关文献史籍的辑佚钩沉，或通过考古文物遗迹的调查发掘，或从人类学、民族学等角度探讨、论证“巴蜀文化”及其相关问题，从而丰富和推进了“巴蜀文化”的研究，为巴蜀文化作为一个科学命题的最终确立奠定了坚实基础。

第二，西南边疆民族问题调查研究的进一步展开。晚清民国时期，许多朝野人士出于对西方列强侵略背景下中国西南边疆国防安全和民族问题的忧虑，开始有意识地进行西南边疆民族问题的调查研究。全面抗战爆发后，众多高校和研究机构内迁到西南地区，主要集中在昆明、重庆、成都、贵阳等地。这些高校和研究机构及其学者们，在当时的主客观条件下，结合文献记载和文物考古，进一步加强了对西南地区民族问题的调查研究，取得了丰硕成果。当时，在成都有3个机构（华西边疆研究会、中国边疆学会、华西大学边疆研究所）以研究边疆民族问题为主旨。它们既互相配合又各自独立地开展调查研究，通过实地考察、主办公开演讲、举办文物展览、出版刊物等途径，推动了西南边疆民族问题研究的发展。其代表人物李安宅1941年来成都华西大学任社会学系主任，即发起筹建华西边疆研究所，聘请藏学家任乃强、刘立千等到所工作。他自己亦深入西康、甘肃等地的民族地区，研究藏族的黑、花、红、白等各教派，在收集大量实证材料的基础上，发表了《藏族宗教史之实地研究》、《拉卜楞寺的护法神——佛教象征主义举例》、《萨迦派喇嘛教》、《关于藏王普世系及年代辩证》、《西康德格之历史与人口》、《喇嘛教生育制度》和《边疆社会工作》、《边疆社会建设》、《边疆社区实地研究纲要》、《论边疆服务》等论著。任乃强也发表了《德格土司世谱》、《喇嘛教与西康政治》等论著。刘立千出版有《印藏佛教史》、《续藏史鉴》等论著。于式玉与人合作编辑出版了《西北民歌》，撰著了《麻窝衙门》、《黑水社区政治》等著作。四川大学教授胡鉴民

①《冠词》，《说文月刊》第3卷第4期，1941年4月。

1937年自费深入羌族聚居的川西北汶川、茂县、理番等民族地区考察，在此基础上，于1941年、1944年相继发表《羌族之信仰与习为》、《羌民的经济活动形式》及《苗人的家族与婚姻习俗琐记》等论文，是羌、苗民族历史文化研究领域具有开拓性意义的著作。民族史学家马长寿，战时参加中央研究院历史语言研究所与中央博物馆联合组织的川康民族考察团赴四川民族地区考察，随后又深入凉山民族地区调查研究。在此基础上，写作了《康藏民族之分类体质种属及社会组织》、《中国西南民族分类》、《钵教源流》、《嘉戎民族社会史》、《凉山罗夷考察报告》、《凉山罗夷的宗谱》等系列民族学、人类学论著。

第三，文史研究领域的其他主要成果。一是历史学领域的成果。主要有：郭沫若的《石鼓文研究》（1939年）、《甲申三百年祭》（1944年，被中共中央指定为整风学习文件）、《青铜时代》（1945年）、《十批判书》（1945年）等，邓初民的《新政治学大纲》（1940年），翦伯赞的《中国史纲》（第1册），吕振羽的《简明中国通史》（1941年），陈寅恪的《隋唐制度渊源论稿》、《唐代政治史论稿》等，董作宾的《殷历谱》，徐中舒的《古代四川之文化》、《蜀锦》，蒙文通的《儒家政治思想之发展》、《从社会制度和政治制度论〈周官〉成书年代》，蒙思明的《元代社会阶级制度》等，都是影响很大，流传甚广，而且对后来中国历史学研究走向发生重要而深远影响的历史学名著。二是文物考古方面的成果。这方面首先要提到冯汉骥教授的杰出贡献。冯氏留美获人类学博士来四川大学任教后，于1938年利用暑假赴岷江上游松潘、理县、茂县、汶川等羌族聚居地区实地考察，并在汶川雁门乡清理了一座石棺墓葬，以此为基础撰写、发表的《岷江上游的石棺葬文化》一文首次科学地报道了此类墓葬，开创了川西高原考古发掘的先声。1942—1943年，在冯氏主持下，中央研究院历史语言研究所、中央博物院与四川省博物馆合作进行了成都西郊抚琴台前蜀王建永陵的大规模考古发掘。这种规模较大的地下墓室的考古发掘，不但在西南地区是首次，就是全国范围内也还没有先例。他根据发掘资料，陆续发表了《王建陵的发现和发掘》、《相如琴台与永陵王建》、《前蜀王建墓内石刻伎乐考》等重要论文。冯汉骥还在成都平原上进行了若干考古调查，发表了《成都平原的大石遗迹》、《由中国亲属名词上所见之中国古代婚姻制》等重要论文，在推动西南地区文物考古、人类学、民族问题等领域的研究上做出了杰出贡献。当时，在南溪李庄的中央研究院历史语言研究所和在重庆的中央博物院及其有关研究人员，也在四川乃至西南地区进行了一些考古发掘和古文物遗迹调查的活动。三是中国传统文化典籍的整理与研究方面的主要成果。1941年6月，四川大学中文系主任向宗鲁为校雠《周易正义》而写的《周易校疏后记》，成为当时经学和校雠学的典范著述。向氏逝世以后，其弟子屈守元、王利器分别整理老师的《校雠学》、《月令章句疏证叙录》出版。抗战期间，四川大学还曾组织人力两次对所藏原尊经书院、锦江书院的蜀刻书板进行整理抢救，共整理书板33种、17 000多块。其中重新印刷发行的，有《尚书孔氏传》13卷，《读书钞说》4卷，《公羊笺》11卷，《礼经笺》17卷，《公羊补正》11卷，《金史》135卷，《辽史》160卷，《都江堰工小传》2卷，《灵峰草堂丛书》6册，《骈体钞》31卷等，对于保护和整理国学典籍，传承中国传统文化，具有无愧于时代的重要贡献。[①]

3.哲学社会科学领域的重要成果

第一，哲学研究领域的重要成果。如章士钊的《逻辑指要》，贺麟的《近代唯心论简释》，侯外庐的《中国古代思想学说史》、《中国近世思想学说史》、《王国维古史考释集解》等。战时侯外庐在重庆主编《中苏文化》杂志期间是其学术成果高产时期，先后在《中苏文化》、《中华论坛》、《民主世界》、《中原月刊》、《大学》等杂志发表高水平学术论文数十篇。这些著述都是当时颇有创新意义而且见解精辟、深刻的著名力作。

第二，经济学领域的重要成果。抗战时期，中国经济学家除发表文章，探讨经济理论，向政府提供经济政策建议外，主要是结合大学经济学课程教学的需要，编写教科书。其中比较重要的有：马寅初的《经济学概论》，叶元龙等的《经济学原理》，杨佑之的《会计学》、《会计学纲要》、《高级统计学》、《审计学》等。

第三，政治学领域的重要成果。战时，政治学界在川出版了一些关于民主宪政、国际政治、政治理论方面的教科书。此外，周谷城的《中国政治史》，萧公权的《中国政治思想史》，陶希圣的《中国政治思想史》（1942年在重庆出修订本）等，是战时中国政治学研究领域很有影响的著作。

4.抗战时期重要的文化论争

抗战时期，中国主要的政党政团以及各种政治力量，国民党的三民主义、中共的新民主主义、自由主义、新儒家、乡村建设、战国策派等各个文化流派及其社团，

---

①侯德础：《抗日战争时期四川及周边地区的经济与文教》，四川人民出版社2005年版，第272—274页。

以及大多数的政见人士和文化人，都聚集在重庆、成都、桂林、昆明、贵阳等西南大后方中心城市。各种政治主张、主义学说的交锋与论战，各个文化流派及其思想见解的交流与论争，碰撞激荡，喧嚷起伏，成为战时四川地区文化活动的重要内容。其间，在中共中央南方局领导下，左冀进步文化人士与自由主义、民族主义等流派进行的文化思想论争，主要有下述几次。[①]

第一次，1938年底至1939年下半年，与梁实秋等人关于抗战文化的论争。1938年12月1日，梁实秋在《中央日报》副刊《平明》上发表署名的《编者的话》，声称要反对所谓的“抗战八股”，主张写“与抗战无关”的作品，说：“现在抗战高于一切，所以有人一下笔就忘不了抗战。我的意见稍微不同。与抗战有关的材料，我们最欢迎，但是与抗战无关的材料，只要真实流畅，也是好的，不必勉强把抗战搭载上去。至于空洞的‘抗战八股’，那是对谁都没有好处的。”梁文发表后，郭沫若、老舍、张天翼、孔罗荪、宋之的等左冀文化人士立即站出来，在《大公报》、《国民公报》等报刊上发表文章予以严厉抨击。1939年4月1日，梁实秋在社会各界严厉批评的浩大声势的压力下，宣布辞去《平明》副刊编务。这次论争遂告结束。

第二次，1940年，与向林冰等人围绕文化的民族形式问题而展开的论争。1940年1月，毛泽东发表《新民主主义论》提出：“中国文化应有自己的形式，这就是民族形式。民族的形式，新民主主义的内容——这就是我们今天的新文化。”同年3月起，向林冰连续在《大公报》上发表《论民族形式的中心源泉》、《再论民族形式的中心源泉》、《“国粹主义简释”》、《民族形式的运用与民族形式的创造》等文章，提出要“以民间文艺形式为其中心源泉”，反对毛泽东关于“中国作风中国气派”的民族形式的主张，并且否认“五四”运动以来中国新文化的传统，认为“五四新文学形式”是“畸形发展的都市的产物”，对于创造“民族形式”，“五四”新文学形式是不重要的。向林冰的文章发表后，可谓一石激起千重浪，引起了后方文化界人士广泛而热烈的讨论。《新华日报》、《抗战文艺》、《文艺阵地》、《文学月刊》、《读书月报》等都开辟了专栏，发表了许多讨论文章。郭沫若、茅盾、胡风、孔罗荪、叶以群、葛虹、潘梓年、巴人等左冀进步文化人士，也纷纷著文，批评向林冰的错误观点。如郭沫若在《“民族形式”商兑》一文中阐述道：“民族形式的中心源泉，毫无疑义的是现实生活。今天的民族现实的反映，便自然成为今天的民族文艺的形式。

①以下所述，主要参引自周勇：《西南抗战史》，重庆出版社2013年版，第405—411页。

它不是民间形式的延长，也并不是士大夫形式的转变，从这两种遗产中它是尽可以摄取营养的。”[①]随后，中共中央宣传部致电南方局指出：“民族形式就是人民的形式，与革命内容不可分，大后方很多人已利用民族口号鼓吹儒家与其他复古独裁思想，故党的报刊与作家对此须慎重，不可牵强附和。”皖南事变发生后，南方局根据中共中央的指示，实行“隐蔽精干，长期埋伏，积蓄力量，等待时机”的方针，组织国统区大批进步文化人士转移或隐蔽起来，这场论争也就停止了。

第三次，1941年至1942年，围绕话剧《野玫瑰》与“战国策派”文化观的论争。“战国策派”是抗战时期兴起的一个主张国家主义的文化流派。这一流派因创办《战国策》半月刊、重庆《大公报》副刊《战国》而得名。其主要成员有云南大学、西南联大的教授林同济、陈铨、雷海宗等人。1942年3月初，“战国策派”骨干人物陈铨创作的宣传民族主义及“权力意志”、“尚力政治”、独裁主张的话剧《野玫瑰》在重庆上演后，国民党当局大加赞赏，并由教育部学术审议会出面给该剧颁发了“三等奖”。但它同时也遭到中国共产党及左翼进步文化人士的坚决抵制和严厉批判。中共中央南方局主办的《新华日报》、《群众》等报刊，发表了胡愈之、方纪、章汉夫、欧阳凡海等人的文章，有力地揭露了“战国策派”思想言论的实质。

第四次，1942年至1945年，围绕宣传毛泽东《在延安文艺座谈会上的讲话》与国民党当局进行的斗争。1942年5月，毛泽东主持召开延安文艺座谈会并发表讲话，提出了文艺为工农兵服务的方向，以及服务的态度和方法等问题。随后，《新华日报》陆续报道了延安文艺座谈会和毛泽东讲话的精神。对于中国共产党在国统区宣传毛泽东讲话及精神，国民党当局十分恼火。为抵制讲话精神的传播，“纠正共产主义的左倾”，建立“三民主义的文化体制”，同年9月1日，国民党中央宣传部部长、中央文化运动委员会主任张道藩发表了《我们所需要的文艺政策》一文，要求以“三民主义”为文艺的指导思想和理论基础，“三民主义的文艺”必须要为“国家至上，民族至上”的“三民主义的政治”服务，并提出了在文艺创作的内容和对象上必须实行“六不”和“五要”。“六不”即：一不专写社会黑暗，二不挑拨阶级的仇恨，三不带悲观的色彩，四不表现浪漫的情调，五不写无意义的作品，六不表现不正确的意识。“五要”即：一要创造我们的民族文艺，二要为最痛苦的平民而写作，三要以民族的立场而写作，四要从理智里产生作品，五要用现实的形式。张道藩《我们所

①重庆《大公报》1940年6月9日、10日。

需要的文艺政策》发表后，国统区文化界及广大文化人士，以各种报刊为平台，展开了长达3年之久的坚持与否定、拥护与反对、鼓吹与批判的激烈斗争。

另外，抗战时期，在左翼文化阵营内部，围绕“培养工农兵作家”、“民族形式”、“张扬现实主义文学的主观战斗精神”等重大文艺理论问题，胡风、舒芜等国统区作家与延安来的冯乃超、何其芳、刘白羽、林默涵等作家之间，也发生了激烈的争论，并成为新中国成立后引发“胡风事件”的重要导火索。

四、抗战时期四川医药卫生事业的发展

全面抗战爆发前，四川地区的医院、卫生院、卫生防疫站（所）等现代医疗卫生机构主要集中于重庆、成都等盆地内中心城市，全川医疗卫生事业在整体上比较落后。据统计，1937年，全国共有242县设有县级卫生院，其中有194个县级卫生院设在苏、浙、赣、闽4省。[①]四川因民国以来军阀割剧混战不已，政治紊乱，社会动荡，不重视医疗卫生等社会事业建设，尚未有县级卫生院之设立。全面抗战后，国民政府迁都重庆，四川成为中国抗战后方根据地的中心区域，国民政府出于“适应战况，统筹全局，长期抗战”的考虑，开始重视并不断加强四川地区社会公共事业建设。同时，中央卫生实验院、中央大学医学院、上海医学院、湘雅医学院、江苏医政学院、江苏省立医院等京、沪及沿海沿江省市的一流医疗机构和许多著名医学专家、学者也纷纷内迁入川，并由此推动了战时四川地区医疗卫生事业的发展。

（一）医政、医疗机构的建设与发展

1.医政机构的建设与沿革

1927年国民政府定都南京后，在内政部下设卫生司。随后于1928年11月改设卫生部，在部内设总务、医政、保健、防疫、统计5司及中央卫生实验所、中央防

①《关于善后救济计划金宝善与蒋廷黼的来往磋商函件和有关材料》（1945年4月），中国历史第二档案馆馆藏档案，372—378。转引自张玲：《抗战时期四川医药福利事业研究》，四川大学历史文化学院2009年博士学位论文，第20页。

疫处等职能机构。1928年12月1日，又颁布《全国卫生行政系统大纲》，规定省级政府在民政厅内设卫生处，同时接受国民政府卫生部(署)直接的业务指导和医政监督，市县设卫生局，各主要海港及国境冲要地带设立海陆检疫所，从而结束了民国成立以来国家和地方医药卫生行政管理无法可依，机构、体制建设不完善的局面。1930年12月，又改设内政部卫生署，署内设医政、保健、总务3科，负责全国医药卫生事业及医政管理。

不过，其时四川尚处于军阀割据、独立王国般的状态，全省的医疗卫生行政事务仍依旧制，由省政府民政厅第二科1名科员负责。其职责是规划全省卫生事业，筹设及指导公共卫生机关，审核各县市卫生经费，监督中西医院，管理中西药商，审查医务人员，调查、预防疫病，管理公墓等。如此繁杂、众多的医药卫生行政事务，概由1名科员主管办理，显然因人少力微而只能敷衍了事，甚至于无济于事。川内县市一级政府的医药卫生行政事务，起初是在警察局内设卫生科全权负责，后改由县市政府主管民政的第一科负责卫生行政，职责是生命统计、一般卫生、防止疫病、管理医药、医疗救济、保健事业、卫生检验、卫生教育等；公共卫生事务则仍由警察局及警佐兼职办理。①

全面抗战爆发后，1938年5月，四川省成立了省卫生委员会，统筹全川医疗卫生事务，但在实际上却未能发挥其应有的职能作用。四川全省的"卫生行政，实无可陈述"。"上焉者，略作施诊舍药工作，即认为已尽卫生行政之能事。下焉者，并此而无之"。②全川"没有任何类型的公共卫生组织机构，即使在省会成都市也没有卫生部门"。"教会学校和医院对人民的健康有一定程度的影响，但主要是慈善性工作，而国人自己并未真正努力改善公共卫生"。③为改变战时四川医疗卫生的落后状态，1939年5月，四川省政府在国民政府的督促下，拨款28万元，成立省卫生实验处，并聘请当时在国内已有一定学术地位和社会影响力的川籍公共卫生专家陈志潜博士担任处长。该处"直辖于省政府受民政厅之监督指挥"，内设总务(行政事务)、医政(医务管理)两个科和技术室(医药卫生技术)，有职员35人，"专司办理全省卫生事宜，策划监督各市县地方卫生事务"。④四川因此成为当时国内

①王友平：《民国时期四川医政管理研究(1912—1949)》，四川大学历史文化学院2010年博士学位论文，第18—22页。
②国民政府内政部编印：《战时内务行政应用统计专刊第五种——卫生统计》，1938年，第18页。
③陈志潜：《中国农村的医学——我的回忆》，四川人民出版社1988年版，第122页。
④《四川省卫生概况》，1940年，四川省档案馆藏档案，民113—2085。

第11个设立省级医疗卫生专门行政管理机构的省市。

四川省卫生实验处成立后，迅即制订出《组织规程》、《办事细则》、《1940年度工作计划》等文件，确定其当务之急的工作主要是：成立处行政组织，开办卫生训练，开办省立传染病院，促进省内各县市成立卫生院、所、站及保婴事务所等县级医疗卫生机构，组织开展空袭卫生救护、疏散区卫生、难童卫生等工作。在省卫生实验处的指导和督促下，四川各县市逐渐加强了县市及其以下各级医疗卫生行政管理机构的建设和完善。

1940年，国民政府卫生署提议统一全国各省市卫生处名称。同年6月21日，国民政府行政院颁布《省卫生处组织大纲》，规定各省级医疗卫生行政机关统一名称为省政府卫生处，并要求在卫生处下设省立医院、卫生实验处、初级卫生人员训练所、卫生材料厂等机构，以促使各省卫生行政制度渐趋统一。1941年7月，经国民政府行政院批准，"四川省卫生实验处"改名为"四川省卫生处"。同年9月，四川省政府颁布《四川省卫生处组织规程》，规定：四川省卫生处直属四川省政府领导，掌理全省卫生行政事务，承办四川省政府一切卫生之政令。处内设第一科、第二科和技术室。其中第一科，即相当于原来的总务科；第二科主管医政，主要职责共8项，即：医药卫生有关机关团体注册登记及监督；成药登记；卫生教育设施；各项保健设施；传染病防治管理；城市乡村卫生环境改进；其他卫生行政事项等。技术室掌管的事项共6项，即：全省医药卫生设计；卫生调查统计；各市县卫生实施指导监督；卫生处工作报告编纂；指导附属机关技术；其他卫生技术方面的事项等。后来，四川省卫生处又陆续增加内设机构和职员。先后增设了会计室、秘书室、统计室、人事管理室等机构；职员也增加到78人（1946年1月）、97人（1949年7月）。同时还按规定每月向四川省政府呈报《四川省卫生处职员差假勤惰一览表》、《四川省公务员奖惩月报表》等文件报表，使省政府相关部门能随时了解和掌握卫生处及其职员的工作动态。

2.县市医疗机构的建设和发展

陈志潜上任暨四川省卫生实验处成立后，将防治疫疠、空袭救护、筹设县市医疗卫生机构确定为该处三大中心工作，并首先重点进行县市医疗卫生机构建设的工作。为此，首先开展调查摸底，俾以"明了本省各市县原有卫生医药机关之设置情形及办理概况"。经过对四川省112个县市（占其时四川省137个县市总数的

81.75%)的调查，其中有31个县市报无医药设备，24个县市未报，1个县(资阳)为空白，已呈报并拥有医药机构及设备的县市总计共有医疗机构233个。其中公立医院14个，私立医院55个，公立诊所41个(其中西医29个，中医12个)，私立诊所114个(其中西医50个，中医64个)，卫生院9个。营利性质的私立医院、诊所占绝对优势，是公立医院、诊所的3倍以上，而公立医院、诊所，在四川省卫生实验处成立以前，也大多不具备社会公共福利性质。①另外，“据已填报之调查表观之，完全缺少卫生医药机关之县份竟占全省县数百分之二十强；新医生(俗称西医生)之数目亦只二百九十八人，即以本省人口四千五百万计之，约十五万余人始分配得一新医师，较诸欧美国家医院林立，每数百人即有一医师为之诊察治疗者，实瞠乎其后”。因此，“欲弥补本省各县卫生医药机关之缺乏，必须加紧促成各县卫生院之设立，欲弥补本省各县新医人数之不敷，尤须亟于造就卫生技术人员”。②

在此情势下，陈志潜利用其四川省卫生实验处处长、华西协合大学医学院公共卫生学教授、战时救济工作负责人等身份，在华西大学医学院、齐鲁大学医学院、中央大学医学院等在川医学院校及师生的支持、配合下，在川内各地建立起县市级公立公共医疗卫生机构80余处，为四川省从无到有地建立起了综合医院，传染病院，妇婴保健机构，护士、助产士和公共卫生人员培训中心，以及供医学生和护校学生实习用的温江农村卫生实验区等医疗机构，从而积极推动了战时四川地区县市一级的医疗卫生机构的建设和发展。

按照《四川省各县卫生院组织规程》的规定，“(县)卫生院隶属于县政府，受四川省卫生处之指挥监督，掌理全县一切卫生行政及技术事宜”③，实际上兼具负责一县之医疗卫生行政管理和县级医疗卫生中心的双重职能。因此，抗战时期四川县市一级公共医疗卫生机构的建设，即围绕县卫生院建设这一重点进行。1937年9月，新都实验县卫生院成立，是为民国时期四川省内第1所县级卫生院。随后，四川各县市陆续开始设立县级卫生院。1939年，四川省卫生实验处“择邻省毗连(或)交通便利之县份”，在川内郫县、简阳、南充、万县、资中、璧山、泸县、广元等8县成立县卫生院。1940年，该处又利用四川省全面裁撤烟民调验所的时机，

①张玲:《抗战时期四川医药福利事业研究》，四川大学历史文化学院2009年博士学位论文，第24—25页。

②《四川省卫生实验处及附属机关呈送二八年度五至十二月工作报告》，四川省档案馆馆藏档案，民113—117，第49页。

③《卫生通讯》(法规专号)，1944年1月，第33期，第22—23页。

经征求省禁烟办公署、禁烟委员会及禁烟专款保管委员会同意，“利用原存人力、物力，一律改设为县卫生院所。其专员所在地之调验所，改为县卫生院；县府所在地之调验所，改为县卫生所；调验所所在地其已成立县卫生院者，即移附近县份办理”。同时“各卫生院暂时兼办烟民劝戒及调验事宜，以期兼顾”。[①]通过这一途径，当年四川将烟民调验所改为县卫生院者，计有资阳、合江、奉节、梁山、永川、眉山、宜宾、酉阳、渠县、夹江、梓橦、剑阁等12县；改为县卫生所者，计有富顺、长寿、江津、邛崃、涪陵、丰都、云阳、开县、忠县、垫江、邻水、开江、宣汉等13县。[②]

对于抗战时期四川地区县级卫生院的建设和发展，国民政府卫生署等相关部门不仅在行政上予以督促，也在资金方面提供资助。如璧山县，因邻近陪都重庆，具有特殊的地理优势，国民政府卫生署卫生实验院便“择定璧山县卫生院为实验县卫生院，每年拨发三万元或三万元以上之经费，补助该卫生院作为实验经费”。[③]1940年，卫生署在内江、绵阳、乐山、黔江、峨眉等处，分别设置公路卫生站1座，由卫生署开办并直接管辖，计每站投入开办费13 333元，经常费每年23 304元（每月1 942元）。[④]同年，卫生署为推行公医制度补助四川省医药福利事业费4项：(1)“全县卫生各级机构整个设置实验县一县”；(2)“县卫生院之设置一县至三县”；(3)“高级卫生专门人才之设置一人至三人”；(4)“环境卫生给水工程之设置费四千元”。[⑤]1941年，卫生署三年计划规定，四川应充实卫生机构之县，约为55县，由中央酌量补助设备费及经常费。[⑥]同年，卫生署补助经费，协助省卫生实验处在成都、简阳、遂宁、南充等四县成立灭虫治疥站。1944年，江、巴等27县由“中央各补助三十万元或二十万元”，“限作充实设备之用”。同年，中央卫生实验院拨给成都第一保婴事务所20 000元，专作妇婴卫生研究。此外，1940至1941年，卫生署为协助四川地方做好空袭救护工作，不但派出救护队，并“拨助各县市”“空袭救护经费”、“器械设备费”及“药品材料费”等医药费用。1944年，四川省鼠疫检

①陈志潜：《四川省卫生实验处四至六月工作报告——川省卫生实验处致卫生署》，四川省档案馆馆藏档案，民113-49，第19—20页。
②《四川省卫生实验处二十九年度工作简报》，四川省档案馆馆藏档案，民113-129。
③《中央卫生实验院与四川省卫生处合作办法》，四川省档案馆馆藏档案，民113-5，第61页。
④《内政部卫生署公路卫生站计划大纲》(1940年)，中国历史第二档案馆馆藏档案，372-233。
⑤《内政部卫生署公函》(为拟定协助推行公医制度补助办法函达查照见复)，四川省档案馆馆藏档案，民113-135，第17—18页。
⑥《卫生署草拟三年计划》，《卫生通讯》第5期，1941年7月，第6页。

查，由省卫生处与中央卫生实验院传染病研究所合作办理，等。[①]

在国民政府和四川省当局的共同努力和积极推动下，战时四川地区医疗卫生机构建设取得了较大成绩。据统计，截至1945年，四川地区（不含重庆）已有省立医院2所，省级卫生事务所2所，县级卫生院127所，县级卫生分院58所，卫生所97所，以其时全川143县市（设治）局计，医院、卫生院等公共医疗卫生机构的覆盖率已达91.61%。[②]另外，重庆当时是陪都，在国民政府直接支持和强力督促下，其医疗卫生机构发展成绩更为突出。据统计，1936年，重庆全市共有公、私立医院和中医诊所15个，病床535张；发展至1945年，重庆全市医疗卫生机构增加至39个，病床增至1 842张。[③]

（二）战时四川疫情防治工作的开展及其成效

抗战时期，四川地区曾多次发生大面积、大规模、严重的流行性疫情，成为当时与日机空袭一样给四川居民造成身体健康和生命财产伤害的严重灾害。如1939年5月，重庆地区难民群体发生霍乱，并随着人口的迁移流动而很快在川内50余县市蔓延开来。6月传到自贡，7月传到成都、郫县、德阳、崇庆以及川北地区。8月经乐山、洪雅传到雅安及西康地区。其疫情之严重，如自贡“半边街、五星街、大坟堡、凉高山、抓抓井一带成片生病，死亡最多，棺木工匠及巫师道士日夜忙碌”。成都，“根据警察局发出的‘埋葬证’，全市死于霍乱的共二千三百三十七人”。1940年，广元、阆中、蓬溪、三台、盐亭、梓潼等县市爆发疫情，“造成川北三万五千零二十人死亡”。其中疫情最严重的剑阁县，“初死二三百人，七至八月，死亡即达七千余人，疫区……纵横三百余里，约占全县面积三分之二”。1945年，四川再度爆发抗战时期最大的一次霍乱疫情。疫区覆盖了重庆、成都等川内93县市。6月初，内江首先发现疫情，随后迅速沿资中、泸县、富顺、自贡、乐山一线蔓延，并向西康地区扩展。数日后，重庆也发生霍乱，并向江津、涪陵、壁山、合川及整个川东地区蔓延。6月下旬，成都受染后，向金堂、华阳、郫县蔓延，并沿川陕路

①张玲：《抗战时期四川医药福利事业研究》，四川大学历史文化学院2009年博士学位论文，第29—30页。

②张玲：《抗战时期四川医药福利事业研究》，四川大学历史文化学院2009年博士学位论文，第42页。

③周勇：《重庆抗战史：1931—1945》，重庆出版社2013年版，第349、365页。另外，关于抗战时期重庆地区医疗救护事业发展的概况，潘洵《抗战时期西南后方社会变迁》（重庆出版社2011年版）一书论述颇详，故本书于此不再赘言。

向广元方向扩展。[①]

表5-1 抗战时期四川地区主要传染性流行疾疫情况统计表[②]

年度	1939年	1940年	1941年	1942年	1943年	1944年	1945年
霍乱	50余市县	9县	5县	14县	7县市	4县	44县市
伤寒	—	—	38县市	51县市	61县市	53县市	51县市
天花	—	—	27县市	41县市	54县市	47县市	37县市
麻疹	—	—	37县市	49县市	40县市	47县市	55县市
疟疾	—	—	39县市	65县市	85县市	80县市	83县市
痢疾	—	—	39县市	66县市	77县市	74县市	67县市

1944年,国民政府针对传染性、流行性疾疫具有蔓延快、散布区域广、种类多、死亡率高、对民众身体健康和生命安全造成严重危害等特点,颁布了《传染病防治条例》,明确法定的传染病有霍乱、天花、流行性脑炎、细菌性阿米巴痢疾等10种,并采取系列措施,加强疾疫防治。

第一,接种预防疫苗。通过预防接种,来阻止流行性、传染性疾疫的发生和蔓延,是一种较为经济的、有效的、必要的医疗卫生防控手段。同时接种疫苗也是一种社会福利,由公立医疗卫生机构义务给民众预防接种,不收取任何费用。当时,四川各地在县卫生院没有成立以前,即由省卫生实验处"派队赴各县免费注射防疫针"。为了使民众知晓此事,各级医疗卫生机构往往还在报上刊登广告,在大街小巷张贴布告,散发传单等,大力宣传,广而告之。如1940年6月1日,四川省卫生实验处即在《新新新闻》的卫生周刊上发布《市民注意 万事莫如防急病!免费注射,勿失良机》的广告,向民众宣传注射伤寒、霍乱疫苗的重要性,免费注射的地点及时间等事项,促使民众及时接种。1946年4月初,重庆市卫生局鉴于1944年、1945年发生大规模霍乱并导致人员因感染疾疫而大量死亡的经验教训,召集全市各医疗卫生机构和开业医生,组成防疫注射站109处,流动注射队35个,防疫督导队5个,为32万余人免费注射了霍乱疫苗。[③]

①四川省志卫生志编辑组:《解放前四川疫情》,《四川文史资料选辑》第十六辑,1965年印(内部发行),第176—178页。

②本表转引自张玲:《抗战时期四川医药福利事业研究》,四川大学历史文化学院2009年博士学位论文,第63页。

③潘洵主编:《抗战时期西南后方社会变迁研究》,重庆出版社2013年版,第192—193页。

表5-2　抗战时期四川省历年预防接种疫苗人数统计[①]

	预防伤寒霍乱注射人数(人)			接种疫苗人数(人)		
	共计	成都市	各县	共计	成都市	各县
总　计	3 265 839	429 174	2 836 665	1 777 326	251 925	1 525 401
1939年	391 335	117 037	274 298	20	20	—
1940年	222 238	58 093	164 145	55 409	2 625	52 784
1941年	252 680	73 511	179 169	160 969	99 754	61 215
1942年	712 201	112 657	599 544	150 616	34 557	116 059
1943年	260 992	26 699	234 293	506 874	40 502	466 372
1944年	368 805	27 478	341 327	338 414	24 024	314 390
1945年	1 057 588	13 699	1 043 889	565 024	50 443	514 581

除为民众重点注射伤寒、霍乱疫苗及接种外，也针对白喉、混合及其它传染病，根据发病季节与地域特征，开展有针对性的预防接种工作。

第二，隔离治疗。为防止疫病扩散，四川省卫生处规定，各公私医疗卫生机构，一旦发生法定传染病例，应即设法及时、迅速地送到指定医院治疗。在传染病院和疫情发生地县卫生院尚未成立时，省卫生处便实行临时增设简易隔离病院来开展隔离治疗。如1939年，四川发生全省性霍乱大流行，“当时成都各大医院因霍乱传染惨烈，曾拒绝接收(霍乱病人)，省会(城市)内，竟无一个地方可能收容与日俱增的霍乱病人，情形极为狼狈”。为此，6月底，四川省卫生处与三大学联合医院在成都东北东新街租赁民房开办临时隔离医院，收治隔离霍乱病人。从8月3日至9月17日，40余天中，临时隔离病院共诊治门诊病人232人，收治住院病人89人。[②]1940年，川北霍乱大流行时，省卫生处派医疗队到剑阁县开展防治工作，因当地还没有成立县卫生院，医疗队便组织临时隔离病院，进行隔离治疗，隔离收治13人。[③]不过，限于人力、物力条件，隔离治疗病人数量有限，因而面对来势汹汹、快速蔓延的传染病疫情，根本无法满足病人急需隔离治疗的需求。因此，陈志潜还特别撰文呼吁说，“各县市隔离设备必须透澈充实”，是加强“传染病之管理”

①本表转引自张玲：《抗战时期四川医药福利事业研究》，四川大学历史文化学院2009年博士学位论文，第64页。

②《四川省卫生实验处及附属机关呈送二八年度五至十二月工作报告》，四川省档案馆馆藏档案，民113-117。

③临时防疫队：《二十九年秋剑阁三台等处扑疫记》，《卫生通讯》第1期，1941年3月，第3—4页。

的要项之一。[1]

第三,改善公共环境及居民饮食卫生。民国年间,四川与国内其他地区一样,城乡公共环境极其肮脏污浊,居民饮食卫生条件恶劣。例如饮水,成都普通市民大多饮用井水或河水,但“因井边淘菜洗衣者太多”,“人户稠密,阴沟粪池浸入其中”,以致“城中之井水,味咸而恶……如以井水烧茶,水面必有油垢一层”;河水则因“沿岸居民又淘菜洗衣,倾渣滓于其中”,而“断不可饮”[2],由此因饮水的不清洁而致使“病疫之传播”成为“当然之事实”。[3]因此,改善公共环境卫生便成为战时四川各地疾疫防治工作的重要日常事务。1939年12月11日,新任重庆市长吴国桢在就职演说中,即强调要注意市民保健卫生工作:“市区人口众多,卫生防疫工作,须严加注意,防患于未然。各处垃圾堆积,耗子更多,一旦发生瘟疫,必然措手不及,影响抗战至大”。[4]当时,四川各地为改善城乡公共环境卫生条件,除定期举行城市街道清洁大扫除,扑灭苍蝇、蚊子、耗子等大规模、群众性的公共卫生活动外,还主要有水井消毒、处置垃圾、扑灭蚊蝇、厕所改良、清沟通渠、清洁检查等工作内容,其中尤以改良水井、修建公厕两项成绩比较突出。

表5-3　战时四川历年改良水井、厕所工作情况统计[5]

	改良水井(口)			改良厕所(座)		
	共计	成都市	各县	共计	成都市	各县
总计	27 913	4	27 909	13 452	135	13 317
1940年	146	2	144	356	16	340
1941年	148	—	148	1 032	—	1 032
1942年	597	—	597	1 060	—	1 060
1943年	2 237	—	2 237	1 378	12	1 366
1944年	6 048	2	6 046	5 275	—	5 275
1945年	18 737	—	18 737	4 351	107	4 244

①陈志潜:《传染病之管理》,《卫生通讯》第20期,1942年10月,第7—8页。
②傅崇矩:《成都通览》上册,巴蜀书社1987年版,第7—8页。
③谢霖:《成都自来水与市政建设》,《成都市》创刊号,1945年3月。
④《吴市长昨日就职,发表施政主针五项》,《国民公报》1939年12月12日。
⑤四川省档案馆:《四川省抗战时期各类情况统计》,西南交通大学出版社2005年版,第161页。

重庆作为战时首都，城市公共环境卫生工作成绩最突出。一是修建公共厕所。1942年，除修复了被日机炸毁的厕所外，还在马路旁修建厕所20座，并由市卫生局监制防空洞专用木质厕所162座。二是垃圾与废物清运处理。战时重庆尚无垃圾站，由各保自设垃圾箱和挖垃圾坑供商家、住户倾倒垃圾。至1945年，全市有城区垃圾箱400多个，郊区垃圾坑1 300多个，市卫生局还购置垃圾船23艘，停泊在朝天门、南纪门、临江门等码头。三是成立重庆清洁总队，有职工515人，在城区设立4个区队，负责洒扫街道，处理垃圾；成立市卫生大队，负责处理全市卫生事务；成立粪便管理所及分所，有挑粪夫147人，负责城区粪便的收集和处理。四是从1942年至1943年，由市警察局制作木质废物箱、木质石灰痰盂各1 000余个，设置于人流量大的繁华街道的电灯杆上，供过往行人使用，等等。[①]不过，当时人爱护公共环境卫生、市容市貌的思想意识淡薄，自觉性较差，因此即使是在陪都重庆，也始终未能从根本上改变城市市容面貌脏、乱、差的状态，至于其他县市及乡镇，改善公共环境卫生的努力及效果也就可想而知。

第四，加强对公共饮食及其摊贩的清洁卫生管理。这也是战时四川各地环境卫生工作的重要内容之一。在传染病，尤其是以食物为传染源的胃肠道传染病肆虐时，各地卫生行政机关往往采取加强清凉饮食管理的措施。对清凉食品如“冷馒头、冷饼、冷肉”等，清凉饮品如酒、生水、茶水、水果等容易成为胃肠道传染病之感染病菌的食品，加强卫生检查。1940年，川北发生大霍乱，四川省卫生处所派出的防疫队员在剑阁县城防治疫情时，就对街上摆卖的公共饮食卫生“非常注意，除由警察按日清查外，并由吾人偕同县长，随时亲往各街检查”。[②]1941年4月29日，四川省卫生实验处主持召开成都防疫委员会会议，通过《如何取缔饮食店及食物》提案，决议“由省卫生实验处拟具办法，警宪负执行责任”。1942年8月以降，四川各县市“相继报告发现霍乱，尤以长江上下游城市为甚”，四川省卫生处于是在《卫生通讯》上发布《各卫生院所注意》的通告，要求“尚未发现（霍乱）县份之各卫生院”采取“即时会同有关机构取缔清凉饮食品”等预防措施。1943年6月，四川省卫生处收到“云南卫生处代电通知”，得知“大理于五月廿九日发现霍乱”。“鉴

①周勇：《重庆抗战史：1931—1945》，重庆出版社2013年版，第368页；潘洵：《抗战时期西南后方社会变迁研究》，重庆出版社2013年版，第192页。

② 临时防疫队：《二十九年秋剑阁三台等处扑疫记》，《卫生通讯》第1期，1941年3月，第3—4页。

于川滇距离匪远”，便再次在《卫生通讯》上发布《各市县卫生院所注意》的通告，提示各市县卫生机构采取“禁止出售冷食”等预防措施，“以防患于未然为要”。至抗战后期，卫生行政机关对公共饮食及其摊贩管理的行政行为逐渐走向制度化、规范化。在有条件的地方，卫生机构中往往设有卫生稽查员专司其职。尤其是在成都，负责“卫生商店摊贩”等事项指导的卫生稽查制度在卫生事务所成立后建立起来。卫生稽查员应具备的资格、工作的职责等都有明文规定。1944年公布的《战时县卫生工作评判标准》，在环境卫生项目中，列有“食物及清凉饮食”项目的考核，并规定“夏令用纱罩盖食物及水果”、“细菌检查”、“饭店管理”为其中3项具体内容。该文件的第2章《战时县卫生工作测验标准细则》，对各条内容在考核中所占的比例及每年应实施该内容的次数等，均做出了细致而明确的规定。①

此外，抗战时期四川各地的医疗卫生工作还包括救治病患、防空救护、公共卫生宣传等内容。通过这些工作，促进了抗战时期四川地区医疗卫生事业的进步，有利于改善民众的医疗卫生条件，并为战后四川地区医疗卫生事业的进一步发展奠定了基础。

①张玲：《抗战时期四川医药福利事业研究》，四川大学历史文化学院2009年博士学位论文，第70—71页。

第七章

抗战时期的四川社会

一、日机轰炸与四川军民的反空袭斗争

(一)日机轰炸四川

1938年2月19日,日机对重庆广阳坝机场进行了试探性轰炸,由此拉开了抗战时期日机轰炸四川的序幕。1938年底,武汉、广州失守,华中、华南沦陷,抗战进入相持阶段。日本侵略者改变侵华战略,将抗战初期"军事进攻为主、外交攻势为辅"和"不以国民政府为对手"等侵略政策,调整为"政治诱降为主、军事打击为辅"。侵华日军为配合实施政治诱降和"以炸迫降"、"以炸促和"策略,在停止大规模军事进攻的同时,加强了对国民政府倚为抗战后方根据地的西南、西北各大中城市和重要目标的飞机轰炸。四川是中国抗战的政治、经济、文化中心地区,自然成为日机空袭的重点。据不完全统计,全面抗战期间,日本侵略者至少出动飞机7 380架次,对四川66(一说61)个市县,进行了至少321天的战略轰炸和扫射。①其中,从1939年至1941年的3年间,日机对四川地区的轰炸尤其猛烈,造成了非常严重的中国军民生命伤亡和财产损失。1942年以后,因陈纳德率领的美空军第14航空队("飞虎队")进驻中国战场,中美空军逐渐夺回了中国战区的制空权。到1944年夏,中美空军的飞机已增至667架,而日机却只有220架,双方的比例为3:1。在此情势下,日机很难再有恃无恐地窜入四川施行轰炸扫射,于是被迫改变战术,或者派少数侦察机飞入川内进行骚扰,或者重点轰炸川内各地军用机场,以阻止美国空军利用中国战区各机场轰炸日本本土。

据不完全统计(夜袭时不明敌机架数及侦察机未计入),1939年,日机共出动126批,913架次,投弹5 743枚,多次轰炸重庆、成都、万县、梁山、自贡、涪陵、宜宾、泸县、乐山等川内城市,炸死居民7 960人,炸伤7 333人,损毁房屋24 622幢。1940年,日机共出动146批,4 667架次,投弹13 495枚,多次轰炸重庆、成都、自贡、乐山等川内城市,炸死6 272人,炸伤7 515人,损毁房屋46 106幢。1941年,

①李仕根:《抗日战争时期四川人民的深重灾难与突出贡献》,李仕根:《四川抗战档案研究》,西南交通大学出版社2005年版,第1页。

日机集中轰炸重庆，并实施“疲劳轰炸”战术，仅对重庆一地的轰炸，全年即共出动3 495架次，投弹8 893枚，炸死2 448人，炸伤4 448人，损毁房屋5 793幢。[①]同时出动飞机1 529架次，投弹6 351枚，轰炸川内成都、万县、自贡、广元、宜宾等城市，炸死2 299人，炸伤3 684人，损毁房屋13 015幢。1942年以后，因太平洋战争爆发，日军无力再抽调大量飞机对四川及中国抗战后方各省进行上百架次、大规模、密集性的狂轰滥炸，而被迫减少了轰炸次数，降低了空袭强度。据统计，1942年，“敌机无大的空袭”。1943年，日机共出动236架次，投弹563枚，炸死109人，炸伤174人，损毁房屋1 767幢。1944年，日机共投弹475枚，炸死15人，炸伤16人，损毁房屋11幢。[②]1944年12月8日晚，日机数架侵入成都、万县、梁山等地投弹。此后，日机对四川地区的轰炸基本结束。

抗战时期，日机共轰炸了四川60余市县，约占当时全川142个市县的48%。遭轰炸的市县主要有：重庆、成都、自贡、万县、奉节、合川、梁山、涪陵、泸县、乐山、温江、华阳、新津、崇庆、新都、双流、内江、简阳、永川、綦江、璧山、铜梁、峨眉、宜宾、隆昌、合江、纳溪、丰都、南川、秀山、开县、忠县、巫山、巫溪、云阳、城口、大竹、渠县、广安、邻水、长寿、南充、南部、武胜、遂宁、三台、蓬溪、盐亭、绵阳、金堂、德阳、梓潼、苍溪、广元、阆中、达县、松潘、新繁、荣县、荣昌、眉山、夹江、屏山、江安、中江等。其中，遭受轰炸次数较多、轰炸特别猛烈、损失尤其惨重的市县主要有：重庆、成都、自贡、万县、乐山等。

1. 日机轰炸重庆[③]

重庆作为国民政府战时首都和中国政治、军事、经济、文化中枢，成为战时日机轰炸的重点目标，是抗战时期四川地区遭受日机轰炸次数最多、轰炸强度最烈的城市。据统计，从1938年底至1943年8月，日机共空袭重庆218次，出动飞机9 513架次，投弹20 000多枚，炸死市民11 889人，伤14 100人，焚毁房屋

---

①中国人民政治协商会议四川省重庆市委员会文史资料委员会：《重庆抗战纪事（1937—1945）》，重庆出版社1985年版，第179页。

②《日机空袭四川大事记（1938—1944年）》，四川省档案局（馆）：《抗战时期的四川档案史料汇编》，重庆出版社2014年版，第1178—1193页。

③关于抗战时期日机对重庆的空袭，目前已有较多的研究成果和著述，本书此处仅作简略概述。有意者，可参见重庆市政协学习及文史委员会、西南师范大学重庆大轰炸研究中心：《重庆大轰炸》，西南师范大学出版社2002年版；谢世廉：《川渝大轰炸——抗战时期日机轰炸四川史实研究》，西南交通大学出版社2005年版；唐润明：《重庆大轰炸档案文献·轰炸经过与人员伤亡》，重庆出版社2011年版；潘洵：《抗日战争时期重庆大轰炸研究》，商务印书馆2013年版。

17 608幢，财产损失难以数计（仅工商界的经济损失即达500多万元）。[①]其中，尤以1939年“五三、五四大轰炸”、1940年5月至10月连续6个月的狂轰滥炸、1941年6月至10月的“疲劳轰炸”，特别是当年6月5日的较场口防空大隧道窒息案最为惨烈，伤亡之重，前所未有。

1938年12月下旬，日军航空司令官江桥英次郎中将命令侵华日军第1飞行团空袭重庆。当时因12月18日汪精卫离开重庆，经云南昆明秘密潜行逃抵越南河内，并于同月29日发表艳电，宣布响应日本近卫声明，公开投降日本。日本侵略者认为，国民政府会因此产生动摇，可利用这一时机实施其“以炸迫降”的侵略策略。当月26日上午，日机分两批出动，从汉口起飞执行轰炸重庆的任务。第一批日机于当日上午10时30分起飞，13时35分许到达重庆上空，因云层过密，不能确认，无法投弹。第二批于10时50分起飞，14时许飞抵重庆上空，从云层间隙中发现重庆东侧地区，于是实施了推测轰炸。随后，日机开始对重庆进行持续性空袭。1939年1月10日，日机11架大密度轰炸重庆。1月15日，日机27架空袭重庆，共投弹58枚，伤166人，亡124人，损毁房屋20余间。中国空军奋起迎击，击落日机1架。5月3日，日机4批36架空袭重庆，沿长江北岸向市中区上半城狂轰滥炸，共投弹166枚，伤350人，亡673人，损毁房屋1 068幢。重庆上半城市区人口稠密、商业繁华，27条街道中有17条被轰炸并引发大火燃烧，入夜未熄。当日中国空军起飞迎战，击落敌机2架，自己损失5架。5月4日，日机3批37架再来空袭重庆，集中轰炸没有1处军事目标、靠嘉陵江的市中区下半城，共投弹126枚，伤1 973人，亡3 318人，毁损房屋3 803幢。驻重庆的英、法、德等国大使馆、领事馆和美国教会等均被轰炸。其中，英国大使馆及领事馆1名外国人受伤，20余名中国人死亡。德国大使馆在院内向天空展示一面大幅纳粹旗帜，示意日机“这是德国使馆，请勿轰炸”，但也未能幸免，因炸弹在附近爆炸而房屋震损，四面起火，延烧房屋。在震惊中外的“五三、五四重庆大轰炸”事件以后，日机于同月12日、25日，6月9日、11日，7月6日，9月3日等，继续对重庆进行轰炸。

1940年5月至10月，日机乘四川地区夏秋时节天空明朗少云的有利空袭时机，进行了连续6个月的狂轰滥炸。当年5月下旬，日机于20日、22日、26日、27日、28日、29日、30日7次轰炸重庆。日军轰炸时，每次出动飞机少则20余架，多

①张洁梅、李泽民：《抗日战争时期日寇轰炸四川始末》，《四川档案》2005年第3期。

则120余架。中国空军起飞迎击，共击毁日机12架，击伤41架。6月，日机对重庆的轰炸达到白热化程度。当月，日机共轰炸重庆10次，每次出动飞机100余架次以上。中国空军升空迎击，当月共击毁敌机17架，击伤60余架。6月日机对重庆的轰炸，以11日、12日、24日、25日、27日、28日、29日7次最为猛烈。如11日，日机126架，分4批空袭重庆，共投掷炸弹、燃烧弹310枚，炸伤172人，炸死64人，损毁房屋657间。苏联大使馆中弹多枚，德国海通社被毁，法国哈瓦斯社门口中弹，房屋被震塌。12日，日机145架分批出动空袭重庆，投弹480余枚，市民死伤1 400余人，毁损房屋300余幢。24日，日机114架，分4批空袭重庆市城区、江北和北碚，共投弹400余枚，英国大使馆、法国领事馆内均中弹，英国总领事馆房屋全部被炸毁。7月，日机空袭重庆5次。每次日机出动，数量在50多架至120余架间。8月，日机轰炸重庆5次。其中敌机出动，190余架1次（19日），170余架1次（20日），90余架两次（9日、11日），80余架1次（23日）。9月，日机轰炸重庆5次。每次出动，日机多则100余架，少则六七十架。10月，日机3次空袭重庆。每次出动，日机均在十几架至数十架之间。

1941年5月至8月，日机对重庆继续实行高密度、更加猛烈的狂轰滥炸，全年共空袭重庆81次。其中5月轰炸6次，6月轰炸3次，7月轰炸8次，8月轰炸7次。日机并采取“疲劳轰炸”战术。即：日机或以密集机群轮番轰炸，或以小批机群昼夜不停地空袭骚扰。最严重时，每次轰炸时间长达1.5小时至5小时，每次轰炸的间隔时间不足6小时，使民众在敌机频繁空袭之下，不断地跑警报而断炊失眠，疲劳不堪。6月5日，因日机轰炸造成了震惊中外的重庆较场口防空大隧道窒息惨案。当日傍晚18时许，日机空袭重庆时，附近居民和街上行人10 000多人闻警仓惶进入大隧道中躲避。因隧道中实际人数超过额定容量1倍以上，隧道内拥挤不堪，空气污浊稀薄，通风机又临时发生故障，灯光也熄了，加上日机投弹及爆炸声造成的惊恐气氛影响，洞外和洞口的人用力往里面挤，洞里的人因感到窒息而拼命往外挤，于是秩序大乱，造成大量民众因窒息而死亡的重大惨案。事后，重庆市民除愤恨日机轰炸外，也责怪国民政府及重庆市政当局对防空隧道及其设备维护管理不善。国民政府为减轻民怨，安抚民心，一面在《中央日报》刊登调查材料宣称，此次惨案死亡992人，重伤151人；一面对重庆防空司令部负责人问责追究。①

①吴嘉陵：《日机轰炸四川罪行录》，成都市政协文史学习委员会：《成都文史资料选编·抗日战争卷·下·天府抗战》，四川人民出版社2007年版，第146—150页。

2.日机轰炸成都

抗战时期，成都作为四川省会，其遭受日机空袭的频率和强度仅次于重庆，在川内受日机轰炸的城市中位列第二。据统计，从1938年11月8日至1944年11月，日机轰炸成都共22次，出动飞机511架，投炸弹1 734枚，烧夷弹34枚，造成2 028人受伤，1 390人死亡，8 824幢房屋损坏，1 878幢房屋被毁。[①]

1938年11月8日，日机首次空袭成都，共出动飞机18架，投弹96枚，集中轰炸成都市郊外北、外南两个机场及附近地区，死3人，伤5人，毁房屋6幢。15日，日机17架再次空袭成都，共投弹103枚，集中轰炸外北机场及附近地区，伤1人，损毁房屋3幢。

1939年，日机于5月8日、6月11日、10月1日、11月4日4次空袭成都。如6月11日傍晚19时30分左右，日机27架分3批夜袭成都，共投弹111枚，集中轰炸成都市中心人口密集、商贸繁华的盐市口一带，炸死市民226人，另有34名军警和防护团员在灭火抢救中牺牲，伤432人，损毁房屋4 709幢。中国空军起飞迎击，击落日机3架，其残骸散落于仁寿、射洪等地。10月1日，日机两批空袭成都，共投弹50枚，亡7人，伤1人，损毁房屋2幢。11月4日，日机27架轰炸成都，共投弹123枚，炸死16人，伤18人，损毁房屋62幢。

1940年，日机8次空袭成都。5月18日，日机18架轰炸成都，共投弹100枚，炸死30人，伤18人。次日，日机18架再度空袭成都，共投弹96枚，炸死3人，伤8人，损毁房屋2幢。7月24日，日机36架空袭成都，投弹138枚，炸死82人，伤93人，损毁房屋638幢。中国空军奋起迎击，击落日机1架，击伤10余架。10月，日机5次空袭成都。其中10月4日，日军出动重型轰炸机27架、驱逐机26架，于上午9时许飞临成都上空，沿北较场（时为中央军校）至新东门城墙（时为高射炮阵地）一线轰炸扫射，共投弹93枚，致死105人，伤225人，损毁房屋160幢。5日，日机36架再度空袭成都市区，共投弹100枚，致死33人，伤57人，损毁房屋539幢。12日，日机29架轰炸成都市区西城区，投弹96枚，致死124人，伤177人，损毁房屋588幢，平安桥天主教堂、马道街法国圣修会医院等均被炸毁。27日，日机36架分两批空袭成都，集中轰炸少城公园（今人民公园）至皇城（今天府广场）一带，投弹94枚，致死26人，伤29人，损毁房屋440幢。成都市立民众教育馆、

①刘君：《抗战时期日机轰炸成都概述》，《成都地方志通讯》1985年第3期。

甫澄纪念医院、王铭章上将铜像基石等被炸毁，将军衙门行辕中弹数枚，三分之二的房屋被炸毁。

1941年，日机8次轰炸成都。3月14日，日机31架空袭成都；5月20日，日机21架轰炸扫射成都市郊南、北机场和武侯祠、青羊宫一带；5月22日，日机54架分4批空袭成都，投弹42枚，致死29人，伤11人，损毁房屋121幢；6月22日，日机9架轰炸扫射新津机场及附近地区；7月27日，日机108架分4批空袭成都，投弹446枚，致死698人，伤905人，损毁房屋3 303幢；8月11日，日机100余架空袭成都；8月31日，日机27架轰炸成都；等。其中，尤以7月27日的空袭最为惨烈。从当日上午11时许起，日机即开始分批次、连续不断地对成都市区及近郊实行轮番轰炸。遭受日机轰炸最厉害的重灾区集中在成都市区的西南部，即盐市口、皇城坝、祠堂街、少城公园、平安桥街、青龙街、老西门三洞桥、新南门锦江河两岸、新东门猛追湾等一带。驻成都的中央防空军总监部高炮部队奋力反击，击中日机数架，击落率队空袭的日军大佐奥田座机，并从他身上搜出标注有成都重要机关单位的军事地图。

3.日机轰炸四川其他城镇

在集中、重点轰炸重庆、成都的同时，日本侵略者也对川内其他城镇进行了空袭。如自贡和乐山五通桥等地，是当时四川主要的井盐生产区，而盐不仅是民生必需品，也是重要的化工原料。日军因为日本本土雨量较多，海岸线曲折少滩，盐产较低，是盐的进口大国，因此对盐格外重视，对自贡盐场的重要性也特别关注，并专门策划、实施了针对自贡盐场及盐集散城市的“盐遮断”专题轰炸行动。1941年夏，日军陆海军航空部队在策划代号“102”号作战的第5次大规模内地轰炸计划时，决定要实施切断中国盐补给的轰炸作战。当时日军认为，中国内地正面临盐生产不足及其民生困难，通过轰炸自贡盐场，切断中国内地的盐供给，就可以引发中国内地军民的厌战情绪，从而达到“以炸迫降”、“以炸促和”的目的。在实施“盐遮断”轰炸之前，日机已经5次空袭自贡。即：1939年10月10日，日机17架空袭自贡，共投弹110枚，致死27人，伤80人，损毁房屋170幢；1940年7月5日，日机80架分两批轰炸自贡，投弹97枚，致死73人，伤141人，损毁房屋90幢；8月12日，日机81架空袭自贡，共投弹297枚，致死92人，伤157人，损毁房屋282幢；1941年7月28日，日机99架分4批空袭自贡，投炸弹235枚、燃烧弹140枚，致死104人，伤133人，损毁房屋1 000余幢；7月29日，日机24架空袭自贡，投弹158

枚，致死48人，伤15人，损毁房屋500幢。实施“盐遮断”轰炸行动后，日军又于8月17日、19日两次空袭自贡。其中，8月17日，日军重型轰炸机27架从山西运城机场起飞轰炸自贡，共投炸弹118枚、燃烧弹149枚，致死36人，伤49人，损毁房屋129幢；8月19日，日机27架再度空袭自贡，共投炸弹118枚、燃烧弹112枚，致死24人，伤46人，损毁房屋99幢。据统计，抗战期间，日机共7次空袭自贡，总共投弹1 544枚，致死622人，伤365人，损毁房屋2 785幢。日军的“盐遮断”轰炸，使自贡盐场民众遭受到沉重的灾难，造成自流井盐场许多普通居民无家可归，无食可餐，无业可就的生计困境。盐场熬粥赈灾，每餐即有600余人前来就餐。普通民众受灾之外，承担防空救灾任务的防空部队军官死3人，伤1人，士兵死34人，伤23人，消防车被炸毁2部。加拿大人所办的仁济医院被炸，财产损失估计在150万元。①

其他如万县，从1939年冬至1944年5月，日机共出动616架次，空袭29次，致死1 408人，伤1 529人，损毁房屋5 005幢；宜宾，从1939年至1944年，日机共空袭11次，炸死117人，炸伤126人；南充，从1940年5月至1941年7月，日机共出动81架次，空袭3次，投弹341枚，炸死485人，炸伤270人，损毁房屋800余幢；阆中，从1941年7月至9月，日机共出动90余架次，空袭3次，投弹389枚，炸死217人，伤324人，损毁房屋1 116间；三台，从1940年7月至1941年7月，日机共出动54架次，两次轰炸，投弹125枚，炸死107人，伤200余人，损毁房屋近800幢，财产损失790余万元；泸州，抗战期间，日机6次空袭泸县，3次空袭合江，1次轰炸纳溪，死伤4 300余人，“公私房屋被毁上万间，上万人流离失所，财产损失无法统计”。②

据不完全统计，抗战期间，四川民众遭受日机轰炸的死亡人数为22 500余人，负伤26 000人，损毁房屋23.32万余间，衣服34.6万余件，粮食3.47万余石，牲畜2 100余头，田园80余亩，树木1.82万余株，汽车60余辆，人力车140余辆，木船3 500余艘，汽船13艘，什物97.59万余件，损失现金7 729.8万余元。以上人口伤亡所用医药费、丧葬费及各项财产损失，按照1945年的物价指数折算，至少损失1 500.64亿元。这还未包括遭轰炸的新繁、荣县、荣昌、眉山、夹江、屏山、江安、中

①谭刚：《日本侵略军的“盐遮断”轰炸》，《文史杂志》2000年第4期。

②人民解放军泸州军分区：《泸州军事志》，四川大学出版社2003年版，第261—262页。

江等8县的损失以及全省各项公有财产的损失。[①]

(二)四川军民开展反空袭斗争

抗战时期,面对日军飞机的频繁空袭和狂轰滥炸,四川军民不畏强暴,针锋相对地开展了反空袭斗争。

1.城市反空袭斗争准备工作的开展

全面抗战爆发之初,1937年8月,四川省当局即颁布《防空法》,令重庆、成都等川内城市,鉴于"中日大战爆发,敌机四处滋扰",应迅即成立防空指挥机关及防空团队。并规定,成都市的防空指挥机关,由保安队、警备部、市政府、特务团、宪兵、航协会组成;重庆市的防空指挥机关,由警备部、航务处、市政府、宪兵三团、警察局组成。同时要求成、渝等城市,积极进行防空准备工作:一是成立城市高射炮、高射机枪部队,将川、康各军的高射炮、高射机枪,集中布防于成、渝两市,由保安团指挥应战。二是设防空监视哨、听音机、防空情报班、工务队、防护团等防空团队。三是实行灯火管制。四是积极整理消防。五是将日寇各种飞机制版印册,并将其性能详细说明,发给各情报人员和市民,以免误报、误认,扰乱民心。六是准备防毒面具及各种消防器材。七是印发防空须知发给市民,并由防协会、保安处、防空科、航建会、川康绥署等派员共同组织播音讲演会,轮流讲演防空、防毒知识,唤起人民注意。八是由警察局详细调查市区内之民间地窖及娱乐场数目、容量、所在地避难室等,"以资防范"。[②]

贯彻执行国民政府和四川省政府反日机空袭的相关指令,四川省防空部门除与汉口、宜昌、西安、长沙等地防空机关取得联系以及时传送空袭警报外,还在川内万县、垫江、涪陵、长寿、綦江、南川、遂宁等地设12个防空哨。[③]随后,四川防空司令部还编制了《民间消极防空之设施》并广泛印发,除要求各机关团体、企事业单位成立防护团、警报班、警备班、消防班、防毒消毒班、救护班、工务班、避难管制班、灯火管制班等防空组织外,还指导人民做好社区及家庭的防空准备工作,防范

---

①李仕根:《抗日战争时期四川人民的深重灾难与突出贡献》,李仕根:《四川抗战档案研究》,西南交通大学出版社2005年版,第1页。

②《川康绥靖公署令成、渝两地设防空指挥部》,四川省档案局(馆):《抗战时期的四川档案史料汇编》,重庆出版社2014年版,第861—862页。

③《成、渝、万筹备防空情形》,四川省档案局(馆):《抗战时期的四川档案史料汇编》,重庆出版社2014年版,第862页。

日机空袭。

城市防空方面，如重庆，一是成立反空袭防护救助机构，先后成立了市防护总团，按区、保、甲层层设立相应机构，初期即招募有团员1 700余人，从1937年8月起开始，由全团指挥员及教官分区训练，每1区团之下分设10班，授10种防空科学，各10点钟。所需费用从附加房捐2%而来。其后，国民政府社会部又设立陪都空袭服务队，国民政府赈济委员会联合中央与地方机关成立陪都空袭救护委员会，陪都卫生署、军医署、红十字会、市卫生局等共同成立陪都空袭医护委员会。二是加强反空袭医疗救护和卫生防疫力量。将市区、南岸、江北、沙坪坝等地的重要医院组成16个重伤医院，调集社会医疗救护资源组成32个医疗救护队和防疫队。三是加强消防力量。将全市救火车队由原来的3队扩增至8队，所需经费由市政府、警察局、征收处、市商会拨给。在市区开辟避火巷即消防通道，所需费用由政府、业主各自承担50%。四是按照国民政府《防空法施行细则》的要求，修筑公用防空设施和私人防空洞壕。据统计，截至1941年1月，重庆全市共有防空壕15个、避难室19个、防空洞664个、掩体38个，可容纳22万多人躲避日机空袭。①

成都市的防空举措。一是成立防空指挥部、防护团、医疗救护队、消防队等反空袭斗争组织。二是筹款20万元，作为城市防空设备、人员所需支出费用。其经费来源，从增收房捐4%、征收娱乐捐每票5分等渠道取得。“目前所需之款，以收入作抵，向银行抵借”。三是组织挖掘、修筑防空壕。因成都市区掘地数尺即可见水，不宜修筑防空洞、地下室等地下掩体，于是决定重点挖、修露天防空壕。1938年2月21日，成都市防空指挥部开会决定，由商会集资15万元和从房捐中抽出25万元，共40万元经费，使用于挖掘、修筑防空壕。并要求全市各单位、市民于10天之内，自行择地挖掘、修建防空壕及其他防避日机空袭设施。截至1943年5月，将历年筑成、尚堪用的4万公尺旧防空壕整修完毕，并增筑新壕1万公尺，共计可容纳10万余人防空掩蔽使用。四是空袭中伤亡人员的医疗救护准备。组织成立了救护队8个大队、36个中队，有官长100余人，队员1 000余名，拥有担架600乘。设立轻伤医院1家、治疗所5处（后来增加为重伤医院5家、治疗所22处），并指定三大学联合医院负责收容救治重伤员。五是防空消防灭火准备。1941年统计，全市共建有消防水池391个、水井100余口。同时要求市民每户储备河沙20公

①周勇：《重庆抗战史：1931—1945》，重庆出版社2013年版，第366—367页。

斤，作为扑灭燃烧弹火灾之用。另外，当时成都市区的建筑，大多系砖木式房屋，还有许多茅屋草棚及各种易燃式建筑，一旦被日机燃烧弹击中起火，燃烧蔓延开来，后果十分严重。为此，成都市防空指挥部专门成立拆卸大队，负责限期拆除草房、茅屋、席棚等易燃性建筑，同时也对各种显眼目标进行拆除或改建。被拆屋主可从政府相关部门处获得一点补助费，以解决其搬迁、安家所需用度。1939年6月，成都市搬沙运动检查会议又做出决定，普通街道住户应储备2至5斗河沙；公馆和大住户应储备5至10斗；繁华街道住户应储备10至20斗；影剧院、学校、单位等，各应储备50至100斗。六是灯火管制准备。将成都市区及近郊30公里范围内划为灯火管制区，一旦发出空袭警报，由电厂切断电源，统一管制灯火，称为“中央管制”，非电厂供电单位和点煤油灯的住户，则由各区警察督促熄灭灯火，称为“各个管制”。①

万县，由军政商绅各界共同组织防空委员会，负责办理防空事宜，并将火灾赈款1万余元移作防空费用。

2.防空作战

抗战时期四川地区的防空作战任务，主要是由空军飞机部队和地面高炮、高射机枪部队承担。

首先是航空作战。抗战初期，中国空军飞机少、机型落后。七七事变发生时，中国空军只有各类战机305架，全部购自国外，其中最多50%可勉强算作现代战机。加上缺乏相应的维修保养，实际能参加战斗的飞机数量有限。中国飞行员也因缺少系统训练，空战能力普遍不高。日本方面则拥有飞机2 625架，其中用于侵华战场的陆军航空兵飞机300余 架，海军航空兵飞机550架，合计850架。更重要的是，日本能够研发和源源不断地生产战机，以补充其战争消耗。在此情形下，处于劣势的中国空军顽强战斗至1937年11月底，只剩下30余架飞机尚能起飞作战，基本丧失了与日军争夺中国战场制空权的能力。日机则肆无忌惮地轰炸扫射，配合陆军部队进攻中国军队；也深入中国内陆腹地，轰炸中国抗战后方各城市和重要目标。在此严峻形势下，蒋介石和国民政府被迫向苏联求援，表示中国

①姬勇：《抗战初期的成都防空》，成都市政协文史学习委员会：《成都文史资料选编·抗日战争下·天府抗战》，四川人民出版社2007年版，第139—140页；《四川省防空司令部工作报告》（1943年5月），四川省档案局（馆）：《抗战时期的四川档案史料汇编》，重庆出版社2014年版，第897—899页。

“现最急需用者，为驱逐机二百架与重轰炸双发动机一百架”。并强调说：“尤其飞机一项，实迫不及待，中国现只存轻轰炸机不足十架，需要之急，无可与比，请先将所商允之轰炸机与发动机尽先借给，速运来华。”斯大林和苏联不但答应了蒋介石和国民政府的请求，陆续运送飞机来华，还选派大批飞行员和航空地勤人员以“苏联空军志愿队”名义来华援助中国作战。1937年10月，第一批苏联援华志愿队两个航空大队共254人开赴中国战场。同年12月，苏联空军志愿队首次秘密在南京上空参战，与日本战机展开激战。1938年底，武汉、广州等地沦陷后，中苏空军主力西移至四川，进驻万县、梁山（梁平）、双流、温江等地机场，担负保卫中国抗战后方，阻止日机西进的作战任务。据统计，从1937年10月至1941年底，在4年零2个月时间里，苏联以空军志愿队的名义，共派遣3 665人来华参加中国抗战。其中包括1 091名飞行员和2 000多名机械师、工程师等各类航空辅助人员。在此期间，苏联志愿飞行队牺牲官兵217人，共击落、击毁日机539架。其中1937年12月击落日机91架，炸毁43架；1938年击落日机130架，炸毁136架；1939年击落日机33架，炸毁71架；1940年击落日机16架，炸毁14架；1941年击落日机5架。加上苏联援助的高射炮、高射机枪和中国飞行员击落的日机，这期间，中苏空军总共击落日机1 049架，在一定程度上遏制了日机对四川各地特别是重庆、成都的狂轰滥炸。[①]另外，从1941年初起，在美军将领陈纳德的积极奔走和活动下，美国政府同意其空军人员以志愿者身份组成中国空军美国志愿队（后改组为美国空军驻华特遣队、第14航空队，即“飞虎队”），来华援助中国空军作战。“飞虎队”在中国战场对日作战期间，以损失飞机500架的代价，击落日机2 600多架。另据统计，抗战时期，中国以购买、租借等方式，共从美国获得飞机1 940架，其中驱逐机1 038架、轰炸机244架、侦察机15架、运输机97架等，从而保持了一定的空战能力，并在苏、美等国空军志愿人员的帮助下，逐渐夺回了制空权。

其次是地面防空火力。据统计，全面抗战期间，中国地面防空部队共击落日机171架，击伤374架，是严厉打击来犯敌机的重要防空力量。[②]当时，日机空袭四川的航线大致可分东、西两线：东线从湖北武汉、宜昌等地起飞，或沿长江而上，空袭巫山、奉节、云阳、万县、忠县、丰都、涪陵、长寿、重庆；或经五峰、来凤，空袭黔

①朱文建：《抗战时期苏联空军志愿队秘战四川》，《华西都市报》2014年12月6日。

②古琳晖：《抗日战争中的中国地面防空部队》，《世纪桥》2010年第14期。

江、彭水、南川、綦江、江津，并由江津溯江而上，空袭泸县、纳溪、宜宾、乐山；或在空袭泸县后，沿沱江空袭富顺、自贡、内江；或由万县向西，空袭梁山、渠县、广安、合川、遂宁、成都。西线从山西运城起飞，经陕西南郑南下进入四川境内后，或沿南江、巴中，向西空袭阆中、南部、南充；或沿川陕公路空袭广元、梓潼、绵阳、成都。根据日机空袭四川各城市的飞行线路，中国方面除在重庆、成都的周边地区集中部署空军和高射炮、高射机枪部队，以迎击日机、屏卫城市外，也在日机入川线路上的重要城镇如万县、梁山等地重点部署空军和高射炮、高射机枪部队，在涪陵、广元等城市部署高射炮、高射机枪部队，进行城市防空作战，并拦截来犯日机。如万县，当时共在县城城郊天生城、翠屏山、北山观等11处高地，构筑了24个对空射击阵地，每个阵地均配置1门高射炮，共同组成强大的对空火力网。涪陵城驻有重庆防空司令部1个防空排，加上本地保安部队，共设有56个对空射击点，并在县城周围修筑了对空射击阵地。重庆将高射炮部队重点部署在江北和市郊西南部，设置了东西30里、南北25里的照测阵地网络。在1939年的“五三、五四”大轰炸中，地面防空炮火共击落日重型轰炸机2架，击伤6架。

3.疏散城市人口

从1939年初起，国民政府和四川省当局鉴于日机空袭越来越频繁，空袭规模越来越大，空袭强度不断增加，被轰炸城市无辜平民伤亡愈益惨重的严峻形势，决定疏散重庆、成都等川内人烟密集又是日机轰炸重点目标的城市人口，以降低城市人口密度，减少人员伤亡。蒋介石致电四川省政府，要求成都及四川各专员驻在所之城市，应紧急疏散市区人口，并要求四川省政府“派员到各城市切实督促其实施。成都疏散人口更为紧要。对于老、幼、妇、孺及穷苦民众无力迁移者，应由省府设法筹划资助”。[①]按照蒋介石和国民政府的指示，重庆、成都及川内各城市相继成立了城市人口紧急疏散委员会，陆续颁布了《在省各机关团体学校疏散办法》(1939年1月)、《重庆市紧急疏散人口办法》(1939年3月)、《成都市疏散人口办法》(1939年11月10日)、《四川省政府关于全川及成都近期疏散人口训令》(1940年3月4日)等文件，要求四川各城市政府及党政军警机关，“切实励行强迫疏散，凡无留住市内必要之团体、商店、工厂、居民、物资等，限期强迫疏散。在注

①《蒋中正为四川及成都疏散人口事宜致四川省政府密电》(1940年2月1日)，四川省档案局(馆)：《抗战时期的四川档案史料汇编》，重庆出版社2014年版，第862页。

意情(警)报发出后,应由军、警、宪合组之巡逻小组强迫各商店停门,市民向郊外疏散,借减损害。违者斟酌情形处分其负责人或其家长”。[①]

抗战时期,成、渝等川内城市人口防日机空袭疏散的情况:重庆市政府于1939年3月初宣布,3月10日以前为自动疏散,10日以后为强迫疏散。要求全市机关、学校、商店、住户疏散到城郊四乡;中、中、交、农四行沿成渝、川黔路两侧修建平民住宅;并划定江北、巴县、合川、璧山、綦江等地为疏散区。3月底,国民政府中枢又决定中央驻渝各机关疏散到重庆周围100公里范围内。同时将成渝、川黔、渝丰(都)公路两侧,重庆周围80公里的范围划归重庆市区。“五三、五四”大轰炸后,国民政府下令,从5月7日起,3天之内疏散市区人口25万。1944年4月,重庆市再次实行强迫疏散人口办法,计划1个月内疏散市区人口13万,平均每天疏散5 000人左右。另外,从1939年至1945年,每年雾季一过,重庆市即开始组织市民疏散,以减少日机空袭所造成的人员伤亡和财产损失。[②]根据1940年12月的一份统计资料,成都市人口原有50余万,至当年9月,已疏散三分之二;原驻市内机关140余所,除少数军警机关必须留市区外,均已疏散入疏散区办公;市区各银行也多疏散至西郊光华村,城内设办事处;工厂亦多已疏散至市郊,市内设办事处;商店存货完全疏散,城内设门市部。在防空袭疏散道路、桥梁建设方面,增辟城门4道,开辟城墙缺口及城墙缺口内外通道22条,架设府城河便桥14座,修筑幅射道路8条等。在疏散区建设方面,由国民政府行政院指令中、中、交、农四行联办总处成都分处贷款100万元,在疏散区修建临时住宅房屋1 373间;沿川陕、成仁、成渝、成灌公路两侧,修建贫民住宅3 705间,贫儿寄托所294间并收养5岁至12岁贫儿2 177名,伤民收容所180间;按人口发给贫民迁移补助费134 352元。乐山城区内原有居民41 326人,已疏散下乡23 346人;有机关、团体27个,已疏散21个;有各级学校22所,已疏散14所;有银行钱庄10所,已全部疏散;有工厂、商店5 212家,已疏散1 286家。五通桥场镇上原有居民8 296人,已疏散5 557人;有机关8所,已疏散6所;有学校12所,因大半在乡间,需疏散者仅1所;有银行2家,未疏散;有工厂、商号867家,已疏散489家。宜宾,城内原有居民79 025人,已疏散

①《川康绥靖主任公署为抗战重镇市区疏散及治安事宜致成都市长电》(1904年5月),四川省档案局(馆):《抗战时期的四川档案史料汇编》,重庆出版社2014年版,第914—915页。

②周勇:《重庆抗战史:1931—1945》,重庆出版社2013年版,第367—368页。

58 681人;有机关88所,已疏散50所;城厢原有各级学校28所,已完全疏散;有银行钱庄10所,已疏散6所;有工厂商号2 305家,已疏散1 286家。泸县,城内原有居民74 925人,已疏散44 534人;有机关40余所,已疏散者达半数以上;有学校11所,已疏散7所;有银行钱庄10所,已疏散7所;有工厂、商号20余家,疏散者达半数以上。万县,城内居民10万左右;有学校22所,已疏散14所;有银行钱庄14所,已疏散8所;有工厂商号3 000余家,已疏散1 000余家。自贡中心城区原有居民53 704人,已疏散10 487人;有机关19所,已疏散11所;有学校20所,已疏散17所;有银行钱庄11所,已疏散10所;有工商业5 000余家,已疏散3 000余家。内江城内原有居民34 045人,已疏散13 212人;有机关23所,已疏散12所;有学校12所,已全部疏散;有银行钱庄14所,未疏散;有工商3 415家,仅疏散15家。南充,城内原有居民47 080人,已疏散18 222人;有机关34所,已疏散16所;有学校16所,已疏散9所;有银行钱庄6所,未疏散;有工厂14所,已疏散6所;有商店3 897家,已疏散2 100余家。绵阳城内原有居民16 620人,已疏散13 218人;有机关15所,已疏散12所;有学校8所,已疏散4所有;有银行钱庄5所,全部疏散;有工厂商号421家,已疏散370家。梁山县城内原有居民9 630人,已疏散6 342人;有机关7所、学校4所,均疏散;该县无银行,工商业345家,已疏散81家。隆昌,县城原有居民12 894人,已疏散8 467人;有机关13所,已疏散11所;有学校7所,全部疏散;有银行钱庄5所,全部疏散;有工商业1 549家,已疏散1 045家。三台县城内原有居民22 730人,已疏散9 089人;有机关45所,已疏散25所;有学校9所,已疏散5所;有银行3所,未疏散;无工厂,有商店653家,由各商家自行择地疏散安置。[①]等等。

关于战时四川地区城市人口防空袭疏散中存在着的种种不足甚至于弊端,中共中央南方局机关报《新华日报》曾发表社论批评说,人民愿意疏散,但疏散以后的根本生计问题不能解决,同时宣传疏散不与人民生计相配合,防空与人民之间存在着隔阂等,是影响战时四川地区城市人口防空疏散效果的严重问题。[②]对此,档案文献中也有所记载。如资阳,因县境内缺少古庙、祠堂等空闲建筑,导致县城内各机关、学校等无法疏散。江津县府对于疏散工作仅有书面组织,实际上并未

①《国民政府军事委员会成都行辕为转呈四川省沿江沿公路各重要城镇疏散概况致四川省政府电》(1940年12月5日)附件《四川省沿江沿公路重要城镇疏散概况》,四川省档案局(馆):《抗战时期的四川档案史料汇编》,重庆出版社2014年版,第920—929页。

②《新华日报》1944年5月18日。

推动。成都虽然疏散工作一度似有成效，但在日机空袭较稀的冬春雾季，也存在着已疏散者“纷纷迁回，有增无减”的情形。[①]据统计，1939年8月至12月，成都市疏散人口6 304户、28 412人，同期又新增城市人口7 452户、29 193人。“结果，空喊了一阵疏散，人数却有增无减。这一切不仅因为政府当局无力将方案付诸实现，更因为将35万老弱妇幼疏散到农村，解决生活谈何容易，最终，(疏散)方案成为一纸空文。”[②]如此等等，都不同程度地影响着战时四川反空袭斗争中的城市人口疏散工作及其成效。

4.反空袭斗争中的战时救护救助

抗战时期，因国民政府和四川省当局的高度重视和特别支持、资助反空袭斗争，重庆、成都两个川内中心城市的反空袭斗争及其战地救护救助工作尤其出色。防空指挥机构、战地救护救助体制较为完善，有关人员相对充足。重庆1939年至1940年间有空袭服务总队队员2万多人，并“有重伤医院14座，城区临时收容所7所，郊外收容所7所，各县收容所9所，救护车7辆，交通车4辆，救济队1大队，基本救护队24队，预备救护队15队，担架兵1营”。[③]成都因缺少训练有素的战地防护救护人员，遂由警备部队983、984两个团和补充5团常备消防队官兵为骨干，加上部分志愿者组成成都市防护团，“负责空袭时城市的一切防护工作”。[④]1939年3月，将全市公私立医院编入防护团，以便统一安排救护任务。6月7日，由全市54家军政、工商、文教、慈善单位联合筹组成立四川省会空袭救济联合办事处，在办事处内设置总务、稽查、调查、救护、医疗、抚济6个组，建立了6所伤民收容所、4所临时治疗所、5所棺殓所、2所难民收容所等救护救助机构，还拨款1万元购置了急救药品和医疗器械。[⑤]至1944年，成都市防护团已发展到辖有8个区团、32个分团、203个防护班和警消、拆卸、救护、防护、防毒、掩埋、特务(执行挖掘未爆炸弹等勤务)、汽车运输等8个直属大队，各区团也分别拥有4个消防大队、团属常备

---

①《国民政府军事委员会成都行辕为转呈四川省沿江沿公路各重要城镇疏散概况致四川省政府电》(1940年12月5日)附件《四川省沿江沿公路重要城镇疏散概况》，四川省档案局(馆)：《抗战时期的四川档案史料汇编》，重庆出版社2014年版，第920—929页。

②疏散人口资料原载1940年《成都市市政统计》，转引并参见姬勇：《抗战初期的成都防空》，成都市政协文史学习委员会：《成都文史资料选编·抗日战争下·天府抗战》，四川人民出版社2007年版，第139页。

③秦孝仪：《革命文献》第100辑，中央文物供应社1984年版，第124页。

④车百灵：《铭记历史：日机轰炸成都纪实》，李仕根：《四川抗战档案研究》，西南交通大学出版社2005年版，第165—166页。

⑤姬勇：《抗战初期的成都防空》，成都市政协文史学习委员会：《成都文史资料选编·抗日战争下·天府抗战》，四川人民出版社2007年版，第141页。

消防中队、义务拆卸中队、脚踏车通信队、僧伽救护区队、妇女救护队等反空袭救护救助组织，共有团员约1万人。

抗战时期，四川各城市的防护团成员主要由市民即“店员、工人、士兵、警察、公务员、医生看护”兼职担任，职责是在日机空袭时“担任消防、挖掘、抢救、通讯、看护等各种工作”。因此，每当日机来空袭时，成、渝两市的军、警、宪、防护团成员等就闻警出动，携带“水龙、锄镐、担架、手枪、麻绳、警笛，以及绷带、药物”等消防救护工具和用品，“有计划，有秩序地在全市分布开来”，[①]冒着日机的轰炸扫射，“奔走弹雨之下，驰骋火窟之中”，或引导、指挥市民有序疏散、隐蔽；或在城区街道上巡逻和警卫重点目标，防止不法之徒乘机偷窃、抢劫，做其他为非作歹之事；或消防灭火；或抢救伤员。在空袭结束后，又及时收埋遇难者尸骸，抢救伤员，维修损毁房屋，清理断垣残壁，清扫街道瓦砾，进行公共卫生防疫消毒等善后工作，“出生入死，救死恤难”。据统计，1941年3月至11月，重庆陪都空袭服务总队即先后出动84次，总工作量2万多小时，向120多万人供应饼干，向9.4万余人提供米粥茶水服务等。[②]1940年7月24日，日机36架空袭成都，“在东南城区及附后城投爆炸、烧夷弹多枚，起火达十余处”。成都市空袭服务队、防护团与驻蓉军警部队闻警紧急出动，“驰赴灾区抢救”，于2小时内，“即将所有火头悉行扑灭”，随即又派遣清扫队（由养路工人为主）180余人，分作5队，“由工务科技士监工率领，分赴被灾各街，从事清扫整理工作。截至当晚十时，即将所有街道悉行清扫完竣，恢复交通”；派遣收容队（由市府职员为主）在外东天仙桥、春熙路青年会、城守街、新民电影院等地设难民临时收容所5处，收容难民340人，每人每餐发给锅饼2枚，并由省会空袭紧急救济联合办事处发给抚恤费；派棺殓掩埋队（由职员和人力车夫为主）102人，分4组赴灾区，共收殓遇难者尸骸74具，除10具遇难者尸骸系由亲属自备棺木掩埋外，其余64名遇难者尸骸均由市政府发给棺木妥善掩埋；派调查队员迅即进入灾区调查受灾损害灾况，并于当晚即将损失大概情形调查完竣。[③]同年10月27日，日机21架空袭成都，“在西南区投弹”。当日机尚未离开城市上空时，市防护团常备消防队即紧急出动，“驰赴灾区”。“到达少城公园及君平街、将军

①毛仁学：《重庆的空袭救济工作》，《星岛日报》1939年第16期，第7—8页，转引自张彦：《四川抗战史》，四川人民出版社2014年版，第207—208页。

②秦孝仪：《革命文献》第98辑，中央文物供应社1984年版，第277页。

③《成都市政府为日机“7·24”空袭致四川省防空司令部呈》（1940年8月9日），四川省档案局（馆）：《抗战时期的四川档案史料汇编》，重庆出版社2014年版，第980—982页。

衙门、小南街、包家巷，将军街、西御西街等处，因无火警，即会同消防第二中队、第三中队，暨拆卸独立第一中队第五分队、第二中队第七分队，与补充第五团第十二、十四两连分别担任清扫工作，立将瓦砾整理恢复交通”。市防护团救护第一、第二、第三、第四、第五、独立、天主信徒等7个中队、1 067名队员则在队长的带领下，在灾区抢救、收治伤员97名，其中重伤员24名、轻伤员73名。补充第5团第3、第6两连官兵，在灾区担任担架勤务，负责运送伤员到各医院接受医治。市政府掩埋队，则负责将遇难者尸骸抬出城外棺殓掩埋。被轰炸街区受灾民众抚恤、赈济事宜由四川省会空袭紧急救济联合办事处负责登记办理。在各方救护救助力量的密切配合和努力工作下，“于敌机投弹后三小时内即完成工作”。①当事人后来追忆说，抗战时期成、渝两市参与反空袭斗争的人员，“于维持秩序，则指导必周；于扶老携幼，则将护备至”。“人民灾害，赖以减少，后方元气，多所保全”。其“赴义之英勇，应变之神速，不惟全市男女老幼之同胞，胥致敬爱，且使敌人图以轰炸屈我同胞之妄想，粉碎无遗”。②

与成、渝两地相比，四川其他城市的战时救护救助工作却显得比较逊色，甚至可说是乏善可陈。如阆中，防护团系临时组建，团员平时未经训练，于是当日机空袭时，部分团员“贪生怕死，畏葸不前，没有及时地做群众疏散工作，直到敌机撤走后，他们才做了一些善后事宜”。③泸州1939年9月11日遭日机轰炸，“北半城顿成火海，大街小巷烈火冲天，浓烟滚滚，墙倒屋塌，哭喊呼救之声，此伏彼起。日机离去后，驻泸国民党新编18师官兵及泸县防护团消防、救护队和民众2 000余人参加灭火、抢救，至次日上午，大火始被扑灭”。④内江对“防空设备及疏散事宜多未注意”，县长谢明宵因此被“撤职”。资中在“消防、拆卸、救护等组织上无经费”，防空“属有名无实”。⑤这影响到战时四川地区反空袭斗争的成效，加重了人民群众的生命、财产等损失。

---

①《成都市防护团“10·27”空袭详报》(1940年)，四川省档案局(馆)：《抗战时期的四川档案史料汇编》，重庆出版社2014年版，第993—995页。

②周开庆：《四川与对日抗战》，台湾商务印书馆1971年版，第80页。

③寇永国：《铁的证据，血泪控诉——日机空袭阆中追记》，李仕根：《四川抗战档案研究》，西南交通大学出版社2005年版，第173页。

④人民解放军泸州军分区：《泸州军事志》，四川大学出版社2003年版，第261—261页。

⑤《国民政府军事委员会成都行辕为转呈四川省沿江沿公路各重要城镇疏散概况致四川省政府电》(1940年12月5日)附件《四川省沿江沿公路重要城镇疏散概况》，四川省档案局(馆)：《抗战时期的四川档案史料汇编》，重庆出版社2014年版，第926页。

二、战时四川地区难民的救济[①]

（一）大批战争难民迁居四川

抗战时期四川地区的难民，主要指那些从沦陷区或战区向西南、西北等抗战大后方迁移逃难的人们。从总体上看，他们包括两种类型的人群：一类是随政府机关、学校、文教单位、厂矿企业等组织而内迁的人群，如：党政军机关官员及公职人员，工商企业家、工程技术人员和技术工人，学校教师、学生和文化单位人员，医生、护士等医务人员，社会名流、文化人以及自由职业者等。据不完全统计，抗战期间，四川先后共接纳和安置了国民政府和国民党中央各类机关57个，各级官员5 000余人（不包含同期重庆接纳的130余个机关，1万余人，以及中共中央南方局和其他政党、社团及其人员）；迁川工矿企业700余家，技术工人1.2万人，工程技术人员1万余人；迁川高等学校48所，师生2万余人；各类社会文化团体百余个和大量的文化人。[②]另一类是为逃避战乱而在无组织状态下自发迁移流徙入川的难民。这类难民因属于无序而且自发性流动迁移，难有确切的统计数据，只能略举一些资料以窥其概貌。

首先，据当时人观察指出："战时移民主流，以长江为主途。除有一部分沿江迁入江西、湖南、湖北各省外，大都分布于西南西北各省；而其中尤以四川、云南、贵州、广西为最多。就集中时期言，大致可分为两期。第一期集中于武汉，渐次分布于两湖、川、陕、滇、桂诸省。第二期集中于重庆，渐次分布于川省内地及陕、甘、西康、滇、黔诸省。"[③]迁移区域，则是"由侧重四川而扩至湘西、陕、桂"。[④]另据研究者估计，战时从沦陷区或战区逃难而迁入西南地区的战争难民人口约在300万至400万之数。他们中，除100万人左右迁移到了云南、贵州外，约有200万人至300

①相关论述点到为止。

②谭晓钟：《论四川人民对全民族抗战的伟大贡献》，《文史杂志》2005年第5期。

③孙本文：《现代中国社会问题》第2册，商务印书馆1946年上海初版，第260页。

④中国第二历史档案馆：《中华民国史档案资料汇编》第5辑第2编"财政经济"（6），江苏古籍出版社1997年版，第105—106页。

万人迁移到四川各地并居留下来。[①]民生公司所办《新世界》半月刊记载，自1937年7月全面抗战爆发到1938年7月，一年中，该公司即承运入川公务人员、难民和伤兵等16万余人，其中有12万多人直接抵达重庆。另"据统计，从1938年11月到1939年9月的11个月中，经过赈委会万县总站入川的难民共达12.6万人"。[②]1938年6月18日《时事新报》报道："最近武汉三镇疏散人口，避难者多往川滇黔湘诸省迁搬，尤以入川尤众。据调查连日抵本埠（即重庆——笔者注）者甚众，将来此间将增多至十万人。"6月26日，该报又报道说："武汉方面难民，又有大批陆续来渝，总计不下十万人，日前已抵达一批，约三千余人，分住全市各旅舍。"[③]重庆行营在给重庆市政府的训令中也指出："近来入川难民，人数激增，而多数集中重庆，陆续西上者当必益多。"[④]此外，长江沿岸之万县、忠县、长寿、涪陵、梁山、丰都、云阳、奉节等县，是从长江三峡进入四川盆地之交通要道，"难民因战争内移，多避居此八县谋生"。特别是川东重镇万县（今重庆市万州区），据1946年1月的调查，共"住有各省人民约八万余人。其中以湖北籍为最多，占三万余人；安徽次之"。这些难民来源于"民国二十七年武汉撤退时，难民随政府西迁，一部分留居于万县，其中以鄂皖籍最多，贫苦尤甚。……嗣宜昌沦陷，湘鄂一带数度战事，难民源源来万，数目更多，赈济委员会曾在万县设站收容，其中在收容所居住者约万余人，后万县迭经敌机轰炸，各收容所俱毁于火……难民便散居城乡各地"。1946年调查时，考虑各种情况后，认定战时逃难迁移至万县的战争难民应当不止8万人之数。[⑤]此外，截至1940年，四川赈济会共收容难民27.4万余人，他们"主要来自战区省份"，如江苏、浙江、安徽、湖北等。[⑥]由于难民大批西迁，四川盆地内主要大中城市人口都呈激增之状，重庆，全面抗战爆发前，人口约47万人，至1945年已

---

①据冯祖贻估算，迁入四川的战区人口在200万人左右（《抗战期间内迁人口对西南社会经济的影响》）；何一民估计为300万人左右（《抗战时期西南的经济发展与人口变动》），均载于《庆祝抗战胜利五十周年两岸学术会议论文集》，台湾中国近代史学会、联合报系文化基金会主办，1995年9月。另外，孙艳魁在其《苦难的人流——抗战时期的难民》（广西师范大学出版社1994年版，第286页）中提出，抗战时期估计有800万至1000万左右的难民涌入了西南地区。

②孙本文：《现代中国社会问题》第2册，商务印书馆1946年上海初版，第260页。

③《市府解决难民食住问题》，《时事新报》1938年6月18日，第3版；《疏散人口避免无谓牺牲，渝市民渐减少，市府救济设法安插武汉难民》，《时事新报》1938年6月26日，第3版；均转引自阚玉香：《抗战时期重庆难民救济研究》，华中师范大学2012年博士学位论文，第29页。

④郑洧泉、黄立人：《中华民国战时首都档案文献》第3卷，重庆出版社2008年版，第264页。

⑤《四川万县涪陵难民调查》（1946年1月），中国第二历史档案馆藏档案，二一，2106，转引自张根福：《抗战时期的人口迁移——兼论对西部开发的影响》，光明日报出版社2006年版，第52页。

⑥赵红娟：《抗战时期四川难民问题研究》，四川师范大学2009年硕士学位论文，第13—14页；程朝云：《抗战初期的难民内迁》，《抗日战争研究》2000年第2期。

增至125.5万余人，净增约97.8万人。[①]成都，1937年4月，全市人口51.96万人；至1946年12月，在抗战胜利后许多外来避难民众已返回原籍的情形下，仍有人口72.6万余人，净增人口20万余人。[②]万县、涪陵、宜宾、泸州、广元等出入四川交通要道沿线各城市的人口也是成倍地增加。[③]

抗战时期内迁入川的难民，在战争环境下经过长途跋涉，仓惶迁移，至其辗转迁徙入川时，大多数人已经囊空如洗，衣食住宿均成问题。他们内迁入川后，“大率先往城市；城市不能容纳时，再入内地市镇或乡区”，[④]并因此与战时四川地区因灾荒、日机轰炸疏散等各种原因而谋生艰难的贫苦平民一道，形成抗日战争特殊历史条件下四川地区庞大的难民人群。这些难民中的相当一部分人，因衣食住宿无着落、谋生艰难而被迫转化为城市游民，并由此造成城市乞丐、妓女、偷盗抢劫之徒激增，社会秩序与治安状况日益恶化的严峻形势。

（二）颁行难民救济的法规政策，设置相关机构

战时四川地区难民人口不断增长，并且严重影响到四川作为抗战大后方之社会稳定的严峻局势，国民政府和四川省当局依据“按辑流亡，收拾人心，增强国力，助成抗战建国大业”[⑤]的思路，采取一系列政策措施，如颁布救济难民的有关法规政策，设立救助机构如救济院（所）、难民收容所（站）等，发动民间社会力量，对因躲避战乱而自发内迁四川的难民实施多渠道、多方面的救济，努力妥善安置。四川社会各界也伸出积极援助之手，努力救济难民，“务须使其居有处，食有所，得免冻绥之苦”。[⑥]

1.颁布难民救助的法规性文件

抗战时期，国民政府陆续颁布了《非常时期救济难民办法大纲》、《赈济委员会组织法》、《非常时期难民组训计划大纲》、《抗战时期难童救济教养实施方案》、《难

①周勇：《重庆通史》第三卷，近代史（下），重庆出版社2003年版，第1218—1219页。

②何一民：《成都通史》“卷七·民国时期”，四川人民出版社2011年版，第9页。

③何一民：《抗战时期人口“西进运动”与西南城市的发展》，《社会科学研究》1996年第3期。

④孙本文：《现代中国社会问题》第2册，商务印书馆1946年版，第260页。

⑤《行政院关于赈济工作之报告》（1941年10月），转引自赵红娟：《抗战时期四川难民问题研究》，四川师范大学2009年硕士学位论文，第18页。

⑥《赈济委员会孔祥熙兼委员长对该会科长以上职员训词》（1939年1月19日），秦孝仪：《革命文献》第96辑，中央文物供应社1983年版，第430页。

童救济实施办法大纲》、《赈济委员会难童救济教养团体指导办法》、《非常时期难民服役计划纲要》、《难民技术人员及青年壮丁安置办法》、《办理难民职业介绍办法》、《难民垦殖实施办法大纲》等法规性文件。四川省及重庆当局也出台了《非常时期难民救济委员会四川分会简章》、《四川省各县救济会组织规则》、《非常时期重庆市难民救济支会难民救济办法》、《赈委会重庆临时难民登记处救济难民办法》、《重庆市赈委会临时救济办法》、《重庆救济战区来渝难民委员会救济办法大纲》等法规性文件。这些法规性文件的制定和出台,为战时四川地区难民救济工作提供了法律层面的政治支持和制度保障。

2.成立和调整难民救助机构

首先是组建赈济委员会,作为负责赈济战争难民的政府机关。战前,国民政府即在行政院下设立赈务委员会,主管并协调全国各地的赈灾救济事务。抗战之初,国民政府又于1937年9月颁布《非常时期救济难民办法大纲》,成立了由孔祥熙兼任委员长的"非常时期难民救济委员会总会"(1938年4月改名为"赈济委员会")。该大纲规定,各省市县应设立"非常时期难民救济委员会"的分会、支会,具体负责做对难民的救护、运送、收容、给养及紧急赈济办理,难民生产事业举办及补助,难民小本贷款担保,难童孤儿的收容救济,难民的医疗救济等工作。1938年2月24日,国民政府行政院又颁布《赈济委员会组织法》,在撤销前两个机构的基础上成立赈济委员会,同时将民政部与赈济相关的业务划归赈济委员会,并要求各省、县将先前成立的非常时期难民救济委员会分、支会一律改组为赈济委员会分、支会。赈济委员会内设3个处:第1处负责总务;第2处负责难民的救护、运送、收容、给养,以及工赈、农赈之紧急举办;第3处负责难民灾民生产事业举办及补助、灾难民小额贷款管理、灾难儿童的收容救济等事宜。赈济委员会下设各救济区、各省赈济会、各运送难民配置总分站、各难民组训委员会、各空袭紧急救济联合办事处、各地难童教养院(所)及赈济学校、儿童教养机关辅导队、各地难民职业介绍所、各赈济工厂、各地小本贷款处、医疗卫生所等机构,分别负责各地区各类难民救济的各种社会工作。其所需救济经费,总会可以动用中央救灾准备金,还可以呈请中央政府指拨专款或募捐。各省县分、支会的经费由地方政府从原有救济基金和救灾准备金中统筹支配,并可向社会募捐获得。

按照国民政府的指令,四川省政府先后指定民政厅(1942年3月以前)、社会处(1942年3月以后)主管全省的社会救济工作,各县市也先后由政府的民政科、社会科司掌社会救济暨难民救助职责。同时还先后设立了四川省赈务委员会、非常时期难民救济委员会四川省分会(1937年9月)、四川省赈济委员会(1939年4月1日)等难民救济机构。四川省赈济委员会设在省政府大院内,由省民政厅厅长任主任委员,省保安处处长任副主任委员,省政府秘书处、民政厅、财政厅、建设厅、教育厅、保安处等部门均派员参加,负责办理赈灾、难民救济、社会救济等事宜。至1940年底,川内已有120余县市成立了赈济委员会分会,承担及时救济本县市难民的工作,俾以保证难民能够居住有屋,饮食有吃,不致流落街头。

抗战时期,还有许多亦官亦民或纯民办的从事社会福利公益活动的机构、社团,也积极、主动地参加到战时难民救济的公益慈善行动中来,如,国际红十字会及其分会、新生活运动总会及其分会、中国社会服务事业协进会及其分会、中国战时儿童保育会及其分会、中国战时儿童救济协会、中华慈幼协会、女青年会,以及各种名称的救济委员会、慈善会、同乡会等。1938年2月,国民政府行政院指示后方各省县市地方政府,应注意发动社会慈善团体、人士参与战时救济难民的工作,指示言:"抗战以来,战区难民流落转徙为数极众,行政院前经设立难民救济总会,督促各省市从事救济工作,尽量安置,端赖社会人士及各地慈善团体切实协助,各地教会慈善团体,过去对于协助救济难民,均甚努力,殊堪嘉许。今后尤其积极努力,各地方政府,对于各慈善事业团体及热心教士,务须切实维护,协助进行。"[①]同时还提供经费资助,帮助社会慈善公益团体做好救济难民的工作。据国民政府赈委会统计,1943年度该会核定补助的战时难童救济民间机构就有119个单位,加上战时儿童教育民间机构72个,"共计191个单位"。[②]它们与国民政府及各省当局主办的难民救济机构一道,担负起了抗战时期救济难民的社会福利保障与公益慈善责任。

(三)难民救济工作的开展

抗战时期四川地区的难民救济工作主要有难民收容、难民调查登记、难民输送、难民安置等方面的内容。

---

①《省府通令协力救济》,《新新新闻》1938年2月27日。

②冯敏:《抗战时期难童救济教养工作概述》,《民国档案》1995年第3期。

1.难民的收容与登记

国民政府《非常时期难民救济办法大纲》规定:“无工作能力者,指定地点收容,如人数过多,得酌量移送邻近地点安插,或劝令私人设法收容。”随后又命令各地方政府建立专门收容难民的救济院所,对难民“施以临时的给予食宿暂时安顿办法”,使其免受挨饿受冻、啼饥号寒之苦楚。按照中央政府的指令,四川省赈济会以收容、安置战区难民为工作重点,从1937年4月至当年10月,即收容难民38 380人。到1941年底,四川省各县市赈济会共收容、救济难民27.4万余人。[①]重庆市1940年8月下旬在江津、长寿、璧山、永川等地设收容所9处,共收容难民2 000余人。同时将市区原来的8个收容所合并为5个,并增设10个临时收容所,共收容空袭难民2 334人。每个入所难民每天可从收容所获得1元钱补助,用于自费购买所内配置的稀饭茶水,但只能夜间入所休息。[②]据1946年1月的调查,万县“住有各省人民约八万余人。其中以湖北籍最多,占三万余人;安徽次之”。“赈济委员会曾在万县设站收容,其中在收容所居住者约万余人,后万县迭经敌机轰炸,各收容所俱毁于火……难民便散居城乡各地”。[③]难民进入收容院(所)时,还须履行必要的登记手续,主要是通过登记了解难民的地区、性别、职业、技能等情况。这既是为了通过对难民人口身份的甄别,清查以难民身份混到大后方来的不良分子和奸细;也图有针对性地对难民进行生产技能培训,使其充分发挥才能,尽快自立谋生,“参加各项工作,以加强抗战力量”。[④]经过登记调查发现,当时四川地区的难民主要来自战区,以江、浙、皖、鄂等省为主。而入川后的去向,除一部分继续向其他省区流动外,大部分留在四川境内,“在省会成都、陪都重庆以及万县等大中城市,通过各种手段谋生”。[⑤]

2.难民输送

在难民长途跋涉、辗转迁移的过程中,国民政府和四川各县市政府及所设置的赈济机构、收容所(站)等不但提供食宿,对老弱妇孺等不宜长途跋涉之群体还

①赵红娟:《抗战时期四川难民问题研究》,四川师范大学2009年硕士学位论文,第13—14页。

②王春英:《抗战时期难民收容所的设立及其特点》,《抗日战争研究》2004年第3期。

③《四川万县涪陵难民调查》(1946年1月),中国第二历史档案馆藏,21-2106,转引自张根福:《抗战时期的人口西迁——兼论对西部开始的影响》,光明日报出版社2006年版,第52页。

④《赈济委员会孔祥熙兼委员长对该会科长以上职员训词》(1939年1月19日),秦孝仪:《革命文献》第96辑,中央文物供应社1983年版,第430页。

⑤孙艳魁:《试论抗日战争时期难民西迁的社会影响》,《广东社会科学》1994年第5期。

提供车、船等运输工具，帮助其顺利迁移。赈委会根据难民的迁移路线，先后在鄂、湘、晋、赣、浙、桂、川、黔等省设置难民运送配置总站26处、分站132处和难民收容所1 500余个，其主要职责是：运送零散难民；就地安置难民参加生产；帮助难民解决交通工具，协调和组织难民集体迁移。据统计，从抗战爆发到1938年6月，各运送配置难民总、分站及收容所，共收容难民116万多人。

3.难民食宿问题的解决

战时国民政府与四川各地对难民生活的救济主要通过设在各地的难民收容所(站)、救济院(所)来实施。全面抗战爆发后，国民政府屡次训令地方政府，要求建立收容、安置难民的救济院(所)、收容所(站)，动用“救灾准备金及动用积谷，并募集之捐款”，对难民实行临时救济和定期救济两种模式的赈济。临时救济，通常是在难民流亡过程中实施的，主要是提供日常饮食、车船费、孕妇生产补助费和丧葬费等。难民伙食费初期规定为每人每日法币2分至2角不等，以后提高标准为每人每日3角，8岁以下减半。定期救济，主要是针对已内迁至目的地，但缺乏劳动能力或生活难以为继的难民，发放少量生活费，以维持其最低生活。同时给予难民一定的医疗救济。针对难民进入四川后，“大率先往城市；城市不能容纳时，再入内地市镇或乡区”的状况[①]，四川在成都、重庆及出入四川盆地各交通要道沿线市县普遍设立救济院(所)、难民收容所(站)，以便于实施救助。

例如难民收容所(站)的设置，像重庆，1940年8月下旬，即在市郊的南岸和邻近的永川、江津、长寿、璧山等地设立了9个收容所，收容难民2 000余人。同时还把市区内原有的8个收容所合并为5个，将市区内一些饭店、戏院改为10个临时收容所，收容空袭难民2 300多人。入所难民每日可获得政府救济机关发放的给养1元，自费购买所内配备的稀饭茶水，夜间可入所休息。1942年，成都、广元、昭化和万县、丰都、酉阳等川北、川东出入四川交通要道上的25县、市普遍设立难民收容所，发给难民每人每月生活费6元，在一定程度上解决了难民入川之初的食宿困难。1944年，因湘桂会战发生，难民又络绎不绝地从湖南、广西涌入四川，国民政府在重庆设立两个临时收容机构和13个固定收容站所，暂时收容入川难民，尔后分别资送到四川的大竹、永川、荣昌、达县、开江、通江、南江、巴州、仁寿、洪雅、夹江、丹棱、绵竹、邛崃、大邑、蒲江等16县安置。[②]

---

①孙本文：《现代中国社会问题》第2册，商务印书馆1946年上海初版，第260页。

②王春英：《抗战时期难民收容所的设立及其特点》，《抗日战争研究》2004年第3期。

又如救济院(所)的设置，据不完全统计，抗战时期，四川各县市的救济院(所)一直保持在110个至120个左右。其中重庆实验救济院即设有安老、育幼、残疾、习艺、护产、医疗等6所，收容老弱残疾难民600余人。1939年，成都市政府在白马寺成立市立救济院，分设有游民、孤儿、老废、妇女4所，后将孤儿所改为儿童教养院，并兼办强民工厂。1940年，四川省政府规定为每位难民每月支银1角6分，因"物价飞涨"，成都市豆腐街仁寿宫难民收容所实际"每名日用银二角六分"，因此造成经费缺口太大，"不敷尚巨"。1942年，成都、万县、广元等25县市将难民伙食费调整为每月6元法币，"刚开始这每月的6元生活费还能够难民生活，后因物价飞涨，难民生活极度窘迫"。住宿条件方面，四川各地限于条件，难民收容所(站)、救济院(所)等均是因陋就简，利用本地庙宇、祠堂、校舍、空闲废弃的旧屋开办，"房屋破坏不堪，床铺桌凳以及寒衣等项，均以经费关系，无从设备"。[①]鉴于四川等抗战后方各省经济落后，社会公共福利设施严重不足，国民政府提出，对内迁的战区难民，一是引导和鼓励他们向乡村疏散；二是尽量利用庙宇、祠堂和公共屋舍、私人余屋，"为收容场所"；三是要求地方政府出资或由银行、企业家捐资募款等，修建简单但有卫生条件的茅屋，廉价租给难民居住，以改善难民的居住生活条件。

4.难民生产救济工作

抗战时期，国民政府和四川当局根据迁川难民无业者多并且找工作很困难这一严峻现实，按照"以工(商)代赈"的思路，积极帮助和安置难民就业创业，引导和鼓励他们自立自强，自谋生计。当时，难民在抗战后方就业谋生的途径与方式主要有：参加开荒垦殖，参加难民生产合作社与难民工厂的生产劳动，做小本买卖等。[②]其大概情形：据1939年7月31日的统计，万县登记在册的17 000余名难民中，有2 000余人住食自给，有200余人由难民总站介绍了职业。全县成立工业合作社三四处，安排部分难民就业。有能力欲作小贸易者则可小本借贷。一些难民走街串巷，贩卖蓝布、府绸、长袜、旧西服、万金油、八卦丹等小商品维持生计。1939年1月19日，张厚民创办工业社制造肥皂，安置难民就业。1月30日，重庆豫

---

①赵红娟：《抗战时期四川难民问题研究》，四川师范大学2009年硕士学位论文，第32—34页。

②吴婕：《全面抗战时期国民政府的难民救济工作》，《历史教学》2005年第5期。按，关于战时四川对难民的生产救助，本书前边章节已经有所论述，兹不赘言。

丰纱厂来万县招收细、粗纱摇纱女工各50名，难民总站介绍难民前往应招。[1]在引导和鼓励难民们自立自强、自谋生计的具体方法上，具体说来主要有以下诸途：

第一，为难民介绍工作。即由收容、救济机关开办职业介绍所，对内迁入川谋生谋职困难但尚有能力就业的难民，实行就近介绍职业，予以安置。对此，《四川省分配职业救济少壮难民暂行办法》规定，凡是离开收容所（站）、救济院（所）等救济区域后"不能自觅寄食处所"的少壮难民，"除适龄壮丁应依法服兵役外"，其余均可根据其自身情况，由政府帮助介绍或分配从事农、工、商等行业工作。"向无职业技能之难民而体格健壮者，应分配于农业；能书算或资质聪慧而体格平常者，应酌配于容易从事之工商业"。[2]为使这一办法得以实施，规定东路入川的难民应到万县或重庆，北路入川的难民应到广元难民救济会办理人口登记手续。在此，能从事职业者换领四川省甲种难民证，然后持证去指定县市听候介绍工作，难民也可以主动申请赴自己愿意去的县市工作，相关部门应同意并提供相应的帮助。难民到达指定县市的3天之内，当地救济支会应介绍工作，过期则强制交由当地农工商会或联保办公处转配于农工商各分支会，各该分支会不得借故推诿，各该业厂商不得借故拒绝雇佣。

第二，组织难民开荒垦殖。当时，内迁之沦陷区、战区难民中，有相当数量的农民，而内地因灾荒等因素所产生的难民流民群体中也有很多农业人口。中国西部地区有大量荒地荒山，鼓励难民垦荒务农，既可使难民通过农业生产自存自立，对抗战时期西部地区农业发展也有积极促进的作用。因此，1940年，国民政府成立农林部，设置垦务总局，制定《非常时期垦殖大纲》，确立由中央和各省垦殖机关共同组建国营垦区和省营垦区，并发动实业界、金融界和社会团体筹集资金发展民营垦荒农业，并且以法规形式规定了开垦私荒的优待奖励办法，组织内迁难民垦荒。抗战时期，后方各省垦荒的区域颇为广泛，涉及川、陕、桂、黔、滇、甘诸省，但尤以四川最为集中。当时，四川地区著名的国营屯垦区有：四川东西山屯垦实验区、四川金佛山垦殖实验区、四川雷马峨屏垦区和西康西昌垦牧实验区等；民营的主要有复兴、大同、三民、新民、建华、中心等垦社。截至1940年12月，四川已有

①薄晋、陈欣：《万县在抗战时期的社会救济》，"重庆党建门户网站"2012年6月19日。

②《四川省分配职业救济少壮难民暂行办法》，成都市档案馆藏档案：民38-2-1737。

“民营的垦社30个，垦殖公司5个，垦地15.85万亩，垦民6 516户，2万余人”。[①]另据记载，从1937年至1945年，四川通过农业垦殖，共安置难民17 760人，垦殖荒地769 652亩。[②]

第三，组织难民参加工业生产。为此，开办了赈济工厂、赈济女子工艺社等难民工厂或工艺生产合作社，主要吸收难民并教他们从事纺织、染料、皮革、造纸、被服、刺绣等工业生产。如成都市立救济院，即设有棉织科、卷烟科、肥皂科、制鞋科、蚊烟科、农作科、劳作科等生产部门，平均每月可生产卷烟六七千支、肥皂1 000余块，以及毛巾、棉布等工业品若干，月可盈利25.5万元。[③]另外，四川一些收容所(站)、救济院(所)还把难民组织起来，将青壮年男性难民编为运输队、工程队，为过境军队运送物资，承担一些工程建设活路；女难民也组成缝纫队、洗涤队、救护队，做缝补浆洗衣物、救助护理伤残军人等工作。

第四，鼓励和扶持难民商贸为生。主要是对具有经营小商品贩卖能力的难民，由赈济委员会所属小本贷款处(分处)提供小额贷款，鼓励他们从事小本生意买卖，俾以帮助其经商维持生活。1940年，在雅安设“小本贷款分处，有资金7万元，按难民每人18元，计受救济3 889人。1941年，设赈济资金10万元，安置难民从事造纸、藤器、燃料等活计”。[④]这样，既发挥了难民的生产劳动技能，帮助他们改善了生活条件，也能为支援前方抗战做出贡献，并在一定程度上实现了国民政府组织战区人口内迁，“分居内地，以避无谓之牺牲，使一般无家可归者”，“各食其力，以减轻社会之负担”，“增进国家生产的与组织的力量”[⑤]之初衷。

此外，抗战时期对难民的救济，也包括医疗卫生救济。如收容所(站)、救济院(所)的公共卫生防疫，举办临时诊所，设立医疗分所，派医务人员到难民救济院所巡回医疗，发放预防感冒、痢疾等一般流行性疾病的药品，为患病难民提供免费医药治疗等。1940年5月9日，成都市收容站向市政府陈情提出：“因天气渐热，百病已产生，难民中患疾病者颇不乏人，除由本站发给救急药品备用外，其必须由医

①四川省人民政府参事室、四川省文史研究馆：《抗日战争时期四川大事记》，华夏出版社1987年版。

②赵红娟：《抗战时期四川难民问题研究》，四川师范大学2009年硕士学位论文，第36页。

③赵红娟：《抗战时期四川难民问题研究》，四川师范大学2009年硕士学位论文，第32—34页。

④四川省雅安市志编纂委员会：《雅安市志》，四川人民出版社1996年版，第613页。

⑤《救亡日报》1937年10月1日。

生诊断者，拟由本站制发免费诊疗券，送请贵府所设第一西医诊疗所，凭券诊断（医治）。”[①]这一陈情具有代表性，对政府产生了正面影响。在政府支持下，各收容所（站）对难民的医疗卫生救济也发挥了重要作用。

（四）难童救济

所谓“难童”，即指难民群体中16岁以下的少年儿童，也包括婴幼儿。据估计，抗战时期中国的难童总数大约在200万人左右。对难童的战时救济保育是战时中国难民救济救助工作的重要内容之一。国民政府由赈济委员会出面，先后制定、颁布了《难童救济实施办法大纲》（1938年6月27日）、《难童救济团体接领及遣送难童派员办法》（1938年7月17日）、《遵照抗战建国纲领增强战地难童救济工作人员以维国本案》（1942年11月27日）、《请确定儿童福利立法原则及推行办法纲要案》（1942年10月），以及《保护童婴运动办法要点》、《育幼院设置办法》、《奖惩育婴育幼事业暂行办法》、《战区儿童教养法》等文件，明确提出：“为救济难童并施以适当之教养，以培植民族幼苗，增加抗战力量，树立基础起见，政府将联络中华慈幼协会、战时儿童保育会、中国战时儿童救济协会……社会团体实施救济及教养难童的工作；接收难童，以一岁半至十六岁为限，一岁半以下者，如有特殊情形，仍应设法接济。”[②]

按照国民政府的指令，1938年4月、5月，四川先后成立了战时儿童保育会四川分会（会址在重庆）、成都分会，“救济战区婴孺”。同年11月12日，四川省政府也成立了难童寄托所，计划辅助各地保育教养院（所）收容难童1万名，并制定、颁布寄托所暂行规则：“本府于万县、重庆、广元、绵阳、成都五处各设寄托所一所，救济战区婴孺，定名为四川省某县市救济战区难民婴孺寄托所，每所暂定收容至多人数各五百名，其设备视彼收容人数多寡分次办理，并就成都先行设立以资实验，各市县于救济院之育婴所孤儿所内及当地慈善机关所设之育婴堂、孤儿院内，各附设救济战区难民婴孺寄托所部。”并规定，寄托所应以各县市安全区域内的公有房屋或庙宇为所址，没必要限定一处。寄托所（部）均应分设育婴、幼稚、学童3

①《成都市政府指令》（1940年5月9日），成都市档案馆藏档案：民38-2-1680。

②国民政府振济委员会：《难童救济实施办法大纲》（1938年6月27日），秦孝仪：《革命文献》第96辑，（台湾）“中央文物供应社”1983年版，第474页。

组；哺乳婴儿每名每月支保育费5元，5岁以下之非哺乳婴幼儿每名每月支保育费3元，5岁以上者每名每月支保育费二元四角。寄托所（部）应聘请当地优良医师定期对婴孺进行卫生及健康检查，对不健康的婴孺进行医治。[①]在实际执行中，四川各地多采取一院多用的方法实施战时难民难童救济，既收养难童孤儿，也收容难民和老弱孤寡。如重庆实验救济院，即设有安老、育幼、残疾、习艺、护产、医疗等6所，收容老弱残疾600余人。成都市政府1939年在白马寺成立的救济院，亦分设游民、孤儿、老废、妇女等4所，随后又将孤儿所改为儿童教养院，并兼办强民工厂。

据不完全统计，仅1939年1月至9月，国民政府赈济委员会与中国战时儿童保育会、中国战时儿童救济协会、中华慈幼协会、各沦陷区域教会等社会慈善公益团体联合行动，共抢救收容难童153 620名；全面抗战期间，国民政府社会部中国急救战区儿童联合委员会共抢救难童6万余名。[②]其中相当一部分难童，被转移安置在四川地区各级各类救济院、战区难童收容教养机构接受保育教养。如1938年10月，中国抗敌后援会联系各轮船公司，10天内将滞留于宜昌的14 000余名难童抢运入川。中国战时儿童保育会自1938年4月成立后，共收容救济教养难童29 486名，其所设立之儿童保育教养院，即"以设于四川的最多，为21所，是战时设立保育院最多的一个省"。[③]中国抗敌后援会四川分会在川内各地设立保育院8所，收容教养难童3 000多名。成都分会也设有乐山蓉一院、郫县蓉二院、简阳蓉三院、新津蓉四院等难童保育院4所，收容救济了大量难童。成都白马寺市立救济院，长期收容救济教养难童和流浪儿童数百名，并根据年龄大小将他们分别编组为高、中、低3个年级，教他们学文化知识和生产工艺技能，为其联系工厂商家实习。据不完全统计，战时儿童保育会所属各保育院，"总计八年来习艺者共1 860名"，1944年该会"响应青年从军运动，保育生从军439名，内女生46名，尚有经航空委员会资送出国学习空军者16人"。[④]"赈济委员会直属各难童教养院所习艺者1 481名"。[⑤]这些措施的实行，使难童们在抗日战争的艰苦环境下茁壮成

①《四川省救济战区难民婴孺寄托所暂行规则》，成都市档案馆：民38-2-1737。
②潘洵：《抗战时期西南后方社会变迁研究》，重庆出版社2011年版，第133页。
③全国妇联：《抗日烽火中的摇篮》，中国妇女出版社1991年版，第11页。
④张海梅：《战时儿童保育会资料一组》，《民国档案》1996年第4期。
⑤秦孝仪：《革命文献》第96辑，中央文物供应社1983年版，第12页。

长，“成为有为的国民，将来也担负起捍卫国家、复兴民族的一部分责任”[1]，成为中国抗战的新生后备力量。

三、优抚抗日军人和军属

抗战时期，国民政府在四川征募兵员300多万，四川军人在抗日前线浴血奋战中伤亡64.6万余人。征兵越多，军属（当时称为“抗属”、“征属”）就越多；伤亡军人越多，需要优抚的军人、军属也就越多。根据对当时四川81县市的统计，1945年，需要优抚的军属大约为851 592户、400余万人。优抚抗战军人及其家属成为当时四川社会民政暨优抚救济事业的重要内容之一。这项工作及其成效，是一个既影响前线将士抗战士气，又影响后方兵役工作和社会秩序稳定的重大社会问题。当时即有人提出：“在这一次艰苦的抗战的过程中，军人们掷头颅，洒热血，出生入死，奋不顾身地与敌搏斗，支持着整个的战局，为我们奠定了民族复兴的基础，我们推功崇德，对于他们家属的爱护和优待，实在是应该有的表示。”[2]

（一）抗战军人、军属优抚机构的设立

1938年6月11日，国民党在《抗战建国纲领》中明确提出：“抚慰伤亡官兵，安置残废，并优待抗战人员之家属以增高士气，而为全国动员之鼓励。”是为抗战时期国民政府优待、抚恤抗日军人、军属的法律依据和纲领性文件。同年8月1日，国民政府军委会在合并铨叙厅抚恤科、军医署核恤人员、军需署军需人员等机构、人员的基础上，成立中央抚恤委员会。该委员会内设办公室和3个处。即：第一处执掌海、陆、空死亡官兵抚恤、褒扬、特恤、子弟入学、国葬、公祭、建立纪念碑，负伤官兵转院纠纷处理，受伤官兵登记统计卷案保管，现行法规解释修改，各国抚恤

①宋美龄：《谨为难童请命》，《新华日报》1938年4月4日。

②朱孟乐、张景峰：《抗属子女之教养》，中华慈幼协会1944年重庆编印，第1页。

章制调查研究等事宜；第二处负责调查荣誉军人教养院、临时教养院、修养院未请恤的人数并办理请恤手续，检验各院伤员的伤状，调查、调整各住院伤兵的院籍，审核伤情、覆验伤残等事宜；第三处执掌恤金领发事项，账籍及报销等事项。[①]随后，国民政府又指令国军各部队、各省县市成立优抚机构，负责抗日出征将士及其家属的优待、抚恤等相关事宜。

按照国民政府的指令，四川省也成立了抚恤委员会和抚恤处，并在处(委员会)内设立办公室和户籍、请恤、核恤、给恤等职能科室。“抚恤处的人事、经理、行政、业务等，均秉承抚恤委员会的命令办理，在执行范围内受驻在地军管区司令部的监督和省政府的指导，并直接指挥各县政府办理抚恤事宜。但每月月底需将抚恤业务办理情形汇报军管区司令部备查。”[②]其负责办理的抚恤事务主要是：驻在境内军人户籍的移转查报，转请抚恤，恤令的转发具领，遗族纠纷之处理呈报，恤金的转请发给，其他与抚恤有关之一切事宜。川内各县市政府，也根据国民政府内政部的规定，办理抚恤业务，属兵役范围者，由政府军事科负责；若是警察，则由警佐负责；其他各种抚恤事务，均由政府民政科负责。未设立军事科、警佐的县市，一切抚恤事项概归民政科负责办理。不过在实际执行中，四川有些县市的抚恤事宜，“先归地政科兼办，后才归社会科保甲股办理。后保甲股撤销，改由社会科公益慈善股办理”。[③]

抚恤军人及其遗族，属于国家行政行为。优待军人家属(当时简称“征属”，即出征抗敌军人家属；也称“抗属”，即抗日军人家属)属于地方行政事务。由地方政府依据国民政府相关法律法令，自行办理征属优待事宜。四川是战时中国抗战大后方主要兵员基地，出兵最多的省份，需要优待的征属人数很多，征属优待事务繁巨，因此需要建立庞大、健全的优抚组织体系以推进工作。四川省在1938年成立优待委员会的基础上，又“于28年8月奉令改组成立兵役协会”，“30年奉令交动员委员会办理优待业务”，后“于31年8月奉令再改组成立优待委员会”。[④]至1941年5月17日，四川省正式设立优待出征军人家属事业委员会，“事业基金为

①《军事委员会抚恤委员会组织条例》，成都市档案馆藏档案：民38-3-16。

②《抚恤行政系统及业务联系办法》，成都市档案馆藏档案：民38-3-17。

③《成都市政府二十九年度工作报告》，《成都市政府月刊》，第一卷，第一期，第26页。

④《江北县政府呈为已成立优待委员会之县其优待业务是否交由社会科主办呈请鉴核示遵由》，四川省档案馆，四川省政府社会处：民186-2103。

330万元”。[1]并逐渐形成了省、县市、乡镇、保四级出征军人家属优待委员会组织机构体系。

在政府建立的军人军属优抚机构之外，中国妇女慰劳自卫抗战将士总会、全国慰劳抗战将士总会、赈济会、抗战后援会、陪都各界前线将士慰劳团、中华慈幼协会等社会组织及慈善公益团体，也积极开展优抚军人军属活动，协助政府做优抚出征军人及其家属、遗族的工作。

（二）制定战时优抚军人、军属的法规条例

1938年9月，国民政府借鉴各国抚恤章程，制定并颁布了《国民政府军事委员会抚恤委员会组织条例》（后于1943年4月加以修订完善），对抚恤委员会的人员构成、组织结构、隶属关系、业务分工等，做出明确规定。随后，国民政府又陆续制定、颁布了《陆军抚恤暂行条例》（1940年9月27日）、《海军抚恤暂行条例》（1942年4月22日）、《空军抚恤暂行条例》（1943年8月31日），以及《抗战阵亡殊勋将士定期祭慰办法》、《慰问空军烈士家属办法》、《陆海军阵（死）亡官兵遗族抚恤公粮改发代金办法》、《抗战人员家属保障办法》、《优待出征抗敌军人家属条例适用范围》、《抗战功勋子女就学免费条例》、《国民优待抗战军人家属公约》、《出征军人婚姻保障条例》、《应征新兵及其家庭鼓励办法》、《战时士兵与家属通信办法》、《出征抗敌军人对合作社借款偿还救济办法》等一系列优抚军人、军属的法规条例，就出征军人之概念界定，伤亡将士之遗族领取恤金及标准、给付年限，享受优抚对象及具体优抚事宜、范围等问题做出了全面、明确、细致的规定和规范。

四川省及各县市除贯彻执行国民政府上述优抚军人、军属的法规条例外，也颁布了《优待出征抗敌军人家属条例》、《四川省优待出征抗敌军人家属施行细则》、《四川省征送壮丁及出征抗敌军人家属优待办法》等地方性法规条例，从而使得地方上经办优抚事务的人员和享受优抚待遇的征属、遗族，都能比较清楚、明确地了解和掌握政府关于优抚事务的法规条例，为国民政府顺利实施战时军人、军属优抚事务，军人、军属、遗族享受优抚待遇，提供了法律依据和制度保障。

---

①成都市政协文史办公室编辑组整理《抗战八年成都纪事》，成都市政协文史学习委员会：《成都文史资料选编·抗日战争下·天府抗战》，四川人民出版社2007年版，第57页。

（三）优抚伤亡将士

1.发放抚恤金和粮食

国民政府军委会抚恤委员会关于《慰问空军烈士家属办法》规定："航空委员会官佐员生，因在职身故者，无论作战阵亡因公殒命，或积劳病故，均得照本办法慰问其家属，发给抚慰金；慰问家属，由本会指派高级官员、代表委员长，会同地方政府长官，或其代表举行之。发给抚慰金之区分如左：1.作战阵亡：军官军佐军属每人600元；飞行学员航空士每人400元；2.因公殒命：军官军佐军属每人400元；飞行学员航空士每人200元；3.积劳病故：军官军佐军属每人200元；飞行学员航空士每人100元；受慰问雇员家属，以29年6月份以前身故者为限。此项抚慰金发至30年10月底为止，其未列入慰问及已列入慰问，在规定期间未能办理者，一律列入下次再办；受领抚慰金之家属，以故员之血亲及配偶为准，并得由其家属之一人受领均分。"[①]关于《陆海军阵（死）亡官兵遗族抚恤公粮改发代金办法》规定："阵亡或死亡官兵遗族，自34年度起不论阶级及遗族之多寡，每户每年凭恤令随同恤金发给抚恤公粮（以下简称抚粮）7石2斗，改发代金。凡遗族有数口，而领有分领执照者，所领抚粮代金得凭分领执照，平均分领之。抚粮代金应按恤令所载死亡官兵原籍所属地区粮食部核定价格发给。遗族迁移地区核定抚粮价格，与原籍地区较有高低者，均按迁移地区标准核发之。"[②]1945年抗战胜利后，国民政府又颁布《抗战将士家属一次特恤金发给办法》，规定：对"阵亡官兵遗族、抗战因公殒命或积劳病故出力死事官兵之遗族、因公殒命与积劳病故之官兵在1937年7月7日以后死亡给恤有案者，无论给恤是否期满，均准照前项规定"发给一次性特别抚恤金，以示抚慰。

2.公宴受伤将士及其家属

国民政府规定："受伤将士及有特殊勋劳者，应于每五年邀集公宴一次，以慰劳之。公宴期以每五年7月9日举行之。公宴地点以各县设立之忠烈祠为最适宜或由其他相当地点，亦可由当地临时酌定之。公宴时，应筑台阶四五级，每台阶相差以二尺为度。公宴时，设席之位次，以受伤次数最多与一等伤及有特殊勋劳者，

①国民政府军委会抚恤委员会：《慰问空军烈士家属办法》，成都市档案馆：民38-3-11。

②国民政府军委会抚恤委员会：《陆海军阵（死）亡官兵遗族抚恤公粮改发代金办法》，成都市档案馆：民134-6-26。

其筵席应设于最高级台阶，依次递推。公宴时，由各地党政军最高负责官员招待；首都则由国府主席及军事委员会委员长负责招待。公宴后，并须馈赠慰劳品，其慰劳品之多少，亦以受伤之轻重及勋劳之等级，分别馈赠。”同时还规定，对受伤将士及有特殊勋劳者，在不举行公宴之年，应由“各当地（政府）分别官兵颁发现金2元或1元”，也可发给等值之慰问物品。[①]

四川省及各县市政府，遵照国家公宴规定，并结合本地财力及优待经费之实际状况，在抗战期间曾普遍举行过第一次公宴，第二次公宴则仅有一些县市举办，其他县市因财力有限而仅发给慰问品而未再举办。

3.褒扬与公祭

第一，高调褒扬。国民政府《优待出征抗敌军人家属办法》第十九条规定：“凡出征抗敌军人因作战阵亡或受重伤致成残废时，除按照陆海空军抚恤条例呈请抚恤外，得将其忠烈事迹编入志乘或给匾刊碑，以褒扬之，其家属并得继续享受本办法所规定之权利。”[②]《四川省各县市优待出征抗敌军人家属实施细则》也规定：“凡出征抗敌军人因作战阵亡或受重伤残废时，除按照陆海空军抚恤条例抚恤外，各市县政府得将其忠烈事迹编入志乘，或给匾刊碑，以褒扬之。”[③]其实际执行情况仅举一例：綦江县征属张天保，有4个儿子，其中3个儿子参军在前线抗战，并有1个儿子阵亡，为褒扬张家爱国教子有方，“全国慰劳总会赠1 000元，重庆市政府赠1 000元”，优待出征军人家属事业委员会“赠1 000元，并由正副主任委员联名题赠‘民族之光’横轴一幅；兵役署程署长赠‘忠义可风’喜幛及阴丹布二丈”。[④]此例中张姓军属所得抚金不一定具有很强代表性，但可表明国民政府为使其优抚出征牺牲军人家属的政策不致徒具虚文而树立榜样的努力是够用心良苦的。

第二，公祭抗日阵亡将士。抗战时期，国民政府将每年7月9日陆军纪念日定为抗战阵亡殊勋将士公祭日，并要求“中央举行公祭，由最高统帅亲临主祭或派员主祭；殊勋将士阵亡地点或忠骸目的地，由当地最高军事长官及地方政府长官举行公祭；殊勋将士所属原部队，由本军或本师军师长主持，于阵亡之日由全体官兵特别致祭，并慰问其遗族（该部队如有变迁时，则指定其承接部队以军或师为通

---

①《关于受伤及有特殊勋劳者之公宴办法》、《受伤及有特殊勋劳者之公宴及慰劳办法》，四川省档案馆：民54-10554。

②国民政府军委会抚恤委员会：《优待出征抗敌军人家属办法》，成都市档案馆：民38-17-619。

③《四川省各县市优待出征抗敌军人家属实施细则》，成都市档案馆：民38-17-619。

④《陪都辅助抗战军人家属委员会十月份工作概述》，重庆市档案馆：53-13-75。

则)。……公祭时,该地党政军学商各界均应参加;殊勋阵亡将士家属由所在省市长或派员慰问”。[①]1937年7月9日,四川省遵照国民政府规定首次举行公祭。“是日,在忠烈祠内举行公祭典礼,由党政军三首长主祭,并悬挂半旗、停止宴会娱乐一日,以示哀悼”。[②]随后,四川各县市也相继举行了公祭阵亡将士典礼。在阆中,1938年七七事变纪念日这天,“县城下半旗,停止娱乐、宴会,禁止屠宰,还在东城公园建立抗日阵亡将士及殉难同胞纪念碑,此后,每年7月7日,县政府召集各机关、学校、团体职工及各界人士于公园举行公祭”。[③]剑阁,1938年7月7日,召集全县党政军绅商各界人士在公园坝集会,举行抗日阵亡将士公祭仪式,并在公园内设立纪念碑1座。广元,“每年3月29日、7月7日和9月3日,地方和机关、法团和学校均参加举行公祭”。[④]乐至,1939年在县城武庙,“集合党政军学各界民众近千人举行公祭,寄托哀思”[⑤]。安岳,1943年7月10日,由县长、县党部书记、县临时参议长率领“机关、法团、学校、军警及绅士千余人公祭阵亡将士”。[⑥]如此等等,不一而足。

另外,抗战时期,四川有75个县市修、改、扩建了忠烈祠[⑦],成都、双流、达县、南充、井研等县修建了抗战阵亡将士纪念碑或烈士墓园,“凡抗御外辱忠勇义烈之官兵和其他人民,呈报内政部核定后即为褒扬对象,列入忠烈祠,以作长期缅怀”[⑧],昭忠烈,“慰英魂而励来兹”[⑨]。

(四)优抚出征军人军属

1939年11月,国民政府行政院颁布《抗战人员家属保障办法》规定:“抗战人员家属在沦陷地区或接近战区者,地方政府及其服务机关应特别保护,设法协助其迁移后方,其无力迁移者,应予补助并代为照料;抗战人员家属衣物食粮房屋被

①军委会办渝字第3816号令:《抗战阵亡殊勋将士定期祭慰办法》(1942年4月29日),四川省档案馆:民54-10554。
②《后日在忠烈祠举行公祭阵亡将士,筹备会开会推定负责代表,并慰问伤亡官兵家属》,《新新新闻》,1937年7月7日。
③四川省阆中市地方志编纂委员会:《阆中县志》,四川人民出版社1993年版,第238页。
④四川省广元县志编纂委员会:《广元县志》,四川辞书出版社1994年版,第245页。
⑤四川省乐至县志编纂委员会:《乐至县志》,四川人民出版社1995年版,第570页。
⑥四川省安岳县志编纂委员会:《安岳县志》,四川人民出版社1993年版,第585页。
⑦《四川各县政府忠烈祠实况调查表》、《抗战阵亡入祀忠烈祠烈士姓名表》、《改建忠烈祠经费预算书与四川省政府指令》,四川省档案馆:民54-9325。
⑧四川省广元县志编纂委员会:《广元县志》,四川辞书出版社1994年版,第245页。
⑨《川康抗战阵亡将士公墓筹备委员会32年度各项工作报告书》,四川省档案馆:民54-7598。

敌焚毁或被迫逃外不能生活者，由地方政府会同赈济机关予以救济；抗战人员家属被敌杀害者，由地方政府给予埋葬费，其合于人民守土伤亡抚恤实施办法者，并予抚恤。”1941年1月15日，国民政府颁布《国民优待抗战军人家属公约》要求：“切实遵行政府颁布的优待抗属条例；抗属有困难要尽力帮助解决；抗属有灾患要尽量设法救济；要扶持和慰问抗属的疾病；抗属有丧事要辅助；抗属有婚嫁喜庆要致贺；每逢年节要给抗属送礼；一切社会公共福利事业要让抗属尽先享受优待的权利；要尽力帮助抗属做工种田和收获；随时随地尊敬抗属。”执行国民政府政令，四川省主要在以下几个方面给予抗战军人、军属以特别的照顾和优抚。

1.发放优待谷、优待金和安家费

第一，发放优待谷。《四川省征送壮丁及出征抗敌军人家属优待办法》（1938年11月）规定：“凡本年度九月起各县市征送壮丁，于出征之际，即按名发给一次优待谷新粮二石，满三月后即按季发给稻谷九斗，预定发三季为止。如满三季后，仍需优待时，其优待数量另行酌定之。”1938年“八月底以前已征送壮丁之家属，不论征调先后，凡十月份起，每名按季发给新粮稻谷九斗，亦暂预定三季为止，如有延长，必要时另行酌定之。”该办法同时还规定，对应征壮丁的家庭情况应予以切实调查，并发给荣誉优待证和物质优待证。凡领有物质优待证的军属，可持证向该管县市政府请求优待。其家属生活确感困难必须救济者，由其直属师司令部（独立旅同）以上机关填发正式证明书加盖印信、关防，交其家属持向该管县市政府请求优待。物质优待以发放实物为原则，在积谷项下统筹分发，稻谷缺乏之县，可以杂粮代替。优待谷主要通过田赋征实即“三征”渠道筹集，部分来源于发动社会各界特别是富户募捐收集。其后，四川各地因财力、积谷有限，遂由省政府出面，重新制定发谷标准，规定：“赤贫征属每户2人者，年发优待谷3市石，4人者发8市石，超过4人仍按4人发给，生活能自给者以1人优待量发给，小康以上者只发纪念品。”[①]1945年，四川省再次规定，将征属分为小康、自给、赤贫三等。小康仅享受荣誉、精神优待，不再发放优待谷等实物，能够自给者酌情发予，赤贫者“年发黄谷1市石，每户直系血亲以三人为限，仍限本省”。[②]

第二，发放优待金。1939年，四川省政府在《四川省优待出征抗敌军人家属

①四川省富顺县志编纂委员会：《富顺县志》，四川大学出版社1993年版，第257页。

②《四川省政府训令成都市政府为发放优待积谷办法》，成都市档案馆：38-17-566。

施行细则》和《四川省政府优待出征抗敌军人家属宣传纲要》中规定，对于征属，每季应发给优待谷2市石，均以四季为限；必要时，也可申请优待委员会酌量延长其享受优待之季数。同时还规定，对需要救济之征属，应以发给金钱为主，每季发优待金6元。四川各县市在执行过程中，也根据物价上涨、军属困难程度和政府财力等实际情况，酌予增加。成都1937年规定，按季发给优待金6元或积谷2石；1938年12月起，停给积谷改发现金，每季发给征属优待金10—35元不等，另外，“端午节及七七纪念日，均按户发给征属每户慰问金5元；死亡无力埋葬之征属，酌给40元至50元之优恤金”。[①]1943年，因经费原因，将受领优待之征属区别对待，“若为成年直系亲属，则每人发法币3元，未成年之直系亲属，则发法币1元5角或1元不等，故被优待之家属，恒有每户领款至17、18元者”。[②]内江县“1941年发放抗属118户，发代金两次，每户40—60元，共发代金5 900元；1942年，发放抗属250户，发代金两次，每户50—100元，共发代金24 200元；1943年，发放抗属739户，发代金两次，每户100或150元，共发代金13.77万元；1944年，发放抗属13 062户，发每户发谷1市石或2市石，共发代金29.92万元；1945年，发放抗属10 472户，每户发代金2 000元”等。[③]

第三，发放安家费。给出征军人发放壮丁安家费实际也是优抚其家属，国民政府对此虽然早有提倡，但并没有做出强制性的规定，也没有制定专门法律予以促成。不过，四川省政府、省军管区司令部对此则有一些原则性规定。1939年，四川省政府规定，壮丁安家费，以每人“30元为限”。1942年，增加为每一被征壮丁发给2 000元。1944年10月16日，军政部上呈行政院提出，现时物价高涨，壮丁之安家费“应参照各省情形，增为五千元至一万元，通行各省查照核办”。据此，四川省政府规定，按每名壮丁2 000元的标准加倍发放，至1944年底时，每名壮丁的安家费“最低数增为5 000元”。自1945年起，四川省政府规定，每名壮丁的安家费一律筹发5 000元。[④]

按规定，壮丁安家费均由各县市地方政府自筹。而战时四川各县市的社会经济发展水平参差不一，所征募壮丁数量及各壮丁的家境也不同，因此川内各地发

①《四川省成都市优待出征抗敌军人家属总报告表》，成都市档案馆：38-17-616。

②《关于规定优待谷发放办法》，成都市档案馆：38-17-619。

③四川省内江市东兴区志编纂委员会：《内江县志》，巴蜀书社1993年版，第269页。

④《四川省军管区司令部代电》，成都市档案馆：134-6-27(1)。

放壮丁安家费的标准也就大不一样。完全视各县市、区、乡镇、保甲筹集资金状况和征集壮丁数量来决定发放标准。省会城市成都1938年发放壮丁安家费即有每名壮丁发25元、29元、50元等多种情况;1939年,有发20元、26元、39元、45元、80元等情况;[①]1942年,统一为每名壮丁发400元;1943年,制定并实行《成都市筹募出征壮丁安家费暂行办法》,规定成都壮丁安家费以"每一丁以二千五百元"为标准发放。1944年,因物价飞涨,珠米薪桂,民生艰难,出征壮丁及家属认为,政府规定的安家费标准太低而且过于微薄,"在富庶之区,中签壮丁之家境,多系小康而又得政府之优待,自当兴奋,勇于杀敌;而在贫苦之区,中签壮丁多系贫苦之家,值此生活膨涨之际,虽政府发有二千五百元安家费,实难为一家之口食费用"。[②]因此,成都一些区镇请求今后中签壮丁,如果遇有家境贫苦者,除发给安家费外,得由中签人向镇民代表会申请发给出征壮丁家属生活补助费,其数目之多寡,由镇民代表会会同镇保甲长等审核决定。成都市政府根据本市征属情形和安家费筹集数额,决定"每名(壮丁)增给家属生活补助费三千五百元,以示优待"。每名壮丁安家费、生活补助费两项合计6 000元(法币)。[③]川东南的黔江,属于经济欠发达地区,其壮丁安家费的发放,"31年(1942)度""每名规定为200元,32年(1943)度安家费每名发给300元,33年(1944)度安家费每名发给600元,34年(1945)度安家费","系中央拨补,每名3 000元,地方自筹发每名2 000元,共计5 000元"。[④]川内其他县市,1944年前后,壮丁安家费的发放标准,大致在2 000元至3 000元之间不等。

2.免派积谷、工役等公共赋役

第一,免派积谷。1940年9月9日,国民政府军政部颁布《出征抗敌军人家属免派积谷办法》规定,出征军人的直系亲属,在取得出征部队长官的证明文件后,可申请免派积谷。其符合免派积谷的条件是"出征军人家庭,每年田产收益在谷五十市石以下,或其他产业收益在五十市石谷价以下者"。其免派的起止时间是"自起役之日起,至退伍除役或复员后一年,其阵亡病故或受重伤致成残废者,得

①《第一区各联保壮丁慰劳费收付呈报及市府指令卷》,成都市档案馆:38-17-370,372。

②《庆云镇镇长周湖菱呈》,成都市档案馆:38-17-436。

③《北大镇壮丁安家费增加请核示的签呈》、《三十三年十月三日原北大镇兵役及安家费问题开会纪录》,成都市档案馆:38-17-394。

④《黔江县优待征属报告书》,四川省档案馆,四川省政府社会处:民186-356。

于战事终止后继续免派三年”。

第二，免服劳、工役。国民政府《优待出征抗敌军人家属条例》规定，凡出征军人家属得免服劳役。《各都市省会征兵征工纲要》也规定：“战时人民中签壮丁法定应免工役者外，其余一律得征服工役。”《四川省各市县优待出征抗敌军人家属实施细则》也规定，出征军人家属应免服劳、工役。根据这些法令法规，四川大部分县市对大多数征属都减免了征调其服劳、工役等义务。如双流县即做得很好，该县“凡地方有临时劳役征工”，对军人家属“完全免派”。①

第三，重庆、成都及川内一些县市还减免了征属应缴纳的临时性捐款、地方派款、募捐等义务，以保障征属在家中壮丁应征入伍后能安居乐业。

3.帮助军属开展生产劳动

抗战时期，国民政府和四川当局组织、发动社会各界力量，帮助征属开展生产劳动，自谋生计，以解决壮丁应征入伍后征属家庭缺少劳动力、缺乏生计来源和家庭经济困难等问题。

第一，在农村实施《征属田地义务代耕办法》等，发动党、政、军、工、学各界人士和自卫队、保安中队、国民兵团等社会力量，组织义务代耕队，帮缺乏劳动力的征属家庭做栽种、耕耘、收获等农活。如重庆江北县，1941年4月颁布《江北县优待出征抗敌军人家属兵田代耕办法》规定，凡抗属之田地，即称为“兵田’。各保应组织代耕队1队，由保长自任队长，甲长和民众为队员，在保长领辖下，自带农具，义务为缺乏劳力的抗属代耕。1940年9月，又制定《秋收代割队修正办法》规定，各区视实际需要，组织人数和队数，就地组织、就地代耕。1944年，又颁布《江北县各乡镇农会代耕队组织细则》，规定：“代耕队员由农会会员担任，每年各以五天为限于春耕、夏耘、秋收三季度，为抗属义务代耕。”②川北彰明县1939年制定、颁布《彰明县出征壮丁代耕办法》后，“共组织代耕队34个，分队229个，队丁6 000余人，从民国28年至31年，每年为1 714户出征军人家属代耕土地二千余亩”。③武胜县有“义务代耕队528队，为213户征属代耕1 372亩”。④四川省还结合农业合作运动，加强征属田地义务代耕提出：“由全县合作社合组合作义务助耕队，以县

①《双流县优待出征抗敌军人义勇壮丁家属实施办法》，成都市档案馆：134-2-94。

②王颖：《抗战时期重庆抗日军人家属优待政策与实施研究》，西南大学2009年硕士学位论文，第30—31页。

③《江油县志》，四川人民出版社1999年版，第434页。

④四川省政府社会处：《四川省办理出征军人家属优待情形报告表》，四川省档案馆：186—560。

联社为总队，区联社为分队，合作社为小队，下设小组，由社员担任组长，执行合作义务助耕之任务。但必须限于该管区内之出征军人的贫苦家属而确为有田无人耕种者，并得在该社公益金及公积金项下，借垫购买肥料种子等生产资本，而于收获时扣还之。”①

第二，在城镇设立征属工厂、征属生产合作社、习艺所等，为征属提供生产劳动、自谋生计的职业场所。1941年，四川省军管区谘请省政府筹拨法币300万元，拨付给四川省优待出征抗敌军人家属委员会，在成都、重庆、遂宁、泸州、万县等地筹设征属工厂，尽先招收征属入厂工作习艺，作为优待征属的示范工厂。同时还制定了《四川省出征军人家属合作社推行方案》，选定成都、华阳、郫县、崇宁、邛崃、绵阳、遂宁、南充、剑阁、乐山、眉山、泸县、宜宾、资中、重庆、巴县、江北、永川、涪陵、万县、达县、大竹等23县市作为征属合作社示范区，“其余各县市亦同时”“由军管区派员督导办理”。②据四川省政府社会处统计，截至1945年12月，四川各地共有征属工厂18家，其生产范围包括纺织、服装、漂染、制伞、卷烟、糖果饼干、鞋袜、毛巾、蚊香、印刷等多个领域，产品中民品在后方国统区市场销售外，军品，如军衣、军毯、药棉、纱布、棉背心、衬衣、鞋袜、手帕等军用品、慰劳品也大量输往前线。

第三，为征属提供债务、租赁延期和诉讼便利。根据部分征属家庭生活困难、经济拮据、债务租赁等问题缠身的情形，国民政府和四川当局除向他们提供小额低息贷款等资助外，还出面帮助他们协调解决债务、租赁延期及法律诉讼等问题。如国民政府《优待出征抗敌军人家属条例》规定，出征抗敌军人在应征召前出典之田地或房屋，在出征抗敌期内约定或法定期限届满无力回赎者，得展延至服役期满后第二年内回赎；因作战阵亡，或因公积劳成疾，或受重伤致成残废，或因伤病请归休回籍而死亡者，得由阵亡或停役或负伤之日起，满第三年后于第二年内回赎。出征抗敌军人或其家属承租耕作之田地或自住之房屋，在出征抗敌期内，出租人不得收回或改租与他人；出征抗敌军人或其家属承佃耕作或收益之田地或自住之房屋，出典人不得收回或改典于他人。以这些规定保障出征军人家属维持生活。根据国民政府这一规定，1941年，成茂师管区明确指令其管辖区域内各地相

①林涤非：《优待出征军人家属合作社之组织及其效能》，《四川省合作通讯》1939年第2卷第7期，第8页。
②《四川省出征军人家属合作社推行方案》，成都市档案馆：38-17-578。

关部门："各房屋业主不得任意加添租佃……如果有业主任意增加征属租佃价格情事，着即饬该县县政府及兵役协会视当时情形惩处之"。[①]另外，国民政府还规定，凡涉及征属的法律诉讼案件，受理机关应提前处理。四川各县市政府也据此训令所属优待委员会和地方法院："凡出征军人家眷提出财产被人侵害事件，司法机关当提前迅速判决"，要求于两个星期以内予以处理，如果不属于行政范围者，则应立即移送有权受理机关提前处理。[②]全国慰劳总会也发动本地律师为征属义务办理诉讼案件，帮助征属解决法律诉讼困难问题，俾使"征属得到实惠，以安定征人抗战意志，减少逃亡"。[③]

4.教育、医疗等优待

第一，教育优待。1936年，国民政府公布了一个《抗战功勋子女就学免费条例》，并于1938年6月24日正式实施。该条例规定，凡抗战功勋之文武官佐士兵及人民之子女，考入各地各级公立学校时，其家境贫苦不能担负费用者，得依据本条例请求免费待遇。并将免费项目分成4个等级，即："甲、免学费实验费及讲义费，并补助在校时膳宿及制服书籍等费全部；乙、免学费实验费及讲义费，并补助在校时膳宿费全部；丙、免学费实验费及讲义费，并补助在校时膳宿费半数；丁、免学费实验费及讲义费。"[④]国民政府《优待出征抗敌军人家属条例》第24条也规定："出征抗敌军人家之子女弟妹入公立学校肄业者，免收学费。"第37条规定，凡出征军人家庭"届学龄之童，应送入国立学校或中心学校或其他公立学校肄业，除免除学款书籍等费外，并酌免制服费，至小学毕业为止"。

四川省于抗战之初即按中央政府政策精神做出规定："凡抗日阵亡及受伤残废之官佐士兵，其子女就学，为优待起见，不问其家计如何，自可一律予以乙项待遇（免学费，实验费，讲义费，并津贴膳宿费）。"[⑤]"征属子女由沦陷区来至后方求学者，其家境确属清寒者，应尽先给予公免费待遇或膳费补助。"[⑥]成都市1941年10月颁布《成都市政府优待抗敌军人子女就学办法》规定："凡本市出征抗敌军人（不

---

①《成茂师管区征字第418号代电》，成都市档案馆：38-17-9。

②《成都市政府训令》，《四川兵役》第3卷第4、5期合刊，第24页。

③《成茂师管区司令部代电》，成都市档案馆：38-17-602。

④《抗战功勋子女就学免费条例》，《双流县政周刊》，第1卷第21期，第11页。

⑤《四川省政府训令成都市政府解释出征抗敌军人家属办法第六条》，成都市档案馆：38-17-556。

⑥《四川省政府训令为征属子女由沦陷区来至后方求学者应尽先给予公免费待遇或膳费补助令仰转饬所属学校一体遵照由》，四川省档案馆：0081-4-2185。

受功勋及阵亡之限制）之子女在本府所属中心学校、国民学校及幼稚园肄业者，均得享受本办法之优待；凡出征抗敌军人子女就学一律免缴卫生费，在幼稚园肄业者一律免缴点心费；凡出征抗敌军人子女就学得依年级高低分别补助书籍费：肄业高年级者每期每生补助书籍费4元，肄业中年级者每期每生补助书籍费3元，肄业低年级者每期每生补助2元；凡欲享受补助及免费之学生须持本府所发之征属身份证先向肄业之学校取得本府规定之申请书（见下表），将所列各项填写清楚，并由镇保长盖章证明送还学校。各校发给补助费须取得领款学生家属之收据。”[①]重庆市在《陪都辅助抗属会有关机关团体设置重庆抗战军人子弟求学奖助金办法》中明确规定：“奖助金数额由设置之机关团体或个人自行决定及保管生息。数额分配，中等以上学校学生每学期五百元，小学学生每名每学期三百元。数额每半年或每年酌情调整之。”重庆此文件出得较晚，因物价变动，补助数额与早期有很大差别。其他如青神县规定：“凡本县征属之子女，已届学龄儿童，无力教养者，由本会送入国民学校或中心学校或其他公立小学肄业，免除学杂等费外，并酌予津贴书籍制服费小学毕业为止。”绵竹县，因经费原因未设立征属子弟学校，但规定“每年各级学校招收新生，尽先取录征属子女肄业免征学费”。彭水县政府于开学时“发征属子弟笔墨费”。蓬安县征属子弟学校，免费收读并救济征属子弟1 230人；南部县，凡贫苦征属子弟入校，各学校概予免费，救济约400余人；丰都征属子弟学校，救济征属子弟400人；等。[②]

第二，医疗优待。国民政府《优待出征抗敌军人家属条例》规定：“征属入公立医院或诊疗所治疗时，得免纳诊疗费，并尽先享受一切公益设施之利益。”四川省政府也规定：“征属患病无费医药者，亦酌情给医疗之资，并组织征属中西义务医疗处送药送诊。”要求各县市及有关部门在夏季注意帮征属预防流行性疫疾，向征属赠送家庭常用救急药品。

四川各县市和有关医疗机构、社会慈善团体也根据实际情况采取相应措施，开展对征属的免费医疗或医疗救济活动。双流县政府规定：“凡有直系亲属患重病无力治疗者，得酌给三元以上十元以下之医药费；凡出征人本人眷属生产子女

①《成都市政府优待抗敌军人子女就学办法》，成都市档案馆：38-17-557。

②四川省政府社会处：《四川省35年度征属统计及办理优待情况概况表》，四川省档案馆：民186-1160。

无力维持善后者，得酌给五元以上十元以下之助产费。”[①]邻水县规定：“征属如染有疾病无力延医者，由敦聘之医药顾问免费诊治。”[②]南川县规定：“征属孕妇检验、免费医疗、义务诊断等，卫生院专责办理。”[③]《中医师担任后方征属及患病官兵医疗服务办法》规定，中医师对后方征属及患病官兵之医疗服务，由当地中医师公会负责组织中医师编成服务队及若干医疗队，轮流到所服务，“凡征属及患病官兵向服务队诊疗所求诊时，服务队中医师应立予治疗，并免收一切费用”。[④]荣县仁济医院，“凡征属患病，系予免费治疗，先后共治愈382人”。[⑤]全国慰劳总会发现，很多征属因贫困而无钱治病，于是在重庆发起举行声势浩大的征属义诊和优待购药活动，并特别请国民政府卫生署、重庆市卫生局出面，邀集重庆各医药团体、公私医院的负责人及中西医药师会商，决定各医疗机构每天划定一定的时间和医生人数，为征属义诊，免挂号费、诊治费、手术费等。

第三，公共设施享受优待。国民政府和四川当局规定，征属可优先享受各种仓储义赈急赈、防空等一切社会公共、公益福利事业和设施。各救济院、习艺所、养老院、育幼所等，应尽先收容征属，用以教养；各工厂、商店、事业单位等，应尽先招收征属，以解决征属就业问题；各公立学校，应尽先招收无力求学之征属子女入校读书；政府和商家的平价粮食发售、冬季救济、施粥厂等，也应尽先加倍发给征属，以示优待。相关的法规条文解释还强调指出，所谓“尽先”，意思就是“当同时有两人需要一种公益设施，而其中一人为一般民众，则征属尽先享受；如果二者皆为征属，则视其请求之先后与情形之缓急，而定其享受之顺序，而不应以征募之界限或入伍之先后，而定其应享受之顺序”。[⑥]

此外，四川各地各级政府还在节日、纪念日，通过深入征属家庭或把征属邀集起来，聚餐饮宴，观看影剧，致送慰问金（物）等形式，慰问征属。总之，抗战时期，四川各地各级政府和社会各界按照国民政府的指令，努力开展优抚军人、军属的工作，对鼓励大后方青年壮丁毅然从军抗日救国，对“抒前敌将士后顾之忧，并坚

①《双流优待出征抗敌军人义勇壮丁家属实施办法》，成都市档案馆：134-2-94。

②《邻水县政府呈》，四川省档案馆：民186-350。

③《南川县优委会呈》，四川省档案馆：民186-350。

④《中医师担任后方征属及患病官兵医疗服务办法》，重庆市档案馆：226-3-61。

⑤《荣县县政府快邮代电：为遵照奉颁办法加强优待征属服务工作电请》，四川省档案馆：民186-353。

⑥章任堪：《优待出征抗敌军人家属法规浅释》，中正书局1941年版，第26页。

其抗敌之志”[1]具有一定积极作用，基本上达到了国民政府在《抗战建国纲领》中所提出的，通过实行优抚政策，以“抚慰伤亡官兵，安置残废，并优待抗战人员之家属以增高士气，而为全国动员之鼓励”这一初衷。

四、购买公债和抗日献金运动

（一）购买公债

全面抗战期间，国民政府为解决财政经济困难，陆续发行了“救国公债”、“国防公债”、“金融公债”、“赈济公债”、“同盟胜利公债”等19笔公债，共计2 000万英镑、2亿美金、1亿元关金券和151.22亿法币，总额为法币223.06亿元。[2]其中，仅在全面抗战爆发的头两年，国民政府即连续发行救国公债、金融公债、金公债、国防公债、赈济公债等5次，发行额16.77亿元法币。1939年，发行军需公债、建设公债各6亿元法币。1942年，发行建国同盟胜利公债和美金储蓄券各1亿元法币，同时发行同盟胜利国币公债10亿元。从1937年8月第一次认购1 900多万元“救国公债”起，四川社会各界及广大民众先后认购、派购了国民政府发行的“建设”、“军需”、“同盟胜利”、“兴业”等10多种战时公债。每次认购、派购额大多在1亿元法币以上。

对于公债的购募，国民政府采取了“劝募”、“派募”两种方式，即：对商人、房产管业人员和自由职业且收入丰厚者，实行“公平之派募”；对农民、工人及其他各界人民，则采取“劝导自由认购”方式。从总体上看，抗战时期国民政府公债发行、推销的大致情形是：以英镑、美元计算的外币债券，主要是针对华侨和海外华人公开发行，以吸收其资金；按谷麦等粮食计算的实物公债，主要是在乡村地区，采取向农民征借的形式公开发行；法币公债，除1937年首次“救国公债”在民间公开发行

①《成茂师管区代电》，成都市档案馆：38-17-9。

②朱斯煌：《民国经济史》，银行学会编印1948年版，第421—422页。

外，以后的都以总预约券方式向银行抵借，银行则以这种预约券作为发行准备，发行不兑现的纸币。①

以1937年下半年"救国公债"在四川地区的发行情形为例，大体可以说明抗战时期四川各界通过购买公债，为国民政府坚持抗战提供财政经济支持的历史概貌。②

1937年8月17日，国民政府电告全国宣布拟发行"救国公债"。9月18日，四川省按照国民政府的要求，召开"四川救国公债分会"成立大会，宣布四川省主席刘湘任主任委员，省政府财政厅厅长刘航琛任副主任委员，何北衡、胡文澜等12人任委员。该分会的主要任务是要在3个月时间内募足1 700万元法币公债缴交国民政府财政部。为此，四川分会制定了《四川救国公债办事大纲》，规定"各县、市设支会，以县长为主任委员，征收局长、地方财政委员长为副主任委员，并由主任委员遴聘地方绅士九人为委员"。并采取多项政策措施推进"救国公债"在四川地区的发行、销售。

第一，下达硬指标，实行强硬摊派。一是将全川各县按富裕程度分为14等，分别下达了从4 000元到16万元不等的公债摊派承销指标。二是规定各行业、各类人认购公债数额：地主所收之租谷，按新斗计，100石为起购点，不及者自由认购；房地产拥有者，无论在一处或数处，与用一个名字或数个名字登记者，均应合并计算，以5 000元为起摊点；银行、钱庄，照实收资本5%摊购，其余公司、工厂、商店、娱乐场所、饭店、旅馆、澡堂等，资本在1万元以上者，按0.3%，3万元以上者，按0.6%，5万元以上者，按1%摊购，不及者自由认购；私人存款亦以5 000元为起摊点；公务员或其他工薪人员，每月工薪额实得100元以上者，应以1月所得，承购公债；不在摊派公债规定范围内之人民得自由购买；对特别殷实官绅，由各地军政长官邀请其尽量特别承购；各学校学生，由各校倡导、动员募集。此外，还由军政界妇女带头组织团体，劝导妇女们将各项金银饰物自由换购救国公债。

在贯彻执行时，上述规定、条例也有视情况而权宜变通之处。比如，原规定公务员实得薪俸额在100元以下者可自由认购，而实际执行时则修改为"90元以上

①周勇：《重庆抗战史：1931—1945》，重庆出版社2013年版，第319页。

②本书此处关于1937年四川地区发行"救国公债"情形的论述，主要参引自汪小琴《1937年四川"救国公债"发行初探》，《文史杂志》2997年第5期及其所撰四川师范大学2008年硕士学位论文《抗战初期四川"救国公债"发行述论》。

者，应购40元；80元以上者，应购35元；70元以上者，应购30元；60元以上者，应购20元；50元以上者，应购10元”，“并分4个月摊扣”。又如，对银行、钱庄业实际上以3 000元为起点进行摊购，并提高了摊派数额。成都分会就规定摊募额为80万元，其中由商会承担30万元，房地产业认购50万元。但因当时成都地区资本额在3 000元以上的工商业者人数较少，干脆调整为无论资本多少，均一律摊派。对商店，“资本自三百元起，以百分之二累进摊募，不足者概不摊购”；对房产，“五千元以上者，照省分会原定之千分之二”摊购，达“十万”者“摊购一万四千元”。又如，对教育界人士以及学校师生，四川将其认购、派购的公债数额划在各县、市摊派数额之外单独计算。1937年9月11日，四川省教育厅规定，“专科以上教职员，按月薪认购百分之五十，中小学教职员，按月薪认购百分之三十，均照月薪实发数计。外籍教员不加强制。此项认购额，得在一个月募足”。“专科以上学生，每人自购或劝募至少十元，中学生自购或募讨，每人至少五元，小学生不作限制”。10月18日，四川省教育厅鉴于时间紧，募集数额大，再次发文规定：专科以上学校教职员，按月薪实得数认购50%；中小学教职员，按月薪实得，在50元以上者，认购30%，40元以上者，认购10元，30以上者，认购5元，30元以下者，自由认购或照救国储金办法每月储金1元以上。此公债分三个月缴清。大学生认购10元，各中等学校或职业学校学生认购5元，各小学学生由校长劝其自由储金购债，不拘多寡，储有成数，即由学校汇集，以团体名义向中央银行购债。

第二，奖励与惩罚并行。四川分会在执行国民政府颁布的奖励法规时，还另行制定了《四川各县市劝募救国公债奖惩规则》，将奖励分为五等，即升等、晋级、记大功、记功和嘉奖；惩罚也分五等，即撤职、降级、记大过、记过和申斥。其间，璧山、綦江、北川等县县长曾获得记大功一次，彭县、新都、永川、遂宁、筠连等县县长获得记功一次，绵阳、绵竹等33个县的县长及征收局局长获得嘉奖；原川军师长包晓南则因抗粮不纳而被第八区财政警察处长甘绩勋查处，罚其购募2 000元救国公债。

第三，加强舆论宣传。为发动民众购买救国公债，四川省有关方面编制了歌谣，拟定了标语口号，营造舆论声势，以推动救国公债的发行。

其歌谣云：

前线的将士固守战壕，后方的援助应如潮水。莫把钱财空用掉，借与中央买枪炮，齐向敌人扫，赶走日本强盗，把我们的国家保。战事平息三年后中央偿还救国公债了。到那时，吐气扬眉多荣耀，家亦保住，国亦保住，钱又收回了，你看这是多么好！

标语口号主要有：

人人口头都说爱国，真正爱国的人就应该多购救债！

有钱的固当购债，无钱的当设法购债；钱多的当多购，钱少的亦可少购！

购救国公债，既救国，又救家，并可救自己！

家可毁，命可捐，公债不可不购！

后方报国之道，惟有踊跃购债！

购一元救债，可买五颗子弹，杀五个敌人！

宁可忍饥受寒，不可不购救债！①

第四，刘湘等四川军政要人及其夫人以身作则，带头购买。按照国民政府的规定，中央和地方各党军政要人及其夫人均须带头购买公债。刘湘率先响应，捐出成都多子巷的寓所。第24军军长刘文辉则认购救国公债5万元，第45军125师师长陈鼎勋亦认购3万元，等等。刘湘的夫人刘周书等人于10月25日牵头组织成立“四川妇女救国公债劝募会”，“以劝导妇女将所有金银饰物器具及财币购买救国公债以尽妇女救国之责任为宗旨”。为完成认购、募足100万元法币救国公债的预期目标，刘周书带头购债一万元，捐银800元；四川省政府秘书长邓汉祥的夫人也捐款500元。

在政府强力推动和社会各界积极参与下，四川各地、各行业认购、派购救国公债的活动开展得如火如荼，并取得显著成效。截至1937年10月2日，川北盐商共认购30万元；10月30日，遂宁等县解款20余万，隆昌解款2万元，眉山解款1万元，内江解款3.5万元，新津解款13 750元，崇庆解款12 500元，双流解款1万元，省政府保安处解款16 220元，等等。

①汪小琴：《抗战初期四川“救国公债”发行述论》，四川师范大学2008年硕士学位论文，第23页。

1942年，在发行4 000万美元“同盟胜利美金公债”时，四川、重庆、西康分别承担并完成了600万、840万、40万美元公债的派销、认购任务，三地合计总额共1 480万美元，占该次公债发行总额的37%。[①]

表7-1 抗战时期四川发行公债和储蓄情况举隅[②]

年份	公债或储蓄（计量单位：法币）
1937	9月22日，四川认购救国公债1 900万元
1939	1.8月31日，国民政府发行四川省建设公债750万元，年息6厘，15年付清； 2.10月9日，邮政储金汇业局奉命在全国1 000多所邮局发行节约建国储蓄券
1940	1.4月29日，四川省政府发行建设公债1亿元，年息6厘，15年付清； 2.8月1日，四川省发行兴业公债1亿元，年息6厘，15年付清； 3.11月7日，据四川省储蓄分团统计：川省劝储、认储成绩为：成都110万元，自贡100万元，各县共324万元，共计534万元； 4.12月13日，重庆市公布：中央储蓄会增办的特种有奖储蓄券自发行以来，重庆市每日平均销券数在10万元以上
1941	1.6月27日，重庆市战时公债劝募工作结束，共募得1.2亿元，为预计的2倍； 2.9月13日，四川省公布，应募战时公债7 500万元，迄至6月底，已收7 110万元； 3.11月1日，国民政府核准民国30年四川整理债务公债3 500万元，于11月1日起按票面十足发行，以清偿民国27年5月31日以前债务
1942	1.1月22日，四川省政府发动全川各乡镇中心学校劝募战时公债2 500万元；劝募金额，每校以6 000元至8 000元为限（边远县份除外），所募得之公债，即由债权人捐赠学校，作为本校基金； 2.1月28日，全国劝募总会发布第二期建国储蓄成绩7.254亿元，其中，四川省为4 460万元，重庆市1.3046亿元，为最优； 3.财政部宣布：发行民国31年度同盟胜利美金公债1亿元，其中四川省摊派1 500万元； 4.6月10日，四川劝储分会公布各市县节约储蓄成绩：“截至昨日止，节储总数已达5 700余万元”； 5.6月27日，国民政府公布民国31年同盟胜利公债条例，发行国币公债10亿元，四川省摊派3.5亿元； 6.7月17日，重庆市节约储蓄总额已达3.6亿元，其中国币储蓄券2.18亿元，美金储蓄140万元，普通储券1亿元； 7.7月17日，四川省开会决定法币公债全川各市县摊派数额，成都市摊派额为8 000万元； 8.本年度，四川储蓄总额为10.27亿元

①四川省档案局（馆）：《抗战时期的四川——档案史料汇编》（中），重庆出版社2014年版，第775页。

②本表资料来源于四川省档案馆：《川魂：四川抗战档案史料选编》，西南交通大学出版社2005年版，第425—428页。

续表

年份	公债或储蓄(计量单位:法币)
1943	1.2月11日,民国31年度美金公债劝募成绩公布:"重庆已达1 000余万美元,为全国之冠";12月12日,国民政府强制推行节约储蓄,在收购棉花、纱布、烟、盐、糖、火柴、桐油等物资时,均搭销储蓄券
1944	1.国民政府行政院核定:四川省本年度同盟胜利公债为7亿元; 2.3月1日,四联总处决定本年度推销乡镇公益储蓄,全国总额为229亿元,四川省配额40亿元; 3.8月17日,四川省公布本年度同盟胜利公债推销办法:总额7亿元,商业分派40%,地主分派40%,房产管业人员及自由职业者分派20%
1945	5月3日,民国33年度胜利公债重庆市配额为6.5亿元,四川省为10亿元。四川省政府提出办法:工商业者以营业税为标准,房产管业者以房捐为标准,土地管业者以田赋为标准。核定派募定额,限年底全部上缴

(二)开展抗日献金运动

抗战时期,四川作为抗战大后方,曾长期、持续开展抗日献金活动,多次掀起献金高潮。1937年8月,四川省抗敌后援会发起缝制12万件寒衣运动,得到全川各地各界群众的积极响应,取得显著成果。如截至1938年1月,重庆市民即捐募寒衣款20万余元(法币,下同),制作棉背心4万余件;重庆被服厂工人赶制棉衣30万件;重庆市妇女抗敌协会也发动家庭妇女赶制棉衣。大邑县善团联合会也募得第一批寒衣款270余元大洋。随后,四川地区的抗日献金运动掀起了第一轮高潮。1938年7月,结合纪念七七事变一周年,重庆市民举行火炬游行,抗日献金,3天内共募集18万元;成都举行10万市民大会献金,募集到巨额资金;涪陵县人民亦献金4 000元。此后,利用各种纪念周活动进行抗日献金遂成惯例。同年12月,在中共中央南方局机关报《新华日报》的倡导下,重庆、成都等川内各大中城市又开展了义卖献金活动。其办法是:商人或厂主捐货,买货人成倍付给货款,然后将货款交给政府,支援前线。

为推动这场抗日义卖献金运动蓬勃发展,《新华日报》社将《新华日报》、《新群丛书》的广告全部义卖,并组织新华日报社、八路军(第18集团军)重庆办事处的工作人员和重庆妇女歌咏队以及学生、工人、店员、职员等组成义卖队,举行义卖献金月活动,开展义卖献金竞赛、抗日义卖演出等活动。据统计,在此次义卖献金竞赛中，仅重庆市捐款即达500万元。其中，仅3月3日下午的妇女义卖献金活动即募得60余万元。在随后持续、经常进行的抗日献金活动中，还采取了“募捐购机”、“游艺募捐”、“特别募捐”、“一元募捐”等多种形式的劝募献金活动，产生了较好的社会反响，涌现出许多感人事迹。如北碚一位10岁小学生陈远，将节省的糖果钱4.24元捐出，并向师友们募捐，共募得80元，一并交给政府。[①]1939年8月13日，重庆国光玻璃厂70余名工人，为纪念八一三事变两周年，素食一日，节省下320元慰劳抗战前线将士。[②]丰都县妇女战时服务团亦将抗日义卖演出收入的1 000多元钱寄往抗战前线。

从1940年春至1943年，四川地区的抗日献金运动再掀高潮。捐献者群体，由前期社会中下层的职工、城市平民、公教人员、乡村农民等，发展到社会中上层如国民党高官显要、工商界人士、绅士名流等。据《新华日报》报道，1940年5月21日，丰都县商人冉聚盟捐资10万元，获得国民政府颁发的金质勋章。9月15日，綦江县绅士池锡应、霍雅青二人各捐黄谷500石，受到政府奖励。9月26日，巫山县绅士李重良亦捐粮食500石。随后，还有万县绅士石善周、江津县绅士王正平各捐献粮食1 000石。另据统计，在1941年2至3月间四川省动员委员会发起的出钱劳军竞赛活动中，成都市民共献金40余万元，重庆市民共献金39.8万余元。

在同期开展的募捐购机活动中，1940年10月，中国防空建设协会四川分会发起献机100架运动，并确定配额，由四川各县市捐款购买，限1941年5月底完成。1943年，该协会又发起“一元献金”运动，购机30架。在“分会”的发动下，四川各地的捐款购机活动轰轰烈烈，此起彼伏，取得了显著成效。1941年春，合川县民众为献金购机募捐资金30余万元，献机3架，成为“全国县级单位献机最多”的县份。中国电影制片厂职工于当年2月捐献“中国电影号”滑翔机10架。渠县范楠煊（前国民党军师长）将在重庆的一份价值20万余元的产业卖掉，购买飞机1架献给政府。12月，富荣盐场响应“一元献机”运动，捐献飞机4架，计法币80余万元。1942年，自贡盐业工人捐献“盐2号”、“盐船号”飞机2架。1943年3月8日，重庆妇女界利用庆祝“三八”节之时机，举行“妇女号”献机活动，当日即筹得献机捐款120余万元。四川各地妇女纷纷响应，至当年9月，已募得资金260万余元。4月，

①《新华日报》1939年3月15日。
②《新华日报》1938年10月8日。

重庆举行国民兵团第二次献机典礼，共捐助驱逐机10架。5—8月，重庆、璧山、江津、綦江、丰都、涪陵、广安等市、县举行联合捐献“中国青年号”飞机活动，共献飞机1架、滑翔机20架。8月，国民朱炳献机9架，计捐款135万元。12月，乐山社会各界开展“乐山号”献机运动，共计捐款300余万元。①

从1943年冬起，在爱国名将、国民政府军事委员会副委员长冯玉祥的发起和积极推动下，四川各地掀起了第三次抗日献金运动的高潮。抗战期间，冯玉祥因故离开领军职位后，奔走于川、黔、湘、豫、鄂等省，积极宣传抗日，努力支持国家抗战事业。1942年冬，冯玉祥途经成都时，在当地的基督教会信众中号召大家“有儿子的就送他去当兵。不然，我们就每天，每个星期，或是每个月拿出多少钱来献给国家”，并倡导成立了“中华基督徒节约献金救国运动(成都)分会”。次年1月17日，他在重庆发起成立了“中华基督徒节约献金救国运动全国总会”，一方面依靠自己国民政府军事委员会副委员长的身份和“爱国将军”的影响力，通过“演讲”和“卖字”，募集抗日资金；另一方面依靠老部属鹿钟麟、张树声等人和重庆的爱国小团体“利他聚餐会”，每天“集合一二百人讲解献金的好处”，或“分头去劝募”抗敌资金。1943年10月，冯玉祥将“中华基督徒节约献金运动全国总会”改组为“国民节约献金救国运动总会”，将运动的宗旨规定为“救济难民”，“慰劳抗战将士和充裕国库，建军建国”，确定运动的基本原则是：其一，捐款由总会直接呈交国民政府主席；其二，献金用于慰劳前方将士、荣誉军人及苦难同胞，多则用以购买飞机、大炮和坦克；其三，凡为献金工作的一切费用，均由发起人自掏腰包，不得从捐款中开支一文；其四，捐款完全出于自愿，不加一丝勉强。②为了把运动推向高潮，冯玉祥亲赴重庆、成都、合川、遂宁、江津、合江、宜宾、富顺、隆昌、内江、自贡、荣县、五通桥、乐山、夹江、眉山、彭山、新津、双流等四川20多个市、县，召开献金大会，宣传讲演，义卖字画，登门劝募，开展献金竞赛，以多种多样的方式广泛宣传其“慰劳抗战将士和充裕国库，建军建国”的主旨，号召和发动民众节约献金，支持国家抗战事业。在冯玉祥将军的宣传动员下，四川再次掀起抗日献金运动高潮，“不论男女老幼，莫不热烈响应，人人自动争先献金，爱国但恐人后”，“爱国热忱有过无

①潘涯滨：《抗战时期四川献金救国运动》，李仕根：《四川抗战档案研究》，西南交通大学出版社2005年版，第147—148页。
②陈翔：《抗战后期四川节约献金救国运动述评》，李仕根：《四川抗战档案研究》，西南交通大学出版社2005年版，第142—143页。

不及……捐献异常踊跃”。

据国民党中央宣传部新闻处1944年5月16日发布的消息称，自冯玉祥于1943年冬倡导并亲赴四川各地发动节约献金救国运动到发布消息时，四川已有14个县市共献金1.396 8亿元。其中，自贡260万元，乐山304万元，荣县150万元，五通桥220万元，牛华溪70万元，双流80万元，夹江30万元，新津160万元，眉山84万元，彭山60万元，成都1 200万元，合江1 450万元，江津1 350万元，泸县5 300万元，隆昌3 250万元，重庆仅7月4日至10日期间即捐献达8 500万元。同年11月底，国民党中央宣传部再次发布统计信息称，四川各地献金总额，约达5亿元。其中，献金最多的是自贡市，仅7月22日当天开献金大会时，即捐献法币1.3亿元，金戒指130个，金镯子8只，布鞋1万双。个人献金最多者为王德谦，捐款1 500万元。另外，余怀述捐献1 000万元，李焕章长期献金，每年捐献240万元，等等。[①]抗日献金运动中所募集的资金，主要用于购买飞机、火炮、坦克等武器装备，一部分用于慰劳前线将士，或优抚抗日伤残军人与阵亡将士之遗属，或救济难民难童等。

五、战时四川的抗日民主运动

（一）中下层民众生活艰难和人民民主运动的蓬勃兴起

从1939年初起，国统区出现了日益严重的政治、经济危机。国民政府因原倚为财赋资源根本重地的华北、江南、华南等地区沦陷或成为战区，加重了对西部各省的财赋捐税征敛，加之战时通货膨胀金融政策的影响，导致国统区各省农村经济凋敝，民营工商企业纷纷倒闭破产，社会中下层民众生计艰难。这些危机激成了战时国统区人民民主运动的蓬勃兴起。

①陈翔：《抗战后期四川节约献金救国运动述评》，潘涯滨：《抗战时期四川献金救国运动》，李仕根：《四川抗战档案研究》，西南交通大学出版社2005年版，第142—148页。

1. 农民抗粮抗捐斗争

抗战进入相持阶段以后，国民政府和四川当局不断加重农民的赋税负担，以缓解其财政支出拮据之困境。当时，压在后方国统区各地农民身上的赋税、摊派等负担，花样百出，名目繁多。除田赋征实等"三征"及"正式海关税、直接税、间接税等不计外"，还有乡镇公粮、米津捐、积谷捐、优待义丁捐、自卫队费等几十种甚至上百种地方性摊派。据当时人调查，1942年，华阳、灌县、广汉、眉山、资中等四川18县的地方性摊派，名目总计竟有616种之多。其中如抗战建国名目者61种，官公事业名目者26种，乡保事业名目者107种，社会团体活动名目者13种，等等。①由是造成"保长派款，每年必有五六次乃至八九次，不分贫富，按户摊派，佃户与苦力，无一幸免"。②地主也"更想把这项负担转嫁到佃农身上去，于是常常发生撤佃、加租的纠纷"。③在此情势下，四川农民因不堪赋税重负，遂铤而走险，群起抗粮抗捐抗暴。据记载，抗战中后期，在新都、中江、广汉、新繁、绵竹、宜宾、灌县、安县、大足等川内多个县市，都曾经发生过农民因不满政府的苛捐杂税盘剥和征兵舞弊而群情激愤之，围攻县城，打砸县乡保等各级政府公务机关，打伤甚至打死公务人员的大规模、群体性事件④，形成了此起彼伏的农民斗争浪潮。

2. 城市工薪阶层争取民主权利的斗争

抗战时期，国民政府实行通货膨胀的金融货币政策，滥发纸币，造成物价飞涨，货币贬值，致使工人、教师、普通公务人员等广大工薪阶层的工资收入，跑不赢物价上涨和货币贬值的速度，而陷于生计艰难，以至"困苦颠连，卖儿鬻女亦时有所闻"⑤之困境。成都从1937年至1944年，物价上涨了近600倍；从1937年至1943年，家庭生活费用上涨了约209倍，而大学教授的薪金仅上涨了15倍左右。当时有人就曾说："教授的薪金抗战以来增加很少，还不及生活费用的上涨，所以这班人的购买力较战前大为下降。三十二年(1943)教授薪金的购买力已降至二十六年(1937)的百分之十二，城市工资的购买力为二十六年的百分之七十四，农

①《四川的地方摊派》，《四川经济季刊》1944年第2期。

②《国民参政会川康建设视察团报告书》(1939年8月)，转引自金德群：《抗战时期国民党的土地政策》，《民国档案》1988年第4期。

③重庆《中央日报》1942年11月2日。

④详见周勇：《西南抗战史》，重庆出版社2013年版，第231—233页，兹不赘述。

⑤李行健：《抗战时期昆明的物价》，载章伯锋、庄建平：《抗日战争》第5卷"经济"，四川大学出版社1997年版，第795页。

工工资不过百分之五十九。"[①]工人及城市其他体力劳动者阶层人口的薪酬增长幅度则更小。"迄抗战胜利时止，各地工人工资之增加，始终较生活费指数之增加为少，且恒处被动地位"。[②]在此情势下，四川各地特别是重庆、成都的工人、教师及普通公务人员等工薪阶层，为了改善自己的生存环境，提高生活水准，纷纷投身于人民民主运动的行列，进行了一系列争取民主权利的斗争。

第一，工人斗争。1941年3月，自贡市大坟堡盐场工人为反对资本家无理开除工人，在中国共产党的领导下，数百名盐工群聚而起，开展维护自己工作权利的正义斗争，并捣毁国民党自贡市党部。国民党自贡市当局出动军警武力弹压，开枪打死工人1名，打伤6名，结果激起了盐工们更大规模的游行示威。1942年3月，国民党当局在泸州城内抓壮丁时，抓走了第23兵工厂的几十名工人。该厂200多名工人随即包围了验兵处，强迫其释放被抓的工人，取得了斗争胜利。1944年11月，成都市区人力车工人罢工并举行集会游行，抗议国民党特务行凶打死拉车工人。

1945年2月，重庆因国民党特务枪杀电力工人胡世合，引发全市社会各界各阶层的抗议运动，人们高举"反独裁，争民主，争生存"的旗帜，愤怒抗议国民党制造"胡世合事件"。这是抗战中后期国统区人民民主运动走向高潮的重大标志性事件之一。2月20日，重庆电力公司工人胡世合等人前往有国民党高官作后台的邹容路中韩文化协会饮食部检查偷电情况，与店方发生冲突，国民党特务田凯竟掏枪将胡世合打死。事件发生后，重庆电力公司300多名员工自发前往出事地点，与闻讯赶来的5万多重庆市民一道，要求国民党当局严惩杀人凶手。随即，重庆电力公司工会理事会以全体职工名义发表了吁请社会各界人士主持正义的启事。工会理事长陈铁夫、副理事长杨秀蓁等人在电力公司举行记者招待会，报告事件经过；并由受害工人代表向国民党当局提出5项要求：一是立即将凶手田凯在肇事地点枪决；二是以帮凶罪惩处伙同行凶的警察局保安队员；三是保障电力公司职工今后的工作自由和生命安全；四是胡世合的善后和抚恤应由"餐厅"完全负责；五是以上4点要求，限两天以内答复。中共中央南方局也根据周恩来的指示，由王若飞统一指挥，南方局青年组具体负责，由在电力公司工作的地下党员和

①李竹溪、刘方健：《历代四川物价史料》，西南财经大学出版社1989年版，第355—356页。

②汪龙：《抗战前后中国工人工资与生活费用》，《社会工作通讯》第4卷第8期。

进步工人出面，组成“胡世合事件伸冤后援会”，引导这场斗争朝着“反独裁、争民主、争生存”的人民民主运动方向发展。在随后几天，重庆全市纺织、印刷、玻璃、机器、钢铁、煤矿、皮革、电器等众多行业的工人都行动起来，以“中国工人民主联合会”的名义发出《我们的呼吁》，号召工友们“为了努力抗战，为了保障工人自由”而团结奋斗。重庆社会各界各阶层人士也纷纷声援工人们的正义斗争行动。中共南方局机关报《新华日报》和《大公报》、《国民公报》、《新民报》、《商务报》、《新蜀报》等进步报刊，陆续发表《特务横行越来越凶，偷了电还枪杀工人》、《不能忽视的一件惨案》等社论和报道，向国民党当局表示抗争之意，支持工人斗争。从2月23日起，重庆电力公司工人和市民开始在出事地点的餐厅举行声势浩大的追悼会及悼念仪式，“到会吊客，有各业工人队伍及个人，凡三万余人”。①2月25日，国民党重庆市当局借口“有碍国际观瞻”和“有碍交通”等，强迫电力公司将胡世合的灵堂转移到偏僻的长安寺，试图缩小影响，遏止事态继续扩大。但前往长安寺灵堂吊唁致哀的市民依然络绎不绝。他们之中，既有白发苍苍的老者，也有血气方刚的青年；既有西装革履、长袍马褂的绅商，也有重庆各大中学校的学生。中央大学学生社团“新青社”还以“沙坪坝一群大学生”的名义，发表《学生们的抗议》说：“成都市中事件的创痕还未干的时候，再来了重庆的胡世合事件……特务活动已经间接直接地加害到每个人头上来了……我们要求制止这类特务暴行继续发生。……电力公司的职工们，为使死者的血不致白流，你们一定要坚持合理要求，你们是会胜利的。”位于北碚的复旦大学“新青社”除发动同学到市区的灵堂去致祭外，并向学校师生讲述特务行凶真相，发起为胡世合家属募捐的活动。聚居在重庆的众多爱国进步民主人士和工商、法律、文教等各界的著名人士也纷纷发表谈话，谴责国民党特务的暴行，并出面参加悼念活动。许多商家则把其店铺“不顾血本大贱卖”“流血大甩卖”等营销广告招贴，改换成“以血换血”等声援的标语。迫于重庆社会各界民众日益高涨的民主斗争浪潮和全国舆情的压力，2月26日，国民政府和重庆市当局下令枪毙开枪打死胡世合的国民党特务田凯，并从27日起，为胡世合举行为期3天的公祭活动。公祭首日，由重庆市市长贺耀祖亲自“主祭”，向胡世合的遗体脱帽致祭，赠送挽联，发给遗属抚恤金法币10万元。公祭期间，有包括郭沫若等著名进步人士在内的约8万多重庆各界各阶层市民前来致祭。3月

①《国民公报》1945年2月24日。

1日出殡时，送葬及沿途致祭者也有6万余人之多。“胡世合事件”虽然仅仅持续了10余天时间，但它却极大地冲击了国民党的统治秩序，极大地唤起了国统区人民反对国民党特务政治，争取民主权利和生存保障的政治觉悟。以“胡世合事件”为标志，抗战时期国统区的人民民主运动发展到了一个新阶段。

第二，学校师生的斗争。1940年3月成都“抢米事件”发生后，在国民党当局日益严厉的镇压下，四川各地群众性的抗日救亡运动转入低潮，原来活跃于川内各大中学校里的各种抗日救亡进步团体被迫解散，大部分中共党员和进步学生撤离学校，继续留在学校里的中共党员和进步学生也大多暂时中断了与党组织的联系，停止公开活动。

1942年，按照中共中央南方局、川康特委、川东特委及重庆、成都等地下党组织的指示，一些党员干部进入大学读书隐蔽，一些中学生党员考入大学读书。他们根据中共中央关于“隐蔽精干，长期埋伏，积蓄力量，以待时机”的方针，在学校里，一面努力学习，一面联系群众，与进步学生一道发起成立进步社团。1942年秋，金陵大学赵一鹤、华西大学刘盛舆、燕京大学刘克林等失去组织联系的中共党员，与进步学生王晶垚、崔巍，从湖南转学到成都的高中学生钟宗等6人，在赵一鹤主持下，成立了校际秘密组织“蓉社”。1943年春，“蓉社”改名为“马克思主义小组”。1943年底，“马克思主义小组”又改名为“青年民主宪政促进会”，并开始与中共中央南方局青年组建立通讯联系。大约与“蓉社”建立同时，齐鲁大学师生成立了“社会科学研究会”，光华大学师生组织了“读书会”。这些以大学生为骨干和主体的进步社团，均以学习马列著作和进步书刊，宣传民主思想，参加社会活动为宗旨。另外，在一些大学中，进步学生组织的公开的进步社团也陆续建立。其中如1942年金陵大学成立的“现实文学社”，燕京大学由“马克思主义小组”成员参加组织的“文学研究会”，1943年成立的“燕京文摘社”等。这些进步社团，利用开展文学、戏剧、新闻等方面的学术研究活动，团结了一批进步青年。1944年，国民党统治的日益腐败及其在抗日战场上的军事大溃败，激起了全国人民的强烈不满。在学校中，学生们关心国事时政的政治热情蓬勃高涨，一些政治性社团相继出现。首先，华西大学的胡文新、贾唯英等几个中共党员发起成立了“时事研究社”，吸收部分进步青年参加。他们以出版剪报加上按语的形式，向学生和群众报道抗战形势，揭露国民党的腐败，宣传共产党的政治主张。随后，燕京大学组织了

“创造社”，四川大学组织了“时事研导社”，金陵大学组织了“狂狷社”、“时声社”，该校原来的“现实文学社”也改名为“现实学社”。这些社团的成员，大多数都是中共党员和进步青年。他们关心时事政治，有一定的政治思想觉悟，公开从事进步活动。社团内部也定期举行政治学习，有的学习《大公报》、《新华日报》及其他进步报刊上的文章，有的学习毛泽东《新民主主义论》等著作。各社团一般都出版有剪报、壁报，有些还定期发行铅印刊物。有的社团还经常邀请社会知名人士做时事政治演讲。张澜、文幼章、杨伯恺、王芸生、赵超构、黄药眠等著名进步人士都曾受邀到学校社团做演讲。1944年暑假期间，金陵大学“现实学社”的进步学生谢道炉（谢韬）邀集成都地区各高校学生进步社团的20多位代表在望江公园开会，讨论各大学壁报的联合问题。在商讨中，大家一致认为，广大人民群众对国民党政权日益不满，形势要求各校进步社团的当务之急已经不仅是壁报的联合，更需要的是广泛团结和组织群众去迎接新的斗争。同年10月15日，在老共产党员李相符的指导下，由“青年民主宪政促进会”发起，邀请成都华西坝上的几所高校和四川大学部分进步学生在文殊院开会，正式成立了中共的外围组织“成都民主青年协会”（简称“民协”）。

成都“民协”建立后，并没有和中共川康特委、成都地下党建立正式的组织联系。但是“民协”通过中共中央南方局青年组、《新华日报》及其他渠道学习了解中国共产党的方针政策，接受中共的政治领导，按照中共中央的方针政策开展活动。在组织上，“民协”按照中共秘密外围组织的原则建立，为防止国民党军警特务破坏，一直处于秘密状态，对加入“民协”组织的成员条件要求非常严格。在抗战后期成都没有市一级中共党组织的情况下，“民协”实际上起到了带领人民群众开展人民民主运动的领导核心和先锋骨干作用。到1945年上半年，由“民协”成员领导和影响的进步社团发展到近百个，使这个在中共领导下的革命青年组织有了更广泛的群众基础和更强大的生命力，从而在成都地区人民民主运动斗争中锻炼成长，不断发展壮大。

1944年10月发生的成都市立中学血案（简称“市中事件”），成为激发成都地区人民民主运动蓬勃高涨的催化剂，也是抗战中后期国统区人民民主运动中一个标志性的重大事件。1944年10月，成都市中学生之间发生多次内部纠纷，因学校处理不当而引发学潮。市中校长康定夏报告成都市长余中英，并要求政府干预。

10月31日，省会警察局长方超奉余中英的命令，亲率武装警察数百人把市中包围起来，用枪托、棍棒、纤索等凶器到处追赶、毒打学生，打伤学生30多人，其中重伤10余人，当晚又逮捕、囚禁学生40多人。事件发生后，警察还封锁学校，不许学生出入。学生们则冲破阻挠，张贴传单，发表宣言，向全市和全国揭露国民党成都市当局武装镇压学生的暴行。

"市中事件"像一根导火线，激发了广大青年学生和社会各界民众长期不满国民党统治的怒火。11月5日起，市中学生家长和社会各界人士纷纷前往市中访问、慰问学生。市中校方也被迫出面召开家长座谈会，接受家长当场提出的种种质问。11月6日，成都"民协"应市中学生的呼吁，召开全市各大中学校学生代表会，成立了声援市中学生后援会。全市中学学生迅速行动起来，有的宣布罢课，有的进行募捐，有的组织慰问受伤同学，有的上街张贴传单，有的到各高校串连，呼吁大学生站出来给予声援。11月9日，受害学生及家长写信给四川省政府主席张群，控告成都市长余中英"长政无方、侵吞中饱"及种种罪行劣迹，并且声称，目前"民怨沸腾，众叛亲离之势业已酿成"，请省长对余氏"早为撤职查办，以防未然而安人心"。文化界著名人士叶圣陶、马哲民、李相符、沈志远等52人也公开发表《慰问市中同学书》，谴责国民党成都市政当局的暴行。当日，"民协"领导下的"后援会"派出由大、中学生代表组成的请愿团，向国民党四川省政府主席张群递交请愿书，提出公布事实真相、查办凶手等要求。张群则采取两面派手段，一面承诺将市中校长撤职，对余中英和方超各记大过一次，一面对代表们施加压力，要求学生立即复课，被学生代表严辞拒绝。11月11日，成都地区各大、中学学生数千人在华西大学广场集会，声援市中受难学生，会后并举行了示威游行。游行队伍高唱《义勇军进行曲》、《热血歌》等抗日救亡歌曲，高呼"打倒余中英、方超！""反对军警干涉校政！""反对党化教育！""保障人身自由！"等口号，经老南门、东御街、盐市口、总府街、春熙路，最后到达四川省政府所在的督院街。派出燕大学生自治会主席李中等代表进省政府谈判，要求公布市中事件真相，严惩方超，撤换余中英，医治受伤同学，保障学生人身自由等。张群派省政府秘书长李伯申出面与代表们周旋，经过3个多小时的谈判，被迫接受了学生代表所提各项要求。两天后，余中英、方超均"引咎辞职"。斗争取得了完全胜利。

成都"市中事件"，表明了抗战后期成都地区人民民主运动的蓬勃兴起，震动了西南大后方，鼓舞了重庆、昆明等国民党统治区的民主进步力量，并受到中国共产党方面的高度重视和充分肯定。重庆《新华日报》和延安《解放日报》均陆续报道了事件经过及斗争情况。当年12月25日，中共中央在关于目前形势与任务的指示中指出，成都这次学生游行示威，为1935年"一二·九"学生运动以来的第一次大运动。1945年10月，中共中央南方局组织部长钱瑛在与"民协"负责人王宇光谈话时也说，南方局认为："民协"发动的这次斗争，是国民党统治区群众运动新高涨的一个信号。中共中央青委对成都市中事件及其斗争意义的评价是：市中事件是大后方群众运动从低潮转入高潮的转折点，使群众运动恢复起来，冲破国民党的镇压，为以后全国的人民民主运动，特别是成都的人民民主运动进一步的发展做了准备。

1945年4月，在"民协"领导下，四川大学的进步学生用签名方式发表了《时局宣言》，呼吁废除国民党一党专政，建立民主、团结的联合政府。《时局宣言》经李相符转交给《华西晚报》发表后，引起了国民党当局的强烈不满。他们煽动和蒙骗四川大学少数学生挑起事端，捣毁了《华西晚报》营业处。事件发生后，川大"民协"组织进步学生，以17个学术团体的名义发表声明，声援《华西晚报》。《华西晚报》也以"真理在我们一边"为标题刊登声明，并在同一标题下，登载了华西大学进步学生声援该报的声明。"民协"还通过燕大、金大、华大的部分社团，公开写信慰问、声援《华西晚报》。经过斗争，挫败了国民党当局特别是顽固派势力的挑拨离间阴谋，团结教育了大多数中间状态的同学，促使他们中的一些人逐渐向民主进步势力靠拢。随后，在1945年五四运动26周年到来之际，"民协"根据中共上级党组织的指示，决定在成都地区各学校动员大中学生，用营火晚会的形式组织一次大规模的群众集会。5月4日下午6时许，成都市各大中学校的3 000多名学生，陆续来到华西坝宽阔的足球场上举行营火晚会。为防范国民党特务的捣乱破坏，同学们手挽手筑起一道道人墙，主席宣布开会时也对特务发出警告。营火晚会上，华大陈钟凡教授讲述五四运动的经过和意义。著名作家叶圣陶、燕大教务长沈体兰、国际友人文幼章博士等发表讲话，称赞这次盛大的青年自动集会是"中华民族新生的曙光"。"燕京文摘社"成员张璃代表社团讲话，号召同学们继续发扬"五四"精神，争取民主，为打败日本侵略者，建设新中国而奋斗！大会发表宣言，要求在全国实现言论、出版、集会等自由，重开全国各党派团结共商国是的会议，实现民主和统一，筹备改选真正代表民意的国民大会。大会还号召每一个中国青年，要继承和发扬五四运动精神，为实现民主政治，打败日本侵略者贡献力量。会后，举行了声势浩大的火炬游行和为争取民主自由而奋斗到底的庄严盟誓等活动。

一些著名学者也参加到国统区人民民主运动的行列中来，批评国民党当局的独裁专制和政治腐败，要求民主、自由。著名经济学家、人口学家马寅初1940年在重庆公开发表讲演，严厉抨击国民党和国民政府中枢推行的战时财经政策，痛斥孔祥熙、宋子文及其家族贪污腐败的种种劣迹，要求政府开征“临时财产税”，重征发国难财者的财产以充实抗战经费，批评的矛头直指“四大家族”，遭国民党蒋介石集团中权贵利益集团的嫉恨，被捕软禁达数年之久。又如著名历史学家、中央研究院历史语言研究所所长傅斯年，从1938年起就反复上书，或在一些场合严厉批评蒋介石的连襟孔祥熙贪腐祸国之劣迹，对促使孔祥熙狼狈下台发挥了重要作用。

除上述农民、工人、知识界进行的民主斗争外，民族工商业者、小资产阶级、国民党内的一些民主人士，也陆续加入到为人民民主而斗争的行列中来，形成了抗战中后期国统区人民民主运动此起彼伏、蓬勃高涨的政治局面。

（二）开展争取“民主宪政”的斗争

1.国民参政会的成立及其在川重要活动

抗战初期，中国共产党与国内广大民主人士一道，围绕推动国民政府坚决抗战、争取各抗日党派和民主人士的合法地位等内容开展了抗日民主运动。1937年8月25日，中共中央政治局洛川会议通过《关于目前形势与党的任务的决定》提出：“国民党还不愿意发动全国人民参加抗战……不给人民以抗战救国的民主权利，不去彻底改革政治机构，使政府成为全民族的国防政府。这种抗战可能取得局部的胜利，然而决不能取得最后胜利。”因此，“争取抗战胜利的中心关键，是在使国民党发动的抗战成为全面的全民族的抗战”。“完成争取民主的任务……必须在今后争取抗战胜利的过程中去完成”。[1]1938年3月1日，中共中央在《对国民党临时代表大会的提议》中进一步提出：“为增强政府与民众间的互信与互助，为增加抗战救国的效能，健全民意机关的建立已经成为刻不容缓的当务之急。民意

①中央档案馆:《中共中央文件选集》第11册，中共中央党校出版社1991年版，第324—325页。

机构的形式，或为更扩大的国防参议会，或为国民大会，或为其他形式，均无不可；最主要地，在于此机关要能真正包括抗日各党派各军队各有威信的群众团体的代表，即包括真能代表四万万五千万同胞公意的人才；同时，此机关要真有不仅建议和备政府咨询的作用，而且能有商讨国是和谋划内政外交的权力。”[①]救国会、第三党等民主党派、社团和宋庆龄、邹韬奋等著名民主人士，也强烈要求国民党当局进行民主改革，成立民意机关，实行民主政治。“使人民有过问政治的权利，政治能保障人民，人民的代表能直接处理国事”，使人民“情愿交出所有物力财力，以充实抗战的军事力量，达到战胜日本的目的”。并驳斥了国民党当局散布的“抗战时期不能实行民主”、“军事与民主互不相容”等谬论。

在中共和民主党派、民主人士的强烈呼吁和积极推动下，为了适应抗战形势发展的需要，国民党临全大会决定建立国民参政会，取代顾问性质的国防参议会，“集中全国贤智之士，以参与大计”。1938年4月12日，国民政府公布了《国民参政会组织条例》，就国民参政会的性质、职能、组织机构等做出明确的规定，提出“在抗战期间，政府对内对外之重要施政方针，于实施前，应提交国民参政会决议”；“国民参政会得提出建议案于政府”；“国民参政会有听取政府施政报告暨向政府提出询问案之权”等。虽然从组织性质、职能等方面看，国民参政会尚有许多令人不满意的地方，如它不是一个完全的民意机关；它的一切决议因必须经蒋介石任主席的最高国防会议通过才能有效，因而无法约束、制衡国民政府及其权力；在参政员候选人资格审查和参政员选定、聘任等方面，最终还须经国民党中央执行委员会会议决定，仍未摆脱国民党一党专权的羁绊等，但是“在目前抗战剧烈的环境中，国民参政会之召开，显然表示着我国政治生活向着民主制度的一个进步，显然表示着我国各党派、各民族、各阶层、各地域的团结统一的一个进步”。[②]

1938年6月6日，国民党中常会通过了参政员名单。参政员来自全国各省市、各党派团体、少数民族和海外华侨，但都是由国民政府指派而不是由人民选举产生的。其中有国民党人88人，占绝对优势；中共代表只有毛泽东、陈绍禹、秦邦宪、林伯渠、吴玉章、董必武、邓颖超7人；其他党派代表也很少；工农群众团体则无代表参与。

---

①中央档案馆：《中共中央文件选集》第11册，中共中央党校出版社1991年版，第486—487页。

②毛泽东：《我们对于国民参政会的意见》，《新华日报》1938年7月5日。

国民参政会从1938年6月成立到1946年6月结束,共召开了四届13次大会,除第一次成立大会在汉口召开和最后一次结束大会在南京召开外,其余11次大会均在重庆召开。重庆因此成为国民参政会主要的活动地。抗战时期,国民参政会在推进战时中国民主宪政运动中发挥了重要而积极的政治作用。以下几次在重庆召开的国民参政会大会,对战时中国民主运动具有特别重要的促进意义。

(1)第一届第三次大会。1939年2月召开。周览等50名参政员在会上提出的《请确立民主法治制度以奠定建国基础案》要求:政治行为法律化,政府设施制度化,政府体制民主化。董必武、张澜、罗文干等参政员也提出了改善政治、推进民主的议案。

(2)第一届第四次大会。1939年9月召开。会上,参政员们共提出了89个议案,经过中共参政员和各中间党派参政员的共同努力,共通过了82案。其中重要的有:《川康建设案》、《声讨汪兆铭及附逆诸奸案》、《请政府明令定期召开国民大会制定宪法实施宪政案》等。这些提案的主要诉求是:定期召开国民大会,制定宪法,实行宪政;结束党治;开放民主,保障各党派合法权利,启用各方贤才等。

(3)第二届第一次大会。1941年3月召开。这次会议前,因"皖南事变"致使国共合作,团结抗日的局面受到极大损害,中共参政员毛泽东等7人拒绝出席会议,并由周恩来、董必武等人在重庆与国民党蒋介石集团进行针锋相对的斗争,同时加强与中间党派参政员的联系,争取他们的同情和支持,从而粉碎了国民党当局既要坚持反共立场又要共产党捧场,还企图制造"和平"、"团结"假象来欺骗国内外舆论的阴谋,使国民党当局陷于十分被动的政治困境。

(4)第三届第三次大会。1944年9月召开。这次会上,中共参政员林伯渠代表提出:为挽救时局,准备对日反攻,应立即召开由国民政府及各党派、各军、各地方政府、各人民团体的代表参加的国是会议,废除国民党一党专政,成立抗日党派联合政府。中共的这一主张,反映了国统区广大人民的基本愿望和政治要求,得到各民主党派、各界人民的一致拥护。

2.民主宪政运动

抗战时期,在中国共产党和中间党派、民主人士的积极推动下,国统区掀起了两次民主宪政运动的高潮。

(1)第一次民主宪政运动。1939年9月，国民参政会第一届第四次大会结束后，蒋介石指定张君劢、张澜、周览、史良、章士钊、黄炎培、左舜生、董必武、罗隆基、钱端升、褚辅成等25人组成国民参政会宪政期成会，协助国民政府修改宪法，促进宪政实施，由此推动了第一次民主宪政运动的蓬勃开展。从当年10月起，张澜、沈钧儒等参政员发起，在重庆举行了8次宪政问题座谈会。12月5日，重庆各界宪政促进会成立。1939年11月17日，国民党五届六中全会通过《定期召集国民大会并限期办竣选举案》，许诺于1940年6月底以前结束一切选举手续，确定全部代表名单，于11月12日召开国民大会。但是国民政府和国民党当局随后出尔反尔，于1940年4月18日颁布《宪政问题集会结社言论暂行办法》，限制讨论宪政问题。同年9月，国民政府又宣布，各地交通因战事影响，原定于本年11月12日召开的国民大会不能按期举行，何时开会，日期另行决定。第一次以宪政问题为中心的国统区民主运动于是宣告结束。

(2)第二次民主宪政运动。1943年，因国民党政治统治日益腐败，国民政府的军事、经济危机越来越严重，引起国统区广大人民群众特别是中间党派和民主人士的强烈不满，要求结束国民党一党专制和个人独裁，实行民主宪政，成立民主联合政府的呼声越来越响亮。1943年7月6日，中国民主政团同盟主席张澜致信蒋介石，表示“必须实行民主”，才能“挽救危局，复兴国家”。[①]为了表示对国民党当局压制民主、拒绝宪政的强烈不满，张澜、左舜生、张君劢等民盟主要领导人长期拒绝出席国民参政会。宋庆龄、李济深、冯玉祥等国民党元老、民主派人士也纷纷发表文章或致书蒋介石，批评国民党的独裁统治，要求实行宪政。同时，美国总统罗斯福也致信蒋介石，建议“中国宜从速实施宪政”，“国民党退为平民与国内各党派处同等地位，以解纠纷”。在此形势下，1943年9月，蒋介石在国民党五届十一中全会上，在提出“政治解决”中共问题的同时，又重提“实施宪政”问题。会议通过的《关于实施宪政总报告之决议案》宣布：“于最短期间完成施行宪政之一切准备，务于抗战结束一年内召开国民大会，制颁宪法，实行(孙中山)总理所主张之民权政治”。[②]9月26日，国防最高委员会决定成立“宪政实施协进会”。该会由蒋介石自任会长，成员除国民党中央委员外，还有参政员张君劢、黄炎培、董必

①龙显昭：《张澜文集》，四川教育出版社1991年版，第183页。
②荣孟源、孙彩霞：《中国国民党历次代表大会及中央全会资料》下册，光明日报出版社1985年版，第834—843页。

武等23人和指定会员周恩来、王造时、梁漱溟等11人。

1944年，第二次民主宪政运动进入高潮。1月1日，宪政实施协进会发表《为发动研讨宪草告全国人民书》。国民政府立法院长孙科在广播电台发表《认识宪政与研究宪政》的讲话。随后，一批讨论宪政问题的报刊，如《宪政》、《民宪》、《中华论坛》、《民主周刊》、《时代评论》等陆续创办。各种宪政问题座谈会也纷纷召开。起初，中国共产党冷眼静观国统区这次宪政运动，认为“蒋及国民党每遇一次危机即来一次宪政欺骗，毫无诚意，不要上当”。[①]3月1日，中共中央改变立场，发出《关于宪政问题的指示》，决定中国共产党参加这次宪政运动。4月，在重庆的各民主党派负责人联合举行文化界招待会，要求国民党当局彻底实行民主改革，切实实行言论自由、思想自由和学术自由。随后，社会各界人士纷纷加入到争取民主宪政的斗争行列中来，并推动着重庆、成都、昆明等国统区中心城市的民主宪政运动在1944年上半年重新活跃起来。重庆有黄炎培、张君劢、沈钧儒等16人发起，60多位社会名流参加的宪政问题座谈会，以及中国西南实业协会、迁川工厂联合会、中国全国工业会、重庆青年会、中国劳动协会、重庆妇女界等社团举行的宪政座谈会等。成都也有张澜、李璜等人发起、组织的“蓉市民主宪政促进会”等。川内高校各社团也纷纷组织座谈会或民主宪政、言论自由讲演会等，座谈研究民主宪政问题，形成了强烈要求“国民党立即结束一党统治的局面”，实行民主宪政，“组织各抗日党派联合政府”的强大舆论声势和社会政治环境，推动了抗战胜利前后中国民主宪政运动和中国民主革命进入一个新的阶段。

3.开展声讨汪精卫降日卖国活动的斗争

1938年底，抗战进入最艰苦、最困难的相持阶段，国民党当局内部悲观消极情绪浓厚，主张妥协投降、对日求和的所谓“和平运动”暗流汹涌，抗战阵营面临着分裂、倒退的严重危机。与此同时，日本侵略者调整侵华方略，实行“政治诱降为主，军事打击为辅”的侵华政策，也在国民党高层中迅速产生效果。其标志性的典型事件，就是国民党副总裁汪精卫等一批高官率部叛国降日，成为中华民族的罪人。

汪精卫是国民党元老。他早年参加同盟会，是孙中山很亲信的国民党高级干部，曾先后担任国民党的党、政、文宣等多个要职。抗战军兴时，汪任国民党副总裁，在国民党内的地位仅次于蒋介石。但他对中国抗战的前途持消极悲观态度，

①《毛泽东年谱（一八九三——一九四九）》，中央文献出版社2002年版，第471页。

认为“中国抗战必败”，并与周佛海等人组织“低调俱乐部”，鼓吹对日“和平”妥协，实际上就是想通过对日妥协投降，在日本侵略者庇护下成立汉奸政权，以求荣华显贵。1938年12月下旬，汪精卫率周佛海、陈公博等一干高官，秘密出走，转道昆明、越南河内等地，赴上海向日本侵略者投降。12月29日，汪精卫发表“艳电”，公开响应日本近卫内阁提出的“睦邻友好”、“共同防共”、“经济合作”对华政策三原则，并要求国民政府和蒋介石“即以此为根据，与日本政府交换诚意，以期恢复和平”。汪同时还向日本方面提出，在完成“新东亚建设”的基础前，不要与英、美等国引起争端；在汪政权建立前，每月提供活动费300万元；彻底轰炸重庆，进攻长沙、南昌、潼关等，为日本侵略中国献计献策。

全面抗战期间，在汪精卫等人妥协降日、卖国求荣之罪恶行径的示范效应带动下，国民党内先后有20余名中央委员、58位旅长以上高级军政官员率58万正规军向日本侵略者投降，并成为抗战时期日本侵略军在中国战场上的侵略帮凶和中华民族的罪人，给中国抗战造成了极其严重的消极、恶劣影响。揭露和制止国民党内汉奸打着“和平”旗号降日卖国的逆流，亦因此成为当时中国坚持抗战到底的重要斗争内容。

汪精卫等人的叛国降日活动，遭到国民政府和包括四川人民在内的全体中国人民的愤怒声讨。汪精卫出走昆明、河内期间，蒋介石曾竭力挽留，先后派其亲信的宋子文、王宠惠、陈布雷等要员前往劝说，要汪返回重庆，共谋国是，但都遭到汪的拒绝。不得已之下，遂由国民党军统特务潜入河内刺汪，试图阻止其在降日卖国的道路上越走越远。在汪投降日本已成事实后，1938年12月26日，蒋介石发表题为《揭发敌国阴谋阐明抗战国策》的演说和《驳近卫声明宣言》，揭露日本所谓的“建设东亚新秩序”，实际上就是灭亡中国，称霸亚洲。强调中国抗战“只要坚守立场愈持久，愈奋勇，最后胜利必然属于我”，表达了与亲日投降派截然不同的态度和立场。1939年1月1日，国民党中央委员会决定永远开除汪精卫的党籍，撤销其一切职务。

中国共产党及时、积极地参加到声讨汪精卫等人投降卖国汉奸行径的斗争中来。从1939年1月2日起，《新华日报》陆续发表《汪精卫叛国》、《卖国贼不容逍遥法外》等声讨汪精卫汉奸卖国行径的社论、文章和电文，揭露汪精卫集团叛国投敌、自绝于中华民族的丑恶形象和反动实质，严厉批判汪精卫等汉奸对抗战前途丧失信心的亡国论调。中共中央南方局按照党中央《关于汪精卫出走后时局的指示》，通过四川各地党组织领导四川人民，迅速掀起了轰轰烈烈、声势浩大的讨汪运动，以坚决打击卖国汉奸汪精卫和一切反共投降活动，制止鼓吹消极悲观、投降卖国的言论逆流。

从1939年1月初起，成都、重庆、自贡、泸县、宜宾等川内各县市社会各界民众纷纷发表讨汪宣言，举行讨汪集会。四川各地报刊也纷纷刊载讨汪内容的文章、漫画等，愤怒声讨和批判汪精卫等汉奸卖国贼的投降日本罪行。在重庆，1月4日，张澜、黄炎培、梁漱溟等社会知名人士发表了讨汪宣言。1月27日，重庆工会、农会、教育会、妇女会、迁川工厂联合会、报业联合会、大中学联合会等社团，联合发出讨汪通电，号召国人团结起来，一心一意，"抗战到底，争取最后胜利"。4月20日，重庆46个行业工会的代表集会，成立重庆市总工会，大会通过了声讨汪精卫投敌叛国等决议案，号召全市工人行动起来，以实际行动反对卖国的汪精卫集团。1月上旬，成都市青年抗敌协会、协进中学全体学生致电国民政府，要求通缉汪逆归案究办。1月11日，成都新闻界、文化界与各大中学校联合举行座谈会，愤怒声讨汪精卫出卖民族、国家的汉奸罪行。5月1日，成都工人抗敌宣传团根据中共川康特委五月革命行动委员会的布置，组织全市各抗日救亡团体和各业工人3 000多人，在市中心少城公园举行五一国际劳动节纪念大会。会上提出坚决反对汪精卫的卖国行径。当晚还举了火炬游行。5月7日，成都各界民众1万余人在少城公园举行反汪大会，并举行火炬游行，声讨汪精卫的叛国投敌汉奸罪行。

汪精卫等人出走投降日本前，曾幻想在国民党中上层内部，特别是在与蒋介石集团有矛盾的西南地方实力派军人中，争取一些人参加其"和平运动"，并企图在西南或两广地区建立汪伪国民党中央及政权，与重庆国民党中央及国民政府相对抗，但是在全国人民愤怒讨伐和一致反对的强大舆论下，响应者寥寥无几，汪精卫美梦成空，被迫在日本占领下的南京建立直接受日本侵略军控制的汉奸傀儡政权。

另外，抗战时期，中国共产党、中间党派、民主人士等抗日进步力量与国民党当局，还围绕着制止妥协降日暗流、反击国民党三次反共高潮、批判蒋介石《中国之命运》、争取民主宪政等重大时政国是问题，进行了针锋相对的政治斗争和思想理论交锋。这些斗争和交锋，也是抗战时期四川地区社会政治生活的重要内容。

（三）民主党派的成立[①]

全面抗战期间，中间党派、民主人士及其他一些政治力量也纷纷内迁至四川，聚集在重庆这个战时中国的政治、经济、文化中心城市。他们在积极参加抗日民主运动、争取实施宪政的斗争中，为改变自身人少力单、组织涣散、政治影响力较小等状况，通过分化、联合，成立了一些新的民主党派和社团，逐渐形成了国共两党之外的第三种（中间）政治力量，并成为抗战时期四川社会政治生活中颇为引人注目的重要现象。

1.统一建国同志会

第一次民主宪政运动期间，活跃于后方国统区的第三党、国社党、青年党、救国会、职教社和乡村建设派的领导人黄炎培、梁漱溟、章伯钧、罗隆基、沈钧儒和民主人士张澜等，为了促进民主宪政运动，同时也出于加强各党派间政治团结的考虑，决定联合起来，组成"统一建国同志会"。1939年11月23日，这些党派的领导人在重庆召开统一建国同志会成立大会，通过了《统一建国同志会信约》和《简章》，选举黄炎培、章伯钧、左舜生、梁漱溟等为常务干事，推举黄炎培为主席。该会主张：实施宪政，成立宪政政府；各党派一律以平等地位公开存在；清明吏治，铲除贪污腐败；学术思想自由；拥护蒋介石为中华民国领袖；实现国家统一；一切军队属于国家等。蒋介石以统一建国同志会不能成为正式政党为条件，同意其成立和公开、合法地开展活动。通过成立统一建国同志会，国共两党以外的"中间力量"实现了初步的联合。

2.中国民主政团同盟

1940年12月，在中共中央南方局领导人周恩来、董必武等人的帮助下，章伯钧（第三党）、黄炎培（中华职教社）、梁漱溟（乡村建设派）、张君劢（国家社会党）、左舜生（青年党）等人在重庆开会密商，决定将"统一建国同志会"改组为第三者性质的政治联盟——"中国民主政团同盟"。1941年3月19日，"中国民主政团同盟"在重庆上清寺特园举行成立大会，通过了《中国民主政团同盟政纲》、《简章》和《敬告政府与国人书》等文件，并选举产生了中央领导机构，推选黄炎培为主席（后改由张澜担任），左舜生为秘书长，章伯钧为组织部长，罗隆基为宣传部长。中国

①本节资料及论述，主要来源于周勇：《重庆抗战史：1931—1945》，重庆出版社2013年版，第210—214页。

民主政团同盟成立之初，尚处于秘密状态，在周恩来、廖承志等中共领导人的帮助下，首先在香港建立机构。同年9月18日，正式创办机关报《光明日报》并发表宣言、纲领。同年11月，张澜以中国民主政团同盟主席的名义邀请国共两党代表在重庆召开茶话会，公开宣布其成立。

中国民主政团同盟主张抗战到底，加强团结，保障人权，结束党治，革新内政，根本调整党派间的不协调关系等。在组织关系上，中国民主政团同盟比较复杂。主要由第三党、青年党、国社党、救国会派、职教派、乡村建设派等“三党三派”组成。其中救国会派等在政治上比较积极，靠近共产党；青年党、国社党等则比较保守，与国民党当局走得比较近。另外，中国民主政团同盟成立后，中央日常事务由青年党中央代办，并因青年党拒绝“三党三派”以外的大批要求民主的无党派人士加入，而影响到同盟的发展。1944年9月19日，中国民主政团同盟利用在重庆上清寺特园召开全国代表会议的时机，讨论了同盟的改组问题，并决定取消同盟的团体会员制，盟员一律以个人名义入盟，并将组织名称也改为“中国民主同盟”(简称“民盟”)。通过改组，民盟由原来的政团联合体改变为广大民主进步人士个人的联合体，从而促进了组织的蓬勃发展。截至1945年10月，民盟全国盟员已发展到3 000多人，其中无党派盟员已占到总数的70%以上，并在全国各地建立了许多支部等基层组织，成为抗战中后期代表中国民族资产阶级、小资产阶级、广大知识分子等中间阶级、群体的利益与诉求，在民众中具有相当号召力的重要政治力量。

3.中国民主革命同盟

1941年夏，在周恩来、董必武、王若飞等中共领导人的直接领导下，由王昆仑、许宝驹、王炳南等人酝酿、筹备，在重庆领事巷10号康心之公馆(即屈武住所)成立，由王昆仑、许宝驹担任主要负责人。该组织成立之初，名为“中国民族大众同盟”，一年后改为“中国民主革命同盟”(简称“民革”)，后为与李济深、何香凝等人在香港成立的“中国国民党革命委员会”(也简称“民革”)相区别，简称“小民革”。

中国民主革命同盟是中国共产党领导的党的外围组织，也是一个具有统一战线性质的秘密政治团体。其成员十分复杂，既有中共党员和各民主党派成员，也有长期与中国共产党保持亲密关系的国民党左派人士，甚至国民党中上层人员。其任务是：积极贯彻执行中国共产党的抗日民族统一战线方针政策，努力促进国内团结，把国民党内具有民主、进步等政治意愿的人士尽量争取到中共领导的抗日民族统一战线中来。在抗战中后期国民党当局掀起的反共分裂逆流中，中国民主革命同盟主要是从国民党内部进行工作，开展维护国共合作，团结抗战，争取民主自由等斗争。

4.三民主义同志联合会

“三民主义同志联合会”（简称“民联”）是国民党内谭平山等爱国民主人士为反对蒋介石的独裁统治而建立的政治组织。其前身是“民主同志座谈会”。从1943年2月起，谭平山、陈铭枢、王昆仑等人举办了一个经常性的时事座谈会。参加者除国民党党政人士外，还有一些民主人士，共100余人。在座谈中，大家加强了了解，建立了感情，统一了认识。随后于当年8月成立筹备小组，至1944年正式确定以“三民主义同志联合会”为组织名称，秘密吸收会员，并委托邓初民等人起草了《政治主张》、《组织章程》等文件。从1944年起，三民主义同志联合会即作为一个政治组织，与其他兄弟党派、进步团体一道，参加了举办大规模时事讨论会、在《对时局进言》等重要文件上签名等抗战爱国民主活动。但该会直至1945年10月28日，才在重庆上清寺特园秘密举行全体会员会议，正式宣告成立。

另外，九三学社、中国民主建国会（民建）、中国民主促进会（民进）等民主党派和团体，虽然正式成立是在抗战胜利后，但其酝酿与筹备，也大多是在抗战后期的重庆。它们的成员及其活动，因此也是抗战时期四川地区抗日民主社团、民主人士及其活动的重要组成部分。

第八章

迎接抗战胜利

一、欢庆抗战胜利

（一）四川各地欢庆抗战胜利

1945年春，第二次世界大战同盟国方面胜利基本已成定局。4月，英美盟军进抵德国境内易北河一线。5月2日，苏联红军攻克柏林。5月8日，德国宣布无条件投降，欧洲战事结束。7月26日，中、美、苏三国签署《波茨坦公告》，重申"《开罗宣言》之条件必将实施"，促令日本无条件投降。7月28日，日本政府宣布拒绝接受《波茨坦公告》，宣称要与盟军进行本土决战。与此同时，中国军队在中国战场上开展了大规模的战略反攻。国军反攻桂林、柳州，相继收复广西、福建、浙江、江西等省失地。中国共产党领导的八路军、新四军和华南人民抗日游击队等也展开攻势作战，收复了大片失地，使共产党领导的抗日民主根据地发展到19块、总面积95万多平方公里，人口9500多万，并拥有军队91万，民兵220万。中国军队形成了对侵华日军及所占领的中心城市、交通线和沿海城镇的战略包围态势。8月6日，美国在日本广岛投下第一颗原子弹，当日即死亡8.8万余人，负伤和失踪5.1万余人，有4.8万幢建筑物全被毁坏，2.2万幢建筑物被严重毁坏。8月9日，美军又在日本长崎投下第二颗原子弹，造成当日即死亡6万余人的严重杀伤后果。同日，苏联红军出兵中国东北，向日本关东军发起全面进攻。在中国军队的反攻作战和美军、苏联红军的严厉打击和强大武力震慑下，8月14日，日本政府照会美、苏、英、中四国政府，表示接受《波茨坦公告》。8月15日，日本天皇裕仁对全世界广播了"停战诏书"，正式宣布日本无条件投降。9月2日，日本国代表在东京湾美舰"密苏里"号上签字投降，第二次世界大战结束，中国抗日战争终于取得了完全、彻底的最后胜利。

8月9日（一说是10日），日本政府决定接受《波茨坦公告》，并通过瑞典驻美公使向中、美、英三国发出乞降照会。这一消息迅速传到中国国内。当日下午7时许，重庆市民首先获知日本投降的消息。这一大好消息"经美国新闻处证实后，陪都百万市民彻夜欢腾"。次日，重庆《中央日报》详细报道了头天晚上重庆市民欢庆抗战胜利的盛况：

“昨(九)天下午七点钟左右，日本投降的消息被美国新闻处证实。美军总部的大孩子们，首先跳起来了，开起吉普车沿街直闯。漫街遍巷的人，拥塞着，欢呼着。街上出现了多量的汽车，每个人都在漫无目的地漫游，爬上他们所能攀上的每一辆大卡车，吉普车。车子也是一样，从上清寺到小什字，又从小什字回来，领取着鞭炮飞溅出来的火星的灼热和两旁人墙里掷来的热狂的呼叫。人全疯了！快乐呵！”“街头上是一片狂欢的人海：每个人对每个人，每群人对每群人，都打着招呼‘啊！啊！’互相道贺。大家的感情在泛滥！升华！熟朋友见面了，破例的(地)张臂拥抱，起码也亲密的(地)互相拍拍肩：‘要回家了！’”“人的潮水几乎吞没了全部的马路，热情的急雨遍洒着和我们并肩作战的友人。当盟友的吉普车艰难而又愉快的(地)在人海里开辟一条航路时，两旁的人向他们洒着热情的愉快的暴雨：‘哈啰！哈啰！’‘顶好！顶好！’‘啊！啊！’响成一片。千千万万人的大拇指一齐跷了起来。跨海而来的盟友们咧着嘴笑，也‘顶好！顶好！’跷起拇指来。”“聚积在新运服务所前面听广播的人群，忽然听到一串英语播讲的中断，广播员以中央广播事业管理处的衔名起了头，于是诵读了合众社、中央社的新闻电。接着说：中国苦战八年，终于赢得胜利，赢得和平……现在重庆大街小巷百万市民已在狂欢中……现在请听《凯旋还故乡》。爆发在听众头上的，已是一片吼叫的欢声。是后，女高音与男中音的嘹亮雄浑的大合唱在欢呼声里响起来”。“正与各报馆通讯社门口一样，新运广场的听众越来越多了，他们怀着忍不住的微笑，倾听着敌人投降的好消息”。“‘号外！号外！’即刻，几个报贩被包围着在人群里了；几分钟之内，抢售一空。想不到这简短的几十个字，带来了他们渴望已久的最后胜利。公共汽车上，商店的门口，都是‘号外’。就在‘号外’的号召下，人们都翘首的(地)朗诵着：‘日本无条件投降！’”“电影院里，关于日本投降的幻灯片出来了，接着是全体肃立高唱国歌”。“‘国际’、‘盟友’两个音乐厅，除了在麦克风里报告‘日本投降’以外，并演奏国歌和联合国歌，宣布跳舞终宵”。“精神堡垒附近，挤得水泄不通。在强烈的水银灯光下，中外人士们带着胜利的脸型，被收到中外记者的凯麦拉里去。他们高呼着‘中华民国万岁！’”“青年团火炬游行的行列，走遍了每一条欢呼的街道。雄壮的歌声，吸引了每一个市民，他们要接成一条漫长的行列”。“议论是庞杂的，而愉快却是一样。两个担挑卖瓜的乡下人，幸运着自己能够参加这个城里的狂欢；遗憾的（地）说：'国仗不打了，生活会低了！'""十点半钟，中一路有人发起火炬游行。十二点，铜鼓声还在街上咚，咚！鞭炮还很多砰拍砰拍！汽车还在街里吼叫！甚么时候才能安静呢？这是一个兴奋的不眠之夜。""胜利与和平到来的（得）远比我们预想的早，我们迎接他（它）不免有些手忙脚乱。当天大亮了，痛痛快快的（地）笑够了之后，我们是该怎样努力的（地）从事'复员''建国'啊！"[①]

另据时任蒋介石侍从室第六组组长的唐纵在其日记中记载：

"下午七时许，对面美军总部在马路上欢呼，移时馥华（唐之长女）归来报告，谓日本无条件投降。不久，鞭炮之声相继而起，美人在马路上跑跃，中国小儿围绕欢呼，广播电台播出嘹亮之音乐"。[②]美国人费慰梅与来重庆出差的梁思成等当时正在美国大使馆餐厅晚餐，他记述说："在我们脚底下，胜利的消息似野火般蔓延了全城。在这高高的山坡上，我们差不多可以观察到整个过程。一开始是压抑的嘁嘁喳喳，或许是一些人在大街上跑，然后就是个别的喊叫声，鞭炮声噼噼啪啪响，大街早已热闹成了一片。最后四处都是一群群喊叫着、欢呼着、鼓掌的人们，好像全城在一阵大吼大叫中醒过来"。[③]

著名历史学家、政治活动家傅斯年当时正在重庆出差公干，听闻抗战胜利的喜讯后，平时滴酒不沾的他，"从聚兴村的住所里，拿了一瓶酒，到街上大喝。拿了一根手杖，挑了一顶帽子，到街上乱舞。结果帽子飞掉了，棍子脱手了。他和民众和盟军还大闹了好一会。等到叫不动了，才回原处睡觉。"第二天下午，罗家伦去看傅斯年时，傅还爬不起来，连说："国家出头了，我的帽子掉了，棍子也没有了，买又买不起。哎！"[④]傅自己在给妻子俞大綵的家信中亦陈述说："接到参政会通知，大家到秘书处庆祝。我九时半到，则已三十多人，愈到愈多，皆哈哈大笑。我现在才方知旧戏中二人见面哈哈大笑之有由也。抱者、跳者、KISS

①周开庆：《民国川事纪要》下册，四川文献研究社1974年版，第269—270页。

②公安部档案馆：《在蒋介石身边八年——侍从室高级幕僚唐纵日记》，群众出版社1991年版。

③费慰梅著，成寒译：《中国建筑之魂》，上海文艺出版社2003年版。

④罗家伦：《元气淋漓的傅孟真》，台北《中央日报》1950年12月31日，转引自岳南：《南渡北归》第二部，湖南文艺出版社2011年版，第124—125页。

者，想要安静一下，谈谈如何游行，几乎办不到。……出门时，我遇见熟人打招呼，皆抱之以拳，……遇吴鼎昌，他说，你不要太兴奋（彼与我皆患高血压也），我即将其一摇再摇”。傅本来还准备到美军司令部及英美苏三大使馆去庆祝的，“在国府，蒋（介石）先生说尚未完成投降，尚有条件磋商，所以就回去。在参政会又很热闹，下午三时方归……”①

8月15日，日本正式宣布投降。重庆《中央日报》收到外交部电文后，迅速地将这一重大消息以“号外”形式印出并在全市分发。重庆市民奔走相告，在胜利的激动中相拥而泣。庆祝胜利的鞭炮再度燃放，欢庆抗战胜利再掀狂潮。据《新蜀报》题为《像爆炸了的陪都，几天来充满狂欢》文章报道：“卖号外的报童累得发喘，每张卖到300元……鞭炮突然涨了售价，争买者挤、打、吵，弄得一塌糊涂。宪兵警察无法维持秩序，市民在丢帽子，跳高，发狂，大喊‘日本投降了，安逸登’。”②

当日，蒋介石以中华民国主席的名义，在重庆中央广播电台分别用中波、短波发表了抗战胜利对全国军民及全世界人民的广播文告，指出：“我们的‘正义必然胜过强权’的真理，终于得到了它最后的证明，这亦就是表示了我们国民革命历史使命的成功。我们中国在黑暗和绝望的时期中，八年奋斗的信念，今天获得了实现。”在这篇蒋自己亲自草拟、长约11分钟的文告中，他还提出：“我中国同胞须知‘不念旧恶’及‘与人为善’为我民族传统至高至贵的德性。我们一贯声言，只认日本黩武的军阀为敌，不以日本的人民为敌，今天敌军已被我们盟邦共同打倒了。我们当然要严密责成他忠实执行所有的投降条款，但是我们并不企图报复，更不可对敌国无辜人民加以污辱，我们只有对他们为他的纳粹军阀所愚弄所驱迫而表示怜悯，使他们能自拔于错误与罪恶。要知道，如果以暴行答复敌人从前的暴行，以奴辱来答复他们从前错误的优越感，则冤冤相报，永无终止，决不是我们仁义之师的目的……”③据当时在场目睹蒋广播文告的美国《时代》周刊记者白瑞德记述：“1945年8月，蒋安静地坐在重庆一间闷气的广播室里准备告诉中国人民战事业已终结。他和平日一样凝固地沉着。他的头顶剃得净光，不着丝毫白发的痕迹。

①傅斯年：《致俞大綵》，《傅斯年全集》第7册，联经出版事业公司1980年版。

②《新蜀报》1945年8月15日。

③重庆《中央日报》1945年8月16日。

他的咔叽军装上衣毫无瑕疵，不挂勋章，衣领紧扣在喉头，上有斜皮带勾扣着，一管自来水笔挂在口袋之上。……他调整着角质框的眼镜，看了看面前桌子上紫红色的花一眼，慢慢地对着扩音器用高调而清爽的声音告诉人民仗已打胜。他说着的时候，室外的喇叭传播着这消息。街上人众认识了他明显的汽车，麇集在石砌的建筑之门外，他可以听到轻微的欢呼之声。”“他的演讲历时十分钟。突然地他的头颅低垂，失眠的眼眶陷凹处见形，在这一刹那的松弛，他的平稳之外貌露相，紧张与疲劳在这胜利的关头显现在他人身上……”①

同日，重庆市临时参议会代表陪都百万市民致电蒋介石，赞许道："敌寇在我国及盟国大军威镇下，现已无条件投降。我全国军民在此八年血战中，虽艰苦备尝，而仍能不屈不挠，再接再厉，皆赖钧座神武睿智之领导，坚毅卓绝之感召，用能克服空前难关，获致全面胜利。竟抗战之大业，奠建国之始基……"云云②。

9月1日，国民政府宣布：定9月3日为中国抗日战争胜利纪念日，全国放假1天。并决定于9月3日这天在重庆举行规模盛大的系列活动，欢庆中国抗日战争取得完全、彻底的胜利。这天，重庆市民家家门上都贴有"同盟胜利"、"庆祝抗战胜利"等标语。男女老少都身穿新衣，像过节一样喜庆、隆重。从清晨起，庆祝活动开始进行。先是蒋介石率文武官员1 000余人，群聚国民政府花园内，东向肃穆伫立，遥祭南京中山陵，向国父孙中山默祷祭告抗战胜利喜讯。随即在国府礼堂举行庆祝会和纪念周会。9时30分，重庆市民五六万人聚集在较场口广场举行庆祝抗战胜利大会。此时，重庆市内钟声齐响，礼炮隆隆，警报长鸣，工厂、轮船的汽笛啸叫。会场上，悬挂着同盟国领袖肖像和用电灯装饰而象征着胜利的巨大"V"字。国民参政会主席团主席英惠德、国民党中央委员会秘书长吴铁成、荣军代表肖亦五等相继登台致词、讲话，强调抗战胜利"是我们中华民族历史上空前的胜利"，"中国50年及东北14年的大耻，今日已得洗雪"等。然后举行庆祝抗战胜利大游行。游行队伍最前面，是3辆大卡车装着"和平之神"、巨型"V"字等作为前导，游行队伍中，有"大龙"、"彩龙"、"狮子"等表演。街道两旁挤满了看热闹的市民，向着游行队伍欢呼致意，表达抗战胜利的喜悦情绪。一些美军士兵也乘坐吉普车跟随游行队伍前进，并"哈啰、哈啰"地欢呼，以表达胜利的喜悦。11时许，游

①转引自岳南：《南渡北归》第二部，湖南文艺出版社2011年版，第130页。

②周开庆：《民国川事纪要》下册，四川文献研究社1974年版，第270页。

行队伍经过中兴路时，蒋介石乘车检阅游行队伍。[1]当天，国民政府还颁发明令宣布：以抗战胜利结束，褒奖、慰问历年艰苦抗战之全体官兵，褒恤阵亡将士和死难同胞，停止征兵和免赋一年，对各种战时法令政策分别检讨、废止等。[2]

成都，市民在日本无条件投降的消息正式公布后，于8月16日下午起，纷纷涌向市中心春熙路国父孙中山的铜像前献花致意，"一时花圈花蓝堆集如山"。"鞭炮之声，震耳欲聋。各社团并纷电蒋(介石)主席致敬"。当晚，在成都市区举行了欢庆抗战胜利的盛大游行。"游行行列长达数里，卡车一辆前导，车前悬挂中美英苏四国国旗，满坐人群。有二女郎全身白绸，发束金星，装扮自由神，亭亭当车而立，最惹人注目"。[3]9月3日，成都社会各界人士5万余人，又再次举行了庆祝抗战胜利的大会和大游行。同日，四川省主席张群发表《胜利日感言》，"指陈对日抗战八年中四川人之重大贡献，以及在政治设施上之成就，勉励全川同胞一德一心，保持过去之特殊光荣，继续完成建设四川之工作"。[4]

这期间，四川各地政府和民众都举行集会、游行，鸣放礼炮，燃放鞭炮，敲锣打鼓，载歌载舞，欢庆中国打败日本侵略者和赢得抗日战争的伟大胜利，表达中国人民经过艰苦抗战后，打败日本侵略者，争取到民族解放战争胜利并因而洗雪百年国耻的欢欣鼓舞的情绪。

(二)川军部队接受日军投降

抗战胜利，日本政府正式宣布无条件投降，并在东京湾美舰"密苏里"号上向同盟国代表履行投降、签字仪式以后，中国战场的受降仪式陆续开始进行。1945年9月9日，在南京举行中国战区最高级别的受降仪式，由中国战区最高统帅蒋介石的代表、中国陆军总司令何应钦接受侵华日军总司令冈村宁次大将呈递的投降书，接受128万余侵华日军的全面投降。随后，中国陆军总司令部为迅速办理受降事宜，将全国划为15个受降区，指派就近的中国军队最高军事长官接受日军投降。

按照中国陆军总司令部的安排，时任第5战区副司令长官兼第22集团军总司

①《新华日报》1945年9月4日。

②周开庆：《民国川事纪要》下册，四川文献研究社1974年版，第273—274页。

③周开庆：《民国川事纪要》下册，四川文献研究社1974年版，第271页。

④周开庆：《民国川事纪要》下册，四川文献研究社1974年版，第272页。

令的川军将领孙震，奉第5战区司令长官刘峙的命令，以第5战区受降副主官身份，率部前往河南郾城一带，接受日军第115师团、第13旅团等部投降。根据《大公报》的报道："刘峙司令官所属之孙震部，于9月7日进入豫南之西平、遂平，8日进抵驻马店。"[①]并于9月20日在郾城接受日军投降代表、第12师团长膺森孝中将的投降，指挥所部解除了集中在河南郾城、漯河、许昌等地的日军部队的武装。川军第26师也遵照命令，先后在浙江绍兴、武进等地接受日军第100旅团、第27师团等部缴械投降，[②]"以后随军北进，负在东北接收沈阳各地任务"。[③]

全面抗战期间，川军先后共出动6个集团军、1个军、1个师及1个旅总计40余万兵力出川抗战，并且每年还从四川征调壮丁数万至十余万以补充前线兵力的伤亡损耗。因此，孙震等川军将士参加接受日军投降仪式，是对抗战时期川军将士在抗日前线浴血杀敌，卫国牺牲之光荣战绩及其爱国民族精神的一种褒扬和肯定，也是包括川军将士在内的四川人民应享受的殊荣。

二、国民政府还都南京

抗战胜利后，国民政府开始筹划还都南京。1945年8月18日，行政院召集党政军各机关代表50余人开会，商量还都南京问题。拟分3期进行还都南京工作：第一期预定在收复南京后第一个月内完成；第二期在第二、三个月内完成；第三期在第四个月内完成。并决定了6项还都办法，要求各机关先派人到南京联系落实迁返安置事宜。

1946年初，蒋介石和国民政府加紧推进还都南京的工作。1月1日，蒋介石在元旦广播讲话中明确提出，今年急须致力的两项工作之一，就是完成复员计划，即还都南京的工作。2月5日，蒋介石在答中外记者提问时又明确表示，政府准备在5月以前还都南京，"但亦须视交通情形如何才能决定"。蒋并表示，国民政府还

①《大公报》1945年9月19日。

②周勇：《西南抗战史》，重庆出版社2013年版，第292页。

③孙震：《八十年国事川事见闻录》，四川文献研究社1979年版，第273页。

都南京后，重庆将永久成为中国陪都，且须特设机构，推进建设。他个人愿意每年至少来重庆一次。4月8日，蒋介石在国府礼堂召见重庆市全体参议员，“以努力促成地方自治相训勉，并以民众福利、地方治安为付托”。他在讲话中表示：“八年以来，政府与陪都市民，甘苦共尝，休戚与共，艰难牺牲，在所不辞。……现在抗战胜利结束，政府即将还都南京，回忆过去，对陪都市民，诚觉万分感念。今后政府对于建设重庆，自当力助其成”。4月20日，国民政府考虑到还都以后，因交通关系，在重庆的党政军机关不能于短期内全部迁回南京，决定在此过渡期内，特设“中央党政军机关留渝联合办事处”，设主任1人，由军委会副总参谋长朱绍良担任，设副主任2人和4个组，负责办理中央各机关在渝结束事务及有关还都事宜，及与四川、重庆当地党政军机构联系等事宜。4月23日，国民政府颁令宣布：“兹以政府还都在迩，为期西南各省市之建设工作加速完成，及协助复员未竟工作起见，着将该重庆行营恢复设置”，并特派何应钦为重庆行营主任，“何应钦未到任前，特派张群代理”。4月24日下午4时至7时，在重庆的各机关团体代表、川籍国大代表、重庆市参议会议员及社会各界人士600多人，在军事委员会大礼堂隆重举行庆祝国民政府还都大会。蒋介石携夫人宋美龄、戴传贤、于右任等国民党政要出席大会。蒋在会上讲话指出：“政府在抗战局势艰难危急的时期，迁都重庆，经过长期艰苦的奋斗，终于获得了最后的胜利。这固然是全国军民同胞一致努力的结果，而我们重庆同胞与政府同甘苦，共患难，生死成败相一致的关系，较之其他各地尤为密切”。“回想敌势猖獗时期，重庆每天都要遭受敌人残忍的轰炸，市民同胞的生命财产遭受不测的损失。然而大家对于抗战的忠诚，对于政府的拥护，前赴后继，效死勿去。这种忠贞不二艰苦卓绝的精神，是本席梦寐不忘的。至于重庆市民在抗战期间输财输力之多，尤为全国其他各地之冠。这种伟大的贡献，在将来抗战史上必将大书特书，而永垂国民效忠国家的良好典范”。蒋并表示，要把重庆当作第二故乡，还都以后，“对于重庆的同胞，必念念不忘；对于重庆的建设，必极力倡导”。“谨祝重庆日益发展，重庆同胞的生活日增康乐，而成为全国模范的都市”。[①]

4月25日下午，蒋介石在四川省主席张群等人陪同下，乘“美龄”号飞机离渝赴蓉。西康省主席刘文辉、川康绥靖公署主任邓锡侯等川康党政军要员到成都南

①周开庆：《民国川事纪要》下册，四川文献研究社1974年版，第293—295页。

郊太平寺机场迎接。蒋此次莅蓉，“系因四川为抗战根据地，四川同胞在抗战期间输财输力之多，为全国各地之冠。今兹抗战胜利，政府即将还都，故特来成都辞别四川同胞，表示慰勉之意”。4月27日上午8时，蒋介石亲临成都南郊已故抗战将领刘湘、李家钰等墓园致祭。派军务局长俞济时、成都警备司令严啸虎等人，备礼物分赠抗战阵亡将士家属，代致殷勤抚慰之意。当天中午，蒋介石在成都北较场中央陆军军官学校新生社，设公宴款待张群、刘文辉、邓锡侯、向传义、刘豫波、李璜、吴贻芳等川康两省及在成都的耆宿绅学、党政军民各机关团体领袖、社会贤达、陆空军官学校高级官长、抗战阵亡将士遗属、外侨241人，表达“告别川中老父”之意。午餐结束时，蒋介石起立致词，言辞剀切地“说明四川在国民革命历史上的光荣，四川在此次抗战期间的地位，以及在今后建国时期的重要性，与四川同胞对于建国所负责任的重大”等。强调在这次抗战中，四川为守土卫国而做出了重大牺牲，在输财输粮、征兵征工等方面，数量都居各省之冠，这是四川人民“明大义，识大体，爱国家，爱民族”的表现。蒋还表示，已明令国民政府行政院确定四川为“建设的模范省”，今后在经费、人才、物资等方面多多支持四川的建设事业，承诺要在最近三五年内，完成成渝、成天（水）、川滇、川黔等铁路和川西都江大水电厂等建设工程。随后，四川省参议会参议长向传义代表四川民众呈献签名册，四川省主席张群、耆老刘豫波等先后致词，陈述民间疾苦，表示拥护国民政府建设四川的政策举措。公宴结束后，蒋介石又特别召见已故抗战川籍将领刘湘的儿子刘世哲、李家钰的儿子李世诚、杨经权的遗族杨纪伦、许国璋的儿子许应康等遗属子弟，“一一垂询其家庭环境经济状况，更殷嘱其努力求学，继续乃父精神，将来成为建国人才”。次日，蒋离蓉返渝。

4月30日，国民政府颁发《还都令》正式宣布：“政府爰定于5月5日凯旋南京，以慰众望”。并再次褒扬重庆、四川，“对国家贡献之伟大，自将永光史册”。将四川定为“全国建设实验区……宏其体制，崇其名实”，“使全川永定为国家之重心，而树全国建设之楷模”。[①]同日，蒋介石偕夫人宋美龄乘“美龄”号飞机离渝飞赴西安。5月5日，国民政府在南京举行还都庆祝大会。国民政府随即在南京开始办公，并继续进行还都南京的迁移工作。

抗战时期，国民政府各机关、厂矿企业、高校及文教单位的内迁入川带来的发

①周开庆：《民国川事纪要》下册，四川文献研究社1974年版，第300—301页。

展，是一种国民政府主导下的嵌入式迁移和机械性增长。它所带来的人口及社会购买力的增长和工商业经济的繁荣，相当程度上是一种缺乏持续性的繁荣。因而，随着抗战胜利和国民政府还都南京，战时内迁四川的国民党党政军各机关、厂矿企业、大专院校、文教单位及其人员也纷纷随之撤离四川，重庆、成都等川内各大中城市便呈现出城市人口减少、城市社会购买力下降、市场萧条、厂矿企业倒闭破产等冷落的景象。如城市人口，重庆城市人口1945年时为1 255 071人，到1948年时下降为1 000 356人。成都，“1946年，抗战胜利后，许多迁川移民陆续返回原地，成都人口由上升转为下降”。[①]城市经济方面，首先是金融货币与市场物价出现涨跌剧烈的起伏波动，影响工商业经济平稳运行。8月11日，抗战胜利的消息传来后，重庆金融市场即出现剧烈波动。当天午后，黄金价格，每两跌至11.5万元，美钞跌至1 850元，百货价亦猛跌40%—50%，“至颜料、布匹、香烟各物，价亦惨跌”。输出货物如桐油等，“以外销有望，价格上升”。[②]其次，因内迁工商厂家准备返迁原籍，本地中小工厂生产成本过高，“对商业市场影响极大，各业均债台高筑，无力偿还负债，多有歇业之势”[③]，最繁华的春熙路各大商家，都沿街摆摊，昼夜削价拍卖商品，归还借款，市场一片卖声，买主寥寥无几”。[④]工商企业纷纷停业、倒闭。据统计，1946年7月，中华全国工业协会重庆分会会员470余家中，有一半已经停工；重庆中小工业联合会所属1 100多家厂矿企业中，有80%倒闭，剩余的也处于名义上开工或半开工状态。成都的土货工厂，停工者几乎占到90%。自流井的盐厂大半停工。内江糖业减产一大半。商业方面，1946年秋至12月底，重庆共倒闭大型商号3 000余家，小型商号4 000余家。成都、乐山等川内其他城市工商企业，也是“倒”声一片。四川地区波澜壮阔的抗日斗争，四川人民抗战的伟大事业，也就在这种抗战胜利的喜庆与战争后遗症隐忧的纠结中落下了帷幕。

---

①何一民：《成都通史·民国时期》，四川人民出版社2011年版，第9页。

②周开庆：《民国川事纪要》下册，四川文献研究社1974年版，第271页。

③《蓉市场价狂跌各业损失严重》，《黄埔日报》1945年9月12日。

④《民国时代成都金融实况概述》，《成都文史资料》第3辑，1988年。

参考文献

陈旭麓、郝盛潮:《孙中山集外集》,上海人民出版社1990年版。

成都市政协文史学习委员会:《成都文史资料选编》(抗日战争),四川人民出版社2007年版。

段渝:《抗战时期的四川》,巴蜀书社2005年版。

《傅斯年全集》,(台北)联经出版事业公司1980年版。

傅崇矩:《成都通览》,巴蜀书社1987年版。

费慰梅著,成寒译:《中国建筑之魂——一个外国学者眼中的梁思成林徽因夫妇》,上海文艺出版社2003年版。

公安部档案馆:《在蒋介石身边八年——侍从室高级幕僚唐纵日记》,群众出版社1991年版。

高奇:《中国教育史研究》(现代分卷),华东师范大学出版社1994年版。

《何廉回忆录》,中国文史出版社1988年版。

何一民:《成都通史》(民国时期),四川人民出版社2011年版。

侯德础:《抗日战争时期四川及周边地区的经济与文教》,四川人民出版社2005年版。

黄立人:《抗战时期大后方经济史研究》,中国档案出版社1998年版。

黄仁宇:《从大历史的角度读蒋介石日记》,中国社会科学出版社1998年版。

江鸿波、祁明:《烽火同济》,同济大学出版社2007年版。

蒋纬国:《抗日御侮》,(台北)黎明文化事业公司1978年版。

军事科学院军事历史研究部:《中国抗日战争史》,解放军出版社1994年版。

匡珊吉、杨光彦:《四川军阀史》,四川人民出版社1991年版。

刘航琛:《戎幕半生》,(台北)文海出版社1978年版。

卢国纪:《我的父亲卢作孚》,四川人民出版社2003年版。

李仕根:《四川抗战档案研究》,西南交通大学出版社2005年版。

梁山、李坚等:《中山大学校史(1924—1949)》,上海教育出版社1983年版。

《毛泽东选集》,人民出版社1991年版。

潘洵:《抗战时期西南后方社会变迁研究》,重庆出版社2011年版。

清华大学校史编写组:《清华大学校史稿》,中华书局1981年版。

全国妇联:《抗日烽火中的摇篮》,中国妇女出版社1991年版。

荣孟源:《中国国民党历次代表大会及中央全会资料》,光明日报出版社1985年版。

日本防卫厅战史室编纂,天津市政协编译委员会译校:《日本军国主义侵华史料长编》(《大本营陆军部》摘译),四川人民出版社1987年版。

任昭坤、龚自德:《四川战争史》,四川人民出版社2009年版。

《孙中山全集》,中华书局1981年版。

孙本文:《现代中国社会问题》,商务印书馆1942年版。

孙震:《八十年国事川事见闻录》,(台北)四川文献研究社1979年版。

沈云龙、张朋园、刘凤翰访问,张朋园、刘凤翰纪录:《刘航琛先生访问纪录》,九州出版社2012年版。

苏智良、毛剑锋等:《去大后方——中国抗战内迁实录》,上海人民出版社2005年版。

宋希濂、黄维等:《正面战场·淞沪会战:原国民党将领抗日战争亲历记》,中国文史出版社2010年版。

四川省政协文史资料委员会、四川省人民政府参事室:《川军抗战亲历记》,四川人民出版社1985年版。

四川省政协文史资料委员会:《四川文史资料集粹》(第2卷),四川人民出版社1996年版。

四川省档案馆、四川省民族研究所:《近代康区档案资料选编》,四川大学出版社1990年版。

四川省档案馆:《川魂:四川抗战档案史料选编》,西南交通大学出版社2005年版。

四川省档案馆:《抗日战争时期四川省各类情况统计》,西南交通大学出版社2005年版。

四川省档案局(馆):《抗战时期的四川——档案史料汇编》,重庆出版社2014年版。

四川省人民政府参事室、四川省文史研究馆:《抗日战争时期四川大事记》,华夏出版社1987年版。

四川省文史研究馆、四川省人民政府参事室:《第二次国内革命战争时期四川大事记》,四川人民出版社1993年版。

四川省文史研究馆:《民国四川军阀实录》,四川人民出版社2011年版。

谭刚:《抗战时期大后方交通与西部经济开发》,中国社会科学出版社2013年版。

《王世杰日记》,"中央研究院"近代史研究所1990年版。

王斌:《四川现代史》,西南师范大学出版社1988年版。

王绍荃:《四川内河航运史》,四川人民出版社1989年版。

温贤美:《四川通史》(第7册),四川人民出版社1994年版。

《徐永昌日记》,"中央研究院"近代史研究所1991年版。

许道夫:《中国近代农业生产及贸易统计资料》,上海人民出版社1983年版。

肖雄:《抗日战争时期四川省办驿运研究》,巴蜀书社2012年版。

许蓉生、林成西:《国民党空军抗战实录》,中国档案出版社1994年版。

延安时事问题研究会:《抗战中的中国文化教育》,上海人民出版社1961年版。

杨天石:《蒋氏密档与蒋介石真相》,社会科学文献出版社2002年版。

《张闻天选集》,人民出版社1985年版。

张根福:《抗战时期的人口迁移——兼论对西部开发的影响》,光明日报出版社2006年版。

张其昀:《中华民国史纲》,(台北)中华文化出版事业委员会1954年版。

张守广:《抗战大后方工业研究》,重庆出版社2012年版。

中国第二历史档案馆:《中华民国档案资料汇编》(第五辑第二编·财政经济),江苏古籍出版社1997年版。

中国第二历史档案馆:《中华民国档案资料汇编》(第五辑第二编·教育),江苏古籍出版社1997年版。

中央档案馆、四川省档案馆:《四川革命历史文件汇集》(甲12册),1988年内部铅印本。

中央档案馆:《中共中央文件选集》(第11册),中共中央党校出版社1991年版。

中共成都市委党史研究室:《八年抗战在蓉城》,成都出版社1994年版。

中共中央文献研究室:《建国以来毛泽东文稿》(第10册),中央文献出版社1996年版。

中国人民政治协商会议西南地区文史资料协作会:《抗日民族统一战线在西南》,四川人民出版社1990年版。

中国人民政治协商会议西南地区文史资料协作会:《抗战时期内迁西南的高等院校》,贵州民族出版社1988年版。

中国人民政治协商会议西南地区文史资料协作会:《抗战时期西南的交通》,云南人民出版社1992年版。

中国人民政治协商会议西南地区文史资料协作会:《抗战时期西南的教育事业》,贵州省文史书店1994年版。

中国人民政治协商会议西南地区文史资料协作会:《抗战时期西南的科技》,四川科学技术出版社1995年版。

中国人民政治协商会议西南地区文史资料协作会:《抗战时期西南的文化事业》,成都出版社1995年版。

中国人民政治协商会议西南地区文史资料协作会:《西南民众对抗战的贡献》,贵州人民出版社1992年版。

朱斯煌:《民国经济史》,银行学会、银行周报社1948年版。

周开庆:《经济问题资料汇编》,(台北)京华书局1967年版。

周开庆:《民国川事纪要》,(台北)四川文献研究社1974年版。

周开庆:《四川与对日抗战》,(台北)台湾商务印书馆1971年版。

周春:《中国抗日战争时期物价史》,四川大学出版社1998年版。

周勇:《西南抗战史》,重庆出版社2013年版。

周勇:《重庆抗战史:1931—1945》,重庆出版社2013年版。

周勇:《重庆通史》(第二册),重庆出版社2003年版。

附录

川军出川初期部队战斗序列[①]**：**

第七战区：司令长官：刘湘　参谋长：傅常　副参谋长：余中英

第22集团军（非刘湘系统川军部队，即原第二路预备军第一纵队）

总司令：邓锡侯　　副总司令：孙震　参谋长：朱英

第41军：军长：孙震（兼）副军长：董宋珩　参谋长：杨俊清

第122师师长：王铭章　　参谋长：赵渭滨

第364旅旅长：王志远

第727团团长：张宣武　　第728团团长：魏书琴

第366旅旅长：童　澄

第731团团长：王文振　　第732团团长：蹇国珍

第124师师长：孙震（兼）副师长（代行师长）：税梯青　参谋长：邹绍孟

第307旅旅长：吕康

第739团团长：王麟　　第740团团长：吕波臣

第370旅旅长：曾甦

第743团团长：刘公台　第744团团长：蒋永臣

第45军：军长：邓锡侯（兼）　副军长：马毓智　参谋长：朱瑛（兼）

第125师师长：陈鼎勋　副师长：王学姜　参谋长：孙贤颂

第373旅旅长：卢济清

第745团团长：姚超伦　　第746团团长：谭尚修

第375旅旅长：林冀如

第749团团长：瞿联丞　　第750团团长：张元雅

第127师师长：陈　离　副师长：游广居　参谋长：沙韦青

---

①资料来源：马宣伟、温贤美：《川军出川抗战纪事》，四川省社会科学院出版社1986年版，第16—23页，四川省政协文史资料委员会、四川省人民政府参事室合编：《川军抗战亲历记》（四川人民出版社1985年版）中关于川军集团军战史概述篇；成都市第一档案馆编研科：《川军出川抗战各部队部分团长以上主官及驻地简介》，载成都市政协文史学习委员会编：《成都文史资料选编·抗日战争·卷中·血肉长城》。四川人民出版社2007年版，第42—47页。

第379旅旅长:陶宗伯
第757团团长:王文俊　第758团团长:程剑霜
第381旅旅长:杨宗礼
第761团团长:王徵熙　第762团团长:邹迪僧
第47军:军长:李家钰　副军长:罗泽洲　参谋长:魏粤奎
第104师师长:李青廷　副师长:李注东　参谋长:李伦
第310旅旅长:陈绍堂
第619团团长:彭仕夏　第620团团长:吴长林
第312旅旅长:李克源
第623团团长:张光汉　第624团团长:熊岗陵
第178师师长:李宗舫　副师长:赵培臻　参谋长:张持华
第1061团团长:杨显名 第1062团团长:罗仕英　第1063团团长:孙介卿
第23集团军(刘湘嫡系川军部队,即原第二路预备军第二纵队)
总司令:刘湘(兼)　副总司令:唐式遵
第21军:军长:唐式遵(兼)　参谋长:刘熙鉴
第145师师长:饶国华　参谋长:曾南飞
第436旅旅长:孟浩然
第869团团长:戴传薪　第870团团长:刘孑生
第437旅旅长:佟　毅
第871团团长:刘儒斋　第872团团长:徐再明
第146师师长:刘兆黎　参谋长:张六师
第438旅旅长:梁泽民
第873团团长:凌谏衔　第874团团长:郭英
第439旅旅长:廖静安
第875团团长:潘寅久　第876团团长:杨安国
独立第13旅旅长:田冠五
第638团团长:谢崇文　第639团团长:唐郇伯
独立第14旅旅长:周绍轩
第640团团长:刘克用　第642团团长:王凤麒

第23军　军长:潘文华　参谋长:杨百昌

第144师师长:郭勋祺　副师长:范子英　参谋长:林华均

第430旅旅长:唐明昭

第857团团长:徐元勋　第858团团长:唐映华

第431旅旅长:黄伯光

第859团团长:张定波　第860团团长:张昌德

第147师师长:杨国桢　参谋长:胡志潜

第439旅旅长:章平安

第861团团长:刘星耀　第862团团长:周瑞麟

第433旅旅长:石照益

第863团团长:吴守全　第864团团长:周极甫

第148师师长:陈万仞　参谋长:吴念僧

第434旅旅长:达凤岗　袁海青

第865团团长:黄黼臣　第866团团长:薛奉先

第435旅旅长:潘佐

第867团团长:张益斋　第868团团长:余宗阵

列入第七战区序列而留守四川的部队:

第44军:军长:王瓒绪

第149师师长:郭昌明　第150师师长:廖震　第161师师长:许绍宗

第163师师长:陈兰亭　独立第11旅旅长:邓国璋

独立第12旅旅长:范楠煊　独立第15旅旅长:杨亮基

独立第16旅旅长:刘树成　独立第17旅旅长:刘若弼

独立第18旅旅长:谢无圻

第21军第162师师长:彭诚孚

第23军第146师师长:张邦本

第41军第123师师长:曾宪栋

第45军第126师师长:黄隐

驻防贵州、未列入第七战区的川军抗战部队:

第20军:军长:杨森　副军长:夏炯　参谋长:鲜光俊

第133师师长:杨汉域　副师长:叶济

第397旅旅长:周瀚熙

第794团团长:李介立　　第798团团长:蔡慎猷

第399旅旅长:刘席涵

第793团团长:徐昭鉴　　第797团团长:陈新民

第134师师长:杨汉忠　副师长:杨朝信

第401旅旅长:罗德润

第801团团长:赵嘉谋　　第802团团长:林相侯

第402旅旅长:杨干才

第803团团长:李麟昭　　第804团团长:向文武

第43军军长:郭汝栋

第26师师长:刘雨卿　副师长:刘广济

第76旅旅长:朱载堂

第151团团长:傅秉勋　第152团团长:解固基

第78旅旅长:马福祥

第155团团长:谢伯亭　第156团团长:胡荡

1938年以后川军出川抗战部队战斗序列[①]

第22集团军(出川后先由第一战区,后归第五战区指挥,并因第47军李家钰部出川后即划归第一战区战斗序列,故实际只统辖第41军、第45军两个军)

总司令:邓锡侯——孙震

副总司令:孙震——董宋珩——陈鼎勋——李宗昉

参谋长:朱瑛——胡畏三——税梯青——陈宗进——胡临聪

第41军(辖第122师、123师、124师、新5师)军长:孙震(兼)——王铭章(代)——曾甦元——陈宗进

副军长:董宋珩——曾宪栋——杨俊清——陈宗进

第122师师长:王铭章——王志远——张宣武

第364旅旅长:王志远(兼)——张宣武

①按:川军出川以后,特别是刘湘病逝和1939年国民政府军委会借鉴苏联、德国军队的"三三制"部队编制原则,明令"废旅",即将原每师辖两个步兵旅、每旅辖两个步兵团的编制改为每师直辖3个步兵团等影响,部队编制、指挥官人事及战斗序列变动频繁且变化幅度较大,这里只能对川军7个集团军及第88军的编制及战斗序列变化情形作一概要介绍,以观其大略。

第366旅旅长:童澄——胡临聪

第123师师长:曾宪栋——陈宗进

第367旅旅长:马泽

第369旅旅长:陈宗进——汪朝廉

第124师师长:孙震(兼)——税梯青(代)——曾甦元——刘公台

第370旅旅长:税梯青——吕康——王文振

第372旅旅长:曾甦元——刘公台

新5师师长:刘公台

第45军(辖第125师、126师留川、127师、暂编第1师)军长:邓锡侯(兼)——陈鼎勋

副军长:马毓智——王仕俊——陈离

第125师师长:陈鼎勋——王仁俊——刘万抚——汪匣锋

第373旅旅长:卢济清

第375旅旅长:林冀如——瞿联丞

第126师(留川)师长:黄隐

第376旅旅长:龚渭清

第378旅旅长:杨树华

第127师师长:陈离——王徵熙——李家英

第379旅旅长:陶凯——王徵熙

第381旅旅长:杨宗礼

独立第17旅旅长:杨晒轩(留川)

独立第18旅旅长:谢无圻(留川)

另外,抗战期间,第五战区司令长官部还曾将一些非川军系统的部队调归第22集团军统辖作战。例如,根据第五战区司令长官部命令,1941年冬暂编第1师(师长王认曲中将,副师长张雁南少将,参谋长聂鹏升少将)、1944年冬第69军(军长米文和中将,副军长朱明轩,参谋长胡佛根,下辖第181师、暂编第28师两个师、6团)、1944年冬第10军(军长赵锡田中将,副军长顾锡九中将,参谋长吕登毅少将,下辖第3师、第20师两师、6团)奉命由汉中附近调至襄樊加入第22集团军战斗序列,等。

第23集团军(原属第七战区,刘湘病逝后划归第三战区司令部指挥。统辖第21军、第50军、第28军):

总司令:唐式遵

副总司令:郭勋祺——刘雨卿——陈万仞

参谋长:周从化——李御良——官全斌——王冠——吴鹤云

第21军(辖第146师、147师、148师)军长:唐式遵(兼)——陈万仞——刘雨卿

副军长:刘熙鉴——周绍轩——岳星明

第146师师长:刘兆黎——周绍轩——石照益——戴传薪

第436旅旅长:廖敬安

第438旅旅长:梁泽民——徐元勋

第147师师长:杨国桢——章安平——徐元勋

第439旅旅长:章安平

第441旅旅长:石照益——张益斋——周极甫

第148师师长:陈万仞——潘左——廖敬安

第442旅旅长:袁治——张益斋——黄辅臣

第444旅旅长:潘左

第50军[①](第144师、145师、新7师)军长:郭勋祺——范子英——佟毅——田钟毅

副军长:佟毅——吴鹤云

第144师师长:郭勋祺——范子英——刘儒斋——唐明昭

第430旅旅长:黄柏光——唐映华——刘儒斋——许元白

第432旅旅长:唐明昭

第145师师长:饶国华——佟毅——孟浩然

第433旅旅长:佟毅——戴传薪

第435旅旅长:孟浩然

新编第7师师长:田钟毅——黄柏光

第19旅旅长:孟存仁

①系原潘文华第23军改番号而来。

第21旅旅长:文克用——周镐荣

第28军(非川军部队,辖第26师、52师、192师)军长:陶广——陶 柳

第26师师长刘壎浩

第52师师长张玶鑫

第192师师长王 堉

第27集团军(由第九战区指挥。统辖第20军、第8军、第26军)

总司令:杨森　副总司令:李玉堂　参谋长:鲜光俊——邵陵

第20军(辖第133师、134师、暂编第54师,约2万兵员)军长:杨汉域

第133师师长:夏炯——周翰熙

第397旅旅长:周翰熙

第399旅旅长:刘席涵

第134师师长:杨汉忠——杨干才——刘席涵

第401旅旅长:罗润德

第402旅旅长:杨干才

军直手枪团团长:杨汉印

辎重团团长:徐昭鉴

暂编第5师师长:孔荷庞——李子亮

第1团团长:吴　元

第2团团长:汤　钊

第3团团长:李　超

第8军(非川军部队,1938年5月由原国军第2军第3师、预备第2师、预备第11师编组成立,1940年5月撤销番号)军长:李玉堂

第26军(非川军部队,辖第41师、44师、149师)军长:丁治磐

另外,该集团军于抗战期间先后统辖、指挥过的川军和非川军部队主要有:第21军(安庆战役)之第145师(师长范子英)、第146师(师长凌谏衔),新编第3军(军长杨宏光),第58军(第二、三次长沙会战期间,军长孙渡)之新编第10师(师长鲁道源)、新编第11师(师长梁德奎),第37军(军长陈沛)之第95师(师长罗奇)、第140师(师长李棠)、第60师(师长董煜),第26军(军长丁治盘),以及王翦波挺进纵队、聂聘三挺进纵队、王作楫挺进纵队等3个挺进纵队。此外,1941年底第三

次长沙会战后，战区司令长官薛岳鉴于第20军所辖两个师、6个团兵力严重不足，遂将新20师（师长李子亮、副师长李以助）所辖两个团编入第20军战斗序列。

第28集团军（统辖留川的第56军驻守大巴山防线）

总司令：潘文华　参谋长：戴高翔　总参议：钟体乾　参谋处长：傅秉勋

第56军（辖第163师、164师、独立旅）军长：郭昌明

第163师师长：陈兰亭

第164师师长：彭焕章

独立旅旅长：梁国华

第29集团军（由第五战区指挥，辖第44军、第67军，约4万兵员①）

总司令：王瓒绪

副总司令：许绍宗——廖震

参谋长：余念慈——钱震亚——彭旷高

第44军（辖第149师、162师）军长：王瓒绪（副军长彭诚孚代行职务）——廖震——王泽浚

副军长：彭诚孚——王泽浚——杨勤安——孙黼

第149师师长：王泽浚——孙黼——杨觉——张竭诚——赵壁光——何葆恒——陈春霖

第445旅旅长：宋时仙——赵壁光

第447旅旅长：孙黼

第162师师长：张竭诚——余念慈——孙黼——何葆恒

第484旅旅长：何葆恒

第486旅旅长：杨觉

第67军（辖第150师、161师）军长：许绍宗（兼）——余念慈

副军长：彭诚孚（未到职）——王元虎

第150师师长：廖震——杨勤安——许国璋——赵壁光

第448旅旅长：陈岳

第450旅旅长：杨续云

①该集团军由留守四川的第44军、新编第67军合编组成。1944年春，王瓒绪自请撤销集团军总部和第67军，将各师并入第44军建制。

第161师师长:官焱森——何葆恒——熊执中

第481旅旅长:杨守玄——朱再明

第483旅旅长:杨勤安——许国璋

第30集团军[①](第九战区统辖、指挥,辖第72军、第78军,约4万兵员)

总司令:王陵基

参谋长:韩全朴——张致和——宋相成

第72军(辖新编第13师、新编第14师)军长:王陵基(兼)——韩全朴——王陵基(兼)——傅冀

新编第13师师长:刘若弼——唐郇伯——杨本固

第1旅旅长:明继光

第2旅旅长:唐郇伯

新编第14师(1941年夏改番号为第34师)师长:范南轩——陈良基——祝顺锟

第1旅旅长:郑清泉

第2旅旅长:罗忠信

第78军(辖编第15师、新编第16师)军长:张斯可(未出川)——夏首勋——沈久成

副军长:夏守勋——刘若弼

新编第15师师长:邓国璋(未出川)——付冀——江涛

第1旅旅长:罗俊树

第2旅旅长:韩任民

新编第16师师长:陈良基——吴守权

第1旅旅长:赵学周

第2旅旅长:吴守权。

第36集团军(编在第一战区战斗序列,在山西、河南境内对日作战。辖第14军、第17军、第47军)[②]:

总司令:李家钰

①该集团军由留守四川的四川省政府8个独立旅、8个保安团整编为4个师、两个军组成。

②该集团军于1939年10月下旬由川军第47军与第14军、第17军合编而成,于1944年桂南战役后被撤销。

副总司令:陈铁　高桂滋

参谋长:魏粤奎——赵培臻——张仲雷

第14军(非川军部队,河南洛阳守军。辖第83师、85师、94师)军长:陈铁——张际鹏

参谋长:谭本良

第83师师长:刘 戡——沈向奎

第247旅旅长:凌光亚(辖2团)

第249旅旅长:余锦源(辖2团)

第85师师长:陈铁——王连庆

第253旅旅长:陈鸿逵(辖2团)

第255旅旅长:郝家骏(辖2团)

第94师师长:朱怀冰——张世光

第280旅旅长:陈希平(辖2团)

第282旅旅长:潘春霆(辖2团)

第17军(非川军部队,陕军,辖第21师、84师):军长:高桂滋(兼)

参谋长:梁文铁

第21师师长:李仙洲——高增级

第61旅旅长:崔振中(辖3团)

第63旅旅长:吕祥云(辖3团)

第84师师长:高桂滋(兼)——高建白

第250旅旅长:刘天禄(辖2团)

第251旅旅长:高坚白(辖2团)

军直辖第196旅旅长:姜玉贞(辖3团)

第47军[①](第104师、178师)军长:李家钰(兼)——李宗昉

副军长:罗泽洲——李青廷——李伦——李宗昉

参谋长:魏粤奎——张持华

第104师师长:李青廷——李伦——杨显名

第310旅旅长:陈绍棠

①第47军于1937年10月出川到西安后,即被调到晋东南归第一战区指挥,直到1944年底才归还第22集团军建制。

第312旅旅长:李克源

第178师师长:李宗昉——李家英——康庄

第531旅旅长:杨显名

第512旅旅长:张持华

第88军(在第三战区战斗序列,先后受第23、32等集团军司令部统辖和指挥。辖新编第21师)军长:范绍曾

副军长:罗君彤　参谋长:刘展绪

新编第21师师长:罗君彤——马昆山

第61团团长:高鹏

第62团团长:李文密

第63团团长:黄君殊

军直属补充团团长:徐有成　新兵大队大队长:陈章文

该军12 000余人。

第26师(直属第三战区指挥)师长:刘雨卿——王克俊

副师长:王镇东　参谋长:林鹤翔

第76旅旅长:朱载堂

第78旅旅长:马福祥

独立第35旅(直属国民政府军政部统辖,先后受汤恩伯第31集团军总司令部和第5战区等指挥)旅长:李宗鉴

第1团团长:王子愚　第2团团长:杨昆元　教导营营长:杨更生

特务连连长:黄子香　输送营营长:李××　教导队队长:程光遥

该旅约6 000人。

后 记

本书是重庆市抗战大后方研究重大课题子课题之一的最终成果。著述的性质属四川通史的抗战时期断代史。作为通史的一部分,理应做到全面呈现该段历史的一切方面。但由于时间紧迫和课题主旨所限,本书并未及于此,仅较全面叙述了与抗战相关的四川历史。同时,本书作为一本全面反映抗战时期四川历史的著述,理应在分别对战时四川各领域和各方面的历史分专题做深入研究的基础上完成写作,但要做到这一步,写作此书即使下十年功夫亦恐难成稿。然课题要求孔急,不可能有此从容研究过程。因此,本书作者在尽力使用原始资料的同时,大量借鉴了同行学者的研究成果,所引同行成果均在书中注出。在此,谨向各位同行学人表示最衷心的感谢!

作 者

2021年3月15日